erläutern	wie → erklären, zusätzlich noch durch Beispiele oder Belege verdeutlichen
gegenüberstellen	wie → skizzieren, zusätzlich argumentierend gewichten
widerlegen	Argumente dafür anführen, dass eine These/Behauptung zu Unrecht aufgestellt wird
vergleichen	Gemeinsamkeiten und Unterschiede gewichtend einander → gegenüberstellen und ein Ergebnis formulieren

Anforderungsbereich III (Reflexion und Problemlösung)
Er umfasst den reflexiven Umgang mit neuen Problemstellungen, den eingesetzten Methoden und gewonnenen Erkenntnissen, um zu Begründungen, Folgerungen, Beurteilungen und Handlungsoptionen zu gelangen.
Die wichtigsten Operatoren sind:

beurteilen, urteilen	Aussagen, Behauptungen, Vorschläge oder Maßnahmen im Zusammenhang auf ihre Stichhaltigkeit bzw. Angemessenheit → prüfen und dabei die angewandten Kriterien nennen
bewerten; Stellung nehmen	wie → beurteilen, aber zusätzlich mit Offenlegen und Begründen eigener Wertmaßstäbe, die Pluralität einschließen und zu einem Werturteil führen, das auf den Wertvorstellungen unserer freiheitlich-demokratischen Grundordnung basiert
sich auseinandersetzen; diskutieren	zu einer historischen Problemstellung oder These eine Argumentation entwickeln, die zu einer begründeten Bewertung führt
prüfen, überprüfen	Aussagen (Hypothesen, Behauptungen, Urteile) an konkreten Sachverhalten und innerer Stimmigkeit messen
gestalten	sich produkt-, rollen- bzw. adressatenorientiert mit einem Problem durch Entwerfen von Reden, Streitgesprächen, Strategien, Beratungsskizzen, Szenarien, Modellen etc. auseinandersetzen
interpretieren	Sinnzusammenhänge aus Materialien erschließen und eine begründete Stellungnahme abgeben, die auf einer Analyse (→ analysieren), Erläuterung (→ erläutern) und Bewertung (→ bewerten) beruht
erörtern	zu einer vorgegebenen Problemstellung durch Abwägen von Für- und Wider-Argumenten ein begründetes Urteil fällen; die Erörterung einer historischen Darstellung setzt deren Analyse (→ analysieren) voraus

Der Basisoperatorenkatalog für die schriftliche Abiturprüfung in den gesellschaftswissenschaftlichen Fächern in Baden-Württemberg ist vollständig berücksichtigt (grün markierte Felder mit dazugehörigen Erklärungen).

12 BUCHNERS KOLLEG GESCHICHTE

Neue Ausgabe
Baden-Württemberg

Herausgegeben von
Maximilian Lanzinner
Thomas Ott

C.C. Buchner

Buchners Kolleg Geschichte 12
Neue Ausgabe Baden-Württemberg

Unterrichtswerk für die gymnasiale Oberstufe

Herausgegeben von
Maximilian Lanzinner und Thomas Ott

Bearbeitet von
Peter Adamski, Ralph Erbar, Volker Herrmann, Maximilian Lanzinner, Thomas Ott, Ralf Tschada, Jürgen Weber, Hartmann Wunderer und Maria Würfel
unter Mitarbeit der Verlagsredaktion

Dieses Werk folgt der reformierten Rechtschreibung und Zeichensetzung. Ausnahmen bilden Texte, bei denen künstlerische, philologische oder lizenzrechtliche Gründe einer Änderung entgegenstehen.

1. Auflage 1^{4321} 2014 13 12 11
Die letzte Zahl bedeutet das Jahr dieses Druckes.
Alle Drucke dieser Auflage sind, weil untereinander unverändert, nebeneinander benutzbar.

www.ccbuchner.de

Lektorat: Markus Brogl und Alexandra Hoffmann-Kuhnt
Assistenz: Kerstin Schulbert

Herstellung: Artbox Grafik & Satz GmbH, Bremen
Druck- und Bindearbeiten: Stürtz GmbH, Würzburg

ISBN 978-3-7661-**7307**-2

Mit Buchners Kolleg Geschichte lernen und arbeiten

Buchners Kolleg Geschichte ist **Lern- und Arbeitsbuch** zugleich. Es enthält einerseits Material für den Unterricht und ist andererseits für die selbstständige Wiederholung des Unterrichtsstoffs und für eine systematische Vorbereitung auf das Abitur geeignet.

Die **Einführungsseiten** leiten problemorientiert in die beiden Großkapitel ein.

Orientierungsdoppelseiten stehen am Beginn der acht Themenkapitel. Die Chronologie stellt zentrale Daten mit prägnanten Erläuterungen zusammen. Der Überblickstext skizziert die historischen Entwicklungslinien und vermittelt die Relevanz des Themas.

Die auf den Einführungs- und Orientierungsseiten formulierten übergreifenden Arbeitsaufträge geben Ihnen einen Überblick, welche **Kompetenzen** Sie in der jeweiligen Lerneinheit erwerben.

Jedes Kapitel ist geteilt in einen **Darstellungs- und Materialteil**. Die Darstellung ist in überschaubare Einheiten gegliedert und vermittelt ein Verständnis für die historischen Zusammenhänge und Strukturen. Wichtige Begriffe und Personen werden bei der Erstnennung hervorgehoben. Werden sie in der Randspalte erläutert, erscheinen sie farbig.
Die Materialien decken alle wichtigen Quellengattungen ab. Sie veranschaulichen und vertiefen einzelne Aspekte, stellen kontroverse Sichtweisen dar und thematisieren weiterführende Fragen. Arbeitsaufträge helfen bei der Erschließung der Texte, Statistiken, Diagramme, Karten, Grafiken und Bilder.
Darstellungen und Materialien sind durch Verweise miteinander vernetzt.

Auf unserer Homepage (*www.ccbuchner.de*) bieten wir Filmausschnitte zu Ereignissen, die in diesem Buch behandelt werden („**Geschichte in Clips**"). Geben Sie dazu in das Suchfeld unserer Internetseite den im Buch genannten Code ein.

Thematisch eingeordnet lenken die Seiten zu „**Region und Lebenswelt**" den Blick auf das Geschehen in regionalen Lebenswelten Baden-Württembergs und beleuchten Alltagsleben sowie die politische und wirtschaftliche Entwicklung dort.

„**Erinnern**" zeigt anhand typischer Beispiele, wie sich der Umgang mit historischen Ereignissen im Laufe der Geschichte verändert. Es wird deutlich, dass Individuen und Staaten in ihrer Gedenkkultur einem zeitgemäßen Selbstverständnis Ausdruck verleihen.

Die **Methodenkompetenz** wird auf zwei Ebenen gefördert:
- Arbeitsaufträge zu den Materialien trainieren den sicheren Umgang mit Methoden.
- Thematisch integrierte Methoden-Bausteine führen in wichtige Arbeitstechniken ein; Hinweise und Beispiele ermöglichen ein selbstständiges Erlernen.

Auf den **Zusammenfassungs- und Vertiefungsseiten** finden Sie zum Abschluss jedes Großkapitels themen- und fächerübergreifende Arbeitsaufträge. Sie überprüfen die in den Einführungs- und Orientierungsseiten genannten **Kompetenzen**. Literatur und Internettipps regen zu eigenständigen Recherchen an und unterstützen bei der Prüfungsvorbereitung.

Inhalt

Deutschland nach 1945 im internationalen und europäischen Kontext

Brennpunkte und Entwicklungen der Gegenwart in historischer Perspektive

Die europäische Integration

Der Nahe Osten: historische Wurzeln eines weltpolitischen Konflikts

Weitere Methoden

Die deutsche Geschichte nach 1945 war länger als vier Jahrzehnte die Geschichte einer geteilten Nation. Mit der bedingungslosen Kapitulation des nationalsozialistischen Deutschland gegenüber den alliierten Siegermächten endete am 8. Mai 1945 in Europa der Zweite Weltkrieg – die größte, von Deutschen verschuldete Katastrophe des 20. Jahrhunderts. Die überlebenden Opfer des NS-Regimes wussten, dass sie ihre Rettung allein der totalen Niederlage Deutschlands verdankten. Den vielen Regimetreuen und Mitläufern stand hingegen eine ungewisse Zukunft bevor. Die Siegermächte waren sich uneins, was mit dem besetzten Land geschehen sollte, setzten aber alles daran, dass von den Deutschen keine Gefahr mehr für den Weltfrieden ausgehen konnte. Die Solidarität der Siegermächte zerbrach schon bald nach 1945 im Ost-West-Konflikt, der sich zuspitzte und in einen Kalten Krieg mündete. Eine der Folgen war die staatliche Spaltung Deutschlands. Weder die Sowjetunion noch die Westmächte waren aus machtpolitischen Gründen bereit, auf ihren Teil Deutschlands zu verzichten. Jahrzehnte der Konfrontation und Abgrenzung bestimmten die Existenz der beiden 1949 gegründeten deutschen Teilstaaten. In beiden Fällen wurden aus den besiegten Deutschen Verbündete der ehemaligen Besatzungsmächte.

So entwickelten sich zwei deutsche Staaten, die gegensätzlicher kaum sein konnten. Die DDR im Osten Deutschlands mit ihren etwa 17 Millionen Einwohnern war eine importierte kommunistische Diktatur im Machtbereich der Sowjetunion, die ihre fehlende Legitimität bei den Bürgern durch Mauer, Geheimdienst und das Herrschaftsmonopol einer Partei (SED) ersetzen musste. Die Bundesrepublik Deutschland im Westen, Heimat von rund 60 Millionen Einwohnern, war zunächst nur als Provisorium ins Leben gerufen worden, entwickelte sich gleichwohl dank der Führung und Hilfe der westlichen Demokratien zu einem demokratischen und wirtschaftlich prosperierenden Rechtsstaat. Erst infolge des vor allem wirtschaftlich begründeten Zusammenbruchs der kommunistischen Staaten in Europa konnten die Ostdeutschen die Diktatur der SED beseitigen und sich als freie Bürger für eine Wiedervereinigung Deutschlands entscheiden. Sie wurde am 3. Oktober 1990 durch den Beitritt zur Bundesrepublik vollzogen.

In diesem Großkapitel erwerben Sie die **Kompetenz**,

- die Bedingungen für den Neubeginn in Deutschland und die Spaltung des Landes nachzuvollziehen,
- die Entwicklung von Bundesrepublik und DDR bis zur deutschen Einheit zu bewerten,
- die Abhängigkeit beider deutscher Staaten vom Ost-West-Konflikt und von internationalen Krisen zu analysieren,
- zu erörtern, was die Menschen in Ost- und Westdeutschland seit dem Zweiten Weltkrieg voneinander getrennt hat und was sie verbindet,
- kritisch zu prüfen, inwieweit seit 1945 Lehren aus der deutschen Vergangenheit gezogen worden sind.

Deutschland nach 1945 im internationalen und europäischen Kontext

Der Ost-West-Konflikt seit dem Zweiten Weltkrieg

◂ **Konfrontation.**
Foto vom August 1961.
Sowjetische und amerikanische Panzer stehen sich am Checkpoint Charlie an der Grenze zwischen West- und Ost-Berlin gegenüber.
Nachdem die DDR den freien und unkontrollierten Zugang der Westalliierten nach Ost-Berlin infrage gestellt hatte, marschierten amerikanische Panzer auf. Wenig später standen sie in wenigen hundert Metern Entfernung sowjetischen gegenüber.

Blockbildung und atomares Patt	1945	Die USA werfen zwei Atombomben auf Japan ab. 1949 wird auch die Sowjetunion Atommacht.
	1945-1948	Sowjetisierung Ostmitteleuropas. Die USA verstärken ihr Engagement in Westeuropa.
	1949	Die USA, Kanada und zehn westeuropäische Staaten gründen die NATO.
	1950-1953	Der Korea-Krieg endet mit der Teilung des Landes in einen prowestlichen und einen kommunistischen Staat.
	1955	Gründung des Warschauer Pakts zwischen der Sowjetunion und ihren Satellitenstaaten.
	1956	Der sowjetische Parteichef Chruschtschow verkündet die Abkehr vom Stalinismus und das Prinzip der „friedlichen Koexistenz“.
Globale Rivalität	1958-1961	Die zweite Berlin-Krise führt zur faktischen Anerkennung des sowjetischen Machtbereichs in Deutschland durch die Westmächte. Berlin wird durch eine Mauer geteilt.
	1959/60	Die kommunistische Volksrepublik China kündigt der Sowjetunion die Gefolgschaft auf.
	1962	Die Kuba-Krise bringt die Welt an den Abgrund eines Atomkrieges.
	1965-1975	Die US-Politik scheitert im Vietnam-Krieg, ganz Vietnam wird kommunistisch.
	1968	Truppen des Warschauer Pakts schlagen den „Prager Frühling“ in der ČSSR nieder.
Entspannung und neue „Eiszeit“	1968	Der Atomwaffensperrvertrag soll die unkontrollierte Verbreitung von Kernwaffen verhindern.
	1972	Der SALT I-Vertrag begrenzt erstmals das atomare Wettrüsten zwischen den USA und der UdSSR.
	1975	Die erste Konferenz über Sicherheit und Zusammenarbeit in Europa (KSZE) endet mit der Schlussakte von Helsinki.
	1979	NATO-Doppelbeschluss zur Nachrüstung von Mittelstreckenraketen in Europa. Die Sowjetunion marschiert in Afghanistan ein.
	1983	Die Genfer Verhandlungen über Mittelstreckenwaffen (INF) werden abgebrochen.
Zusammenbruch des Ostblocks, neue Weltordnung	1985	Michail Gorbatschow wird Staats- und Parteichef der Sowjetunion und beginnt seine Reformpolitik aus Glasnost und Perestroika.
	1986-1987	Wiederaufnahme und Abschluss der INF-Verhandlungen in Genf. Erstmals wird der Abbau von Raketen beschlossen.
	1989/90	Fall der Berliner Mauer, friedliche Revolutionen in Osteuropa
	1991	Die Sowjetunion und der Warschauer Pakt lösen sich auf.
	1999-2007	Die meisten Staaten Ostmitteleuropas treten der NATO sowie der EU bei.

Der politische Gegensatz zwischen den Großmächten USA und Sowjetunion wurde während des Zweiten Weltkriegs durch die gemeinsame Frontstellung gegen das nationalsozialistische Deutsche Reich und dessen Verbündete überlagert. Schon wenige Jahre nach dem Sieg über Deutschland und Japan verschärfte sich die Rivalität der beiden Mächte, die ihren Einflussbereich weltweit ausdehnten. Die Welt schien in zwei gegnerische Lager zu zerfallen (Bipolarität), den Osten unter Führung der UdSSR und den Westen mit den Vereinigten Staaten als Vormacht.

Als Reaktion auf die Sowjetisierung Ostmitteleuropas betrieben die Vereinigten Staaten eine Politik der Eindämmung des Kommunismus. Sie gewährten noch nicht kommunistischen Staaten wirtschaftliche, politische und militärische Unterstützung und betrieben die Gründung der NATO im Jahr 1949.

Dagegen wurde eine direkte Konfrontation vermieden – nicht zuletzt wegen der atomaren Bewaffnung von USA und UdSSR. Stattdessen bekämpften sich beide Mächte in den Jahrzehnten nach 1945 politisch, weltanschaulich und wirtschaftlich sowie durch Stellvertreterkriege. Das Zeitalter des „Kalten Krieges" prägte die Weltpolitik.

Die Trennlinie zwischen Ost und West, der „Eiserne Vorhang", verlief dabei mitten durch Deutschland und Berlin. Seit ihrer Einbindung in beide Machtblöcke standen sich auch Bundesrepublik und DDR feindlich gegenüber. 1961 wurde der Bau der Mauer quer durch Berlin zum Symbol des Kalten Krieges.

Die Supermächte USA und UdSSR begannen in den 50er-Jahren ein Wettrüsten, das die Kriegsgefahr noch erhöhte. Seither versuchten die Regierungen in Washington und Moskau, Krisen zu vermeiden und Konflikte zu begrenzen.

Anfang der 70er-Jahre wünschten beide Supermächte einen Ausweg aus der ständigen Bedrohung und leiteten eine Entspannungspolitik ein. Dabei begann auch ein Dialog zwischen den USA und der kommunistischen Volksrepublik China, die sich 1959/60 von der Führung durch Moskau losgesagt hatte und seither eigene Wege ging. Auch die Konferenz über Sicherheit und Zusammenarbeit in Europa (KSZE) näherte die Staaten einander an.

Gegen Ende der 70er-Jahre brach der internationale Dialog jedoch ab. Die UdSSR kehrte zur Hochrüstung zurück, die NATO zog nach.

Tatsächlich aber stand die Sowjetunion kurz vor dem wirtschaftlichen Ruin. Unter dem neuen Staats- und Parteichef Gorbatschow fanden seit 1985 Reformen im Innern der UdSSR statt, begleitet von dem Bemühen um Abrüstung und Ausgleich mit dem Westen. Die USA gingen darauf ein. Der Reformkurs innerhalb des Ostblocks entwickelte eine Eigendynamik und führte bis Ende der 80er-Jahre zum Sturz aller kommunistischen Regime in Osteuropa, schließlich auch in der Sowjetunion. Diese löste sich 1991 auf.

Der Kalte Krieg war nach 40 Jahren beendet. Mit dem Ende des Ost-West-Gegensatzes wurde auch die Teilung Deutschlands und Europas überwunden und begannen neue Perspektiven für die Politik in der Welt.

In diesem Kapitel erwerben Sie die **Kompetenz**,

- die Ursprünge und Kennzeichen der weltweiten Blockbildung nach 1945 zu benennen,
- die Entstehung, den Verlauf und die Bewältigung von Krisen während des Kalten Krieges darzustellen,
- zu bewerten, inwieweit die Entspannungspolitik Konflikte abbauen und Frieden sichern konnte,
- die Folgen der Auflösung des Ostblocks zu erläutern und Möglichkeiten einer Neuordnung des internationalen Systems zu erörtern.

Der Ost-West-Konflikt seit dem Zweiten Weltkrieg

▲ **„Ja, der hat's gut, der lebt unter einem besseren Himmel."**
Karikatur von Karl Holtz, 1946.
- *Erklären Sie die einzelnen Elemente der Karikatur.*

Wettstreit der Visionen Der Ost-West-Konflikt im 20. Jahrhundert war die globale Auseinandersetzung zwischen zwei politischen Weltanschauungen: dem Modell einer liberaldemokratisch und marktwirtschaftlich bestimmten Gesellschaft einerseits und dem einer sozialistischen Staats- und Gesellschaftsordnung nach den Lehren des **Marxismus-Leninismus** andererseits.

Der Ursprung des Ost-West-Konflikts lag in der russischen Oktoberrevolution von 1917, als die kommunistische Partei unter **Wladimir Iljitsch Lenin** die Macht in Russland übernahm. An die Stelle des Zarenreichs trat die 1922 gegründete Union der Sozialistischen Sowjetrepubliken (UdSSR). Das Sowjetregime verkündete die Herrschaft der Arbeiterklasse im eigenen Land und ging davon aus, dass sich ihr Gesellschaftsmodell weltweit durchsetzen werde. Seither ging die Furcht vor einer sozialistischen Revolution in den Industrieländern um, die ihre Gesellschaftsordnungen und ihre Machtgrundlagen bedroht sahen.

Demgegenüber wurden vor allem die USA zum Vorreiter des Selbstbestimmungsrechts der Völker, der parlamentarischen Demokratie und eines reformierten Kapitalismus, der auch den sozial Schwachen ein menschenwürdiges Dasein sichert. Dies waren die Antworten des „Westens" auf die Probleme des internationalen Friedens und der Sozialen Frage im Innern der Staaten. Hatten sich die USA nach dem Ende des Ersten Weltkriegs aus der europäischen Politik wieder zurückgezogen, so zwang sie der Zweite Weltkrieg, ihre isolationistische Haltung endgültig aufzugeben. Zusammen mit Großbritannien und der Sowjetunion unter **Josef Stalin** bildeten die USA ein Kriegsbündnis gegen ihre Angreifer, das Deutsche Reich (*Anti-Hitler-Koalition*) und Japan.
1945 war Europa vom Nationalsozialismus befreit und der Krieg in Ostasien beendet. Die UdSSR trat zwar 1945 den Vereinten Nationen (UNO) bei, die von den USA und Großbritannien zuvor als neue Weltfriedensorganisation gegründet worden war. Dennoch schufen die beiden Weltmächte USA und UdSSR – die übrigen Mächte waren bei Kriegsende entweder geschlagen oder allzu geschwächt – keine gemeinsame Weltfriedensordnung. Vielmehr führten sie die beiden entstehenden feindlichen Machtblöcke an und rangen weltweit um die Erweiterung ihres Einflussbereichs (*Bipolarität*). Sie bekämpften sich in den Jahrzehnten nach 1945 politisch, ideologisch und wirtschaftlich sowie durch Stellvertreterkriege, während eine direkte militärische Konfrontation unterblieb. Daher spricht man auch vom „Kalten Krieg".

Die Anti-Hitler-Koalition zerfällt Angesichts ihrer miteinander unvereinbaren macht- und sicherheitspolitischen Interessen konnten sich die beiden Weltmächte nicht über die Probleme der Nachkriegszeit verständigen (▸ M1).

Das Kriegsende in Europa und Ostasien wurde zu einem Wettlauf um die Einflusszonen der Siegermächte. Bereits auf der Konferenz der Alliierten in Jalta am Schwarzen

Marxismus-Leninismus: Gesellschaftstheorie, die eine kommunistische „Partei neuen Typus" fordert, welche die fortschrittlichen Kräfte vereinigt und der Arbeiterklasse zur Herrschaft verhilft, notfalls auch mit staatlicher Gewalt und Terror.

Wladimir Iljitsch Uljanow, genannt Lenin (1870-1924): russischer Revolutionär, 1922-1924 Gründer und erster Staatschef der Sowjetunion

Josef Wissarionowitsch Dschugaschwili, genannt Stalin (1878-1953): 1924-1953 Chef der KPdSU und Staatschef der UdSSR, der als Diktator einen Personenkult inszenierte

Meer (Februar 1945) hatten die USA, Großbritannien und die UdSSR ihre Interessenbereiche gegeneinander abgrenzen müssen. Auf der Potsdamer Konferenz, die im Juli 1945 begann, wurde Deutschland in vier Besatzungszonen geteilt. Sowjetische Truppen standen in Berlin sowie im östlichen Teil Deutschlands, nachdem zuvor schon ganz Osteuropa von der Roten Armee besetzt worden war.

Im Fernen Osten versuchte Stalin erfolglos, nach der Kapitulation Japans (2. September 1945) Einfluss auf die Besetzung und Kontrolle des Landes zu gewinnen. In Korea kam es im Dezember 1945 zur Teilung in einen sowjetisch beherrschten Norden und einen von den Amerikanern kontrollierten Süden. In China, das die USA traditionell zu ihren Verbündeten zählten, flammte 1946 der Bürgerkrieg zwischen den Kommunisten unter **Mao Zedong** und der Nationalregierung unter Chiang Kai-shek wieder auf. Er endete mit der Proklamation der Volksrepublik China durch Mao Zedong (1. Oktober 1949).

Mao Zedong (1893 - 1976): chinesischer Revolutionär; 1948 - 1959 erster Staatschef der Volksrepublik China

In Vorderasien weigerte sich die Sowjetunion zunächst, ihre Truppen vereinbarungsgemäß aus dem Iran zurückzuziehen. Außerdem forderte sie Küstengebiete der Türkei sowie die türkischen Meerengen. Die USA antworteten mit der demonstrativen Entsendung ihrer Flotte ins Mittelmeer. Auch die britische Regierung sah ihre Sicherheitsinteressen bedroht: In Griechenland, Ägypten, in der gesamten arabischen Welt, in Indien und in den fernöstlichen Kolonien förderte die Sowjetunion „nationale Befreiungsbewegungen“. Ebenso wurde die Unterstützung der kommunistischen Parteien in Frankreich und Italien als Beleg dafür gewertet, dass Stalin das Nachkriegschaos für seine Zwecke nutzen wollte.

Die Sowjetisierung Ostmitteleuropas Entscheidend für das immer schlechter werdende Verhältnis zwischen den Siegermächten war die Sowjetisierung der Staaten Ostmitteleuropas. Im Gegensatz zu den Abmachungen von Jalta ließ die Rote Armee in Polen, Rumänien, Ungarn und Bulgarien keine liberaldemokratische Entwicklung zu. Durch Unterdrückung und Einschüchterung der Bevölkerung, durch Schauprozesse und Wahlterror sowie die Zwangsvereinigung der sozialdemokratischen mit den kommunistischen Parteien festigten die Kommunisten in diesen Ländern ihre Alleinherrschaft. Die Kollektivierung der Landwirtschaft sowie die Einbeziehung der zentral gesteuerten Volkswirtschaften in den sowjetischen Wirtschaftsbereich folgten auf dem Fuß. Stalins Gefolgsleute sorgten durch parteiinterne Säuberungsaktionen dafür, dass der Machtanspruch Moskaus nicht durch nationale „Abweichler“ infrage gestellt wurde.

Vor dem Krieg waren die kommunistischen Parteien in jenen Ländern bedeutungslose Splitterparteien gewesen, nach 1945 entwickelten sie sich zu Massenparteien in der Hand einer kleinen Gruppe von Aktivisten. Deren bedingungslose Unterordnung unter den Willen Stalins war die Voraussetzung für ihr politisches Überleben. Als letztes Land wurde im Frühjahr 1948 die Tschechoslowakei durch einen kommunistischen Staatsstreich mit sowjetischer Unterstützung in das politisch-ökonomische Herrschaftssystem der UdSSR einbezogen. Nur Jugoslawien unter **Tito** konnte sich der sowjetischen Kontrolle entziehen. **Winston Churchill** sah diese Entwicklung schon früh und prägte 1946 das Wort vom „*Eisernen Vorhang*“, der sich auf Europa herabsenke und den sowjetischen Machtbereich vom Rest der Welt abriegle (▸ M2).

Josip Broz, genannt Tito (1892 - 1980): Partisanenführer der jugoslawischen Kommunisten im Zweiten Weltkrieg; 1945 Ministerpräsident, 1953 - 1980 Staatspräsident Jugoslawiens

Winston Churchill (1874 - 1965): Premierminister Großbritanniens 1940 - 1945 und 1951 - 1955

Die USA reagieren: Eindämmung und Wiederaufbau Die Vereinigten Staaten sahen sich gehalten, auf die Sowjetisierung zu antworten und die noch nicht unter kommunistischer Führung stehenden Länder wirtschaftlich, politisch und militärisch zu stabi-

▲ **Ausdehnung des sowjetischen Herrschaftsbereiches in Europa.**

Harry S. Truman (1884-1972): US-Präsident (Demokrat) von 1945 bis 1952

George C. Marshall (1880-1959): General im Zweiten Weltkrieg, 1947-1951 US-Außenminister; erhielt 1953 den Friedensnobelpreis

lisieren. US-Präsident **Harry Truman** erhob im März 1947 die „Eindämmung" (*containment*) des Kommunismus und der Sowjetunion zum Grundprinzip seiner Außenpolitik (*Truman-Doktrin* ▸ M3). Als Antwort darauf gründete Stalin Ende September 1947 das Kommunistische Informationsbüro (*Kominform*), das die weltweite Steuerung der kommunistischen Parteien unter Führung der Kommunistischen Partei der Sowjetunion (KPdSU) zur Aufgabe hatte (▸ M4).

Zur Stützung der nicht kommunistischen Länder in Europa rief die US-Regierung im Frühjahr 1948 das Europäische Wiederaufbauprogramm (*European Recovery Program, ERP*) ins Leben, nach seinem Initiator **George Marshall** auch *Marshall-Plan* genannt. Der Marshall-Plan bot den kriegszerstörten Ländern Europas wirtschaftliche Hilfe beim Wiederaufbau.* Den Ländern in seinem Machtbereich verbot Stalin die Beteiligung an diesem Wiederaufbauprogramm und bildete stattdessen den Rat für Gegenseitige Wirtschaftshilfe (RGW).

Die Gründung der NATO ■ Wegen des großen militärischen Übergewichts der Sowjetunion an Landstreitkräften in Europa gaben die britische und französische Regierung den Anstoß zu einem längerfristigen militärischen Engagement der USA in Europa. Nur ein gemeinsames Verteidigungssystem unter Mitwirkung der USA schien der Bedräng-

* siehe S. 211

nis Westeuropas durch die Sowjetunion standhalten zu können. Die Berlin-Blockade von 1948/49* verstärkte das Gefühl der Bedrohung im Westen noch weiter.

Am 4. April 1949 gründeten zehn europäische Staaten (Belgien, Dänemark, Frankreich, Großbritannien, Island, Italien, Luxemburg, Niederlande, Norwegen, Portugal) sowie die USA und Kanada die **NATO**. Die Hauptaufgabe der Atlantischen Allianz sollte der Schutz sämtlicher Bündnismitglieder gegen einen bewaffneten Angriff sein.** Mit der Gründung der NATO gewährten die USA den Staaten Westeuropas dauerhaft militärischen Beistand.

Die Sowjetunion hatte dagegen schon seit 1945 bilaterale (zweiseitige) Abkommen über Freundschaft, Zusammenarbeit und gegenseitigen Beistand mit allen Staaten ihres Machtbereichs geschlossen.

NATO (North Atlantic Treaty Organization): Die Zugehörigkeit verpflichtet nicht zum automatischen militärischen Beistand, sondern stellt die erforderlichen Maßnahmen in das Ermessen jedes Partners. Truppen der NATO wurden nach dem Ende des Kalten Kriegs als Krisenreaktionskräfte auch zur Durchsetzung von Resolutionen der UNO eingesetzt.

Blockbildung in Ost und West ■ Die Teilung Europas, der „Eiserne Vorhang", verlief unterdessen mitten durch das besiegte Deutschland. 1948 waren die Besatzungszonen der USA, Großbritanniens und Frankreichs zu einem gemeinsamen Wirtschaftsraum (Trizone) verschmolzen, im Mai 1949 wurde daraus die Bundesrepublik Deutschland als Staat mit eingeschränkter Souveränität. Im Oktober desselben Jahres erfolgte die Gründung der Deutschen Demokratischen Republik auf dem Boden der Sowjetischen Besatzungszone im Osten Deutschlands. Die DDR wurde wie ihre östlichen Nachbarn ein von der Sowjetunion abhängiger Satellitenstaat.

Als die Bundesrepublik Deutschland 1955 der NATO beitrat, gründeten die UdSSR und ihre Verbündeten in Osteuropa den **Warschauer Pakt**. Die beiden deutschen Teilstaaten waren seitdem vollständig in das westliche bzw. östliche Bündnissystem integriert. War die deutsche Teilung durch den Kalten Krieg verursacht worden, so standen sich Bundesrepublik und DDR nun selbst als verfeindete Staaten gegenüber.

Warschauer Pakt: Militärbündnis gemäß dem Warschauer Vertrag vom 14. Mai 1955. Ihm gehörten die UdSSR, Albanien (bis 1968), Bulgarien, ČSSR, DDR (bis 1990), Polen, Rumänien und Ungarn an.

„Friedliche Koexistenz" und atomares Gleichgewicht ■ Auf den Tod des Diktators Stalin im Jahr 1953 folgte eine neue Phase der Ost-West-Beziehungen. Der neue sowjetische Staats- und Parteichef **Nikita Chruschtschow** verkündete 1956 die Doktrin von der „friedlichen Koexistenz". Die unterschiedlichen Gesellschaftssysteme in Ost und West sollten vorerst nebeneinander bestehen und auf einen Krieg verzichten.

Diese Forderung stand in der Tradition Lenins und Stalins, die ihre revolutionären Ziele nötigenfalls an die Realpolitik angeglichen hatten. Sie war desto dringender, als beide Seiten inzwischen über Nuklearwaffen verfügten. Die USA waren seit 1945 zunächst der einzige Staat gewesen, der Atomwaffen besaß. Im August 1949 war auch der Sowjetunion die Zündung einer Atombombe gelungen. 1955 hatte die Sowjetunion mit den USA bei der Herstellung einer Wasserstoffbombe gleichgezogen. Am 4. Oktober 1957 sandte die Sowjetunion den ersten künstlichen Satelliten („Sputnik") in den Weltraum. Der „Sputnik-Schock" führte der westlichen Öffentlichkeit schlagartig die Fortschritte des Ostblocks bei der Raketentechnik vor Augen. Bald darauf verfügte die Sowjetunion über Raketen, die direkt auf die USA zielen konnten. Die USA hatten ihre atomare Überlegenheit verloren und waren nun auf dem eigenen Territorium angreifbar. Zwischen den Weltmächten trat eine strategische Pattsituation ein.

Nikita Sergejewitsch Chruschtschow (1894-1971): 1958-1964 Regierungschef der Sowjetunion, schließlich vom Politbüro der KPdSU entmachtet

* siehe S. 48 f.

** Die NATO besteht nach wie vor, derzeit gehören ihr 28 Staaten an. Die Zugehörigkeit zum Bündnis verpflichtet nicht zum automatischen militärischen Beistand, sondern stellt die Anwendung erforderlicher Maßnahmen in das Ermessen jedes Partners.

Die Entwicklung der Raketen als Trägersysteme wurde vor allem durch die Weltraumfahrt vorangetrieben. Der Wettlauf um die Vorherrschaft im Weltraum, der u.a. zur ersten bemannten Mondlandung der Amerikaner am 21. Juli 1969 führte, war ein weiteres Feld, auf dem der Kalte Krieg ausgetragen wurde. Dabei diente der technologische Vorsprung als Indiz für die Überlegenheit des jeweiligen Gesellschaftssystems. Unterdessen wuchs das Atomwaffenarsenal auf beiden Seiten stetig an. Mit den vorhandenen Sprengköpfen konnte die Menschheit mehrfach ausgelöscht werden („overkill capability"). Die Hochrüstung führte zu einem *„Gleichgewicht des Schreckens"*.

Krisen und Konflikte im Zeichen des Kalten Krieges Das militärische Gleichgewicht bewahrte die USA und die Sowjetunion davor, gegeneinander Krieg zu führen. Dennoch hielten zahlreiche Krisen und Konflikte in den 1950er- und 60er-Jahren den Ost-West-Gegensatz wach.

Stellvertreterkrieg: Staaten führen einen militärischen Konflikt nicht unmittelbar gegeneinander, sondern tragen ihn auf externem Gebiet oder gegen eine dritte Macht aus.

- Mit dem *Korea-Krieg* fand der erste **Stellvertreterkrieg** zwischen den Großmächten statt. Korea war bei Kriegsende 1945 in einen kommunistischen Norden und einen an Amerika angelehnten Süden geteilt worden. Zwischen 1950 und 1953 kämpften US-Truppen an der Seite Südkoreas gegen nordkoreanische Truppen, die mit Billigung Moskaus von China unterstützt wurden. Der Krieg endete mit einem Waffenstillstand, der die Teilung des Landes bestätigte.
- 1953 wurde der *Arbeiter- und Volksaufstand gegen das DDR-Regime* mit dem Einsatz der in Ostdeutschland stationierten Roten Armee beendet.* Die Westmächte griffen nicht ein, ebenso wenig wie 1956 beim *Aufstand der Ungarn* gegen das kommunistische Regime, der ebenfalls von den Sowjets niedergeschlagen wurde.
- In der *Zweiten Berlinkrise* 1958-1961 drängte der sowjetische Staats- und Parteichef Chruschtschow auf eine Neuregelung des Status von Berlin. Dabei wollte er den Abzug der westlichen Alliierten erreichen. Bald drohte er mit einem separaten Friedensvertrag zwischen der Sowjetunion und der DDR – ein Verstoß gegen die Vereinbarungen der Siegermächte. Zusätzlich belastet wurde das Verhältnis zwischen Washington und Moskau durch den Abschuss eines amerikanischen Spionageflugzeugs über dem Gebiet der Sowjetunion. Beide Seiten konnten sich nicht einigen, auch ein Gipfeltreffen im Juni 1961 blieb erfolglos. Die Welt befürchtete einen Atomkrieg angesichts des Streits um Berlin. Die USA unter Präsident **John F. Kennedy** lenkten schließlich ein, indem sie lediglich für West-Berlin eine Bestandsgarantie aussprachen. Faktisch erkannte der Westen damit die alleinige Vormacht der Sowjetunion über die DDR und Ost-Berlin an. Moskau gab daraufhin der DDR-Führung im August 1961 freie Hand für den Bau der Berliner Mauer.** Sie wurde weltweit zum Symbol des Kalten Krieges.

John F. Kennedy (1917-1963): US-Präsident (Demokrat) von 1961 bis 1963. Er fiel am 22. November 1963 einem Attentat zum Opfer.

◂ Kinder fliehen nach einem Napalmangriff.
Foto vom 8. Juni 1972.
Napalm ist ein militärisches Brandmittel, das nur sehr schwer gelöscht werden kann. Das kleine nackte vietnamesische Mädchen, Kim Phúc, hat zwar den Angriff überlebt, Schmerzen und Narben werden sie aber ein Leben lang begleiten.
- *Von dem Foto wird oft nur ein Ausschnitt abgebildet, bei dem das Mädchen in den Mittelpunkt rückt. Erläutern Sie, wie sich dadurch die Wirkung des Bildes verändert.*

* siehe S. 117 f.
** siehe S. 128

- Nachdem 1959 die kommunistische Revolution unter Fidel Castro (geb. 1926) auf Kuba gesiegt hatte, versuchte die US-Regierung, das Regime auf der Karibikinsel durch einen Handelsboykott zur Aufgabe zu zwingen. Castro verbündete sich stattdessen mit Moskau. Die UdSSR wollte im Herbst 1962 Atomraketen auf Kuba stationieren – zur Stärkung des Regimes in Havanna. Die USA waren nun unmittelbar bedroht. Präsident Kennedy forderte Chruschtschow zum sofortigen Abzug der Waffen auf. Die *Kuba-Krise* führte die USA und die UdSSR an den Rand eines Krieges. In einem geheimen Briefwechsel lenkten beide Staatschefs Ende Oktober 1962 schließlich ein. Chruschtschow befahl den Rücktransport der Raketen, während Kennedy auf alle Invasionspläne gegen Kuba verzichtete und die – wenngleich veralteten – US-Raketen in der Türkei abzog (▶ M5).
- Der *Vietnam-Krieg* war ein weiterer Stellvertreterkrieg im Rahmen des Ost-West-Konflikts. Vietnam war 1954 auf einer internationalen Konferenz geteilt worden. Der kommunistische Norden unterstützte den Kampf des **Vietcong** gegen das Regime in Südvietnam. In Washington fürchtete man, bei einem Sieg des Kommunismus in Südvietnam würden auch die übrigen Staaten Südostasiens einer nach dem anderen unter kommunistische Herrschaft geraten („*Domino-Theorie*"). Daher entsandte die US-Regierung zunächst Waffen und Militärberater, ehe sie im August 1964 offiziell in den Krieg eintrat. Der Krieg dauerte elf Jahre, kostete über 58 000 Amerikaner das Leben und konnte nur unter größtem Einsatz der US-Militärmacht beendet werden.

Vietcong: Untergrundorganisation aus verschiedenen politischen Gruppen, die 1960 den bewaffneten Kampf gegen die Regierung Südvietnams aufnahm.

Die Zivilbevölkerung Südvietnams litt unsäglich unter dem Bomben- und Dschungelkrieg. Bilder toter und verstümmelter Vietnamesen gingen um die Welt. Flächenbombardements und chemische Kampfstoffe verwüsteten weite Landstriche. Etwa drei Millionen Vietnamesen kamen um, darunter eine Million Soldaten. Die Berichte in den Medien steigerten die öffentliche Kritik und den Widerstand gegen den Krieg, vor allem in den USA selbst. Waffenstillstandsverhandlungen zogen sich jedoch in die Länge; obwohl bereits 1968 begonnen, wurden sie erst 1973 abgeschlossen. Die US-Truppen zogen sich daraufhin ganz zurück, sodass nordvietnamesische Truppen bis 1975 den Süden erobern konnten. 1976 folgte die Vereinigung zur Sozialistischen Republik Vietnam.

▲ **Demonstration gegen den Vietnam-Krieg.**
Foto vom 14. November 1969. Im New Yorker Central Park symbolisieren die Demonstranten die in Vietnam gefallenen amerikanischen Soldaten.

Der Schaden für die US-Politik war enorm: Nach dem Rückzug kamen – wie erwartet – auch in Laos und Kambodscha kommunistische Regime an die Macht. Die amerikanische Bevölkerung war tief gespalten und traumatisiert angesichts der Verluste sowie der Kriegsgräuel, die in ihrem Namen verübt wurden. Auch büßten die USA viel Ansehen in der westlichen Öffentlichkeit ein.

Auf der Gegenseite zeigte der Ostblock im „*Prager Frühling*" von 1968 erste Risse. In der Tschechoslowakei versuchte **Alexander Dubček** Anfang 1968, einen „Kommunismus mit menschlichem Antlitz" einzuführen und oppositionelle Parteien zuzulassen. Der Reformkurs wurde von der Bevölkerung begeistert aufgenommen. Aus Furcht vor dem Verlust ihrer Vorherrschaft ordnete die Sowjetunion den Einmarsch von Truppen des Warschauer Paktes in die ČSSR an. Die führenden Köpfe des „Prager Frühlings" wurden verhaftet, die Abhängigkeit der „sozialistischen Bruderrepublik" von Moskau

Alexander Dubček (1921-1992): 1968 Chef der tschechoslowakischen KP; wurde nach dem „Prager Frühling" von der Partei ausgeschlossen, 1989 rehabilitiert und zum Parlamentspräsidenten ernannt

Leonid Iljitsch Breschnew (1907-1982): Chef der KPdSU 1964-1982; sowjetischer Staatschef 1977-1982

wiederhergestellt. Der sowjetische Parteichef **Leonid Breschnew** rechtfertigte die Intervention des Warschauer Pakts im Nachhinein mit der sogenannten *Breschnew-Doktrin*. Danach sei die Sowjetunion berechtigt, Abweichungen vom „Weg des Sozialismus" notfalls mit militärischer Gewalt zu unterdrücken. Wie schon beim Aufstand in Ungarn 1956 nahmen die USA und ihre europäischen Verbündeten das Vorgehen der Sowjets in deren Einflussbereich tatenlos hin.

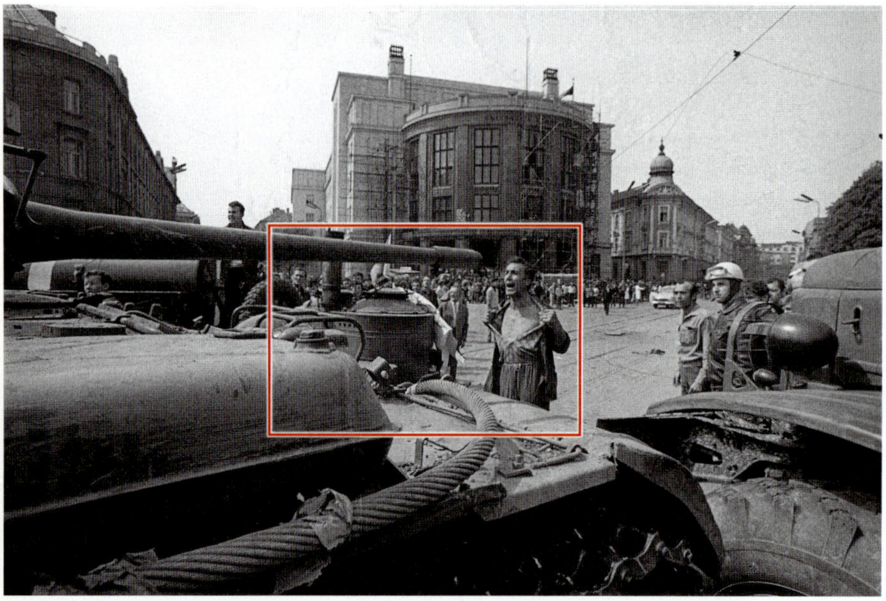

◂ **Niederschlagung des „Prager Frühlings" in Bratislava.**
Foto vom 21. August 1968.
Im Rahmen des „Prager Frühlings" gab es Massendemonstrationen nicht nur in der tschechoslowakischen Hauptstadt Prag, sondern auch in anderen großen Städten des Landes.
Das Bild entstand nach dem Einmarsch der Truppen des Warschauer Pakts in Bratislava.
Ein Einzelner stellt sich vor einen sowjetischen Panzer. Er entblößt dabei seine Brust von seinem karierten Handwerkeranzug.

- *Oft wurde nur der markierte Ausschnitt gezeigt. Erläutern Sie, wie sich dadurch die Wirkung des Bildes verändert.*
- *Das Bild wurde zu einem Symbol für die „Macht der Ohnmächtigen". Stellen Sie dar, wodurch der Mann als unterdrückt und hilflos erscheint.*
- *Erörtern Sie, ob es angemessen ist, die Wirkung von Nachrichtenbildern durch Ausschnitte zu verändern.*

Versuche zur Annäherung Der Ost-West-Konflikt ließ freilich auch Raum für Verständigung. Schon nach der Kuba-Krise 1962 hatten das Weiße Haus und der Kreml eine direkte Fernschreiberverbindung („*Heißer Draht*") eingerichtet, die die Kommunikation in Konfliktfällen sicherstellte. Das „Gleichgewicht des Schreckens" hielt nicht nur den militärischen Rüstungswettlauf in Gang, sondern förderte im Laufe der Sechzigerjahre auch die Bereitschaft zu Rüstungskontrollverhandlungen. 1963 wurde das *Atomteststoppabkommen* unterzeichnet, das überirdische Kernwaffentests untersagte, um Mensch und Umwelt vor weiterer radioaktiver Verseuchung zu schützen. 1968 einigten sich die USA, die Sowjetunion, Großbritannien, Frankreich und China auf die Nichtverbreitung von Kernwaffen (*Atomwaffensperrvertrag*). Bis zum Jahr 2000 traten diesem Abkommen 187 Staaten bei.

Zu Beginn der Siebzigerjahre standen die Zeichen auf Entspannung. Die Sowjetunion suchte die Kooperation mit Amerika, um das kostspielige Wettrüsten einzuschränken und an der fortschrittlichen Technologie des Westens teilzuhaben. Nicht zuletzt war Bewegung in die Ost-West-Beziehungen geraten, seit sich die USA und China erstmals annäherten.

Vor dem Hintergrund dieser Interessenlage schlossen Washington und Moskau eine Reihe von Verträgen zur Rüstungsbegrenzung und Rüstungskontrolle sowie zum wirtschaftlichen Austausch. Das Klima der Ost-West-Beziehungen schien sich zu bessern, insbesondere in Europa wuchs die Hoffnung auf einen gesicherten Frieden im Rahmen des Status quo.

Ein Höhepunkt der Ost-West-Entspannung war die *Konferenz über Sicherheit und Zusammenarbeit in Europa* (KSZE), zu der seit 1972 35 Länder zusammengefunden hatten und die am 1. August 1975 mit der Unterzeichnung der sogenannten Schlussakte von Helsinki vorläufig endete.* Die Unterzeichnerstaaten (die USA, Kanada und alle europäischen Länder außer Albanien) gingen damit die politisch-moralische Verpflichtung ein, ihre Beziehungen auf friedlicher Basis unter Verzicht auf Gewaltandrohung, im Rahmen der gegebenen Grenzen und bei Respektierung der Menschenrechte im Inneren zu entwickeln.

Rückfall in den Kalten Krieg ■ Die Annäherung zwischen Ost und West kam Ende der Siebzigerjahre rasch an ihr Ende, als die UdSSR eine neue Phase massiver Aufrüstung einläutete. Mit einer aktuellen Generation von Interkontinentalraketen, zusätzlichen atomgetriebenen U-Booten und den neuen *Mittelstreckenraketen* SS-20 versuchte die Sowjetunion, ihre militärische Position, insbesondere in Europa, zu stärken. Auf Anraten des deutschen Bundeskanzlers Helmut Schmidt einigte sich die NATO im Dezember 1979 auf den sogenannten „*Nachrüstungsdoppelbeschluss*". Er sah die Aufrüstung im Bereich der Mittelstreckenraketen, zugleich aber Verhandlungen mit der Sowjetunion vor.

Am 27. Dezember 1979 marschierten sowjetische Truppen in *Afghanistan* ein. Dort sollte die prokommunistische Regierung gegen eine islamisch-fundamentalistische Oppositionsbewegung geschützt werden. Der Westen befürchtete, Moskau werde die Ölvorkommen am Persischen Golf unter seine Kontrolle bringen. Die US-Regierung unter Jimmy Carter (geb. 1924) reagierte mit einer Reihe von Sanktionen (Stopp von Weizenlieferungen und Gütern der Hochtechnologie, Landeverbot für sowjetische Flugzeuge in den USA, Boykott der Olympischen Spiele 1980 in Moskau).

Noch entschiedener setzte seit Anfang 1981 der neue US-Präsident Ronald Reagan (1911 - 2004) auf eine Politik der Stärke gegenüber der Sowjetunion, die er öffentlich als „Reich des Bösen" bezeichnete. Mit einem gigantischen Rüstungsprogramm wollte er die Sowjetunion zu Verhandlungen zwingen.

Wende in der Sowjetunion ■ Im Rüstungswettlauf mit der überlegenen amerikanischen Wirtschaftsmacht konnte die Sowjetunion nicht mithalten. Sie hatte stets wesentlich mehr Mittel in den Militärsektor gelenkt, als ihre Volkswirtschaft verkraften konnte. Der Lebensstandard der Bevölkerung sank immer weiter ab – teilweise unter das Niveau der Zarenzeit. Nach Breschnews Tod 1982 gaben seine beiden nur kurz amtierenden Nachfolger Juri Andropow (1982 - 1984) und Konstantin Tschernenko (1984 - 1985) keine neuen Impulse.

Der Wendepunkt kam erst mit **Michail Gorbatschow**, dem neuen Generalsekretär der KPdSU seit März 1985. Mit einer Politik der „Offenheit" (*Glasnost*) und der „Umgestaltung" (*Perestroika*) versuchte er, der ökonomischen Krise seines Landes Herr zu werden. Gorbatschows Reformen im Innern wollten den Sozialismus keineswegs abschaffen, sondern ihn menschlicher und leistungsfähiger machen. Er ordnete Wahlen zum Kongress der Volksdeputierten an (März 1989). Erstmals seit 1917 konnten die Bürger zwischen mehreren Kandidaten frei und geheim entscheiden. Im März 1990 wurde Gorbatschow in das neu geschaffene Amt eines Präsidenten der UdSSR gewählt. Die Freiheit zur öffentlichen Kritik an den Missständen im Land und an der Kommunistischen Partei entwickelte nun eine Dynamik, die das Machtmonopol der KPdSU binnen Kurzem beendete.

Michail Sergejewitsch Gorbatschow (geb. 1931): letzter sowjetischer Staats- und Parteichef 1985 - 1991; erhielt 1990 den Friedensnobelpreis

* siehe S. 136

▸ **US-Präsident Ronald Reagan und der sowjetische Staats- und Parteichef Michail Gorbatschow begegnen sich 1985 bei ihrem ersten von insgesamt fünf Gipfeltreffen.** *Foto vom 19. November 1985.*

Abkehr von der Weltmachtpolitik Auch in der Außenpolitik verkündete Gorbatschow seit 1985 ein „neues Denken". Es führte zu einem völligen Bruch mit der bisherigen Militär- und Sicherheitspolitik der Sowjetunion. Gorbatschow machte eine Reihe von Vorschlägen zur Beendigung des Wettrüstens, betonte den Gedanken der „gemeinsamen Sicherheit" und forderte die einvernehmliche Ausgestaltung des „europäischen Hauses".

Innerhalb weniger Jahre wandelten sich die sowjetisch-amerikanischen Beziehungen tief greifend. Nach mehreren Gipfeltreffen Gorbatschows mit US-Präsident Reagan unterzeichneten beide in Washington am 8. Dezember 1987 den **INF-Vertrag**. Erstmals wurde ein wirklicher Abrüstungserfolg erzielt. Moskau stellte seine Unterstützung sozialistischer Regime in der Karibik, in Afrika und Asien ein (1986), zog seine Streitkräfte aus Afghanistan ab (1988/89) und kündigte vor der UNO einseitige Truppenverringerungen an (1989). Der wichtigste Schritt war jedoch die Anerkennung der nationalen Unabhängigkeit der bisherigen Ostblockstaaten (1987/88).

INF-Vertrag (intermediate range nuclear forces): Abkommen der Supermächte über die Beseitung aller Mittelstreckenraketen mit einer Reichweite zwischen 500 und 5500 km

◂ **Titelbild des „Spiegel", 2. September 1991.**

Der Ostblock löst sich auf Die von Moskau ausgehenden Reformanstöße ab Mitte der 1980er-Jahre stärkten die oppositionellen *Bürgerrechtsbewegungen* in den Mitgliedstaaten des Warschauer Paktes. Als die sowjetische Außenpolitik ab 1989 die Entwicklung wieder bremsen wollte, war es bereits zu spät: Das Ende der kommunistischen Parteidiktaturen war nicht mehr aufzuhalten. Vorreiter waren Polen und Ungarn, wo unter Mitwirkung kommunistischer Reformkräfte 1989 bzw. 1990 freie Wahlen stattfanden. Auch die DDR, die Tschechoslowakei, Bulgarien, Rumänien und Albanien befreiten sich meist friedlich von ihren kommunistischen Regierungen. Die DDR löste sich auf, und die aus ihr gebildeten fünf ostdeutschen Länder traten am 3. Oktober 1990 der Bundesrepublik Deutschland bei. Im Juni und Juli 1991 wurden der Rat für Gegenseitige Wirtschaftshilfe (RGW) und das Militärbündnis des Warschauer Paktes aufgelöst. Seit 1999 sind Polen, Ungarn und die Tschechische Republik, seit 2004 die **baltischen Staaten**, Bulgarien, Rumänien, die Slowakei und Slowenien Mitglieder der NATO und seit 2004 bzw. 2007 auch Mitglieder der Europäischen Union. Sie und weitere Länder Ostmitteleuropas unternahmen in den 1990er-Jahren erhebliche Anstrengungen beim Aufbau von Rechtsstaat, Demokratie und Marktwirtschaft sowie der Schaffung einer sich in Parteien, freien Verbänden und Gewerkschaften organisierenden Bürgergesellschaft (▸ M6).

Baltische Staaten: Estland, Lettland und Litauen, seit 1918 unabhängig, 1940 von der Sowjetunion annektiert. 1991 erklärten sie ihre Unabhängigkeit und traten aus dem Staatsverband der UdSSR aus.

Von der Sowjetunion zur Gemeinschaft Unabhängiger Staaten ■ Gorbatschows Reformen und der von ihnen ausgelöste Machtverfall der Sowjetunion veranlassten die Anhänger des alten Regimes im August 1991 zu einem letzten Putschversuch. Die Verschwörer aus den Reihen des sowjetischen Geheimdienstes KGB setzten den Präsidenten gefangen. Schon nach zwei Tagen gaben die Putschisten auf. Der Widerstand der Bevölkerung wurde von Boris Jelzin (1931-2007) angeführt, dem kurz zuvor gewählten Präsidenten der Russischen Föderation, dem Kernland der Sowjetunion. Jelzin verbot nach dem misslungenen Staatsstreich die Kommunistische Partei in Russland.

Der Zerfall der Sowjetunion war nicht länger aufzuhalten. Zahlreiche Sowjetrepubliken, darunter die baltischen Staaten, die Ukraine und Moldawien, lösten sich von Moskau und verboten die Kommunistische Partei. Am 21. Dezember 1991 gründeten 15 nunmehr unabhängige Republiken die *Gemeinschaft Unabhängiger Staaten* (GUS) und erklärten die UdSSR für aufgelöst. Russland als bedeutendstes Mitglied der GUS übernahm deren Sitz in der UNO. Fünf Tage später trat Gorbatschow als Präsident der Sowjetunion zurück (▸ M7).

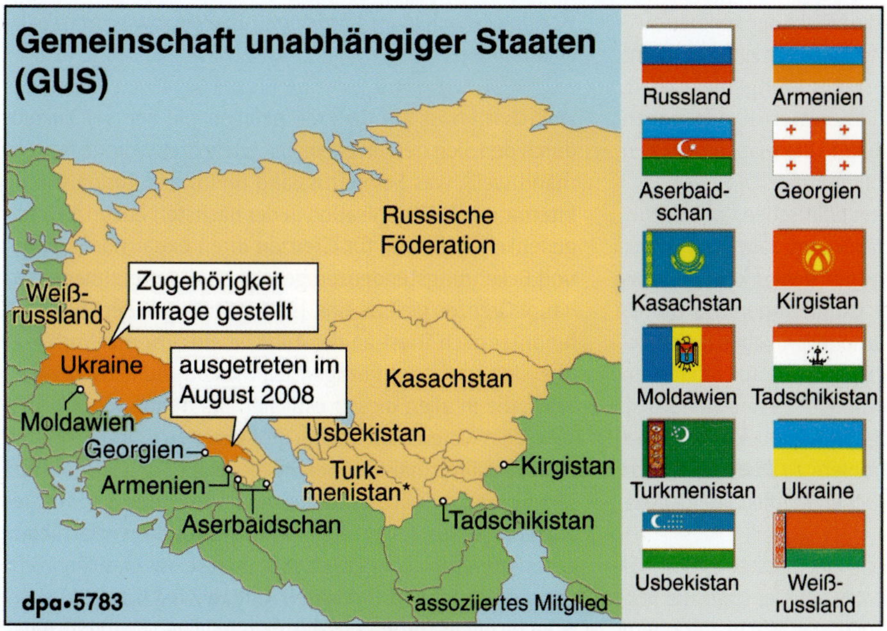

▲ **Mitgliedstaaten der Gemeinschaft Unabhängiger Staaten (GUS). Stand: 2008.**
Die drei baltischen Staaten Estland, Lettland und Litauen, die zur Sowjetunion gehört hatten, schlossen sich der GUS nicht an. Georgien trat nach seiner Niederlage im bewaffneten Konflikt um die beiden abtrünnigen Provinzen Südossetien und Abchasien aus (August 2008). Deren Kampf um Unabhängigkeit von Georgien hatten dabei überlegene russische Truppen unterstützt.

M1 „Drahtbericht aus Moskau"

Am 22. Februar 1946 skizziert der Berater des US-amerikanischen Botschafters in Moskau, George F. Kennan, in einem Telegramm nach Washington wesentliche Grundsätze der späteren US-Außenpolitik:

Die UdSSR lebt immer noch inmitten feindseliger „kapitalistischer Einkreisung", mit der es auf die Dauer keine friedliche Koexistenz geben kann. [...]

Die Erfordernisse ihrer eigenen vergangenen und gegenwärtigen Position sind es, die die sowjetische Führung dazu zwingen, ein Dogma zu verkünden, nach dem die Außenwelt böse, feindselig und drohend, aber zugleich von einer schleichenden Krankheit befallen und dazu verurteilt ist, von immer stärker werdenden inneren Kämpfen zerrissen zu werden, bis sie schließlich von der erstarkenden Macht des Sozialismus den Gnadenstoß erhält und einer neuen und besseren Welt weicht. [...]

Wo es angezeigt und Erfolg versprechend scheint, wird man versuchen, die äußeren Grenzen der Sowjetmacht zu erweitern. Im Augenblick beschränken diese Bemühungen sich auf gewisse Punkte in der Nachbarschaft, die man hier für strategisch notwendig hält [...].

Die Russen werden sich offiziell an solchen internationalen Organisationen beteiligen, die ihnen Gelegenheit geben, sowjetische Macht auszuweiten und die Macht der anderen auszuschalten oder zu verwässern. Moskau sieht die UNO nicht als einen Mechanismus für eine stabile Weltgemeinschaft, die auf gemeinsamen Zielen und Interessen aller Nationen aufgebaut ist, sondern als eine Arena, in der man die eigenen Ziele mit Aussicht auf Erfolg verfolgen kann. [...]

Alles in allem haben wir es mit einer politischen Kraft zu tun, die sich fanatisch zu dem Glauben bekennt, dass es mit Amerika keinen dauernden Modus vivendi[1] geben kann, dass es wünschenswert und notwendig ist, die innere Harmonie unserer Gesellschaft, unsere traditionellen Lebensgewohnheiten und das internationale Ansehen unseres Staates zu zerstören, um der Sowjetmacht Sicherheit zu verschaffen [...]. Aber ich möchte meiner Überzeugung Ausdruck geben, dass es in unserer Macht steht, das Problem zu lösen, und zwar ohne uns in einen großen militärischen Konflikt zu flüchten. [...]

Sie [die Sowjetunion] arbeitet nicht nach festgelegten Plänen. Sie geht keine unnötigen Risiken ein. Der Logik der Vernunft unzugänglich, ist sie der Logik der Macht in hohem Maße zugänglich. Daher kann sie sich ohne Weiteres zurückziehen – und tut das im Allgemeinen –, wenn sie irgendwo auf starken Widerstand stößt. Wenn also dem Gegner genügend Hilfsmittel zur Verfügung stehen und er die Bereitschaft zu erkennen gibt, sie auch einzusetzen, wird er das selten tun müssen. Wenn die Situation richtig gehandhabt wird, braucht es zu keiner das Prestige verletzenden Kraftprobe zu kommen. [...]

Viel hängt von der Gesundheit und Kraft unserer eigenen Gesellschaft ab. Der Weltkommunismus ist wie ein bösartiger Parasit, der sich nur von erkranktem Gewebe nährt. Das ist der Punkt, in dem Innen- und Außenpolitik einander begegnen.

George F. Kennan, Memoiren eines Diplomaten, Stuttgart ^{5}1969, S. 553 ff.

[1] Modus vivendi: erträgliches Zusammenleben zwischen an sich verfeindeten Personen oder Mächten

1. *Arbeiten Sie heraus, worin Kennan den Unterschied zwischen „Logik der Vernunft" und „Logik der Macht" sieht.*
2. *Vergleichen Sie die im Text skizzierten Bilder, die die UdSSR und die USA voneinander entwerfen.*
3. *Nennen Sie mögliche außenpolitische Konsequenzen der US-Regierung aus Kennans Analyse.*

M2 Der „Eiserne Vorhang" in Europa

In Gegenwart und nach Absprache mit US-Präsident Truman spricht der Oppositionsführer im britischen Unterhaus, Winston Churchill, am 5. März 1946 über die sowjetische Politik in Osteuropa:

Ein Schatten ist auf die Erde gefallen, die erst vor Kurzem durch den Sieg der Alliierten hell erleuchtet worden ist. Niemand weiß, was Sowjetrussland und die kommunistische internationale Organisation in der nächsten Zukunft zu tun gedenken oder was für Grenzen ihren expansionistischen und Bekehrungstendenzen gesetzt sind, wenn ihnen überhaupt Grenzen gesetzt sind. [...] Von Stettin an der Ostsee bis hinunter nach Triest an der Adria ist ein „Eiserner Vorhang" über den Kontinent gezogen. [...] Die kommunistischen Parteien, die in allen diesen östlichen Staaten Europas bisher sehr klein waren, sind überall großgezogen worden, sie sind zu unverhältnismäßig hoher Macht gelangt und suchen jetzt überall die totalitäre Kontrolle an sich zu reißen. [...] Welches auch die Schlussfolgerungen sind, die aus diesen Tatsachen gezogen werden können, eines steht fest, das ist sicher nicht das befreite Europa, für dessen Aufbau wir gekämpft haben. Es ist nicht ein Europa, das die unerlässlichen Elemente eines dauernden Friedens enthält.

Ich glaube nicht, dass Sowjetrussland den Krieg will. Was es will, das sind die Früchte des Krieges und die unbeschränkte Ausdehnung seiner Macht und die Verbreitung seiner Doktrin. Was wir aber heute, solange noch Zeit vorhanden ist, in Erwägung ziehen müssen, das sind die Mittel zur dauernden Verhütung des Krieges und zur Schaffung von Freiheit und Demokratie in allen Ländern.

Keesings Archiv der Gegenwart 1946, S. 669 f.

1. *Skizzieren Sie, wie Churchill die internationale Lage bewertet. Welche Kurskorrekturen spricht er an?*

2. *Prüfen Sie, ob sich die Einschätzung Churchills mit derjenigen Kennans (M1) deckt.*

▲ **„Churchill und seine Vorläufer."**
Karikatur aus der sowjetischen Zeitschrift „Krokodil", März 1946. Auf den Flaggen steht: „Eiserner Vorhang über Europa" und „Die Angelsachsen sollten die Welt beherrschen".

- *Identifizieren Sie die beiden Personen in Churchills Schatten.*
- *Erläutern Sie die Sicht Churchills in dieser sowjetischen Karikatur. Berücksichtigen Sie dabei die Aufschrift der Flaggen.*

M3 Die Truman-Doktrin

In seiner Rede vor dem amerikanischen Kongress am 12. März 1947 fordert Präsident Truman die Bereitstellung von 400 Millionen Dollar zur Unterstützung Griechenlands und der Türkei. Dadurch soll verhindert werden, dass kommunistische Kräfte im griechischen Bürgerkrieg die Macht an sich reißen.
Die bislang eher zahlungsunwillige republikanische Kongressmehrheit hat Trumans Haushaltsplan, darunter auch die vorgesehenen Militärausgaben, zuvor stark gekürzt. Nach der Rede bewilligt der Kongress umgehend die geforderten Gelder.

Eins der ersten Ziele der Außenpolitik der Vereinigten Staaten ist es, Bedingungen zu schaffen, unter denen wir und andere Nationen uns ein Leben aufbauen können, das frei von Zwang ist. Das war ein grundlegender Faktor im Krieg gegen Deutschland und Japan. Wir überwanden mit unserem Sieg Länder, die anderen Ländern ihren Willen und ihre Lebensweise aufzwingen wollten. [...]
In einer Anzahl von Ländern waren den Völkern kürzlich gegen ihren Willen totalitäre Regimes aufgezwungen worden. Die Regierung der Vereinigten Staaten hat mehrfach gegen Zwang und Einschüchterung bei der Verletzung des Jalta-Abkommens in Polen, Rumänien und Bulgarien protestiert. Und weiter muss ich feststellen, dass in einer Anzahl anderer Staaten ähnliche Entwicklungen stattgefunden haben. Im gegenwärtigen Abschnitt der Weltgeschichte muss fast jede Nation ihre Wahl in Bezug auf ihre Lebensweise treffen. Nur allzu oft ist es keine freie Wahl. Die eine Lebensweise gründet sich auf den Willen der Mehrheit und zeichnet sich durch freie Einrichtungen, freie Wahlen, Garantie der individuellen Freiheit, Rede- und Religionsfreiheit und Freiheit vor politischer Unterdrückung aus. Die zweite Lebensweise gründet sich auf den Willen einer Minderheit, der der Mehrheit aufgezwungen wird. Terror und Unterdrückung, kontrollierte Presse und Rundfunk, fingierte Wahlen und Unterdrückung der persönlichen Freiheiten sind ihre Kennzeichen.
Ich bin der Ansicht, dass es die Politik der Vereinigten Staaten sein muss, die freien Völker zu unterstützen, die sich der Unterwerfung durch bewaffnete Minderheiten oder durch Druck von außen widersetzen. Ich glaube, dass wir den freien Völkern helfen müssen, sich ihr eigenes Geschick nach ihrer eigenen Art zu gestalten. [...]
Die Saat der totalitären Regimes gedeiht in Elend und Mangel. Sie verbreitet sich und wächst in dem schlechten Boden von Armut und Kampf. Sie wächst sich vollends aus, wenn in einem Volk die Hoffnung auf ein besseres Leben ganz erstirbt. Wir müssen diese Hoffnung am Leben erhalten. Die freien Völker der Erde blicken auf uns und erwarten, dass wir sie in der Erhaltung der Freiheit unterstützen.

Ernst Schräpler und Herbert Michaelis (Hrsg.), Ursachen und Folgen. Vom deutschen Zusammenbruch 1918 und 1945 bis zur staatlichen Neuordnung in der Gegenwart, Bd. 25, Berlin o. J., S. 148 ff.

1. *Stellen Sie dar, inwiefern die Rede eine fundamentale Neuorientierung der US-Außenpolitik anzeigt.*

2. *Die USA müssten nach Truman den freien Völkern helfen, „sich ihr eigenes Geschick nach ihrer eigenen Art zu gestalten" (Z. 30 f.). Erörtern Sie, inwieweit diese Verpflichtung über den Grundsatz des Selbstbestimmungsrechts der Völker hinausgeht, den die USA bis dahin vertraten.*

3. *Diskutieren Sie den Anspruch von Großmächten, sich in die Belange „freier Völker" einzumischen.*

M4 Die Welt ist in zwei Lager geteilt

Bei der Gründung des Kommunistischen Informationsbüros (Kominform) am 30. September 1947 entwickelt der sowjetische Delegierte Andrej Shdanow auf Veranlassung Stalins die folgende Theorie:

Die Sowjetunion und die demokratischen Länder betrachteten als Hauptziele des Krieges die Wiederherstellung und Festigung der demokratischen Systeme in Europa, die Liquidierung des Faschismus, Verhütung der Möglichkeit einer neuen Aggression Deutschlands und allseitige dauernde Zusammenarbeit der Völker Europas. Die USA, und in Übereinstimmung mit ihnen Großbritannien, setzten sich im Krieg ein anderes Ziel: Beseitigung ihrer Konkurrenten auf dem Weltmarkt (Deutschland und Japan) und Festigung ihrer eigenen Vormachtstellung. Die Meinungsverschiedenheiten in der Zielsetzung des Krieges und der Aufgaben der Nachkriegsgestaltung haben sich in der Nachkriegszeit vertieft. Es bildeten sich zwei einander entgegengesetzte politische Richtungen heraus: auf dem einen Pol die Politik der UdSSR und der demokratischen Länder, die auf Untergrabung des Imperialismus und Festigung der Demokratie gerichtet ist, auf dem anderen die Politik der USA und Großbritanniens, die auf Stärkung des Imperialismus und Drosselung der Demokratie abzielt. Da die UdSSR und die Länder der neuen Demokratie ein Hindernis bei der Durchführung der imperialistischen Pläne des Kampfes um die Weltherrschaft und der Zerschlagung der demokratischen Bewegung sind, wurde ein Kreuzzug gegen die UdSSR und die Länder der neuen Demokratie proklamiert, der auch durch Drohungen mit einem neuen Krieg vonseiten der besonders eifrigen imperialistischen Politiker der USA und Englands bestärkt wird. Auf diese Weise entstanden zwei Lager: das imperialistische, antidemokratische Lager, dessen Hauptziel die Weltherrschaft des amerikanischen Imperialismus und die Zerschlagung der Demokratie ist, und das antiimperialistische und demokratische Lager, dessen Hauptziel die Untergrabung des Imperialismus, die Festigung der Demokratie und die Liquidierung der Überreste des Faschismus ist.

Keesings Archiv der Gegenwart 1947, S. 1207 f.

1. *Nennen Sie die Länder, die die Sowjetunion zu den demokratischen zählt. Erläutern Sie den sowjetischen Demokratiebegriff.*

2. *Erklären Sie, inwiefern Shdanows Ausführungen eine Antwort auf Truman-Doktrin und Marshall-Plan (S. 12 f.) sind.*

3. *Beurteilen Sie die Bedeutung der sogenannten Zwei-Lager-Theorie für das Verhältnis zwischen Moskau und den kommunistischen Parteien Osteuropas.*

M5 Krisenmanagement um Kuba

Als die UdSSR 1962 Mittelstreckenraketen auf Kuba in Stellung bringt, verhängen die USA eine Seeblockade. Daraufhin schreibt der sowjetische Staatschef Chruschtschow am 26. Oktober 1962 an US-Präsident Kennedy:

Wie können Sie [...] diese völlig falsche Interpretation geben, die Sie jetzt verbreiten, dass einige Waffen in Kuba Offensivwaffen sind, wie Sie sagen? Alle Waffen dort – das versichere ich Ihnen – sind defensiver Art; sie sind ausschließlich zu Verteidigungszwecken in Kuba gedacht, und wir haben sie auf Bitten der kubanischen Regierung nach Kuba entsandt. Und Sie behaupten, es seien Offensivwaffen. [...]

Sie haben nun piratenhafte Maßnahmen der Art angekündigt, die man im Mittelalter praktiziert hat, als man Schiffe überfiel, die internationale Gewässer befuhren; und Sie haben das eine „Quarantäne" um Kuba genannt. Unsere Schiffe werden wahrscheinlich bald die Zone erreichen, in der Ihre Kriegsmarine patrouilliert. Ich versichere Ihnen, dass die Schiffe, die gegenwärtig nach Kuba unterwegs sind, die harmlosesten, friedlichsten Ladungen an Bord haben. [...]

Lassen Sie uns deshalb vernünftig sein, Herr Präsident. Ich versichere Ihnen, dass die Schiffe, die nach Kuba unterwegs sind, keinerlei Rüstungsgüter an Bord haben. Die Waffen, die zur Verteidigung Kubas notwendig sind, sind bereits dort. Ich will nicht behaupten, dass es überhaupt keine Waffenlieferungen gegeben hat. Nein, es hat solche Lieferungen gegeben. Aber nun hat Kuba die notwendigen Verteidigungswaffen bereits erhalten. [...]

Wenn der Präsident und die Regierung der Vereinigten Staaten zusichern würden, dass die Vereinigten Staaten sich selbst nicht an einem Angriff auf Kuba beteiligen werden und andere von einem solchen Vorgehen abhalten; wenn Sie Ihre Kriegsmarine zurückrufen würden – das würde sofort alles ändern. Ich spreche nicht für Fidel Castro, aber ich glaube, er und die Regierung Kubas würden vermutlich eine Demobilisierung verkünden und würden das kubanische Volk aufrufen, ihre friedliche Arbeit aufzunehmen. Dann würde sich auch die Frage der Waffen erübrigen; denn wo keine Bedrohung ist, stellen Waffen für jedes Volk nur eine Belastung dar. [...]

Lassen Sie uns deshalb staatsmännische Klugheit beweisen. Ich schlage vor: Wir erklären unsererseits, dass unsere Schiffe mit Kurs auf Kuba keine Waffen an Bord haben. Sie erklären, dass die Vereinigten Staaten weder mit eigenen Truppen eine Invasion in Kuba durchführen werden noch andere Truppen unterstützen werden, die eine Invasion in Kuba planen könnten. Damit hätte sich die Präsenz unserer Militärexperten in Kuba erübrigt.

Kennedys Antwort vom 27. Oktober 1962:

Sehr geehrter Herr Vorsitzender,
ich [...] begrüße Ihre Absichtserklärung, eine sofortige Lösung des Problems anzustreben. Was jedoch als Erstes getan werden muss, ist, die Arbeit an den offensiven Raketenstützpunkten in Kuba einzustellen und alle Waffensysteme in Kuba, die sich offensiv einsetzen lassen, zu entschärfen, und dies unter angemessenen Vorkehrungen der Vereinten Nationen.

[...] Wie ich Ihren Brief verstanden habe, enthalten Ihre Vorschläge [...] folgende Schlüsselelemente:

1) Sie würden sich bereit erklären, diese Waffensysteme unter angemessener Beobachtung und Überwachung der Vereinten Nationen abzuziehen, und sich verpflichten, geeignete Sicherheitsvorkehrungen vorausgesetzt, die weitere Einfuhr solcher Waffensysteme nach Kuba zu unterbinden.

2) Wir unsererseits würden uns bereit erklären – nachdem die Vereinten Nationen geeignete Vorkehrungen getroffen haben, die Erfüllung und Einhaltung dieser Verpflichtungen sicherzustellen –,

a) die Quarantäne-Anordnungen, die derzeit gelten, umgehend aufzuheben; und

b) Garantien gegen eine Invasion Kubas zu geben. Ich bin zuversichtlich, dass andere Länder der westlichen Hemisphäre bereit wären, das Gleiche zu tun.

Wenn Sie Ihren Vertretern entsprechende Anweisungen erteilen, gibt es keinen Grund, weshalb wir nicht in der Lage sein sollten, diese Vereinbarungen innerhalb einiger Tage zustande zu bringen und sie der Welt bekannt zu geben. Die Wirkung, die eine solche Klärung für den Abbau der Spannungen in der Welt hätte, würde es uns ermöglichen, auf eine umfassendere Vereinbarung über „andere Rüstungen" hinzuarbeiten, wie Sie es in Ihrem zweiten Brief vorschlagen, den Sie veröffentlicht haben. Ich möchte noch einmal erklären, dass die Vereinigten Staaten sehr daran interessiert sind, die Spannungen abzubauen und den Rüstungswettlauf zu beenden; und sollte Ihr Brief signalisieren, dass Sie bereit sind, Gespräche über eine Entspannung bezüglich der NATO und des Warschauer Paktes zu führen, sind wir gerne bereit, mit unseren Verbündeten über jeden sachdienlichen Vorschlag nachzudenken. Doch der erste wesentliche Schritt – lassen Sie mich dies betonen – ist die Einstellung der Arbeiten an den Raketenstützpunkten in Kuba und das Einleiten von Maßnahmen, diese Waffen zu entschärfen, und zwar unter wirksamen internationalen Garantien.

Bernd Greiner, Kuba-Krise. 13 Tage im Oktober, Nördlingen 1988, S. 319 ff. und 382 f.

1. *Nennen Sie die Formulierungen, mit denen die sowjetische Seite ein Nachgeben andeutet.*

2. *Arbeiten Sie heraus, welche Strategien US-Präsident Kennedy verfolgt, um die Situation zu entschärfen.*

◂ **„O.k., Mr. President, wir reden miteinander."** *Karikatur aus der britischen Zeitung „Daily Mail" von 1962. Das „H" auf den Bomben ist das Zeichen für Wasserstoff. Links Chruschtschow, rechts Kennedy.*

M6 Fieberkurve der Ost-West-Beziehungen

Die Schärfe der Konfrontation und der Grad der Entspannung werden von dem Politikwissenschaftler Karl Dietrich Bracher in eine Skala von –10 bis +10 eingeteilt. Im Mittelpunkt seiner Wertungen stehen die amerikanisch-sowjetischen Beziehungen.

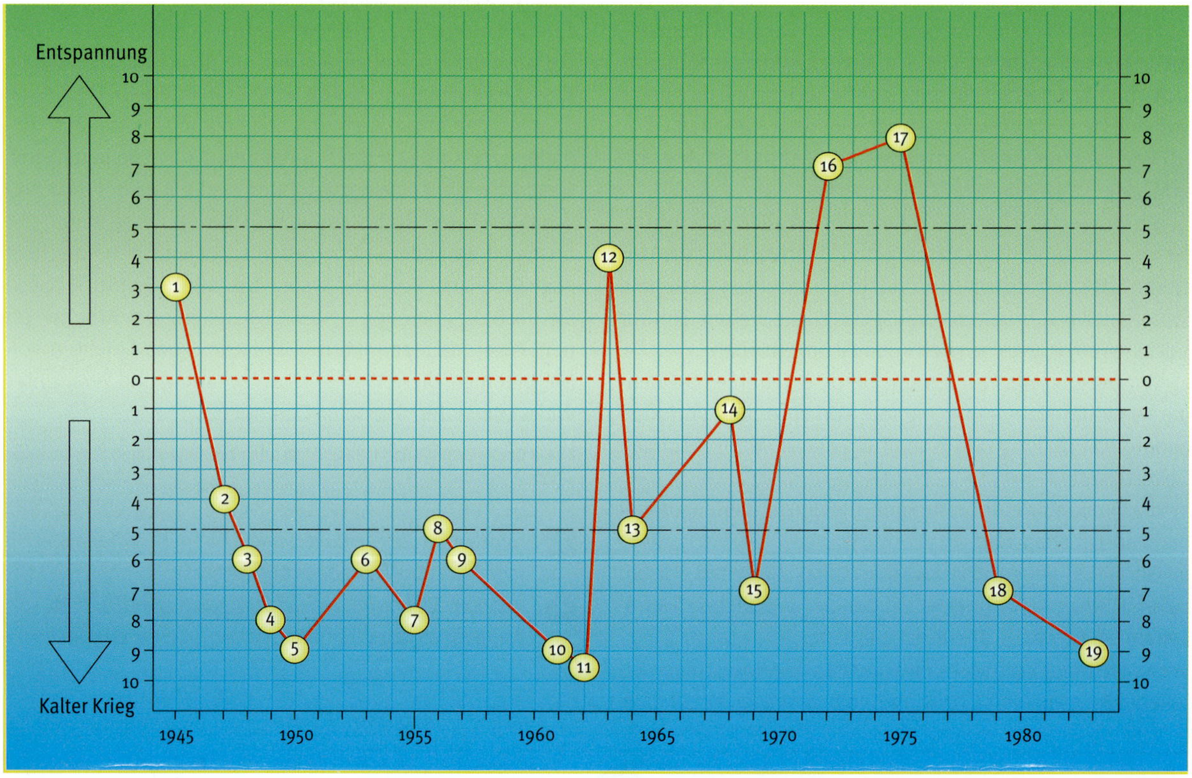

1 1945 Ende des Zweiten Weltkrieges; Gründung der UNO
2 1947 Truman-Doktrin; Marshall-Plan; Zwei-Lager-Theorie
3 1948 Kommunistischer Umsturz in der Tschechoslowakei; Beginn der sowjetischen Blockade Berlins
4 1949 Gründung der NATO; kommunistische Staatsgründungen in China und der DDR
5 1950 Ausbruch des Korea-Krieges
6 1953 Tod Stalins; Volksaufstand in der DDR; Waffenstillstand in Korea
7 1955 Bundesrepublik wird NATO-Mitglied; Gründung des Warschauer Paktes
8 1956 Aufstände in Polen und Ungarn; Suez-Krise[1]
9 1957 „Sputnik"-Erfolg der Sowjetunion
10 1961 Bau der Berliner Mauer
11 1962 Kuba-Krise
12 1963 Vertrag über den Stopp von Atomtests; „Heißer Draht" zwischen der amerikanischen und sowjetischen Führung
13 1964 Die USA erhöhen ihren militärischen Einsatz in Vietnam
14 1968 Kernwaffensperrvertrag; Ende des „Prager Frühlings"
15 1969 Mondlandung der Amerikaner
16 1972 SALT I-Abkommen[2] begrenzt die Zahl nuklearer Angriffswaffen zwischen den USA und der UdSSR
17 1975 Schlussakte der KSZE in Helsinki
18 1979 NATO-Doppelbeschluss; sowjetischer Einmarsch in Afghanistan
19 1983 Abbruch aller Rüstungskontrollverhandlungen

1. *Erläutern Sie den Verlauf der Ost-West-Beziehungen.*
2. *Bewerten Sie, ob der Verlauf der „Kurve" zutreffend ist.*
3. *Führen Sie die Grafik für die Zeit bis 1991 weiter.*

[1] Zur Suez-Krise siehe S. 292
[2] SALT (strategic arms reduction talks): Vereinbarungen zwischen den USA und der UdSSR über Höchstgrenzen atomarer Langstreckenwaffen

M7 Das Ende der Sowjetunion

Der Staatspräsident der untergehenden Sowjetunion, Michail Gorbatschow, tritt einen Tag nach seiner Abschiedsrede am 25. Dezember 1991 zurück.

Das Schicksal hat es so gefügt, dass es sich bereits bei meiner Amtsübernahme zeigte, dass es im Land Probleme gab. Gott hat uns viel geschenkt: Land, Erdöl, Gas und andere Naturreichtümer. Und auch viele talentierte und kluge Menschen. Und dabei leben unsere Menschen schlechter als in den anderen entwickelten Ländern. Wir bleiben sogar immer weiter hinter ihnen zurück. Der Grund dafür war schon zu sehen – die Gesellschaft befand sich in der Schlinge eines bürokratischen Kommandosystems. Die Gesellschaft musste der Ideologie dienen und dabei die furchtbare Last des Wettrüstens tragen. [...] Alle Versuche von halbherzigen Reformen [...] scheiterten nacheinander. Das Land verlor immer mehr an Perspektive. So konnte man nicht weiterleben. Es musste alles grundlegend verändert werden. [...] Mir war klar, dass die Einleitung von solchen großen Reformen in einer solchen Gesellschaft wie der unseren eine äußerst schwere und auch in bestimmter Hinsicht eine riskante Sache ist. Und auch heute bin ich noch von der historischen Richtigkeit der demokratischen Reformen überzeugt, die im Frühjahr 1985 eingeleitet wurden.
Der Prozess der Erneuerung des Landes und der grundlegenden Veränderungen in der Weltgemeinschaft hat sich komplizierter erwiesen, als man voraussagen konnte. Trotzdem muss man das Vollbrachte gebührend einschätzen. Die Gesellschaft wurde frei. Und das in politischer und geistiger Hinsicht. Und das ist die größte Errungenschaft. [...] Es wurde ein totalitäres System beseitigt, das ein weiteres Aufblühen und Wohlergehen des Landes verhinderte. Es wurde ein Durchbruch zu demokratischen Veränderungen vollzogen. Freie Wahlen, eine freie Presse, Religionsfreiheit, wirkliche Machtorgane und ein Mehrparteiensystem wurden zur Realität. Die Menschenrechte wurden als oberstes Prinzip anerkannt. Es wurde mit dem Übergang zu einer vielseitigen Wirtschaft begonnen. Alle Formen des Eigentums werden als gleichberechtigt anerkannt, im Rahmen der Bodenreform ist die Bauernschaft wiedererstanden. Farmen wurden gegründet, Millionen Hektar Land werden an Land- und Stadtbewohner übergeben. Die wirtschaftliche Freiheit des Produzenten wurde gesetzlich verankert. Das Unternehmertum, die Gründung von Aktiengesellschaften und die Privatisierung gewannen immer mehr an Kraft. Es muss daran erinnert werden, dass der Übergang zur Marktwirtschaft im Interesse des Menschen erfolgt. [...] Wir leben in einer anderen Welt: Der „Kalte Krieg" ist vorbei. Das Wettrüsten wurde gestoppt. Die wahnsinnige Militarisierung unseres Landes, die unsere Wirtschaft, das gesellschaftliche Bewusstsein und die Moral zugrunde richtete, wurde beendet. Die Gefahr eines Weltkrieges wurde beseitigt. [...] Wir öffneten uns der Welt und verzichteten auf die Einmischung in fremde Angelegenheiten sowie auf den Einsatz von Truppen außerhalb unseres Landes. Und man antwortete uns mit Vertrauen, Solidarität und Respekt. Wir wurden zu einer der wichtigsten Stützen bei der Umgestaltung der modernen Zivilisation auf friedlicher und demokratischer Basis. Die Völker und Nationen haben die reale Freiheit erhalten, den Weg ihrer Entwicklung selbst zu bestimmen. Die Suche nach einer demokratischen Reformierung unseres Vielvölkerstaates führte uns an die Schwelle eines neuen Unionsvertrages. Ich möchte von ganzem Herzen all jenen danken, die in all diesen Jahren mit mir für die gerechte und gute Sache eingetreten sind. Sicherlich war eine Reihe von Fehlern vermeidbar. Vieles hätte man besser machen können. Aber ich bin überzeugt, dass unsere Völker in einer aufblühenden und demokratischen Gesellschaft leben werden.

▲ Titelblatt des Time-Magazine vom 1. Januar 1990.
Gorbatschow wird als „Man of the Decade" (Mann des Jahrzehnts) gefeiert.

Zit. nach: Die Sowjetunion 1953-1991, hrsg. von der Bundeszentrale für politische Bildung (Informationen zur politischen Bildung, Heft 236), Bonn 1992, S. 38

1. *Arbeiten Sie heraus, welche schwierigen Bedingungen und Probleme in der Sowjetunion Gorbatschow nennt.*
2. *Fassen Sie die Kritikpunkte Gorbatschows am Zustand der Sowjetunion zusammen. Welche innen- und außenpolitischen Ziele und Grundsätze verfolgten die Reformen?*
3. *Prüfen Sie, ob sich aus dieser Bilanz neue politische Visionen ableiten lassen.*
4. *Leiten Sie ab, welche Kritikpunkte an Gorbatschows Kurs aus marxistisch-leninistischer Sicht vorgebracht werden können.*

Besatzungszeit und deutsche Teilung

◂ **Die Alliierten in Berlin.**
Foto vom Juni 1945.

Kriegsende und Besatzungszeit

7./9. Mai 1945 – Bedingungslose Kapitulation der Deutschen Wehrmacht. Damit endet der Zweite Weltkrieg in Europa.

Juli/Aug. 1945 – Potsdamer Konferenz der alliierten Siegermächte über Deutschland

1945 - 1948 – Rund 14 Millionen Deutsche werden aus den ehemaligen Ostgebieten des Deutschen Reichs sowie aus Ost- und Südosteuropa vertrieben.

1945/46 – Die Alliierten bilden in ihren Besatzungszonen Länder und setzen Regierungen ein.

1945 - 1946 – Im Nürnberger Prozess werden die Hauptkriegsverbrecher verurteilt. Bis 1949 finden zwölf Nachfolgeprozesse statt.

1945 - 1948 – Entnazifizierung durch die Alliierten in den Besatzungszonen

1945 - 1952 – Bodenreform und radikale Enteignungen im sowjetisch besetzten Teil Deutschlands

Beginn des Wiederaufbaus

1946/47 – In den Ländern der Westzonen finden freie Wahlen statt.

21./22.4.1946 – KPD und SPD in der Sowjetischen Besatzungszone schließen sich zur SED zusammen. Die Kommunisten werden von der Besatzungsmacht einseitig bei Wahlen unterstützt.

1947 – Gründung der Bizone aus US-amerikanischer und britischer Besatzungszone. 1948 schließt sich die französisch besetzte Zone an (Trizone).

Juni 1947 – Im Frankfurter Wirtschaftsrat tagen Vertreter der Länder der Westzonen: das erste deutsche Parlament nach dem Zweiten Weltkrieg.

20. Juni 1948 – Währungsreform und Einführung der D-Mark in den Westzonen

Der Weg in die Teilung

1948/49 – Die Sowjetunion blockiert den freien Zugang nach Berlin. Die Stadt wird geteilt und erhält getrennte Verwaltungen.

1948 - 1952 – Die westeuropäischen Länder nutzen die US-amerikanische Aufbauhilfe im Rahmen des Marshall-Plans.

1948/49 – Die Länder der Westzonen beraten über einen Bundesstaat. Der Parlamentarische Rat in Bonn beschließt ein gemeinsames Grundgesetz, dem die Länderparlamente zustimmen.

23. Mai 1949 – Mit der Unterzeichnung des Grundgesetzes wird die Bundesrepublik Deutschland gegründet.

1949 – Am 14. August finden erste Wahlen zum Deutschen Bundestag statt. Konrad Adenauer (CDU) wird zum Bundeskanzler der Bundesrepublik Deutschland gewählt.

1949 – Der Deutsche Volksrat in der SBZ erklärt sich zur „Provisorischen Volkskammer" und gründet mit der Annahme einer Verfassung am 7. Oktober die DDR.

Auf ihrer Konferenz in Potsdam im Sommer 1945 erzielten die alliierten Siegermächte nur Formelkompromisse darüber, wie das besetzte Deutschland wiederaufgebaut und demokratisiert werden sollte. Sie behielten ihre Hoheit über Deutschland als Ganzes, einen Friedensvertrag gab es vorerst nicht.

Die vier Mächte USA, UdSSR, Großbritannien und Frankreich teilten Deutschland in Besatzungszonen auf. Die Ostgebiete des Deutschen Reichs kamen unter sowjetische bzw. polnische Verwaltung. Aus diesen Gebieten sowie aus dem übrigen Ost- und Südosteuropa wurden insgesamt etwa 14 Millionen Deutsche vertrieben.

Bei einer katastrophalen Versorgungslage mussten die Alliierten in ihrer jeweiligen Besatzungszone das öffentliche Leben regeln, für die Deutschen ebenso wie für viele heimatlose NS-Opfer aus anderen Ländern (Displaced Persons).

Noch lebende hochrangige Vertreter des NS-Regimes wurden 1945-1946 in Nürnberg vor ein internationales Gericht gestellt. Die deutsche Bevölkerung sollte entnazifiziert und umerzogen werden. Die Westalliierten gaben diese Aufgabe in die Hände von Deutschen. In der Sowjetischen Besatzungszone (SBZ) wurden ganze Gruppen der Gesellschaft pauschal zu NS-Verbrechern erklärt und abgeurteilt. Es fand eine radikale Bodenreform zur Enteignung der landwirtschaftlichen Güter statt.

Im Westen entstanden frei gewählte Landesregierungen, wirtschaftliche Hilfe gewährte seit 1948 der Marshall-Plan. Im selben Jahr entstand die Trizone als Zusammenschluss der westdeutschen Länder. Eine Währungsreform sollte die Wirtschaft in Gang bringen. Die Fachleute in Westdeutschland setzten auf das Konzept einer Sozialen Marktwirtschaft.

In der östlichen Besatzungszone schlossen sich Kommunisten und Sozialdemokraten auf Druck Moskaus 1946 zur „Sozialistischen Einheitspartei Deutschlands" (SED) zusammen, die alle wichtigen Posten besetzte. Die radikale Enteignung und Verstaatlichung der Agrar- und Industriebetriebe diente der Errichtung einer sozialistischen Planwirtschaft.

Die USA und Großbritannien, seit 1948 auch Frankreich, drängten darauf, dass die Länder ihrer Zonen einen Bundesstaat bildeten. Die deutschen Politiker zögerten, da sie eine Teilung der Nation befürchteten. Unter der Bedingung, ein „Provisorium" (Übergangslösung) zu schaffen, wurde ein Grundgesetz erarbeitet, das die Länder der Westzonen zu einem Bund vereinte. Durch die Annahme des Grundgesetzes entstand die Bundesrepublik Deutschland, gegründet am 23. Mai 1949.

Die Sowjetunion reagierte auf die Entstehung des westdeutschen „Separatstaates", wie sie ihn nannte, mit Wahlen zu einem Deutschen Volkskongress. Dieser gründete einen Deutschen Volksrat, in dem die SED dominierte. Auf Weisung Moskaus erklärte sich der Volksrat zur „Provisorischen Volkskammer" und verabschiedete am 9. Oktober 1949 die Verfassung der Deutschen Demokratischen Republik. Vier Jahre nach Kriegsende standen sich zwei deutsche Staaten gegenüber, die der „Eiserne Vorhang" voneinander trennte.

In diesem Kapitel erwerben Sie die **Kompetenz**,
- die Situation in Deutschland am Ende des Zweiten Weltkrieges darzustellen,
- zu beurteilen, was den gesellschaftlichen und politischen Neubeginn in Deutschland nach 1945 ausmachte, um Brüche und Kontinuitäten zur Vergangenheit zu erkennen,
- die Entwicklung bis zur Gründung zweier deutscher Staaten nachzuzeichnen und dabei die Spielräume der politisch Handelnden zu bewerten,
- die Besatzungspolitik der Alliierten in ihren Grundsätzen und Wendepunkten bis 1949 zu untersuchen.

Kriegsende 1945: Deutschland zwischen Zusammenbruch und Neubeginn

Zusammenbruch des Deutschen Reichs Das Deutsche Reich war im Mai 1945 vollkommen zusammengebrochen. Mit der bedingungslosen Kapitulation der Wehrmacht gab die Reichsleitung alle Regierungsgewalt in die Hände der Sieger. Die USA, Großbritannien und die Sowjetunion (im Juli 1945 wurde auch Frankreich in den Kreis der alliierten Siegermächte aufgenommen) trugen nun die Verantwortung für Deutschland. Es gab vorerst keinen Friedensvertrag mit Deutschland, sondern lediglich Abkommen der Siegermächte über die Regelung des öffentlichen Lebens.

Oder-Neiße-Linie: Von den Alliierten verfügte Grenzlinie zwischen Polen und Deutschland entlang der Flüsse Oder und Neiße westlich von Stettin bis Görlitz; seit 1990 endgültige Staatsgrenze zwischen Deutschland und Polen

Die Potsdamer Konferenz Die politischen, territorialen und ökonomischen Probleme, die der Zweite Weltkrieg in Europa hinterlassen hatte, sollten auf einer Konferenz gelöst werden, zu der sich die „Großen Drei“, Harry S. Truman, Winston Churchill (der nach seiner Wahlniederlage am 28. Juli von Clement R. Attlee abgelöst wurde) und Josef Stalin, mit ihren Beraterstäben vom 17. Juli bis zum 2. August 1945 im Schloss Cecilienhof bei Potsdam einfanden. Frankreich wurde an den Verhandlungen nicht beteiligt und fühlte sich deshalb an die Ergebnisse der Konferenz nicht gebunden.

Über die politischen Grundsätze der zukünftigen Behandlung Deutschlands bestand zwischen den Alliierten seit der Konferenz von Jalta (Februar 1945) äußerliche Einigkeit: Entwaffnung und Entmilitarisierung, Entnazifizierung, Demokratisierung des politischen Lebens, Dezentralisierung der staatlichen Ordnung und der Wirtschaft sowie Wiederaufbau der lokalen Selbstverwaltung „nach demokratischen Grundsätzen“. Allerdings verbanden die Westmächte und die Sowjetunion mit den gefundenen „Formelkompromissen“ unterschiedliche Inhalte.

Neben der Frage der polnischen Westgrenze stritt man im Verlauf der Konferenz am heftigsten über die Reparationen, die Deutschland auferlegt werden sollten. Schließlich kam man überein, dass jede Besatzungsmacht ihre Reparationsansprüche im Wesentlichen aus ihrer eigenen Zone befriedigen sollte. Damit war Deutschland in vier Reparationsgebiete geteilt, obwohl man sich in der Abschlusserklärung darauf geeinigt hatte, Deutschland während der Besatzungszeit als eine „wirtschaftliche Einheit“ zu behandeln.

In der polnischen Grenzfrage akzeptierten beide Westmächte die **Oder-Neiße-Linie** „bis zur endgültigen Festlegung“ durch einen Friedensvertrag. Polen musste nun Gebiete im Osten an die Sowjetunion abtreten und erhielt im Westen Gebiete des ehemaligen Deutschen Reichs (Westverschiebung). Ein Zusatzprotokoll hielt auch die „Umsiedlung“ der deutschen Bevölkerung aus allen sowjetisch und polnisch besetzten Gebieten sowie aus Ungarn und der Tschechoslowakei fest.

▲ **Gefangene deutsche Soldaten in Ulm werden von US-Amerikanern abgeführt.**
Foto vom April 1945.

Der Zusammenbruch als „Stunde Null“? Der Zusammenbruch des staatlichen und gesellschaftlichen Lebens in Deutschland bei Kriegsende war zugleich auch die Stunde der Befreiung von einem menschenverachtenden Regime.

Befreit waren die Opfer der NS-Verfolgung, zumal die Überlebenden der Konzentrations- und Vernichtungslager. Insgesamt 750 000 Menschen konnten gerettet werden. Das Ende der Kriegshandlungen, des Nazi-Terrors und der Propaganda ließ Millionen von Deutschen aufatmen, doch standen viele vor dem Nichts, und der tägliche Kampf ums Überleben ging weiter. Erleichterung und Bedrückung, Apathie und ein

Hochgefühl der Freiheit vermischten sich zu einer verschwommenen Stimmungslage, die häufig mit dem Begriff der „Stunde Null" umschrieben worden ist. Der Begriff enthält sowohl die Vorstellung vom totalen Zusammenbruch als auch die Hoffnung auf einen radikalen Neubeginn. Er darf aber nicht darüber hinwegtäuschen, dass auch nach 1945 viele politische und gesellschaftliche Kontinuitäten wirksam blieben (▸ M1).

Zahllose Familien waren zerrissen, Frauen suchten ihre Männer, Eltern ihre Kinder, Ausgebombte ein Dach über dem Kopf, Flüchtlinge und Vertriebene eine neue Heimat. Jeder zweite Deutsche war damals auf Wanderschaft. Hinzu kamen etwa neun bis zehn Millionen ausländische Kriegsgefangene und Zwangsarbeiter (Displaced Persons, „DP's"), von denen die meisten schnell in ihre Heimat zurückkehren wollten. Auf der anderen Seite befanden sich etwa elf Millionen deutsche Soldaten in alliierter Gefangenschaft. Die Westmächte entließen die meisten von ihnen bald nach Kriegsende, die letzten von ihnen 1948. Von den drei Millionen Gefangenen in sowjetischer Hand mussten die meisten jahrelang Schwerstarbeit unter harten äußeren Bedingungen leisten. Über eine Million verloren ihr Leben. Erst 1955 sagte die Regierung in Moskau die Entlassung der letzten Gefangenen aus den Straflagern zu.

▲ **Notwohnung.**
Foto vom November 1946.

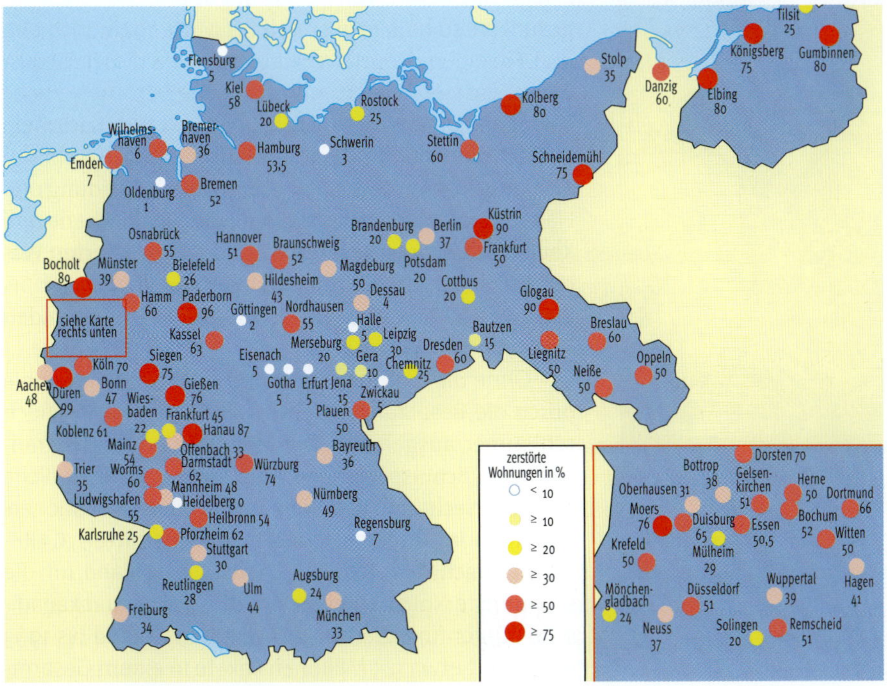

▲ **Kriegszerstörungen in den deutschen Städten.**
Nach: Adolf Birke, Nation ohne Haus. Deutschland 1945-1961, Berlin 1994, S. 24.

Zerstörte Infrastruktur Weite Teile Europas lagen in Trümmern. Not und Hunger gehörten zum Alltag der Überlebenden. Deutschland schien im Mai 1945 ein in Auflösung befindliches Land zu sein. Viele Städte waren nahezu entvölkert, weil die Menschen versucht hatten, sich durch die Flucht aufs Land vor den Luftangriffen zu schützen. So hausten in dem schwer getroffenen Köln bei Kriegsende von ursprünglich 770 000 Einwohnern noch ganze 40 000 in den Trümmern. Mehr als drei Viertel der Wohnungen waren vernichtet. In den Städten fehlte es für Millionen Menschen an Gas, Wasser, Strom. Post und Telefonverkehr waren zusammengebrochen.

Die Wohnungsnot der Obdachlosen wurde noch durch die Millionen von Flüchtlingen und Vertriebenen aus dem Osten verschärft, die nach einer Behausung suchten, aber auch durch die Besatzungstruppen, die Häuser und Wohnungen für ihren Bedarf beschlagnahmten. Ein Zimmer diente häufig als Wohnraum für ganze Familien. Keller, Dachböden, Viehställe, stillgelegte Fabriken, primitive Baracken wurden zu Notunterkünften umgestaltet, in denen die Menschen auf engstem Raum und unter elenden Bedingungen leben mussten.

Schlimm war die Verkehrssituation: Ganze 650 Kilometer des Schienennetzes waren noch intakt, die meisten Lokomotiven und Waggons unbrauchbar geworden. Straßen, Schienen und Flüsse mussten erst wieder passierbar gemacht werden. Die industrielle Kapazität war hingegen nur zu einem Fünftel zerstört, was annähernd dem Stand von 1936 entsprach.

CARE: Abkürzung für *Cooperative for American Remittances to Europe* (später *to Everywhere*); in den USA gegründete Organisation für Hilfssendungen nach Europa und später auch weltweit

▲ **CARE-Paket.**
Von 1946 bis 1960 wurden fast zehn Millionen CARE-Pakete in die Westzonen bzw. die Bundesrepublik geschickt. Das Foto von 1957 zeigt eine Bonner Familie.
■ *Diskutieren Sie die beabsichtigte Wirkung der Fotografie.*

Hunger und Not Ein katastrophales Bild bot in den ersten Nachkriegsjahren die völlig unzureichende Versorgung der Bevölkerung in den Städten. War der durchschnittliche Kalorienverbrauch einer Person kurz vor Kriegsende bereits von 3 000 auf gut 2 000 Kalorien abgesunken, so halbierte er sich bis Mitte 1946 noch einmal. Für einen „Normalverbraucher“ hieß dies beispielsweise, dass er täglich mit zwei Scheiben Brot, etwas Margarine, einem Löffel Milchsuppe und zwei Kartoffeln auskommen musste. Aber die Menschen litten nicht nur an Hunger, es fehlte auch an Brennstoffen, Kleidung und Hausrat (▸ M2). Krankheiten wie Typhus, Diphtherie und Keuchhusten grassierten. Ein Teil der produzierten Waren kam auch deshalb bei den Verbrauchern nicht an, weil sie als Tauschgegenstände auf dem florierenden *Schwarzmarkt* benötigt wurden.

Ohne die Einfuhr von Nahrungsmitteln und Kohle durch die Besatzungsmächte wäre die Situation noch schlimmer ausgefallen. Die Militärregierungen veranstalteten „Schulspeisungen“ für Kinder und Jugendliche zwischen sechs und 18 Jahren. Karitative Organisationen, vor allem in Amerika, schickten Lebensmittel, **„CARE-Pakete“** nach West-Berlin und Westdeutschland, um die schlimmste Not zu mildern. Amerikanische und kanadische Bürger finanzierten für Westdeutschland bis 1963 insgesamt etwa 9,5 Millionen Pakete in einem Gesamtwert von umgerechnet 177 Millionen Euro.

Flucht und gewaltsame Vertreibung Zu den einschneidendsten Folgen des Zweiten Weltkrieges wurde für etwa 20 Millionen Menschen in Europa der Verlust ihrer Heimat. Er traf Polen, Tschechen, Slowaken, Ukrainer, Weißrussen, Litauer, Ungarn und Deutsche. Rund 14 Millionen Deutsche aus Ostpreußen, Pommern, Brandenburg und Schlesien sowie den deutschen Siedlungsgebieten in Ost- und Südosteuropa mussten ihre Heimatorte verlassen. Nach Schätzungen kamen dabei etwa 2,5 Millionen Menschen ums Leben.

Anfang 1945 flohen mehr als sechs Millionen Menschen aus den deutschen Ostgebieten vor der anrückenden Roten Armee. Die Zivilbevölkerung war Misshandlungen, Vergewaltigungen, Plünderungen und Verschleppungen ausgesetzt. Im Juni 1945 begann die brutalste Phase der gezielten Vertreibung von rund 300 000 Deutschen östlich von Oder und Neiße. Aus der Tschechoslowakei wurden gleichzeitig etwa 800 000 meist ältere Menschen, Frauen und Kinder vertrieben. Was Deutsche zuvor an ihren Nachbarn in Osteuropa verübt hatten – Unterdrückung, Verfolgung und Vertreibung –, schlug nun mit aller Grausamkeit auf sie zurück.

Obwohl auf der Potsdamer Konferenz eine „Ausweisung Deutscher aus Polen, der Tschechoslowakei und Ungarn" in „ordnungsgemäßer und humaner Weise" beschlossen worden war, blieb der Rachegedanke zunächst das vorherrschende Motiv für die Vertreibung, die erst nach 1947 in eine „geordnete Umsiedlung" überging (▸ M3).

Die Vertriebenen und Flüchtlinge konnten meist nur wenig Besitz retten. Für die sowjetische, britische und amerikanische Besatzungszone (die französische Besatzungsmacht weigerte sich bis 1948, Flüchtlinge aufzunehmen) bedeutete dieser Zustrom eine Verschärfung der ohnehin schon katastrophalen Versorgungs- und Wohnsituation. Zur materiellen Not kam hinzu, dass die Einheimischen die Flüchtlinge selten mit offenen Armen empfingen, mussten sie doch selbst Wohnraum abgeben und das Wenige, was sie zum Essen hatten, teilen (▸ M4).

▲ Flüchtlinge schleppen sich bei Kriegsende über die Elbbrücke bei Tangermünde.
Foto vom 1. Mai 1945.
Ganze Trecks verließen den Osten Deutschlands, um der Verfolgung zu entkommen. Hunderttausende kamen auf der Flucht ums Leben.

Integration der Vertriebenen Bis 1950 wurden knapp acht Millionen Vertriebene in Westdeutschland und 4,4 Millionen auf dem Gebiet der späteren DDR aufgenommen. Besonders schwierig war die Wohnungs- und Beschäftigungssituation: Millionen mussten über Jahre in Lagern leben, 3,4 Millionen Vertriebene im Westen Deutschlands bis 1963 noch einmal ihren Wohnsitz wechseln. Von den Vertriebenen, die zunächst in die Sowjetische Besatzungszone (SBZ) bzw. DDR gelangt waren, flüchteten mindestens 2,7 Millionen erneut und verließen das Land. Von den zehn Prozent Arbeitslosen, die es 1950 in Westdeutschland gab, war jeder Dritte ein Vertriebener.

Die 1949 gegründete Bundesrepublik legte mit Gesetzen unter dem Schlagwort „Lastenausgleich" (Lastenausgleichsgesetz 1952, Bundesvertriebenengesetz 1953) die Basis dafür, dass sich die Heimatvertriebenen bereitwillig in die westdeutsche Gesellschaft integrierten. Der Staat garantierte Hilfen, entweder als individuelle Entschädigung oder als Beihilfen zum Aufbau einer neuen Existenz. Bis 1999 wurden dafür umgerechnet 63 Milliarden Euro aufgebracht. Die enorme Verbesserung der Beschäftigungssituation – 1960 war nahezu Vollbeschäftigung erreicht – war der entscheidende Grund für die gelungene Integration. Ihrerseits trugen die Vertriebenen zum wirtschaftlichen Aufstieg der Bundesrepublik bei.

Auch politisch verschafften sich die Vertriebenen Gehör. Sie besaßen die volle Staatsbürgerschaft und damit auch das Wahlrecht. Zunächst erhielten ihre Interessen-

▲ **Die Vertriebenen.**
Tuschezeichnung von Hermann Otto.
■ *Beschreiben Sie das dargestellte Verhältnis zwischen Hausbesitzer und neuen Mitbewohnern.*

verbände und die Partei „Block der Heimatvertriebenen und Entrechteten“ (BHE) Zulauf in den besonders von Flüchtlingen bewohnten Bundesländern Schleswig-Holstein, Bayern und Niedersachsen. Der BHE verlor seit Ende der 50er-Jahre immer mehr Wähler, während sich die Vertriebenen und Flüchtlinge inzwischen von den übrigen politischen Parteien repräsentiert sahen.

Die Heimatvertriebenen bildeten in der Bundesrepublik niemals ein radikales Element, weil sich ihre Vertretungen (Landsmannschaften) früh für eine gewaltfreie, demokratische Politik entschieden hatten. In der DDR dagegen durften die Vertriebenen nicht auf ihr Schicksal aufmerksam machen; ab 1950 wurden alle landsmannschaftlichen Gruppierungen verboten. Etwa 350 000 Vertriebene, offiziell „Umsiedler“ genannt, erhielten im Zuge der Bodenreform* Land zugewiesen. Vergleichbare Entschädigungen wie in der Bundesrepublik gab es in der DDR nicht. Erst nach der Wiedervereinigung 1990 erhielt rund eine Million ehemaliger Vertriebener in den neuen Bundesländern eine einmalige Zuwendung von umgerechnet je 2 050 Euro (Vertriebenenzuwendungsgesetz von 1994).

Deutschland wird in Besatzungszonen geteilt ■ Schon auf der Konferenz von Jalta im Februar 1945 hatten die Vereinigten Staaten, die Sowjetunion und Großbritannien vereinbart, Deutschland zum Zwecke der Besatzung in drei Zonen zu teilen. Im Juli 1945 erhielt dann auch Frankreich aus den von Briten und Amerikanern besetzten Gebieten eine eigene Besatzungszone zugewiesen. Die vier Zonen waren nur als rein militärische Abgrenzungen gedacht, denn nach wie vor sollte Deutschland von den Siegermächten gemeinsam verwaltet werden (▸ M5).

In Berlin wurde der *Alliierte Kontrollrat* eingerichtet, ein Gremium der vier Militärgouverneure, das die Regierung für ganz Deutschland übernahm. Gemeinsam sollten die alliierten Befehlshaber die Besatzungsziele festlegen und dann in jeweils eigener Verantwortung in den Besatzungszonen umsetzen. Da im Kontrollrat jedoch das Einstimmigkeitsprinzip galt, führten Meinungsverschiedenheiten zwischen den Siegermächten bald zu seiner Handlungsunfähigkeit. Nach dem 20. März 1948 trat der Kontrollrat nicht wieder zusammen.

Politische Konzepte der Besatzungsmächte ■ Pragmatisch, von den Gegebenheiten vor Ort geleitet, waren die alliierten Besatzungstruppen zunächst bemüht, die Verwaltung ihrer Gebiete in Gang zu bringen, damit die lebensnotwendigen Einrichtungen funktionieren konnten. Sie setzten Bürgermeister, Landräte und andere Verwaltungsfachleute ein, die unter der strengen Kontrolle der Besatzungsoffiziere tätig werden durften. Wie man jedoch mit den Deutschen in Zukunft verfahren sollte, blieb zwischen den Siegermächten strittig.

1. Die amerikanische Deutschlandpolitik hielt bis 1946 an einer primär moralisch begründeten Politik der Bestrafung und Umerziehung (*Reeducation*) der Deutschen fest. Es gab aber in Washington bereits damals einflussreiche Kräfte, die zur Sicherung Westeuropas gegenüber der Sowjetunion den Zusammenschluss und den raschen Wiederaufbau der westlichen Besatzungszonen forderten.
2. Großbritannien war aus dem Krieg militärisch als Sieger, wirtschaftlich jedoch nahezu ruiniert hervorgegangen. Das Land war tief verschuldet, 1945/46 hungerte die Londoner Bevölkerung fast ebenso wie die Menschen im zerstörten Berlin. Die Briten

* siehe S. 45

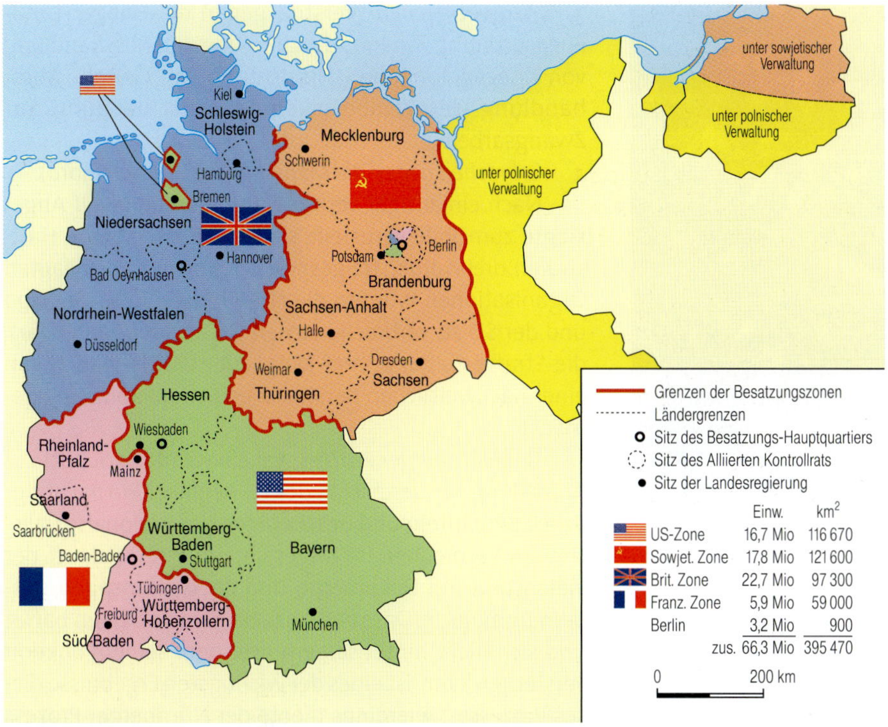

◂ **Die Besatzungszonen und die 1946/47 gebildeten Länder.**

wollten die deutsche Volkswirtschaft rasch wieder in Gang setzen, um sie von eigenen Hilfslieferungen unabhängig zu machen. Wie die USA setzten sie auf eine politische Stabilisierung Westdeutschlands gegen die Ausweitung des Kommunismus.

3. Frankreich war zunächst an einem politisch und ökonomisch zerstückelten Deutschland interessiert. Eine deutsche Bedrohung sollte dauerhaft verhindert werden. Entsprechend blockierte die französische Regierung bis 1947/48 alle Versuche der Briten und Amerikaner, gemeinsam die wirtschaftliche und politische Krise in Deutschland zu steuern, und schottete die eigene Besatzungszone von den übrigen ab.*

4. Die sowjetische Regierung unter Stalin behielt sich die Einflussnahme auf ganz Deutschland vor, weil sie dringend Reparationslieferungen für das eigene Land benötigte. In der Sowjetischen Besatzungszone (SBZ) sollten grundlegende Strukturreformen stattfinden und ein kommunistisches Herrschafts- und Gesellschaftssystem mit Vorbildcharakter für Gesamtdeutschland errichtet werden.

Der Nürnberger Prozess ■ Die Alliierten hatten sich nicht zuletzt auf die Verfolgung und Verurteilung der deutschen Kriegsverbrecher geeinigt. Am 20. November 1945 eröffnete der Internationale Militärgerichtshof, zusammengesetzt aus Vertretern der Siegermächte, das Strafverfahren gegen die noch lebenden inhaftierten Vertreter der NS-Führung. Als Ort des Verfahrens wählte man Nürnberg, die Stadt der NS-Reichsparteitage. Angeklagt waren insgesamt 22 Einzelpersonen, die NSDAP, Gestapo und Sicherheitsdienst (SD), SS, SA, die Reichsregierung und das Oberkommando der Wehrmacht. Die vier Anklagepunkte lauteten:

1. *Verschwörung gegen den Frieden* (Vorbereitung eines Angriffskrieges),
2. *Verbrechen gegen den Frieden* (Führen eines Angriffskrieges),

* siehe S. 88

▲ **Am 20. November 1945 begann vor dem Internationalen Militärgerichtshof in Nürnberg der Prozess gegen die Hauptkriegsverbrecher.**
Hinter der Absperrung sitzen in der ersten Reihe (von links): Hermann Göring (Reichsminister für Luftfahrt), Rudolf Heß (stellvertretender Parteiführer der NSDAP bis 1941), Joachim von Ribbentrop (Reichsminister des Auswärtigen), Wilhelm Keitel (Chef des Oberkommandos der Wehrmacht), Ernst Kaltenbrunner (ab 1943 Chef des Reichssicherheitshauptamtes), Alfred Rosenberg (ab 1941 Reichsminister für die besetzten Gebiete), Hans Frank (Generalgouverneur von Polen), Wilhelm Frick (1933-1943 Reichsinnenminister, ab 1943 Reichsprotektor in Böhmen und Mähren), Walter Funk (ab 1938 Reichswirtschaftsminister), Julius Streicher (1924-1940 Gauleiter der NSDAP in Franken, Herausgeber des „Stürmer") und Hjalmar Schacht (1935-1937 Reichswirtschaftsminister).

3. *Kriegsverbrechen* (Verstoß gegen die Haager Landkriegsordnung von 1907 durch Tötung und Misshandlung von Kriegsgefangenen, Hinrichtung von Geiseln, Misshandlung der Zivilbevölkerung, Verschleppung zur Zwangsarbeit),
4. *Verbrechen gegen die Menschlichkeit* (Völkermord).

Nach einjähriger Verhandlung wurden zwölf Angeklagte zum Tode verurteilt, sieben erhielten lange Haftstrafen, drei wurden freigesprochen. Von den angeklagten Organisationen wurden die NSDAP, die SS, die Gestapo und der SD zu verbrecherischen Organisationen erklärt; die Strafverfolgung ihrer Mitglieder wurde jedoch von einer nachweislichen persönlichen Schuld abhängig gemacht.

Der Nürnberger Prozess war ein wichtiger Schritt zur Aufhellung der Geschichte des NS-Regimes. Ein nachträgliches Bemänteln und Beschönigen der nationalsozialistischen Verbrechen ist angesichts der Beweiskraft der vielen tausend Dokumente und Zeugenaussagen seitdem unmöglich. Dass der Einzelne für seine Taten haftet und sich nicht hinter seinem Amt oder seiner Funktion verstecken kann, ist eines der wichtigsten Ergebnisse dieses Prozesses. Allerdings diente der Nürnberger Prozess auch vielen Deutschen als Entlastung: Während die noch lebenden Köpfe des NS-Regimes vor Gericht standen, glaubte sich die Bevölkerung von der Frage einer Mitverantwortung entbunden.

Nachfolgeprozesse ■ In allen vier Besatzungszonen fanden zwischen 1945 und 1949 zahlreiche weitere Prozesse gegen mutmaßliche NS-Täter statt. Von besonderer Bedeutung waren die zwölf großen Verfahren vor amerikanischen Militärgerichten in Nürnberg gegen SS-Ärzte, Juristen, Leiter von Einsatzgruppen der Sicherheitspolizei, Industrielle, hohe Offiziere der Wehrmacht, SS-Führer, leitende Beamte des Auswärtigen Amtes und KZ-Wächter. Insgesamt verurteilten die westlichen Besatzungsmächte 5 025 Angeklagte, 486 wurden hingerichtet.

Von westdeutschen Gerichten wurden von 1948 bis 1951 weitere 5487 Personen wegen NS-Verbrechen verurteilt. Danach fanden nur noch wenige Prozesse gegen NS-Täter statt. Die systematische Erforschung und Verfolgung von NS-Gewaltverbrechen begann erst seit 1958 mit der Gründung der Zentralen Stelle der Landesjustizverwaltungen zur Aufklärung nationalsozialistischer Gewaltverbrechen in Ludwigsburg. Vorausgegangen war der sogenannte „Ulmer Einsatzgruppenprozess": In einem Gerichtsverfahren wurden dabei ein ehemaliger Polizist, der auf Wiedereinstellung geklagt hatte, und von ihm benannte Zeugen des Massenmordes an Juden während der NS-Zeit überführt und verurteilt.

Eine breite Öffentlichkeit nahm Anteil an Großverfahren wie dem ersten Auschwitz-Prozess in Frankfurt am Main (1963-1965) und dem Majdanek-Prozess* in Düssel-

* Majdanek: Vorort von Lublin (Polen), bei dem die Nationalsozialisten ein Vernichtungslager einrichteten

dorf (1975-1981). Erst während dieser Gerichtsprozesse wurde den Deutschen das ganze Ausmaß des Holocaust deutlich.

In einem der letzten großen NS-Prozesse wurde 1992 in Stuttgart der ehemalige SS-Lagerkommandant von Przemysl in Polen, Josef Schwammberger, zu lebenslanger Haft verurteilt. Noch im April 2001 verurteilte das Landgericht Ravensburg einen ehemaligen SS-Offizier wegen der Ermordung von Zwangsarbeitern im Frühjahr 1945 zu zwölf Jahren Freiheitsstrafe. Viele Täter konnten dagegen nie belangt werden.

▲ Zeitungsleser mit der Sonderausgabe der Süddeutschen Zeitung nach der Urteilsverkündung beim Nürnberger Hauptkriegsverbrecherprozess.
Foto vom 1. Oktober 1945.
Umfragen belegen, dass eine Mehrheit der Deutschen die Strafen für die Hauptkriegsverbrecher zunächst befürwortete. Unmittelbar nach dem Prozess hielt es etwa die Hälfte der Deutschen zudem nicht für ausreichend, nur die führenden Kräfte des NS-Regimes zu bestrafen, sondern wollte auch persönlich Verantwortung übernehmen. Vier Jahre später hatte sich der Anteil derjenigen, die die Nürnberger Prozesse für gerecht hielten, auf ein Drittel reduziert.
- *Erörtern Sie, welche Gründe für die abnehmende Akzeptanz der Nürnberger Prozesse verantwortlich sind.*

Entnazifizierung ■ Neben der Aburteilung der Kriegsverbrecher gehörte zum Entnazifizierungskonzept der Alliierten auch eine umfassende politische Säuberung im besetzten Deutschland. Anders als Briten und Franzosen betrieben die Amerikaner die Entnazifizierung mit großer Strenge und einem gewaltigen bürokratischen Aufwand. Von 18 000 Volksschullehrern in Bayern verloren 10 000 ihre Stellen. In Hessen wurde jeder zweite Beamte und jeder dritte Angestellte entlassen. Ausnahmen wurden jedoch immer gemacht, wenn es um Experten ging, die für den Wiederaufbau benötigt wurden. In allen drei Westzonen wurden mehr als 170 000 NS-Aktivisten in Internierungslager gebracht („automatischer Arrest"), die meisten von ihnen aber bald wieder entlassen – die letzten 1948.

Im März 1946 übergaben die Amerikaner die Entnazifizierung in deutsche Hände. Jeder Deutsche über 18 Jahren musste einen Fragebogen mit 131 Fragen über seine berufliche und politische Vergangenheit ausfüllen. *Spruchkammern* stuften in einem

▼ Übersicht Entnazifizierung in den westlichen Besatzungszonen 1945-1950.

Entnazifizierung nach Besatzungszonen 1945/50

	Amerikanische Zone	*Britische Zone*	*Französische Zone*	*Westzonen insgesamt*
Zahl der bearbeiteten Fälle	950 126	2 041 454	669 068	3 660 648
Hauptschuldige	1654	–	13	1667
Schuldige, Belastete	22 122	–	938	23 060
Minderbelastete	106 422	27 177	16 826	150 425
Mitläufer	485 057	222 028	298 789	1 005 874
Entlastete	18 454	1 191 930	3489	1 213 873
Verfahren eingestellt:				
– Jugendamnestie	89 772	–	71 899	161 671
– Heimkehrer, Weihnachtsamnestie	194 738	–	1908	196 646
– Unbelastet	–	512 651	270 152	782 803
– Andere Gründe	31 907	87 668	5054	124 629

Nach: Die Fischer Chronik Deutschland '49-'99. Ereignisse – Personen – Daten, Frankfurt am Main 1999, Sp. 73 f.

prozessähnlichen Verfahren die erfassten Personen in fünf Kategorien – Hauptschuldige, Belastete, Minderbelastete, Mitläufer und Entlastete – ein und verhängten die vorgesehenen Strafen.

Bei mehr als 13 Millionen Fragebögen in der US-Zone fielen 3,4 Millionen Personen unter die Entnazifizierung, zehn Prozent von ihnen wurden verurteilt, aber nur knapp ein Prozent tatsächlich bestraft. Es war die Zeit der „**Persilscheine**", die man sich wechselseitig ausstellte, aber auch der Denunziation und der Korruption. Viele empfanden es als ungerecht, dass die harmloseren Fälle zuerst und mit Strenge, die verantwortlichen Nazis aber erst später und dann oft milde behandelt wurden. Außerdem gelang es zahlreichen schwer belasteten NS-Tätern, durch Tarnung und geschickte Anpassung an die neuen Verhältnisse durch die Maschen der Justiz zu schlüpfen – eine Hypothek, die später noch schwer auf der jungen Bundesrepublik lasten sollte.

„Persilschein": im Volksmund Bestätigung, wonach jemand Gegner oder zumindest nicht Sympathisant des Nationalsozialismus war

Staatlicher und politischer Neuaufbau in den Westzonen Schon Ende Mai 1945 setzten die Amerikaner in Bayern eine erste provisorische Regierung ein. Im Herbst 1945 wurden die Länder Bayern (ohne die Pfalz), Großhessen und Württemberg-Baden gegründet; Bremen folgte 1947 nach. Koalitionsregierungen aller wieder zugelassenen Parteien wurden unter Aufsicht der Militärregierung tätig.

Da die amerikanische Militärregierung ihre Zone möglichst rasch aufbauen wollte, veranlasste General **Lucius Clay** schon im Oktober 1945 in Stuttgart die Gründung eines Länderrates, eine Art ständiger Konferenz der Ministerpräsidenten der US-Zone, zur Bewältigung gemeinsamer Probleme.

Lucius D. Clay (1897-1978): amerikanischer General; Militärgouverneur der US-Besatzungszone in Deutschland 1947-1949

Die Amerikaner ließen Anfang 1946 auch als Erste wieder demokratische Wahlen in Gemeinden und Kreisen zu. Im Sommer 1946 entwarfen Verfassunggebende Versammlungen die zukünftigen Länderverfassungen, die nach Genehmigung durch die Besatzungsmacht im November/Dezember 1946 durch Volksabstimmung in den drei Ländern der US-Zone in Kraft gesetzt wurden. Erstmals nach 13 Jahren wählten die Bürger in demokratischen Wahlen ihre Landtage, aus denen demokratisch legitimierte Regierungen hervorgingen (▸ M6). Die Besatzungsbehörden verlegten sich nunmehr auf die Kontrolle der deutschen Behörden.

In der britischen Zone zog sich der Prozess der Länderneugründung länger hin. Hier entstanden die Länder Nordrhein-Westfalen, Schleswig-Holstein (beide August 1946) und Niedersachsen (November 1946). Erste Wahlen erfolgten Ende 1946/47.

In der französischen Zone zögerte die Besatzungsmacht den staatlichen Neuaufbau in den 1946 geschaffenen Ländern Rheinland-Pfalz, Württemberg-Hohenzollern und Süd-Baden noch bis Mitte 1947 hinaus, verhängte eine strenge Zensur in allen politisch-gesellschaftlichen Bereichen und untersagte zunächst den neu gegründeten Parteien, das Wort „deutsch" im Parteinamen zu verwenden. Das Saarland blieb vorerst unter französischer Verwaltung.

Neugründung von politischen Parteien in den Westzonen Die Demokratisierung setzte die Existenz von Parteien voraus, deren Zulassung im „Potsdamer Abkommen" vorgesehen war. Im August/September 1945 lizenzierten die Vereinigten Staaten und Großbritannien die bislang illegal tätigen Gruppierungen – darunter das „Büro Dr. Schumacher" in Hannover als Zentralstelle der wiederbelebten „Sozialdemokratischen Partei Deutschlands" (SPD) und die in Köln von verschiedenen Politikern des ehemaligen Zentrums und christlichen Gewerkschaften gegründete „Christlich-Demokratische Union" (CDU).

Die CDU war das parteipolitische Novum der Nachkriegszeit. Die Überwindung der konfessionellen Spaltung zwischen evangelischen und katholischen Wählern sowie die Einbeziehung konservativ-bürgerlicher Schichten und der christlichen Gewerkschaften sollten mit dem Begriff „Union" zum Ausdruck gebracht werden. Kennzeichnend für die Gründungsphase der CDU ist ihr antikapitalistischer Akzent, die Forderung nach Vergesellschaftung bestimmter Grundstoffindustrien sowie nach Mitbestimmung der Arbeitnehmer (Ahlener Programm von 1947). Vorsitzender der CDU in der britischen Zone wurde im März 1946 **Konrad Adenauer**. 1950 schlossen sich die CDU-Verbände unter seiner Führung zur Bundespartei zusammen. Die bayerische „Christlich-Soziale Union" (CSU) verweigerte sich 1946 dem bundesweiten Zusammenschluss der Union.

Die SPD knüpfte organisatorisch, programmatisch und personell an ihre Stellung in der Weimarer Republik an. In den weitgehend von **Kurt Schumacher** formulierten „Politischen Leitsätzen" wurde die sofortige Sozialisierung der Bodenschätze und der Grundstoffindustrien gefordert. Zu ihren Zielen gehörten die Mitbestimmung der Arbeitnehmer und eine volkswirtschaftliche Gesamtplanung für die vergesellschafteten Betriebe. Berits Ende 1947 brachte es die Partei wieder auf 875 000 Mitglieder.

Die liberalen Parteien betonten stärker als die anderen das Recht auf Privateigentum und die Bedeutung der freien Initiative für die Wirtschaft. Ende 1948 schlossen sich konservativ-liberale und liberaldemokratische Politiker zur „Freien Demokratischen Partei" (FDP) zusammen. **Theodor Heuss** wurde ihr erster Vorsitzender.

Auch die „Kommunistische Partei Deutschlands" (KPD) wurde in den Westzonen wieder zugelassen, wo sie jedoch ohne größere Wahlerfolge blieb.

Konrad Adenauer (1876-1967): Oberbürgermeister von Köln 1917-1933, Vorsitzender des Parlamentarischen Rates 1948, Mitbegründer und Bundesvorsitzender der CDU 1950-1966, Bundeskanzler 1949-1963, 1951-1955 zugleich Bundesaußenminister

Kurt Schumacher (1895-1952): erster Vorsitzender der SPD nach dem Zweiten Weltkrieg 1946-1952

Theodor Heuss (1884-1963): Kultusminister von Württemberg-Baden 1945-1946, erster Präsident der Bundesrepublik Deutschland 1949-1959

Reparationen und Wiederaufbau ■ Nach zähen Verhandlungen einigten sich die vier Mächte Ende März 1946 im Alliierten Kontrollrat auf eine drastische Absenkung der gesamten industriellen Tätigkeit in Deutschland. Doch die Westmächte beließen es bei einem Abbau von 668 Werken, was zu einem Kapazitätsverlust von nicht mehr als fünf Prozent führte. 1951 stellten sie die Demontagen ein. Demgegenüber demontierten die Sowjets in ihrer Zone bis 1948 etwa 3000 Betriebe, was einer Kapazitätsminderung von schätzungsweise 30 Prozent gegenüber 1936 entsprach. Alles in allem beliefen sich die Reparationsleistungen Ostdeutschlands an die Sowjetunion auf etwa 14 Milliarden Dollar. Das war deutlich mehr, als Stalin ursprünglich von ganz Deutschland gefordert hatte.

Die Sowjetunion weigerte sich bald, die in Potsdam vereinbarten Gegenleistungen aus ihrer Zone (vor allem Nahrungsmittel) für ihren Anteil an den in den Westzonen demontierten Industrieausrüstungen zu liefern. Im Mai 1946 stoppte deshalb General Clay die amerikanischen Reparationslieferungen in die UdSSR. Die Solidarität zwischen den ehemaligen Verbündeten war aufgekündigt.

Stattdessen wurden die Westzonen in das umfassende Wiederaufbauprogramm der US-Regierung für Europa (Marshall-Plan) einbezogen.* Insgesamt erhielt Westdeutschland ca. 1,4 Milliarden Dollar an Hilfen. Der wirtschaftliche Wiederaufbau wurde dadurch wesentlich verstärkt und beschleunigt. Außerdem war eine wichtige Vorentscheidung für die Einbindung dieses Teils von Deutschland in die westliche Gemeinschaft gefallen. Anders als nach dem Ersten Weltkrieg wurde der ehemalige Feind als künftiger Partner behandelt.

* siehe S. 12 und 211

M1 Kriegsende und Befreiung

Am 8. Mai 1985, vierzig Jahre nach der Beendigung des Zweiten Weltkriegs in Europa, hält der damalige Bundespräsident Richard von Weizsäcker (geb. 1920) eine weltweit beachtete Rede im Deutschen Bundestag. Er sagt unter anderem:

Viele Völker gedenken heute des Tages, an dem der Zweite Weltkrieg in Europa zu Ende ging. Seinem Schicksal gemäß hat jedes Volk dabei seine eigenen Gefühle. Sieg oder Niederlage, Befreiung von Unrecht und Fremdherrschaft oder Übergang zu neuer Abhängigkeit, Teilung, neue Bündnisse, gewaltige Machtverschiebungen – der 8. Mai 1945 ist ein Datum von entscheidender historischer Bedeutung in Europa. [...]
Der 8. Mai ist für uns alle ein Tag der Erinnerung an das, was Menschen erleiden mußten. Er ist zugleich ein Tag des Nachdenkens über den Gang unserer Geschichte. Je ehrlicher wir ihn angehen, desto freier sind wir, uns seinen Folgen verantwortlich zu stellen.
Der 8. Mai ist für uns Deutsche kein Tag zum Feiern. Die Menschen, die ihn bewußt erlebt haben, denken an ganz persönliche und damit ganz unterschiedliche Erfahrungen zurück. Der eine kehrte heim, der andere wurde heimatlos. Dieser wurde befreit, für jene begann die Gefangenschaft. Viele waren einfach nur dafür dankbar, daß Bombennächte und Angst vorüber und sie mit dem Leben davongekommen waren. Andere empfanden Schmerz über die vollständige Niederlage des eigenen Vaterlandes. Verbittert standen Deutsche vor zerrissenen Illusionen, dankbar andere Deutsche für den geschenkten neuen Anfang.
Es war schwer, sich alsbald klar zu orientieren. Ungewißheit erfüllte das Land. Die militärische Kapitulation war bedingungslos. Unser Schicksal lag in der Hand der Feinde. Die Vergangenheit war furchtbar gewesen, zumal auch für viele dieser Feinde. Würden sie uns nun nicht vielfach entgelten lassen, was wir ihnen angetan hatten?
Die meisten Deutschen hatten geglaubt, für eine gute Sache des eigenen Landes zu kämpfen und zu leiden. Und nun sollte sich herausstellen: Das war nicht nur vergeblich und sinnlos, sondern es hatte den unmenschlichen Zielen einer verbrecherischen Führung gedient. Erschöpfung, Ratlosigkeit und neue Sorgen kennzeichneten die Gefühle der meisten. Würde man noch eigene Angehörige finden? Hatte ein Neuaufbau in diesen Ruinen überhaupt Sinn?
Der Blick ging zurück in einen dunklen Abgrund der Vergangenheit und nach vorn in eine ungewisse, dunkle Zukunft.
Und dennoch wurde von Tag zu Tag klarer, was es heute für uns alle gemeinsam zu sagen gilt: Der 8. Mai war ein Tag der Befreiung. Er hat uns alle befreit von dem menschenverachtenden System der nationalsozialistischen Gewaltherrschaft.
Niemand wird um dieser Befreiung willen vergessen, welche schweren Leiden für viele Menschen mit dem 8. Mai erst begannen und danach folgten. Aber wir dürfen nicht im Ende des Krieges die Ursache für Flucht, Vertreibung und Unfreiheit sehen. Sie liegt vielmehr in seinem Anfang und im Beginn jener Gewaltherrschaft, die zum Krieg führte.
Wir dürfen den 8. Mai 1945 nicht vom 30. Januar 1933 trennen. Wir haben wahrlich keinen Grund, uns am heutigen Tag an Siegesfesten zu beteiligen. Aber wir haben allen Grund, den 8. Mai 1945 als das Ende eines Irrweges deutscher Geschichte zu erkennen, das den Keim der Hoffnung auf eine bessere Zukunft barg.
[...] Bei uns ist eine neue Generation in die politische Verantwortung hereingewachsen. Die Jungen sind nicht verantwortlich für das, was damals geschah. Aber sie sind verantwortlich für das, was in der Geschichte daraus wird. [...]
Wir lernen aus unserer eigenen Geschichte, wozu der Mensch fähig ist. Deshalb dürfen wir uns nicht einbilden, wir seien nun als Menschen anders und besser geworden.
Es gibt keine endgültig errungene moralische Vollkommenheit – für niemanden und kein Land! Wir haben als Menschen gelernt, wir bleiben als Menschen gefährdet. Aber wir haben die Kraft, Gefährdungen immer von Neuem zu überwinden.
Hitler hat stets damit gearbeitet, Vorurteile, Feindschaften und Haß zu schüren.
Die Bitte an die jungen Menschen lautet: Lassen Sie sich nicht hineintreiben in Feindschaft und Haß

gegen andere Menschen,
gegen Russen oder Amerikaner,
gegen Juden oder Türken,
gegen Alternative oder Konservative,
gegen Schwarz oder Weiß.

Lernen Sie, miteinander zu leben, nicht gegeneinander.

Richard von Weizsäcker, Zum 40. Jahrestag der Beendigung des Krieges in Europa und der nationalsozialistischen Gewaltherrschaft. Ansprache am 8. Mai 1985 im Deutschen Bundestag, Bonn 1985, S. 1 f. und 16

1. *Arbeiten Sie die Perspektiven der Zeitgenossen heraus und erklären Sie, warum sie für die Einordnung des 8. Mai 1945 von Bedeutung sind.*

2. *Welches sind die zentralen Thesen dieser Rede? Nehmen Sie zu ihnen Stellung.*

3. *Erläutern Sie die Formulierung „Ende eines Irrweges deutscher Geschichte" (Z. 53). Bewerten Sie die genannte Einschätzung und beurteilen Sie, inwieweit sie von der veränderten politischen Situation vierzig Jahre nach Kriegsende bestimmt ist.*

4. *Begründen Sie, warum diese Ansprache von Bundespräsident Weizsäcker damals weltweite Beachtung gefunden hat.*

▸ **„Trümmerfrauen" in Berlin.**
Foto von 1945.
Durch zahlreiche Abbildungen hat sich das Bild der „Trümmerfrauen" ins Bewusstsein eingegraben, obwohl es nur einen kleinen Ausschnitt aus der Lebenswirklichkeit der Frauen im Nachkriegsdeutschland zeigt.

M2 Die Lage der Frauen in der Nachkriegszeit

Aus der ersten empirisch-soziologischen[1] Erhebung über Berliner Familien in den Jahren 1946/47:

Die meisten von uns wissen aus eigener Erfahrung, welche Zeit und Kraft das Herbeischaffen von Nahrung, von Holz, oft auch von Kohle beansprucht. Lange Fahrten mit der S-Bahn und daran anschließende Fußmärsche sind für zahlreiche Frauen aus dem Stadtinnern notwendig, um mehrmals in der Woche Brennholz aus den umliegenden Wäldern heranzuschleppen. Man sieht Scharen solcher schwer bepackten Frauen (auch Männer und Jugendliche) täglich in den Abteilen der S-Bahn und weiß, dass derartige Expeditionen einen halben oder ganzen Vormittag kosten. Hinzu kommt das oft stundenlange Warten der Frauen auf den Ämtern, um dort Ausweise, Bezugsscheine, Atteste, Erlaubnisscheine zu erlangen. Unzählige dringliche Beschaffungen für Gesunde und Kranke sind an derartige Scheine gebunden und erfordern Fahrten und lange Wartezeiten.

Aufmerksam beobachtende Ärzte haben diesen „Leerlauf", der im alltäglichen Leben der Familien eine erhebliche Rolle spielt, als „zermürbend" bezeichnet, weil hier unentwegt Energien verbraucht werden, die, der wirklichen Arbeitsleistung entzogen, sozusagen im leeren Raum verpuffen. Da dieser Leerlauf oft von nagendem Hunger begleitet wird, kann er, besonders in der kalten Jahreszeit, empfindlich reagierende Menschen erheblich schwächen. Zeitraubendes Hin- und Herlaufen erfordern auch die unzähligen Tauschgeschäfte, in die fast alle Hausfrauen verstrickt sind, sei es um eine Rolle Näh- oder Stopfgarn zu erzielen, oder um einige Nähnadeln, ein Paar alte Schuhsohlen, Nägel und was immer im Augenblick nötig gebraucht wird, durch einfachen oder durch Kettentausch schließlich zu erwerben. Rechnet man die tatsächliche tägliche Arbeitsleistung der Hausfrauen hinzu, das immer mühseliger werdende Flicken der abgenutzten Wäsche, das Stopfen der Strümpfe, die Umänderung alter Kleider für heranwachsende Kinder, so begreift man, dass alle diese Arbeiten allein schon den Tag einer Familienmutter ausfüllen, ja häufig überfüllen. Dort, wo der Mann fehlt und die Kinder noch zu jung sind, werden die Sonntage von den Müttern häufig zu Hamsterfahrten benutzt, um von Fremden oder Verwandten aus der ländlichen Umgegend zusätzliche Nahrung heranzuholen. Im Winter erschwert das Zusammengedrängtsein in einem Raum die Haushaltsführung, weil in allzu großer Beengtheit ein ständiger Kampf geführt wird, um das Mindestmaß von Sauberkeit, Ordnung und Zufriedenstellung der einzelnen Familienmitglieder zu erreichen. [...] Die zusätzlichen Arbeitsleistungen, die der Winter 1946/47 durch das Einfrieren der Wasserleitungen, der Toiletten usw. brachte, werden durch die Familienberichte deutlich. [...] Um die Verknappung an brauchbarer und wärmender Kleidung, an Strümpfen und Schuhen irgendwie zu überwinden, tauschen Mütter oft genug ihre rationierten Lebensmittel in dringend benötigte Gebrauchsgegenstände um, z. B. ein Brot gegen ein Paar abgetragene Hausschuhe für den 14-jährigen Sohn. [...] Viele Mütter sparen sich etwa die Hälfte von dem Eigelbpulver monatlich auf, um dafür Wäschestücke, Strümpfe usw. für ihre Kinder einzutauschen. Auch das Milchpulver der Kinder oder die monatliche Zuckerration wandert öfter diesen Weg. Oder es wird Zucker gegen Brot getauscht (200 g Zucker = 1500 g Brot), oder auch Zucker gegen Geld (1 Pfund Zucker = 80 RM), um dafür Winterkleidung zu erwerben. Die meisten Frauen tun das nicht gedankenlos. Sie wägen ab, ob es ratsamer sei, dass ein Kind

[1] empirisch-soziologisch: Methode zur Untersuchung gesellschaftlicher Phänomene anhand von eigenen Beobachtungen, Interviews oder Umfragen

besser ernährt werde oder sich die Füße erfriere. Auch sich selbst entziehen Mütter Lebensmittel, um dafür den Kindern wärmende Kleidung oder Schuhe zu beschaffen.

Merith Niehuss und Ulrike Lindner (Hrsg.), Besatzungszeit, Bundesrepublik und DDR 1945-1969, Stuttgart 1998, S. 98-103

1. *Klären Sie die Begriffe „Kettentausch“ und „Hamsterfahrt“.*
2. *Recherchieren Sie die damalige Situation der Landbevölkerung. Wie sahen deren Reaktionen auf die im Text beschriebenen Hamsterfahrten der Stadtbevölkerung aus?*
3. *Informieren Sie sich über die Lebensbedingungen in Ihrem Heimatort in den Jahren 1945-1949. Führen Sie Gespräche mit Zeitzeugen und prüfen Sie die Aussage des Textes. Dokumentieren Sie Ihre Ergebnisse und schreiben Sie einen Einführungstext dazu.*

M3 Vertreibung als Ausdruck der Rache

Aus Anlass des Besuches des deutschen Bundespräsidenten Richard von Weizsäcker in Prag hält der tschechoslowakische Staatspräsident Václav Havel (geb. 1936) am 15. März 1990 eine Ansprache, in der er auch auf die Vertreibung der Deutschen aus seinem Land eingeht. Erstmals bekennt sich ein führender Politiker der Tschechoslowakei zu der Verantwortung für das mit der Vertreibung begangene Unrecht:

Sechs Jahre nazistischen Wütens haben [...] ausgereicht, dass wir uns vom Bazillus des Bösen anstecken ließen, dass wir uns gegenseitig während des Krieges und danach denunzierten, dass wir – in gerechter, aber auch übertriebener Empörung – uns das Prinzip der Kollektivschuld zu eigen machten. Anstatt ordentlich all die zu richten, die ihren Staat verraten haben, verjagten wir sie aus dem Land und belegten sie mit einer Strafe, die unsere Rechtsordnung nicht kannte. Das war keine Strafe, das war Rache. Darüber hinaus verjagten wir sie nicht auf Grundlage erwiesener individueller Schuld, sondern einfach als Angehörige einer bestimmten Nation.
Und so haben wir in der Annahme, der historischen Gerechtigkeit den Weg zu bahnen, vielen unschuldigen Menschen, hauptsächlich Frauen und Kindern, Leid angetan.
Und wie es in der Geschichte zu sein pflegt, wir haben nicht nur ihnen Leid getan, sondern mehr noch uns selbst: Wir haben mit der Totalität so abgerechnet, dass wir ihren Keim in das eigene Handeln aufgenommen haben und so auch in die eigene Seele, was uns kurz darauf grausam zurückgezahlt wurde in Form unserer Unfähigkeit, einer anderen und von anderswoher importierten Totalität entgegenzutreten. Ja noch mehr: Manche von uns haben ihr aktiv auf die Welt geholfen. [...]
Die Opfer, die eine Wiedergutmachung verlangt, werden also – unter anderem – auch der Preis für die Irrtümer und Sünden unserer Väter sein.
Wir können die Geschichte nicht umkehren, und so bleibt uns neben der freien Erforschung der Wahrheit nur das Eine: Immer wieder freundschaftlich die zu begrüßen, die mit Frieden in der Seele hierher kommen, um sich vor den Gräbern ihrer Vorfahren zu verneigen oder anzusehen, was von den Dörfern übriggeblieben ist, in denen sie geboren wurden.

Presse- und Informationsamt der Bundesregierung (Hrsg.), Bulletin Nr. 36, 17. März 1990, S. 278

1. *Benennen Sie den Unterschied zwischen Strafe und Rache.*
2. *Erläutern Sie die Argumentation, mit der Havel die Vertreibung der Deutschen ein Unrecht nennt.*
3. *Bewerten Sie die Schlussfolgerung, die Havel für das Verhältnis der Tschechen zu den Deutschen zieht.*

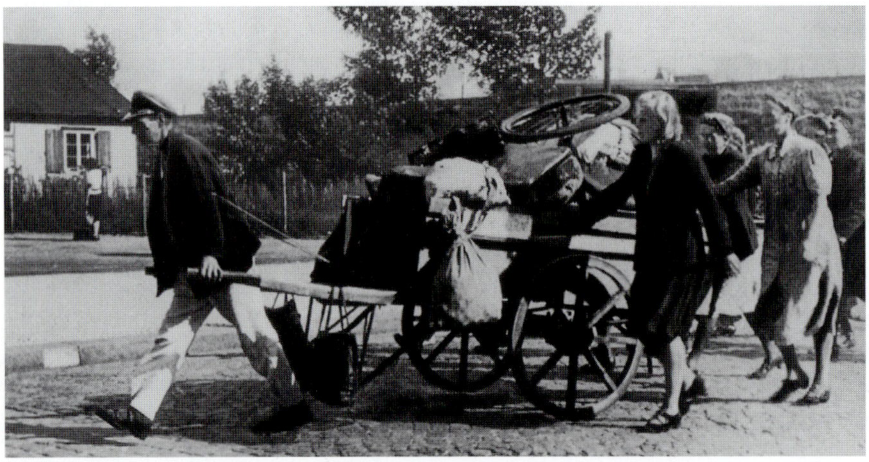

◂ **Auf dem Weg in eine neue Heimat.** *Foto von 1945/46.*

M4 Zunahme (+) und Abnahme (–) der Bevölkerung in Prozent

	Abnahme der einheimischen Stammbevölkerung gegenüber der Wohnbevölkerung 1939	Zuzug seit 1939 auf 100 der Stammbevölkerung	Zunahme (+) bzw. Abnahme (–) der Wohnbevölkerung in % der Bevölkerung		
	1939-1946	1939-1946	1939-1946	1946-1950	1939-1950
Bundesrepublik Deutschland					
Schleswig-Holstein	– 9,6	+ 80,4	+ 63,0	+ 0,8	+ 63,3
Hamburg	– 25,3	+ 11,1	– 17,2	+ 14,4	– 6,2
Niedersachsen	– 9,0	+ 52,4	+ 38,3	+ 9,1	+ 49,7
Nordrhein-Westfalen	– 10,5	+ 9,8	– 1,8	+ 13,0	+ 10,6
Bremen	– 24,2	+ 14,6	– 13,8	+ 15,3	– 0,8
Hessen	– 9,0	+ 26,2	+ 14,8	+ 8,8	+ 24,3
Rheinland-Pfalz	– 12,3	+ 6,0	– 7,0	+ 9,6	+ 1,5
Bayern	– 6,4	+ 33,4	+ 24,9	+ 4,5	+ 29,6
Württemberg-Baden	– 9,9	+ 24,4	+ 12,1	+ 9,1	+ 21,5
Baden	– 10,5	+ 8,2	– 3,2	+ 13,2	+ 8,9
Württemberg-Hohenzollern	– 8,3	+ 12,4	+ 3,1	+ 12,5	+ 15,0
West-Berlin	–	–	– 26,7	+ 6,7	– 21,9
Groß-Berlin	– 31,0	+ 6,4	– 26,4	–	–
Bundesgebiet	–	–	+ 9,2	+ 9,2	+ 21,2
Deutsche Demokratische Republik					
Sachsen	– 13,0	+ 16,9	+ 1,7	+ 3,1	+ 4,0
Sachsen-Anhalt	– 13,0	+ 38,9	+ 20,9	– 1,3	+ 18,6
Thüringen	– 11,0	+ 35,3	+ 20,4	– 2,4	+ 16,8
Brandenburg	– 25,6	+ 40,8	+ 4,7	+ 1,3	+ 5,9
Mecklenburg	– 19,0	+ 87,8	+ 52,2	– 3,0	+ 45,6
Ost-Berlin	–	–	– 26,0	+ 1,2	– 25,1
DDR	–	–	+ 10,4	+ 0,2	+ 9,8

Nach: Niehuss und Lindner (Hrsg.), a.a.O., S. 104 f.

Vergleichen Sie die Zahlen der Großstädte Hamburg, Bremen und Berlin mit denen eines Flächenlandes wie Mecklenburg oder Nordrhein-Westfalen. Wie lassen sich die Wellen der Zu- und Abwanderung erklären?

M5 Besatzungsziele der Siegermächte

Im sogenannten „Potsdamer Abkommen" vom 2. August 1945 einigen sich die drei Siegermächte auf folgende Formulierungen zur Behandlung Deutschlands. Die endgültige Festlegung der Westgrenze Polens wird darin einer künftigen Friedenskonferenz vorbehalten:

III. Deutschland

[...] Es ist nicht die Absicht der Alliierten, das deutsche Volk zu vernichten oder zu versklaven. Die Alliierten wollen dem deutschen Volk die Möglichkeit geben sich vorzubereiten, sein Leben auf einer neuen demokratischen und friedlichen Grundlage von Neuem wieder aufzubauen. [...]

A. Politische Grundsätze

[...] 3. Die Ziele der Besetzung Deutschlands, durch welche der Kontrollrat sich leiten lassen soll, sind:

(I) Völlige Abrüstung und Entmilitarisierung Deutschlands und die Ausschaltung der gesamten deutschen Industrie, welche für eine Kriegsproduktion benutzt werden kann, oder deren Überwachung. [...]

(II) Das deutsche Volk muss überzeugt werden, dass es eine totale militärische Niederlage erlitten hat und dass es sich nicht der Verantwortung entziehen kann für das, was es auf sich geladen hat, dass seine eigene mitleidlose Kriegsführung und der fanatische Widerstand der Nazis die deutsche Wirtschaft zerstört und Chaos und Elend unvermeidlich gemacht haben.

(III) Die nationalsozialistische Partei mit ihren angeschlossenen Gliederungen und Unterorganisationen ist zu vernichten [...].

(IV) Die endgültige Umgestaltung des deutschen politischen Lebens auf demokratischer Grundlage und eine eventuelle friedliche Mitarbeit Deutschlands am internationalen Leben sind vorzubereiten.

4. Alle nazistischen Gesetze [...] müssen abgeschafft werden.

5. Kriegsverbrecher [...] sind zu verhaften und dem Gericht zu übergeben. [...]

6. Alle Mitglieder der nazistischen Partei, welche mehr als nominell an ihrer Tätigkeit teilgenommen haben, und alle anderen Personen, die den alliierten Zielen feindlich gegenüberstehen, sind aus den öffentlichen oder halböffentlichen Ämtern und von den verantwortlichen Posten in wichtigen Privatunternehmungen zu entfernen. [...]

7. Das Erziehungswesen in Deutschland muss so überwacht werden, dass die nazistischen und militärischen Lehrsätze völlig entfernt werden und eine erfolgreiche Entwicklung der demokratischen Ideen möglich gemacht wird.

8. Das Gerichtswesen wird entsprechend den Grundsätzen der Demokratie und der Gerechtigkeit auf der Grundlage der Gesetzlichkeit und der Gleichheit aller Bürger vor dem Gesetz ohne Unterschied der Rasse, der Nationalität und der Religion reorganisiert werden.

9. Die Verwaltung Deutschlands muss in Richtung auf eine Dezentralisation der politischen Struktur und der Entwicklung einer örtlichen Selbstverantwortung durchgeführt werden. Zu diesem Zwecke:

(I) Die lokale Selbstverwaltung wird in ganz Deutschland nach demokratischen Grundsätzen [...] wiederhergestellt.

(II) In ganz Deutschland sind alle demokratischen politischen Parteien zu erlauben und zu fördern [...].

(IV) Bis auf Weiteres wird keine zentrale deutsche Regierung errichtet werden. [...]

10. Unter Berücksichtigung der Notwendigkeit zur Erhaltung der militärischen Sicherheit wird die Freiheit der Rede, der Presse und der Religion gewährt. Die religiösen Einrichtungen sollen respektiert werden. Die Schaffung freier Gewerkschaften, gleichfalls unter Berücksichtigung der Notwendigkeit zur Erhaltung der militärischen Sicherheit, wird gestattet werden.

B. Wirtschaftliche Grundsätze

11. Mit dem Ziel der Vernichtung des deutschen Kriegspotenzials ist die Produktion von Waffen, Kriegsausrüstung und Kriegsmitteln, ebenso die Herstellung aller Typen von Flugzeugen und Seeschiffen zu verbieten und zu unterbinden. Die Herstellung von Metallen und Chemikalien, der Maschinenbau und die Herstellung anderer Gegenstände, die unmittelbar für die Kriegswirtschaft notwendig sind, ist streng zu überwachen und zu beschränken, entsprechend dem genehmigten Stand der friedlichen Nachkriegsbedürfnisse Deutschlands [...].

12. In praktisch kürzester Frist ist das deutsche Wirtschaftsleben zu dezentralisieren mit dem Ziel der Vernichtung der bestehenden übermäßigen Konzentration der Wirtschaftskraft [...].

Bei der Organisation des deutschen Wirtschaftslebens ist das Hauptgewicht auf die Entwicklung der Landwirtschaft und der Friedensindustrie für den inneren Bedarf (Verbrauch) zu richten. [...]

14. Während der Besatzungszeit ist Deutschland als eine wirtschaftliche Einheit zu betrachten. [...]

15. Es ist eine alliierte Kontrolle über das deutsche Wirtschaftsleben zu errichten, jedoch nur in den Grenzen, die notwendig sind [...].

19. Die Bezahlung der Reparationen soll dem deutschen Volke genügend Mittel belassen, um ohne eine Hilfe von außen zu existieren. [...]

IV. Reparationen aus Deutschland

[...] 3. Die Reparationsansprüche der Vereinigten Staaten, des Vereinigten Königreiches und der anderen zu Reparationsforderungen berechtigten Länder werden aus den westlichen Zonen und den entsprechenden deutschen Auslandsguthaben befriedigt werden.

4. In Ergänzung der Reparationen, die die UdSSR aus ihrer eigenen Besatzungszone erhält, wird die UdSSR zusätzlich aus den westlichen Zonen erhalten:

a) 15 % [der westlichen Reparationsgüter] im Austausch für einen entsprechenden Wert an Nahrungsmitteln, Kohle, Kali, Pottasche, Zink, Holz, Tonprodukten, Petroleumprodukten und solchen anderen Waren, nach Vereinbarung,

b) 10 % [der westlichen Reparationsgüter] ohne Bezahlung oder Gegenleistungen irgendwelcher Art.

Herbert Michaelis u.a. (Hrsg.), Ursachen und Folgen. Vom deutschen Zusammenbruch 1918 und 1945 bis zur staatlichen Neuordnung in der Gegenwart, Bd. 24, Berlin o. J., S. 447 ff.

1. *Fassen Sie die gemeinsamen Besatzungsziele der Siegermächte zusammen.*
2. *In welchen Formulierungen sind unterschiedliche Interpretationen und zukünftiger Streit angelegt? Begründen Sie Ihre Meinung.*
3. *Arbeiten Sie die Widersprüche zwischen den politischen und wirtschaftlichen Zielen des Potsdamer Abkommens heraus.*

M6 Erste Landtagswahlen nach dem Krieg

In den Ländern der Westzonen treten 1946/47 die neu formierten Parteien zu Landtagswahlen an:

	Wahlbeteiligung in %	CDU/CSU		SPD		KPD		FDP		Sonstige	
		Mandate	% d. gült. Stimmen	Mandate	% d. gült. Stimmen	Mandate	% d. gült. Stimmen	Mandate	% d. gült. Stimmen	Mandate	% d. gült. Stimmen
Baden 18.5.1947	67,8	34	55,9	13	22,4	4	14,3	9	7,4	–	–
Bayern 1.12.1946	75,7	104	52,3	54	28,6	–	6,1	9	5,6	13	7,4
Bremen 12.10.1947	67,8	24	22,0	46	41,7	10	8,8	17	19,4	3	13,6
Hamburg 13.10.1946	79,0	16	26,7	83	43,1	4	10,4	7	18,2	–	1,6
Hessen 1.12.1946	73,2	28	30,9	38	42,7	10	10,7	14	15,7	–	–
Niedersachsen 20.4.1947	65,1	30	19,9	65	43,4	8	5,6	13	8,8	33	22,3
Nordrhein-Westfalen 20.4.1947	67,3	92	37,5	64	32,0	28	14,0	12	5,9	20	10,6
Rheinland-Pfalz 18.5.1947	77,9	48	47,2	34	34,3	8	8,7	11	9,8	–	–
Saarland 5.10.1947	95,7	–	–	17	32,8	2	8,4	3	7,6	28	51,2
Schleswig-Holstein 20.4.1947	69,8	21	34,0	43	43,8	–	4,7	–	5,0	6	12,5
Württemberg-Baden 24.11.1946	71,7	39	38,4	32	31,9	10	10,2	19	19,5	–	–
Württ.-Hohenzollern 18.5.1947	66,4	32	54,2	12	20,8	5	7,3	11	17,7	–	–

Nach: Niehuss und Lindner (Hrsg.), a.a.O., S. 86 f.

1. *Vergleichen Sie die nach 1945 entstehende Parteienlandschaft mit der in der Weimarer Republik. Welche Kontinuitäten und Brüche lassen sich dabei feststellen? Was sind die Gründe dafür?*
2. *Erklären Sie, warum CDU/CSU und SPD in jedem Land die beiden stärksten Parteien sind.*

Die Gründung von Bundesrepublik und DDR

Im Westen: die Bizone Seit 1946 warnte die britische Regierung nachdrücklich vor der „russischen Gefahr“ und drängte auf die Schaffung eines separaten Westdeutschland. Nachdem auf der Pariser Außenministerkonferenz von April bis Juli 1946 die Sowjetunion alle amerikanischen Vorschläge blockiert hatte, schlug die US-Regierung im Alliierten Kontrollrat die sofortige Verschmelzung der eigenen mit einer oder mehreren Besatzungszonen vor. Die Sowjets und die Franzosen lehnten ab, die Briten stimmten einer Fusion zu. Die Rede von US-Außenminister James F. Byrnes am 6. September in Stuttgart wurde von den Zeitgenossen als die lang erwartete Wende in der amerikanischen Deutschlandpolitik verstanden (▸ M1).

Am 1. Januar 1947 trat das britisch-amerikanische Abkommen über die Bildung des Vereinigten Wirtschaftsgebietes (Bizone) in Kraft. Die weitere Entwicklung zeigte, dass mit der Gründung der Bizone, der sich 1948 auch die französische Besatzungszone anschloss, das Fundament für den späteren westdeutschen Staat gelegt worden war.

Der Frankfurter Wirtschaftsrat Die wichtigste Neuerung in der Zone war die Schaffung eines Wirtschaftsrates im Juni 1947, des ersten deutschen Parlaments nach dem Krieg, dessen Beschlüsse über ein Land hinausreichten. Die Abgeordneten des Wirtschaftsrates wurden von den Landtagen der acht Länder der Bizone gewählt. Im Exekutivrat (dem Vorläufer des späteren Bundesrates*) saßen Vertreter der acht Länder, die zusammen mit dem Wirtschaftsrat die fünf Verwaltungsdirektoren ernannten und kontrollierten. Entscheidungen für das Vereinigte Wirtschaftsgebiet bedurften jedoch weiterhin der Genehmigung durch Amerikaner und Briten.

Im Osten: Neubeginn unter sowjetischer Besatzung Während die westlichen Besatzungstruppen zunächst viel improvisierten, um das Leben in halbwegs geordnete Bahnen zu lenken, ging die sowjetische Besatzungsmacht gezielter ans Werk. Schon Anfang Mai 1945 war eine Gruppe deutscher Exilkommunisten in die Sowjetische Besatzungszone eingeflogen worden. An ihrer Spitze stand der ehemalige kommunistische Reichstagsabgeordnete **Walter Ulbricht**, der seit 1938 in Moskau gelebt hatte. Er und weitere Spitzenfunktionäre der KPD hatten genaue Vorstellungen von einer wirtschaftlich-sozialen Umwälzung, bei der der politische Einfluss der Sozialdemokratie und der sogenannten bürgerlichen Kräfte ausgeschaltet werden sollte. Ulbricht gab dazu im Mai 1945 die Devise aus: „Es muss demokratisch aussehen, aber wir müssen alles in der Hand haben.“**

In den im Juli 1945 errichteten (1952 wieder aufgelösten) Landesverwaltungen in Brandenburg, Mecklenburg-Vorpommern, Sachsen, Sachsen-Anhalt und Thüringen besetzten KPD-Funktionäre die Schlüsselfunktionen. Dies galt erst recht für die ebenfalls im Juli 1945 geschaffenen und wesentlich wichtigeren elf Zentralverwaltungen (für Verkehr, Finanzen, Justiz etc.). Die Zentralverwaltungen waren unmittelbar der sowjetischen Militärregierung zugeordnet und hatten deren Befehle zu vollziehen.

Walter Ulbricht (1893-1973): Generalsekretär der SED 1950-1971, Staatsratsvorsitzender der DDR 1960-1971

* siehe S. 50

** Das Zitat ist von Wolfgang Leonhard (geb. 1921) in seiner Autobiografie „Die Revolution entlässt ihre Kinder“ von 1955 überliefert. Leonhard war Mitglied der „Gruppe Ulbricht“, wandte sich jedoch 1949 vom Kommunismus ab und emigrierte Ende der 1950er-Jahre in die Bundesrepublik.

Entnazifizierung in der SBZ Die Entnazifizierung in der Sowjetischen Besatzungszone betraf über eine halbe Million ehemaliger Nationalsozialisten in Justiz, Schule, Verwaltung und Industrie. Sowjetische Militärtribunale haben schätzungsweise 45 000 Personen verurteilt und etwa ein Drittel von ihnen in Zwangsarbeitslager deportiert. Betroffen waren nicht nur NS-Täter, sondern auch viele Gegner des Kommunismus. Dagegen wurden bereits frühzeitig die ehemaligen kleinen Parteimitglieder von einer Bestrafung ausgenommen, um sie möglichst rasch in die neuen Verhältnisse zu integrieren. Weit umfassender als die personelle Säuberung war die zur selben Zeit durchgeführte Bodenreform* sowie die Enteignung und Verstaatlichung der großen Industriebetriebe. Als „strukturelle Entnazifizierung" sollten diese Maßnahmen jeden Rückfall in den Nationalsozialismus verhindern.

▲ **Neuverteilung von Land.**
Foto von 1945.
Gemeinsamer Gang zum Gut Kränzlin bei Neuruppin.

Politische Parteien in Ostdeutschland Die Sowjets gestatteten noch vor Beginn der Potsdamer Konferenz als erste in ihrem Machtbereich die Gründung politischer Parteien (10. Juni 1945). KPD, SPD, CDU und LDPD (Liberal-Demokratische Partei Deutschlands) schlossen sich bereits einen Monat später zur „Einheitsfront der antifaschistisch-demokratischen Parteien" (Antifa-Block) zusammen.

Schon bald förderte die *Sowjetische Militäradministration in Deutschland* (SMAD) einseitig die Kommunistische Partei. Die KPD war wegen ihrer Nähe zur Besatzungsmacht in der Bevölkerung unbeliebt. Nach katastrophalen Wahlniederlagen der Kommunisten in Österreich und Ungarn suchte die KPD den Zusammenschluss mit der SPD, um damit ihren vermeintlich schärfsten Konkurrenten auszuschalten.

Kurt Schumacher warnte vor der Fusion, und auch die SPD in der sowjetischen Zone wollte darüber zunächst nur auf einem gesamtdeutschen Parteitag entscheiden. Der Besatzungsmacht gelang es mit Drohungen, Redeverboten und Verhaftungen sowie durch Überredung führender Sozialdemokraten der sowjetischen Zone, den Widerstand zu brechen. Schließlich stimmten **Otto Grotewohl** und die Spitze der Ost-SPD auf dem „Vereinigungsparteitag" in Berlin am 21./22. April 1946 geschlossen für die Vereinigung der beiden Arbeiterparteien zur „Sozialistischen Einheitspartei Deutschlands" (SED) (▸ M2).

Otto Grotewohl (1894-1964): Mitbegründer der ostdeutschen SPD 1945, Vorsitzender der SED (zusammen mit Wilhelm Pieck) 1946-1954, Ministerpräsident der DDR 1949-1964

Obwohl die sowjetische Militärregierung CDU und LDPD in der Folgezeit massiv benachteiligte, erhielten die bürgerlichen Parteien bei den Kreis- und Landtagswahlen vom 20. Oktober 1946 mehr als die Hälfte der Stimmen. In Berlin, wo die SPD noch kandidieren durfte, wurde die SED mit 19,8 Prozent der Stimmen nur drittstärkste Partei (▸ M3). Die Sowjets verstärkten daraufhin ihren Druck auf alle zugelassenen Parteien. Die SED selbst wurde zu einer „Partei neuen Typus" nach stalinistischem Modell umgebildet und von oppositionellen Kräften „gesäubert".** Etwa 6 000 Sozialdemokraten wurden von sowjetischen Militärgerichten als „Agenten" verurteilt und in Arbeitslager gebracht. Rund 100 000 Sozialdemokraten flohen in den Westen.

▸ **Geschichte In Clips:** Zur Gründung der SED siehe Clip-Code 7307-01

* siehe S. 46
** siehe S. 10

Umgestaltung der ostdeutschen Wirtschaft Bei der Umgestaltung der SBZ erwiesen sich die Demontagen in ihrer Wirkung noch gravierender als die unmittelbaren Kriegszerstörungen. Zur Befriedigung der sowjetischen Forderungen nach Gütern aus der laufenden Produktion gingen zusätzlich ganze Industriezweige in das Eigentum der Siegermacht über („Sowjetische Aktiengesellschaften", SAG) und fielen damit für den wirtschaftlichen Wiederaufbau in Ostdeutschland aus. Auf Befehl der sowjetischen Besatzungsmacht wurden von 1945 an in Etappen insgesamt 75 Prozent des Industrievermögens, etwa 9 000 Firmen einschließlich aller Banken und Versicherungen, entschädigungslos enteignet und verstaatlicht („Volkseigene Betriebe", VEB). Die bisherigen Eigentümer wurden pauschal zu Nazis und Kriegsverbrechern erklärt. In einer Volksabstimmung in Sachsen stimmten über 77 Prozent diesen Maßnahmen zu.

Die *Bodenreform* ging ebenfalls auf einen sowjetischen Befehl zurück. Sie betraf 35 Prozent der landwirtschaftlichen Fläche in der Sowjetischen Besatzungszone. Unter der Parole „Junkerland in Bauernhand" wurde 7000 Großgrundbesitzern ihr Land entschädigungslos entzogen und zum größten Teil an 500 000 Landarbeiter, landlose Bauern, Flüchtlinge und Vertriebene verteilt; ein Drittel blieb in öffentlichem Besitz („Volkseigene Güter"). Auf die Enteignung und Umverteilung folgte die Kollektivierung: Die Bauern schlossen sich auf staatlichen Druck hin seit 1952 in „Landwirtschaftlichen Produktionsgenossenschaften" (LPG) zusammen. Dabei hatten die meisten Höfe so wenig Land zugewiesen bekommen, dass keine funktionsfähigen Betriebe entstehen konnten.

Hilfe im Westen: der Marshall-Plan Seit Kriegsende hatten die USA erhebliche Wirtschaftshilfe in Form von Krediten, Lebensmitteln und Rohstoffen für zahlreiche europäische Länder geleistet: Über elf Milliarden Dollar waren bis Ende 1947 nach Europa geflossen. Vor allem Großbritannien und Frankreich, aber auch zahlreiche osteuropäische Regierungen profitierten davon, ohne dadurch den allgemeinen wirtschaftlichen Niedergang bremsen zu können.

Um die drohende ökonomische Zerrüttung und politische Destabilisierung in Europa zu verhindern und einem wachsenden politischen Druck der Sowjetunion entgegenzuarbeiten, entwickelte die US-Regierung ein umfassendes Wiederaufbauprogramm für Europa (Marshall-Plan). Der wegweisende und völlig neue Gedanke dieses Hilfsprogramms war die amerikanische Forderung nach zwischenstaatlicher Zusammenarbeit der Empfänger. Formal auch an die Sowjetunion und die Staaten in ihrem Machtbereich gerichtet, versprach dieses Programm allen Ländern Europas die großzügige Finanzhilfe der USA bei ihrem wirtschaftlichen Wiederaufbau.*

16 europäische Länder schlossen sich 1948 zur OEEC („Organization for European Economic Cooperation") zusammen, die über die Verteilung und Verwendung der amerikanischen Gelder zu wachen hatte. Alles in allem belief sich die amerikanische Marshall-Plan-Hilfe bis 1952 auf rund 14 Milliarden Dollar. Nicht weniger als ein Zehntel davon floss nach Westdeutschland.

Selbstverständlich nutzte das Wiederaufbauprogramm auch der amerikanischen Wirtschaft, die einen funktionierenden westeuropäischen Absatzmarkt benötigte. Doch mindestens gleichrangig war das Interesse der USA, die liberaldemokratischen Gesellschaften in Westeuropa zu festigen.

▲ **Westdeutsches Plakat, um 1949.**

* siehe S. 12

Wie erwartet lehnte die sowjetische Regierung den Marshall-Plan ab. Offiziell sah sie darin eine Gefährdung der Souveränität der europäischen Staaten. Zugleich verbot Moskau allen osteuropäischen Ländern und der eigenen Besatzungszone die Annahme des amerikanischen Angebots. Stattdessen reagierte Stalin zunächst mit zweiseitigen Handelsabkommen, schließlich 1949 mit der Gründung des „Rates für Gegenseitige Wirtschaftshilfe" (RGW). Darin lenkte die Sowjetunion die Volkswirtschaften der ostmitteleuropäischen Verbündeten auf die Moskauer Bedürfnisse hin. Die Spaltung Europas in zwei Blöcke war offenkundig geworden.

▲ **Ostdeutsches Plakat von 1948.**

Währungsreform und Entscheidung für die Soziale Marktwirtschaft ■ Anfang 1948 setzte der neu gewählte parteilose Wirtschaftsdirektor **Ludwig Erhard** (1897-1977) im Frankfurter Wirtschaftsrat gegen den heftigen Widerstand der sozialdemokratischen Fraktion eine Neuorientierung der Wirtschaftsordnung im Sinne einer **Sozialen Marktwirtschaft** durch. Bis dahin wurden die Produktion, Verteilung und Preise aller Güter staatlich festgelegt – nun sollte diese Reglementierung weitgehend entfallen und eine Belebung der Marktkräfte in Gang gesetzt werden.

Dazu bedurfte es jedoch einer umfassenden Reform des zerrütteten Geldwesens. Um 1947 war noch immer zu viel Geld in Umlauf, für das es keine ausreichenden Sachwerte gab. Das war die verspätete Rechnung für Hitlers über die Notenpresse finanzierte Rüstungspolitik.

Während die von Erhard propagierte Wirtschaftsreform von den Deutschen ausging, war die Währungsreform ein Anliegen der Westalliierten, vor allem der Amerikaner. Die neuen deutschen Banknoten wurden in den USA gedruckt und nach Bremerhaven gebracht. An einem Freitag, den 18. Juni 1948, erfuhren die Deutschen, dass am 20. Juni die allseits erwartete Währungsreform stattfinden würde. Jeder Deutsche erhielt zunächst 40 „Deutsche Mark" als „Kopfgeld" (später noch einmal 20 DM).* Löhne, Gehälter, Pensionen und Mieten wurden im Verhältnis 1:1, Schulden auf ein Zehntel in DM-Beträge umgewertet. Sparer wurden mit einem Schlag nahezu enteignet, denn die Guthaben in Reichsmark konnten nur zu einem Bruchteil umgewandelt werden.

Die Währungsreform von 1948 war einer der radikalsten Einschnitte der Nachkriegszeit. Zugleich sorgte sie wie kaum ein anderes Ereignis für Aufbruchstimmung. Mit einem Schlag waren die Schaufenster mit all den Waren gefüllt, die man lange vermisst hatte. Denn wegen der Geldentwertung hatten die Händler ihre Waren gehortet, statt sie zum Verkauf anzubieten. Gleichzeitig mit der Währungsreform beschloss der Frankfurter Wirtschaftsrat auf Betreiben Erhards die Freigabe der Preise sowie die Aufhebung der Bewirtschaftung aller Produkte; ausgenommen davon waren Hauptnahrungsmittel und wichtige Rohstoffe. Nun regelte nicht mehr der Staat die Verteilung der Waren. Wettbewerb und Verbrauch sollten ab sofort die Wirtschaft steuern, nicht mehr der Staat.

Ludwig Erhard (1897-1977): Bundesminister für Wirtschaft 1949-1963, Bundeskanzler 1963-1966, Vorsitzender der CDU 1966/67

Soziale Marktwirtschaft: Wirtschaftsordnung, die soziale Gerechtigkeit auf der Grundlage einer leistungsfähigen Wettbewerbswirtschaft vorsieht. Der Begriff wurde 1946 von dem Nationalökonomen Alfred Müller-Armack (1901-1978) geprägt.

▶ **Metzgerei nach der Währungsreform.**
Foto vom 20. Juni 1948.
Noch Jahre nach dem Krieg waren die wichtigsten Artikel des täglichen Bedarfs rationiert und nur gegen Lebensmittelkarten erhältlich. Nach der Währungsreform hatten sich die Schaufenster über Nacht mit allen Waren gefüllt, auf die man so lange verzichten musste.

* Das entspricht ca. 20 bzw. 10 Euro. Allerdings war die Kaufkraft des Geldes wesentlich höher als heute.

Die Währungs- und Wirtschaftsreform setzte in kurzer Zeit ungeheure Kräfte frei, die zur raschen wirtschaftlichen Erholung Westdeutschlands beitrugen. Diese konnten sich bald durch den sogenannten „Korea-Boom" entfalten: Angesichts des Korea-Krieges 1950-1953 konzentrierten die kriegführenden Staaten ihre industrielle Produktion auf den Militärsektor, während die westdeutsche Industrie den Weltmarkt mit modernen Verbrauchsgütern zu beliefern begann.

▲ **Schaufensterauslage eines Textilgeschäftes.**
Foto von 1949/50.
Die Währungsreform und die Umstellung auf die Soziale Marktwirtschaft führten nicht unmittelbar danach zu einem Wirtschaftsaufschwung. Vielmehr stieg die Zahl der Arbeitslosen von 400 000 im Jahr 1948 auf über zwei Millionen im Jahr 1950. Steigenden Preisen versuchte Wirtschaftsminister Ludwig Erhard mit „Preisregeln" gegenzusteuern. Auch in Erhards Partei, der CDU, wurde der Ruf nach stärkeren staatlichen Eingriffen in die Wirtschaft immer lauter.
- *Erläutern Sie, worauf der Slogan „Erhard befiehlt – wir folgen!" anspielt. Inwiefern widerspricht diese Botschaft den Prinzipien der Sozialen Marktwirtschaft?*

Die Berlin-Blockade 1948/49 ■ Die Antwort Stalins auf die Währungsreform in den Westzonen war die Berliner Blockade von 1948/49. Sie war der gewaltsame Versuch, die Schaffung eines westdeutschen Staates jenseits des kommunistischen Machtbereichs in letzter Minute zu verhindern.

Nachdem Verhandlungen der vier Siegermächte über die Einführung der D-Mark in Berlin geplatzt waren, verbot am 19. Juni 1948 der Chef der sowjetischen Militärverwaltung Sokolowski die Einführung des neuen Geldes in ganz Berlin. Vier Tage später wurde für die Ostzone eine eigene Währungsreform angeordnet, unter ausdrücklicher Einbeziehung ganz Berlins. Gegen die Einbeziehung ihrer drei Sektoren erhoben die Westmächte sofort Einspruch und dehnten ihrerseits den Geltungsbereich der neuen D-Mark auf West-Berlin aus. In der Nacht vom 23. zum 24. Juni 1948 wurde daraufhin die Elektrizitätsversorgung West-Berlins unterbrochen; es begann die Sperrung des Personen- und Güterverkehrs sowie der Lebensmittellieferungen. Mit der Blockade zu Lande und zu Wasser wollte die Sowjetunion die 2,1 Millionen West-Berliner aushungern und in einer Art Geiselnahme die Westmächte zwingen, ihre Weststaatspläne aufzugeben und ganz Berlin den Sowjets zu überlassen.

Den USA und ihren Verbündeten blieb zur Versorgung der eigenen Truppen sowie der West-Berliner Bevölkerung nur noch der Luftweg. Im Rahmen des als „Berliner Luftbrücke" bekannt gewordenen Unternehmens wurden 2,34 Millionen Tonnen Lebensmittel, Kohle und Maschinen nach West-Berlin gebracht. Erst am 4. Mai 1949 einigten sich die vier Siegermächte in New York auf das Ende der Blockade. Am 12. Mai, nach 322 Tagen, wurde sie aufgehoben.

Für die Sowjetunion erwies sich die Berlin-Blockade als schwerer Fehler: Stalin hatte keines seiner Ziele erreicht, stattdessen im In- und Ausland viel Ansehen verloren. Dagegen verstanden sich Deutsche und Westalliierte zum ersten Mal als Verbündete. Amerikanische und britische Flugzeuge über Deutschland bedeuteten nicht mehr Schrecken und Zerstörung wie während des Bombenkriegs, sondern sorgten für Beistand und Hilfe.
Während der Blockade war Berlin zu einer gespaltenen Stadt geworden, der Ost- und der Westteil hatten eigene Oberbürgermeister und getrennte Verwaltungen eingesetzt.

Im Westen: Trizone und Beratungen über eine Bundesverfassung Seit Ende 1947 waren Amerikaner und Briten entschlossen, ihre Besatzungszonen in einen westdeutschen Teilstaat umzuwandeln. Dieser sollte eine leistungsfähige Wirtschaft haben und dadurch von den Hilfslieferungen der westlichen Alliierten unabhängig werden. Die Franzosen zögerten in dieser Frage zunächst. Dennoch beauftragten die drei westlichen Militärgouverneure am 1. Juli 1948 die Ministerpräsidenten der elf westdeutschen Länder mit Verfassungsberatungen zur Gründung eines westdeutschen Staates. Die Einzelheiten waren in den sogenannten „Frankfurter Dokumenten" festgelegt: Eine einberufene Verfassunggebende Versammlung sollte eine demokratische Verfassung für einen föderalistischen Staat erarbeiten, der die Grund- und Menschenrechte garantierte. In einer Volksabstimmung sollte dann die Verfassung in Kraft gesetzt werden. Die Ministerpräsidenten stimmten diesem Angebot einer beschränkten Selbstverwaltung zu, nachdem sie durch einige Korrekturen den provisorischen Charakter des geplanten politischen Gebildes verdeutlichen konnten: Um die Chance eines vereinigten deutschen Staates offenzuhalten, wurde nicht von einer Verfassunggebenden Versammlung gesprochen, sondern von einem Parlamentarischen Rat, und statt einer Verfassung sollte ein Grundgesetz verabschiedet werden.

Carlo Schmid (1896-1979): Politiker und Staatsrechtler, einer der „Väter des Grundgesetzes", Vizepräsident des Deutschen Bundestages 1949-1962 und 1969-1972

Der Parlamentarische Rat Die 65 Abgeordneten des in Bonn tagenden Parlamentarischen Rates waren von den Länderparlamenten im August 1948 gewählt worden. Mit jeweils 27 Abgeordneten waren SPD und CDU/CSU gleich stark vertreten. Zum Präsidenten wurde der 72-jährige Parteivorsitzende der CDU in der britischen Zone, Konrad Adenauer, gewählt, während der Vorsitz im Hauptausschuss, in dem die wichtigsten Verfassungsberatungen stattfanden, an Professor **Carlo Schmid** (SPD) ging.

Viele Verfassungsfragen wurden vor dem Hintergrund der Erfahrungen der Weimarer Republik und der nationalsozialistischen Dikta-

▲ **„Gefährliche Passage."**
Karikatur aus der „New York Sun", wieder abgedruckt in „Der Spiegel" vom 18. September 1948. Vermutlich in der Annahme, dass die Versorgung einer Millionenbevölkerung aus der Luft unmöglich sei, versuchten die Sowjets nicht, die drei Luftkorridore nach Berlin zu sperren. Tatsächlich aber gelang es den Westmächten, die Versorgung der West-Berliner Bevölkerung sicherzustellen.

◂ Festakt bei der Eröffnung des Parlamentarischen Rates 1948 in Bonn.
Am 1. September 1948, Punkt 13 Uhr, begann der Festakt zur Eröffnung des Parlamentarischen Rates im Bonner Zoologischen Museum Alexander Koenig. Die Giraffen, Büffel und anderen ausgestopften Tiere wurden hinter Säulen und Vorhängen versteckt. Die zukünftigen Verfassungsväter und die wenigen Verfassungsmütter sitzen im Mittelblock. In der ersten Reihe links sitzen die Vertreter der drei westlichen Besatzungsmächte.
- *Klären Sie den Symbolgehalt der Beteiligung der Westalliierten an der Eröffnung des Parlamentarischen Rats.*

▸ Die Mütter des Grundgesetzes.
Foto von 1949.
Vor allem dem Engagement dieser vier Frauen ist es zu verdanken, dass der Gleichberechtigungsartikel (Art. 3) in das Grundgesetz aufgenommen wurde, obwohl er zunächst im Parlamentarischen Rat mehrheitlich abgelehnt worden war. Das Bild zeigt von links: Helene Wessel (Zentrum), Helene Weber (CDU), Friederike Nadig (SPD) und Elisabeth Selbert (SPD).

Konstruktives Misstrauensvotum: Nach Art. 67 GG kann der amtierende Kanzler vom Parlament nur dann abgewählt werden, wenn eine Mehrheit „konstruktiv" für einen neuen Kandidaten stimmt.

tur rasch und einvernehmlich gelöst. Dazu gehörten die unbedingte Geltungskraft der Grundrechte, die starke Stellung des Regierungschefs (Kanzler), das **konstruktive Misstrauensvotum**, die Machtbeschränkung des Staatsoberhaupts (Bundespräsident), die Ablehnung des Plebiszits und die Errichtung eines rein parlamentarisch-repräsentativen Regierungssystems (▸ M4).

Die heftigste Kontroverse im Parlamentarischen Rat betraf die Ausgestaltung der bundesstaatlichen Ordnung. Die SPD forderte eine starke Bundesgewalt, die CDU – und noch mehr die CSU – wollte das politische Gewicht der Länder sichern. Das Ergebnis war ein Kompromiss. Einerseits wurde ein *Bundesrat* als Ländervertretung geschaffen, der eigene Gesetze einbringen und solche des Parlaments bestätigen konnte – eine Lösung, die den Föderalisten aus den süddeutschen Ländern entgegenkam. Dagegen setzte sich die SPD bei der Regelung der Finanz- und Steuerfragen durch, insoweit eine starke Bundesfinanzverwaltung, umfassende Steuererhebungskompetenzen des Bundes sowie ein verbindlicher Finanzausgleich zwischen wirtschaftsstärkeren und -schwächeren Bundesländern vorgesehen waren.

Die Gründung der Bundesrepublik Deutschland ■ Am 8. Mai 1949, genau vier Jahre nach der deutschen Kapitulation, stimmten 53 Abgeordnete des Parlamentarischen Rates für das Grundgesetz, bei zwölf Gegenstimmen, darunter sechs Abgeordnete der

CSU sowie die Abgeordneten der KPD, des Zentrums und der Deutschen Partei (DP). Nachdem die Militärgouverneure das Grundgesetz am 12. Mai 1949 genehmigt hatten, wurde es in allen Ländern mit Ausnahme Bayerns ratifiziert.* Am 23. Mai 1949 unterzeichneten die Ministerpräsidenten der Länder und die Landtagspräsidenten in einem feierlichen Akt in Bonn das Grundgesetz. Aus den westlichen Besatzungszonen war ein Staat unter alliierter Aufsicht geworden (▸ M5). Der neue Staat erhielt den Namen „Bundesrepublik Deutschland".

Aus den Wahlen zum ersten Deutschen Bundestag am 14. August 1949 ging die CDU/CSU mit 31 Prozent als Gewinner hervor, gefolgt von der SPD mit 29,2 Prozent, der FDP mit 11,9 Prozent und der KPD mit 5,7 Prozent.

Weitere sechs Parteien einschließlich einiger Parteiloser blieben unter fünf Prozent der Stimmen, waren aber im ersten Bundestag vertreten. Adenauer bildete eine „kleine Koalition" aus CDU/CSU, FDP und DP. Am 7. September 1949 trat der Bundestag zum ersten Mal in Bonn zusammen. Er wählte am 15. September Konrad Adenauer mit einer Stimme Mehrheit zum ersten Bundeskanzler der Bundesrepublik Deutschland. Kurt Schumacher (SPD) fiel die Rolle des Oppositionsführers zu. Theodor Heuss, der Kandidat der FDP, war bereits am 12. September von der **Bundesversammlung** zum Bundespräsidenten gewählt worden.

Bundesversammlung: Gremium zur Wahl des Bundespräsidenten, das sich aus den Mitgliedern des Bundestages und einer gleichen Anzahl von Vertretern der Länder zusammensetzt

* Das „Nein" des bayerischen Landtags vom 20. Mai 1949 blieb ohne Folgen, weil der Landtag gleichzeitig beschloss, das Grundgesetz anzunehmen, sobald zwei Drittel der Länder ihre Zustimmung gaben.

◂ **Grundsätze der Verfassung.** *Das abgebildete Schema stellt die fünf Prinzipien dar, die durch das Grundgesetz der Bundesrepublik Deutschland ausgestaltet werden.*
Wie das Beispiel Großbritannien mit einem Monarchen an der Spitze beweist, muss eine demokratische Grundordnung nicht zwingend in einer Republik verwirklicht werden. Eine Republik ist definiert als Staatsform, bei der das Staatsvolk die höchste Gewalt des Staates und oberste Quelle der Legitimität ist.
Im Gegensatz zur Weimarer Reichsverfassung von 1919 haben die Mütter und Väter des Grundgesetzes die Grundrechte an den Anfang gestellt (Art. 1-19). Grundrechte gliedern sich in Menschenrechte sowie Bürgerrechte, die an die Staatsangehörigkeit gebunden sind. Sie dürfen in ihrem Wesensgehalt nicht angetastet werden.

Volkskongresse 1947 und 1948: Zu ihnen lud die SED-Führung; sie sollten ein gesamtdeutsches Vorparlament sein. Hieran nahmen Vertreter von Parteien und Massenorganisationen, Betriebsräte, Bauernverbände, Künstler und Wissenschaftler aus allen Besatzungszonen teil, die meisten jedoch aus der sowjetisch besetzten Zone.

Wilhelm Pieck (1876-1960): Vorsitzender der SED (neben Otto Grotewohl) 1946-1960, Präsident der DDR 1949-1960

Die Gründung der DDR Seit Ende 1947 propagierte die SED mit Rückendeckung Stalins die Einheit Deutschlands in Gestalt der sogenannten **Volkskongressbewegung**. In Wirklichkeit ging es ihren Spitzenfunktionären jedoch um die Schaffung eines kommunistischen Teilstaates. Bei den Wahlen zum Volkskongress im Mai 1949 sicherte sich die SED die Mehrheit der Mandate. Sie dominierte auch den daraus hervorgehenden *Deutschen Volksrat*.

Die sowjetische Regierung wartete mit der Staatsgründung in der eigenen Besatzungszone, bis die westdeutsche Bundesregierung sich konstituiert hatte. Erst nach einer erneuten Besprechung führender SED-Funktionäre mit Stalin Ende September 1949 erklärte die sowjetische Regierung Anfang Oktober 1949 in einer Note an die drei Westmächte, dass mit der „Bildung der volksfeindlichen Separatregierung in Bonn [...] jetzt in Deutschland eine neue Lage entstanden" sei. Am 7. Oktober 1949 nahm der Deutsche Volksrat einen 1948 ausgearbeiteten Verfassungsentwurf an und erklärte sich selbst zur *Provisorischen Volkskammer*. Damit war die „Deutsche Demokratische Republik" (DDR) gegründet. Wenige Tage später wurde Otto Grotewohl (SED) zum Regierungschef, **Wilhelm Pieck** (SED) zum Präsidenten der DDR gewählt. Obwohl in der neuen Regierung alle Parteien vertreten waren, besetzte die SED die wichtigsten Ministerien.

Die Gründung zweier Staaten auf dem Boden des ehemaligen Deutschen Reichs bedeutete einen weiteren, wesentlichen Schritt zur Teilung des Landes. Die deutsche Teilung war damals von niemandem gewollt, aber auch von niemandem verhindert worden. Sie war das Ergebnis eines sich verschärfenden Gegensatzes der Siegermächte des Zweiten Weltkrieges, vor allem der USA und der Sowjetunion. Die Hoheit der Besatzungsmächte über Deutschland blieb nach der Gründung von Bundesrepublik und DDR bestehen. Über Deutschlands Zukunft entschieden im Grundsatz weiterhin die Siegermächte und ihre weltpolitischen Beziehungen. Innerhalb dieses Rahmens bestimmten jedoch nun auch die Regierungen in Bonn und Ost-Berlin über das Verhältnis beider Teile Deutschlands. Allerdings überwogen dabei zunächst Feindschaft und Misstrauen (▸ M6).

M1 Kurswechsel

Am 6. September 1946 hält US-Außenminister James F. Byrnes in Stuttgart vor den Ministerpräsidenten der süddeutschen Länder eine Rede, die in Deutschland unter der Bezeichnung „Rede der Hoffnung" populär geworden ist. Der Text stammt weitgehend von General Lucius D. Clay, Militärgouverneur der US-Besatzungszone, der sowohl den Franzosen als auch den Sowjets vorwirft, die Einheit Deutschlands zu verhindern.

Es liegt weder im Interesse des deutschen Volkes noch im Interesse des Weltfriedens, dass Deutschland eine Schachfigur oder ein Teilnehmer in einem militärischen Machtkampf zwischen dem Osten und dem Westen wird. [...]
Die Vereinigten Staaten sind der festen Überzeugung, dass Deutschland als Wirtschaftseinheit verwaltet werden muss und dass die Zonenschranken, soweit sie das Wirtschaftsleben und die wirtschaftliche Betätigung in Deutschland betreffen, vollständig fallen müssen. [...]
Wir treten für die wirtschaftliche Vereinigung Deutschlands ein. Wenn eine völlige Vereinigung nicht erreicht werden kann, werden wir alles tun, was in unseren Kräften steht, um eine größtmögliche Vereinigung zu sichern. [...]
Der Hauptzweck der militärischen Besetzung war und ist, Deutschland zu entmilitarisieren und entnazifizieren, nicht aber den Bestrebungen des deutschen Volkes hinsichtlich einer Wiederaufnahme seiner Friedenswirtschaft künstliche Schranken zu setzen. [...]
Die Potsdamer Beschlüsse sahen nicht vor, dass Deutschland niemals eine zentrale Regierung haben sollte. Sie bestimmten lediglich, dass es einstweilen noch keine zentrale deutsche Regierung geben sollte. Dies war nur so zu verstehen, dass keine deutsche Regierung gebildet werden sollte, ehe eine gewisse Form von Demokratie in Deutschland Wurzeln gefasst und sich ein örtliches Verantwortungsbewusstsein entwickelt hätte. [...]
Die Vereinigten Staaten treten für die baldige Bildung einer vorläufigen deutschen Regierung ein. [...]
Während wir darauf bestehen werden, dass Deutschland die Grundsätze des Friedens, der gutnachbarlichen Beziehungen und der Menschlichkeit befolgt, wollen wir nicht, dass es der Vasall irgendeiner Macht oder irgendwelcher Mächte wird oder unter einer in- oder ausländischen Diktatur lebt. Das amerikanische Volk hofft, ein friedliches und demokratisches Deutschland zu sehen, das seine Freiheit und seine Unabhängigkeit erlangt und behält. [...]
Die Vereinigten Staaten können Deutschland die Leiden nicht abnehmen, die ihm der von seinen Führern angefangene Krieg zugefügt hat. Aber die Vereinigten Staaten haben nicht den Wunsch, diese Leiden zu vermehren oder dem deutschen Volk die Gelegenheit zu verweigern, sich aus diesen Nöten herauszuarbeiten, solange es menschliche Freiheit achtet und vom Wege des Friedens nicht abweicht.
Das amerikanische Volk wünscht, dem deutschen Volk die Regierung Deutschlands zurückzugeben. Das amerikanische Volk will dem deutschen Volk helfen, seinen Weg zurückzufinden zu einem ehrenvollen Platz unter den freien und friedliebenden Nationen der Welt.

Helmut Krause und Karlheinz Reif (Bearb.), Die Welt seit 1945 (Geschichte in Quellen), München 1980, S. 91-98

1. *Arbeiten Sie heraus, warum die Westdeutschen die Rede des amerikanischen Außenministers als eine Wende empfinden konnten. Ziehen Sie dafür auch M5 heran (S. 56 f.).*

2. *Erörtern Sie, wie die Rede von Byrnes auf die sowjetische beziehungsweise französische Regierung wirken musste.*

3. *Bewerten Sie, ob in dem Text machtpolitische Interessen der USA zum Ausdruck kommen.*

▲ **Fotomontage zum Vereinigungsparteitag von KPD und SPD am 21./22. April 1946.**
Abgebildet sind Wilhelm Pieck (KPD, links) und Otto Grotewohl (SPD, rechts).
- *Beschreiben Sie die verschiedenen Bildelemente und ihre jeweilige Funktion.*

M2 Mit Zwang zur SED

Am 21./22. April 1946 schließen sich KPD und SPD auf einem „Vereinigungsparteitag" zur Sozialistischen Einheitspartei Deutschlands (SED) zusammen. Das britische Außenministerium analysiert die politische Situation in der SBZ unmittelbar zuvor:

Die SPD-Zeitungen wurden rigoroser Zensur unterworfen, SPD-Organisationen in den Provinzen nur noch dann Zusammenkünfte gestattet, wenn diese gemeinsam mit der KPD abgehalten wurden. Betriebsgruppen wurden vorgeladen, um Resolutionen zu einer sofortigen Vereinigung zu verabschieden. Die russischen Militärkommandeure begannen darauf zu bestehen, nur noch solche SPD-Mitglieder für führende Parteiposten auf Orts-, Bezirks- und Landesebene zu nominieren, die für die Vereinigung waren [...]. [Der SPD-Vorstand informierte am 15. Januar alle Landes- und Bezirksvorstände,] dass gemäß den gemeinsamen Beschlüssen von KPD und SPD vom 20. und 21. Dezember eine Vereinigung auf lokaler Ebene nicht erlaubt sei und die Parteienvereinigung lediglich von einer Parteiversammlung auf Reichsebene beschlossen werden könne. Die russische Militärbehörde verbot die Veröffentlichung dieser Instruktion. Verstöße gegen das Verbot resultierten in Redeverboten für Sprecher auf Versammlungen und in Festnahmen. Parteisekretäre, die der Vereinigung widerstrebend gegenüberstanden, [...] wurden entfernt, andere mit Arrest bedroht oder verhaftet und nach Oranienburg und Sachsenhausen verbracht [...].

Reiner Pommerin, Die Zwangsvereinigung von KPD und SPD zur SED. Eine britische Analyse vom April 1946, in: Vierteljahreshefte für Zeitgeschichte, 36. Jg. 1988, Heft 2, S. 328 f.

1. *Erläutern Sie, welche Ziele die sowjetischen Besatzungsbehörden verfolgten.*

2. *Bewerten Sie die demokratische Legitimation der Parteienvereinigung.*

3. *Im April 2001 entschuldigte sich die Führung der PDS (Partei des Demokratischen Sozialismus, Rechtsnachfolgerin der SED) für die Form, in der 1946 die Vereinigung von KPD und SPD vollzogen wurde. Diskutieren Sie die politische Bedeutung einer solchen Erklärung.*

M3 Die (Landtags-)Wahlen in der Sowjetischen Besatzungszone und in Berlin vom 20. Oktober 1946

	Sachsen		Sachsen-Anhalt		Thüringen		Brandenburg		Mecklenburg		Gesamtergebnis	
Wahlberechtigte	3,803 Mio.		2,696 Mio.		1,912 Mio.		1,656 Mio.		1,301 Mio.		11,368 Mio.	
Wahlbeteiligung	92,5 %		91,6 %		90,7 %		91,5 %		90,1 %		91,6 %	
Gültige Stimmen	3,252 Mio.		2,324 Mio.		1,657 Mio.		1,459 Mio.		1,107 Mio.		9,799 Mio.	
	Anz. d. Mandate	in % der gültigen Stimmen	Anz. d. Mandate	in % der gültigen Stimmen	Anz. d. Mandate	in % der gültigen Stimmen	Anz. d. Mandate	in % der gültigen Stimmen	Anz. d. Mandate	in % der gültigen Stimmen	Anz. d. Mandate	in % der gültigen Stimmen
SED	59	49,1	51	45,8	50	49,3	44	43,5	45	49,5	249	47,5
CDU	28	23,3	24	21,9	19	18,9	31	30,3	31	34,1	133	24,5
LDPD	30	24,8	33	29,9	28	28,5	20	20,5	11	12,5	122	24,6
Massenorganisationen	3	2,8	2	2,4	3	3,3	5	5,7	3	3,9	16	3,4

Bundesministerium für gesamtdeutsche Fragen (Hrsg.), Die Wahlen in der Sowjetzone. Dokumente und Materialien, 1956, zit. nach: Jürgen Weber (Hrsg.), Geschichte der Bundesrepublik Deutschland, Bd. 1, München [4]1994, S. 193

Stadtverordnetenwahl in Berlin Wahlberechtigte 2,307 Mio. Wahlbeteiligung 92,3% Gült. Stimmen 2,085 Mio.	Wahlbeteiligung %	SPD Anz. der Mandate	SPD in % der gültigen Stimmen	SED Anz. der Mandate	SED in % der gültigen Stimmen	CDU Anz. der Mandate	CDU in % der gültigen Stimmen	LDPD Anz. der Mandate	LDPD in % der gültigen Stimmen
Berlin	92,3	63	48,7	26	19,8	29	22,2	12	9,3
Sowjetischer Sektor	93,8		43,6		29,9		18,7		7,8
Amerikanischer Sektor	91,8		51,9		12,7		24,8		10,6
Britischer Sektor	90,3		50,8		10,4		27,0		11,8
Französischer Sektor	91,9		52,6		21,2		19,0		7,2

Hauptamt für Statistik von Groß-Berlin (Hrsg.), Berliner Statistik, Sonderheft 4, Jahrgang 1947

1. *Erschließen Sie die Gründe für die hohe Wahlbeteiligung.*
2. *Bewerten Sie die Wahlergebnisse in den Ländern der SBZ. Welche Regierungsbildung lassen diese erwarten?*
3. *Vergleichen Sie die Ergebnisse mit den Landtagswahlen in den Ländern der Westzonen (S. 43, M6). Welche Unterschiede, welche Gemeinsamkeiten fallen auf, wie lassen sie sich erklären?*

M4 Lehren aus Weimar

Der Historiker Heinrich August Winkler beschreibt die Lehren, welche die „Mütter und Väter des Grundgesetzes" aus dem Scheitern der Weimarer Republik gezogen haben:

Der Bonner Parlamentarische Rat war drei Jahrzehnte später in einer radikal anderen Situation als die Verfassunggebende Deutsche Nationalversammlung in Weimar. Er konnte auf die Erfahrungen einer gescheiterten parlamentarischen Demokratie und einer von außen niedergeworfenen totalitären Diktatur zurückblicken und gleichzeitig, in der Sowjetischen Besatzungszone, den Aufbau einer neuen Diktatur beobachten. Vor diesem Hintergrund lag nichts näher als der Versuch, einen anderen Typ von Demokratie zu entwickeln als den, der nach 1930 Schiffbruch erlitten hatte. [...]
Die Verwirkung von Grundrechten, das Verbot verfassungswidriger Parteien durch das Bundesverfassungsgericht, die „Ewigkeitsklausel" des Artikels 79, Absatz 3, die eine Änderung des Grundgesetzes für unzulässig erklärt, durch welche die Gliederung des Bundes in Länder, die grundsätzliche Mitwirkung der Länder bei der Gesetzgebung oder die in den Grundrechtsartikeln niedergelegten Grundsätze berührt werden: Das waren einige der Vorkehrungen, die der Parlamentarische Rat traf, um aus der Bundesrepublik Deutschland eine wertorientierte und wehrhafte Demokratie zu machen. Die Weimarer Erfahrungen schlugen sich in Bindungen des Gesetzgebers und Einschränkungen des Wählerwillens nieder, wie sie es wohl in keiner anderen demokratischen Verfassung gibt. Mehrheiten dadurch vor sich selber zu schützen, dass bestimmte unveräußerliche Werte und freiheitssichernde Institutionen ihrem Willen entzogen werden: diese Entscheidung des Verfassunggebers setzte die Erfahrung voraus, dass Mehrheiten so fundamental irren können, wie die Deutschen sich geirrt hatten, als sie 1932 mehrheitlich für Parteien stimmten, die ihre Demokratiefeindschaft offen zur Schau trugen.
Weimarer Erfahrungen entsprach auch die Einsicht, dass nur ein funktionstüchtiges parlamentarisches System demokratischen Legitimitätsglauben zu bewirken vermag. Deshalb sorgte der Parlamentarische Rat dafür, dass parlamentarische Mehrheiten ihre Verantwortung nicht mehr auf das Staatsoberhaupt abschieben und einen Regierungschef nur noch durch ein „konstruktives Misstrauensvotum", also die Wahl eines Nachfolgers, stürzen konnten. Die Weimarer Verfassung hatte es zugelassen, dass der vom Volk direkt gewählte Reichspräsident in der Lage war, eine höhere Legitimität für sich zu beanspruchen als das in Parteien gespaltene Parlament. [...]
Von der ersten deutschen Demokratie sollte sich die zweite auch in anderer Hinsicht unterscheiden. Gesetzgebung, vollziehende Gewalt und Rechtsprechung waren fortan uneingeschränkt an die Grundrechte gebunden, die, anders als in der Weimarer Republik, unmittelbar geltendes Recht waren, also nicht bloß programmatische Bedeutung hatten. Im Gegensatz zur Weimarer Reichsverfassung durfte das Grundgesetz auch nur noch durch ein Gesetz geändert werden, das den Wortlaut der Verfassung ausdrücklich änderte oder ergänzte. Abweichungen von der Verfassung, die der Gesetzgeber mit verfassungsändernder Mehrheit beschloss, ohne

die Verfassung formell zu ändern, waren mithin nicht mehr möglich. Beim Nein zu plebiszitären Formen von Demokratie wie Volksbegehren und Volksentscheid spielte freilich nicht nur die Erinnerung an Weimar eine Rolle, sondern mindestens ebenso sehr die Furcht, die Kommunisten könnten sich dieser Instrumente auf demagogische Weise für ihre Zwecke bedienen.

Heinrich August Winkler, Der lange Weg nach Westen, Bd. 2: Deutsche Geschichte vom „Dritten Reich" bis zur Wiedervereinigung, München 2000, S. 133 f.

1. *Listen Sie die „Korrekturen" des Parlamentarischen Rats auf, mit denen dieser den Erhalt der Demokratie sichern wollte.*

2. *Die Annahme des Grundgesetzes erfolgte durch Ratifizierung in den Länderparlamenten. Begründen Sie, warum es nicht der Bevölkerung zur Abstimmung vorgelegt wurde.*

M5 Besatzungsstatut

Die Militärgouverneure der französischen, amerikanischen und britischen Zone erlassen am 10. April 1949 das „Besatzungsstatut zur Abgrenzung der Befugnisse und Verantwortlichkeiten zwischen der zukünftigen deutschen Regierung und der Alliierten Kontrollbehörde". Es gilt vom 21. September 1949 bis zum 4. Mai 1955:

(1) Die Regierungen Frankreichs, der Vereinigten Staaten und des Vereinigten Königreiches wünschen und beabsichtigen, dass das deutsche Volk während des Zeitraumes, in dem die Fortsetzung der Besetzung notwendig ist, das größtmögliche Maß an Selbstregulierung genießt, das mit einer solchen Besetzung vereinbar ist. Abgesehen von den in diesem Statut enthaltenen Beschränkungen besitzen der Bund und die ihm angehörenden Länder volle gesetzgebende, vollziehende und richterliche Gewalt gemäß dem Grundgesetz und ihren Verfassungen.

(2) Um die Verwirklichung der Grundziele der Besetzung sicherzustellen, bleiben die Befugnisse [...] auf folgenden Gebieten ausdrücklich vorbehalten:

a) Abrüstung und Entmilitarisierung, einschließlich der damit zusammenhängenden wissenschaftlichen Forschungsgebiete, der Verbote und Beschränkungen der Industrie und der Zivilluftfahrt;

b) Kontrollmaßnahmen hinsichtlich der Ruhr[1], Restitutionen[2], Reparationen, Dekartellierung[3], Entflechtung, Handelsdiskriminierungen, ausländische Vermögenswerte in Deutschland und Ansprüche gegen Deutschland;

c) auswärtige Angelegenheiten, einschließlich der von Deutschland oder in seinem Namen abgeschlossenen internationalen Abkommen;

d) Displaced Persons und die Zulassung von Flüchtlingen;

e) Schutz, Ansehen und Sicherheit der alliierten Streitkräfte, Familienangehörigen, Angestellten und Vertreter, ihre Immunitätsrechte sowie die Deckung der Besatzungskosten und ihrer sonstigen Bedürfnisse;

f) die Beachtung des Grundgesetzes und der Länderverfassungen;

g) die Kontrolle über den Außenhandel und den Devisenverkehr;

h) die Kontrolle über innere Maßnahmen nur in dem Mindestumfang, der erforderlich ist, um die Verwendung von Geldern, Nahrungsmitteln und anderen Gütern in der Weise zu gewährleisten, dass der Bedarf an ausländischen Hilfeleistungen für Deutschland auf ein Mindestmaß herabgesetzt wird;

i) die Kontrolle der Verwaltung und Behandlung derjenigen Personen in deutschen Gefängnissen, die vor den Gerichten oder Tribunalen der Besatzungsmächte oder Besatzungsbehörden angeklagt oder von diesen verurteilt worden sind, sowie die Kontrolle über die Vollstreckung der gegen sie verhängten Strafen [...].

(3) [...] Die Besatzungsbehörden behalten sich jedoch das Recht vor, auf Weisung ihrer Regierungen die Ausübung der vollen Gewalt ganz oder teilweise wieder zu übernehmen, wenn sie dies als wesentlich erachten für ihre Sicherheit oder zur Aufrechterhaltung der demokratischen Regierungsform in Deutschland [...].

(4) Die deutsche Bundesregierung und die Regierungen der Länder haben die Befugnis, nach ordnungsgemäßer Benachrichtigung der Besatzungsbehörden auf den diesen Behörden vorbehaltenen Gebieten Gesetze zu erlassen und Maßnahmen zu treffen, es sei denn, dass die Besatzungsbehörden ausdrücklich etwas anderes bestimmen oder dass solche Gesetze oder Maßnahmen mit den eigenen Entscheidungen oder Maßnahmen der Besatzungsbehörden unvereinbar sind.

[1] Das Ruhrgebiet galt aufgrund seiner Industrieansammlung als deutsche „Waffenschmiede". Unter den Siegermächten war seine Stellung in der Nachkriegsordnung umstritten. Nachdem es zunächst zur britischen Zone gehörte, wurde von 1949 bis 1951 eine internationale Ruhrkommission eingesetzt, die die Produktion der Ruhrindustrie an Kohle, Koks und Stahl kontrollieren und eine wirtschaftliche Konzentration verhindern sollte.

[2] Restitution: Zurückerstattung

[3] Dekartellierung: Auflösung von Kartellen, d. h. von Unternehmensvereinigungen in der Industrie

(5) Jede Änderung des Grundgesetzes bedarf vor ihrem Inkrafttreten der ausdrücklichen Genehmigung der Besatzungsbehörden.

Zit. nach: Christoph Kleßmann, Die doppelte Staatsgründung. Deutsche Geschichte 1945-1955, Bonn 51991, S. 459 f.

Erläutern Sie den politischen Rahmen, den das Besatzungsstatut der Bundesrepublik gibt.

M6 Im Schlepptau der Siegermächte

Zur Gründung der DDR hält Ministerpräsident Otto Grotewohl am 12. Oktober 1949 eine Ansprache:

Der westdeutsche Sonderstaat ist nicht in Bonn, sondern in London entstanden. Bonn hat nur die Londoner Empfehlungen, die in Wahrheit Befehle der westlichen Alliierten waren, ausgeführt. [...]
Statt der im Potsdamer Abkommen vorgesehenen Demokratisierung, Entmilitarisierung und Entnazifizierung Deutschlands sind sie [die Westmächte] bestrebt, die von ihnen besetzten Teile Deutschlands in eine Kolonie zu verwandeln, die mit den traditionellen Methoden imperialistischer Kolonialherrschaft regiert und ausgebeutet wird. Von Demokratisierung, Entmilitarisierung und Entnazifizierung ist keine Rede. Die von Anfang an sorgfältig konservierten Kräfte der deutschen Reaktion [...] haben mit aktiver Unterstützung der Besatzungsmächte die alten Machtpositionen wieder eingenommen. [...]
Wir wissen, dass wir in unserem Kampf um die Einheit Deutschlands, der ein Bestandteil des Kampfes um den Frieden ist, nicht allein stehen. Wir haben das Glück, uns in diesem Kampf auf das große Lager des Friedens in der Welt stützen zu können, dessen ständig zunehmende Stärke die imperialistischen Kriegsinteressen Schritt um Schritt zurückdrängt. Diese Kräfte des Friedens in der ganzen Welt werden geführt von der Sowjetunion, die eine andere Politik als die Politik des Friedens weder kennt noch kennen kann.

Am 15. Oktober 1949 antwortet der SPD-Vorsitzende Kurt Schumacher im Deutschen Bundestag auf die Rede Grotewohls:

Man kann erfolgreich bestreiten, dass der neue Oststaat überhaupt ein Staat ist. Dazu fehlt ihm auch der Ansatz zur Bildung einer eigenen Souveränität, er ist eine Äußerungsform der russischen Außenpolitik. [...]
Jetzt ist der Oststaat ein Versuch, die magnetischen Kräfte des Westens mithilfe staatlicher Machtmittel und eines scheinbaren Willens der deutschen Bevölkerung dieser Zone abzuwehren. Er bedeutet die Anerkennung der Tatsache, dass bis auf Weiteres das große russische Unternehmen, ganz Deutschland in die politischen, gesellschaftlichen, wirtschaftlichen und kulturellen Formen der Sowjets hineinzuzwingen, gescheitert ist. Die Loslösung der Ostzone durch die Russen, wie sie 1945 radikal und erfolgreich eingeleitet wurde, bedeutet das Hinausdrängen der westalliierten Einflüsse und der internationalen Kritik. Es war aber zur gleichen Zeit das Ende jeder demokratischen Freiheit der Deutschen in dieser Zone. Die westlichen Alliierten tragen an dieser Entwicklung viel Schuld. [...]
Das darf nicht darüber hinwegtäuschen, dass die Etablierung dieses sogenannten Oststaates eine Erschwerung der deutschen Einheit ist. Die Verhinderung dieser Einheit aber kann dieses Provisorium im Osten nicht bedeuten, weil das deutsche Volk und besonders die Bevölkerung der Ostzone Gebilde russischer Machtpolitik auf deutschem Boden ablehnt.

Erster Text: Otto Grotewohl, Im Kampf um die einige Deutsche Demokratische Republik. Reden und Aufsätze, Bd. 1, Berlin 1959, S. 489 ff.
Zweiter Text: Wolfgang Benz, Die Gründung der Bundesrepublik. Von der Bizone bis zum souveränen Staat, München 1984, S. 160 f.

▲ **Plakat zur ersten Volkskammerwahl in der DDR am 15. Oktober 1950.**
Eine Einheitsliste der „Nationalen Front", die alle Parteien und Massenorganisationen vereinte und die Kandidaten festlegte, sicherte der SED die Macht.

1. *Weisen Sie nach, wie bestimmte Begriffe unterschiedliche inhaltliche Bedeutung gewinnen, je nachdem, ob sie im Osten oder im Westen verwendet werden.*
2. *Erläutern Sie, was Schumacher unter den „magnetischen Kräften des Westens" versteht.*
3. *Diskutieren Sie Schumachers Aussage über die „Schuld der Westmächte".*

Die Bundesrepublik Deutschland politische und wirtschaftliche Entwicklung 1949 - 1989

◂ **Brandts Kniefall.**
Gemälde von Axel Kilian, 1989.
Das Bild ist Ausschnitt einer Collage, die der Künstler bei einem Gestaltungswettbewerb zum Thema „Vierzig Jahre Bundesrepublik Deutschland“ einreichte.
- *Interpretieren Sie, in welcher Beziehung die Szene mit dem Kniefall von Bundeskanzler Brandt mit den anderen Bildteilen steht.*

„Wirtschaftswunder“ und Westintegration

1950 - 1953 Während des Korea-Krieges beginnt die bundesdeutsche Industrie mit dem Export in westliche Länder. Der Aufschwung der Wirtschaft setzt ein.

1952 Die Bundesrepublik und Israel vereinbaren ein „Wiedergutmachungsabkommen“.

1952/53 Ein gesetzlicher Lastenausgleich entschädigt die Flüchtlinge und Heimatvertriebenen in der Bundesrepublik.

1955 Die langjährige Debatte über eine Wiederbewaffnung endet mit der Gründung der Bundeswehr und der Einführung der allgemeinen Wehrpflicht.

Mai 1955 Die Pariser Verträge regeln die Beziehungen zwischen den Staaten der „westlichen Gemeinschaft“ neu – die Besatzungszeit endet. Die Bundesrepublik wird Mitglied der NATO.

1955 Die ersten ausländischen Arbeitskräfte („Gastarbeiter“) werden angeworben.

1959 Im Godesberger Programm bekennt sich die SPD zur Sozialen Marktwirtschaft und zur Westintegration.

Auf dem Weg zur modernen Demokratie

1963 Deutsch-Französischer Freundschaftsvertrag.

1964 Im Bildungswesen werden Reformen eingeleitet.

1967 - 1969 Große Koalition aus Union und SPD. Eine „Außerparlamentarische Opposition“ (APO) entsteht. Studentenunruhen in der Bundesrepublik wie im übrigen Westeuropa

1968 Der Bundestag verabschiedet die Notstandsgesetze.

Neue Ostpolitik

1969 Willy Brandt (SPD) wird Bundeskanzler.

1970 Besuche Brandts in Erfurt (DDR) und in Warschau (Polen)

1972 - 73 Die Ostverträge mit der UdSSR, Polen und der ČSSR, das Berliner Viermächte-Abkommen und der Grundlagenvertrag mit der DDR entspannen das Verhältnis zu den Staaten des Warschauer Pakts.

Krisen und Neuorientierung

1973 Die Erste Ölkrise erschüttert die Industrieländer weltweit.

1977 Der Terror der „Roten Armee Fraktion“ (RAF) erreicht seinen Höhepunkt.

1979 - 1983 Die geplante Nachrüstung sorgt für heftige Debatten in Politik und Gesellschaft. Der Bundestag beschließt die Stationierung amerikanischer Mittelstreckenraketen.

1982 Helmut Kohl (CDU) wird Bundeskanzler.

1983 Die GRÜNEN, 1980 gegründet, ziehen zum ersten Mal in den Bundestag ein.

Die Anfangsjahre der Bundesrepublik standen ganz im Zeichen der Integration. Flüchtlinge und Heimatvertriebene, Kriegs- und NS-Opfer wurden vom Staat entschädigt. Auch ehemalige NS-Angehörige durften am Wiederaufbau mitwirken. Die Bonner Republik suchte die Wiedergutmachung mit Israel sowie die Aussöhnung mit ihren westlichen Nachbarn, v.a. mit Frankreich.

Bei ihrer Gründung war die Bundesrepublik kein unabhängiger Staat gewesen. Die Regierung Adenauer (1949-1963) erreichte ein Ende der Besatzungsherrschaft bis 1955, indem sie konsequent auf die Einbindung in ein westliches Bündnissystem unter Führung der USA hinwirkte. Diese Westintegration sollte die junge Demokratie politisch und militärisch absichern. Das schloss auch die Wiederbewaffnung ein, die in der Bundesrepublik anfangs höchst umstritten war. Als Kehrseite der Westintegration wurde die deutsche Teilung besiegelt.

Der wirtschaftliche Aufschwung seit Mitte der 50er-Jahre sorgte bald für Vollbeschäftigung sowie für fortgesetzt steigende Löhne und Renten. Wohlstand erfasste breite Schichten. Der wirtschaftliche Erfolg ermöglichte dem Staat umfassende Sozialleistungen. Beides trug wesentlich zur Akzeptanz der jungen Demokratie in der Bevölkerung bei. Daneben wirkte auch der Antikommunismus mit der Ablehnung des politischen Systems der DDR als Bindeglied.

In den 60er-Jahren wandelte sich die Bundesrepublik zu einer modernen Demokratie nach westlichem Vorbild. Die politischen Proteste Ende der 60er-Jahre waren bei aller Radikalität auch Ausdruck eines neuen Willens zur Mitbestimmung.

Die Bundesregierung hatte sich lange geweigert, die DDR anzuerkennen. Unter Bundeskanzler Willy Brandt (SPD) fand seit 1969 eine Wende in den deutsch-deutschen Beziehungen statt. Das Ergebnis war der Grundlagenvertrag mit der DDR von 1972 wie auch ein vertraglicher Ausgleich mit der Sowjetunion, Polen und der Tschechoslowakei.

In den 70er-Jahren wurden Reformen im Innern (für Frauen, Soziales, Bildung) fortgesetzt. Zugleich endete der Aufschwung der Wirtschaft. Die Arbeitslosigkeit entwickelte sich zum Dauerproblem, die Fälle von Armut nahmen zu.

In den 80er-Jahren formierte sich die Friedensbewegung, die vor einem abermaligen Wettrüsten warnte. Die Stationierung neuer US-Mittelstreckenraketen, mit denen sowohl die Regierung Schmidt als auch die Regierung Kohl (seit 1982) auf die Rüstungspolitik der UdSSR reagierten, lehnte sie ab. Auch die Umweltprobleme, der Streit um die Kernkraft sowie die Frauenbewegung riefen neue politische Gruppen auf den Plan. Die Partei „Die GRÜNEN" etablierte sich neben den Volksparteien von Union und SPD sowie der FDP als vierte politische Kraft.

In diesem Kapitel erwerben Sie die **Kompetenz**,

- die innere Entwicklung der Bundesrepublik in ihren Gundlinien und Herausforderungen darzustellen,
- die Einbindung der Bundesrepublik in die westliche Welt wie auch ihr Verhältnis zur DDR und zum Ostblock zu skizzieren,
- herauszuarbeiten, welche Auswirkungen äußere Krisen und Gefahren auf die Bundesrepublik hatten und wie diese reagierte,
- zu beurteilen, wie die Bundesrepublik den Wandel der Industriegesellschaft zu einer postindustriellen Gesellschaft vollzog.

Die Bundesrepublik Deutschland: politische und wirtschaftliche Entwicklung 1949-1969

▲ Arbeiter hängen Plakate mit dem Motto der Ersten Industrieausstellung in Düsseldorf auf.
Foto von 1952.

Grundlinien der Außenpolitik seit Adenauer Vier Jahrzehnte lang bestimmte der Ost-West-Konflikt den Rahmen für die Außenpolitik der Bundesrepublik. Sie musste sich an die Phasen der Anspannung und Entspannung im Verhältnis der Supermächte USA und UdSSR anpassen. Die Bundesrepublik war vorerst noch nicht souverän, das Besatzungsstatut schränkte ihr Außenhandeln ein. Bundeskanzler Adenauer, seit 1951 auch Außenminister, hatte sich mit den Alliierten Hochkommissaren abzusprechen.

Aus der Tatsache der vom Ost-West-Konflikt beherrschten Teilung Europas und der Welt zog Adenauer die Konsequenz einer politischen, wirtschaftlichen und kulturellen Westorientierung der jungen Bundesrepublik. Aus einer Position der Stärke sollte der freie und ökonomisch attraktive westliche Teilstaat eine unwiderstehliche Anziehungskraft auf die Deutschen im sowjetischen Herrschaftsbereich ausüben (*Magnettheorie*). Die eigene Überlegenheit würde langfristig eine Wiedervereinigung „in Frieden und Freiheit" ermöglichen, wobei ein künftiges demokratisches Gesamtdeutschland unwiderruflich mit dem Westen verbunden bleiben sollte. Die Bundesrepublik galt als „Limes des Abendlandes" gegenüber einer als expansiv und gefährlich eingeschätzten Sowjetunion.

Alleinvertretungsanspruch der Bundesrepublik Bereits im Oktober 1949 hatte Bundeskanzler Adenauer das Prinzip formuliert, das der Deutschlandpolitik aller Bundesregierungen bis 1969 zugrunde lag: „Die Bundesrepublik Deutschland ist allein befugt, für das deutsche Volk zu sprechen." Dieser von sämtlichen demokratischen Parteien geteilte Alleinvertretungsanspruch und die strikte Nichtanerkennung des nicht frei gewählten DDR-Regimes bestimmten und begrenzten die Beziehungen Bonns zu Ost-Berlin zwei Jahrzehnte lang (▸ M1).

Ihre Haltung fasste die Bundesregierung 1955 in den Grundsatz, die Bundesrepublik unterhalte keine Beziehungen zu Staaten, die die DDR durch Aufnahme diplomatischer Beziehungen anerkannten (*Hallstein-Doktrin**). Bis zum Ende der 1960er-Jahre konnte die Bundesregierung damit die internationale Anerkennung der DDR verhindern, zumal in den Ländern der „Dritten Welt", denen die Bundesrepublik andernfalls ihre Wirtschaftshilfe aufkündigte. Die Sowjetunion und Polen musste die Bundesrepublik allerdings von dieser Vorgehensweise ausnehmen.

* Hallstein-Doktrin: benannt nach Walter Hallstein (1901-1982), 1951-1957 Staatssekretär im Auswärtigen Amt, 1958-1967 Präsident der Kommission der Europäischen Wirtschaftsgemeinschaft (EWG) in Brüssel

▶ **Konrad Adenauer auf den Stufen des Capitols in Washington.**
Foto vom April 1953.
Es war der erste offizielle Besuch eines deutschen Regierungschefs nach dem Zweiten Weltkrieg und Zeichen für das wiedergewonnene internationale Ansehen der Bundesrepublik Deutschland.

Schulden und Wiedergutmachung Die Bundesrepublik sah sich als Rechtsnachfolgerin des untergegangenen Deutschen Reichs. Daher hatte sie auch die deutschen Auslandsschulden zu übernehmen. Nach langen Verhandlungen wurde im Februar 1953 das *Londoner Schuldenabkommen* unterzeichnet. Die Bundesregierung erkannte gegenüber den Westmächten sowie 17 weiteren Gläubigerstaaten Schulden in Höhe von 13,5 Milliarden DM an, wovon fast die Hälfte erlassen wurde. An Schulden aus der Nachkriegszeit – darunter die Gelder der Marshall-Plan-Förderung – wurden 16 Milliarden DM festgelegt, von denen Bonn zuletzt nur sieben Milliarden zurückzahlen musste.

Schon 1952 hatten Verhandlungen über die Vermögenswerte von jüdischen Opfern des Nationalsozialismus zu einem Ergebnis geführt. Die Bundesrepublik und Israel unterzeichneten im September das *Luxemburger Abkommen*. Es sicherte Israel drei Milliarden DM in Sachwerten als Entschädigung zu. Gegenüber der **Jewish Claims Conference** verpflichtete sich die Bundesregierung zur Zahlung von 450 Millionen DM. Die Regelungen wurden von der Regierung Adenauer als materielle Wiedergutmachung verstanden und als Zeichen, dass die Bundesrepublik die Verantwortung für den Holocaust übernahm (▶ M2).

Jewish Claims Conference: gegründet 1951 als Zusammenschluss von Verbänden, die jüdische Opfer des Nationalsozialismus in der Frage ihrer Entschädigung vertreten

Neues Sicherheitsdenken im Westen – deutsche Wiederbewaffnung Die Bundesrepublik Deutschland besaß bei ihrer Gründung 1949 keine Streitkräfte. Eine Wiederbewaffnung hing von der Billigung durch die Westalliierten ab und stand wenige Jahre nach Kriegsende nicht zur Debatte. Der Korea-Krieg (1950-1953)* schuf eine neue Situation. Er führte die Gefahr einer sowjetischen Invasion Mittel- und Westeuropas vor Augen. Die USA machten ihren Verbleib in Europa als militärische Schutzmacht von der Bereitschaft der Europäer abhängig, ihre eigenen Rüstungsanstrengungen zu verstärken und auch die Bewaffnung der Bundesrepublik zu akzeptieren. Das war damals keineswegs populär, weder in der deutschen Bevölkerung noch bei den Nachbarn, insbesondere in Frankreich.** Die französische Regierung schlug im Oktober 1950 eine europäische Armee unter einem französischen Oberkommandierenden vor, in der die deutschen Truppen voll integriert wären. Damit hoffte sie, den amerikanischen Forderungen zu entsprechen und zugleich Deutschland unter Kontrolle zu halten.

Bundeskanzler Adenauer sah die Chance, schneller als erwartet das Besatzungsregime zu beenden und eine militärische Sicherheitsgarantie der USA für die Bundesrepublik zu erwirken. Er war bereit, mit einer Wiederbewaffnung des Landes den militärischen Beitrag zu leisten, den die USA einforderten, um dadurch seinem Ziel näher zu kommen, die Bun-

▲ **SED-Plakat gegen Adenauers Politik der Westintegration, 1951.**
■ *Benennen Sie die einzelnen Bildmotive und ihre Funktion.*

* siehe S. 48
** siehe S. 215

▲ Plakat des CDU-Pressedienstes, um 1950.

desrepublik zu einem gleichberechtigten Mitglied der westlichen Gemeinschaft zu machen.

Stalins Angebot zur Wiedervereinigung Bis ins Frühjahr 1952 verhandelten Bonn und die Westmächte über ein Ende des Besatzungsregimes und die Aufnahme der Bundesrepublik in ein Militärbündnis. Als die Verträge kurz vor dem Abschluss standen, trat die Sowjetunion mit einem überraschenden Angebot auf.

In mehreren Noten vom März und April 1952 unterbreitete Stalin den Entwurf eines Friedensvertrages mit Deutschland, das als einheitlicher Staat wiederhergestellt werden und über nationale Streitkräfte verfügen sollte – Voraussetzung dafür war die Neutralität dieses Staates. Die Sowjetunion erklärte sich sogar bereit, über gesamtdeutsche Wahlen zu verhandeln, nicht aber, diese unter Aufsicht der UNO zuzulassen.

Deutschland vereint, aber ohne Bündnis und ohne Garantie einer demokratischen Verfassung? Die Westmächte lehnten ab, und Adenauer stimmte damit völlig überein. Er sah keine Alternative zur Westintegration, um die Freiheit und Stabilität der Bundesrepublik zu sichern (▸ M3).

Da über das Angebot aus Moskau nicht weiter verhandelt wurde, hat man viel über dessen Ernsthaftigkeit und Motive spekuliert. Adenauer wie auch die Westmächte hielten die Stalin-Noten für ein Störfeuer, um die Einbeziehung der Bundesrepublik in das westliche Bündnis zu verhindern. Bis heute besteht kein einhelliges Urteil darüber, ob Stalin 1952 nur „geblufft" hat oder eine Wiedervereinigung tatsächlich möglich gewesen wäre (▸ M4).

Die Pariser Verträge – das Ende der Besatzungszeit Am 26. Mai 1952 wurde in Bonn der „Vertrag über die Beziehungen zwischen der Bundesrepublik Deutschland und den Drei Mächten" (*Deutschlandvertrag*) unterzeichnet, der das Besatzungsregime in Westdeutschland beenden sollte. Ebenso kam in Paris der Vertrag über eine Europäische Verteidigungsgemeinschaft (*EVG-Vertrag*) zum Abschluss. Als Reaktion hierauf riegelten die DDR-Sicherheitskräfte auf Weisung Moskaus noch am selben Tag die Grenze nach Westdeutschland ab. Das Abkommen sah einen Verbund der Streitkräfte Frankreichs, Italiens, der Beneluxstaaten und der neu bewaffneten Bundesrepublik vor. Es wurde sowohl in der Bundesrepublik als auch in Frankreich heftig debattiert.

Adenauers Sieg bei den Bundestagswahlen vom 6. September 1953 wurde als eine Bestätigung seiner Westpolitik gewertet. Ein Jahr später allerdings schien alles wieder offen zu sein, als die französische Nationalversammlung am 30. August 1954 den EVG-Vertrag ablehnte. Einen Ausweg fand jedoch der britische Außenminister Robert Anthony Eden (1897-1977). Auf seine Initiative wurde der Brüsseler Beistandspakt, den Großbritannien, Frankreich und die Beneluxstaaten am 17. März 1948 geschlossen hatten, durch den Beitritt der Bundesrepublik und Italiens zu einer *Westeuropäischen Union* (WEU) erweitert. Die WEU stellte vor allem eine gegenüber der Bundesrepublik wirksame Rüstungskontrolleinrichtung dar, was den Interessen Frankreichs entsprach. Gleichzeitig wurde die Bundesrepublik in die NATO aufgenommen. Die beteiligten neun Mächte – Frankreich, Großbritannien, USA, Beneluxstaaten, Italien, Bundesrepublik, Kanada – einigten sich im September/Oktober 1954 in den *Pariser Verträgen* auf diese Vereinbarungen, nachdem die Bundesrepublik ihren Verzicht auf die Herstellung von atomaren, bakteriellen und chemischen Waffen erklärt hatte (▸ M5).

Das Ende des Besatzungsregimes wurde in einer für die deutsche Seite verbesserten Fassung des Deutschlandvertrags festgelegt. Die Westmächte erklärten sich bereit, „mit friedlichen Mitteln ihr gemeinsames Ziel zu verwirklichen: ein wiedervereinigtes Deutschland, das eine freiheitlich-demokratische Verfassung, ähnlich wie die Bundesrepublik, besitzt und das in die europäische Gemeinschaft integriert ist" – eine Übereinkunft, die bis 1990 gültig blieb und schließlich im Zuge der Wiedervereinigung Deutschlands auch verwirklicht wurde. Bonn und Paris einigten sich auch über eine Internationalisierung des Saarlandes, das unter die Kontrolle der WEU gestellt werden sollte, bei enger wirtschaftlicher Anbindung an Frankreich (*Saarstatut*). In einer Volksabstimmung lehnte eine übergroße Mehrheit das Saarstatut ab. Frankreich willigte nun in den Beitritt des Saarlandes zur Bundesrepublik ein, der am 1. Januar 1957 vollzogen wurde. Das war die erste „kleine" Wiedervereinigung in Deutschland.

▲ **Demonstration gegen die Wiederbewaffnung.**
Foto vom 1. Mai 1955.
„Barras" ist ein umgangssprachlicher Begriff für Militär und Wehrpflicht.

Blockbildung Begleitet von heftigen parteipolitischen Auseinandersetzungen und Demonstrationen von SPD, Gewerkschaften und Kreisen der evangelischen Kirche gegen die Schaffung einer „Bundeswehr" stimmte der Bundestag Ende Februar 1955 mit der Mehrheit der Regierungsparteien den Pariser Verträgen zu. Sie traten am 5. Mai 1955 in Kraft. Vier Tage später trat die Bundesrepublik als 15. Mitglied der NATO bei. Das war eine der zentralen Weichenstellungen der Nachkriegszeit.

Als gleichberechtigter Partner des westlichen Verteidigungsbündnisses hatte die Bundesrepublik – nur zehn Jahre nach Kriegsende – den Status eines souveränen Landes unter gewissen Vorbehalten erreicht. Diese betrafen die alliierten Sonderrechte für ihre Truppen in Westdeutschland, Befugnisse für den Fall eines inneren Notstands, die Rechte der Westmächte hinsichtlich Berlins sowie für „Deutschland als Ganzes" bei einem späteren Friedensvertrag.

Fortan garantierte die NATO die Sicherheit für Westdeutschland und gleichzeitig die Sicherheit *vor* Deutschland. Das amerikanische Konzept einer „doppelten Eindämmung" – Abwehr des sowjetischen Hegemonialstrebens, Einbindung der (West-)Deutschen in die westliche Staatengemeinschaft – war aufgegangen. Adenauer sah darin die Voraussetzung für das langfristige Ziel einer Wiedervereinigung, seine politischen Gegner sprachen hingegen von einer Festschreibung der deutschen Teilung. Sie schienen zunächst auch Recht zu behalten.

Die Blockbildung in Europa und Deutschland fand ihr vorläufiges Ende mit der Gründung des *Warschauer Paktes* am 14. Mai 1955, zu dessen Unterzeichnerstaaten auch die DDR gehörte. Bereits Anfang 1956 wurde sie mit der „Nationalen Volksarmee" (NVA) militärischer Teil des sowjetisch beherrschten Ostblocks.

▲ **Plakat für die in die NATO integrierte Bundeswehr.**
Herausgeber: Presse- und Informationsamt der Bundesregierung, um 1956.

Mit der Herausbildung eines militärischen Gleichgewichts zwischen den beiden atomaren Supermächten seit Mitte der Fünfzigerjahre verfestigte sich der Status quo in Europa und somit auch im geteilten Deutschland. Bundeskanzler Adenauer legte den Akzent seiner Außenpolitik auf die Stärkung der westlichen Staatengemeinschaft und die Aussöhnung mit Frankreich. Diesem Ziel dienten die Gründung der Europäischen Wirtschaftsgemeinschaft (EWG) 1957 und der enge Schulterschluss mit dem französischen Staatspräsidenten **Charles de Gaulle**, der seinen Höhepunkt im deutsch-französischen Freundschaftsvertrag von 1963 fand.*

Charles de Gaulle (1890-1970): französischer General im Zweiten Weltkrieg; 1944-1946 Chef der Regierung des befreiten Frankreich. Entwirft 1958 als Ministerpräsident eine neue Verfassung (Fünfte Republik), die dem Präsidenten eine große Machtfülle verleiht und die in einer Volksabstimmung angenommen wird. 1959-1969 französischer Staatspräsident.

Die akzeptierte Demokratie Anders als die Weimarer Republik entwickelte sich die Bundesrepublik zu einem politisch stabilen Staat. Vor allem das „Wirtschaftswunder", der Aufbau des Sozialstaates** und die Handlungsfähigkeit der Regierungen festigten die Bonner Demokratie.

1949 war die Gefahr einer politischen Radikalisierung der Bevölkerung angesichts ungesicherter wirtschaftlicher Verhältnisse, Arbeitslosigkeit, sozialer Not und eines nicht geringen Potenzials politisch Unbelehrbarer noch durchaus gegeben. Als die Besatzungsmächte Anfang 1950 den Lizenzzwang für politische Parteien aufhoben, entstanden in kurzer Zeit rund 30 neue, zumeist nationale und rechtsextremistische Parteien.

Nach der zweiten Bundestagswahl 1953 setzte eine Entwicklung ein, die bis Anfang der Achtzigerjahre kennzeichnend für das Parteiensystem der Bundesrepublik und die Mehrheitsverhältnisse im Bundestag blieb: Die Zahl der im Bundestag vertretenen Parteien sank stark ab, und die Stimmen für die beiden großen Gruppierungen – Unionsparteien und Sozialdemokratie – nahmen zu. CDU/CSU, SPD und FDP waren und blieben die bestimmenden politischen Parteien.

Willy Brandt (vormals Ernst Karl Frahm) (1913-1992): Sozialdemokrat, 1933-1945 emigriert. 1957-1966 Regierender Bürgermeister von Berlin (West). 1964-1987 Vorsitzender der SPD. 1969-1974 Bundeskanzler. Erhielt 1971 den Friedensnobelpreis.

Herbert Wehner (1906-1990): Mitglied der KPD in der Weimarer Republik, 1935 emigriert. 1969-1983 Vorsitzender der SPD-Fraktion im Bundestag.

Herausbildung der Volksparteien Mit den Wahlerfolgen Adenauers bildete sich ein neuer Parteientypus heraus – die Volkspartei. Die CDU (und in Bayern die CSU) entwickelte sich zu einer bürgerlichen Sammlungsbewegung, die für alle großen sozialen Gruppen und Schichten wählbar war.

Nach empfindlichen Wahlniederlagen in den 50er-Jahren wandelte sich auch die SPD zu einer modernen Volkspartei. Die Wähler hatten ihre Opposition gegen die Außen- und Wirtschaftspolitik der Regierung Adenauer nicht belohnt. Sozialdemokratische Reformer wie **Willy Brandt** und **Herbert Wehner** setzten einen Kurswechsel durch. Das Ergebnis war ein neues Parteiprogramm, das

* vgl. S. 217
** siehe S. 65 und 94

◄ **„Wohlstand für Alle."**
Foto von 1957.
In seinem 1957 erschienenen Buch „Wohlstand für Alle" erläuterte der damalige Wirtschaftsminister Ludwig Erhard allgemein verständlich die Prinzipien der Sozialen Marktwirtschaft. Den starken wirtschaftlichen Aufschwung, der zu diesem Zeitpunkt in der Bundesrepublik bereits eingesetzt hatte, stellte er allein als Folge der richtigen Wirtschaftspolitik dar und lehnte deshalb den Begriff „Wirtschaftswunder" ab.
Im Jahr 1957 erfolgten zwei weitere Weichenstellungen: zum einen das Gesetz über die Deutsche Bundesbank, die von den politischen Organen unabhängig war und über die Stabilität der D-Mark zu wachen hatte; zum anderen ein Gesetz, das die Vereinigung von Industrieunternehmen in Kartellen und damit eine Einschränkung des Wettbewerbs zwischen Betrieben verbot.

Godesberger Programm von 1959, das das Heidelberger Programm von 1925 ablöste. An die Stelle klassenkämpferischer Ziele traten die Grundwerte Freiheit, Gerechtigkeit und Solidarität. Die SPD bekannte sich nun zur Politik der Westintegration und zur Sozialen Marktwirtschaft. Als gemäßigt linke reformistische Volkspartei vertrat sie nicht mehr nur die Interessen der Arbeiter, sondern öffnete sich neuen Wählerschichten.

Der scharfe Gegensatz zwischen Unionsparteien und SPD verschwand, Koalitionen zwischen ihnen wurden denkbar. Allein die FDP konnte sich zwischen beiden Großparteien als „dritte Kraft" behaupten, getragen von ihrer Klientel aus Akademikern und Selbstständigen. In den Jahren 1949 bis 1956 und 1961 bis 1966 war die FDP als Partner der Union an der Regierung beteiligt.

Politisches Klima im Zeichen des Antikommunismus Unter Politikern und Bürgern war das Gefühl verbreitet, vom Sowjetkommunismus bedroht zu sein. Begründet war diese Einstellung zum einen in der erfolgreichen jahrelangen Propaganda der Nationalsozialisten vom „bolschewistischen Untermenschen". Hinzu kamen die Erfahrungen des Kriegsendes und der Nachkriegszeit: Plünderung und Vergewaltigung, Flucht und Vertreibung, Gefangenschaft in der Sowjetunion, sowjetische Reparationspolitik und die Unterdrückung durch die SED.* Der Antikommunismus verband die meisten Parteien und gesellschaftlichen Gruppen in der Bundesrepublik und war auch im westlichen Ausland weit verbreitet. Er diente als Integrationsideologie für die noch kaum gefestigte Demokratie in Westdeutschland.

Von diesem Grundkonsens ausgenommen blieb die westdeutsche KPD. Sie war der verlängerte Arm der SED, von der sie weitgehend finanziert und gelenkt wurde. Obwohl zahlenmäßig unbedeutend, galt sie als eine Gefahr für die demokratische Ordnung. Deshalb ging die Bundesregierung gegen Kommunisten im öffentlichen Dienst vor; verschiedene der KPD nahe stehende Organisationen wurden für verfassungswidrig erklärt, ihre Mitglieder mit Billigung der Arbeitsgerichte aus dem öffentlichen Dienst entlassen, bis die Partei 1956 vom Bundesverfassungsgericht verboten wurde. Das Bundesverfassungsgericht hatte als erste Partei bereits 1952 die Sozialistische Reichspartei (SRP) als Nachfolgerin der NSDAP verboten.

Der Sozialstaat schafft Stabilität Als ein wichtiger Stützpfeiler der jungen Demokratie erwies sich ihre erfolgreiche Sozialpolitik. Das Sozialstaatsgebot des Grundgesetzes (Artikel 20, Absatz 1) legte den Staat auf eine Politik der sozialen Gerechtigkeit und sozialen Sicherheit fest. Die Freiheitsrechte des Menschen als Kernbestand der neuen Verfassung sollten auch für die sozial und wirtschaftlich Schwachen verwirklicht werden. Denn die Not weiter Teile der Bevölkerung am Ende der Weimarer Republik und deren Anfälligkeit für radikale Parteien waren noch in lebhafter Erinnerung. Ohne sozialen Frieden im Land würde der politische und wirtschaftliche Wiederaufbau nicht gelingen, die Demokratie keine Wurzeln schlagen – darin waren sich alle einig.

Zunächst ging es um die Bewältigung der unmittelbaren Kriegsfolgen. In einer im Rückblick erstaunlich kurzen Zeit gelang es, diese außergewöhnliche Herausforderung rechtlich und materiell zu bewältigen. Auf die Kriegsopferversorgung (1950) für 4,5 Millionen Menschen folgten gesetzliche Maßnahmen zum Schutz und zur beruflichen Wiedereingliederung von Schwerbeschädigten (1953) und umfangreiche Hilfen für Vertriebene (Bundesvertriebenengesetz, 1953). Das Gesetz über den *Lastenausgleich*

▲ **Wahlplakate zur Bundestagswahl 1953.**
Erich Ollenhauer wurde nach dem Tod Kurt Schumachers 1952 SPD-Vorsitzender und war 1953 der Kanzlerkandidat seiner Partei.

* siehe S. 110 ff.

von 1952 gewährte Flüchtlingen und Vertriebenen aus den deutschen Ostgebieten und der SBZ Finanzhilfe zum Ausgleich ihrer Schäden und Verluste.

Für die vom NS-Regime in Deutschland aus rassischen, politischen und religiösen Gründen Verfolgten sah das Bundesentschädigungsgesetz (1953) Wiedergutmachungsleistungen in Form von Renten, Beihilfen u.Ä. vor (Gesamtaufwand bis 1999 umgerechnet etwa 53 Mrd. Euro). Auch die staatliche Förderung des Wohnungsbaus trug entscheidend dazu bei, die Not der Nachkriegszeit zu überwinden. Bis 1961 wurden sechs Millionen neue Wohnungen gebaut. Der Bauboom setzte sich bis Anfang der 70er-Jahre fort.

Eine der wichtigsten sozialpolitischen Neuerungen der Nachkriegszeit brachte die **Rentenreform** von 1957. Die Renten wurden durchschnittlich um 60 Prozent erhöht und – das war neu – jährlich an die allgemeine Lohnentwicklung angepasst („dynamisiert"). Erstmals wurde der Zirkel von Alter und Armut durchbrochen (▸ M6).

Rentenreform: Grundprinzip der bundesdeutschen Rentenversicherung ist das Umlageverfahren, bei dem die ausgezahlten Renten durch die Beiträge von Arbeitgebern und Arbeitnehmern finanziert werden. Aus diesem Grund ist die Rede von einem „Generationenvertrag".

▲ **Feier für den einmillionsten „Käfer" im Wolfsburger Volkswagenwerk.**
Foto vom 5. August 1955.
140 000 Menschen, darunter viele Vertreter der „Käfer-Importnationen", feiern den Volkswagen, der insgesamt 21,5 Millionen Mal gebaut wurde. Der VW-Käfer wurde zum Symbol für den Erfolg der deutschen Autoindustrie, der zunehmenden Motorisierung und des deutschen Wirtschaftsaufstiegs.

Das bundesdeutsche „Wirtschaftswunder" Die Grundlage aller staatlichen Sozialleistungen war der unerwartet rasche wirtschaftliche Aufstieg (▸ M7). Das reale Bruttosozialprodukt nahm in den Fünfzigerjahren jährlich um acht Prozent zu, zwischen 1950 und 1970 verdreifachte es sich nahezu. Entsprechend wuchs das verfügbare Einkommen der Arbeitnehmer. Ab 1959 herrschte Vollbeschäftigung, ausländische Arbeitnehmer (damals „Gastarbeiter" genannt) wurden angeworben. Als geistiger Vater und Repräsentant des „Wirtschaftswunders" galt Wirtschaftsminister Ludwig Erhard. Der Erfolg seines Konzepts der „Sozialen Marktwirtschaft" war spätestens 1952 unübersehbar.

Der Aufschwung führte zu anhaltender Vollbeschäftigung und wachsendem Wohlstand. Die Entwicklung profitierte von mehreren Faktoren:

- Es gab genügend qualifizierte und motivierte Arbeitskräfte.
- Die Kriegsschäden waren geringer als befürchtet. Die Industrie konnte von einer gut ausgebauten Infrastruktur (Maschinen und Fabrikanlagen) ausgehen, die sich rasch modernisieren ließ.
- Dabei half auch eine zunächst bewusst zurückhaltende Tarifpolitik* der Gewerkschaften: Sie versetzte die Unternehmen in die Lage, ihre Gewinne für Investitionen zu verwenden (Selbstfinanzierung).
- Wegen des Wiederaufbaus gab es eine gewaltige Nachfrage nach Konsum- und Investitionsgütern aller Art sowie nach Wohnungen.
- In Engpasssektoren (Wohnungen, Grundnahrungsmittel und Energie) wurde die staatliche Verwaltungswirtschaft noch eine Zeitlang beibehalten, bis sich die Märkte normalisiert hatten.
- Der Güteraustausch mit Amerika erlaubte die Einfuhr moderner Technologie.

▲ **Italienische Gastarbeiter fahren über Weihnachten und Neujahr nach Hause.**
Foto von 1959.

* Löhne und Arbeitsbedingungen werden von Arbeitgeber- und Arbeitnehmerverbänden vereinbart, ohne dass sich der Staat einmischt (Tarifautonomie).

- Durch den Krieg in Korea 1950-1953* verlagerten die USA und viele westliche Industrien ihre Produktion auf Rüstungsgüter. Auf dem Weltmarkt entstand eine „Angebotslücke“, die die bundesdeutsche Wirtschaft ausfüllte. Maschinen, Fahrzeuge, elektrische und chemische Erzeugnisse „made in Western Germany“ fanden großen Absatz und machten die Bundesrepublik seither zur *Exportnation*.
- Seit 1957 sorgte die von Weisungen der Bundesregierung unabhängige Deutsche Bundesbank für die Stabilität einer „harten“ D-Mark.
- Ab 1958 erfuhr der deutsche Außenhandel einen weiteren Impuls durch die Europäische Wirtschaftsgemeinschaft.**
- Nicht zu unterschätzen ist die damalige Grundstimmung in der Bevölkerung, bei der Zukunftsvertrauen, Überlebenswille und die Sehnsucht nach Normalität vorherrschten.

▲ **Kundgebung für die 40-Stunden-Woche.**
Foto vom 15. Juli 1956.
Auf der Versammlung der IG Bau, Steine, Erden in Stuttgart forderten 30 000 Beschäftigte die 40-Stunden-Woche. Es war die bis dahin größte Demonstration deutscher Bauarbeiter.

Von der Arbeits- zur Konsumgesellschaft Insgesamt wurde die Verbesserung der Lebensverhältnisse für die Masse der Bundesbürger erst gegen Ende der Fünfzigerjahre spürbar. Der Aufschwung führte zunächst zu einem Anstieg der Arbeitszeiten. Bis Mitte des Jahrzehnts lag die durchschnittliche Wochenarbeitszeit in der Industrie bei über 49 Stunden an sechs Werktagen. Der Samstag wurde erstmals 1956 für die Metallarbeiter zum arbeitsfreien Tag, der Jahresurlaub betrug zwei bis drei Wochen. Bis Ende der 50er-Jahre sank die Wochenarbeitszeit für Arbeiter wie Angestellte auf rund 44 Stunden.

Unternehmer und Freiberufler konnten den Wohlstand wesentlich früher genießen als Arbeiter und Angestellte. Die „Neureichen“ zeigten, was sie hatten. Das störte aber nur die wenigsten. Die Not der Kriegs- und unmittelbaren Nachkriegszeit blieb zwar noch in Erinnerung, wurde aber von einem grundsätzlichen Optimismus und Fortschrittsglauben abgelöst. Immer mehr Bedürfnisse konnten durch den Aufschwung befriedigt werden (▸ M8). Auf die „Fresswelle“ der Anfangsjahre (Lebensmittel waren seit Beginn der 50er-Jahre ausreichend vorhanden) folgte die „Kaufwelle“ (deutsche Haushalte statteten sich mit langlebigen Gebrauchsgütern und Möbeln aus), die „Reisewelle“ (Italien wurde zum Traumland der Deutschen) und schließlich die „Motorisierungswelle“ (▸ M9).

Bei den Einkommen und Vermögen kam es freilich nicht zu einer Angleichung zwischen den gesellschaftlichen Gruppen. Selbstständige verdienten drei Mal so viel wie ein Arbeitnehmer. Mitte der 1960er-Jahre besaßen 1,7 Prozent der Bundesbürger 74 Prozent des Produktivvermögens (Unternehmen, Aktien). Dagegen glichen sich die Lebensstile immer weiter an: Angehörige aller Schichten nahmen am allgemeinen

* siehe Seite 14
** siehe Seite 216

◄ **„Samstags gehört Vati mir."**
Plakat des DGB zum 1. Mai 1956.

Massenkonsum teil, besaßen ein eigenes Auto und unternahmen Urlaubsreisen.

Die wirtschaftliche Blüte hielt bis zur Mitte der 60er-Jahre unverändert an. In der Bevölkerung war man stolz auf den erreichten materiellen Status. Das Ziel eines „Wohlstands für alle" schien Realität zu werden.

Die Große Koalition 1966-1969 Im Oktober 1963 trat der 87-jährige Gründungskanzler der Bundesrepublik zurück. Auf Adenauer folgte dessen populärer Wirtschaftsminister Ludwig Erhard als Regierungschef. Seine eher glücklose Amtszeit endete bereits im November 1966, als eine erste, vergleichsweise harmlose Wirtschaftsrezession kurzfristig die Arbeitslosigkeit ansteigen ließ und der neu gegründeten rechtsradikalen Nationaldemokratischen Partei Deutschlands (NPD) in Hessen und Bayern kräftige Stimmengewinne bescherte.

Eine Große Koalition aus Unionsparteien und SPD bildete die neue Regierung unter Bundeskanzler **Kurt Georg Kiesinger** von der CDU und dem Parteichef der SPD, Willy Brandt, als Außenminister. Den 447 Abgeordneten des Regierungslagers stand im Deutschen Bundestag eine extrem kleine Opposition von 47 Abgeordneten der FDP gegenüber.

Für zukunftsweisende Weichenstellungen in der Finanz- und Wirtschaftspolitik sorgten Finanzminister **Franz Josef Strauß** (CSU) und Wirtschaftsminister **Karl Schiller** (SPD). Vor allem mit dem Gesetz zur Förderung der Stabilität und des Wachstums der Wirtschaft (*Stabilitätsgesetz*) von 1967 wurden dem Staat Steuerungsaufgaben für die Sicherung von wirtschaftlichem Wachstum, Preisstabilität, Vollbeschäftigung und Gleichgewicht im Außenhandel („magisches Viereck") zugewiesen.

Ab 1967 setzte ein „Aufschwung nach Maß" (Schiller) ein: 1969 herrschte wieder Vollbeschäftigung, und die Zahl der ausländischen Beschäftigten erreichte die Rekordmarke von 1,5 Millionen Menschen. Das Bruttosozialprodukt wuchs um 8,2 Prozent, die Inflationsrate ging zurück, und die Mehrheit der Bevölkerung sah wieder mit Zuversicht in die Zukunft.

Kurt Georg Kiesinger (1904-1988): im „Dritten Reich" Mitarbeiter des Auswärtigen Amtes und NSDAP-Mitglied; 1958-1966 Ministerpräsident von Baden-Württemberg, 1966-1969 Bundeskanzler

Franz Josef Strauß (1915-1988): Mitbegründer der CSU, 1956-1962 Verteidigungsminister, 1961-1988 CSU-Vorsitzender, 1966-1969 Bundesfinanzminister; 1978-1988 bayerischer Ministerpräsident

Karl Schiller (1911-1994): Hochschullehrer und Politiker (SPD), 1966-1972 Bundeswirtschaftsminister, 1971/72 Bundesminister für Finanzen

OECD (Organisation of Economic Cooperation and Development): Organisation für wirtschaftliche Zusammenarbeit und Entwicklung; koordiniert weltweit Wirtschaftsbeziehungen und berät zu Wirtschaft und Bildung.

Beginn der Bildungsreformen Der Konjunktureinbruch 1966/67 war nicht das einzige Anzeichen gewesen, das Politiker und Bevölkerung alarmiert hatte, weil das erreichte Wohlstandsgefüge bedroht schien. Seit Beginn der 60er-Jahre warnten Experten vor den völlig überholten Zuständen im bundesdeutschen Bildungswesen. Nach einer Studie der **OECD** von 1966 rangierte die Bundesrepublik weit hinter allen westlichen Industrieländern, was den Zugang von Mädchen sowie Kindern aus ärmeren Schichten zu weiterführenden Schulen und zum Hochschulstudium betraf. Dieser Missstand führe, so mahnten Kritiker, zu Fachkräftemangel und einer Senkung des Bildungsniveaus der nachwachsenden Generation, was den Wirtschaftsstandort Bundesrepublik gefährde.

Nach wie vor galt das dreiteilige Schulmodell aus Grund- und Hauptschule, Realschule und Gymnasium, das noch aus der Weimarer Republik stammte. Versuche der

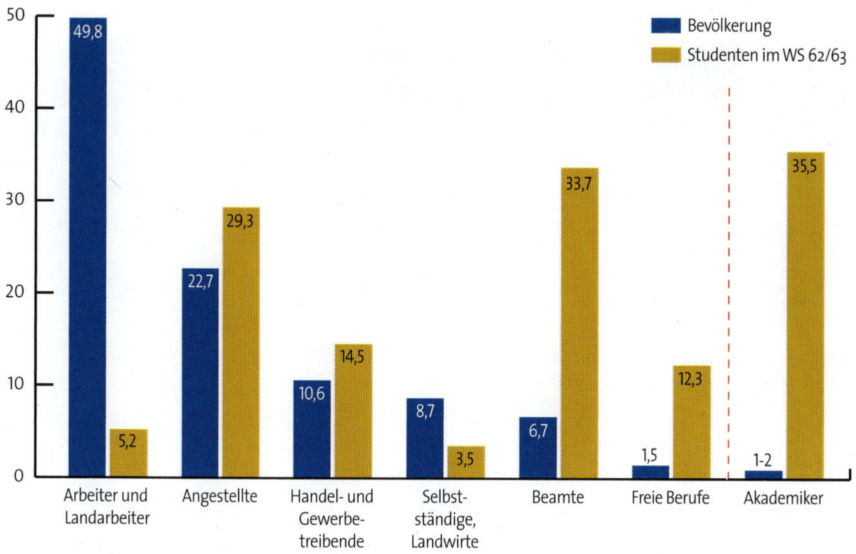

◄ **Herkunft der Studierenden aus sozialen Schichten 1962/63.**
Nach: Die Fischer Chronik Deutschland, a.a.O., Sp. 377f.

Alliierten während der Besatzungszeit, das Schulsystem zu reformieren, waren am Widerstand der Bevölkerung und der deutschen Behörden gescheitert. Erste Schritte zu einer Bildungsreform erfolgten Mitte der 60er-Jahre. 1964 wurden die ländlichen „Zwergschulen" abgeschafft, die alle Grundschüler in einem Klassenverband unterrichteten. Nach und nach verschwanden auch die Konfessionsschulen; sie wurden durch gemischtkonfessionelle Schulen ersetzt, in denen nur noch der Religionsunterricht getrennt war. Auch die Koedukation (gemeinsamer Unterricht für Mädchen und Jungen) wurde allgemein üblich.

Durch umfrangreiche Staatsausgaben wurden neue Schulen gebaut, vorhandene Unterrichtsanstalten erneuert und neue Lehrkräfte eingestellt.

Ähnlich drängend war die Lage an den Hochschulen, wo die Zahl der Studierenden unaufhaltsam stieg. In den 60er-Jahren begann in allen Bundesländern der Bau neuer Hochschulen. Das Lehrangebot wurde vergrößert, durch neue Fachrichtungen und Studiengänge ebenso wie durch Schaffung zusätzlicher Dozentenstellen.

Die Maßnahmen zur Bildungsreform mussten zwischen den Bundesländern koordiniert werden, da diese für die Bildungspolitik zuständig waren. 1968 beschlossen die Bundesländer, alle Fachschulen und Ingenieurschulen zu Fachhochschulen (FH) aufzuwerten. Der Bundestag ergänzte 1969 das Grundgesetz, wonach Bund und Länder künftig bei „Gemeinschaftsausgaben" zusammenwirken konnten. Bund und Länder investierten nun gemeinsam in Bildung und Forschung. Die Reformanstrengungen wurden in den 70er-Jahren unvermindert fortgesetzt.

Notstandsgesetze und Außerparlamentarische Opposition Zu den zentralen innenpolitischen Fragen gehörte auch die Debatte über Notstandsgesetze. Sie sollten im Falle eines inneren und äußeren Notstandes die Handlungsfähigkeit der Regierung sichern, indem sie die Einschränkung von Grundrechten erlaubten, darunter das Brief-, Post- und Fernmeldegeheimnis sowie die Unverletzbarkeit der Wohnung. Die Befürworter argumentierten, ohne Notstandsgesetze gebe es keine Regeln für den Krisenfall, vielmehr würden die Kontrollrechte der Alliierten weiter gelten. Die Gegner fürchteten eine Aushöhlung der bürgerlichen Freiheiten.

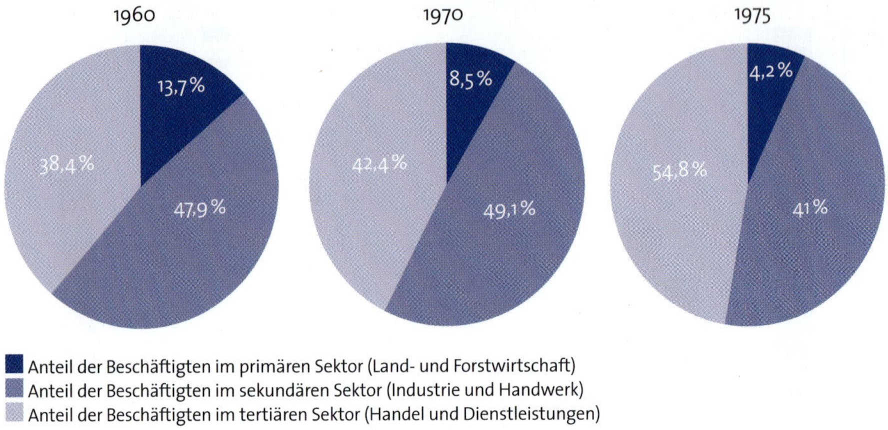

▸ **Strukturwandel der bundesdeutschen Wirtschaft.**
Nach Axel Schildt, Die Sozialgeschichte der alten Bundesrepublik Deutschland bis 1989/90, München 2007, S. 19 und 56

Jahrelang hatte der Bundestag debattiert, ohne dass die erforderliche Zweidrittelmehrheit zur Änderung des Grundgesetzes zustande kam. Mit den Stimmen der Großen Koalition seit 1966 schien der Weg endlich frei für eine Verabschiedung. Nun verlagerte sich der Streit außerhalb des Bundestages. Intellektuelle, Studenten und Teile der Gewerkschaften bildeten landesweit eine „Außerparlamentarische Opposition" (APO). Sie protestierten gegen die geplanten Notstandsgesetze sowie gegen das Übergewicht der Großen Koalition im Bundestag. Ihrer Meinung nach gab es keine ausreichende demokratische Kontrolle der Regierung.

Die Proteste der APO standen in engem Zusammenhang mit den damaligen Studentenunruhen.* Im Mai 1968 verabschiedete der Bundestag die Notstandsgesetze. Die Regierungsparteien hatten sich durchgesetzt, doch der Vorwurf mangelnden Dialogs zwischen Politik und Bevölkerung blieb bestehen (▸ M10).

Die Bundesrepublik Ende der 60er-Jahre Die Große Koalition hatte die kurzzeitig einbrechende Wirtschaftskonjunktur erneut ankurbeln können. Der Wohlstand schien wieder gesichert. Das Wachstum hatte inzwischen die Wirtschaftsstruktur in Westdeutschland verändert. Die Landwirtschaft schrumpfte immer mehr, während zunächst Industrie und Handwerk zunahmen, ehe auch der Dienstleistungssektor anstieg und seit Mitte der 70er-Jahre den größten Anteil der Volkswirtschaft ausmachte. Dieser *Strukturwandel* hatte sich bereits vor dem Zweiten Weltkrieg angekündigt und fand parallel in den westlichen Ländern statt. In Westdeutschland wurde er so vollzogen, dass es so gut wie keine Verlierer gab. Dafür sorgten Vollbeschäftigung, steigende Löhne, öffentliche Fördermaßnahmen und die Hilfen des Sozialstaats. Die Bundesrepublik schaffte – auf einem in der deutschen Geschichte bis dahin nicht erreichten Wohlstandsniveau – den Übergang in die *postindustrialisierte* Gesellschaft.

Die erfolgreiche Wirtschaftspolitik sorgte ebenso dafür, dass extremistischen Parteien der Boden entzogen wurde. Die Nationaldemokratische Partei (NPD) erreichte kurzzeitig Erfolge, etwa im April 1968 mit 9,8 Prozent bei Landtagswahlen in Baden-Württemberg. Mit nationalistischen, demokratie- und europafeindlichen Schlagworten sowie mit Kritik an den Bemühungen um eine „Bewältigung" der NS-Vergangen-

* siehe S. 71-73 und 82-84

heit (Auschwitz-Prozess 1960-1963 in Frankfurt am Main, Debatten im Bundestag über die Nichtverjährung von NS-Verbrechen 1965 und 1969) sprach die NPD Unzufriedene und Unbelehrbare an. Bei den Bundestagswahlen 1969 verfehlte sie jedoch den Einzug ins Parlament und verschwand einstweilen von der politischen Bildfläche. Daneben trat mit der 1968 neu gegründeten Deutschen Kommunistischen Partei (DKP) wieder eine linksextreme Partei in Erscheinung. Sie kam jedoch über den Status einer kleinen Splitterpartei nicht hinaus.

Die Regierung Kiesinger/Brandt führte auch umfangreiche Justizreformen durch – die Zuchthausstrafe wurde abgeschafft, Ehebruch sowie Homosexualität wurden nicht mehr unter Strafe gestellt, außereheliche Kinder den ehelichen rechtlich gleichgestellt.

Trotz vieler Reformen und Erfolge war das Bündnis zwischen Union und SPD zuletzt immer weniger populär, vor allem bei jüngeren Menschen. Sie vermissten die Mitsprache in der Politik und stellten ganz allgemein den Materialismus und die Selbstzufriedenheit der eigenen Gesellschaft infrage.

Die 68er-Bewegung Während die Mehrheit der Bevölkerung den wachsenden Wohlstand genoss, formierte sich in der westlichen Welt aus überwiegend studentischen Gruppen eine Protestbewegung gegen die Zustände in Staat und Gesellschaft. Vorbild war das Aufbegehren von Studenten in den USA gegen gesellschaftliche Missstände (Armut, Benachteiligung der schwarzen Bevölkerung) und den Vietnam-Krieg*. Hinzu kamen die Ablehnung der überkommenen Werte der Erwachsenen, Skepsis gegen die Industriegesellschaft und die Suche nach neuen Lebensstilen.

Leitbild der Ideologie der „Neuen Linken" waren die Politisierung und Demokratisierung aller Lebensbereiche und die Utopie von der herrschaftsfreien Gesellschaft, in der es keine Klassengegensätze und keine Ausbeutung mehr gebe, in der Selbstbestimmung statt „Fremdbestimmung" herrsche.

Die Protestbewegung der studentischen Jugend erfasste alle westlichen Länder. Besonders heftige Unruhen brachen in Frankreich im Mai 1968 aus. Dort demonstrierten die Studenten ihre Unzufriedenheit mit den Zuständen an den überfüllten Universitäten und der Staatsführung unter Präsident de Gaulle, errichteten Barrikaden und lieferten sich Straßenschlachten mit der Polizei. Im Gegensatz zu den USA oder der Bundesrepublik sympathisierten weite Kreise der Bevölkerung, insbesondere die Arbeiter, mit den rebellierenden Studenten.

Jugendproteste ganz anderer Art gab es damals in der kommunistisch beherrschten Tschechoslowakei. In den Zielen der Reformkommunisten um Alexander Dubček sahen viele den „Frühling" einer Entwicklung hin zu Meinungsfreiheit und politischer Liberalisierung. Der Einmarsch von Streitkräften des Warschauer Paktes im August 1968 begrub diese Hoffnungen jedoch umgehend.

In der Bundesrepublik blieb die Kritik an der bestehenden Gesellschaftsordnung zunächst auf universitäre Zirkel in West-Berlin und Frankfurt am Main begrenzt. Der Sozialistische Deutsche Studentenbund (SDS), von dem sich die SPD bereits 1960 getrennt hatte, bildete mit seinem Wortführer **Rudi Dutschke** zugleich den Kern der Außerparlamentarischen Opposition (APO).

Mit den Mitteln der Provokation und des spielerischen, geistreichen Protests („sit-ins"**) stellte die Studentenbewegung zunächst die autoritären Strukturen an den

Rudi Dutschke (1940-1979): Soziologe, Führungsfigur der APO sowie der Studentenbewegung in der Bundesrepublik. Starb an den Spätfolgen eines 1968 auf ihn verübten Anschlags.

* siehe S. 15
** siehe S. 83

▲ **Studentische Protestaktion während des Rektorenwechsels an der Universität Hamburg.**
Foto von 1967.

Neomarxismus: Sammelbegriff für alle kommunistischen Denkrichtungen, die vom Marxismus-Leninismus abweichen; hier: Weltanschauung, die den Kommunismus nicht durch die Arbeiterklasse, sondern durch Intellektuelle und Studenten aller Länder verwirklicht sehen will

Mohammed Resa (1919-1980): persischer Schah von 1941 bis 1979, dessen autoritäres Regime sich auf den Geheimdienst und das Militär stützte. 1979 wurde die Herrschaft des Schahs von Rebellen um Ayatollah Khomeini (1902-1989) gestürzt. An die Stelle der Monarchie trat die Islamische Republik Iran.

Universitäten infrage. Bald verlagerte sich der zunehmend **neomarxistisch** beeinflusste Protest auch auf die Straße. In den Demonstrationen wurden unterschiedliche Forderungen laut:

- die Beendigung des Vietnam-Kriegs,
- Widerstand gegen die Notstandsgesetzgebung der Großen Koalition,
- eine Reform der akademischen Ausbildung (mehr Studienplätze, mehr Mitsprache der Studierenden),
- ein offener Dialog mit der Generation der Eltern und Großeltern über die NS-Vergangenheit,
- Abschaffung des westlichen Gesellschaftssystems mit seiner angeblichen Verbindung von Imperialismus und Kapitalismus.

Die „Kinder des Wirtschaftswunders" wandten sich gegen das einseitige, unkritische Konsumdenken der Gesellschaft. Teile der Studentenschaft radikalisierten sich dabei so stark, dass sie die bestehende Gesellschaft grundsätzlich ablehnten und die „kapitalistischen Verhältnisse" durch „sozialistische" ersetzen wollten – notfalls mithilfe einer Revolution.

Als Anfang Juni 1967 in Berlin bei einer Demonstration gegen Schah **Mohammed Resa** von Persien der Student Benno Ohnesorg von einem Polizisten erschossen wurde, kam es bundesweit zu gewaltsamen Ausschreitungen. Zeitungsredaktionen des konservativen Springer Verlags, der unaufhörlich gegen die Demonstranten hetzte, wurden belagert („Enteignet Springer"), Kaufhäuser in Brand gesetzt. Ihren Höhepunkt erreichten die Unruhen im April 1968 nach dem Mordanschlag eines Einzeltäters auf Rudi Dutschke in Berlin. Dutschke überlebte schwer verletzt, doch die Gewalt löste eine Welle von Demonstrationen in allen größeren Städten der Bundesrepublik aus. Insgesamt gab es über 400 Verletzte und zwei Tote.

▲ **Demonstration in West-Berlin.**
Foto vom 18. Februar 1968.
Mit Plakaten und Postern ihrer Vorbilder protestierten die Studenten 1968 gegen den Krieg in Vietnam. Die Porträts zeigen (von links nach rechts) den nordvietnamesischen Revolutionsführer Ho Chi Minh, die sozialistische Politikerin und Theoretikerin Rosa Luxemburg, den kubanischen Revolutionär Che Guevara und den Begründer des Sowjetkommunismus Lenin.

Mit dem Ende der Großen Koalition nach den Bundestagswahlen 1969 zerfiel auch die APO. Ein großer Teil ihrer jugendlichen Anhänger fand eine politische Heimat in der SPD. Der harte Kern der Aktivisten spaltete sich in verschiedene linksradikale Gruppen und einen terroristischen Flügel, die „Rote Armee Fraktion“ (RAF). Was blieb, war die Hoffnung, in einem „langen Marsch durch die Institutionen“ in fernerer Zukunft „das System zu überwinden“.

Neben den politischen Aktionen propagierten die verschiedenen Gruppen der Protestbewegung neue Lebensformen, die der bürgerlichen Moralvorstellung widersprachen. Wohngemeinschaften entstanden, die „repressive Sexualmoral“ der Gesellschaft wurde kritisiert und Freizügigkeit proklamiert, ein Jugendlichkeitskult machte sich breit und prägte die Kleidung und das Auftreten weiter Teile der Bevölkerung. Eine antiautoritäre Erziehung der Kinder sollte die Gesellschaft zum Besseren hin verändern.

Die „68er-Bewegung“, wie sie später genannt wurde, politisierte die bundesdeutsche Gesellschaft und prägte die Einstellungen und Wertüberzeugungen einer ganzen Generation. Selbstbestimmung, Selbstverwirklichung und Kritik an einer normierten Form der Lebensgestaltung waren Ziele und Schlagworte, die jenseits aller politischen Standpunkte das Lebensgefühl der Kinder der Aufbaugeneration bestimmten.

Eine Revolution des Lebensstils hatte stattgefunden, freilich auf der Grundlage gesicherter wirtschaftlicher und sozialer Verhältnisse.

M1 „Die Bundesrepublik ist allein befugt ..."

Nach der Gründung der DDR erklärt Bundeskanzler Adenauer am 21. Oktober 1949 vor dem Deutschen Bundestag:

Ich stelle Folgendes fest: In der Sowjetzone gibt es keinen freien Willen der deutschen Bevölkerung. Das, was jetzt dort geschieht, wird nicht von der Bevölkerung getragen und damit legitimiert. Die Bundesrepublik Deutschland stützt sich dagegen auf die Anerkennung durch den frei bekundeten Willen von rund 23 Millionen stimmberechtigter Deutscher. Die Bundesrepublik Deutschland ist somit bis zur Erreichung der deutschen Einheit insgesamt die alleinige legitimierte staatliche Organisation des deutschen Volkes. [...] Die Bundesrepublik Deutschland fühlt sich auch verantwortlich für das Schicksal der 18 Millionen Deutschen, die in der Sowjetzone leben. Sie versichert sich ihrer Treue und ihrer Sorge. Die Bundesrepublik Deutschland ist allein befugt, für das deutsche Volk zu sprechen. Sie erkennt Erklärungen der Sowjetzone nicht als verbindlich für das deutsche Volk an.

Merith Niehuss und Ulrike Lindner, Besatzungszeit, Bundesrepublik und DDR 1945-1969 (Deutsche Geschichte in Quellen, Bd. 10), Stuttgart 2007, S. 202-205

1. *Arbeiten Sie heraus, wie Adenauer die höhere Legitimität der Bundesrepublik im Vergleich zur DDR begründet.*
2. *Diskutieren Sie die Probleme, die damit auf künftige Bundesregierungen zukamen.*

M2 Wiedergutmachung an Israel und den Juden

Professor Franz Böhm führt die Verhandlungen der Bundesrepublik mit Israel über ein Abkommen zur Wiedergutmachung. In einem Schreiben an Bundeskanzler Adenauer vom April 1952 gibt er die Haltung der Bundesregierung wieder:

Sowohl die Ansprüche des Staates Israel als auch die Ansprüche der [internationalen jüdischen] Organisationen sind – gemessen an der Leistungsfähigkeit der Bundesrepublik – hoch, aber sie sind, gemessen an der Höhe des zugefügten Schadens, ohne Zweifel durchaus gemäßigt. Es wird nichts Unbilliges verlangt.
Im Vordergrund [...] sollte meines Erachtens der konstruktive Zukunftsaspekt stehen. Die Überwindung der unvorstellbaren Bitterkeit, die das nationalsozialistische Verbrechen bei den Juden in aller Welt und bei allen Gutgesinnten hervorgerufen hat, aber auch die Überwindung des furchtbaren Schlages, den dieses Verbrechen dem deutschen Ansehen zugefügt hat, ist wohl die wichtigste Aufgabe der deutschen Politik. Sie ist zudem im gegenwärtigen Zeitpunkt derjenige deutsche Beitrag zum Wiederaufbau einer freien Welt, der in höherem Grade als jede andere innen- und außenpolitische Entscheidung das Ergebnis eines selbstständigen, rein deutschen Willensaktes ist [...]. Nicht nur die Wirkung auf den Staat Israel und die Juden in aller Welt, nicht nur die außenpolitische Wirkung, sondern auch – und vor allem – die innenpolitische Wirkung, die in hohem Grade eine politisch und moralisch erziehende Wirkung ist, hängt von der Kraft und Entschiedenheit hab, mit der diese nunmehr unmittelbar bevorstehende Entscheidung getroffen wird.

Zit. nach: Konrad Adenauer, Die Erinnerungen 1953-1955, Stuttgart 1966, S. 144 f.

1. *Erörtern Sie den angedeuteten Zusammenhang zwischen (materieller) Wiedergutmachung und dem „Wiederaufbau einer freien Welt" (Zeile 15).*
2. *Stellen Sie dar, warum die Zahlungen als „selbstständige[r], rein deutsche[r] Willensakt" (Z. 17 f.) bezeichnet werden.*
3. *Stellen Sie anhand eigener Recherchen fest, welche Reaktionen es auf das Luxemburger Abkommen (Wiedergutmachungsabkommen) von 1952 gegeben hat. Welche weiteren Schritte zur Aussöhnung zwischen Deutschland und Israel fanden seither statt?*

M3 Die Stalin-Note vom 10. März 1952

Die Sowjetregierung unterbreitet mit diesem diplomatischen Schriftstück (Note) den drei Westmächten den Entwurf eines Friedensvertrages mit Deutschland:

Politische Leitsätze
1. Deutschland wird als einheitlicher Staat wiederhergestellt. Damit wird der Spaltung Deutschlands ein Ende gemacht, und das geeinte Deutschland gewinnt die Möglichkeit, sich als unabhängiger, demokratischer, friedliebender Staat zu entwickeln.
2. Sämtliche Streitkräfte der Besatzungsmächte müssen spätestens ein Jahr nach Inkrafttreten des Friedensvertrages aus Deutschland abgezogen werden. Gleichzeitig werden sämtliche ausländische Militärstützpunkte auf dem Territorium Deutschlands liquidiert.
3. Dem deutschen Volk müssen die demokratischen Rechte gewährleistet sein, [...] einschließlich der Redefreiheit, der Pressefreiheit, des Rechts der freien Religionsausübung, der Freiheit der politischen Überzeugung und der Versammlungsfreiheit.

4. In Deutschland muss den demokratischen Parteien und Organisationen freie Betätigung gewährleistet sein [...].

5. Auf dem Territorium Deutschlands dürfen Organisationen, die der Demokratie und der Sache der Erhaltung des Friedens feindlich sind, nicht bestehen.

6. Allen ehemaligen Angehörigen der deutschen Armee, einschließlich der Offiziere und Generale, allen ehemaligen Nazis, mit Ausnahme derer, die nach Gerichtsurteil eine Strafe für von ihnen begangene Verbrechen verbüßen, müssen die gleichen bürgerlichen und politischen Rechte wie allen anderen deutschen Bürgern gewährt werden zur Teilnahme am Aufbau eines friedliebenden, demokratischen Deutschland.

7. Deutschland verpflichtet sich, keinerlei Koalitionen oder Militärbündnisse einzugehen, die sich gegen irgendeinen Staat richten, der mit seinen Streitkräften am Krieg gegen Deutschland teilgenommen hat.

Das Territorium

Das Territorium Deutschlands ist durch die Grenzen bestimmt, die durch die Beschlüsse der Potsdamer Konferenz der Großmächte festgelegt wurden. [...]

Militärische Leitsätze

1. Es wird Deutschland gestattet sein, eigene nationale Streitkräfte (Land-, Luft- und Seestreitkräfte) zu besitzen, die für die Verteidigung des Landes notwendig sind.

2. Deutschland wird die Erzeugung von Kriegsmaterial und -ausrüstung gestattet werden, deren Menge oder Typen nicht über die Grenzen dessen hinausgehen dürfen, was für die Streitkräfte erforderlich ist, die für Deutschland durch den Friedensvertrag festgesetzt sind.

Helmut Krause und Karlheinz Reif (Bearb.), Die Welt seit 1945 (Geschichte in Quellen), München 1980, S. 391 f.

1. *Nennen und erläutern Sie die wichtigsten Aussagen dieser diplomatischen Note. Zeigen Sie die Vieldeutigkeit mancher Formulierungen.*

2. *Adenauer sah in der Note Stalins die Gefahr einer Rückkehr zum System von Potsdam angelegt, also einer Einigung der vier Siegermächte über Deutschland ohne dessen Mitwirkung. Zeigen Sie, worauf sich diese Interpretation bezog.*

M4 Streit um Stalins Angebot

Der Historiker Edgar Wolfrum blickt 2005 auf den Streit um die Stalin-Noten zurück:

◂ **Karikatur aus „Der deutsche Eisenbahner" vom 20. Mai 1952.**
Die Karikatur spielt auf die Loreley an. Die Zeilen rechts unten sind der Beginn eines Gedichtes von Heinrich Heine über diese Sagengestalt, die Reisende auf dem Rhein so in ihren Bann zog, dass ihre Schiffe an dem Felsen zerschellten.

Wie aufgeladen die Atmosphäre noch jahrelang blieb, zeigte sich vor allem in der Bundestagssitzung vom 23. Januar 1958, als es zu einer Generalabrechnung mit Adenauers Deutschlandpolitik kam. In einer ungemein scharfen Rede [...] griff Thomas Dehler[1] Adenauer an, indem er ihm vorwarf, die Wiedervereinigung nicht nur nicht gewollt, sondern vielmehr alles getan zu haben, „um die Wiedervereinigung zu verhindern". Auch Gustav Heinemann[2], mittlerweile SPD-Abgeordneter, ließ in seiner anschließenden Rede keinen Zweifel daran, daß er Adenauer für historisch schuldig hielt, weil er 1952 Chancen leichtfertig verspielt habe.

Seit dieser legendären nächtlichen Bundestagssitzung vom 23. Januar 1958 ist die Debatte um die Stalin-Noten immer wieder einmal aufgeflammt, und sie hat sich dann ab den 80er Jahren zu einer wissenschaftlichen Kontroverse entwikkelt, die massiv von geschichtspolitischen Dimensionen dominiert wird, steht im Zentrum doch die Frage, ob 1952 eine Chance für die Wiedervereinigung vorschnell vertan wurde oder ob diese Chance überhaupt nicht bestand, sondern nur eine „Legende von der verpaßten Gelegenheit" wucherte. [...] Die Antwort hängt vor allem von den unterstellten Intentionen Stalins ab. Bis heute jedoch kann man nicht mit letzter

[1] Thomas Dehler (1897-1967): Jurist und Politiker, Mitglied der FDP. 1949-1953 Bundesminister der Justiz. Schied wegen Differenzen mit Bundeskanzler Adenauer 1953 aus der Regierung aus. 1953-1957 Vorsitzender der FDP-Fraktion im Bundestag.

[2] Gustav Heinemann (1899-1976): Trat 1950 aus dem Kabinett Adenauer sowie 1952 aus der CDU wegen der deutschen Wiederbewaffnung aus und gründete die Gesamtdeutsche Volkspartei (GVP). Seit 1957 Mitglied der SPD. 1966-1969 Bundesminister der Justiz in der Großen Koalition. 1969 mit den Stimmen von SPD und FDP zum Bundespräsidenten gewählt. Seine Amtszeit endete 1974.

Sicherheit sagen, welches seine wirklichen deutschlandpolitischen Ziele waren [...]. Immerhin scheint es einsichtig, daß Stalin nicht bereit war, die sich abzeichnende Westintegration der Bundesrepublik tatenlos hinzunehmen, und ihm daran lag, eine dauerhafte amerikanische Truppenpräsenz in Europa zu verhindern. War ihm dies nicht wichtiger als der Fortbestand der Ulbricht-Diktatur? Weiterhin ungeklärt müssen aber die Fragen nach seinem beabsichtigten Weg zur Wiedervereinigung und der intendierten „demokratischen" Struktur eines vereinten Deutschlands bleiben. Ob somit Adenauer 1952 den westlichen Teil Deutschlands vor dem langfristigen Zugriff der Sowjetunion rettete und so ein Sowjetdeutschland verhinderte, läßt sich nicht entscheiden. Glücklicherweise ist den Westdeutschen ein sowjetisches Experiment erspart geblieben. Aber die Ostdeutschen hatten an diesem Glück nicht teil. Deutlich wurde 1952, daß die Westpolitik einen Preis kostete, der moralisch anfechtbar war, weil ihn fast 40 Jahre lang allein die 18 Millionen Deutschen in der DDR zahlen mußten. Forschung und Politik werden sich weiterhin streiten, ob Adenauers Westintegration den Ostdeutschen die Hypothek eines Lebens in der Diktatur aufbürdete und er somit einen Teil der deutschen Schicksalsgemeinschaft im Stich gelassen hat, oder ob seine Politik im Gegenteil im Westen ein Bollwerk der Freiheit schuf, welches die Wiedervereinigung unter westlichen Bedingungen 1989/90 erst ermöglichte.

Edgar Wolfrum, Die Bundesrepublik Deutschland 1949-1990 (Gebhardt, Handbuch der deutschen Geschichte, 10. Aufl., Bd. 23), Stuttgart 2005, S. 166-169

1. *Erläutern Sie die Bedeutung des Streits um die Stalin-Noten aus historischer Sicht.*

2. *Vergleichen Sie den Handlungsspielraum Adenauers in der Deutschlandpolitik mit demjenigen Stalins.*

3. *Formulieren Sie den letzten Satz des Textes so um, als wäre er vor 1989 geschrieben.*

M5 Würdigung der Pariser Verträge

In der ersten Lesung der Pariser Verträge im Bundestag gibt Konrad Adenauer am 15. Dezember 1954 eine Regierungserklärung ab:

Das Vertragswerk macht die Bundesrepublik erst fähig, die Spaltung Deutschlands zu beseitigen und die sich mit der Wiedervereinigung stellenden Aufgaben zu bewältigen. [...] Die großen Mächte werden sich entsprechend ihren vertraglichen Verpflichtungen bei kommenden Verhandlungen für unsere Wiedervereinigung solidarisch einsetzen. [...] Sie erklären also, dass die Schaffung eines völlig freien und vereinigten Deutschlands durch friedliche Mittel ein grundlegendes Ziel ihrer Politik ist. Ich sehe nicht, meine Damen und Herren, wie heute eine bessere Basis für die Wiedervereinigung Deutschlands gewonnen werden könnte. [...]

Die sowjetische Propaganda versucht im Zusammenhang mit der jüngsten Konferenz der Ostblockstaaten den Eindruck zu erwecken, dass Sowjetrussland bedroht werde. Es kann aber kein Zweifel daran bestehen, meine Damen und Herren, dass die Westmächte mit ihren Verteidigungsanstrengungen erst begonnen haben, nachdem klar erwiesen war, dass die Sowjetunion nicht daran dachte, ihre hochgerüsteten Streitkräfte zu vermindern, und dass sie bereit war, diese Streitkräfte mindestens psychologisch für die Verfolgung ihrer unverändert expansiven Politik einzusetzen.

Es ist, meine Damen und Herren, eine alte Taktik des Kommunismus, den Angriff stets in der Sprache der Verteidigung zu führen.

Das heißt, man bereitet den Angriff vor, und wenn der, dem dieser Angriff gelten soll, daraufhin seinerseits entsprechende, defensive Maßnahmen trifft, sagen die Kommunisten, man bedrohe sie.

Dieser Taktik folgend hat die Sowjetunion gegen Ende der Berliner Konferenz[1] und seitdem mehrmals Vorschläge für ein System kollektiver Sicherheit gemacht, das die Verteidigungsorganisation des Westens in Europa auflösen, die Vereinigten Staaten ausschalten, die militärische Einheit des Ostblocks aber aufrechterhalten und die Sowjetunion zur vorherrschenden Militärmacht eines ganz Europa umfassenden Systems machen würde. Ein derartiges System würde ihr nicht nur den lange angestrebten Einfluss auf ganz Deutschland, sondern auf die Dauer auch auf alle anderen freien Staaten Europas gewährleisten.

Erich Ollenhauer, seit dem Tod Kurt Schumachers 1952 Vorsitzender der SPD, antwortet auf die Regierungserklärung Adenauers:

Wir waren und wir sind der Meinung, dass nach dem Scheitern der EVG-Politik und vor der Beratung und Entscheidung über andere Formen eines militärischen Beitrags der Bundesrepublik zunächst ein neuer ernsthafter Versuch unternommen werden sollte, in Vier-Mächte-Verhandlungen die Möglichkeiten einer befriedigenden Lösung der deutschen Frage zu prüfen. (Sehr gut! bei der SPD.) [...] In Paris ist zwar nicht schriftlich, aber tatsächlich festgelegt worden, dass neue Verhandlungen mit der Sowjetunion über das Problem der

[1] Berliner Konferenz: Treffen der Außenminister der Westmächte und der UdSSR im Januar/Februar 1954

deutschen Einheit erst nach der Ratifizierung der Verträge ins Auge gefasst werden sollen. Der Herr Bundeskanzler hat sich diese These wiederholt und ausdrücklich zu eigen gemacht, auch in seiner heutigen Rede. Damit ist eindeutig der Aufrüstung der Bundesrepublik der Vorrang vor der Wiedervereinigung gegeben worden. [...]

Diese Politik basiert auf der Annahme, dass ohne die Einheit des Westens erfolgreiche Verhandlungen mit der Sowjetunion nicht möglich seien und dass die Sowjetunion nach der Ratifizierung der Pariser Verträge eine größere Bereitwilligkeit zu Verhandlungen über eine für den Westen und für das deutsche Volk tragbare Lösung der europäischen und deutschen Probleme zeigen werde. [...] Selbstverständlich verfolgt die Sowjetunion mit ihren letzten Noten seit dem Scheitern des EVG-Vertrags ein taktisches Ziel. Sie hat das Interesse, die Ratifizierung der Pariser Verträge zu verhindern, weil sie eine Aufrüstung der Bundesrepublik nicht wünscht. Die Interessen der Sowjetunion sind nicht identisch mit unseren deutschen Interessen, und ihre Argumente sind nicht unsere Argumente. Aber vergessen wir nie, die Sowjetunion ist eine der vier Besatzungsmächte, und ohne ihre Zustimmung und ohne ihre Mitwirkung ist eine Wiedervereinigung Deutschlands ebenso unmöglich wie ohne die Zustimmung und die Mitwirkung der Westmächte. (Lebhafte Zustimmung bei der SPD.)

Es kann und darf uns daher nicht gleichgültig sein, welche Konsequenzen die Sowjetunion aus einer Einbeziehung der Bundesrepublik in die NATO im Hinblick auf ihre Deutschlandpolitik ziehen wird. [...] Aber die eindeutige Ankündigung, dass dann Verhandlungen über die deutsche Frage zwecklos sein werden, können und dürfen wir nicht ignorieren.

Verhandlungen des Deutschen Bundestages, 2. Wahlperiode 1953-1957, Bd. 22, S. 3135 ff.

1. *Analysieren Sie beide Reden und erläutern Sie die Unterschiede in den außenpolitischen Positionen.*

2. *Prüfen Sie die Argumente im Lichte der Entwicklung bis zur Wiedervereinigung Deutschlands 1990.*

M6 Sozialausgaben (in Milliarden DM) 1950-1965

	1950	1955	1960	1965
Rentenversicherung	3,9	7,8	18,3	29,0
Altershilfe für Landwirte	–	–	0,2	0,5
Krankenversicherung und Mutterschutz	2,5	4,7	9,6	15,9
Unfallversicherung	0,6	1,0	1,7	3,1
Arbeitslosenversicherung	1,9	1,8	1,1	1,4
Kindergeld	–	0,5	0,9	2,8
Sozialhilfe	1,0	1,3	1,6	2,5
Jugendhilfe	0,03	0,05	0,05	0,8
Wohngeld	–	–	–	0,2
Öffentlicher Gesundheitsdienst	0,1	0,2	0,3	0,7
Pensionen	2,5	5,1	6,9	10,4
Kinderzuschläge im öffentlichen Dienst	0,4	0,8	1,0	1,6
Zusatzversorgung[1]	–	–	–	0,5
Kriegsopferversorgung	2,1	3,2	3,7	5,8
Lastenausgleich[2]	0,7	1,0	1,3	2,0
Sonstige Entschädigung	–	–	–	0,7
Sozialbudget insgesamt	15,7	27,3	46,7	77,9

Werner Abelshauser, Die Langen Fünfziger Jahre. Wirtschaft und Gesellschaft in der Bundesrepublik Deutschland 1949-1966, Düsseldorf 1987, S. 80, und Globus Infografik, Schaubild Nr. 1854

[1] Zusatzversorgung: Rentensystem, das Angestellten des öffentlichen Dienstes zusätzlich zur gesetzlichen Versicherung Renten auszahlt

[2] Lastenausgleich: seit 1952 gesetzlich gewährte finanzielle Hilfe, die für die Schäden und Verluste der Vertriebenen und Flüchtlinge aus den deutschen Ostgebieten und der Sowjetischen Besatzungszone Ausgleich schaffen sollte

Welche Teilbereiche des „sozialen Netzes" erfuhren eine besondere Steigerung? Nennen Sie Gründe.

M7 Wirtschaftswachstum und Arbeitslosigkeit 1950-1989

a) Wirtschaftswachstum

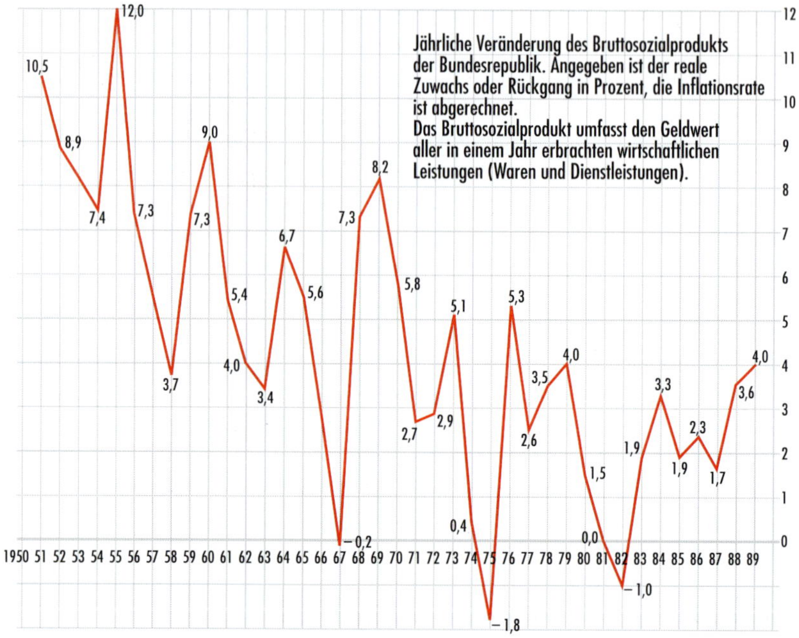

b) Zahl der Arbeitslosen

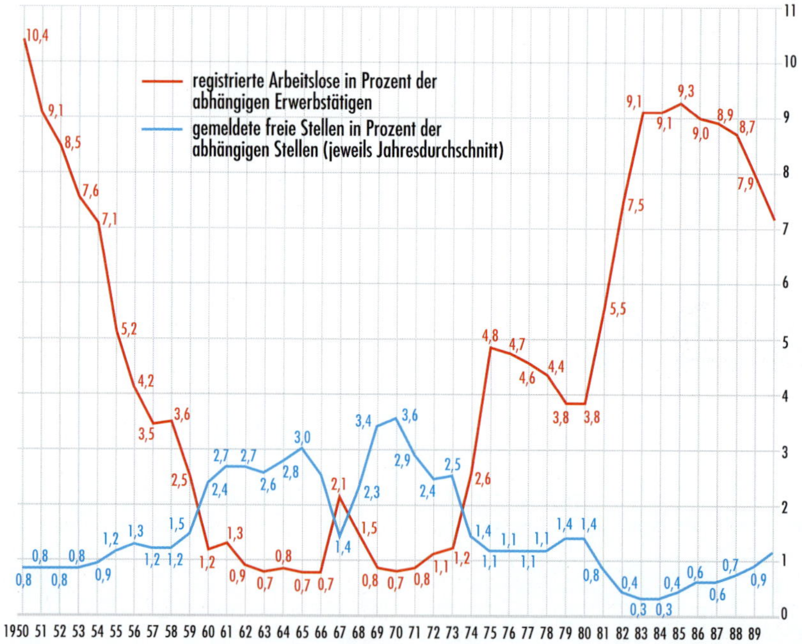

Daten nach: Bundesministerium für Wirtschaft (Hrsg.), Leistung in Zahlen bzw. Wirtschaft in Zahlen, verschiedene Jahrgänge

■ *Beschreiben Sie die Entwicklung des Wirtschaftswachstums und der Zahl der Arbeitslosen. Setzen Sie die beiden Entwicklungen in Beziehung.*

M8 Der private Verbrauch

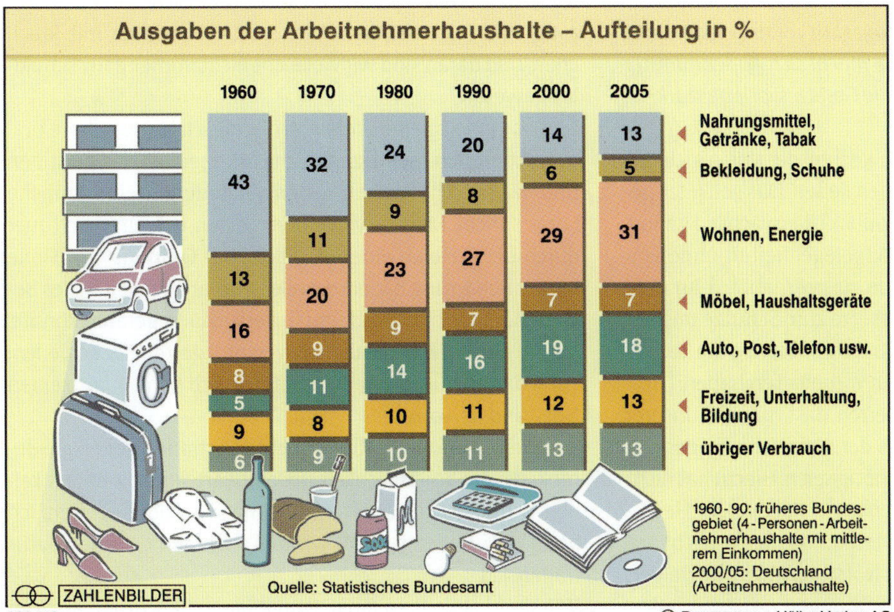

291 118

■ *Beschreiben Sie die strukturellen Veränderungen beim privaten Verbrauch und suchen Sie nach Gründen.*

M9 Pkw- und Lkw-Bestand in Deutschland 1950-2000

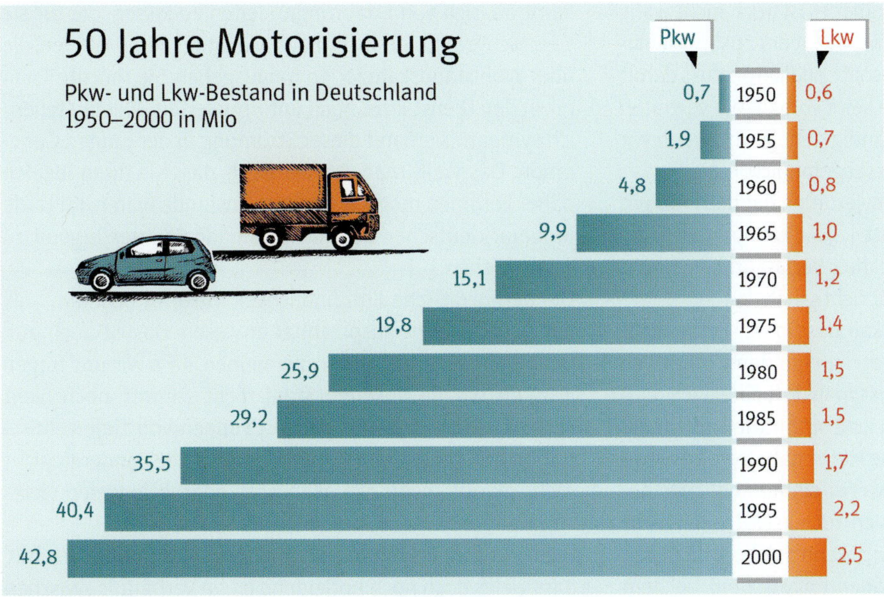

Quelle: Shell, DIW

■ *Vergleichen Sie M7 bis M9. Welche Rahmenbedingungen markieren den wirtschaftlichen Aufstieg der Bundesrepublik?*

M10 Innere Ordnung und Demokratie

In der Schlussdebatte des Bundestages zur Verabschiedung der Notstandsgesetze am 30. Mai 1968 macht sich Außenminister und Vizekanzler Willy Brandt für die Gesetzesvorlage stark:

Bisher hatten die Alliierten noch Rechte, die uns als Untermieter im eigenen Haus erscheinen ließen. Das soll jetzt geändert werden. Unsere Bundesrepublik ist erwachsen genug, um die Ordnung ihrer inneren Angelegenheiten ohne Einschränkung in die eigenen Hände zu nehmen. [...] An dem Tage, an dem eigene deutsche Gesetze zum Schutze unserer Demokratie in Notzeiten in Kraft treten, erlöschen die Rechte, die sich unsere Alliierten bis dahin vorbehalten haben. [...]
Wir wissen, meine Damen und Herren, dass manche unserer Mitbürger noch immer fragen, ob denn die Vorsorgegesetze [= Notstandsgesetze] überhaupt nötig seien. Hierzu hat nicht zuletzt der Bundesjustizminister, mein Kollege Dr. Heinemann, wiederholt darauf hingewiesen, dass der Verzicht auf ein im Grundgesetz verankertes Notstandsrecht unweigerlich das Wiederaufleben von Bemühungen um eine außerparlamentarische Notstandsvorsorge der Exekutive zur Folge hätte, die an die Schranken unserer Verfassung nicht gebunden wäre. [...]
Die Regierung der Sowjetunion hat erst jetzt wieder in einer TASS-Erklärung[1] behauptet, unsere Vorsorgeregelung könnte schwerwiegende Folgen für die Interessen des Friedens in Europa haben. Dies ist nicht neu, aber es ist auch nicht wahr, und unwahre Behauptungen dienen nicht der Zusammenarbeit zwischen den Völkern. [...] Es sollte endlich Schluss damit sein, dass man uns auf der einen Seite vorhält, wir verträten unsere Interessen nicht selbstständig genug, um, wenn wir es tun, uns zu beschuldigen, dies sei gefährlich. [...]
Ich gebe zu, die Regierung der Sowjetunion hat das Problem des Notstandes „eleganter" gelöst. [...] Sie kann nämlich, gestützt auf eine Blankovollmacht ihrer Verfassung, in einem solchen Falle alles tun, was sie für richtig hält. [...]
Natürlich weiß man auch in Moskau, dass in Ost-Berlin nicht ein Jahrzehnt lang diskutiert, geschweige denn öffentlich diskutiert worden ist, sondern dass man dort eine ganz „einfache", aber weitreichende, eben eine autoritäre Notstandsverfassung eingeführt hat. Solche Herrschaftsformen wie in Ost-Berlin sind schlechte Ratgeber für ein freiheitliches, demokratisches Staatswesen, das sich auch in Notzeiten nicht aus den Angeln heben lassen will; denn solche Diktaturen leben im Grunde in einem permanenten Notstand, bei dem es nur darum geht, ob die Schraube noch etwas mehr angezogen wird.
[...] Es gibt eine Kritik an der Notstandsgesetzgebung, die ich für reine Demagogie[2] halte. Diese stützt sich in der Bevölkerung zum Teil auf einen Mangel an Vertrautheit mit Tatsachen, und daran sind wir vielleicht nicht immer ganz schuldlos gewesen.
Es gibt zugleich eine andere Kritik, die ich ernst nehme und respektiere. Ich meine zahlreiche Männer unseres geistigen und wissenschaftlichen Lebens, aus denen eine ehrliche Sorge spricht. Manche von ihnen meinen, es könnte sich quer durch die Parteien eine Art „Partei der Ordnung" im Sinne bloßer Beharrung bilden, die alle Unzulänglichkeiten des Bestehenden zementieren und in Versuchung geraten könnte, sich zu diesem Zweck auch der Vorsorgegesetze zu bedienen; eben damit würde sie einen tiefen Bruch im Volk, also einen Notstand hervorrufen.
Aus dieser Argumentation spricht Misstrauen gegen die demokratische Verlässlichkeit unserer Parteien. Wir haben keinen Grund, dieses Misstrauen einfach zurückzuweisen. Ich halte es für besser, wenn wir uns nach den Gründen dafür fragen. [...]
Wir sind [...] Zeugen einer erregenden, manchmal anstrengenden Unruhe der jungen Generation, die inzwischen über alle nationalen Grenzen hinausgewachsen ist. Sie findet in jedem Land andere Anlässe des Protestes. Zum Teil ist sie von dem Aufbegehren gegen das Gefühl getragen, der einzelne Mensch könnte zum manipulierten Rädchen in einer alles beherrschenden Technisierung unserer Welt werden. Sie lehnt ab, sich von Erfahrungen leiten zu lassen, die für sie Geschichte sind. Sie sucht nach Maßstäben und Werten, die über Wohlstandskategorien hinausgehen. Sie möchte Technik in den Dienst ihres noch unformulierten Willens stellen. Ich sympathisiere mit dieser Strömung in der jungen Generation. Das weiß man. Ich wünsche, dass sie ihren Idealen näher kommen möge, als andere imstande waren, im Laufe jüngerer deutscher Geschichte die Ideale ihrer Jugend zu verwirklichen. [...]
Die demokratische Empfindlichkeit vieler in unserem Volk hat sich als leicht ansprechbar erwiesen. Das ist auch gut. Doch gehöre ich zu denen, die meinen, dass wir uns fragen müssen, was in unserem Staat nicht stimmt, noch nicht stimmt, wenn zuweilen ganze Gruppen von tiefem Misstrauen erfüllt sind, wenn man dem Wort des anderen nicht mehr glaubt, wenn alle allen alles oder viele vielen vieles zutrauen. [...]
Dies und anderes hat mich [...] in der Überzeugung bestärkt, dass vieles doch noch notleidend ist im Verhältnis zwischen Staat und Teilen der geistigen Schichten, wohl auch der jun-

[1] TASS: Amtliche Nachrichtenagentur der Sowjetunion

[2] Demagogie: Aufwiegelung der öffentlichen Meinung, politische Hetze

▲ **Demonstration gegen die Notstandsgesetze.**
Foto vom 11. Mai 1968.

gen Generation, wohl auch der Arbeiterschaft. Ich fürchte wirklich, dass uns weder die Bewältigung der Vergangenheit noch die Vorbereitung auf die Zukunft schon gut genug gelungen ist. [...]

Um die Vorsorgegesetze ist ein Kampf geführt worden, der Respekt verdient. Für Notzeiten, die hoffentlich niemals eintreten, ist das Menschenmögliche getan. Mein bescheidenes Votum [...] wäre nun, an die Arbeit zu gehen, um diesen Staat so zu gestalten, dass er der Mitarbeit aller seiner Bürger sicher sein kann.

Verhandlungen des Deutschen Bundestages, stenographische Berichte, Bd. 66, Bonn 1969, S. 9625-9631

1. *Fassen Sie die Kritikpunkte an der Notstandsgesetzgebung zusammen, auf die Brandt in seiner Rede eingeht. Welche Einwände weist er zurück, welchen begegnet er mit Anerkennung oder Selbstkritik?*

2. *Arbeiten Sie heraus, welches Bild Brandt von der Bundesrepublik um 1968 zeichnet. Welche bisherigen Leistungen in Staat und Gesellschaft spricht Brandt an, wo sieht er Mängel und Reformbedarf?*

3. *Brandt wendet sich an eine „Strömung in der jungen Generation“ (Zeile 75 f.) und hofft auf die Verwirklichung ihrer Ideale. Nennen Sie Jugend- und Protestbewegungen in der deutschen und europäischen Geschichte und bewerten Sie, inwieweit sie an ihr Ziel gelangt sind.*

Erinnern

„1968“

Die Ereignisse, die mit „1968“ verbunden werden, haben tiefe Spuren in der Geschichte der Bundesrepublik hinterlassen und wirken in der Gegenwart fort – unabhängig davon, ob damit eher positive oder negative Assoziationen verbunden sind.

In regelmäßigen Zyklen erscheinen neue wissenschaftliche Veröffentlichungen zum Thema, auflagenstarke Zeitschriften drucken Sonderhefte und Zeitzeugen kommen in den Medien mit ihren kontroversen Ansichten zu Wort. Die öffentliche Erinnerung an 1968 war lange von den Zeitgenossen geprägt, die die Ereignisse aus dem Blickwinkel eigenen Erlebens darstellten. „1968“ forderte Menschen jeden Alters zur Stellungnahme heraus, da es nicht nur um politische Fragen, sondern auch den persönlichen Lebensstil und das Verhältnis der Generationen zueinander ging.

Erst im letzten Jahrzehnt setzten sich jüngere Wissenschaftler mit dem Thema auseinander, die nicht persönlich mit dem damaligen Geschehen zu tun hatten.

Woran erinnern? Seit Ende der 1980er-Jahre setzte sich „1968“ als Schlagwort für die Ereignisse der Jahre 1967-69 durch. Seitdem galt „1968“ als Chiffre für die vielfältigen gesellschaftlichen Protestbewegungen gegen Ende der 60er-Jahre, die internationale Dimensionen aufwiesen. Gewollt oder ungewollt wurde damit eine Analogie zu den

▲ **Erinnerung an „1968“.**
Foto von 2001.
Im Haus der Geschichte der Bundesrepublik Deutschland in Bonn wurde im Jahr 2001 der Ausstellungsbereich für „1968“ völlig neu gestaltet. Die politischen Ziele und Formen des Protests erläutern Schautafeln, Dokumente und Sachquellen wie z.B. Anstecknadeln. Ton- und Filmdokumente versuchen einen Eindruck von den Auseinandersetzungen und der aufgeladenen Atmosphäre zu vermitteln.

- *Erörtern Sie, wie weit sich „1968“ nachfolgenden Generationen vermitteln lässt.*
- *Das Bild von Che Guevara (mit der Parole „Verwandelt Euren Hass in Energie“), das in der Ausstellung als Blickfang wirkt, ist noch heute auf zahlreichen T-Shirts und Plakaten zu sehen. Che Guevara war neben Ho Chi Minh und Mao Zedong eine der politischen Ikonen der 1968er-Bewegung. Informieren Sie sich über das Leben und die Bedeutung Che Guevaras. Diskutieren Sie darüber, was die Gründe für seine Popularität sind.*

Revolutionen von 1848 hergestellt, die ja auch nicht auf einzelne Länder beschränkt blieben und trotz ihres Scheiterns weitreichende politische und gesellschaftliche Veränderungen bewirkten.

Als seit Mitte der 60er-Jahre wenn nicht weltweit, so doch über Kontinente und politische Systeme hinweg vor allem junge Menschen auf die Straßen gingen, um gegen verkrustete Strukturen im eigenen Land, den Vietnam-Krieg und die Ausbeutung der Entwicklungsländer zu protestieren und für eine bessere Welt eintraten, bedienten sie sich vergleichbarer öffentlichkeitswirksamer Mittel: „Sit-ins“ sollten zeigen, dass gewaltfreier Widerstand zu öffentlicher Aufmerksamkeit führt, „Teach-ins“ bewiesen, dass spontane Zusammenkünfte zur Erweiterung des politischen Bewusstseins und gemeinsam diskutierten Lösungen führen konnten.

In allen Ländern gab es Besonderheiten der 68er-Bewegung: In der Bundesrepublik die Auseinandersetzung mit der NS-Vergangenheit und den Kampf gegen die Notstandsgesetze; in den USA die Bürgerrechtsbewegung zur Gleichberechtigung der Afroamerikaner; in der Tschechoslowakei den Kampf um eine Reform des kommunistischen Systems („Prager Frühling“). Trotz unterschiedlicher politischer Ziele einte alle Bewegungen die gleiche Grundstimmung: der Eindruck, in einer neuen Zeit zu leben und als junger Mensch Veränderungen bewirken zu können. „The times, they are a-changin'“, lautete die Botschaft des US-Sängers Bob Dylan (geb. 1941). Es entstand ein generationsspezifischer Mainstream in Fragen der Mode, des Verhältnisses zur Elterngeneration, der überlieferten Traditionen und Normen der Gesellschaft, der Zukunftserwartungen sowie der Haltung zum Verhältnis von Arbeit und Leben („arbeiten um zu leben, statt leben um zu arbeiten“). Dieses Lebensgefühl wurde zum Markenzeichen der später sogenannten „68er“-Generation – weltweit vermittelt durch die Idole der Popmusik und ihre Songs.

Die Historisierung von „68“ ■ Inzwischen hat die zeitgeschichtliche Forschung „1968“ deutlicher in den geschichtlichen Zusammenhang des gesamten Jahrzehnts eingeordnet.

Den 1960er-Jahren kommt demnach eine Scharnierfunktion in der Geschichte der Bundesrepublik zu, und zwar nicht nur im Bereich von Politik, Wirtschaft und sozialer Ordnung. Entscheidender war in diesem Zusammenhang der Wandel in den Mentalitäten der Gesellschaft. Er vollzog sich grundlegend und unumkehrbar, weshalb von einer regelrechten „Kulturrevolution“ (Detlef Siegfried) gesprochen werden kann.

Demokratisierungs- und Liberalisierungsprozesse, die in den späten 50er-Jahren eingesetzt hatten, gewannen immer mehr Dynamik. Die Neuausrichtung der Gesellschaft fand somit nicht plötzlich und aus statischen Verhältnissen heraus statt, sondern über einen längeren Zeitraum, zwischen den späten 50er- und den frühen 70er-Jahren. Wesentliche Kennzeichen dieses Umbruchs waren: wachsende individuelle Freiheiten, Wohlstand für einen großen Teil der Bevölkerung, Ausdifferenzierung von Lebensstilen, zunehmendes politisches Interesse und wachsende politische Teilhabe der Bürgerinnen und Bürger, umfassender Wertewandel und Wandel der alltäglichen Umgangsformen.

So betrachtet, steht „1968“ für die Beschleunigung, Zuspitzung und Radikalisierung eines Konfliktpotenzials, das sich in den Jahren zuvor aufgestaut hatte. Historiker sehen die Protestbewegung als „treibenden und übertreibenden Teil einer dynamischen Modernisierung der westdeutschen Gesellschaft und ihrer politischen Kultur“ (Axel Schildt) oder kommen zu dem Urteil: „Im Zeichen der Revolution trug die Revolte zum Fortschritt der Reformen bei“ (Norbert Frei).

Ein Zurück zu normierten Lebensstilen und alten Konsummustern war nach „1968“ nicht mehr erwünscht und auch nicht mehr durchzusetzen. Dafür sorgten auch Werbung und Industrie, die neue Märkte (Kleidung, Musik) und junge Käuferschichten als Zielgruppe entdeckten. Dabei blieb das Verhältnis zwischen den Generationen keinesfalls konfliktfrei, wie die seither immer wiederkehrenden Diskussionen über den Werteverfall, die unterschiedlichen Lebensstile, das Verhältnis zu Autoritäten und zwischen den Geschlechtern zeigen.

Wirkungen von „1968“ Die meisten der politischen Ziele der 68er-Bewegung in der Bundesrepublik sind gescheitert. Weder konnten die Notstandsgesetze verhindert noch der Vietnam-Krieg rasch beendet werden, eine „Neue Gesellschaft“ blieb Utopie. Dennoch entfaltete „1968“ nachhaltige Wirkungen auf das politische und gesellschaftliche Leben. Die Urteile darüber liegen weit auseinander. Mit ihnen verbinden sich ganz unterschiedliche Deutungen der bundesrepublikanischen Geschichte.

Die bestehende Gesellschaftsordnung ist nicht aufgelöst worden, vielmehr habe eine „Fundamentalliberalisierung“ (Hubert Kleinert) von Staat und Gesellschaft stattgefunden. Die größere Individualisierung feiern dabei die einen als Zugewinn an persönlicher Freiheit, die anderen machen sie verantwortlich für einen fortschreitenden Werteverfall und das angeblich fehlende Verantwortungsbewusstsein gegenüber der Gesellschaft wie dem persönlichen Umfeld.

Kontrovers beurteilt werden auch die Auswirkungen auf das politische Leben in der Bundesrepublik. Die eine Lesart sieht in den Jugendrebellionen die zweite, zivilgesellschaftliche Gründung der Republik; in der langen Ära Adenauer (1949-1963) habe es zwar eine formale Demokratie gegeben, die jedoch stark von gesellschaftlicher und wirtschaftlicher Restauration geprägt gewesen sei. Durch die Unruhen seit Mitte der 1960er-Jahre sei ein erheblicher Zugewinn an gesellschaftlicher Teilhabe und eine breite politische Mobilisierung und Demokratisierung entstanden. Das Programm der sozial-liberalen Koalition unter Willy Brandt ab 1969, „mehr Demokratie zu wagen“, steht hierbei für den institutionellen parlamentarischen Weg. Die politischen Parteien bekamen in der Folge größeren Zulauf. Die außerparlamentarischen Aktivitäten der 70er- und 80er-Jahre mit der Entstehung von Bürgerinitiativen (Frauen-, Umweltschutz-, später Friedensbewegung) fanden in der Gründung der Partei „Die GRÜNEN“ ihren vorläufigen Abschluss. Kritiker hingegen betonen, die 68er-Bewegung habe die Demokratie und ihre Institutionen dauerhaft geschwächt. Die Bewegung habe sich utopischen marxistischen Theorien verschrieben und die Ordnung des Staates infrage gestellt – teils sogar eine Spirale der Gewalt bis hin zum Terrorismus in Gang gesetzt.

Womöglich traf der ehemalige Bundespräsident Richard von Weizsäcker den Kern der Bedeutung von „1968“, als er am 3. Oktober 1990, dem Tag der deutschen Einheit, äußerte: „Die Jugendrevolte am Ende der Sechzigerjahre trug allen Verwundungen zum Trotz zu einer Vertiefung des demokratischen Engagements in der Gesellschaft bei.“ (▸ M1 bis M6).

M1 Hubert Kleinert

▲ **Hubert Kleinert.**
Foto von 2002.

Politisch ist von den systemkritischen Impulsen nicht viel geblieben. Bürgerinitiativen sind heute Ergänzung des repräsentativen Systems, die Grünen haben sich von ihren bewegten Ursprüngen gelöst. Und der Glaube, die Welt ließe sich nach Maßgabe großer theoretischer Modelle revolutionär aus den Angeln heben, wirkt heute Lichtjahre entfernt. Geblieben sind die Fundamentalliberalisierung des Alltagslebens und eine Verschiebung von hegemonialen Deutungsmustern von Geschichte und Gesellschaft. Das gilt vor allem für die Interpretation deutscher Geschichte und den kritischen Blick auf Amerika.

Die Permissivität[1] der heutigen Gesellschaft würde keiner jungen Generation auch nur annähernd die Provokationsspielräume liefern, wie sie die 68er hatten. Zu dieser Liberalisierung hat die Protestbewegung beigetragen, freilich auf widerspruchsvolle Weise. Sie selber war überwiegend gar nicht liberal – oft nicht mal tolerant. Sie hat Räume geöffnet und Anstöße geliefert, aber auch Erfolge erzielt, die sie gar nicht haben wollte. Wenn es ein „Programm von 1968“ gegeben hätte, hätte dies nur scheitern können. Sicher darf man Geschichte nicht einfach vom Ergebnis her betrachten. Aber die Selbstsuggestion der Protestierenden von der revolutionären Situation war absurd und der Kostümierungsversuch der antiautoritären Revoluzzer als selbsternannte Arbeiterführer kurios.

So bleibt in der Erinnerung vor allem das befreiende Erlebnis eines jugendlichen Aufbruchs aus allen möglichen Zwängen einer mit rigiden Ge- und Verboten behafteten Existenz – eine Befreiung, die für viele lebensgeschichtlich prägend war. Deshalb ist der kulturelle Umbruch jener Jahre der tiefste, den die Gesellschaften des Westens seit 1945 erlebt haben.

Hubert Kleinert, Mythos 1968, in: Aus Politik und Zeitgeschichte, Jg. 2008, Heft 14-15, S. 8-15, hier S. 15

M2 Christina von Hodenberg, Detlef Siegfried

Wenn von einer „Neu-“, oder „Umgründung“ der Bundesrepublik die Rede ist, dann führt ihre Engführung auf ein stark mit politischem Radikalismus konnotiertes „1968“ am Kern der Sache vorbei. Die Neujustierung der westdeutschen Gesellschaft fand nicht plötzlich statt, sondern in einem längeren Zeitraum, im Wesentlichen zwischen den späten Fünfziger- und den frühen Siebzigerjahren. Allerdings verdichteten sich die Transformationsprozesse in den verschiedensten gesellschaftlichen Bereichen zwischen 1967 und 1969 derart augenfällig, dass sie als grundstürzender kultureller Umbruch wahrgenommen wurden. Vorstöße zur Liberalisierung der Sexualmoral, Entstehung alternativer Milieus und eines kulturellen „Underground“, explosionsartige Zunahme der Kriegsdienstverweigerungszahlen, Aufsässigkeit an den Schulen und Radikalisierung des NS-Diskurses verbanden sich mit medial flächendeckend in die Wohnzimmer transportierten Aktionen Studierender – nicht nur in der Bundesrepublik, sondern auch in anderen Teilen der Welt. Der Eindruck eines plötzlichen und massiven Einschnitts rührte zum einen daher, dass solche Phänomene in diesen Jahren neue quantitative Größenordnungen erreichten. Zum anderen entstand er durch die Radikalisierung der bereits im Gange befindlichen Wandlungen an den Rändern des gesellschaftlichen Spektrums.

Die Freisetzung der Sprengkräfte der Utopie und Gewalt durch eine aktionistische Minderheit band in hohem Maße die Aufmerksamkeit der zeitgenössischen Beobachter wie der späteren Interpreten. Während „1968“ den Blick fesselte, verschwammen die eher langsamen und unspektakulären, doch ungleich stärker in die Tiefe und Breite wirkenden Wandlungen in konturloser Ferne.

Christina von Hodenberg und Detlef Siegfried, Reform und Revolte. 1968 und die langen sechziger Jahre in der Geschichte der Bundesrepublik, in: dies. (Hrsg.), Wo „1968“ liegt. Reform und Revolte in der Geschichte der Bundesrepublik, Göttingen 2006, S. 7-14, hier S. 12 f.

M3 Norbert Frei

Wie es scheint, begünstigte das Faktum, dass die Bundesrepublik sich in den Jahren vor der Revolte bereits in einer Phase beschleunigten Wandels befunden hatte, die Diffusion vieler „Ideen von 1968“ und deren gesellschaftliche Resorption[1]. Wer meint, die Protestbewegung sei „politisch total gescheitert“, der kann sich mit dieser (Selbst-)Kritik nur auf

▲ **Norbert Frei.**
Foto von 2004.

[1] Permissivität (von lat. permittere: erlauben): freizügige Haltung

[1] Resorption (von lat. resorbere: aufsaugen): Aufnahme, Übernahme

die missglückte Abschaffung der parlamentarischen Demokratie beziehen, die in der Tat zu keinem Zeitpunkt in Reichweite war, auch nicht auf dem Höhepunkt des Terrorismus. Unterhalb dieser Ebene spricht alles dafür, über ein beträchtliches Maß an wechselseitiger Anverwandlungsbereitschaft zu staunen.

Man nehme dazu nur drei der klassischen „68er"-Begriffe – Emanzipation, Partizipation, Transparenz –, und man stellt fest, dass eigentlich in allem sich binnen weniger Jahre ein Zuwachs zeigte: mehr Gleichberechtigung zwischen den Geschlechtern und mehr Rechte für gesellschaftliche Randgruppen; mehr Mitsprache an der „Basis" der Parteien, in Gewerkschaften, Kirchen, Verbänden; mehr Offenheit und Begründungspflicht im Verwaltungshandeln von Staat und Gemeinden; mehr Demokratie bei der Polizei. Wenn die Bundesrepublik in den Siebzigerjahren ein Land der Bürgerinitiativen wurde – zum Vorteil etwa der Idylle am Kaiserstuhl und lebensraumbedrohter Feldhamster in vielen Fluren, aber mit gelegentlichen Nachteilen für den fließenden Verkehr –, dann war das auch ein Ergebnis von „68".

Nicht jedem haben die signifikanten politisch-kulturellen, besonders aber auch alltagsweltlichen Veränderungsprozesse im Nachgang der Revolte gefallen, und längst nicht alle der im Alarmton eines neuen Kulturpessimismus vorgebrachten Reaktionen sind als indirekte Indizien gesellschaftlicher Eindringtiefe zu lesen. Doch „mit 68" veränderten sich, gegen eine oftmals scharfe konservative Kritik, Gesicht und Mentalität der Republik. Der ohne Begleitung seiner Partnerin den Kinderwagen schiebende Facharbeiter mit den etwas längeren Haaren auf dem schwäbischen Dorf war fortan sicherlich nicht die Regel, aber eine Möglichkeit, ebenso wie die junge Büroangestellte aus der hessischen Kleinstadt auf unbegleiteter Urlaubsreise in Spanien. Der dazu notwendige gesellschaftliche Wandel hatte gewiss nicht erst im Moment der Revolte begonnen – wo hätte es solche Voraussetzungslosigkeit je gegeben? –, aber die Atmosphäre des Protestes und des Aufbruchs „um 68" beschleunigte ihn.

1968 war nicht das Jahr, das alles verändert hat, dazu war viel zu viel bereits im Gang. Aber nach „68" war fast nichts mehr so wie vorher. Und in diesem Sinne war „68" überall.

Norbert Frei, 1968. Jugendrevolte und globaler Protest, München 2008, S. 227f.

M4 Kurt Sontheimer

Ich behaupte hingegen, daß die Studentenrevolte, sosehr sie die träge gewordene deutsche Demokratie der Post-Adenauer-Ära herausgefordert und auch in ihrer Entwicklung beeinflußt hat, der Bundesrepublik per saldo mehr Negatives als Positives vermittelt hat. Es ist nur dann möglich, von einem „Vermächtnis" der 68er-Generation zu sprechen [...], wenn man die problematischen Auswirkungen der Revolte weitgehend ausblendet. [...]

▲ **Kurt Sontheimer.**
Foto von 1999.

Natürlich gehört die Studentenrevolte zur Geschichte der Bundesrepublik, aber doch nicht zu ihrer Erfolgsgeschichte. Wenn diese Geschichte – auch dank der Wende von 1982 bis 1989 – einigermaßen erfolgreich verlief, so doch gewiß nicht wegen, sondern trotz der 68er-Generation. Sie hat sich unbrauchbaren politischen Ideen verschrieben. Sie war politisch zum Teil realitätsblind. Sie hat das Thema und die Praxis der Gewalt in die Geschichte der Bundesrepublik eingebracht. Sie hat, verlängert in den neuen sozialen Bewegungen, einen einseitigen ideologischen, gelegentlich freilich auch phantasievollen Kampfstil verbreitet; auf ihn läßt sich nach Bedarf immer wieder zurückgreifen, mit Fairneß und Toleranz hat er jedoch nichts zu tun. Sie hat Autoritäten zerfleddert, aber nichts Neues an ihre Stelle setzen können. Sie hat alle Tabus, ohne die eine humane Gesellschaft nicht auskommen kann, zur Verletzung freigegeben.

Es ist darum sehr die Frage, ob die 68er außer einem naiven Pazifismus wirklich Wesentliches zur Humanisierung und Zivilisierung unserer Gesellschaft beigetragen haben. Ich befürchte das Gegenteil.

Kurt Sontheimer, Eine Generation der Gescheiterten, in: Die Zeit, Nr. 15, 9. April 1993, S. 11

M5 Susanne Gaschke

Die Achtundsechziger-Debatte mag man kaum noch führen, aber wir werden mit ihr noch lange zu tun haben. Dabei ist es vollkommen egal, welche idealistischen Hoffnungen, hehren Ziele und furchtbaren Gegner diese ewige Generation hatte: alles geschenkt, die rituelle Verbeugung vor der neuen sexuellen Freiheit und den Garaus eines bestimmten Spießermiefs inklusive. Weil sie uns heute Probleme machen, müssen uns allein die unbeabsichtigten „Nebenfolgen" von

▲ **Susanne Gaschke.**
Foto von 2005.

Achtundsechzig interessieren: die latente Feindseligkeit gegen gewachsene Strukturen und Traditionen jeder Art, die in der neuen Unübersichtlichkeit Orientierung und Identität hätten stiften können; die Verunglimpfung der zivilisierenden Umgangsformen; die Relativierung aller Tabus (auch jener, die etwa Kinderpornografie oder Rechtsextremismus einzudämmen geholfen haben mögen); die Entwertung von Liebesbeziehungen zu Konsumgütern. In der heutigen Erziehungspraxis sind diese Haltungen kein bewusstes Programm, sondern bewusstlose Ablagerungen, die mit der natürlichen menschlichen Bequemlichkeit eine zähe Verbindung eingehen. [...] Das ist eine fatale Wirkung der Achtundsechziger-Bewegung gewesen: Sie hat Werte, Verbindlichkeit, Traditionen, gewachsene Milieus aufgelöst und damit die gesellschaftlichen Voraussetzungen für ein Zusammenleben gekappt, das sich den reinen Marktmechanismen widersetzen könnte.

Susanne Gaschke, Die Erziehungskatastrophe. Kinder brauchen starke Eltern, München 2001, S. 21-24

M6 Hans-Ulrich Wehler

▲ **Hans-Ulrich Wehler.**
Foto von 2003.

Was bleibt als positive Bilanz von den Auswirkungen der 68er-Bewegung? Sie trug wahrscheinlich dazu bei, die Restbestände einer obrigkeitsstaatlichen Mentalität weiter abzubauen. Sie ermunterte Kritikfreudigkeit, letztlich auch das politische Engagement, wie das etwa die Vielzahl der 68er bei Jungsozialisten[1] und in der SPD demonstriert. Es äußerte sich auch in der gesteigerten Bereitschaft, in den zahlreichen Bürgerinitiativen der Folgezeit mitzumachen und damit den zivilgesellschaftlichen Partizipationswillen zu unterstützen. Obwohl „liberal“ ein Schimpfwort der 68er und jeder „Scheißliberale“ ihr Gegner war, trugen sie doch durch ihre Kritik an überlieferten Normen und Verhaltensweisen wider Willen zur Liberalisierung der westdeutschen Gesellschaft bei. Das war ein Gewinn, der im Vergleich mit Ländern ohne eine 68er-Bewegung deutlich hervortritt.
Die 68er veränderten aber auch über kurz oder lang den Lebensstil in einigen sozialen Klassen, da sie überkommene Normen in Frage stellten und neue Verhaltensweisen propagierten. Deshalb ist es nicht abwegig, zwar den antikapitalistischen Impetus der 68er zu konzedieren, sie aber auch als „unfreiwillige Avantgarde der kapitalistisch organisierten Konsumgesellschaft“ zu verstehen, die sie durch ihren krassen Hedonismus[2], ihre Werbungsinnovationen und Extrovertiertheit vorantrieb, so daß ihr politisches Scheitern zugleich einen Erfolg der von ihnen ebenfalls verkörperten „Lebensstilrevolution“ darstellte. Sollte sich das als die nachhaltigste Wirkung der 68er erweisen, wäre freilich von den ursprünglichen politischen Zielen nur eine einzige Forderung: freie Bahn für den Individualisierungsdrang im Verein mit einem unbeschwerten Lebens- und Konsumgenuß, übrig geblieben.

Hans-Ulrich Wehler, Deutsche Gesellschaftsgeschichte, Bd. 5: Bundesrepublik und DDR 1949-1990, München 2008, S. 320 f.

Bearbeiten Sie die Texte im Rahmen eines Gruppenpuzzles: Bilden Sie Stammgruppen mit je sechs Schülern. Die sechs Texte werden in jeder Stammgruppe verteilt.
Die Stammgruppen werden vorübergehend aufgelöst und stattdessen Expertengruppen gebildet. In den Expertengruppen befinden sich alle Schüler, die denselben Text gewählt haben. Innerhalb der Expertengruppen werden die Arbeitsfragen bearbeitet.
Bereiten Sie sich dann darauf vor, die anderen Mitglieder in Ihrer Stammgruppe über Ihre Ergebnisse zu unterrichten. Gestalten Sie dafür z. B. ein Infopapier und überlegen Sie sich Fragen zur Kontrolle.
Die Expertengruppen werden nun aufgelöst, und jeder kehrt in seine Stammgruppe zurück. Dort unterrichtet er die übrigen Mitglieder über die Ergebnisse seiner Expertengruppe.

Aufgaben (Expertengruppen)

1. *Recherchieren Sie zum jeweiligen Autor des Textes, um Aussagen über dessen/deren Perspektive auf 1968 treffen zu können.*
2. *Untersuchen Sie den Text daraufhin, welche Bedeutung „1968“ für die Geschichte der Bundesrepublik zugemessen wird.*
3. *Formulieren Sie eine zugespitzte Überschrift für den Text.*

Aufgaben (Stammgruppen)

1. *Stellen Sie sich gegenseitig die markanten Schlagzeilen vor und erläutern Sie diese.*
2. *Diskutieren Sie gemeinsam, welche Position Ihre Meinung trifft, oder formulieren Sie eine andere (neue) Gruppenschlagzeile, die Sie in der Auswertung erläutern.*

[1] Jungsozialist: Mitglied der Jugendorganisation der SPD

[2] Hedonismus (von griech. hedone: Lust): auf Genuss und materielle Befriedigung abzielende Lebenshaltung

Region und Lebenswelt

Baden-Württemberg – ein Bindestrich-Bundesland entsteht

Baden-Württemberg – ein Bundesland als Kriegsfolge Die beiden Länder Baden und Württemberg waren von Napoleon im Rahmen der Auflösung des Alten Reiches 1806 als souveräne Mittelstaaten gegründet worden: das Großherzogtum Baden, dessen Kern die Gebiete der im Mittelalter entstandenen **Markgrafschaft Baden** bildeten, sowie das Königreich Württemberg, das auf dem **Herzogtum Württemberg** basierte. Das Bundesland Baden-Württemberg schließlich ging aus der historischen Konstellation der Zeit nach 1945 hervor.

Die französische Armee hatte bei ihrem Vormarsch unter ihrem Befehlshaber, General Charles de Gaulle, im Frühjahr 1945 Karlsruhe und Stuttgart erobert, die Hauptstädte von Baden und Württemberg. Einige Monate später wurde der Anspruch de Gaulles auf eine eigene Besatzungszone erfüllt. Deshalb kamen Teile der britischen und amerikanischen Zone unter französische Militärverwaltung. Allerdings musste sich die französische Armee aus Nordbaden und Nordwürttemberg zurückziehen. Denn diese beiden Gebiete kamen ebenso unter amerikanische Kontrolle wie die strategisch wichtige Autobahn zwischen Karlsruhe und Ulm, die die nordwestlichen Teile der amerikanischen Zone mit Bayern verband. Die Trennlinie zur französischen Zone verlief deshalb südlich dieser Verkehrsverbindung.

Die Amerikaner vereinigten Nordbaden und Nordwürttemberg zu einem einzigen Land, *Württemberg-Baden*, das am 19. September 1945 proklamiert wurde. Als Regierungschef setzten sie Reinhold Maier ein.

In den französischen Besatzungsgebieten blieb die von Norden nach Süden verlaufende historische Grenze zwischen dem badischen und dem württembergischen Teil bestehen. Frankreich kam es darauf an, dass keine größeren Wirtschaftsräume entstanden. Das südliche Baden mit seinem Zentrum Freiburg wurde zum Land *(Süd-) Baden*, das sich unter Staatspräsident Leo Wohleb als Erbe der badischen Traditionen von Markgrafschaft und Großherzogtum verstand.

Der Südteil Württembergs mit dem ehemaligen preußischen Regierungsbezirk Sigmaringen (**Hohenzollerische Lande**) wurde zum Land *Württemberg-Hohenzollern* mit Verwaltungssitz Tübingen. Seit 1948 amtierte dort Gebhard Müller nach dem frühen Tod seines Vorgängers als Staatspräsident.

Konfliktstoffe Weder die Länderregierungen noch die Bevölkerung wollten die von den Besatzungsmächten geschaffene Situation akzeptieren. Das betraf zum einen den Grenzverlauf. Er missachtete historische Grenzen und fasste in der französischen Zone die beiden wirtschaftlich schwächsten Gebiete des Südwestens zusammen. Die Lebensverhältnisse in der französischen Besatzungszone waren wesentlich schwieriger als in der amerikanischen. Das lag nicht nur an der restriktiven Haltung der Militärregierung. Frankreich konnte wegen seiner eigenen desolaten wirtschaftlichen Lage im Gegensatz zu den USA die Bevölkerung in seiner Besatzungszone nicht versorgen. Vielmehr nutzte es sogar Ressourcen für eigene Zwecke, ließ Fabriken demontieren und große Waldgebiete abholzen.

In Südwürttemberg betrachtete man weiterhin Stuttgart als die eigentliche Hauptstadt und strebte die Wiedervereinigung mit Nordwürttemberg an. Die Nordbadener hingegen lehnten einen Anschluss an das überwiegend agrarisch strukturierte Südbaden ab.

Markgrafschaft Baden: 1112 erlangte Hermann II. das Gebiet um Baden-Baden und übertrug seinen ererbten Markgrafentitel auf seinen neuen Besitz. Es folgte im 12./13. Jh. der territoriale Ausbau. Von 1535 bis 1771 war das Land geteilt. In napoleonischer Zeit wurde das Gebiet erheblich erweitert und zum Großherzogtum erhoben. 1919 entstand der Freistaat Baden. 1945 kamen Südbaden unter französische, Nordbaden unter amerikanische Militärverwaltung.

Herzogtum Württemberg: Das Adelsgeschlecht der Württemberger erhielt im 12. Jh. das Grafenamt und erweiterte seit dem 13. Jh. sein Territorium stetig. 1495 wurde Eberhard im Bart die Herzogswürde übertragen. Nach beträchtlichen Landgewinnen seit 1802 wurde Württemberg 1806 Königreich. 1918 bis 1933 bestand es als freier Volksstaat. 1945 erfolgte die Teilung in Nord- und Südwürttemberg.

Hohenzollerische Lande: Hohenzollern-Hechingen (das Stammland des Hauses Hohenzollern) und Hohenzollern-Sigmaringen bestanden als selbstständige Fürstentümer bis 1849. Dann wurden sie Teil des von der Hauptlinie des Hauses Hohenzollern regierten preußischen Staates. Nach der Zerschlagung Preußens 1945 folgte der Anschluss an Südwürttemberg.

◀ **Die Regierungschefs der drei südwestlichen Bundesländer.**
Foto vom 15. April 1950.
Am Tisch sitzend: Reinhold Maier (Württemberg-Baden; 2. v. r.), Gebhard Müller (Württemberg-Hohenzollern; 2. v. l.), zwischen ihnen Leo Wohleb (Südbaden).
Das Bild bringt zwei Eigenheiten Wohlebs zum Ausdruck, die in Karikaturen immer wieder aufgegriffen wurden: seine kleine Statur und den teils als vorwurfsvoll, teils als misstrauisch gedeuteten Gesichtsausdruck. Während ihm Zeitgenossen in den Karikaturen hart zusetzten, wird ihm heute trotz seiner Winkelzüge Intelligenz und taktisches Geschick bescheinigt.

Schritte zur Vereinigung ■ Verhandlungen über eine Vereinigung der Länder beschränkten sich zunächst auf Württemberg. Erst nach der Überreichung der **Frankfurter Dokumente** wurde auch der südbadische Staatspräsident Leo Wohleb in die Beratungen über eine Neuordnung der südwestlichen Länder einbezogen.

Bald kristallisierte sich eine Alternative heraus: Wiederherstellung der beiden Länder Baden und Württemberg oder Vereinigung der drei Länder zu einem einzigen. Die zweite Variante wurde von der Mehrzahl der einflussreichen Persönlichkeiten des Landes sowie einer Mehrheit in den Parteien SPD, FDP/DVP, BHE und sogar der in Baden sehr stark vertretenen CDU favorisiert.

Die Diskussion bewegte sich auf unterschiedlichen Ebenen. Die Befürworter, in der Mehrheit Württemberger, bedienten sich überwiegend sachlicher Argumente. Sie betonten die wirtschaftlichen Chancen und das größere politische Gewicht eines vereinigten Südweststaates. Anders in Südbaden. Die Regierung unter Leo Wohleb sträubte sich vehement gegen eine Vereinigung. In einer emotionalen Kampagne schürte sie Ängste vor einer Vorherrschaft Württembergs. Sie appellierte an Heimattreue und altbadische Traditionen, was das Land schnell in den Ruf eines veralteten Provinzialismus brachte (▶ M1 und M2).

Von den Besatzungsmächten unterstützten die Amerikaner die Wiedervereinigung, während Frankreich zu diesem Zeitpunkt noch größere, wirtschaftlich stärkere Einheiten verhindern wollte und für den Erhalt Südbadens eintrat.

Frankfurter Dokumente: Die Militärgouverneure der drei westlichen Besatzungszonen übergaben sie am 1. Juli 1948 an die Regierungschefs der westdeutschen Länder. Sie enthielten die Aufforderung, einen westdeutschen Staat zu gründen und nötigenfalls Ländergrenzen zu verändern. Darum gelten sie als „Geburtsurkunde“ der Bundesrepublik Deutschland.

▶ **„Nicht weinen, wir nehmen dir doch nichts weg.“**
Karikatur vom 27. September 1948.
Die Karikatur zeigt den badischen Staatspräsidenten Wohleb als einzigen Gegner des Südweststaates unter den Regierungschefs der südwestlichen Länder. Der Beobachter links im Bild ist Prof. Carlo Schmid (SPD), einer der „Väter“ des Grundgesetzes und zugleich Anhänger des Südweststaates.
- *Erläutern Sie, mit welchen Mitteln die Gegnerschaft Wohlebs dargestellt wird.*

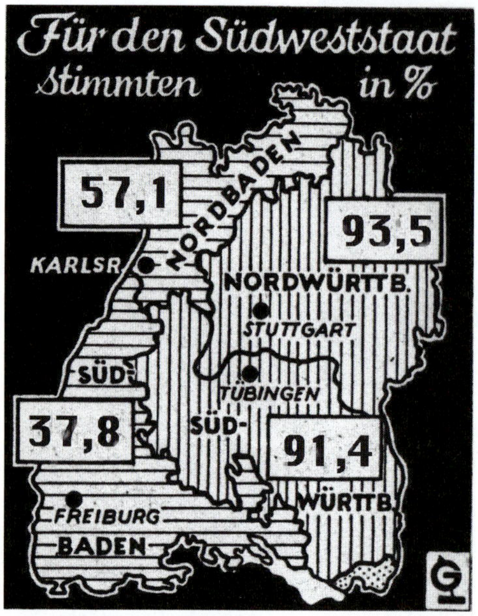

▲ **Die Ergebnisse der Volksabstimmung.**
Die Grafik wurde in der Rems-Zeitung vom 10. Dezember 1951 (Nr. 288; Stadtarchiv Schwäbisch-Gmünd) veröffentlicht.

Sieg durch Abstimmungsmodus Nachdem sich die drei Länderregierungen nicht auf einen Vertrag hatten einigen können, wurden seit Herbst 1948 die Modalitäten für eine Volksabstimmung diskutiert. Das Vorgehen für eine Neuordnung der Länder des Südweststaates wurde in Artikel 118 des Grundgesetzes geregelt. Für die erforderliche Volksabstimmung musste geklärt werden, welcher Zuschnitt der Abstimmungsbezirke gelten sollte und wie die Fragestellungen auf dem Stimmzettel zu formulieren seien.

Wohleb und Müller traten für ein Durchzählen nach den alten Ländern Gesamtbaden und Gesamtwürttemberg einschließlich Hohenzollerns ein. Bei einer Mehrheit in beiden Ländern würde der Zusammenschluss erfolgen. Bei einer Ablehnung des Südweststaates sollte in einer Folgeabstimmung allein die Frage nach der Wiederherstellung der alten Länder gestellt werden.

Reinhold Maier trat anfangs auch für die Abstimmung nach alten Ländern ein, forderte aber für eine etwaige Folgeabstimmung eine alternative Fragestellung: Wiederherstellung der alten Länder oder Vereinigung Württemberg-Hohenzollerns mit Württemberg-Baden, was zur Isolierung Südbadens als Kleinstaat geführt hätte.

1949 forderte die Landesregierung von Württemberg-Baden in Stuttgart allerdings einen Modus, der eine positive Entscheidung für den Südweststaat wahrscheinlich machen sollte. Bei einer getrennten Abstimmung in nunmehr vier Bezirken (Nordbaden, Nordwürttemberg, Südwürttemberg-Hohenzollern und Südbaden) sollte der Südweststaat geschaffen werden, sobald es in mindestens dreien eine Mehrheit dafür gebe.

Dieser *Vier-Bezirke-Modus* wurde durch ein Bundesgesetz vom April 1951 geregelt. Ein Einspruch Wohlebs beim Bundesverfassungsgericht wurde abgewiesen. Am 9. Dezember 1951 fand die Volksabstimmung statt. Das Ergebnis brachte die Mehrheit in drei der vier Bezirke (siehe Grafik). Die altbadischen Gegner des Südweststaates erkannten das Ergebnis der Abstimmung nicht an, zumal sich in Nord- und Südbaden zusammengenommen eine Mehrheit dagegen ausgesprochen hatte.

Verfassung und Regierung Am 9. März 1952 erfolgte die Wahl der Verfassunggebenden Landesversammlung des Südweststaates. Die CDU, obwohl stärkste Partei, ging in die Opposition, da sich Reinhold Maier (FDP), der erste Ministerpräsident des neuen Bundeslandes, für eine Koalitionsregierung aus SPD, FDP/DVP und BHE entschieden hatte. Er wollte die CDU nicht im Kabinett haben, weil sie angesichts der hohen Zahl badischer Mitglieder seiner Meinung nach nicht geschlossen hinter dem Südweststaat stand.

Die Entscheidung, gegen die stärkste Partei zu regieren, war eine politische Belastung für die Anfänge des neuen Landes. Dies wurde deutlich, als Reinhold Maier den Regierungsentwurf der Landesverfassung mit den Stimmen seiner Koalition gegen die CDU durchsetzen wollte. Darüber zerbrach die Regierungskoalition. Nun bildete Gebhard Müller eine Allparteienregierung. Durch behutsames Vorgehen gelang es ihr in den Jahren 1953-1960 (seit 1958 unter Ministerpräsident Kurt Georg Kiesinger), die Landesteile einander anzugleichen.

Dank dieser Politik fand das neue Bundesland, das seit dem 4. November 1953 endgültig *Baden-Württemberg* hieß, allmählich die Akzeptanz der Bevölkerungsmehrheit.

1970 kam es nochmals zu einer Volksabstimmung. Das Bundesverfassungsgericht hatte einer Klage von Altbadenern gegen die einstige Abstimmung von 1951 stattgegeben. In der sogenannten Badenabstimmung von 1970 konnte die Bevölkerung im badischen Landesteil zwischen der Wiederherstellung des Landes Baden oder einem Verbleib des früheren Baden in Baden-Württemberg entscheiden (▸ M3). 81,93 Prozent stimmten für den Erhalt des Bundeslandes Baden-Württemberg.

Landesbewusstsein, Wir-Bewusstsein ■ Damit die Bürger des Landes ein Wir-Bewusstsein entwickeln konnten, bedurfte es unterschiedlicher Regelungen auf unterschiedlichen Ebenen. So wurden z. B. in der Verwaltung die regionalen Belange Sache der Regierungsbezirke und ihrer eigenen Verwaltungsapparate (Regierungspräsidien in Freiburg, Karlsruhe, Stuttgart, Tübingen). Die Regierungsbezirke blieben auch nach der Gebiets- und Verwaltungsreform der 1970er-Jahre bestehen.

In der Bildungspolitik bemühte man sich, das Bildungsgefälle zwischen Stadt und Land sowie die Unterschiede zwischen Gebieten mit protestantischer und katholischer Bevölkerung möglichst auszugleichen. Es wurde Ersatz geschaffen für regionale Bildungseinrichtungen wie z. B. Klosterschulen oder reichsstädtische Schulen, deren Aufhebung im Zuge der Säkularisation und Mediatisierung von 1802 / 03 in manchen Regionen zu einem Mangel an Schulen geführt hatte.

Hinzu trat die Pflege von Traditionen durch Feste und Feiern wie etwa den jährlich stattfindenden Heimattagen Baden-Württemberg. Staatliche Förderung zusammen mit dem Engagement der jeweiligen Gemeinden machten diese Großveranstaltungen möglich.

Eine besondere Bedeutung für die Entwicklung des Wir-Bewusstseins kommt auch Charakterzügen zu, in denen sich die Menschen der Landesteile gefallen – seien es die oft zitierte badische Weltoffenheit und Lebensfreude oder der schwäbische Fleiß. Letzterer wird in Verbindung gesehen mit dem Tüftlertum der frühen Industrialisierung und der auch heute noch großen Zahl an Erfindungen und Patenten im Land.

Nicht zuletzt spielen Symbole eine beachtliche Rolle für das Landesbewusstsein. Dies kann der überwiegend positiv besetzte Mercedesstern ebenso sein wie das große Landeswappen, das durch seine Wappenkrone die über Baden und Württemberg hinausgehende regionale Vielfalt bewusst macht.

◂ **Das Große Landeswappen.** *Die drei schwarzen Löwen erinnern an das Wappen der Herrscherfamilie der Staufer. Diese hatten von 1079 bis 1268 das Herzogtum Schwaben beherrscht, das weite Teile des heutigen Baden-Württemberg umfasste, und im Mittelalter sogar die Kaiserwürde erlangt. Die Schilde in der Wappenkrone symbolisieren die früheren historischen Landesteile im Gebiet Baden-Württembergs: Franken, die Hohenzollerischen Lande, Baden, Württemberg, die Kurpfalz sowie Vorderösterreich.*

M1 Die Südweststaatfrage in Aufrufen

Am 29. April 1950 erscheinen in den „Badischen Neuesten Nachrichten" zwei Aufrufe, die das künftige Abstimmungsverhalten der badischen Bevölkerung beeinflussen sollten:

a) Aufruf des Aktionskomitees Karlsruhe der Vereinigung Südwest

In nicht ferner Zeit werden Badener und Württemberger in einer Volksbefragung über die künftige politische Gestalt Südwestdeutschlands zu entscheiden haben. Jeder Verantwortungsbewusste wird dann den Zusammenschluss des gesamten Württemberg und Baden bejahen. Überall fordern die Zusammenhänge von Wirtschaft und Kultur, von Stammestum und Geschichte bei aller Liebe und Verehrung für das Vergangene die Überwindung einer völlig überlebten Grenzziehung.

Darum: Wer höhere Steuern bezahlen will, wer den Wiederaufbau in Baden stören will, wer Arbeitslosigkeit will, wer will, dass die Hochschulen in Baden verkümmern, wer will, dass das Grenzland Baden ohne wirtschaftliches Hinterland bleibt, wer will, dass wichtige Teile Badens Anschluss an andere Länder suchen, der stimmt g e g e n den Südweststaat. Wer aber starke Länder innerhalb der Bundesrepublik Deutschland will, wer ein von Almosen des Bundes und der Länder unabhängiges Land will, wer die Interessen Badens wahren will, wer will, dass die Grenzlandnöte Badens überwunden werden, wer will, dass der Wohlstand in Baden gefördert wird, wer will, dass überflüssige Parlamente und Ministerien, die unser politisches Leben belasten, beseitigt werden, kurzum: Wer seine badische Heimat wirklich liebt, der tritt ein für den Südweststaat!

▲ **Einzug in den Südweststaat.**
Postkarte von 1950.

- *Arbeiten Sie heraus, welche Charakterzüge Badenern und Württembergern unterstellt werden.*

b) Aufruf des Landesverbands der Arbeitsgemeinschaft der Badener

Die von uns lang ersehnte Volksbefragung über die Wiedervereinigung unseres Badnerlandes steht vor der Tür. Für die meisten unserer badischen Landsleute wird es keiner Überlegung bedürfen, wenn es gilt, die Treue zur Heimat zu beweisen und sich für die Erhaltung unseres Badnerlandes einzusetzen. Das Land Baden hat sich in guten und in schlechten Zeiten bewährt und wurde ohne Befragung des badischen Volkes getrennt. Deshalb verlangen wir die Wiederherstellung Badens. Auch ist die Liebe zur engeren Heimat stets die Voraussetzung für jede Vaterlandsliebe gewesen.

Wer wird nicht misstrauisch, wenn er bemerkt, mit welcher Hartnäckigkeit Stuttgart das angeblich so arme Baden für den südwestdeutschen Ländereintopf gewinnen möchte! Wer erinnert sich nicht an die laufenden Benachteiligungen Nordbadens seit dem unseligen Zusammenschluss mit Nordwürttemberg, der nur einigen Mandatsträgern hierzulande Vorteile gebracht hat! Wer vermag danach noch zu glauben, dass sich die Verhältnisse in einem „Südweststaat" bessern würden, in dem die Württemberger aufgrund ihrer größeren Bevölkerungszahl stets die Mehrheit bilden müssen.

Wir verlangen die Wiederherstellung Badens, weil der „Südweststaat" dauernde politische und wirtschaftliche Bevormundung Badens bedeutet [...].

Beide Texte nach: Die Entstehung des Bundeslandes Baden-Württemberg. Eine Dokumentation, bearb. von Paul Sauer, hrsg. vom Landtag von Baden-Württemberg in Verbindung mit dem Hauptstaatsarchiv Stuttgart, 1977, S. 104 f.

1. *Arbeiten Sie aus den Texten die jeweiligen Gründe für und gegen einen Südweststaat heraus.*

2. *Ordnen Sie die Ergebnisse den beiden Lagern zu und begründen Sie Ihre Entscheidungen.*

M2 Plakatwerbung – wofür?

Plakate aus dem Jahr 1951:

Das Schwarzwaldhaus und die Tracht mit dem roten Bollenhut stammen ursprünglich aus einer bestimmten Region, dem Gutachtal. Sie wurden populär, denn die Tourismuswerbung griff sie auf und warb damit für den Schwarzwald insgesamt. Erst vor Kurzem wurde die Tracht für die Werbung durch eine modische, nicht mehr rein regionale ersetzt.

Das Wappen enthält württembergische (Hirschstangen) und badische Elemente (Schrägbalken). In der politischen Bildersprache können Hände gegensätzliche Bedeutung haben. Von ihnen kann eine Bedrohung ausgehen (zupackende Hände), sie können aber auch eine friedliche Begegnung, ein Zusammengehen (Hände reichen) symbolisieren.

1. *Arbeiten Sie aus den Bildquellen den jeweiligen politischen Standort heraus und begründen Sie Ihre Entscheidungen.*

2. *Versetzen Sie sich in die Lage eines Außenstehenden (z.B. eines Korrespondenten) und fassen Sie die Eindrücke, die Sie im Land gewonnen haben, in einem kurzen Bericht zusammen. Berücksichtigen Sie dabei M1 und M2.*

M3 Die Badenabstimmung von 1970

In der Ausgabe des „Staatsanzeigers für Baden-Württemberg" vom 10. Juni 1979 wird unter den Pressestimmen zum Ergebnis der Abstimmung auch der folgende Beitrag abgedruckt, der aus der „Schwäbischen Zeitung" stammt:

Die Landesregierung in Stuttgart kann aufatmen, alle Behörden können weiter planen, die Württemberger dürfen sich als die diesmal nicht befragten Teilhaber bestätigt fühlen. Jeder Zweifel ist genommen: Das Land Baden-Württemberg bleibt bestehen, der Bindestrich hat gehalten, die Badener haben sich deutlich für den Südweststaat ausgesprochen. Das Land hat damit die Existenzprüfung überstanden, die ihm vom Karlsruher Gericht und vom Bonner Gesetzgeber auferlegt worden war. Die Badener haben sich mehrheitlich am Volksentscheid beteiligt und den vom Gericht getadelten Schönheitsfehler bei der Entstehung des neuen Landes beseitigt. [...] Die badischen Mitbürger haben der Stimme der Vernunft mehr Gewicht gegeben als einer nebelhaften Erinnerung. [...]

In der Zufriedenheit über den Ausgang des Volksentscheides sollte aber nicht vergessen werden, mit welcher Leichtfertigkeit der Bonner Gesetzgeber die Bedingungen festgelegt hatte. [...] Die Bedingungen erlaubten es einer Minderheit der Bürger, ein Staatswesen aufzulösen, das achtzehn Jahre Bestand hat und sich mit seinen Leistungen unter den anderen Bundesländern sehen lassen kann. Etwas mehr als ein Zehntel der Landesbürger und genau ein Viertel der badischen Abstimmungsberechtigten hätten Baden-Württemberg abschaffen können. Der erste Schönheitsfehler, dass damals nicht ganz Baden als Abstimmungseinheit behandelt wurde, hätte auch durch das groteske Ergebnis eines Minderheitssieges abgelöst werden können.

Zitiert nach: Die Entstehung des Bundeslandes Baden-Württemberg, a.a.O., 1977, S. 2

1. *Erklären Sie den Ausdruck „der Bindestrich hat gehalten" (Zeile 5).*

2. *Arbeiten Sie aus dem Text heraus, worin nach Ansicht des Autors der „Schönheitsfehler" bei der Entstehung des Bundeslandes (Zeile 11 und 24) bestanden hatte.*

3. *Dieser „Schönheitsfehler" wird gelegentlich auch als undemokratisches Vorgehen bezeichnet. Überprüfen Sie diese Feststellung.*

4. *Versetzen Sie sich in die Situation eines Sieges der Minderheit und erörtern Sie die Folgen, die für Sie persönlich aus einer Aufteilung des Bundeslandes entstanden wären.*

Die Bundesrepublik Deutschland: politische und wirtschaftliche Entwicklung 1969-1989

Walter Scheel (geb. 1919): FDP-Politiker; 1968-1974 FDP-Vorsitzender; 1969-1974 Bundesaußenminister und Vizekanzler; 1974-1979 Bundespräsident

Politik der inneren Reformen ■ Zum ersten „echten" Regierungswechsel in der Geschichte der Bundesrepublik kam es mit der Wahl Willy Brandts zum Bundeskanzler am 21. Oktober 1969 mit den Stimmen von SPD und FDP. Die Union war trotz Verlusten stärkste Partei (46,1%), doch die FDP unter ihrem neuen Vorsitzenden **Walter Scheel** wollte das Regierungsbündnis mit der SPD (42,7%). Mit Brandt stand zum ersten Mal seit 1930 ein Sozialdemokrat an der Spitze der Regierung, der zudem noch als Emigrant den Nationalsozialismus bekämpft hatte.

Die neue Regierung trat mit dem Anspruch umfassender innerer Reformen an und traf damit die Erwartungen vieler Bürger, insbesondere der jungen Generation (▸ M1). Dazu gehörten die Verbesserung der betrieblichen Mitbestimmung sowie der weitere Ausbau des Sozialstaates (Erhöhung des Rentenniveaus, Einbeziehen von Selbstständigen und nicht berufstätigen Frauen, flexibles Renteneintrittsalter), der zwischen 1970 und 1975 eine Verdoppelung der Sozialausgaben auf umgerechnet 170 Milliarden Euro mit sich brachte, was einem Drittel des gesamten Bruttosozialproduktes entsprach (▸ M3). 1970 wurde die Altersgrenze für das aktive Wahlrecht von 21 auf 18 Jahre, das passive Wahlrecht von 25 auf 21 Jahre herabgesetzt.

Die sozial-liberale Koalition reformierte das Ehe- und Familienrecht. Die neuen Gesetze folgten dem Gedanken der Gleichberechtigung der Geschlechter sowie der Selbstbestimmung der Frau. 1974 trat an die Stelle des Abtreibungsverbots eine Fristenlösung (straffreie Abtreibung bis zum dritten Schwangerschaftsmonat). Nach dem Einspruch des Bundesverfassungsgerichts wurde diese Regelung 1976 durch eine Indikationenlösung ersetzt (Abtreibung straffrei bei bestimmten Indikationen und vorheriger Beratung). 1977 änderte der Bundestag das Scheidungsrecht: Statt des Schuldprinzips galt nun das Zerrüttungsprinzip (Auflösung der Ehe bei deren erwiesenem Scheitern).

▲ **Gymnasiasten und Studierende demonstrieren in Stuttgart gegen den „Bildungsnotstand".**
Foto von 1970.

Bildungsexpansion ■ In den 70er-Jahren erreichte der Ausbau des Bildungswesens in der Bundesrepublik seinen Höhepunkt. Die Regierung setzte den Reformkurs der 60er-Jahre fort und intensivierte ihn. 1971 trat ein Bundesausbildungsförderungsgesetz (BAföG) in Kraft, das Schülern, Studierenden oder jugendlichen Auszubildenden finanzielle Unterstützung bot, wenn Bedürftigkeit vorlag.

Als Folge der vielfältigen und kostenintensiven Anstrengungen stieg zwischen 1960 und 1980 die Schülerzahl an Gymnasien um 230 Prozent, an Realschulen um 310 Prozent. Die Zahl der hauptamtlichen Lehrkräfte verdoppelte sich zwischen 1960 und 1975. Mädchen waren an weiterführenden Schulen nicht länger unterrepräsentiert. 1975 hatte der Anteil der Abiturientinnen 39 Prozent erreicht, er stieg bis Mitte der 80er-Jahre auf über 50 Prozent.

Auch im Hochschulbereich machten sich die Investitionen bemerkbar. Von 1960 bis 1980 entstanden bundesweit 24 neue Universitäten und Technische Hochschulen. Die Zahl der Studierenden überschritt 1980/81 eine Million, 1988/89 lag sie bei 1,5 Millionen. Die Quote der Studentinnen lag 1970 bei 35 Prozent und stieg bis 1994 auf 52 Prozent. Auch die Fachhochschulen mit ihrer größeren Praxisnähe fanden großen Anklang: Von 1972 bis 1982 verdoppelte sich die Zahl der dort Studierenden auf eine Viertelmillion.

Die Reformen waren ein Erfolg, was die Angleichung der Bildungschancen zwischen den Geschlechtern und die Anhebung des allgemeinen Bildungsniveaus betraf. Kinder aus Arbeiterfamilien besuchten zunehmend Realschulen und Gymnasien, blieben aber in diesen Schulzweigen unterrepräsentiert. Zwar stieg die Zahl der Studierenden, doch gab es immer mehr arbeitslose Akademiker. Nach wie vor lag die Quote der Studierenden unter derjenigen in den USA und anderen westlichen Ländern.

Soziale Ungleichheiten bestanden noch immer, als Bund und Länder Anfang der 80er-Jahre mit Kürzungen der Bildungsetats begannen. Zudem blieben die Kinder von Zuwanderern vom Bildungsangebot in hohem Maße ausgeschlossen.

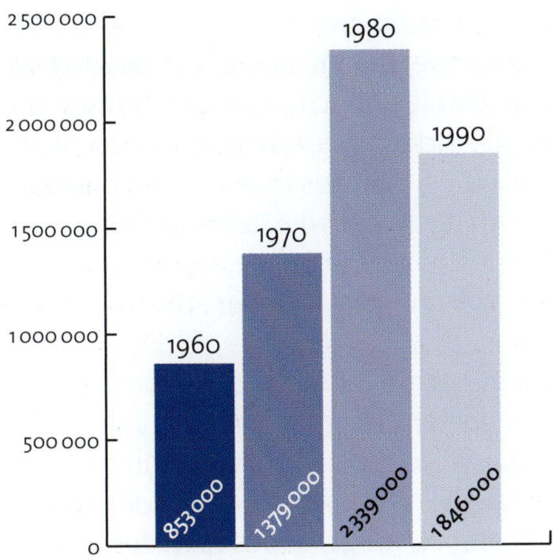

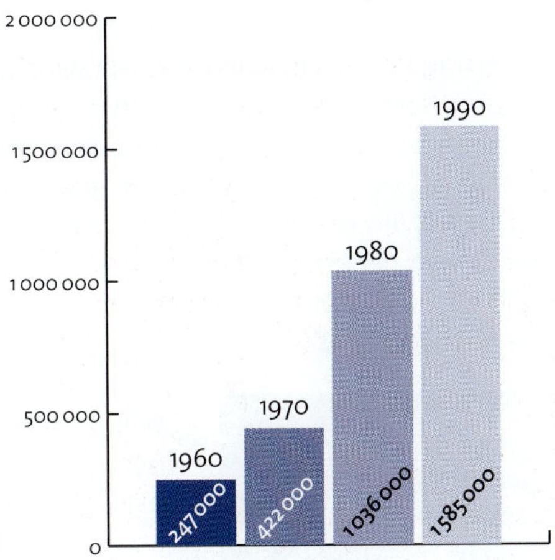

Nach: Die Fischer Chronik Deutschland, a.a.O., Sp. 342

◂ **Schülerinnen / Schüler und Studierende in der Bundesrepublik Deutschland 1960 - 1990.**

Die Neue Ostpolitik In einer Phase der internationalen Entspannung kam es unter Bundeskanzler Brandt zu einer folgenreichen Weichenstellung in der bundesdeutschen Ost- und Deutschlandpolitik (▸ M2). Brandt zielte auf ein Arrangement mit der Sowjetunion, das auf die Anerkennung des territorialen Status quo in Europa – polnische Westgrenze, DDR als zweiter deutscher Staat – hinauslief. Langfristig sollte ein „Wandel durch Annäherung" zur Überwindung der deutschen und europäischen Teilung beitragen. Diese Politik erschien vielen zunächst widersprüchlich und wurde von der oppositionellen CDU/CSU im Bundestag heftig kritisiert, da sie das Wiedervereinigungsgebot des Grundgesetzes verletzt sah. Doch die Politik erwies sich als durchaus weitsichtig.

Der am 12. August 1970 unterzeichnete deutsch-sowjetische Vertrag (*Moskauer Vertrag*) verknüpfte den Verzicht beider Seiten auf Gewalt mit der Unverletzlichkeit der

Grenzen aller Staaten in Europa einschließlich der Oder-Neiße-Linie und der innerdeutschen Grenze. In einem „Brief zur deutschen Einheit" an die Sowjetunion betonte die Bundesregierung das Recht des deutschen Volkes, „in freier Selbstbestimmung seine Einheit" wiederzuerlangen. Damit wurde dem Wiedervereinigungsgebot des Grundgesetzes Rechnung getragen.

Der Moskauer Vertrag wurde zum Vorbild für die nachfolgenden Verträge mit Polen (Dezember 1970) und der Tschechoslowakei (Dezember 1973). In einem engen inneren Zusammenhang damit standen die gleichzeitig laufenden Verhandlungen der vier Mächte über den Status Berlins. Im *Viermächte-Abkommen über Berlin* vom 3. September 1971 einigten sich die Siegermächte darauf, dass West-Berlin zwar nicht Bestandteil der Bundesrepublik sei, aber enge „Bindungen" mit Westdeutschland pflegen dürfe und von Bonn diplomatisch vertreten werde.

Die Sowjetunion hatte damit ihr Gesicht gewahrt, zugleich aber den ungestörten Transitverkehr von und nach West-Berlin durch die DDR garantiert. Die West-Berliner konnten aufatmen. Die Sowjetunion unter Leonid Breschnew versprach sich von den Verträgen verbesserte Wirtschaftsbeziehungen mit der ökonomisch starken Bundesrepublik und eine Garantie ihrer Vormachtstellung über Ostmitteleuropa.

Anerkennung der DDR im Rahmen besonderer Beziehungen Damit waren die Voraussetzungen für eine grundsätzliche Neugestaltung der innerdeutschen Beziehungen gegeben. Um die Trennung der in Ost- und Westdeutschland lebenden Menschen durch Besuchsreisen, vermehrte wirtschaftliche Zusammenarbeit und Kontakte aller Art erträglicher zu machen, erklärte sich Bundeskanzler Brandt dazu bereit, die DDR als zweiten deutschen Staat anzuerkennen. Er kam damit einem dringenden Wunsch der kommunistischen Führung in Ost-Berlin nach, die sich dadurch die Legitimation ihrer Herrschaft versprach, über die sie in der Bevölkerung mangels freier Wahlen niemals verfügte. Willy Brandt unterstrich jedoch von Anfang an, dass die Bundesregierung an der Einheit der deutschen Nation unverändert festhalte. Die Bundesrepublik und die DDR seien, so Brandt in seiner ersten Regierungserklärung im Oktober 1969, „füreinander nicht Ausland".

Willi Stoph (1914-1999): Gründungsmitglied der SED, 1952-1955 DDR-Innenminister, 1956-1960 Verteidigungsminister; 1964-1973 und 1976-1989 Vorsitzender des DDR-Ministerrats, 1973-1976 DDR-Staatsratsvorsitzender

Zwei Treffen mit dem DDR-Ministerratsvorsitzenden **Willi Stoph** 1970 endeten erfolglos. Die Regierung in Ost-Berlin wollte eine völkerrechtliche Anerkennung und damit den Austausch von Botschaftern, was ihr Brandt und Scheel eindeutig verweigerten. Es sollte bei der mit den USA abgesprochenen Formel von den „zwei Staaten in Deutschland" bleiben, und dafür sollte die SED-Führung humanitäre Erleichterungen garantieren. Nach zähen Verhandlungen mit der DDR-Führung konnten Brandt und Scheel bis 1972 Vereinbarungen über den

◂ **Kniefall Willy Brandts am Mahnmal für die Opfer des Warschauer Ghettos.**
Foto vom 7. Dezember 1970.
Mit dieser spontanen Geste während seines Staatsbesuches gedachte Brandt der polnischen Juden, die 1943 beim Aufstand im Warschauer Ghetto von Deutschen ermordet worden waren. Am selben Tag unterzeichnete Brandt den Warschauer Vertrag, in dem die Bundesrepublik die Oder-Neiße-Linie als Westgrenze Polens anerkannte.

Transitverkehr erreichen. In dringenden Familienangelegenheiten konnten jetzt auch DDR-Bürger, die noch nicht im Rentenalter waren, in die Bundesrepublik reisen, umgekehrt wurden Touristenreisen in die DDR erleichtert. Die Mauer war etwas durchlässiger geworden.

Der Grundlagenvertrag ■ Mit dem Grundlagenvertrag vom Dezember 1972 gab die Bundesregierung ihren seit 1949 erhobenen Alleinvertretungsanspruch* auf und erkannte die Gleichberechtigung der DDR an, die sich ihrerseits bereit erklärte, „im Zuge der Normalisierung ihrer Beziehungen praktische und humanitäre Fragen zu regeln". Am Ziel der Wiedervereinigung hielt die Bundesregierung ausdrücklich fest und unterstrich die „besonderen Beziehungen" zwischen beiden deutschen Staaten durch die Einrichtung von „ständigen Vertretungen" anstelle von Botschaften. Außerdem beharrte sie auf dem Standpunkt, dass es für alle Deutschen nur eine Staatsangehörigkeit gebe.

Für die SED-Führung unter Erich Honecker brachte der Grundlagenvertrag nach der Aufnahme beider deutscher Staaten in die Vereinten Nationen (18. September 1973) die internationale Anerkennung der DDR.

Innenpolitisch führte die neue Ost- und Deutschlandpolitik der sozial-liberalen Koalition zu heftigen Auseinandersetzungen in der Öffentlichkeit und im Bundestag. Zwar scheiterte ein konstruktives Misstrauensvotum des Kanzlerkandidaten der CDU, Rainer Barzel, am 27. April 1972 nur äußerst knapp. Doch die Regierung Brandt/Scheel besaß keine Mehrheit mehr, weil mehrere Abgeordnete der Regierungsfraktionen aus Protest gegen die Ostpolitik zur CDU gewechselt waren. Neuwahlen waren unumgänglich. Die Popularität Willy Brandts und seiner Politik in der Bevölkerung sicherte der Koalition im November 1972 einen eindeutigen Wahlsieg. Erstmals wurde die SPD stärkste Partei (45,8 %). Die Mehrheit der Bevölkerung hatte sich für die neue Ost- und Deutschlandpolitik ausgesprochen.

Brandt konnte zwar die Wahlen gewinnen, er vermochte jedoch die Flügelkämpfe innerhalb seiner Partei nicht zu unterbinden. Die teuren inneren Reformen wurden nach der internationalen **Wirtschaftskrise von 1973** von Vielen infrage gestellt. Vor allem die wachsende Staatsverschuldung wurde kritisiert. Zum auslösenden Moment für das Ende von Brandts Kanzlerschaft wurde die sogenannte Guillaume-Affäre: Günter Guillaume, ein langjähriger persönlicher Referent des Kanzlers, wurde als Geheimdienstagent der DDR enttarnt. Brandt nahm daraufhin seinen Rücktritt, blieb allerdings Parteivorsitzender (▸ M4). Zu Brandts Nachfolger als Regierungschef wählte der Bundestag am 16. Mai 1974 den stellvertretenden Parteivorsitzenden der SPD, **Helmut Schmidt**.

Herausforderung des Staates durch den Terrorismus ■ Im April des Jahres 1968 setzten in Frankfurt linksrevolutionäre Aktivisten, die aus der APO-Bewegung hervorgegangen waren**, zwei Kaufhäuser in Brand. Unter den Tätern befanden sich die späteren Hauptakteure des bundesdeutschen Terrorismus *Andreas Baader* und *Gudrun Ensslin*. Wenig später schloss sich ihnen die Journalistin *Ulrike Meinhof* an. Aus dem Untergrund baute die „Baader-Meinhof-Gruppe" die „Rote Armee Fraktion" (RAF) auf.

Die RAF-Terroristen verübten in der Bundesrepublik eine Serie von bewaffneten Banküberfällen und Attentaten, bei denen sie bis 1993 34 Menschen töteten und über 200 zum Teil schwer verletzten.

* siehe S. 60
** siehe S. 71

Wirtschaftskrise von 1973: Nachdem die Wachstumsraten ohnehin rückläufig waren, belastete der „Ölpreisschock" die westliche Wirtschaft zusätzlich. Aus Protest gegen den Krieg Israels gegen Syrien und Ägypten verringerten oder stoppten arabische Staaten die Lieferung von Erdöl an die westlichen Verbündeten Israels.

Helmut Schmidt (geb. 1918): 1961-1965 Polizei- bzw. Innensenator von Hamburg, 1967-1969 Vorsitzender der SPD-Bundestagsfraktion, 1969-1972 Verteidigungsminister, 1972-1974 Bundesfinanzminister, 1974-1982 Bundeskanzler; seit 1983 Mitherausgeber der Wochenzeitung „Die Zeit".

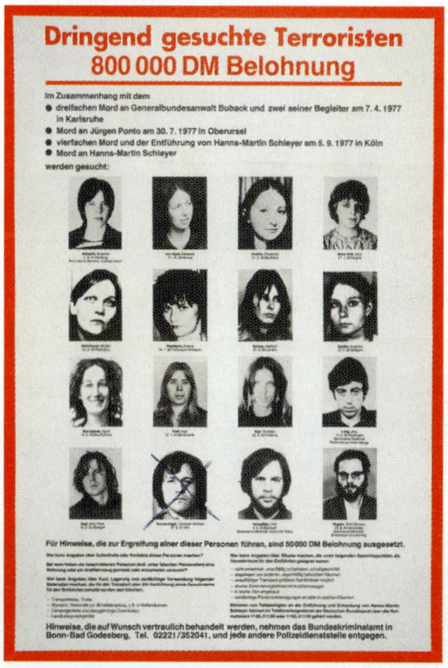

▲ **RAF-Fahndungsplakat von 1977.**

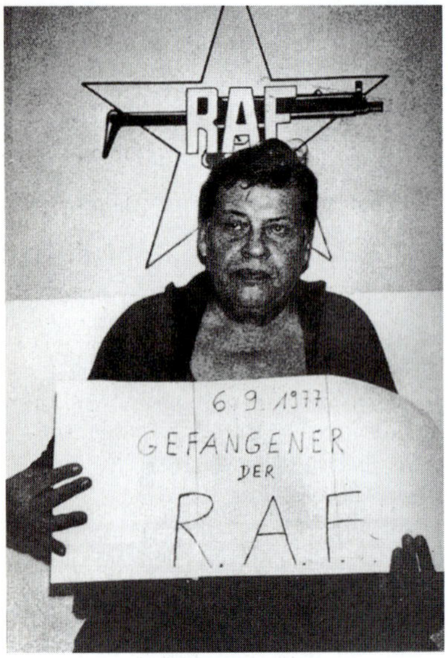

▲ **Der entführte Hanns Martin Schleyer.**
Dieses Foto des Arbeitgeberpräsidenten wurde von den Terroristen verbreitet.

Im Sommer 1972 konnte zwar der harte Kern der RAF verhaftet werden, doch aus den Reihen ihrer Sympathisanten rekrutierte sich alsbald eine zweite Generation von Terroristen. Mit spektakulären Entführungen und Überfällen (etwa auf die deutsche Botschaft in Stockholm 1975) versuchte die neue RAF die Freilassung der Inhaftierten zu erpressen, wobei sie vor dem brutalen Mord an Geiseln nicht zurückschreckte.

1977 töteten RAF-Mitglieder Generalbundesanwalt *Siegfried Buback* und den Vorstandsvorsitzenden der Dresdner Bank, *Jürgen Ponto*. Am 5. September 1977 wurden der Arbeitgeberpräsident *Hanns Martin Schleyer* entführt und vier seiner Begleiter erschossen. Die Gewalttäter forderten die Freilassung der elf prominentesten inhaftierten Terroristen.

Unterstützt wurde die Aktion der RAF durch vier palästinensische Terroristen, die ein Linienflugzeug der Lufthansa mit 91 Personen an Bord entführten und später den Piloten ermordeten. Im Krisenstab der Bundesregierung unter der Leitung von Bundeskanzler Schmidt herrschte Einigkeit, dass der Staat sich nicht erpressen lassen dürfe: Ein Antiterrorkommando des Bundesgrenzschutzes (GSG 9) befreite in Mogadischu (Somalia) in der Nacht vom 17. auf den 18. Oktober die Geiseln. Wenige Stunden später begingen Ensslin, Baader und der ebenfalls inhaftierte Jan-Carl Raspe im Gefängnis Stuttgart-Stammheim Selbstmord. Tags darauf fand die Polizei den ermordeten Arbeitgeberpräsidenten Schleyer in einem Auto in Mülhausen im Elsass.

Während die Mehrheit der Bevölkerung das Krisenmanagement der Regierung begrüßte, erhoben einige linke Intellektuelle aus dem In- und Ausland den Vorwurf, die Bundesrepublik sei auf dem Weg in einen Polizeistaat.

Waldsterben: Mitte der 1970er-Jahre wurde die Erkrankung großer Forstbestände in Mittel- und Nordeuropa festgestellt. Betroffen waren und sind alle Arten von Bäumen. Die Schäden haben vielfältige Ursachen wie Luftverschmutzung oder Klimaveränderungen. Trotz intensiver Bemühungen schreitet die Erkrankung der Bäume bis heute voran.

Krisenbewusstsein und Umweltproblematik ■ Die „Grenzen des Wachstums", so der Titel eines vom „Club of Rome", einer internationalen Runde von Wissenschaftlern, 1972 veröffentlichten Buches, wurde zum Signalwort der Siebziger- und Achtzigerjahre.

Verstärkt durch den „Ölpreisschock" von 1973, als sich schlagartig die Energiekosten und wichtige Rohstoffe auf dem Weltmarkt verteuerten, wurden die Begrenztheit von nicht erneuerbaren Ressourcen und deren globale Verschwendung vielerorts diskutiert. 1980 kam es zu einer weiteren Preisexplosion an den internationalen Ölmärkten, die in allen Industrieländern eine schwere wirtschaftliche Rezession auslöste. Erstaunlich schnell schlugen in der westlichen Öffentlichkeit Reformeuphorie und Fortschrittsgläubigkeit in Skepsis, Zivilisationskritik und Krisenbewusstsein um. Die Forderung nach einem effektiven Schutz der Umwelt verband sich mit vermehrter Kritik an der Nutzung der Kernenergie und dem Appell, sich mit einem bescheideneren Lebensstandard zufrieden zu geben.

Die fortschreitende Industrialisierung und die zunehmende Motorisierung belasteten auch die Umwelt immer stärker. Die Folgen dieser Entwicklung (etwa das **Waldsterben**) blieben lange Zeit unerkannt. Eine Art neues Umweltbewusstsein zeigte sich

◂ **Autofreier Sonntag.**
Foto vom 25. November 1973.
Nach dem Ölboykott durch die OPEC-Staaten (OPEC: Organisation ölexportierender Staaten) ergriff die Bundesregierung Sofortmaßnahmen zur Verringerung des Kraftstoffverbrauchs. Es wurden verschärfte Tempolimits verordnet (80 km/h auf Bundes- und Landstraßen, 100 km/h auf Autobahnen) und an vier Sonntagen galt ein Fahrverbot für Pkw.
Die Aufnahme stammt vom ersten autofreien Sonntag.

erstmals Anfang der Sechzigerjahre, als in Nordrhein-Westfalen das erste Umweltschutzgesetz auf Länderebene vom Landtag beschlossen wurde. Aber erst in den Siebzigerjahren gewann das Thema Umweltschutz großes öffentliches Interesse (▸ M5). Vor allem Angehörige der jüngeren Generation engagierten sich in der alternativ-ökologischen Bewegung, die an der Wende zu den Achtzigerjahren in die Gründung einer völlig neuen Partei mündete, die GRÜNEN.

Nachrüstung und Friedensbewegung Zu einer der großen innenpolitischen Streitfragen wurde in den letzten Jahren der Regierung Helmut Schmidt die Sicherheitspolitik der NATO gegenüber der Sowjetunion. Der Warschauer Pakt besaß bei konventionellen und Atomwaffen ein großes Übergewicht. Auf Betreiben Schmidts hatten die Mitgliedstaaten am 12. Dezember 1979 den sogenannten *NATO-Doppelbeschluss* gefasst: Angesichts der wachsenden Bedrohung Westeuropas durch die neuen sowjetischen SS-20-Mittelstreckenraketen sollten bis Ende 1983 in Westeuropa Pershing-II-Mittelstreckenraketen und bodengestützte Marschflugkörper (Cruise Missiles) aufgestellt werden, falls bis dahin Verhandlungen über den Abbau der sowjetischen Waffen ohne Erfolg blieben.*

In der Bundesrepublik geriet Schmidt wegen des Nachrüstungsbeschlusses der NATO zunehmend unter Druck in Partei und Öffentlichkeit. Kritiker sahen die deutsch-sowjetischen Beziehungen bedroht und bestritten die Notwendigkeit einer Nachrüstung.

Die sich neu etablierende Friedensbewegung gewann mit Demonstrationen und Appellen Teile der verunsicherten Öffentlichkeit für sich. Anstoß erregten die weltweiten Ausgaben von jährlich umgerechnet 510 Milliarden Euro für den Rüstungswettlauf zwischen Ost und West. Die Angst vor einem Atomkrieg, der die gesamte Menschheit auslöschen konnte, bestimmte das Denken und Handeln der ansonsten sehr heterogenen Gruppen innerhalb der Friedensbewegung. Dagegen hatte die Regierung mit ihren realpolitischen Erwägungen einer atomaren Abschreckungs- und Gleichgewichtspolitik einen schweren Stand.

▲ **Menschenkette gegen die Stationierung von Mittelstreckenraketen in der Bundesrepublik.**
Foto vom 22. Oktober 1983.
1979 hatte die NATO beschlossen, eine Bedrohung durch sowjetische Mittelstreckenraketen mit eigener Aufrüstung zu beantworten. Am 22. November 1983 stimmte der Deutsche Bundestag der Stationierung amerikanischer Pershing-II-Raketen in der Bundesrepublik zu. Gegen die damit verbundene Gefahr eines Atomkriegs organisierte die Friedensbewegung Massenproteste.
Das Foto zeigt einen Teil der insgesamt über 108 Kilometer langen Menschenkette zwischen Plochingen und Ulm.

Dauerproblem Arbeitslosigkeit Das Ende der Wiederaufbauphase nach dem Zweiten Weltkrieg, Ölkrisen, neue Technologien, aber auch häufig überzogene Ansprüche an die Wirtschaftskraft in den Industriestaaten beendeten Mitte der Siebzigerjahre die Periode der Vollbeschäftigung auf dem Arbeitsmarkt. Weltweit stiegen Inflation und Arbeitslosigkeit. In der Bundesrepublik sank das jährliche Wachstum der Volkswirtschaft auf durchschnittlich

* siehe S. 17

knapp zwei Prozent, und die Arbeitslosenquote schnellte von 2,6 Prozent im Jahr 1974 auf 9,3 Prozent im Jahr 1985. Obwohl die Zahl der Arbeitsplätze seit den Achtzigerjahren wieder deutlich wuchs, blieb im Auf und Ab der Konjunktur eine immer größere Zahl von Arbeitslosen zurück (*Sockelarbeitslosigkeit*).

Während die Bundesbank erfolgreich die Stabilität der Währung schützte, setzte sich Bundeskanzler Schmidt nachdrücklich für die Stärkung der Wachstumskräfte durch die staatliche Förderung der Nachfrage ein. Durch dieses „Zusammenspiel" bewältigte die Bundesrepublik, verglichen mit den anderen Industriestaaten, die weltweite Krise noch relativ gut. Doch kosteten die Konjunkturprogramme und Maßnahmen zur Bekämpfung der Arbeitslosigkeit viele Milliarden. Die Verschuldung des Staates stieg zwischen 1970 und 1982 von umgerechnet 24 auf 158 Milliarden Euro.

Hans-Dietrich Genscher (geb. 1927): 1969-1974 Bundesminister des Innern, 1974-1985 FDP-Vorsitzender, 1974-1992 Bundesaußenminister und Vizekanzler

Helmut Kohl (geb. 1930): Ministerpräsident von Rheinland-Pfalz 1969-1976, Bundesvorsitzender der CDU 1973-1998, 1982-1998 Bundeskanzler

Die christlich-liberale Koalition unter Helmut Kohl ■ Nach 13-jähriger sozialdemokratischer Kanzlerschaft kündigte 1982 die FDP unter ihrem Vorsitzenden und langjährigen Innen- und Außenminister **Hans-Dietrich Genscher** die Koalition mit der SPD auf, vor allem weil sie die kostspielige Haushalts- und Sozialpolitik nicht mehr mittragen wollte. Stattdessen ging sie – nach der Abwahl Helmut Schmidts durch ein konstruktives Misstrauensvotum am 1. Oktober 1982 – ein Regierungsbündnis mit der Union ein. Der CDU-Vorsitzende **Helmut Kohl** wurde neuer Bundeskanzler.

▲Amtsvorgänger Helmut Schmidt (rechts) gratuliert Helmut Kohl nach dessen Wahl zum Bundeskanzler durch ein konstruktives Misstrauensvotum.
Foto vom 1. Oktober 1982.

In der Außen- und Sicherheitspolitik setzten Bundeskanzler Kohl und Außenminister Genscher den bisherigen Kurs fort. Gegen heftige Proteste in der Öffentlichkeit stimmte die neue Regierungsmehrheit Ende 1983 der Stationierung von amerikanischen Mittelstreckenraketen in der Bundesrepublik zu.

Finanzkrise, Massenarbeitslosigkeit und Wachstumsschwäche bestimmten das Bild der Bundesrepublik der frühen 80er-Jahre. Die Regierung Kohl/Genscher setzte auf die Stärkung der Marktkräfte zur Förderung eines wirtschaftlichen Aufschwungs. Die wesentlichen Programmpunkte waren Eigeninitiative und Wettbewerb, Steuerentlastung für die Unternehmen, weniger staatliche Eingriffe in die Wirtschaft und Leistungseinschränkungen im Sozialbereich.

Diese Politik war – gefördert durch den bald einsetzenden Preisverfall für Erdöl – erfolgreich: Das Bruttosozialprodukt nahm wieder zu, die Inflation ging zurück. Erfolglos blieb die Regierung Kohl jedoch im Kampf gegen die Arbeitslosigkeit. Es wurden zwar Hunderttausende neuer Arbeitsplätze geschaffen. Gleichwohl nahm die Zahl der Arbeitslosen zu, da die geburtenstarken Jahrgänge (um 1955 bis 1970) inzwischen auf den Arbeitsmarkt drängten und die **Rationalisierung** im industriellen Sektor unablässig voranschritt.

Rationalisierung: Maßnahmen zur Senkung der Produktionskosten, oft verbunden mit dem Abbau von Arbeitsplätzen

Soziale Probleme ■ Der Mangel an Arbeitsplätzen erwies sich – wie in den übrigen Industrieländern – als strukturelles Problem. Dabei stieg die Jugendarbeitslosigkeit besonders stark, von ca. 200 000 jugendlichen Erwerbslosen 1983 auf rund 480 000 im Jahr 1988.

Auch öffnete sich die Schere zwischen Arm und Reich immer weiter. Während die Einkommen von Spitzenverdienern überdurchschnittlich stiegen, wuchs der Anteil der Armen (d. h. Menschen, deren Verdienst unterhalb der Hälfte des Durchschnittseinkommens liegt) von 6,5 Prozent der Bevölkerung 1973 auf über zehn Prozent im Jahr 1992 (alte Bundesländer). Die Zahl der Sozialhilfeempfänger war von 1,5 Millionen im Jahr 1970 auf 2,1 Millionen 1980 angewachsen und erhöhte sich auf 2,6 Millionen am Ende der Neunzigerjahre. In erster Linie betraf dies alleinerziehende Mütter, Eltern kinderreicher Familien, Jugendliche und Langzeitarbeitslose.

Die Bundesrepublik wird Einwanderungsland In Westdeutschland hatte es noch im ersten Nachkriegsjahrzehnt einen Überschuss an Auswanderern gegeben. Zwischen 1946 und 1961 verließen 780 000 Deutsche ihr Land, 90 Prozent davon wanderten in die USA, nach Kanada oder Australien. In den 50er-Jahren zog auch etwa eine halbe Million Menschen von West- nach Ostdeutschland, die meisten davon Rückwanderer. In den 60er- und 70er-Jahren wurde die Bundesrepublik faktisch zum Einwanderungsland. Obwohl der Zustrom von außen der beste Beweis für den Erfolg der Bonner Demokratie und ihrer Wirtschaftsordnung war, verlief die Massenzuwanderung nicht ohne Probleme. Die Einwanderer lassen sich in drei Gruppen einteilen:

1. *Ausländische Arbeitnehmer* (damals sogenannte „Gastarbeiter"): Zwischen 1955 und 1973 waren 14 Millionen Ausländer in der Bundesrepublik beschäftigt und hatten maßgeblichen Anteil am wirtschaftlichen Boom der Fünfziger- und Sechzigerjahre. Elf Millionen kehrten wieder in ihre Heimatländer zurück. Von den übrigen ließen viele ihre Familien nachkommen, bekamen Kinder in der Bundesrepublik und richteten sich auf Dauer hier ein.
2. *Aussiedler und Übersiedler*: Deutsche, deren Vorfahren bereits vor Generationen in die östlichen Teile Europas ausgewandert waren (Aussiedler), und Flüchtlinge aus der DDR (Übersiedler) verstärkten den Zuwandererstrom in die Bundesrepublik. Insgesamt wurden zwischen 1950 und Ende 1988 rund 1,6 Millionen Aussiedler, vor allem aus Polen, der Sowjetunion und Rumänien, aufgenommen. Nach dem Ende der kommunistischen Diktaturen in Europa 1989/90 wuchs die Zahl der Zuwanderer noch einmal stark an. So zogen von 1988 bis 1994 insgesamt 1,9 Millionen sogenannte „Spätaussiedler" in die Bundesrepublik.
3. *Flüchtlinge*: Bis 1970 kamen fast nur Flüchtlinge aus kommunistisch regierten Ländern Europas in die Bundesrepublik, seit Ende der Siebzigerjahre dann in wachsender Zahl aus Ländern der „Dritten Welt". Die seit 1989 deutlich ansteigende Zahl der Zuflucht suchenden Asylbewerber stellte Bund, Länder und Gemeinden bei der Unterbringung und Versorgung der Menschen vor große Probleme. Die Gewährung des im Grundgesetz verankerten Asylrechts und sein wirklicher oder angeblicher Missbrauch wurden zu einem heftig diskutierten Thema. Fremdenangst und Ausländerfeindlichkeit eskalierten 1991/92 im wiedervereinigten Deutschland zu Gewalttaten und Mordanschlägen durch Rechtsextremisten, wogegen jedoch Millionen eindrucksvoll demonstrierten.

Der Deutsche Bundestag beschloss 1993 mit den Stimmen der sozialdemokratischen Opposition eine Reform des Grundrechts auf Asyl. Damit sollte die Zuwanderung nach Deutschland gesteuert und begrenzt werden. Politisch Verfolgte erhielten das Recht auf Asyl, wie vom Grundgesetz vorgesehen; wer jedoch aus „sicheren Drittstaaten" nach Deutschland einreiste, konnte sich nicht mehr auf das Asylrecht berufen.

▲ **Ein Bundestagsabgeordneter der GRÜNEN auf seinem „Dienstfahrrad"**, *Foto von 1983.*
Der Partei Die GRÜNEN gelingt 1983 erstmals der Sprung in den Deutschen Bundestag. Durch ihren unkonventionellen Stil setzt sie sich bewusst von den etablierten Parteien ab.

▲ **Plakat zur Europaparlamentswahl von 1979.**

Basisdemokratie: Form der Demokratie, in der Entscheidungen nicht von gewählten Vertretern, sondern von den Stimmberechtigten direkt getroffen werden

Kriegs- und Bürgerkriegsflüchtlinge erhielten eine befristete Aufenthaltserlaubnis, wovon in den 1990er-Jahren mehrere Hunderttausend Menschen vor allem aus dem zerfallenden, in einem blutigen Krieg verwüsteten Jugoslawien Gebrauch machten (▸ M6). Seit Anfang 2000 erhalten in Deutschland geborene Kinder ausländischer Eltern automatisch die doppelte Staatsangehörigkeit, später müssen sie sich für eine Staatsangehörigkeit entscheiden (bis zum 23. Lebensjahr). Weitreichende Veränderungen brachte das *Zuwanderungsgesetz* von 2005. Nach jahrelangen Debatten im Deutschen Bundestag hat der Gesetzgeber eine Reihe von Regelungen getroffen, die die Tatsache anerkennen, dass Deutschland ein Einwanderungsland ist, und die der Integration der Ausländer einen hohen Stellenwert beimessen (▸ M7, M8).

Neue politische Strömungen Das politische Engagement der Gesellschaft hatte seit den 70er-Jahren deutlich zugenommen. Einerseits entstanden neue soziale Bewegungen, die sich für die Gleichstellung der Frauen einsetzten, Abrüstung, Gewaltfreiheit und den Schutz von Umwelt und Natur propagierten, Verfolgte oder gesellschaftliche Minderheiten vertraten oder Hilfe für die „Dritte Welt" leisten wollten. Andererseits organisierten sich sogenannte *Bürgerinitiativen*. Sie widmeten sich konkreten Zielen aus dem unmittelbaren Lebensbereich, indem sie etwa bei Verkehrsprojekten, Industrieansiedlungen oder Städtebaumaßnahmen Einspruch erhoben. 1978 waren 1,8 Millionen Menschen in Bürgerinitiativen tätig.

Zur selben Zeit erhielten auch die politischen Parteien großen Zulauf. Davon profitierte insbesondere die Union. CDU und CSU waren noch in den 60er-Jahren stark auf ihre Führungsfiguren (Adenauer, Erhard, Kiesinger, Strauß) zugeschnitten gewesen, manche hatten vom „Kanzlerwahlverein" gesprochen. Erst in den Jahren der Opposition im Bundestag (1969-1982) entwickelten sie sich zu „Mitgliederparteien" mit einer der SPD vergleichbaren organisierten Massenbasis.

Seit Anfang der 80er-Jahre veränderte sich die Parteienlandschaft der Bundesrepublik. Die Volksparteien verloren Wähler an neue Gruppierungen am linken und rechten Rand des politischen Spektrums.

Die GRÜNEN nahmen ihren Anfang in Niedersachsen, wo aus verschiedenen Bürgerinitiativen der Anti-Atomkraft-Bewegung 1977 die erste landesweite grüne Partei hervorging. Der Zusammenschluss zu einer Bundespartei erfolgte 1980. Die neue politische Kraft bekannte sich in erster Linie zu „postmateriellen" Werten (mehr Lebensqualität, Gleichgewicht zwischen Mensch und Natur) (▸ M9). Nach ersten Wahlerfolgen auf kommunaler Ebene zog die „Grüne Liste Umweltschutz" (GLU) bei den Landtagswahlen 1982 mit elf Abgeordneten (6,5 Prozent der Stimmen) in den niedersächsischen Landtag ein. In Hessen beteiligte sie sich 1985 an einer Regierungskoalition.

Den Sprung in den Deutschen Bundestag schafften die GRÜNEN erstmals bei den Wahlen 1983 mit 5,6 Prozent der Stimmen. Anfangs verstanden sie sich im Gegensatz zu den „etablierten" Parteien als **basisdemokratische** Alternative. In den folgenden Jahren konnten sie auch in die meisten Landesparlamente der Bundesrepublik einziehen und wurden damit zur vierten politischen Kraft im Parteienspektrum. Dabei rangen die GRÜNEN noch lange mit der Frage, ob sie reine Oppositionspartei bleiben oder auch Regierungsverantwortung übernehmen sollten.

M1 „Mehr Demokratie wagen"

(Text ▸ siehe S. 323)

M2 „Wandel durch Annäherung"

Egon Bahr, ein enger Vertrauter Willy Brandts, erläutert am 15. Juli 1963 die Grundzüge einer künftigen neuen Ostpolitik:

Die Änderung des Ost-West-Verhältnisses, die die USA versuchen wollen, dient der Überwindung des Status quo, indem der Status quo zunächst nicht verändert werden soll. Das klingt paradox, aber es eröffnet Aussichten, nachdem die bisherige Politik des Drucks und Gegendrucks nur zu einer Erstarrung des Status quo geführt hat. Das Vertrauen darauf, dass unsere Welt die bessere ist, die im friedlichen Sinn stärkere, die sich durchsetzen wird, macht den Versuch denkbar, sich selbst und die andere Seite zu öffnen und die bisherigen Befreiungsvorstellungen zurückzustellen. [...] Die erste Folgerung, die sich aus einer Übertragung der Strategie des Friedens auf Deutschland ergibt, ist, dass die Politik des Alles oder Nichts ausscheidet. Entweder freie Wahlen oder gar nicht, entweder gesamtdeutsche Entscheidungsfreiheit oder ein hartes Nein, [...] das alles ist nicht nur hoffnungslos antiquiert und unwirklich, sondern in einer Strategie des Friedens auch sinnlos. Heute ist klar, dass die Wiedervereinigung nicht ein einmaliger Akt ist, [...] sondern ein Prozess mit vielen Schritten und vielen Stationen. Wenn es richtig ist, was Kennedy sagte, dass man auch die Interessen der anderen Seite anerkennen und berücksichtigen müsse, so ist es sicher für die Sowjetunion unmöglich, sich die Zone zum Zwecke einer Verstärkung des westlichen Potenzials entreißen zu lassen. Die Zone muss mit Zustimmung der Sowjets transformiert werden. Wenn wir so weit wären, hätten wir einen großen Schritt zur Wiedervereinigung getan. [...] Das ist eine Politik, die man auf die Formel bringen könnte: Wandel durch Annäherung. Ich bin fest davon überzeugt, dass wir Selbstbewusstsein genug haben können, um eine solche Politik ohne Illusion zu verfolgen, die sich außerdem nahtlos in das westliche Konzept der Strategie des Friedens einpasst, denn sonst müssten wir auf Wunder warten, und das ist keine Politik.

Archiv der Gegenwart 33, 1963, S. 10700 f.

1. *Skizzieren Sie, was Bahr mit der „Politik des Drucks und Gegendrucks" (Zeile 5) konkret meint.*

2. *Erläutern Sie, worin das grundlegend Neue der sozial-liberalen Ostpolitik bestand.*

M3 Der Ausbau des Sozialstaats

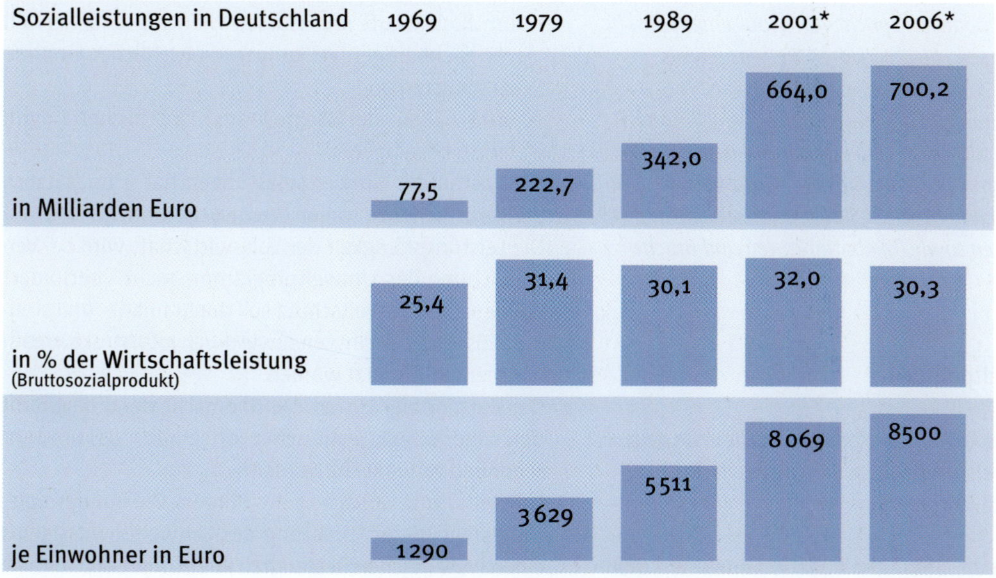

Nach: Bundesministerium für Arbeit und Soziales sowie Globus Infografik
* 2001 und 2006: Gesamtdeutschland

1. *Erläutern Sie die Entwicklung der Sozialleistungen. Welche Folgen haben die Veränderungen im Verhältnis zu deren Anteil am Bruttosozialprodukt?*

2. *Begründen Sie, warum die beginnenden 1970er-Jahre für den Ausbau des Sozialstaats günstig waren.*

M4 „Sein Job ist getan, und er hat ihn gut gemacht"

Die Londoner „Times" kommentiert am 8. Mai 1974 den Rücktritt Bundeskanzler Willy Brandts:

Der Platz Brandts in der deutschen Geschichte wird durch die Art und Weise, in der er zurücktrat, nicht vermindert werden. Er hat in ehrenvoller Weise die Verantwortlichkeit für einen Fehler akzeptiert, zu dem viele Leute beigetragen haben und den vielleicht auch viele andere gemacht hätten. [...]

Es ist (unser) Eindruck, dass Brandt gar nicht abgeneigt war, einen Job aufzugeben, der ihm in vieler Hinsicht zur Last geworden war. Er hat die beiden historischen Ziele erreicht, die ihn wirklich interessierten – die SPD erstmals nach über 40 Jahren wieder an die Macht zu bringen und das unvollendete Erbe des Zweiten Weltkriegs abzuschließen, indem er die Beziehungen zu Deutschlands östlichen Nachbarn wiederherstellte. Diese beiden Errungenschaften verschaffen ihm einen soliden Platz in der Geschichte, vergleichbar mit dem von Dr. Adenauer. [...]

Auch wenn sein Rücktritt im Augenblick in Deutschland und Europa tragisch erscheint, mag es ein Trost sein, dass Brandt in Erinnerung bleiben wird als einer der ganz wenigen Staatsmänner, die wissen, wann sie ihr Amt aufzugeben haben. Sein Job ist getan, und er hat ihn gut gemacht.

Nach: Die Fischer Chronik Deutschland, a.a.O., Sp. 538

▲ **Duisburg-Bruckhausen.**
Foto von 1971.

1. *Der englische Beobachter spricht vom „Job" eines Politikers und von dessen „Amt". Erklären Sie, was jeweils gemeint ist.*

2. *Nehmen Sie Stellung zu der Einschätzung, Willy Brandts Platz in der Geschichte sei vergleichbar mit demjenigen von Konrad Adenauer. Ziehen Sie eine Bilanz beider Kanzlerschaften und arbeiten Sie (a) Unterschiede und Gemeinsamkeiten sowie (b) Kontinuitäten und Brüche heraus.*

M5 Was ist Umweltpolitik?

Die seit 1969 regierende SPD/FDP-Koalition ist die erste deutsche Regierung, die sich ausdrücklich dem Umweltschutz verpflichtet. In ihrem Umweltprogramm von 1971 heißt es:

1. Umweltpolitik ist die Gesamtheit aller Maßnahmen, die notwendig sind,
   - um dem Menschen eine Umwelt zu sichern, wie er sie für seine Gesundheit und für ein menschenwürdiges Dasein braucht und
   - um Boden, Luft und Wasser, Pflanzen- und Tierwelt vor nachhaltigen Wirkungen menschlicher Eingriffe zu schützen und
   - um Schäden oder Nachteile aus menschlichen Eingriffen zu beseitigen.
2. Die Kosten der Umweltbelastungen hat grundsätzlich der Verursacher zu tragen (Verursacherprinzip).
3. Die Leistungsfähigkeit der Volkswirtschaft wird bei Verwirklichung des Umweltprogramms nicht überfordert werden. Der Umweltschutz soll durch finanz- und steuerpolitische Maßnahmen sowie durch Infrastrukturmaßnahmen unterstützt werden.
4. Der Zustand der Umwelt wird entscheidend bestimmt durch die Technik. Technischer Fortschritt muss umweltschonend verwirklicht werden. [...]
5. Umweltschutz ist Sache jedes Bürgers. Die Bundesregierung sieht in der Förderung des Umweltbewusstseins einen wesentlichen Bestandteil ihrer Umweltpolitik.
6. Die Bundesregierung wird sich für ihre Entscheidungen in Fragen des Umweltschutzes verstärkt der wissenschaftlichen Beratung bedienen. Sie wird hierfür u.a. einen Rat von Sachverständigen für die Umwelt berufen.

7. Alle Umweltbelastungen und ihre Wirkungen müssen systematisch erforscht werden. Die notwendigen Forschungs- und Entwicklungskapazitäten für den Umweltschutz werden ausgebaut [...].
8. Die Möglichkeiten der Ausbildung für die Spezialgebiete des Umweltschutzes sollen, unter anderem durch interdisziplinäre und praxisbezogene Aufbaustudien an Hoch- und Fachhochschulen, vermehrt und verbessert werden.
9. Wirksamer Umweltschutz bedarf enger Zusammenarbeit zwischen Bund, Ländern und Gemeinden untereinander und mit Wissenschaft und Wirtschaft.
10. Der Umweltschutz verlangt internationale Zusammenarbeit. Die Bundesregierung ist hierzu in allen Bereichen bereit und setzt sich für internationale Vereinbarungen ein.

Drucksache VII 2710 des Deutschen Bundestages vom 14. Oktober 1971

1. *Erläutern Sie, was die Bundesregierung 1971 unter Umweltpolitik verstand.*

2. *Diskutieren Sie die vorgesehene Verteilung der Kompetenzen in Umweltfragen.*

M6 Asylsuchende und Asylberechtigte ab 1982

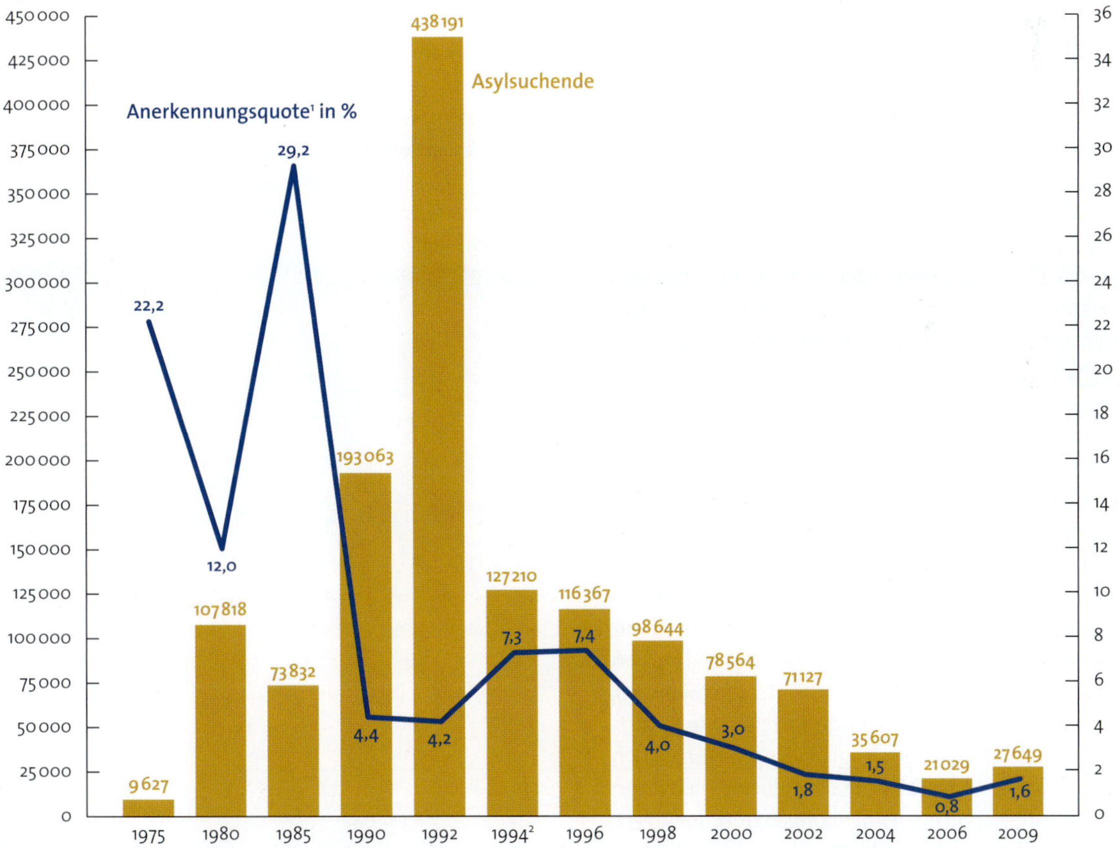

Nach: Bundesamt für die Anerkennung ausländischer Flüchtlinge, Nürnberg

1. *Erklären Sie, warum nach der Reform des Asylrechts 1993 die Anerkennungsquote nur noch wenig schwankt.*

2. *Informieren Sie sich, warum aus völkerrechtlichen und humanitären Gründen weitaus mehr Menschen Schutz genießen als anerkannte Asylbewerber.*

[1] Die Anerkennungsquote bezieht sich auf die im jeweiligen Berichtsjahr getroffenen Entscheidungen.
[2] Ab Berichtsjahr 1994 werden nur Erstanträge erfasst.

M7 Deutschland als Einwanderungsland

Der Migrationsforscher Klaus Bade erläutert Wahrnehmung und Praxis der deutschen Ausländerpolitik:

Die Ost-West-Migration hatte im späten 19. und frühen 20. Jahrhundert Millionen Auswanderer über den Atlantik und jährlich Hunderttausende von Arbeitswanderern nach Mittel- und Westeuropa geführt. Hinzu kam ein großer Teil der mehr als 20 Millionen Menschen, die vom Ende des Ersten Weltkriegs bis zum Ende der 1940er-Jahre von zwangsweisen Umsiedlungen nach Grenzverschiebungen und von Vertreibungen betroffen waren. Der Kalte Krieg bewirkte jahrzehntelang eine Drosselung der Ost-West-Migration und ließ im Westen auch die alten Ängste davor zurücktreten. [...] Als der Limes des Kalten Krieges Ende der 1980er-Jahre zerbrach, wurde deutlich, dass er auch eine Sperre gegen die Ost-West-Wanderung gewesen war. [...]

1989-92 wurde in Deutschland rund eine Million (1 008 684) Asylsuchende gezählt. Das Zusammentreffen der verschiedenen, stark wachsenden Zuwanderungen in Deutschland und die durch Migrationsszenarien und Wanderungsdrohungen gestützte Furcht vor deren weiterer Entfaltung ließen die Visionen von „Fluten" aus dem Osten in Deutschland scheinbar konkrete Gestalt annehmen. Vergeblich brachten Ausländerbeauftragte, Praktiker der Ausländerarbeit und kritische Wissenschaftler Hinweise darauf in die Debatte, dass viele Asylsuchende, Flüchtlinge und andere Ausländer Deutschland jährlich wieder verließen. Demografische Argumente vermochten gegen die alltägliche Erfahrung der de facto zunehmenden und von vielen als Bedrohung empfundenen Begegnungen mit stets neuen „Fremden" immer weniger auszurichten. [...] Die Anti-Asyl-Argumentation bewegte sich dabei oft in geschlossenen Kreisen: In der Regel wurden nur ca. 5 % der Antragsteller als im engeren Sinne „politisch verfolgt" anerkannt und deshalb für asylberechtigt erklärt. Von Politikern und Medien in Umlauf gebrachte Vorstellungen, die abgelehnten übrigen 95 % der Antragsteller seien „Wirtschaftsflüchtlinge", waren demagogisch. Sie blamierten sich regelmäßig angesichts der Tatsache, dass einem erheblichen Teil der Antragsteller und ihren Angehörigen trotz der Ablehnung im Asylverfahren aus verschiedenen Gründen Abschiebeschutz gewährt oder im Sinne übergeordneten Rechts ein Flüchtlingsstatus zugesprochen werden musste – was wiederum als staatliches Versagen bei der „konsequenten Abschiebung" interpretiert wurde.

Das war der Hintergrund für die von wachsender Angst und Aggressivität getriebenen ausländer- und fremdenfeindlichen Ausschreitungen im vereinigten Deutschland der frühen 1990er-Jahre. Zur Vorgeschichte der Krise gehörten aber auch seit Langem ungeklärte Einwanderungs- und Eingliederungsfragen im Einwanderungsland wider Willen, das als nationaler Wohlfahrtsstaat pragmatisch die soziale Eingliederung von Zuwanderern gestaltete, appellativ aber in demonstrativer Erkenntnisverweigerung darauf beharrte, „kein Einwanderungsland" zu sein oder zu werden. Am Ende [...] wuchsen soziale Ängste, Irritationen und Frustrationen über die Abwesenheit von Politik in einer [...] alltäglich erlebbaren und doch politisch für nicht-existent erklärten Einwanderungssituation. Sie schlugen um in Aggression gegen „die Fremden" und solche, die dafür gehalten oder dazu erklärt wurden.

Klaus J. Bade, Europa in Bewegung. Migration vom späten 18. Jahrhundert bis zur Gegenwart, München 2000, S. 384 f. und 389 f.

1. *Klären Sie die Funktion, die der „Eiserne Vorhang" für Bade in der europäischen Migrationsgeschichte einnimmt.*

2. *Erläutern Sie die Vorwürfe, die Bade gegen die deutsche Ausländerpolitik der Neunzigerjahre erhebt.*

3. *Bringen Sie in Erfahrung, ob der Regierungswechsel von 1998 Veränderungen in der Zuwanderungspolitik gebracht hat.*

M8 Die ausländische Bevölkerung in Deutschland

Jahr	Ausländer im Bundesgebiet in Tausend		
	insgesamt	in % der Gesamtbevölkerung	sozialversicherungspflichtig Beschäftigte
1982	4666,9	7,6	1709,5
1984	4363,6	7,1	1552,6
1986	4512,7	7,4	1544,7
1988	4489,1	7,3	1607,1
1990	5342,5	8,4	1793,4
1992	6495,8	8,0	2119,6
1994	6990,5	8,6	2109,7
1996	7314,0	8,9	2009,7
1998	7319,6	9,0	2030,3
2003[1]	7334,8	8,9	1874,0
2006[1]	6751,0	8,9	1790,0
2009[1]	7146,6	8,7	1879,0

Nach: Ulrich Herbert, Geschichte der Ausländerpolitik in Deutschland. Saisonarbeiter, Zwangsarbeiter, Gastarbeiter, Flüchtlinge, München 2001, S. 233

Überprüfen Sie anhand der Zahlen die Aussagen von M7.

[1] Angaben des Bundesministeriums für Arbeit und Soziales

M9 „Ein völliger Umbruch"

Aus dem ersten Bundesprogramm der GRÜNEN vom März 1980:

Wir sind die Alternative zu den herkömmlichen Parteien. Hervorgegangen sind wir aus einem Zusammenschluss von grünen, bunten und alternativen Listen und Parteien. Wir fühlen uns verbunden mit all denen, die in der neuen demokratischen Bewegung mitarbeiten: den Lebens-, Natur- und Umweltschutzverbänden, den Bürgerinitiativen, der Arbeiterbewegung, christlichen Initiativen, der Friedens- und Menschenrechts-, der Frauen- und Dritte-Welt-Bewegung. Wir verstehen uns als Teil der grünen Bewegung in aller Welt.
[...] Die ökologische Weltkrise verschärft sich von Tag zu Tag: Die Rohstoffe verknappen sich, Giftskandal reiht sich an Giftskandal, Tiergattungen werden ausgerottet, Pflanzenarten sterben aus, Flüsse und Weltmeere verwandeln sich in Kloaken, der Mensch droht inmitten einer späten Industrie- und Konsumgesellschaft geistig und seelisch zu verkümmern, wir bürden den nachfolgenden Generationen eine unheimliche Erbschaft auf.
Die Zerstörung der Lebens- und Arbeitsgrundlagen und der Abbau demokratischer Rechte haben ein so bedrohliches Ausmaß erreicht, dass es einer grundlegenden Alternative für Wirtschaft, Politik und Gesellschaft bedarf. Deshalb erhob sich spontan eine demokratische Bürgerbewegung. Es bildeten sich Tausende von Bürgerinitiativen, die in machtvollen Demonstrationen gegen den Bau von Atomkraftwerken antreten, weil deren Risiken nicht zu bewältigen sind und weil deren strahlende Abfälle nirgends deponiert werden können; sie stehen auf gegen die Verwüstung der Natur, gegen die Betonierung unserer Landschaft, gegen die Folgen und Ursachen einer Wegwerfgesellschaft, die lebensfeindlich geworden ist.
Ein völliger Umbruch unseres kurzfristig orientierten wirtschaftlichen Zweckdenkens ist notwendig. [...] Ausgehend von den Naturgesetzen und insbesondere von der Erkenntnis, dass in einem begrenzten System kein unbegrenztes Wachstum möglich ist, heißt ökologische Politik, uns selbst und unsere Umwelt als Teil der Natur zu begreifen. [...]
Unsere Politik ist eine Politik der aktiven Partnerschaft mit der Natur und dem Menschen. Sie gelingt am besten in selbstbestimmten und selbstversorgenden überschaubaren Wirtschafts- und Verwaltungseinheiten. [...] Es geht um eine Gesellschaft, die demokratisch ist, in der die Beziehungen der Menschen untereinander und zur Natur zunehmend bewusster gehandhabt werden. [...]

Irmgard Wilharm, Deutsche Geschichte 1962-1983, Bd. 2, Frankfurt am Main 1985, S. 226 f.

1. *Nennen Sie die Ziele der GRÜNEN.*
2. *Erläutern Sie, was 1981 das Neue am Programm der GRÜNEN im Vergleich zu den damals „etablierten" Parteien gewesen ist.*

Die DDR 1949-1989: Staat und Wirtschaft

◂ **Plakat der Nationalen Front von 1960.**
Die Nationale Front war der Zusammenschluss der in der DDR zugelassenen Parteien. Sie wurde vom DDR-Regime propagiert als „Vereinigung aller patriotischen Kräfte Deutschlands".
Im Vordergrund des Plakats ist die Skulpturengruppe an der Mahn- und Gedenkstätte des ehemaligen Konzentrationslagers Buchenwald dargestellt.

Aufbau der SED-Diktatur	**1950**	Walter Ulbricht wird Generalsekretär der SED.
	1950	Das Ministerium für Staatssicherheit (MfS) wird gegründet.
	1950	Am 15. Oktober finden erste Wahlen zur Volkskammer statt. Das Ergebnis wird von den Machthabern zuvor festgelegt.
	1950	Die DDR wird Mitglied im Rat für Gegenseitige Wirtschaftshilfe (RGW).
	1952	Die Nationale Volksarmee (NVA) wird gegründet.
Sozialismus und Einbindung in den Ostblock	**1952**	Die Länder in der DDR werden aufgelöst. Die Kommunen verlieren ihre Selbstverwaltung.
	1952	Ulbricht verkündet den „planmäßigen Aufbau des Sozialismus".
	17. Juni 1953	Der Arbeiteraufstand in Ost-Berlin weitet sich zu einem landesweiten Aufstand gegen das SED-Regime aus. Sowjetisches Militär schlägt ihn nieder.
	1955	Die Sowjetunion erkennt die Souveränität der DDR offiziell an.
	1955	Die DDR wird Mitglied des Warschauer Pakts.
	1958-1961	Die Zahl der Flüchtlinge in den Westen steigt erneut drastisch an.
Abgrenzung und Stabilisierung	**13. Aug. 1961**	Die DDR-Regierung beginnt in Berlin mit dem Bau der Mauer. An der innerdeutschen Grenze entsteht durch Sperranlagen ein „Todesstreifen".
	1962	Einführung der allgemeinen Wehrpflicht.
	1963	Das „Neue Ökonomische System der Planung und Lenkung" (NÖSPL) soll die DDR-Wirtschaft international wettbewerbsfähig machen. Es wird jedoch bald zurückgenommen.
	1968	Die DDR erhält per Volksabstimmung eine neue Verfassung und bezeichnet sich als „sozialistische Nation".
Real existierender Sozialismus	**Mai 1971**	Das Politbüro der SED stürzt Walter Ulbricht. Erich Honecker wird erster Mann in Staat und Partei.
	1971	Die SED verkündet das Programm einer „Einheit von Wirtschafts- und Sozialpolitik".
	1972	Grundlagenvertrag mit der Bundesrepublik Deutschland
	1975	Die DDR unterzeichnet die KSZE-Schlussakte, in der Menschen- und Bürgerrechte nach westlichem Maßstab festgelegt sind.
	um 1975/80	Die DDR-Wirtschaft erfährt einen rasanten Niedergang, während sich der Staat immer weiter verschuldet.
	1989	Die Feiern zum 40-jährigen Bestehen der DDR werden begleitet vom wachsenden Protest der Bevölkerung.

Unter dem Schutz und auf Weisung der Sowjetunion errichtete die SED in Ostdeutschland eine kommunistische Diktatur. Die Partei selbst wurde zu einem einheitlichen Machtblock nach dem Vorbild der KPdSU. Diejenigen, die nach Ansicht der Kommunisten der „Herrschaft der Arbeiterklasse" im Weg standen, wurden entmachtet oder ausgeschaltet – durch eine gelenkte Justiz, durch Enteignungen oder durch den Staatssicherheitsdienst, der die Bevölkerung überwachte und einschüchterte.

Der Aufbau der Industrie nach den Maßstäben der sozialistischen Planwirtschaft gestaltete sich schwierig. Zum Ausgleich für Versorgungsmängel verlangte das Regime ständig höhere Arbeitsleistungen. Das führte zu Unruhen in den Belegschaften, während immer mehr Bürger das Land in Richtung Bundesrepublik verließen. Der Arbeiteraufstand vom Juni 1953, der sich zum Volksaufstand ausweitete, dann aber von der Roten Armee niedergeschlagen wurde, zeigte die Abhängigkeit des SED-Regimes von der sowjetischen Schutzmacht. Diese Lehre zogen sowohl die Machthaber als auch die Bürger.

Die Stabilisierung des Regimes unter Walter Ulbricht gelang erst seit 1961, als sich die DDR durch die Berliner Mauer und einen „Todesstreifen" entlang der innerdeutschen Grenze gegenüber dem Westen abriegelte. Die Massenflucht war damit beendet, die Bürger mussten sich in der Diktatur einrichten.

Das SED-Regime wollte in den 60er-Jahren den „Klassenfeind" Bundesrepublik ökonomisch überholen. Dieses Vorhaben misslang zwar, doch gelangte die DDR-Wirtschaft an die Spitze aller Ostblockländer. Das Regime schmückte sich mit sportlichen Erfolgen und betonte die Modernität seiner Frauenförderung und Bildungspolitik. Die DDR-Verfassung von 1968 garantierte sogar ein „Recht auf Arbeit".

1971 wurde Walter Ulbricht vom Politbüro der SED gestürzt, eine Folge seiner Differenzen mit Moskau. Der neue Generalsekretär Erich Honecker erkannte die Führung der Sowjetunion wieder uneingeschränkt an. Übereinstimmend mit Moskau ging Honecker auf die Entspannungspolitik der Bundesregierung unter Willy Brandt ein. Bonn und Ost-Berlin schlossen 1972 den Grundlagenvertrag. Er brachte der DDR die lang ersehnte Anerkennung als zweiter deutscher Staat durch die Bundesrepublik und die westlichen Länder.

In der Ära Honecker verwarf das SED-Regime alle utopischen Ideen zur Schaffung eines neuen sozialistischen Menschen. Es galt dafür der „real existierende Sozialismus". Das SED-Regime hielt weiterhin an seiner unumschränkten Machtstellung fest. Um die Zustimmung der Bevölkerung zu sichern, beschloss die Staatsführung großzügige Sozialleistungen und niedrige Verbraucherpreise, ein ehrgeiziges Wohnungsbauprogramm sowie die Aussicht auf mehr Konsum. Das erhöhte Wohlstandsniveau ließ sich jedoch nicht halten, und die Unzufriedenheit der Menschen wuchs. Die kostspielige Sozialpolitik führte schon bald in eine Schuldenspirale, die die DDR-Wirtschaft immer stärker lähmte. Die Staatsführung war jedoch zu keinen Reformen bereit. Dadurch geriet die Diktatur schließlich selbst in die Krise.

In diesem Kapitel erwerben Sie die **Kompetenz**,
- die Errichtung der SED-Diktatur sowie Anspruch und Ausmaß ihrer Herrschaft darzustellen,
- zu analysieren, wovon die innere und äußere Stabilisierung des Regimes abhing,
- das Verhältnis von Staat und Bürgern in der DDR zu kennzeichnen,
- zu erörtern, welche Bedeutung die Bundesrepublik für die Politik der DDR besaß,
- die Verbindung von Staat und Wirtschaft in der DDR zu bewerten und zu begründen, weshalb die DDR-Wirtschaft zusammenbrach.

Auf- und Ausbau des neuen Systems

Aufbau nach sowjetischem Vorbild Ganz ähnlich wie in den übrigen Staaten des sowjetischen Machtbereichs in Osteuropa entstand in der DDR eine Diktatur, deren Führung sich zu keinem Zeitpunkt auf die freiwillige Zustimmung einer Mehrheit der Bevölkerung berufen konnte.

Schon vor der Gründung der DDR im Oktober 1949 war die SED dem Beispiel der KPdSU gefolgt. Danach stand sie nicht in Konkurrenz zu anderen Gruppen im Staat, sondern sie übte – gemäß der Lehre des Marxismus-Leninismus – an der Spitze des „Arbeiter- und Bauernstaats" ein Machtmonopol aus (▶ M1). Die kommunistische Führungsgruppe der Partei beschritt bei der Durchsetzung ihres Machtmonopols mehrere Wege:

1. die innere Umgestaltung der SED zu einer „Partei neuen Typus"*,
2. die Umformung aller Parteien, Gewerkschaften und Verbände zu einem Instrument der SED,
3. die Lenkung der Justiz zur Absicherung der Diktatur und
4. der Einsatz der Geheimpolizei (Ministerium für Staatssicherheit) zur Überwachung der Bevölkerung und zur Unterdrückung jeder Opposition.

Das Bekenntnis zu Stalin und zur „führenden Rolle" der Sowjetunion sowie den Kampf gegen „Spione und Agenten" und den „Sozialdemokratismus" erklärte der III. Parteitag der SED im Juli 1950 zur Pflicht für alle Mitglieder. Mit Unterstützung der sowjetischen Geheimpolizei ließ Walter Ulbricht, Erster Sekretär und mächtigster Mann der SED, missliebige Mitglieder aus der Partei ausschließen – allein 1950/51 waren es 150 000, darunter vor allem ehemalige Sozialdemokraten, aber auch viele Kommunisten. Selbst Mitglieder der Führungsgruppe wurden ihrer Funktionen enthoben oder verhaftet. In einer Atmosphäre der Angst entwickelte sich die SED zu einem monolithischen** Machtapparat, der von einer kleinen Gruppe von Spitzenfunktionären gelenkt wurde.

Durchsetzung des alleinigen Führungsanspruchs der SED Neben der SED existierten seit 1945 die CDU (Christlich-Demokratische Union Deutschlands) und die LDPD (Liberal-Demokratische Partei Deutschlands) als „bürgerliche" Parteien in der Sowjetischen Besatzungszone. Um diese Parteien zu schwächen, rief die SED mit Zustimmung der Sowjetischen Militäradministration 1948 die „Demokratische Bauernpartei Deutschlands" (DBD) und die „National-Demokratische Partei Deutschlands" (NDPD) ins Leben. Sie gehorchten den Weisungen der SED, sollten Zugang zu bäuerlichen und liberal-konservativen Kreisen gewinnen und die tatsächlichen Machtverhältnisse verschleiern.

Eine ähnliche Rolle wie den Parteien wies die SED-Spitze den großen Massenorganisationen zu, die zwischen 1945 und 1947 gegründet worden waren, v.a. dem „Freien Deutschen Gewerkschaftsbund" (FDGB), der „Freien Deutschen Jugend" (FDJ), dem „Demokratischen Frauenbund Deutschlands" (DFD), dem „Kulturbund" (KB) sowie der „Vereinigung der gegenseitigen Bauernhilfe" (VdgB). Sie sollten als „Transmissionsriemen" (Lenin) den Willen der kommunistischen Parteispitze auf die Gesellschaft übertragen. Gemeinsam mit den fünf zugelassenen Parteien bildeten sie den „Demokratischen Block der Parteien und Massenorganisationen", der aus dem Antifaschistischen Block* hervorgegangen war. Der „Demokratische Block" sowie weitere Massenorgani-

* siehe S. 45
** monolithisch (griech. „aus einem Stein bestehend"): festgefügt, einen einheitlichen Machtblock bildend

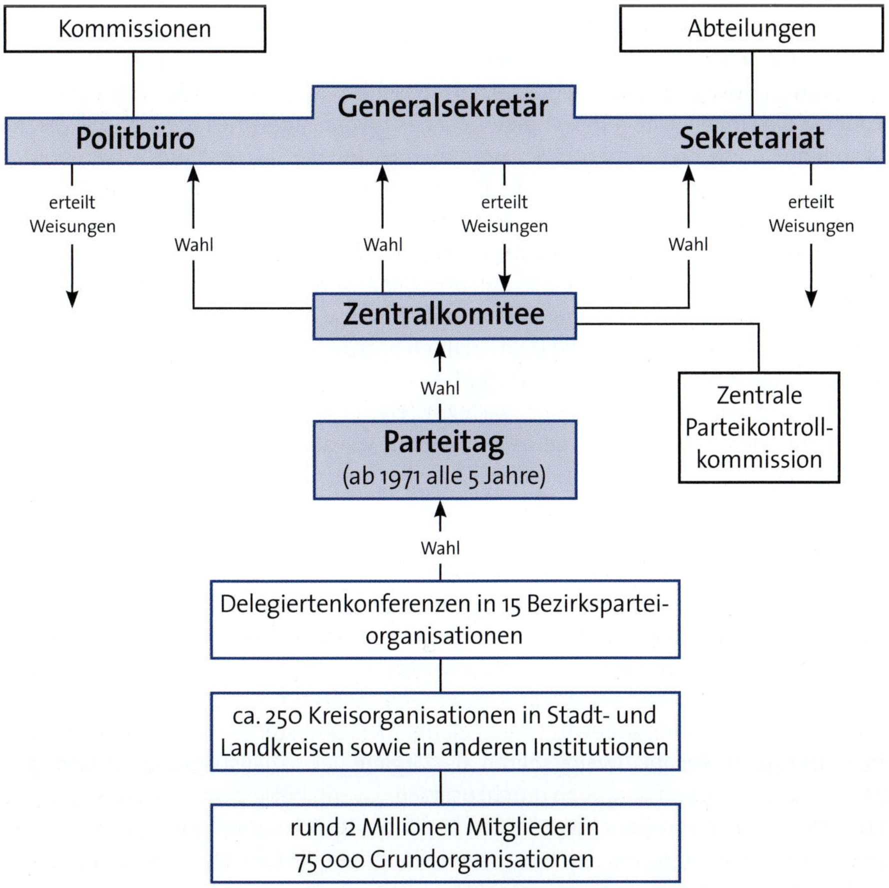

▲ **Aufbau der SED.**
Die straffe hierarchische Parteistruktur gewährleistete, dass die Entscheidungen der SED-Führung auf allen nachgeordneten Ebenen umgesetzt wurden. Vorbild war die Kommunistische Partei der Sowjetunion (KPdSU).
Das Zentralkomitee war das höchste Organ der SED zwischen den Parteitagen. Die Zahl seiner Mitglieder wuchs ständig, da langjährige Mitglieder nicht abberufen wurden (1951: 51 Mitglieder; 1986: 165 Mitglieder). Dagegen verringerte sich die Zahl seiner Sitzungen im Lauf der Zeit, bis es etwa zweimal im Jahr tagte. De facto bestätigte das ZK lediglich die Vorgaben der ständigen Organe der SED (Politbüro und Sekretariat des ZK).
Das Sekretariat bestand aus den zuständigen Sekretären für bestimmte Fachbereiche. Das Politbüro war das oberste Führungsgremium und tagte mindestens einmal wöchentlich. Der Generalsekretär berief die Sitzungen des Politbüros sowie des Zentralkomitees ein und leitete sie. Da die Kompetenzen zwischen Politbüro und Sekretariat nicht genau geregelt waren, schwankte das Kräfteverhältnis zwischen den beiden Gremien.

- *Erschließen Sie aus der Struktur der SED, warum die Entscheidungsprozesse innerhalb des Parteiapparats oft ineffizient waren.*

sationen, Vereine und Verbände wurden nach der Staatsgründung in der „Nationalen Front des demokratischen Deutschland" zusammengeschlossen. Da die maßgeblichen Stellen der Nationalen Front von SED-Funktionären eingenommen wurden, konnte die SED auf diesem Weg alle Parteien und Massenorganisationen steuern.

* siehe S. 45

Die Nationale Front bestimmte die Kandidaten zu den Landtagswahlen und zur Wahl der Volkskammer, dem Parlament der DDR. Im Oktober 1950 fanden die ersten Volkskammerwahlen statt. Die Bürger hatten keine Möglichkeit zur Auswahl, sondern konnten die Einheitsliste nur bestätigen. Für das zuvor festgelegte Ergebnis (98 Prozent Wahlbeteiligung, 99,7 Prozent Zustimmung) mussten die SED und ihre Geheimpolizei allerdings Druck und Gewalt auf die Bevölkerung ausüben und die Wahlergebnisse fälschen.

Seit Anfang der Fünfzigerjahre forcierte die SED die Unterordnung der bürgerlichen Parteien. Widerstandsbereite Persönlichkeiten wurden ihrer Ämter enthoben, verhaftet und zu Zuchthaus oder Zwangsarbeit in sowjetischen Straflagern verurteilt. Seit 1952/53 erkannten CDU und LDPD in ihren Satzungen „die führende Rolle der SED als der Partei der Arbeiterklasse" vorbehaltlos an. In der Bevölkerung galten alle von der SED abhängigen Parteien als „Blockparteien". Damit war nicht nur die Zugehörigkeit zum „Demokratischen Block" gemeint, sondern vor allem der Umstand, dass echte Parteienvielfalt unter dem Diktat der SED ausgeschlossen blieb.

Justiz im Parteiauftrag Die Entfernung ehemaliger Nationalsozialisten aus dem Justizapparat nutzte die Führung der SED, um an ihrer Stelle zuverlässige Kommunisten zu platzieren. Die SED verstand die Justiz als Mittel zur Belehrung über den Sozialismus sowie zur Erziehung des Volkes. Sie kontrollierte die gesamte Justiz. Im Gegensatz zum Wortlaut der Verfassung waren die Richter (Volksrichter) nicht unabhängig, sondern politische Funktionäre, angeleitet und gelenkt vom Obersten Gericht und den Parteiinstanzen. Auch Rechtsanwälte sollten als „Organe der sozialistischen Rechtspflege" helfen, die staatlichen Vorgaben durchzusetzen – wenn nötig gegen ihre Mandanten. Die Öffentlichkeit von Gerichtsverfahren beschränkte sich darauf, dass meist nur ausgewählte Personengruppen an Prozessen teilnehmen durften. Die Haftbedingungen in den Gefängnissen waren unmenschlich.

Das Strafrecht diente somit als Instrument der Diktatur zur Bekämpfung ihrer Gegner. Als Straftatbestand diente häufig die Generalklausel des Artikels 6 der Verfassung von 1949 („Boykotthetze gegen demokratische Einrichtungen"). Bereits kritische Meinungsäußerungen über das Regime wurden mit hohen Freiheitsstrafen geahndet.

Eines der schwersten Justizverbrechen in der Frühzeit der DDR waren die sogenannten „Waldheimer Prozesse". Unter dem Vorwand, NS- und Kriegsverbrechen zu ahnden, wurden 1950 innerhalb von nur zweieinhalb Monaten in Waldheim (Sachsen) 3324 Insassen ehemaliger sowjetischer Speziallager in der DDR gleichsam am Fließband zu Strafen von mindestens 15 Jahren Zuchthaus verurteilt. Über 32 Personen wurde das Todesurteil verhängt.

Schauprozesse zur Bekämpfung des sozialdemokratischen und bürgerlichen Widerstandes, aber auch der innerparteilichen Gegner Ulbrichts wurden vom Justizapparat der SED inszeniert und von den Gerichten ausgeführt. Das Politbüro betätigte sich in der Ära Ulbricht nicht selten als Ankläger, Richter und Gnadeninstanz. Heute wird die Zahl der politisch Verfolgten in 40 Jahren DDR auf 150 000 bis 200 000 geschätzt. Nicht weniger als 33 755 „politische Häftlinge" kaufte die Bundesregierung zwischen 1963 und 1989 für umgerechnet 1,74 Milliarden Euro frei. Seit dem Untergang des SED-Regimes können die Opfer des Justizterrors ihre gerichtliche Rehabilitierung beantragen. Etwa 160 000 solcher Anträge sind bis 2001, der gesetzlichen Frist, gestellt worden; die meisten davon wurden mit positivem Ergebnis abgeschlossen.

Auch das Zivil-, Familien- und Arbeitsrecht nutzte der SED-Staat, um Andersdenkende, Kritiker oder Systemgegner einzuschüchtern. So wurden Schulabschlüsse, die

Berufsausbildung, der berufliche Aufstieg von Menschen, die unliebsam aufgefallen waren, verhindert, die Wohnungszuteilung oder die Reiseerlaubnis versagt, der Personalausweis entzogen, der Arbeitsplatz gekündigt usw. Wegen der herrschenden Rechtsunsicherheit blieb für die Bürger das staatliche Handeln stets unberechenbar.

Das Ministerium für Staatssicherheit Neben der Roten Armee gewährleistete insbesondere der Staatssicherheitsdienst den Machterhalt der SED. Er war eine Kopie des sowjetischen Geheimdienstes und mit diesem lange Zeit aufs Engste verflochten. Im Februar 1950 wurde das *Ministerium für Staatssicherheit* (MfS) gegründet, um „Saboteure, Agenten und Diversanten*“ zu bekämpfen. Der Staatssicherheitsdienst war politische Geheimpolizei, geheimer Nachrichtendienst und Organ strafrechtlicher Untersuchungen. Vor allem bei politischen „Delikten“ führte er die Ermittlungsverfahren durch. Vom ersten Tag seiner Existenz an arbeitete der Staatssicherheitsdienst unter strengster Geheimhaltung. **Erich Mielke**, der den Staatssicherheitsdienst ab 1957 leitete, bezeichnete ihn als „Schild und Schwert der Partei“ und erweiterte fortlaufend dessen Zuständigkeiten. Die *Stasi* – so die Kurzbezeichnung – unterstand nur dem Vorsitzenden des Verteidigungsrates und damit dem Generalsekretär der SED. Kein Gesetz oder Parlament schränkten seine Ziele und Methoden ein. Im Laufe der Zeit entwickelte sich die Geheimpolizei der SED zu einem gigantischen Überwachungsapparat mit der Zentrale in Ost-Berlin und nachgeordneten Behörden auf Bezirks- und Kreisebene. Anfangs zählte das MfS 1000 hauptamtliche Mitarbeiter, Mitte der Fünfzigerjahre bereits 13000. 1989 waren es schließlich etwa 91000 hauptamtliche Mitarbeiter.

Erich Mielke (1907-2000): Minister für Staatssicherheit 1957-1989, Mitglied des Politbüros 1976-1989. 1993 wegen Mordes verurteilt.

Um die vermuteten „feindlich-negativen“ Personen, Handlungen und Meinungen flächendeckend aufzuspüren, bediente sich der Apparat eines zusätzlichen Netzes von Spitzeln, die ihre Führungsoffiziere über „staatsfeindliche“ Gespräche oder Absichten im eigenen Freundeskreis, am Arbeitsplatz, in der Familie, in staatlichen und gesell-

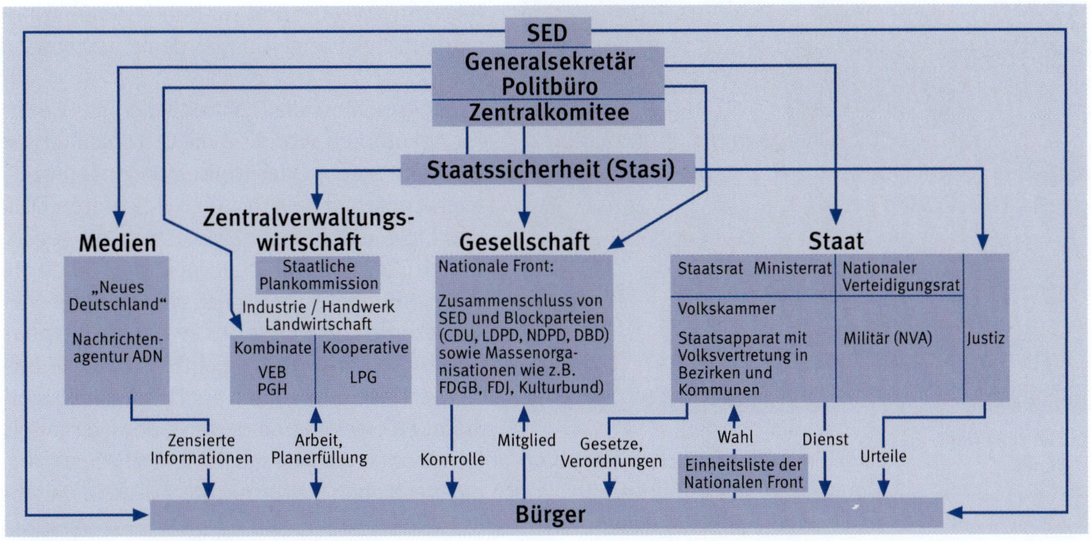

▲ **Die Verfassungswirklichkeit in der DDR.**
Grafik nach Eberhard Wilms.

* Diversant: im kommunistischen Sprachgebrauch Saboteur

schaftlichen Organisationen informierten. Die Überwachung von Bürgerinnen und Bürgern durch sogenannte Inoffizielle Mitarbeiter (IM) wurde bereits in den Fünfzigerjahren systematisch organisiert. Am Ende der SED-Diktatur (1989) verfügte das MfS über rund 189 000 Zuträger. Im Durchschnitt kamen in der Endphase der DDR auf einen Inoffiziellen Mitarbeiter 120 Einwohner. Erst neuere Forschungen haben gezeigt, dass Ende der Achtzigerjahre auch 1553 Bundesbürger als aktive Inoffizielle Mitarbeiter beim DDR-Auslandsgeheimdienst des MfS registriert waren und weitere 1500 Bundesbürger für andere Abteilungen des MfS spionierten. Insgesamt arbeiteten während des 40-jährigen Bestehens der DDR rund 12 000 Westdeutsche für die Stasi.

Von Anfang an nutzte das MfS die unterschiedlichsten Mittel, um Opponenten zu kriminalisieren und ihnen beruflich oder privat zu schaden: Dazu gehörten das Öffnen von Briefen, heimliche Wohnungsdurchsuchungen, der Einbau von Abhöranlagen, die Durchsicht von Bankunterlagen und Krankheitsberichten, permanente Beschattung verdächtiger Personen, willkürliche Festnahmen, Verhaftungen und Verhöre unter grausamen Bedingungen (▸ M2).

Die DDR wird Teil des Ostblocks Die SED nahm für sich in Anspruch, mit der DDR den „Grundstein für ein einheitliches, demokratisches und friedliebendes Deutschland" (Stalin 1949) gelegt und ein Modell für ein zukünftiges Gesamtdeutschland unter kommunistischer Führung geschaffen zu haben. In der Praxis allerdings überwog stets das Ziel der Absicherung der eigenen Herrschaft durch Abgrenzung gegenüber der Bundesrepublik.

Bereits seit Anfang 1950 war die DDR Mitglied des von Stalin ins Leben gerufenen Rates für Gegenseitige Wirtschaftshilfe (RGW).* Damit wurde die DDR in ein System der Arbeitsteilung und Spezialisierung eingebunden, das unter Führung der Sowjetunion die Volkswirtschaften der Ostblockstaaten miteinander verkoppelte. Die Außenwirtschaftskontakte zum Westen und zur Bundesrepublik (innerdeutscher Handel) gingen dementsprechend zurück.

▲ Propaganda an einer Hausmauer in Ost-Berlin.
Foto von 1952.
Das „Neue Deutschland" war das offizielle Organ des Zentralkomitees der SED.

1950 schloss die DDR mit Polen das Görlitzer Abkommen, worin sie die Oder-Neiße-Linie als Ostgrenze („Oder-Neiße-Friedensgrenze") anerkannte. Im selben Jahr verzichteten DDR und ČSSR in der Prager Deklaration auf gegenseitige Gebietsansprüche. Zugleich wurden die „Umsiedlungen" Deutscher aus der Tschechoslowakei seit dem Ende des Zweiten Weltkriegs für „endgültig" und „gerecht" erklärt. Die beiden Verträge entstanden auf Druck der Sowjetunion. Einerseits verbesserten sie das Verhältnis der DDR zu den östlichen Nachbarn, andererseits vertieften sie die deutsche Spaltung. Denn weder die Bundesrepublik noch die westlichen Siegermächte waren in die Abmachungen einbezogen worden.

Trotz dieser Entwicklung war die deutsche Frage noch immer offen. DDR und Bundesrepublik standen weiterhin unter der Hoheit der Siegermächte. Während die Bun-

* siehe S. 47

desregierung in Bonn jedoch die Westintegration aus freiem Entschluss vorantrieb, konnte die DDR-Führung nur reagieren: auf die Entscheidungen im Westen sowie auf die Weisungen der Sowjetunion. Die UdSSR unternahm im Frühjahr 1952 einen letzten Versuch, den Eintritt der Bundesrepublik in ein westliches Verteidigungsbündnis zu verhindern.* Als die Westmächte das Angebot zu einem vereinten, aber neutralen Deutschland ausschlugen, gab Stalin das Signal, auf das die Regierung in Ost-Berlin schon lange gewartet hatte: der „Aufbau des Sozialismus" in der DDR sollte nun stattfinden.

◂ **Aufmarsch von Mitgliedern der Freien Deutschen Jugend (FDJ), der Volkspolizei und der SED anlässlich der II. Parteikonferenz der SED in Berlin.**
Foto vom 11. Juli 1952.

„Planmäßiger Aufbau des Sozialismus" ▪ Nachdem die SED ihre Herrschaft gesichert hatte, beschloss sie auf einer Parteikonferenz im Juli 1952 den „planmäßigen Aufbau des Sozialismus". Er sollte Wirtschaft und Gesellschaft der DDR grundlegend umformen. Das Programm sah vor:

- weitere Zentralisierung der Staatsmacht (Auflösung der Länder, Aufhebung der Selbstverwaltung der Kommunen), Ausbau von Partei und Sicherheitsorganen, massive Verbreitung der SED-Ideologie durch die Medien;
- Ausbau der „Volkseigenen Betriebe" (VEB), deren Anteil an der industriellen Produktion bereits rund 80 Prozent betrug; Enteignung und politische Verfolgung der bürgerlichen Mittelschichten, die als private Unternehmer, kleine Handel- und Gewerbetreibende eine wichtige Stütze für die ostdeutsche Wirtschaft bildeten; durch eine extrem hohe Besteuerung und bürokratische Gängeleien wurde ihre berufliche Existenz vielfach vernichtet;
- einseitige Förderung der Schwerindustrie und der Rüstungsproduktion ohne Rücksicht auf die wachsenden Versorgungsengpässe für die Bevölkerung, dazu eine Erhöhung der geforderten Arbeitsleistung;
- forcierte Kollektivierung der Landwirtschaft; durch extrem hohe Ablieferungsverpflichtungen wurden selbstständige Bauern in „Landwirtschaftliche Produktionsgenossenschaften" (LPG) gezwungen;
- rascher Aufbau von „nationalen Streitkräften", finanziert durch Steuererhöhungen und Einsparungen im sozialen Bereich.

* siehe S. 62

Die SED verstärkte auch den Druck auf die evangelische Kirche, die sie für eine weltanschauliche Konkurrenz hielt. Deren Nachwuchsorganisation „Junge Gemeinde" wurde als „politisch-ideologisch" verboten. Der Religionsunterricht an den Schulen wurde abgeschafft.

Nach der Entnazifizierung, der Bodenreform und der „Gleichschaltung" der politischen Kräfte bedeuteten diese Maßnahmen einen weiteren, radikalen Eingriff in die gesellschaftlichen und wirtschaftlichen Strukturen in Deutschland.

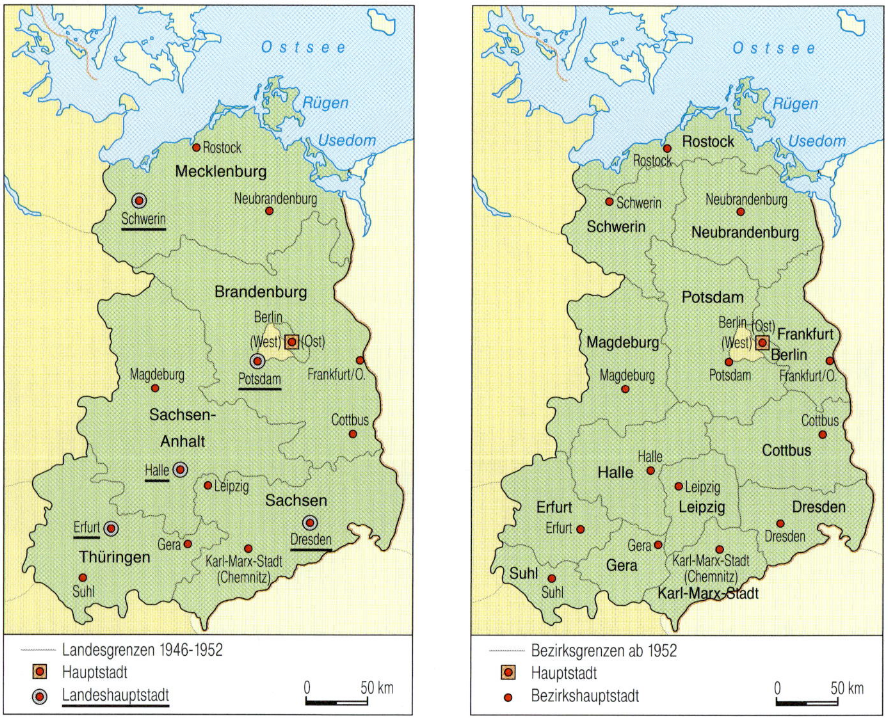

▸ Die Verwaltungseinteilung der DDR ab 1946.
1952 ersetzten Bezirke die aufgelösten Länder als Verwaltungseinheiten.
Nach: Die Fischer Chronik Deutschland '49-'99. Ereignisse – Personen – Daten, Frankfurt am Main 1999, Sp. 121

Die Krise von 1953 Im Jahr 1952 nahm das SED-Regime auf Anordnung Moskaus die Aufstellung regulärer DDR-Truppen vor. Mitte 1953 waren etwa 130 000 Soldaten einsatzbereit. Diese Militarisierung belastete die Wirtschaft enorm. Zwar gelang es in einigen Industriezweigen, das Vorkriegsniveau wieder zu erreichen und zu übertreffen; dennoch fiel die DDR wegen der einseitigen Konzentration auf den Rüstungssektor und die Schwerindustrie sowie den starren Strukturen in den Betrieben immer wieder hinter die Produktionsvorgaben zurück. Die SED-Führung machte hingegen sogenannte „Wirtschaftsverbrecher" für die Krise verantwortlich. Das „Gesetz zum Schutz des Volkseigentums" vom Oktober 1952 sollte dazu dienen, die Solidarität unter den Arbeitern zu zerstören. Nun wurde es dazu genutzt, Tausende wegen geringer Diebstähle zu verurteilen. Bestraft wurde auch, wer einen Diebstahl nicht anzeigte.

Selbstständige und Privateigentümer, circa zwei Millionen Menschen, bekamen keine Lebensmittelkarten mehr; sie sollten in den staatlichen Läden zu höheren Preisen kaufen, wo es ebenso an Butter, Öl, Margarine oder Fleisch mangelte wie in den übrigen Geschäften. Während die gelenkte Presse von ständig neuen Produktionserfolgen berichtete, blieben die Lebensmittel rationiert. Es fehlte an Kohle, frischem Gemüse, Obst, sogar die Versorgung mit Kartoffeln und Brot bereitete Schwierigkeiten. Immer mehr Menschen flüchteten nach West-Berlin und in die Bundesrepublik, im ersten

Halbjahr 1953 allein 226 000 Personen. Die SED-Führung antwortete mit verschärfter Repression und einer großen Propagandakampagne zur freiwilligen Erhöhung der Arbeitsleistung bei unveränderten Löhnen. In einigen Betrieben kam es daraufhin zu Protesten. Obgleich dem Politbüro Berichte über die Stimmung in der Bevölkerung vorlagen, verschärfte Ulbricht den eingeschlagenen Kurs. Per Dekret wurden Mitte Mai 1953 die Arbeitsnormen um mindestens zehn Prozent erhöht. In mehreren Städten fanden erste Warnstreiks statt.

Der „Neue Kurs" – von Moskau verordnet Beunruhigt über die schlechte ökonomische Situation und Stimmungslage in der DDR, versuchte die neue sowjetische Führung – Stalin war am 5. März 1953 gestorben –, die Lage zu entschärfen. Anfang Juni 1953 befahl die Sowjetunion einen sofortigen Kurswechsel: Die privaten Produzenten sollten gefördert, geflüchtete Bauern und Selbstständige zurückgerufen, die „Wirtschaftsverbrecher" aus den Gefängnissen entlassen, das Gespräch mit den Kirchenleitungen gesucht werden (▸ M3).

Diesen „Neuen Kurs" verkündete das DDR-Regime am 11. Juni 1953, und offiziell wurden sogar schwerwiegende Fehler zugegeben. Doch ausgerechnet die Erhöhung der Arbeitsnormen wurde nicht zurückgenommen. Die Empörung in der Arbeiterschaft und weiten Kreisen der Bevölkerung wuchs weiter. Je nach politischer Grundeinstellung sahen die einen in der politischen Kehrtwende einen hoffnungsvollen Neuanfang, die anderen eine Bankrotterklärung der SED. Gerüchte über eine Auflösung der Partei machten die Runde. Meldungen der Staatssicherheit berichteten von Freudenfesten auf dem Land, wo bereits die Befreiung von der SED-Herrschaft gefeiert wurde; und viele glaubten sogar an eine nahe bevorstehende Wiedervereinigung, nachdem die SED alle Losungen mit dem Wort „Sozialismus" kurzfristig entfernen ließ. Auf Großbaustellen häuften sich spontane Streiks, Bauern traten wieder aus den LPG aus, vielerorts wurde vor Gefängnissen demonstriert.

Vom Arbeiterprotest zum Volksaufstand Am 16. Juni formierten sich die Bauarbeiter in der Ost-Berliner Stalinallee zu einem Protestmarsch gegen die Beibehaltung der Normenerhöhung. Fast alle Betriebe in Berlin schlossen sich an. Die Demonstranten verlangten den Rücktritt der Regierung sowie freie Wahlen und kündigten einen Generalstreik an. Erst jetzt entschied sich das Politbüro für die Zurücknahme der Normenerhöhung. Doch die Arbeiter ließen sich nicht mehr beschwichtigen. Innerhalb weniger Stunden weitete sich am 17. Juni die Streikwelle zu einem landesweiten Aufstand der Bevölkerung gegen die SED aus. In über 700 Städten und Ortschaften beteiligten sich rund eine halbe Million Menschen an Demonstrationen, besetzten öffentliche Gebäude, Parteibüros und Dienststellen der Staatssicherheit, auch Gefängnisse wurden gestürmt und über 1300 Häftlinge befreit (▸ M4).

▸ **Geschichte In Clips:**
Zum Aufstand am 17. Juni 1953 siehe Clip-Code 7307-02

Die Unruhen riefen die Sowjetunion auf den Plan. Während die SED-Führung hilflos zusehen musste, verhängte die Besatzungsmacht im Laufe des 17. Juni den Ausnahmezustand über Ost-Berlin und weite Teile der DDR: Es galt das Kriegsrecht. Sowjetische Militärtribunale verhängten 18 Todesurteile gegen Aufständische, darunter mehrere Jugendliche. Hunderte wurden in Zwangsarbeitslager nach Sibirien verbracht. Da dem Aufstand jede überregionale Koordination fehlte, konnte das sowjetische Militär mit Panzern den Aufstand schnell niederschlagen. Dennoch flackerten bis in den Juli 1953 hinein immer wieder Streiks auf, und auf dem Land wollten viele Bauern nicht aufgeben. Etwa 1300 Mitglieder der SED traten aus Protest gegen die Führung aus der Partei aus.

In den Wochen und Monaten nach dem 17. Juni wurden rund 13 000 Menschen verhaftet, etwa 3 000 verurteilt, die meisten zu teilweise hohen Zuchthausstrafen, in zwei Fällen zum Tod. Mehr als die Hälfte der höheren Parteifunktionäre verloren im Zuge von Säuberungsaktionen ihre Ämter. Dazu zählten auch die Gegner Ulbrichts im Politbüro, die einen langsameren Kurs beim Aufbau des Sozialismus gefordert hatten.

Obwohl die SED ihre Macht retten und weiter festigen konnte, blieb der angeblich vom Westen gesteuerte „faschistische Putsch" von nun an das Trauma der Parteiführung. Auf der anderen Seite hatte die Bevölkerung die bittere Erfahrung machen müssen, dass Widerstand gegen das Regime aussichtslos war, solange die Sowjetunion dessen Existenz garantierte. Bis zu den Ereignissen von 1989 fanden in der DDR keine landesweiten Proteste mehr statt.

Die Westmächte hätten in die Vorgänge nicht eingreifen können, ohne einen Krieg zu beginnen. Angesichts der Blockbildung in Europa würde der Westen auch künftig nur moralische Unterstützung leisten – auch diese Lehre zogen die Gegner des SED-Regimes. Der Deutsche Bundestag erklärte den 17. Juni zum „Tag der deutschen Einheit", der in der Bundesrepublik bis 1990 als nationaler Feiertag begangen wurde.

▲ **Proteste in Jena am 17. Juni 1953.**
Was als Streik von Berliner Bauarbeitern aus Protest gegen die Normenerhöhung begann, entwickelte sich zu einer politischen Bewegung für freie Wahlen und die deutsche Einheit, die viele Städte und Landkreise in der DDR erfasste. Wie in vielen anderen Großstädten der DDR gingen auch in Jena die Menschen auf die Straße. Die Massenproteste, an denen im Laufe des 17. Juni 1953 bis zu 30 000 Menschen teilnahmen, wurden von sowjetischen Streitkräften niedergeschlagen. Das Bild zeigt einen sowjetischen Panzer, umringt von einer Menschenmenge.

Fotografien als historische Momentaufnahmen

Fotografien prägen unser Bild von der jüngeren Geschichte mehr als jedes andere Medium. Sie halten politische und gesellschaftliche Ereignisse für die Nachwelt fest und geben uns eine Fülle alltagsgeschichtlicher Informationen: Sie zeigen, wie die Menschen früher aussahen, wie sie gekleidet waren, wie sie lebten oder wie sie arbeiteten. In der ersten Hälfte des 20. Jahrhunderts wurde Fotografieren für breite Bevölkerungskreise erschwinglich. Seitdem wuchs die Zahl der oft spontan gemachten Bilder aus dem bislang wenig beachteten Alltag der Menschen aus allen Schichten der Gesellschaft. Fotos wurden zu einer immer wichtigeren Quelle.

Fotografien interpretieren

Fotografien scheinen die Welt wiederzugeben, „wie sie ist". Mit dem Druck auf den Auslöser wird jedoch kein „objektives" Abbild der Wirklichkeit hergestellt. Fotos sind Momentaufnahmen und zeigen immer nur einen ausgewählten und bearbeiteten Ausschnitt der Realität. Bereits durch die Wahl des Motivs, des Bildausschnitts und der Perspektive stellt der Fotograf ein subjektives, „komponiertes" Bild der Wirklichkeit her. Retuschen, Montagen und andere Manipulationen, etwa das Wegschneiden oder Vergrößern bestimmter Bildteile, machen die Fotografie zu einer schwer zu beurteilenden Quelle. Durch die digitale Bildbearbeitung ist das Problem noch gewachsen.
Um Fotos als historische Quelle nutzen zu können, müssen sie unter bestimmten Fragestellungen interpretiert und in den historischen Gesamtzusammenhang eingeordnet werden. Da der Betrachter in der Regel nicht weiß, wen oder was das Foto zeigt, von wem, wann und aus welchem Anlass es aufgenommen wurde, bedarf es einer Bildlegende, die den Inhalt des Fotos erläutert und es in die „Geschichte" einbettet.

Formale Kennzeichen

- Wer hat das Foto gemacht, in Auftrag gegeben oder veröffentlicht?
- Wann, wo und aus welchem Anlass ist das Foto gemacht bzw. veröffentlicht worden?

Bildinhalt

- Wer oder was ist auf dem Foto abgebildet? Was wird thematisiert?
- Welche Darstellungsmittel werden verwendet (Schwarzweiß- oder Farbbild, Kameraperspektive, Aufbau, Schnappschuss oder gestellte Szene, Profi- oder Amateuraufnahme)?
- Sind Hinweise auf Bildbearbeitung oder nachträgliche Veränderungen erkennbar (Retusche, Montage, Beschnitte bzw. Ausschnittvergrößerungen)?
- Welche Informationen lassen sich der Bildlegende entnehmen?

Historischer Kontext

- Auf welches Ereignis oder welche Person bezieht sich das Foto?
- Wie lässt sich das Foto in den historischen Kontext einordnen?

Intention und Wirkung

- Für wen und in welcher Absicht wurde das Foto gemacht bzw. veröffentlicht?
- Welche Botschaft, welche Deutung vermittelt das Foto, beabsichtigt oder unbeabsichtigt?
- Welche Wirkung soll beim Betrachter erzielt werden?

Bewertung und Fazit

- Wie lässt sich das Foto insgesamt einordnen und bewerten?
- Welche Informationen fehlen? Enthält die Legende Falschinformationen oder Wertungen?
- Welche Auffassung vertreten Sie zu dem Bild?

Beispiel und Analyse

Brandenburger Tor in Berlin:
Symbol für die deutsche Teilung und Wiedervereinigung, Demokratie und Diktatur

Bildaufbau:
großer Bildausschnitt mit dem vollständig abgebildeten Brandenburger Tor im Zentrum: Demonstranten in der unteren Bildhälfte nehmen ein Drittel der unteren Bildhälfte ein; rechts und links von ihnen unbeteiligte Passanten

Perspektive und Wirkung:
scheinbar in Augenhöhe aus etwa 50 Meter Entfernung zu den marschierenden Männern aufgenommenes Foto

▲ Arbeiter entfernen die schwarz-rot-goldenen Fahnen vom Brandenburger Tor und ziehen damit in den Westteil Berlins.
Foto vom 17. Juni 1953.

Schwarz-rot-goldene Fahne:
Symbol für gemeinsame deutsche Tradition und vereinigtes Deutschland

Bildaufbau:
Bildmotiv gleicht dem des oberen Fotos, jedoch ist der Ausschnitt stark vergrößert und um den rechten und linken Bildteil, die Passanten und Teile des Brandenburger Tores, beschnitten; demonstrierende Männer rücken ins Zentrum des Bildes

Perspektive und Wirkung:
durch die niedrige Perspektive und kurze Distanz rücken die Fahnen schwenkenden Männer ins Zentrum; sie scheinen aus der Bildtiefe heraus auf den Betrachter zuzumarschieren; Eindruck eines großen Demonstrationszuges

Gruppe Fahnen schwenkender Männer:
Symbol für den Widerstand des Volkes gegen die SED-Diktatur und die Macht bzw. Solidarität der Arbeiterschaft

Bildformate:
oben: 2 : 2,9; entspricht etwa Kleinbildformat
unten: 2 : 2,14; vermutlich Ausschnitt aus einem breiteren Format

◄ Titelseite der Wochenillustrierten „Der Stern", Heft 26 vom 28. Juni 1953 mit einem Foto vom Aufstand am 17. Juni 1953 in Ost-Berlin.
Die Bildunterschrift am unteren Rand des Titelblattes lautet: „Für einen Tag fühlte sich das Volk von Ost-Berlin frei wie die Brüder jenseits des Tores."

Formale Kennzeichen Die Fotos wurden von einem unbekannten Fotografen während des Volksaufstandes in der DDR am 17. Juni 1953 in Berlin vor dem Brandenburger Tor gemacht. Die westdeutsche Illustrierte „Der Stern" veröffentlichte eines der Fotos als Titelbild ihrer Ausgabe vom 28. Juni 1953, in der sie über die Ereignisse berichtete.

Bildinhalt Beide Fotos sind Schwarzweißaufnahmen und zeigen das gleiche Motiv von etwa demselben Standort: Eine Gruppe von Demonstranten zieht mit einer roten und zwei schwarz-rot-goldenen Fahnen durch das Brandenburger Tor in Richtung Westteil der Stadt. Die Bilder weisen jedoch unterschiedliche Darstellungsmittel auf: Der große Bildausschnitt des oberen Fotos rückt das Brandenburger Tor ins Zentrum, davor marschiert eine Gruppe auf den etwa 50 Meter entfernten Fotografen zu, vorbei an unbeteiligten Passanten im rechten und linken vorderen Bildbereich, die das Geschehen beobachten. Während die Demonstranten im oberen Bild kaum ein Drittel der unteren Bildhälfte einnehmen, rücken sie im Titelbild der Illustrierten „Der Stern" ins Zentrum. Der Bildausschnitt ist stark vergrößert, die rechten und linken Bildbereiche mit den Passanten wurden weggeschnitten.
Dadurch rückt die Fahnen schwenkende Gruppe nah an den Betrachter heran. Die vermeintlich kurze Distanz und die von unten nach oben verlaufende Aufnahmeperspektive dramatisieren das Geschehen und erwecken den Eindruck, als sei der Platz voller Demonstranten und die Männer Teil eines großen, unaufhaltsam aus der Tiefe des Bildraumes auf den Betrachter zumarschierenden Demonstrationszuges, der ihn zu überrennen droht.

Historischer Kontext Am 17. Juni 1953 entstand in der DDR aus spontanen Arbeiterstreiks ein überregionaler Volksaufstand. Die auf den Fotos abgebildeten Demonstranten hatten kurz vor der Aufnahme die rote Fahne vom Brandenburger Tor geholt und zogen mit schwarz-rot-goldenen Fahnen in den Westteil der Stadt. Protestaktionen gegen die SED-Diktatur gab es am 16./17. Juni nicht nur in Berlin, sondern in über 600 Orten in der DDR. Allein die Bilder aus Berlin gingen jedoch um die Welt.

Intention und Wirkung Während es sich bei dem oberen großformatigen Foto mit großer Sicherheit um eine unbearbeitete Originalaufnahme handelt, wurden Format, Bildausschnitt und Perspektive für den Bild-Titel des „Stern" mit einer bestimmten Wirkungsabsicht verändert: Der auf die demonstrierenden Arbeiter und die schwarz-rot-goldenen Fahnen verengte Fokus erweckt den Eindruck eines geschlossen gegen die SED-Diktatur und für Freiheit und deutsche Einheit kämpfenden Volkes. Das Durchschreiten des Tores in Richtung Westen steht für den Willen zur Freiheit und die Überwindung der deutschen Teilung. Das Bildarrangement folgt damit der künstlerischen Tradition der revolutionären Arbeiterbewegung wie in den Gemälden „Der vierte Stand" (1901) von Giuseppe Pellizza da Volpedo und „Die Internationale" (1928/30) von Otto Griebel. Diese Wirkung wird durch die plakative Schlagzeile „Das Volk steht auf" und den Bilduntertitel „Für einen Tag fühlte sich das Volk von Ost-Berlin frei wie die Brüder jenseits des Tores" noch zusätzlich unterstrichen.

Bewertung und Fazit Durch den inszenierten Aufbau wurde die Titelseite des Magazins „Der Stern" für die Interpretation der Ereignisse im Westen instrumentalisiert. Dort galt der Volksaufstand als gescheiterter Versuch zur Wiederherstellung der staatlichen Einheit. Der 17. Juni war bis 1990 als „Tag der deutschen Einheit" ein staatlicher Feiertag. Durch die Bedeutung, die dem Volksaufstand damit im Westen verliehen wurde, kam auch dem Foto erst seine Wirkung zu. Nach dem Mauerfall von 1989 erhielt es als Vorwegnahme der Wiedervereinigung zusätzlichen Symbolcharakter.

Vollendung der „Ostintegration" Mit dem Beitritt der Bundesrepublik zur NATO im Mai 1955 schien das Ringen der Großmächte um die deutsche Einheit beendet. Die Westintegration der Bundesrepublik war besiegelt, und mit ihr die deutsche Teilung. Denn parallel dazu kam die Integration der DDR in den sowjetisch beherrschten Ostblock zum Abschluss.

Schon 1954 hatte die sowjetische Führung unter dem neuen Parteichef Chruschtschow verkündet, die „sozialistischen Errungenschaften" im östlichen Teil Deutschlands dürften nicht angetastet werden. Das war eine Bestandsgarantie für die DDR, die von Moskau als zweiter deutscher Staat angesehen wurde („Zwei-Staaten-Theorie") – im Gegensatz zur Haltung der Bundesrepublik, die die Alleinvertretung Deutschlands beanspruchte.*

Als Reaktion auf den NATO-Beitritt der Bundesrepublik wurde am 14. Mai 1955 der Warschauer Pakt gegründet, zu dessen Unterzeichnerstaaten auch die DDR gehörte. Einen Tag später beschloss das Zentralkomitee der SED die Aufstellung bewaffneter Streitkräfte, die bereits in Gestalt der Kasernierten Volkspolizei existierten. Entsprechend rasch gingen die Aufstellung der „Nationalen Volksarmee" (NVA) und die Schaffung eines Ministeriums für nationale Verteidigung vor sich.

Getreu der Zwei-Staaten-Theorie trat die UdSSR im Herbst 1955 mit beiden deutschen Regierungen offiziell in Kontakt. Bundeskanzler Adenauer durfte im September 1955 in die Sowjetunion reisen, wo die Aufnahme diplomatischer Beziehungen zwischen Bonn und Moskau vereinbart wurde. Auch erreichte der Kanzler die Freilassung der letzten deutschen Kriegsgefangenen, darunter viele, die nach Ostdeutschland zurückkehrten.

Unmittelbar nach dem Besuch Adenauers bekräftigte die sowjetische Führung in dem Vertrag über die Beziehungen zwischen der DDR und der UdSSR die Souveränität des ostdeutschen Staates. An die Stelle der sowjetischen Kontrollkommission in Ost-Berlin trat ein Botschafter. Von nun an verfolgte die Sowjetunion auch das Ziel der völkerrechtlichen Anerkennung der DDR durch den Westen.

Anfang 1956 beschlossen die Warschauer Vertragsstaaten, die Nationale Volksarmee in die Streitkräfte des Warschauer Paktes aufzunehmen. Damit war die DDR auch militärisch voll in den Ostblock integriert. Als strategisch und ökonomisch wichtiger Eckpfeiler wurde das SED-Regime unter Walter Ulbricht zu einem zuverlässigen Partner im östlichen Bündnissystem.

Stabilisierung im Innern Seit 1954 verbesserten sich die Lebensverhältnisse in der DDR spürbar. Die Sowjetunion verzichtete auf weitere Reparationen und ließ viele Wissenschaftler und Techniker nach Ostdeutschland heimkehren, die bis dahin in der UdSSR hatten arbeiten müssen. Das SED-Regime selbst nahm Korrekturen in der Wirtschaftspolitik vor. So konnte die Industrie in die Produktion von chemischen Grundstoffen, Kunststoff- und Aluminiumerzeugnissen investieren („Plaste und Elaste"). Metallverarbeitung und Hochseeschiffbau wurden zu neuen Industriezweigen, die zumal im strukturschwachen Norden des Landes für Arbeitsplätze sorgten. Die Versorgung der Bevölkerung mit Konsumgütern machte erkennbare Fortschritte, Lohnerhöhungen wurden gewährt, die Lebensmittelkarten 1958 abgeschafft.

In den privaten Haushalten stieg die Zahl von Rundfunk- und TV-Geräten. 1955 besaß nur jeder hundertste Haushalt einen Fernseher; 1960 waren bereits 17 Prozent der Haushalte mit einem TV- und 90 Prozent mit einem Radiogerät ausgestattet. In

* siehe S. 60

den Fünfzigerjahren verzehnfachte sich die Ausstattung mit Waschmaschinen, doch gab es nur für sechs Prozent der Haushalte einen Kühlschrank und nur für drei Prozent ein eigenes Auto. Die Bürger der DDR verglichen ihre Situation noch vornehmlich mit den Bedingungen vor und während des Krieges, allmählich aber auch mit dem wachsenden Wohlstand in der Bundesrepublik.

Mit einer konsumfreundlicheren Wirtschaftspolitik als bislang erreichte die SED eine Konsolidierung des Regimes. Als unmittelbares Indiz nahm die Zahl der Flüchtlinge in den Westen ab. 1957 lag sie bei 260 000, 1959 ging sie auf 150 000 zurück, dem niedrigsten Stand seit Gründung der DDR.

Die Staatsführung hofierte vor allem Ärzte, Professoren, Ingenieure und Facharbeiter, um sie im Land zu halten. Verdiente Arbeitskräfte wurden als „Helden der Arbeit“ ausgezeichnet, erhielten Vergünstigungen und konnten die vom Staat kontrollierten Ferienanlagen an der Ostsee nutzen. Für die überwiegende Mehrheit gab es indes noch keine Möglichkeit für Reisen und Tourismus.

„Überholen ohne einzuholen“ ■ Die Spielräume, die der Aufschwung seit Mitte der Fünfzigerjahre schuf, waren bald wieder aufgebraucht, als das Ulbricht-Regime zu seiner Politik der Enteignung und Zentralisierung zurückkehrte. Um den „Aufbau des Sozialismus“ zu beschleunigen, wurden seit 1959 alle bäuerlichen Betriebe in Landwirtschaftliche Produktionsgenossenschaften (LPG) gezwungen. Bei der Kollektivierung von Handels- und Handwerksbetrieben ging die SED-Führung nicht ganz so radikal vor, weshalb ein geringer Prozentsatz in privater Hand blieb.

Die SED gab auf dem V. Parteitag 1957 das Ziel aus, Lebensstandard und Konsum in der DDR sollten bis 1961 das Niveau Westdeutschlands erreichen und übertreffen. Die Bundesrepublik „überholen ohne einzuholen“, lautete Ulbrichts Formel – das Modell sozialistischer Planwirtschaft sollte die Marktwirtschaft des Westens überbieten. Doch die Vorgaben erwiesen sich als Illusion. Als Folge der Kollektivierungen traten 1960 erneut Versorgungsprobleme auf, und die Mittel zur Stützung des Verbrauchs fehlten für weitere Investitionen. Die Wirtschaft stagnierte. Kritik der Beschäftigten nahm die Regierung nicht zur Kenntnis. Die Unzufriedenheit in der Bevölkerung wuchs, es kam zu Arbeitsniederlegungen, und immer mehr Menschen kehrten der DDR den Rücken (▸ M5).

◂ **Mauerbau.**
Foto vom August 1961. Am 13. August 1961 riegelten Bautruppen der Nationalen Volksarmee mit Mauer, Stacheldraht und Panzersperren die Grenze nach West-Berlin ab.

Die zweite Berlin-Krise 1958-1961 Ein weiterer Grund für die Massenflucht war die seit 1958 schwelende Berlin-Krise.

Nach der Berlin-Blockade von 1948/49 stritten die alliierten Siegermächte abermals um den Status der Stadt. Am 27. November forderte der sowjetische Staats- und Parteichef Chruschtschow in einem Ultimatum den Abzug der alliierten Truppen aus West-Berlin und die Aufgabe der Besatzungsrechte. West-Berlin sollte zu einer „selbstständigen politischen Einheit" umgewandelt werden, unabhängig von Bundesrepublik und DDR (mit Ost-Berlin) sowie außerhalb des Schutzes der NATO. Der Sowjetunion schwebte eine Dreiteilung Deutschlands vor. Wenige Monate später drohte Moskau mit dem Abschluss eines separaten Friedensvertrags mit der DDR, der entgegen den geltenden Viermächte-Vereinbarungen der DDR die volle Souveränität gewährt hätte.

Das Verhalten der Sowjetunion hing mit den wachsenden Spannungen zwischen ihr und der Volksrepublik China zusammen. Seit Ende 1957 strebte Chinas kommunistische Führung nach wirtschaftlicher Unabhängigkeit von der UdSSR, was wenig später zum Bruch zwischen beiden Ländern führte. Mit einer aggressiven Haltung in der Deutschland- und Berlin-Frage wollte Moskau seine Führungsrolle in der kommunistischen Welt und in Osteuropa festigen.

Die vier Mächte kamen auf der Konferenz ihrer Außenminister in Genf (Mai bis August 1959) zu keiner Lösung. Im Juni 1961 trafen sich Chruschtschow und US-Päsident John F. Kennedy in Wien, wo Chruschtschow sein Ultimatum wiederholte. Die Welt befürchtete einen Atomkrieg angesichts des Streits. Kennedy formulierte in einer Fernsehansprache am 25. Juli 1961 drei für die Westalliierten unverzichtbare Bedingungen (drei „Essentials"): Sicherheit und Freiheit der West-Berliner, die Anwesenheit der drei Westmächte in West-Berlin sowie der freie Zugang nach West-Berlin würden unter allen Umständen gesichert bleiben. Die Schutzgarantie der USA für West-Berlin bedeutete unausgesprochen die Anerkennung des sowjetischen Machtbereiches in Ost-Berlin und der DDR. Chruschtschow hatte damit sein Ziel erreicht.

Viele unzufriedene, zumeist jüngere und gut qualifizierte DDR-Bürger befürchteten angesichts der internationalen Spannungen, der Fluchtweg über West-Berlin würde bald geschlossen. Seit Anfang Juni 1961 flohen täglich etwa tausend DDR-Bürger nach West-Berlin.

◄ **Flucht von Ost- nach West-Berlin.**
Foto vom 15. August 1961.
Das Bild des Soldaten der Nationalen Volksarmee ging um die Welt als Symbol der Sehnsucht nach Freiheit in der DDR.

M1 „Vorhut der Arbeiterklasse"

Im Januar 1949 beschließt die Parteikonferenz, die SED zu einer „Partei neuen Typus" zu entwickeln:

Die Kennzeichen einer Partei neuen Typus sind:
Die marxistisch-leninistische Partei ist die bewusste Vorhut der Arbeiterklasse. Das heißt, sie muss eine Arbeiterpartei sein, die in erster Linie die besten Elemente der Arbeiterklasse in ihren Reihen zählt, die ständig ihr Klassenbewusstsein erhöhen. Die Partei kann ihre führende Rolle als Vorhut des Proletariats nur erfüllen, wenn sie die marxistisch-leninistische Theorie beherrscht, die ihr die Einsicht in die gesellschaftlichen Entwicklungsgesetze vermittelt. Daher ist die erste Aufgabe zur Entwicklung der SED zu einer Partei neuen Typus die ideologisch-politische Erziehung der Parteimitglieder und besonders der Funktionäre im Geiste des Marxismus-Leninismus.
Die Rolle der Partei als Vorhut der Arbeiterklasse wird in der täglichen operativen Leitung der Parteiarbeit verwirklicht. Sie ermöglicht es, die gesamte Parteiarbeit auf den Gebieten des Staates, der Wirtschaft und des Kulturlebens allseitig zu leiten. Um dies zu erreichen, ist die Schaffung einer kollektiven operativen Führung der Partei durch die Wahl eines Politischen Büros (Politbüro) notwendig.
Die marxistisch-leninistische Partei ist die organisierte Vorhut der Arbeiterklasse. Alle Mitglieder müssen unbedingt Mitglied einer der Grundeinheiten der Partei sein. Die Partei stellt ein Organisationssystem dar, in dem sich alle Mitglieder den Beschlüssen unterordnen. Nur so kann die Partei die Einheit des Willens und die Einheit der Aktion der Arbeiterklasse sichern. [...]
Die marxistisch-leninistische Partei beruht auf dem Grundsatz des demokratischen Zentralismus. Dies bedeutet die strengste Einhaltung des Prinzips der Wählbarkeit der Leitungen und Funktionäre und der Rechnungslegung der Gewählten vor den Mitgliedern. Auf dieser innerparteilichen Demokratie beruht die straffe Parteidisziplin, die dem sozialistischen Bewusstsein der Mitglieder entspringt. Die Parteibeschlüsse haben ausnahmslos für alle Parteimitglieder Gültigkeit [...].
Demokratischer Zentralismus bedeutet die Entfaltung der Kritik und Selbstkritik in der Partei, die Kontrolle der konsequenten Durchführung der Beschlüsse durch die Leitungen und die Mitglieder. Die Duldung von Fraktionen und Gruppierungen innerhalb der Partei ist unvereinbar mit ihrem marxistisch-leninistischen Charakter.

Matthias Judt (Hrsg.), DDR-Geschichte in Dokumenten. Beschlüsse, Berichte, interne Materialien und Alltagszeugnisse, Berlin 1998, S. 46 f.

1. *Arbeiten Sie heraus, wie die SED ihren Führungsanspruch begründet sieht.*
2. *Skizzieren Sie in eigenen Worten, was die SED unter „demokratischem Zentralismus" verstand.*
3. *Vergleichen Sie diesen Parteiaufbau mit der Organisation von Parteien in demokratisch-pluralistischen Gesellschaften.*

M2 Richtlinien für „Operative Vorgänge"

1976 werden im Ministerium für Staatssicherheit (MfS) folgende Richtlinien in Umlauf gebracht:

2.3.4 Das Herausbrechen von Personen [...]
Das Herausbrechen ist darauf zu richten, Personen aus feindlichen Gruppen für eine inoffizielle Zusammenarbeit zu werben, um dadurch in die Konspiration der Gruppe einzudringen und Informationen und Beweise über geplante, vorbereitete oder durchgeführte Handlungen sowie Mittel und Methoden ihres Vorgehens zu erarbeiten, Anknüpfungspunkte und Voraussetzungen für eine notwendige Paralysierung[1] und Einschränkung der feindlichen Handlungen bzw. zur Auflösung der Gruppen zu schaffen. [...]
2.6.1 Zielstellung und Anwendungsbereiche [...]
Maßnahmen der Zersetzung sind auf das Hervorrufen sowie die Ausnutzung und Verstärkung solcher Widersprüche bzw. Differenzen zwischen feindlich-negativen Kräften zu richten, durch die sie zersplittert, gelähmt, desorganisiert und isoliert und ihre Handlungen einschließlich deren Auswirkungen vorbeugend verhindert, wesentlich eingeschränkt oder gänzlich unterbunden werden. [...]
2.6.2 Formen, Mittel und Methoden [...]
Bewährte Formen sind:

- systematische Diskreditierung des öffentlichen Rufes, des Ansehens und des Prestiges [...];
- systematische Organisierung beruflicher und gesellschaftlicher Misserfolge zur Untergrabung des Selbstvertrauens einzelner Personen;
- zielstrebige Untergrabung von Überzeugungen [...];
- Erzeugen von Misstrauen und gegenseitigen Verdächtigungen innerhalb von Gruppen [...].

Matthias Judt (Hrsg.), a.a.O., S. 471

1. *Erläutern Sie die Wirkung dieser Maßnahmen.*
2. *Finden Sie Beispiele für von der Staatssicherheit verfolgte Personen oder Gruppen. Prüfen Sie, inwieweit die genannten Methoden angewandt wurden.*

[1] Paralysierung: Lähmung

◂ **Stasiakten.**
Foto vom 30. Mai 2007.
In den Stasiunterlagenbehörden lagert eine Vielzahl von Säcken mit Schnipseln früherer Stasiakten. Allein in Leipzig, wo das Foto entstand, sind es rund 2300 Säcke.
Mitarbeiter des Ministeriums für Staatssicherheit hatten vor der „Wende" versucht, die Akten zu vernichten. Sie konnten zwar sichergestellt werden, müssen jedoch mühsam rekonstruiert werden.

M3 Der „Neue Kurs"

Bei geheimen Beratungen in Moskau am 2. und 3. Juni 1953 erhalten die SED-Spitzenfunktionäre Ulbricht, Oelßner und Grotewohl Verhaltensmaßregeln von der neuen sowjetischen Führung. Der Beschluss des sowjetischen Politbüros „Über die Maßnahmen zur Gesundung der politischen Lage in der Deutschen Demokratischen Republik" wurde 1990 veröffentlicht:

Infolge der Durchführung einer fehlerhaften politischen Linie ist in der Deutschen Demokratischen Republik eine äußerst unbefriedigende politische und wirtschaftliche Lage entstanden.
Unter den breiten Massen der Bevölkerung, darunter auch unter den Arbeitern, Bauern und der Intelligenz, ist eine ernste Unzufriedenheit zu verzeichnen [...].
Als Hauptursache der entstandenen Lage ist anzuerkennen, dass gemäß den Beschlüssen der Zweiten Parteikonferenz der SED, gebilligt vom Politbüro des ZK der KPdSU, fälschlicherweise der Kurs auf einen beschleunigten Aufbau des Sozialismus in Ostdeutschland genommen worden war ohne Vorhandensein der dafür notwendigen realen sowohl innen- als auch außenpolitischen Voraussetzungen. [...]
1. Unter den heutigen Bedingungen (ist) der Kurs auf eine Forcierung des Aufbaus des Sozialismus in der DDR [...] für nicht richtig zu halten.
Zur Gesundung der politischen Lage in der DDR [...] ist der Führung der SED und der Regierung der DDR die Durchführung folgender Maßnahmen zu empfehlen.
a) Ein künstliches Aufbringen der landwirtschaftlichen Produktionsgenossenschaften, die sich in der Praxis nicht bewährt haben und die eine Unzufriedenheit unter den Bauern hervorrufen, ist einzustellen. Alle bestehenden landwirtschaftlichen Produktionsgenossenschaften sind sorgfältig zu überprüfen, und dieselben, die auf einer unfreiwilligen Basis geschaffen sind oder die sich als lebensunfähig gezeigt haben, sind aufzulösen. [...]
c) Die Politik der Einschränkung und der Ausdrängung des mittleren und kleinen Privatkapitals ist als eine vorzeitige Maßnahme zu verwerfen. Zur Belebung des wirtschaftlichen Lebens der Republik ist es notwendig, eine breite Heranziehung des Privatkapitals in verschiedenen Zweigen der kleinen und Gewerbeindustrie, in der Landwirtschaft sowie auch auf dem Gebiet des Handels für zweckmäßig zu halten, ohne dabei seine Konzentrierung in großem Ausmaß zuzulassen. [...] Das existierende System der Besteuerung der Privatunternehmer, das praktisch den Drang zur Beteiligung an dem Wirtschaftsleben tötet, ist in der Richtung einer Linderung der Steuerpresse zu revidieren. Die Kartenversorgung mit Lebensmitteln für die Privatunternehmer sowie auch für die Freischaffenden ist wiederherzustellen.
d) Der Fünfjahrplan der Entwicklung der Volkswirtschaft der DDR ist zu revidieren in der Richtung einer Lockerung des überspannten Tempos der Entwicklung der Schwerindustrie und einer schroffen Vergrößerung der Produktion der Massenbedarfswaren und der vollen Sicherung der Versorgung der Bevölkerung mit Lebensmitteln [...].
f) Maßnahmen zur Stärkung der Gesetzlichkeit und Gewährung der Bürgerrechte (sind) zu treffen, von harten Strafmaßnahmen, die durch Notwendigkeit nicht hervorgerufen werden, (ist) abzusehen. [...]
h) [...] Es ist im Auge zu halten, dass Repressalien gegenüber der Kirche und den Geistlichen nur dazu beitragen können, den religiösen Fanatismus der rückständigen Schichten der Bevölkerung zu stärken und ihre Unzufriedenheit zu vergrößern. Darum muss (das) Hauptkampfmittel gegen den reaktionären Einfluss der Kirche und der Geistlichen eine tüchtig durchdachte Aufklärungs- und Kulturarbeit sein.

Ilse Spittmann und Gisela Helwig (Hrsg.), DDR-Lesebuch. Stalinisierung 1949-1955, Köln 1991, S. 200 ff.

1. *Fassen Sie die Hauptkritikpunkte des Papiers zusammen. Was können Sie daraus über den Informationsstand der sowjetischen Politiker ableiten?*

2. *Beurteilen Sie die vorgeschlagenen Lösungsmaßnahmen der sowjetischen Seite – sehen Sie darin einen grundsätzlichen oder einen nur temporären Kurswechsel? Welches Ziel verfolgte die Sowjetunion in erster Linie?*

M4 Ein Augenzeuge über den 17. Juni 1953

Friedrich Schorn, 39-jähriger Rechnungsprüfer aus Halle, gehört zu den Sprechern der Arbeiter, die sich gegen die SED-Herrschaft erheben:

Während das Streikkomitee seine Beschlüsse fasste, setzte ich mich an die Spitze der 20 000 Betriebsangehörigen, und wir zogen nach Merseburg. Bauarbeiter, Straßenbahner, Fabrikarbeiter, Vopos[1], Hausfrauen und andere Zivilisten reihten sich noch ein. Voran ging eine Malerkolonne der Leuna-Werke, die in Blitzesschnelle die alten Parolen abriss und die Wände mit unseren Freiheitslosungen bestrich. Mehrfach wurden alle drei Strophen des Deutschlandliedes und Brüder zur Sonne zur Freiheit[2] gesungen. Als gerade die letzten Demonstranten der Buna-Werke den Uhlandplatz erreicht hatten, traf unser Zug mit seiner Spitze ein. Ein ungeheuerlicher Jubel setzte ein. Fremde Menschen, jung und alt, fielen einander in die Arme, und viele weinten. Es war ein Begrüßungstaumel, der nicht enden wollte. Wir hatten auf dem Uhlandplatz drei Lautsprecherwagen und konnten verständlich zur ganzen Menge sprechen. Es waren etwa 100 000 Menschen. Zunächst sprach ein Mann von den Buna-Werken gegen die SED-Tyrannei. Anschließend gaben wir unter großem Beifall unsere Freiheitslosungen bekannt. Doch rief ich gleichzeitig zur Disziplin auf und forderte auf, nichts zu unternehmen, wodurch die sowjetische Besatzungsmacht sich provoziert sehen könnte. Zahllose Bürger traten an uns heran und baten um „Einsätze". Sie sagten dem Sinne nach: Ich bin zu allem bereit, sei es noch so gefährlich und koste es, was es wolle. Der Buna-Streikleiter schickte 200 – teilweise ausgesuchte – Männer zur Papierfabrik Königs-Mühle mit dem Auftrag, dort die von Vopos bewachten Arbeiter zu befreien. Kommandos zur Besetzung der Stadt- und der Kreisverwaltung wurden fortgeschickt. Später wurde uns gemeldet, dass alles gelang. [...]
Nun wurde mir gemeldet, dass sowjetische Truppen das Gefängnis, aus welchem wir die politischen Gefangenen befreit hatten, inzwischen besetzten und Neuverhaftete eingeliefert waren. [...]
Ich fuhr voraus in die Leuna-Werke [...]. Da kamen auch schon die ersten sowjetischen Lastwagen mit Fliegern in Infanterieausrüstung im Werk an. Die empörte Menge beschrie die Soldaten mit Pfuirufen. „Was wollt ihr hier, macht, dass ihr fortkommt!" „Nennt ihr das Demokratie?" Andere Betriebsangehörige riefen: „Lasst die armen Kerle, die wollen genauso frei sein wie wir. Was können die dafür, dass sie hier sein müssen." Die Soldaten waren zum Teil noch Kinder, waren ängstlich und eingeschüchtert. [...] Ein Offizier schien die Situation jedoch besser zu durchschauen und sagte: „Gut so, weitermachen, in einem Jahr sind wir in Russland auch soweit."

Ilse Spittmann und Karl Wilhelm Fricke (Hrsg.), 17. Juni 1953. Arbeiteraufstand in der DDR, Köln [2]1988, S. 141

[1] Vopo: Volkspolizist
[2] Brüder zur Sonne zur Freiheit: deutsche Nachdichtung eines russischen Arbeiterliedes

1. *Nennen Sie die Forderungen der Aufständischen.*
2. *Klären Sie die Gründe, die die sowjetische Führung zur gewaltsamen Niederschlagung des Aufstands bewogen haben dürften.*

M5 Übersiedler und Flüchtlinge zwischen DDR und Bundesrepublik

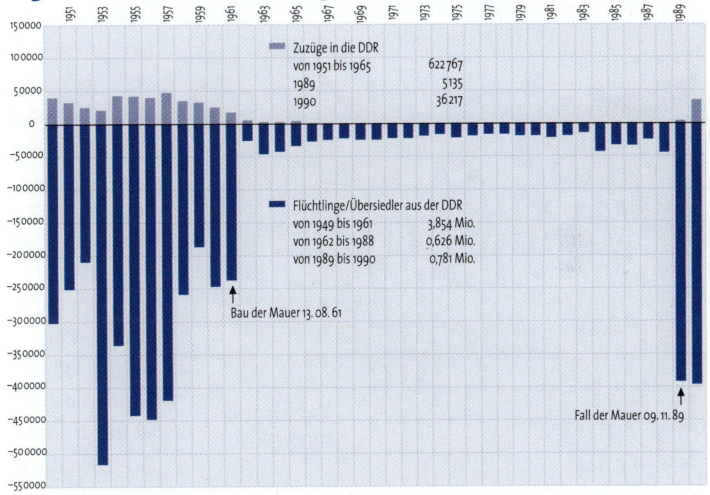

Nach: Hartmut Wendt, Wanderungen in Deutschland zwischen Ost und West [...], in: Paul Ganz und Franz-Josef Kemper (Hrsg.), Mobilität und Migration in Deutschland, Erfurt 1995, S. 6-8, und Matthias Judt (Hrsg.), a.a.O., S. 545 f.

1. *Überlegen Sie, welche Motive es für die Migration zwischen den beiden deutschen Staaten gegeben hat.*
2. *In der Zentralkartei der DDR war die registrierte Zahl der Übersiedler immer doppelt so hoch wie von Behörden der Bundesrepublik angegeben. Ab 1966 machte die DDR überhaupt keine Angaben mehr zur Zahl der Übersiedler. Nennen Sie Gründe, warum das Ausmaß von Flucht und Übersiedlung politisch stets sehr brisant war.*
3. *Erläutern Sie die Folgen der Fluchtbewegung für Staat, Gesellschaft und Wirtschaft der DDR.*
4. *Befragen Sie ehemalige DDR-Bürger, die in die Bundesrepublik geflohen sind, nach ihren Motiven und Erfahrungen.*

Stabilisierung und Niedergang

▸ **Geschichte In Clips:** Zum Mauerbau siehe Clip-Code 7307-03

Ein Staat wird eingemauert Ulbricht war entschlossen, die Massenflucht zu stoppen. Auch Moskau akzeptierte nun die Schließung der innerdeutschen Grenze, um den wirtschaftlichen Kollaps der DDR und einen erneuten Volksaufstand zu verhindern. Vonseiten der USA gab es zwar formellen Protest, doch es drohte keine Konfrontation, da Präsident Kennedy lediglich die Freiheit West-Berlins militärisch garantierte.

In der Nacht zum 13. August 1961 ließ die DDR-Regierung entlang der Sektorengrenze durch Berlin Stacheldrahtverhaue und Steinwälle hochziehen. Unter militärischer Bewachung errichteten Bautrupps eine Mauer quer durch die Wohngebiete der Stadt. In der Folgezeit wurden die Sperranlagen an der innerdeutschen Grenze (1400 km) und um West-Berlin herum (166 km) mit Beton, Stacheldraht, Minen und Selbstschussanlagen zu einem hermetischen Sicherungssystem ausgebaut.

Für Vorbereitung und Durchführung des Mauerbaus war Erich Honecker, damals Sekretär des Zentralkomitees der SED für Sicherheitsfragen, verantwortlich. Er ordnete im September 1961 auch den Schusswaffengebrauch „gegen Verräter und Grenzverletzer" an. Das DDR-Regime hat in der Öffentlichkeit stets geleugnet, dass es einen Schießbefehl gab. Die erhalten gebliebenen Dokumente belegen jedoch, dass führende Politiker und ranghohe Militärs der DDR Anweisungen erteilten, auf Flüchtlinge zu schießen und sie zu töten. Nach der Wiedervereinigung 1990 kam es daher zu Gerichtsverfahren und Verurteilungen (▸ M1).

Allein in den ersten Monaten nach dem Mauerbau kamen 32 Menschen ums Leben – sie wurden bei Fluchtversuchen erschossen, ertranken oder stürzten beim Sprung aus grenznahen Häusern zu Tode. Bis 1989 verloren nach heutigen Erkenntnissen 765 Menschen bei der Flucht ihr Leben, Tausende wurden verletzt. Im Herbst 1961 wurden zur Sicherung der Grenzen und zur Einschüchterung der Bevölkerung über 3000 Menschen aus ihren grenznahen Heimatorten zwangsausgesiedelt („Aktion Festigung").

▲ **Verkehrsverbindungen zwischen Westdeutschland und West-Berlin.**
Nach: Die Fischer Chronik Deutschland, a.a.O., Sp. 304

Imperialismus: nach Auffassung des Marxismus-Leninismus ist der Imperialismus die fortgeschrittene Stufe des Kapitalismus, da die Industrieländer, um sich Rohstoffe und Absatzmärkte zu sichern, zur Unterwerfung und Ausbeutung anderer Staaten übergehen.

Selbstverständnis der DDR In den Augen ihrer Machthaber war die DDR ein Vorposten gegen die westliche Welt und ihren angeblichen Versuch, die sozialistische Ordnung in den Ostblockstaaten zu gefährden. Der Hauptvorwurf richtete sich gegen die Bundesrepublik Deutschland. Die „BRD", wie sie abfällig bezeichnet wurde, stehe in der Tradition des deutschen Kapitalismus und **Imperialismus**, der zu den beiden Weltkriegen und zur deutschen Teilung geführt habe (▸ M2). Für die deutsche Geschichte von 1933 bis 1945 sprach das SED-Regime nicht vom „Nationalsozialismus", sondern von „Faschismus". Ihre eigene Position nannte sie „antifaschistisch". Damit wurden die Existenz der DDR und die Herrschaft der SED in einen historischen Zusammenhang gestellt. Bereits die deutsche Arbeiterbewegung habe versucht, den Kapitalismus ab-

▲ **Parole an einer Schulhausfassade.**
Foto vom 17. April 1979.
Das SED-Regime nutzte politische Feiertage wie den 1. Mai („Internationaler Kampf- und Feiertag der Werktätigen für Frieden und Sozialismus") oder den 7. Oktober (Gründungstag der DDR), um sich zu inszenieren und damit die kollektive Identität der Bürgerinnen und Bürger zu stärken. Für die Organisation von Aufmärschen und die umfassende „Sichtagitation" sorgte eine eigene Abteilung im Zentralkomitee der SED.
Darüber hinaus waren propagandistische Parolen, Plakate und verherrlichende Bilder von Marx, Engels und Lenin sowie von Partei- und Staatsführern in Schaufenstern, auf öffentlichen Plätzen und an Hauswänden allgegenwärtig.

zuschaffen, der in den Nationalsozialismus geführt habe. Durch die Errichtung eines „Arbeiter- und Bauernstaates" in Ostdeutschland sei diese Gefahr nun überwunden.

Ähnlich wie in Westdeutschland der Antikommunismus* diente der „Antifaschismus" in der DDR zur politischen Selbstbestimmung. Darüber hinaus aber sollte der „Antifaschismus" auch das Unrecht legitimieren, das das SED-Regime an allen beging, die ihm im Weg standen. Das ging so weit, dass auch die Berliner Mauer und die Grenzanlagen zu Westdeutschland zum „antifaschistischen Schutzwall" erklärt wurden. Die Propaganda der SED rechtfertigte damit nicht nur die Opfer der gewaltsamen Teilung, sondern verkehrte Sinn und Zweck der unmenschlichen Absperrmaßnahmen: Sie seien dazu da, die eigene Bevölkerung vor den Übergriffen des Kapitalismus zu bewahren. So könne eine Gesellschaft entstehen, in der es keine sozialen Gegensätze mehr gebe. Die DDR sei als Staats- und Gesellschaftsentwurf dem „Bonner Staat" überlegen, weil nur der Sozialismus für Frieden und Gerechtigkeit sorgen könne.

Bemühen um internationale Anerkennung ■ Nicht erst durch den repressiven Kurs gegen die eigene Bevölkerung war die DDR international isoliert. Die Suche nach Anerkennung als selbstständiger deutscher Staat war das Hauptanliegen der Außenpolitik der DDR seit ihrer Gründung. Dem stand v.a. die Haltung der Bundesregierung

* siehe S. 65

entgegen, der es noch bis in die 60er-Jahre gelang, diplomatische Beziehungen zwischen Ost-Berlin und Staaten außerhalb des Ostblocks zu verhindern.*

Jüdischer Weltkongress: 1936 gegründeter internationaler Verband der jüdischen Gemeinschaften und Organisationen

Das Verhältnis zwischen der DDR und Israel war bis zum Ende der SED-Herrschaft gespannt. Obwohl die israelische Regierung und der **Jüdische Weltkongress** von Ost-Berlin Entschädigungen verlangten, lehnte die SED-Führung ab. 1955 verwies sie auf die geleisteten Reparationen, die alle Forderungen abdecken würden. Zudem habe die DDR-Regierung die Opfer des „Faschismus" im eigenen Land ausreichend entschädigt und sorge dafür, dass der Nationalsozialismus dort nie wieder Fuß fasse.

▲ **Staatsflagge der DDR.**
Foto von 1987.
Ährenkranz, Hammer und Zirkel als Symbole des „Arbeiter- und Bauernstaates" wurden erst 1959 offiziell eingeführt. Somit waren bis dahin Flaggen der Bundesrepublik und der DDR identisch.

Unter diesen Voraussetzungen kam es bis zum Ende der DDR zu keinen offiziellen Beziehungen mit dem jüdischen Staat. Die DDR folgte vielmehr der Sowjetunion, die im Nahost-Konflikt die arabischen Staaten gegen Israel unterstützte.

Die Beziehungen zu nicht kommunistischen Ländern blieben spärlich. Sport, Kultur, Verkehr und Nachrichtenwesen waren die Bereiche, in denen internationale Kontakte stattfanden – hier gelang der DDR v.a. der Austausch mit den Ländern Nordeuropas. Ebenso konnte die DDR in einigen Staaten Handelsvertretungen einrichten.

Bildungspolitik ▪ Für das Regime der SED war das Bildungswesen ein Schlüssel zur Festigung seiner Macht und zur Durchsetzung des Sozialismus. Schulen und Hochschulen sollten auf die kommunistische Weltanschauung einschwören und der Wirtschaft qualifizierte Arbeitskräfte liefern.

Anders als in Westdeutschland hatte das Schulwesen von Beginn an eine radikale Umformung erfahren. Die meisten Lehrer aus der Vorkriegszeit hatte man entlassen und durch neue, kommunistisch geschulte „Junglehrer" ersetzt. Die Staatsführung errichtete ein Bildungsmonopol: Privatschulen wurden abgeschafft, der Religionsunterricht aus den Lehrplänen entfernt. Dabei überwogen anfangs reformpädagogische Ansätze – das Schulgeld entfiel, Angehörige sozial schwächerer Schichten wurden gezielt gefördert und konnten sich in „Arbeiter- und Bauernfakultäten" auf ein Hochschulstudium vorbereiten. Bildung sollte kein „bürgerliches" Privileg mehr sein. Auch die Förderung von Frauen war ein vorrangiges Ziel.

Zwischen 1959 und 1965 fand eine umfassende Bildungsreform statt. Im Zentrum stand die zehnklassige „polytechnische Oberschule", die alle Schulpflichtigen zu besuchen hatten. Dort lagen die Schwerpunkte auf technischen und mathematisch-naturwissenschaftlichen Fächern, auf der Staatsbürgerkunde (Marxismus-Leninismus) sowie auf einer intensiven Sportausbildung.

Der Staat errichtete zudem ein dichtes Netz an Kinderkrippen, -plätzen und -horten zur Vorschulerziehung. Für die berufliche Bildung gab es Ingenieur- und Fachschulen, Hochschulen, Akademien und Universitäten sowie Einrichtungen zur Weiterbildung der Beschäftigten.

Die Folgen des Bildungsausbaus waren bald zu spüren: Die Zahl der Kinder mit mehr als acht Jahren Schulzeit stieg von 16 Prozent 1951 auf 85 Prozent im Jahr 1970. Um 1970 waren fast die Hälfte der Studierenden an Fachschulen Frauen, an den Hochschulen und Universitäten stieg ihr Anteil jedoch nicht über 30 Prozent.

* siehe S. 60

Eine großangelegte „Qualifizierungsoffensive" sorgte dafür, dass 1971 71 Prozent der Männer sowie 49 Prozent der Frauen eine abgeschlossene Berufsausbildung besaßen. Frauenarbeit, die in der DDR wegen des Arbeitskräftemangels von Beginn an sehr weit verbreitet war, wandelte sich dadurch von angelernter Beschäftigung zu qualifizierter Berufstätigkeit.

Planung, Zentralisierung und Kontrolle waren die Merkmale der Bildungspolitik in der DDR. Das integrierte Bildungssystem erlaubte dem Staat eine fast permanente Aufsicht über Kinder und Jugendliche, ergänzt durch die Organisation der Heranwachsenden in der Freien Deutschen Jugend. Bei der Förderung von Frauen in Bildung und Berufsleben ging es dem Staat weniger um Emanzipation, vielmehr um die Bereitstellung von Arbeitskräften. Die Bildungsinhalte folgten streng den Anforderungen der Wirtschaft, die ihrerseits der staatlichen Planung unterlag. Jugendliche erhielten selten den Studienplatz oder die Lehrstelle ihrer Wahl, sondern wurden nach Bedarf ausgebildet.

Bildung war zwar kein Privileg bestimmter Schichten mehr, dafür hing sie nun vom Willen der Staatsführung ab. Vielen Angehörigen des Bildungsbürgertums verweigerte die Regierung das Studium, um stattdessen eine neue „sozialistische Intelligenz" zu fördern. Sie bestand aus Fachkräften und Akademikern, die das Regime zuverlässig unterstützten. Dazu gehörten insbesondere die „Kader", hochqualifizierte Gruppen in den Betrieben, in Verwaltung, Justiz, Militär und Partei, die unabhängig von ihrer sozialen Herkunft eine neue, staatstragende Elite bildeten.

Das SED-Regime nutzte das von ihm geschaffene Bildungssystem auch zur gezielten Einschwörung auf die eigene Weltanschauung: Schüler, Auszubildende und Studierende sollten zuverlässig mit den Lehren des Marxismus-Leninismus vertraut gemacht werden. Im Studium waren „Gesellschaftswissenschaften" Pflichtfach, ebenso das Erlernen der russischen Sprache.

Zudem trug das Bildungswesen in der DDR stark militaristische Züge. In allen Ländern des Warschauer Paktes gab es wehrpolitischen Unterricht an den Schulen. 1978 führte die DDR das Fach „Wehrunterricht" für Jungen und Mädchen der 9. und 10. Jahrgangsstufe an Oberschulen ein. Es sah neben theoretischer Wehrkunde die Ausbildung an Waffen und technischen Geräten vor, ebenso Aufenthalte in Ferienlagern. Als Ausbilder fungierten Angehörige der Nationalen Volksarmee oder der „Gesellschaft für Sport und Technik", einer vormilitärischen Jugendorganisation. Der Wehrunterricht war als Vorstufe zum späteren Wehrdienst gedacht. Er diente der Verbreitung von Feindbildern und half dabei, Freiwillige für die NVA, die Grenztruppen oder die Volkspolizei zu gewinnen.

Reformen in den 60er-Jahren Die 60er-Jahre waren für die DDR eine Zeit der Reformen und des gesellschaftlichen Wandels. Darin unterschied sich Ostdeutschland grundsätzlich weder von der Bundesrepublik noch vom übrigen Europa.

In der DDR wirkte der Bau der Mauer insofern „stabilisierend", als sich die Bevölkerung mit dem Verbleib im Land abfinden musste und die Hoffnung auf eine Wiedervereinigung mit Westdeutschland oder einen Systemwechsel begrub. Im Gegenzug lockerte auch das SED-Regime seine Haltung. 1962 war die allgemeine Wehrpflicht eingeführt worden. Bereits zwei Jahre später gab die Regierung den Forderungen der evangelischen Kirche nach und gestattete einen Wehrersatzdienst ohne Waffe („Bausoldaten"). Dank des „Passierscheinabkommens" von 1963 konnten West-Berliner nun ihre Angehörigen im Ostteil der Stadt besuchen. Seit Ende 1964 durften Rentner ihre Verwandten im Westen besuchen.

Entstalinisierung: Abkehr der sowjetischen Führung von der Politik Stalins seit dessen Tod 1953. Unter dem neuen Parteichef Chruschtschow distanzierte sich die UdSSR von der Person Stalins, seiner Alleinherrschaft und seiner Wirtschaftspolitik. Kritiker kamen zu Wort, die Gefangenenlager (GULag) wurden aufgelöst, die Bevormundung der Ostblockstaaten ließ nach („Tauwetter"). Die Verbrechen der Stalin-Ära (1927-1953) durften erwähnt werden, wurden aber nicht aufgearbeitet.

Ernst Bloch (1885-1977): marxistischer Theoretiker, 1949-1957 Professor für Philosophie in Leipzig, emigrierte nach dem Bau der Mauer 1961 in die Bundesrepublik

Robert Havemann (1910-1982): kommunistischer Widerstandskämpfer gegen das „Dritte Reich", 1950-1964 Professor für Physikalische Chemie in Ost-Berlin. H. erhielt nach kritischen Äußerungen Berufsverbot und wurde bis zu seinem Tod überwacht.

Die SED folgte der von der Sowjetunion seit Mitte der Fünfzigerjahre eingeleiteten „**Entstalinisierung**", indem sie Abweichler in den eigenen Reihen rehabilitierte und eine Amnestie für etwa 15 000 politische Gefangene gewährte. 1963 gab sich die SED erstmals ein eigenes Parteiprogramm. Der von Studenten, Schriftstellern und Intellektuellen wie **Ernst Bloch** oder **Robert Havemann** geforderte demokratische „menschliche Sozialismus" fand darin jedoch keinen Anklang. Es blieb beim unumschränkten Machtanspruch der SED.

▲ **Robert Havemann und Wolf Biermann.**
Foto vom 21. Januar 1972.
Der Chemiker Robert Havemann war zunächst Inoffizieller Mitarbeiter des Ministeriums für Staatssicherheit. Nach kritischen Äußerungen gegenüber dem SED-Regime wurde er 1964 aus der Partei ausgeschlossen, ein Jahr später wurde ein Berufsverbot gegen ihn erlassen. In einem vom westdeutschen Nachrichtenmagazin „Spiegel" veröffentlichten Brief an Honecker protestierte er 1976 gegen die Ausbürgerung von Wolf Biermann. Daraufhin wurde gegen ihn ein Hausarrest verhängt, der 1978 aufgehoben wurde. Havemann starb im Jahr 1982.

Devisen: Zahlungsmittel in ausländischer Währung. Die DDR brauchte fremde Währungen aus dem Westen, weil sie für ihr eigenes Geld im westlichen Ausland keine gleichwertigen Waren und Dienstleistungen erhielt.

Erich Apel (1917-1965): SED-Funktionär und Mitglied des Politbüros, 1963-1965 Vorsitzender der Staatlichen Planungskommission für die Wirtschaft der DDR

Angesichts des nachlassenden Aufschwungs schlug das SED-Regime einen neuen Kurs in der Wirtschaftspolitik ein. Das 1963 verordnete *„Neue ökonomische System der Planung und Leitung"* (NÖSPL) sah vor, den Staat durch Abbau von Subventionen zu entlasten und den Betrieben mehr Eigenverantwortung zu übertragen. Günstig hergestellte Produkte sollten sich auf dem Weltmarkt behaupten und **Devisen** ins Land bringen. Durch das neue System drohte die DDR-Führung jedoch ihre Lenkungsgewalt über die Wirtschaft zu verlieren. Als die Machthaber das erkannten, nahmen sie die Reformen zurück. 1965 wurde das abgewandelte „Neue ökonomische System" (NÖS) auch auf Druck der Sowjetunion beschlossen, das die Wirtschaft der DDR wieder der strikten Planung durch die Staatsspitze unterwarf. **Erich Apel**, der Ideengeber der Reformen, nahm sich daraufhin das Leben.

Neue Gesetze passten das Recht an die veränderten Verhältnisse an. 1966 trat das DDR-Familiengesetzbuch in Kraft, das Mann und Frau sowie eheliche und nichteheliche Kinder rechtlich vollständig gleichstellte – nicht zuletzt eine Reaktion auf den drastischen Anstieg der Ehescheidungen. Das neue Strafrecht der DDR stellte die Resozialisierung von Straffälligen in den Mittelpunkt. Zugleich erweiterte es das Spektrum politischer Straftaten wie „Republikflucht" oder „Verbrechen gegen die Souveränität der DDR". Weiterhin gab es die Todesstrafe. Sie wurde noch bis 1981 vollstreckt und erst 1987 abgeschafft.

Im Februar 1968 legte die Regierung den Entwurf zu einer neuen Verfassung vor. Nach einer „Volksaussprache", in der die Bevölkerung Ergänzungen und Änderungen vorschlagen konnte, billigte ein Volksentscheid am 6. April 1968 die neue Verfassung. Sie hielt erstmals den Führungsanspruch der SED fest und beschrieb die DDR als „sozialistischen Staat deutscher Nation". Besonderen Wert legte die Verfassung auf die sozialen Schutzrechte. Sie garantierten die „Freiheit von Ausbeutung, Unterdrückung und wirtschaftlicher Abhängigkeit" ebenso wie ein „Recht auf Arbeit" (▸ M3).

Die DDR als sozialistischer Modellstaat ■ Der ostdeutsche Staat war inzwischen der wichtigste Partner der Sowjetunion innerhalb des Ostblocks. Der Lebensstandard war höher als in allen anderen Ostblockländern. Bei den Olympischen Sommerspielen 1968 in Mexico City trat erstmals eine eigene Mannschaft der DDR an – bis dahin hatte es eine gesamtdeutsche Mannschaft gegeben. Die Athleten erreichten Platz drei in der Nationenwertung hinter den USA und der UdSSR.

▲ **Siegerehrung bei den Olympischen Sommerspielen in München 1972.**
Das SED-Regime konzentrierte die Sportförderung auf die „medaillenintensiven Sportarten". Denn Erfolge bei internationalen Wettbewerben wie den Olympischen Spielen sollten die Überlegenheit des Systems der DDR medienwirksam dokumentieren. Dafür wurden Sporttalente zu Höchstleistungen getrimmt und zum Teil den „weniger geförderten" Sportarten wie beispielsweise Fußball entzogen. Dopingmittel, die zum Teil langfristig erhebliche gesundheitliche Schädigungen bewirkten, wurden ohne Wissen der Sportler systematisch verabreicht.
Seit den Olympischen Spielen von 1968 belegte die DDR im Medaillenspiegel immer einen der ersten drei Plätze, jeweils vor der Bundesrepublik.
Das Foto zeigt den Goldmedaillengewinner im Stabhochsprung, Wolfgang Nordwig (rechts), und den Zweitplatzierten Robert Seagren (USA).

Selbstbewusst hob die DDR-Führung unter Walter Ulbricht die eigenen Errungenschaften hervor. Erst die DDR habe den Nachweis erbracht, dass der Sozialismus in einem hochindustrialisierten Land verwirklicht werden könne. Die DDR sei daher ein Modell für alle Gesellschaften im Übergang vom Kapitalismus zum Kommunismus.

Damit stellte Ost-Berlin indirekt das Vorbild und die Führungsrolle der Sowjetunion infrage. Seit dem Sturz Chruschtschows 1964 und der Machtübernahme des neuen sowjetischen Staats- und Parteichefs Leonid Breschnew wurde ein solcher Alleingang nicht länger hingenommen.

Ulbricht wird gestürzt Zum Bruch zwischen Ulbricht und der Sowjetführung kam es in der Frage der Deutschlandpolitik. Die deutsche Bundesregierung unter Kanzler Willy Brandt bemühte sich seit 1970 um eine Normalisierung der Beziehungen zu Moskau und Ost-Berlin.* Die UdSSR begrüßte die Entspannungspolitik und bestand wie Ulbricht auf der vollen Anerkennung der DDR. Allerdings wollte sie dessen Pläne, im Alleingang enge wirtschaftliche Beziehungen zur Bundesrepublik zu knüpfen, nicht dulden. Angesichts der Engpässe bei der Versorgung der Bevölkerung sowie der schlechten Wirtschaftslage verlor er auch den internen Rückhalt in der SED. In Absprache mit Moskau zwang die Parteiführung Ulbricht zum Rücktritt (▸ M4). Die treibende Kraft dieses Machtwechsels war Erich Honecker, der im Mai 1971 zum Ersten Sekretär (seit 1976 Generalsekretär) der SED gewählt wurde. Honecker war nun der mächtigste Mann im Staat, der bald alle wichtigen Ämter (Vorsitzender des Nationalen Sicherheitsrates, Staatsratsvorsitzender) auf sich vereinte.

▸ **Glückwünsche zum Geburtstag eines „Kranken".** *Foto vom 30. Juni 1971. Nachdem Erich Honecker (erste Reihe, zweiter von rechts) Ulbrichts Sturz im Politbüro durchgesetzt hatte, wurde Ulbricht vor die Wahl gestellt, sich entweder anlässlich seines Geburtstages als Kranker in Bademantel und Hausschuhen zu präsentieren oder aber noch seine letzte Funktion als Staatsratsvorsitzender zu verlieren. Ulbricht ließ sich demütigen und spielte bis zu seinem Tod am 1. August 1973 nur noch eine Nebenrolle.*

Beginn der Ära Honecker Die Ablösung Ulbrichts durch Honecker an der Staats- und Parteispitze im Jahr 1971 war ein tiefer Einschnitt. Honecker revidierte die Politik seines Vorgängers und suchte die Absicherung nach außen und innen. Vorbehaltlos erkannte Ost-Berlin die Führungsrolle der Sowjetunion wieder an. Das Politbüro und der Ministerrat wurden weitgehend entmachtet. Gestützt auf Erich Mielke (Leiter der Staatssicherheit) und **Günter Mittag** (Sekretär für Wirtschaftsfragen) sowie den bürokratischen Apparat an der Spitze der SED, behielt Honecker die alleinige Kontrolle über Partei, Staat und Verwaltung. Am umfassenden Machtanspruch der SED änderte sich nichts.

Günter Mittag (1926-1994): Mitglied des Politbüros der SED 1966-1989, führender Wirtschaftsfunktionär der DDR

* siehe S. 95 f.

Deutsch-deutscher Grundlagenvertrag und internationale Anerkennung Die neue Regierung ging auf die Bonner Ostpolitik ein und unterzeichnete 1972 den „Vertrag über die Grundlagen der Beziehungen zwischen der Bundesrepublik Deutschland und der DDR" (Grundlagenvertrag*). Die beiden deutschen Staaten vereinbarten „gutnachbarliche Beziehungen". Die DDR erreichte damit das lang ersehnte Ziel, von Westdeutschland in ihren Grenzen und ihrer Souveränität anerkannt zu werden. Viele Staaten des Westens nahmen nun diplomatische Beziehungen zur DDR auf. Die Bundesrepublik blieb jedoch dabei, dass es nur eine deutsche Staatsbürgerschaft gebe. Nach wie vor konnte jeder Angehörige der DDR das Bürgerrecht der Bundesrepublik in Anspruch nehmen. Wegen dieser „besonderen Beziehungen" zwischen den beiden deutschen Staaten bestand die Bundesrepublik darauf, dass der höchste diplomatische Repräsentant nicht wie in einem ausländischen Staat „Botschafter" genannt wurde, sondern „Ständiger Vertreter".

„Real existierender Sozialismus" Im August 1973 starb Walter Ulbricht. Seit dem Machtwechsel war er kaum noch offiziell aufgetreten. Nach seinem Tod erklärte ihn die Staatsführung zur „Unperson" und verwarf bis dahin geltende Lehren. Das bisherige Konzept einer „sozialistischen Menschengemeinschaft" sei falsch und stehe im Widerspruch zu den Vorstellungen der Sowjetunion. Die SED sprach jetzt vom „real existierenden Sozialismus", der in allen Staaten unter kommunistischer Führung erreicht sei. Damit beanspruchte die DDR keine Sonderstellung mehr. 1974 wurde eine geänderte Verfassung verabschiedet, worin der Begriff der „sozialistischen Menschengemeinschaft" nicht länger auftauchte. Ebenso wurden alle Hinweise auf eine mögliche deutsche Wiedervereinigung gestrichen.

„Einheit von Wirtschafts- und Sozialpolitik" Unter der Regierung Honecker blieb es bei der weltanschaulichen Abgrenzung vom Westen und von der Bundesrepublik. Der Sozialismus sei das bessere Gesellschaftssystem, er sei gerechter und menschlicher als der Kapitalismus. Die Menschen in der DDR nahmen aber weiterhin den Wohlstand der Bundesrepublik zum Maßstab, der innerhalb der Planwirtschaft in der DDR nicht zu erreichen war.

Dem SED-Regime war klar, dass sich der Rückhalt der Bevölkerung nicht allein durch Überwachung, Unterdrückung und Propaganda erzwingen ließ. Die Regierung setzte auf Sozialleistungen und Konsum. Schon 1971 hatte Honecker erklärt, die wichtigsten Aufgaben der Politik seien die Verbesserung des Lebensstandards und die Herstellung sozialer Gleichheit. Als vorrangige Ziele galten der Wohnungsbau, die Anhebung von Löhnen und Renten und eine bessere Versorgung mit Waren und Dienstleistungen. Die Regierung erhob die „Einheit von Wirtschafts- und Sozialpolitik" zum Programm: ökonomisches Wachstum und technischer Fortschritt sollten den Ausbau des Sozialstaats ermöglichen, was wiederum die Wirtschaftsleistung steigern würde (▸ M5).

In der Tat schien das Konzept anfangs erfolgreich. Die Industrieproduktion stieg zwischen 1970 und 1974 um etwa 30 Prozent, die durchschnittlichen Löhne in der gleichen Zeit von 755 auf 860 Mark. Eine Reihe von sozialen Vergünstigungen kamen Frauen und Jugendlichen (nicht dagegen den Senioren) zugute, die Mieten und die Kosten für Grundnahrungsmittel sowie Gebrauchsgüter für das tägliche Leben blieben

* siehe S. 97

stabil. Immer mehr DDR-Haushalte verfügten seit Beginn der 70er-Jahre über eine eigene Waschmaschine, einen Kühlschrank, ein Fernsehgerät und selbst ein Auto.

Gesetzesreformen in den 70er-Jahren Die Umwandlung der Gesellschaft im Zeichen des „real existierenden Sozialismus" schritt weiter voran. Neue Gesetzeswerke sollten die veränderten Verhältnisse abbilden. 1975 trat das *Zivilgesetzbuch der DDR* an die Stelle des Bürgerlichen Gesetzbuches, das noch aus der Zeit vor der deutschen Teilung herrührte. Nach dem neuen Gesetz besaß Volkseigentum („sozialistisches Eigentum") Vorrang vor persönlichem Eigentum. Schon ab 1972 waren die verbliebenen Betriebe in privater Hand verstaatlicht worden. Die ehemaligen Besitzer erhielten bestenfalls eine geringe finanzielle Entschädigung.

Durch die neuen gesetzlichen Regelungen wurde die Bodenreform der späten 40er-Jahre ebenso rechtlich gedeckt wie alle weiteren Enteignungen und Kollektivierungen. Als Folge dieser Maßnahmen verschwanden im Laufe der 70er-Jahre der bäuerliche Mittelstand und das Wirtschaftsbürgertum aus der ostdeutschen Gesellschaft.

Seit 1977 gab es ein *Arbeitsgesetzbuch der DDR*. Es beseitigte das Streikrecht für Beschäftigte und hob die Tarifautonomie* auf – beides hatte bis dahin nur noch formal bestanden. Das Gesetzeswerk legte großen Wert auf die soziale Sicherheit. So bestand fast völliger Schutz vor Kündigung; Ausnahmen galten bei politischem Fehlverhalten, das zum Berufsverbot führen konnte. Einerseits sollte das Arbeitsrecht dem sozialen Frieden dienen (etwa durch Arbeitsplatzgarantie), andererseits hemmte es die Wirtschaft, da es weder Leistungsanreize noch betriebliche Mitbestimmung vorsah.

Öffnung gegenüber dem Westen: die KSZE Die DDR nahm seit 1972 an der „Konferenz über Sicherheit und Zusammenarbeit in Europa" (KSZE) teil. Sie unterzeichnete am 1. August 1975 im finnischen Helsinki die KSZE-Schlussakte, in der die Teilnehmer ihre Gleichberechtigung, Souveränität und territoriale Unantastbarkeit anerkannten, auf Gewalt verzichteten und sich zur Achtung der Menschenrechte verpflichteten.

Ost-Berlin feierte dies als weiteren Schritt zur internationalen Anerkennung. Die DDR-Regierung wollte sich v.a. als Exportnation dem Westen öffnen, die Bevölkerung sollte dagegen von den Einflüssen des Kapitalismus und der Demokratie abgeschirmt bleiben. Diese Politik schlug jedoch fehl. Unter Berufung auf die KSZE-Schlussakte forderten viele DDR-Bürger mehr Freiheiten, v.a. Meinungs- und Pressefreiheit sowie die Möglichkeit zur Ausreise (▸ M6).

Niedergang der DDR-Wirtschaft Gegen Ende der 70er-Jahre brach die Konjunktur der DDR-Wirtschaft ein. Das entsprach zwar einer weltweiten Entwicklung. Doch während sich die westlichen Industrieländer davon wieder erholten, gelang das der DDR und den übrigen Ostblockstaaten nicht.

Der Niedergang der DDR-Wirtschaft während der 80er-Jahre war das Ergebnis kurz- und langfristiger Ursachen:

- Rohstoffknappheit. Die DDR war auf Erdöl angewiesen, das vorwiegend aus der UdSSR stammte. Seit den Ölkrisen der 70er-Jahre drosselte die Sowjetunion die Ölzufuhr. Die DDR verwendete das Öl für die Produktion von Exportwaren und

* siehe S. 66

▲ **KSZE-Schlusskonferenz.**
Foto vom 1. August 1975.
Bundeskanzler Helmut Schmidt (vorne rechts) spricht mit dem DDR-Staatsratsvorsitzenden Erich Honecker.

musste für den übrigen Energiebedarf auf die heimische Braunkohle ausweichen. Die Umstellung war kostspielig und belastete die Wirtschaft schwer.

- Unzureichende Modernisierung. In den Industriebetrieben mangelte es an Rationalisierung und Investitionen. Um Arbeitslosigkeit zu vermeiden, waren viele Stellen überbelegt, Arbeitskräfte wurden nicht sinnvoll eingesetzt und mussten veraltete Geräte bedienen. Für neue Ausstattungen fehlte das Kapital. Um 1989 waren weniger als die Hälfte aller Industrieanlagen jünger als zehn Jahre (in der Bundesrepublik betrug die Quote damals rund 70 Prozent). In Schlüsseltechnologien wie der Mikroelektronik verpasste die DDR den internationalen Anschluss.
- Exportschwäche, Devisenmangel und Verschuldung. Die zahlreichen Produkte, die auf dem Weltmarkt nicht konkurrenzfähig waren, mussten mit enormen staatlichen Zuschüssen verbilligt werden. Ohne den Export fehlten die Devisen, mit denen Rohstoffe und Westwaren eingekauft werden konnten. Die DDR importierte weit mehr, als sie ausführte, und nahm dafür immer höhere Kredite auf.
- Krise des Binnenmarktes. Die schlecht ausgerüsteten Wirtschaftsbetriebe konnten auch nicht den Bedarf an Konsumgütern im Inland (z.B. Kfz, Baumaterial) decken. Daher nahm der Verbrauch weiter ab, obwohl die Nettolöhne stiegen. Die Menschen sparten das Geld, das nicht mehr in die Wirtschaft zurückfloss.
- Verlangsamter Strukturwandel. Der Wandel der DDR-Wirtschaft verlor je länger desto mehr an Tempo. Im Zeitraum von 1950 bis 1989 sank der Anteil der Land- und Forstwirtschaft von 26 auf elf Prozent. Industrie- und Handwerk waren bis Anfang der 80er-Jahre von 40 auf 51,5 Prozent angewachsen, machten aber bis 1989 weiterhin 50 Prozent der Gesamtwirtschaft aus. Dagegen erreichte der Handels- und Dienstleistungssektor bis Ende der 80er-Jahre nur einen Anteil von knapp 40 Prozent. Dieses Zahlenverhältnis entsprach der Situation in der Bundesrepublik von 1965.
- Planwirtschaft und Einbindung in den RGW. Die DDR hielt unter Honecker an der staatlichen zentralen Lenkung der Wirtschaft fest. Die Betriebe konnten ohne die

Zustimmung der Staates nichts unternehmen und unmittelbar auf die Bedarfslage reagieren. Die Versorgung der Bevölkerung mit Gebrauchsgütern verschlechterte sich deshalb stetig. Für die Wirtschaft galt die Erfüllung von langfristigen Plänen, nicht die flexible Orientierung an Angebot und Nachfrage. Hinzu kam die internationale Dimension der Planwirtschaft in Gestalt des Rates für Gegenseitige Wirtschaftshilfe (RGW). Dieses Gremium unter Leitung der UdSSR regelte, welches Mitgliedsland welche Produkte herstellte und wohin abführte. Anstatt sich an den Weltmarkt anzupassen, blieb die DDR-Wirtschaft von den übrigen Volkswirtschaften des Ostblocks abhängig.
- Personalmangel und Überalterung. Seit Bestehen der DDR schrumpfte ihre Bevölkerung. Von 1946 bis 1964 nahm die Einwohnerzahl in Ostdeutschland von 18,4 auf 17 Millionen ab, sank bis 1981 auf 16,7 Millionen und fiel weiter. Vor allem in der jüngeren Generation war der Arbeits- und Fachkräftemangel dramatisch, da die DDR-Führung auch keine Fachkräfte aus dem Ausland anwarb.

Zu Beginn der 80er-Jahre unternahm die Regierung den Versuch, die Ausfuhren massiv zu erhöhen. Die DDR setzte angesichts des hohen Weltmarktpreises für Erdöl auf die Verarbeitung von sowjetischem Öl und den Export von Treibstoffen, Heizmitteln, Chemiefasern und Kunstdünger (Erdölderivate). Eine Zeitlang wurden damit Gewinne erzielt und Schulden abgebaut. Als sich der Ölpreis Ende 1985 plötzlich halbierte, ging der Absatz der Produkte drastisch zurück. Der Aufschwung brach erneut zusammen. Unterdessen führten Ernteausfälle zu Versorgungsengpässen. 1982 hatten Polen und Rumänien, zu deren Gläubigern die DDR gehörte, ihre Zahlungsunfähigkeit erklärt. Der DDR drohte ihrerseits der Staatsbankrott. 1983 und 1984 gewährte die Bundesrepublik zinslose Milliardenkredite zur Stützung der DDR. Im Gegenzug wurden die Minenfelder und Selbstschussanlagen an der innerdeutschen Grenze entfernt, die DDR ließ politische Häftlinge frei und gewährte Reiseerleichterungen. Aber diese Transferleistungen reichten ebensowenig wie der **Mindestumtausch** aus, um die rasante Verschuldung der DDR aufzuhalten.

Mindestumtausch („Zwangsumtausch"): Besucher der DDR und Ost-Berlins mussten täglich einen bestimmten Betrag in DDR-Mark umtauschen. Dies trug der Regierung Devisen ein.

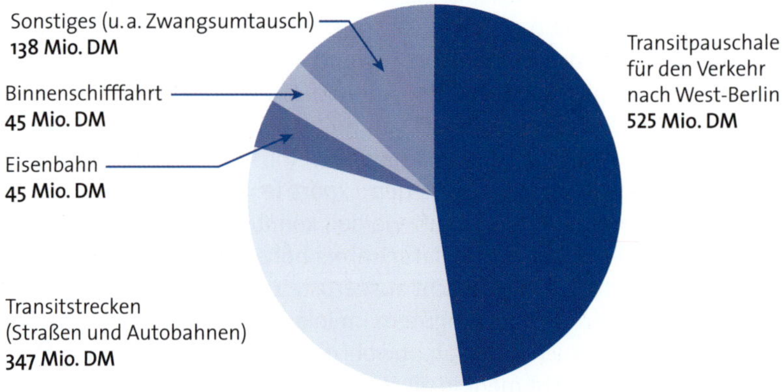

▸ **Zahlungen der Bundesrepublik an die DDR um 1980 (Schätzung).** Nach: Die Fischer Chronik. Deutschland, a.a.O., Sp. 711

Propaganda statt Reformen ■ Schon 1976 hatte sich die DDR mit umgerechnet 2,6 Milliarden Euro verschuldet, damals ein Staatsgeheimnis, das nur Honecker und einigen Vertrauten bekannt war. 1989 entsprach die Auslandsverschuldung von 25 Milliarden Euro bereits dem volkswirtschaftlichen Nettoprodukt eines Jahres. Der wirtschaftliche Zusammenbruch war nur eine Frage der Zeit.

Das Honecker-Regime war mit seiner „Einheit von Wirtschafts- und Sozialpolitik" gescheitert, änderte jedoch nichts an den viel zu hohen Ausgaben für den Sozialstaat. Die Regierung rührte weder an den subventionierten Mietpreisen, noch an der Höhe

▲ **Ehrentribüne während der Militärparade anlässlich des 40. Jahrestages der Gründung der DDR.**
Foto vom 7. Oktober 1989.
In der ersten Reihe stehen der sowjetische Staats- und Parteichef Michail Gorbatschow (2. v. l.) und der DDR-Staatsratsvorsitzende und SED-Generalsekretär Erich Honecker (3. v. l.).

der Löhne oder an den Arbeitsplätzen. Künstlich wurden damit Vollbeschäftigung und eine gute Versorgung aufrechterhalten. „Künstlich" bedeutete: „auf Pump" und unter Verschweigen der tatsächlichen Situation.

Die oberste Staats- und Parteispitze wiegte die breite Bevölkerung mit gefälschten Bilanzen und Durchhalteparolen in Sicherheit. So verkündete die SED-Führung im Oktober 1988 feierlich das Erreichen ihres Zieles, drei Millionen neue Wohnungen seit 1976 gebaut zu haben. Tatsächlich waren erst 1,9 Millionen Wohnungen fertiggestellt (mitgezählt wurden dabei auch Wohnheimplätze für Senioren und Studenten).

Die Propaganda übertönte jede Kritik, selbst innerhalb der SED. Sie verfing nicht zuletzt im westlichen Ausland, wo man die Missstände kaum wahrnahm. Dabei halfen populäre Maßnahmen und Inszenierungen wie die Einweihung des modernen Sport- und Erholungszentrums in Ost-Berlin (1981) oder der Wiederaufbau der Semper-Oper in Dresden. Das Bild von der erfolgreichen DDR überdauerte damit die Wirklichkeit, vor allem in den Köpfen der Machthaber. Das DDR-Regime zeigte sich unfähig zu Reformen und wurde zum Opfer seiner eigenen Selbsttäuschung (▸ M7).

M1 „Die Politbüro-Beschlüsse waren Bedingungen der tödlichen Schüsse" – das Urteil von 1997/99

Der Journalist Roman Grafe fasst Verlauf und Ergebnisse des Prozesses gegen führende DDR-Funktionäre zusammen:

Am 25. August 1997 erging im Berliner Landgericht das Urteil in der Strafsache gegen Schabowski und andere [...]: Wegen Totschlags an DDR-Flüchtlingen erhielt Egon Krenz sechseinhalb Jahre Freiheitsentzug. Günter Schabowski und Günther Kleiber[1] wurden zu jeweils drei Jahren Haft verurteilt.
In seiner mündlichen Urteilsbegründung sagte der Vorsitzende Richter Josef Hoch, die Kammer bestreite nicht, dass die DDR in ihren Entscheidungen nicht souverän gewesen sei. Jedoch habe das strenge Grenzregime stets im Interesse der DDR-Führung gelegen. Bis zuletzt, so Hoch, seien Flüchtlinge erschossen worden, weil die SED-Führung am Grenzregime festgehalten habe. Das Politbüro sei faktisch die Organisationsspitze des Staates gewesen und habe somit auch die Verantwortung für das Grenzregime gehabt. Sämtliche Staatsorgane hätten sich dem Willen der SED-Führung beugen müssen.
Der Klassenauftrag der Parteiführung an die Grenztruppen – die Unverletzlichkeit der DDR-Grenze zu gewährleisten – sei tatsächlich ein ideologischer Schießbefehl gewesen. Die Beschlüsse des Politbüros zur Grenzsicherung hätten sich in den für die Tötungen an der Grenze maßgeblichen Befehlen wiedergefunden; teilweise waren die Beschlüsse in diesen Befehlen ausdrücklich erwähnt worden.
Wer die Herrschaft über Tötungen habe, sei als Täter dafür verantwortlich. Wenn die Tötungen an der Grenze auch nicht das Ziel der Angeklagten gewesen seien, so hätten sie die Todesfälle jedoch billigend in Kauf genommen, weil es ihnen darauf angekommen sei, die Grenze undurchlässig zu machen. Richter Hoch: „Sie wollten die Grenzsicherung, auch um den Preis von Toten. Ohne die Politbürobeschlüsse hätte es diese Toten nicht gegeben." [...]
Am 8. November 1999 bestätigte der BGH[2] das Urteil des Berliner Landgerichts im Politbüroprozess. [...]
Anfang Januar [2000] lehnte eine Kammer des Bundesverfassungsgerichts die Annahme der Verfassungsbeschwerde von Krenz ab. Die drei Verurteilten haben ihre Haftstrafen angetreten.

Roman Grafe, „Die Politbüro-Beschlüsse waren Bedingungen der tödlichen Schüsse". Der Prozess gegen sechs Mitglieder des SED-Politbüros (1996-1999), in: Deutschland-Archiv, 33. Jg. 2000, Heft 1, S. 23-25

Günter Schabowski und Günther Kleiber werden im Herbst 2000 begnadigt und aus der Haft entlassen. Im März 2001 verwirft der Europäische Gerichtshof für Menschenrechte in letzter Instanz die Beschwerden von Egon Krenz gegen seine Verurteilung. Krenz wird jedoch am 18. Dezember 2003 vorzeitig aus der Haft entlassen und der Rest seiner Strafe zur Bewährung ausgesetzt.

1. *Erläutern Sie Für und Wider der Gerichtsentscheidung und nehmen Sie dazu Stellung.*
2. *Diskutieren Sie über die Angemessenheit der Strafen.*

[1] Egon Krenz: geb. 1937, 1983-1989 Mitglied des Politbüros; Günter Schabowski: geb. 1929, 1984-1989 Mitglied des Politbüros; Günther Kleiber: geb. 1931, 1984-1989 Mitglied des Politbüros
[2] BGH: Bundesgerichtshof in Karlsruhe, höchstes deutsches Gericht in Zivil- und Strafsachen

M2 Zwei Staaten – zwei Systeme

Unter dem Stichwort „Bundesrepublik Deutschland" steht in einem Nachschlagewerk der DDR zu lesen:

„Bundesrepublik Deutschland (BRD): imperialistischer Staat; Hauptverbündeter der USA in Europa, Mitglied der Nordatlantikpaktorganisation und der Europäischen Wirtschaftsgemeinschaft. Die BRD entstand im Ergebnis imperialistischer Spaltungspolitik aus den ehemaligen westlichen Besatzungszonen Deutschlands (7.9.1949) unter Bruch des Postdamer Abkommens, gegen den Willen des Volkes, um die Herrschaft der Monopolbourgeoisie[1] in einem Teil des ehemaligen Machtbereiches des deutschen Imperialismus zu erhalten und als antikommunistischen Stoßkeil gegen die UdSSR und die anderen sozialistischen Staaten Europas auszunutzen. Mithilfe amerikanischer Kredite und durch die Unterstützung des internationalen Finanzkapitals wurde die Macht des Imperialismus wiederhergestellt.
[...]
Die BRD ist ein hochindustrialisiertes Land [...]. Die Wirtschaft wird von westdeutschen und ausländischen Monopolen beherrscht. [...] Die Klassenstruktur ist durch eine ausgeprägte Polarisierung gekennzeichnet: Der unversöhnliche Widerspruch zwischen Bourgeoisie und Arbeiterklasse hat sich zu einem Antagonismus[2] zwischen der kleinen Schicht der Monopolbourgeoisie und allen nichtmonopolistischen Klassen und Schichten ausgeweitet.
[...]
Der Macht des Monopolkapitals in der BRD ist das Streben nach Beseitigung des Sozialismus in der DDR und in anderen sozialistischen Ländern Europas immanent[3]."

[1] Bourgeoisie: Besitzbürgertum
[2] Antagonismus: Widerstreit, Gegensatz
[3] immanent: innewohnend, charakteristisch

Unter dem Stichwort „Deutsche Demokratische Republik" heißt es dagegen:

„Deutsche Demokratische Republik (DDR): sozialistischer deutscher Staat, in dem die von der marxistisch-leninistischen Partei, der Sozialistischen Einheitspartei Deutschlands, geführte Arbeiterklasse im Bündnis mit der Klasse der Genossenschaftsbauern, der Intelligenz und den anderen werktätigen Schichten die Macht ausübt. Sie wurde am 7.10.1949 gegründet.
[...]
Die Gründung der DDR bedeutete die Erfüllung des Vermächtnisses der revolutionären deutschen Arbeiterbewegung und der antifaschistischen Kämpfer gegen die faschistische Diktatur. Mit der Gründung der DDR entstand erstmals ein deutscher Staat, dessen Weg voll und ganz von den Gesetzmäßigkeiten des gesellschaftlichen Fortschritts bestimmt wird. Sie wurde vorbereitet durch die antifaschistisch-demokratische Umgestaltung [...] in der damaligen sowjetischen Besatzungszone Deutschlands. Die Schaffung der DDR und ihre Entwicklung zum souveränen sozialistischen deutschen Staat bedeutet eine schwere Niederlage des Imperialismus, weil ihm hier mit der Machtübernahme durch die Arbeiterklasse für immer seine Machtpositionen entzogen wurden. Mit dem Sieg der sozialistischen Produktionsverhältnisse in allen Bereichen der Volkswirtschaft wurden die Ausbeutung des Menschen durch den Menschen und die Quellen für eine Restauration des Kapitalismus beseitigt. Außerdem ist infolge der Existenz und Stärke der Sowjetunion und der festen Verankerung der DDR in der sozialistischen Staatengemeinschaft die Möglichkeit ausgeschaltet, durch äußere Gewalt die Macht der Arbeiterklasse zu stürzen und die Herrschaft der imperialistischen Bourgeoisie wiederherzustellen."

Erster Text: Kleines Politisches Wörterbuch, hrsg. von Gertrud Schütz u.a., Berlin [5]1986, S. 147, 148 und 149; zweiter Text: a.a.O., S. 176 und 177

1. *Prüfen Sie die Aussagen zur Gründung der Bundesrepublik im ersten Text auf ihre Stichhaltigkeit.*

2. *Stellen Sie dar, worin die historische und politische Bedeutung der DDR nach Ansicht des zweiten Textes lag.*

3. *Definieren Sie „Imperialismus" im Sinne der beiden Texte. Welche Motive werden dem „Imperialismus" der Bundesrepublik unterstellt und welche Zukunft wird ihm bescheinigt?*

4. *Arbeiten Sie anhand des zweiten Textes heraus, welche Faktoren den Bestand der DDR gewährleisten sollten. Diskutieren Sie, ob diese Einschätzung zutrifft.*

M3 Aus der Verfassung der DDR von 1968

Seit 6. April 1968 gilt eine neue Verfassung für die DDR. Darin heißt es:

Artikel 1
Die Deutsche Demokratische Republik ist ein sozialistischer Staat deutscher Nation. Sie ist die politische Organisation der Werktätigen in Stadt und Land, die gemeinsam unter Führung der Arbeiterklasse und ihrer marxistisch-leninistischen Partei den Sozialismus verwirklichen.
Die Hauptstadt der Deutschen Demokratischen Republik ist Berlin.
[...]
Artikel 2
(1) Alle politische Macht in der Deutschen Demokratischen Republik wird von den Werktätigen ausgeübt. Der Mensch steht im Mittelpunkt aller Bemühungen der sozialistischen Gesellschaft und ihres Staates. Das gesellschaftliche System des Sozialismus wird ständig vervollkommnet.
(2) Das feste Bündnis der Arbeiterklasse mit der Klasse der Genossenschaftsbauern, den Angehörigen der Intelligenz und den anderen Schichten des Volkes, das sozialistische Eigentum an Produktionsmitteln, die Planung und Leitung der gesellschaftlichen Entwicklung und die fortgeschrittensten Erkenntnisse der Wissenschaft bilden unantastbare Grundlagen der sozialistischen Gesellschaftsordnung.
(3) Die Ausbeutung des Menschen durch den Menschen ist für immer beseitigt. Was des Volkes Hände schaffen, ist des Volkes Eigen. Das sozialistische Prinzip „Jeder nach seinen Fähigkeiten, jedem nach seiner Leistung" wird verwirklicht.
(4) Die Übereinstimmung der politischen, materiellen und kulturellen Interessen der Werktätigen und ihrer Kollektive mit den gesellschaftlichen Erfordernissen ist die wichtigste Triebkraft der sozialistischen Gesellschaft.
[...]
Artikel 24
(1) Jeder Bürger der Deutschen Demokratischen Republik hat das Recht auf Arbeit. Er hat das Recht auf einen Arbeitsplatz und dessen freie Wahl entsprechend den gesellschaftlichen Erfordernissen und der persönlichen Qualifikation. Er hat das Recht auf Lohn nach Qualität und Quantität der Arbeit. Mann und Frau, Erwachsene und Jugendliche haben das Recht auf gleichen Lohn bei gleicher Arbeitsleistung.
(2) Gesellschaftlich nützliche Tätigkeit ist eine ehrenvolle Pflicht für jeden arbeitsfähigen Bürger. Das Recht auf Arbeit und die Pflicht zur Arbeit bilden eine Einheit.
(3) Das Recht auf Arbeit wird gewährleistet durch das sozialistische Eigentum an den Produktionsmitteln; durch die sozialistische Planung und Leitung des gesellschaftlichen Reproduktionsprozesses; durch das stetige und planmäßige

Wachstum der sozialistischen Produktivkräfte und der Arbeitsproduktivität; durch die konsequente Durchführung der wissenschaftlich-technischen Revolution; durch ständige Bildung und Weiterbildung der Bürger und durch das einheitliche sozialistische Arbeitsrecht.

Die Verfassung der Deutschen Demokratischen Republik, hrsg. vom Gesamtdeutschen Institut, Bonn 1974, S. 433 f.

1. *Skizzieren Sie das Verhältnis von Arbeit und politischer Macht gemäß dem Verfassungstext.*

2. *Stellen Sie dar, wovon ein „Recht auf Arbeit" laut Verfassung der DDR abhing. Nennen Sie weitere Bedingungen, die Ihrer Meinung nach für eine allgemeine Arbeitsplatzgarantie erfüllt sein müssen.*

3. *Begründen Sie, weshalb das „Recht auf Arbeit" von den Menschen in der DDR als große Errungenschaft angesehen wurde. Erörtern Sie, warum ein solches Recht im Grundgesetz nicht auftaucht.*

M4 Bitte an Breschnew

Mitglieder des SED-Politbüros wenden sich in einem Brief vom 21. Januar 1971 an die sowjetische Parteiführung. Darin fordern sie die Absetzung Walter Ulbrichts:

Teure Genossen!

Wie Ihnen bekannt ist, kam es bei uns in den letzten Monaten in wachsendem Maße zu einer außerordentlich schwierigen Lage im Politbüro. [...]

Nachdem die 14. Tagung des Zentralkomitees eine realistische Einschätzung der inneren, insbesondere der wirtschaftlichen Entwicklung und eine entsprechende Zielstellung erarbeitet und gebilligt hatte, hielt Genosse Walter Ulbricht ein Schlusswort, das in seiner Grundtendenz nicht mit [...] unserer gemeinsamen Linie übereinstimmte. Das Politbüro war gezwungen, die Veröffentlichung dieses Schlusswortes abzulehnen. [...] Das Politbüro musste auch im Januar ein von Genosse Walter Ulbricht überraschend eingereichtes Material ablehnen, das [...] an die Bezirks- und Kreisleitungen sowie an die Grundorganisationen der Partei versandt werden sollte. [...] In diesem Material ist vorgegeben, zum VIII. Parteitag eine Orientierung zu geben und Beschlüsse zu fassen, die nicht auf die Fagen des Lebens Antwort geben [...], sondern durch lebensfremde, pseudowissenschaftliche, teilweise „technokratische"[1] Theorien eine sogenannte Vorausschau bis 1990 und darüber hinaus ersetzt werden sollen.

[1] Technokratie (wörtl. „Herrschaft von Experten"): Lenkung von Staat, Wirtschaft und Gesellschaft nach wissenschaftlich-technischen Vorstellungen

In der Einschätzung internationaler Fragen wird von ihm teilweise in den Formulierungen hinter die Beschlüsse der [...] Staaten des Warschauer Vertrages zurückgegangen. Das würde dazu führen, dass wir zum VIII. Parteitag nicht mit einer einheitlichen Meinung kommen, sondern mit der Meinung der Mehrheit des Politbüros und des Zentralkomitees auf der einen und der des Genossen Walter Ulbricht auf der anderen Seite. [...]

Leider sind die Meinungsverschiedenheiten nicht nur in unserer Partei, sondern dank der Umgebung des Genossen Walter Ulbricht auch im Westen bekannt geworden. [...] [Genosse Ulbrichts] Haltung gipfelte in der Behauptung, dass er „unwiederholbar" sei. Die übertriebene Einschätzung seiner Person überträgt er auch auf die DDR, die er immer wieder in eine „Modell-" und „Lehrmeisterrolle" hineinmanövrieren will. [...] Deshalb wäre es sehr wichtig und für uns eine unschätzbare Hilfe, wenn Genosse Leonid Iljitsch Breschnew in den nächsten Tagen mit Genosse Walter Ulbricht ein Gespräch führt, in dessen Ergebnis Genosse Walter Ulbricht von sich aus das Zentralkomitee der Sozialistischen Einheitspartei Deutschlands ersucht, ihn aufgrund seines hohen Alters und seines Gesundheitszustandes von der Funktion des Ersten Sekretärs des Zentralkomitees der Sozialistischen Einheitspartei Deutschlands zu entbinden. Diese Frage sollte möglichst bald gelöst werden, das heißt unbedingt noch vor dem VIII. Parteitag der SED. [...] Wir erwarten Ihre Antwort und Hilfe.

Mit kommunistischem Gruß

Zit. nach: Andreas Herbst, Gerd-Rüdiger Stephan und Jürgen Winkler (Hrsg.), Die SED. Geschichte, Organisation, Politik. Ein Handbuch, Berlin 1997, S. 719-721

1. *Fassen Sie die Kritikpunkte gegen Ulbricht zusammen.*

2. *Stellen Sie dar, welche Gefahr von Ulbrichts (behauptetem) Verhalten für die SED-Spitze ausging.*

3. *Erörtern Sie, warum die SED eine Abwahl Ulbrichts auf dem Parteitag vermeiden wollte.*

M5 Sozialpolitik und Legitimation der SED-Herrschaft

In einer Untersuchung über die Wirksamkeit der Sozialpolitik für die Akzeptanz des DDR-Regimes durch die Bürger heißt es:

Von der Sozialpolitik hatten sich die SED und die Staatsführung der DDR großen ökonomischen und politischen Nutzen erhofft. Voraussetzung und Ansporn wirtschaftlicher Leistung und Produktivitätssteigerung sollte sie sein und als Quelle von Legitimität dienen, um den grundlegenden Mangel an Anerkennung des SED-Regimes zu kompensieren. Ist dies erreicht worden?

▸ VIII. Parteitag der SED.
Foto vom 15. Juni 1971. Auf dem Parteitag wurde Walter Ulbricht als Generalsekretär durch Erich Honecker ersetzt. Das Foto zeigt Honecker vor seiner Rede. Auf dem Podium steht unter anderem auch der sowjetische Parteichef Leonid Breschnew (3. v. l.).

Die sozialwissenschaftliche Forschung neigt zu der These, die Politik der sozialen Sicherung habe zur Stabilisierung des SED-Regimes beigetragen. Der paternalistische[1] Herrschaftsmechanismus der Sozialpolitik habe Wohlverhalten und konsumorientierte Anpassung hervorgerufen oder verstärkt, so wird die Stabilisierungsthese begründet. Zumindest zeitweise sei es gelungen, mit der Sozialpolitik eine Brücke zwischen den Herrschenden und den Beherrschten zu schlagen, so pflichten manche dieser Auffassung bei, meist unter Berufung auf die Aufwertung der Sozialpolitik in den 70er-Jahren.

Allerdings betonen alle seriösen Untersuchungen die Grenzen der Legitimierung der DDR-Sozialpolitik und deren widersprüchlichen, teils Anerkennung stiftenden, teils Protest hervorrufenden Wirkungen. [...]

Hockerts[2] zufolge sind die „sozialistischen Errungenschaften" wie Vollbeschäftigung und Grundversorgung von der Bevölkerung insgesamt angenommen und genutzt worden. Aber als Herrschaftsstützen seien sie viel zu schwach, wenn nicht gar morsch gewesen. [...]

Die Sozialpolitik fand nicht nur Zustimmung, sie rief auch Widerspruch hervor, zum Beispiel aufgrund offenkundiger Leistungsmängel, wie im Falle der mangelhaften Altenpflege, der verfallenden Bausubstanz in den Städten, der Ausstattungsmängel des Gesundheitswesens, und Unzufriedenheit ob der Vernachlässigung produktionsferner Lebenslagen und Risiken, wie bei vielen Rentnern. [...]

Damit sind Kehrseiten der DDR-Sozialpolitik angesprochen, die kaum legitimierend wirken. Zu den Legitimierungsgrenzen ist ein Weiteres zu zählen: Die DDR-Sozialpolitik legte ihre Bürger viel stärker als die Sozialpolitik westlicher Prägung auf eine Politiknehmerrolle fest. Soweit dies den Politiknehmer der unbotmäßigen Eigeninitiative beraubte, konnte man darin eine system- und ideologiegerechte Konsequenz sehen. Doch der Politiknehmerstatus förderte Anspruchshaltung und Passivität. Überdies verhinderte er, was die DDR-Sozialpolitik der parteioffiziellen Ideologie zufolge eigentlich bewirken sollte: die Entwicklung von Qualifikation und Staatsbürgertugenden einer loyalen, produktiven und konstruktiv mitwirkenden „sozialistischen Persönlichkeit". Doch von der war ebenso wenig zu sehen wie von der Steigerung der Produktivität, die man sich von der „Einheit von Wirtschafts- und Sozialpolitik" erhoffte.

Eine noch gefährlichere Legitimierungsgrenze bestand für die Sozialpolitik der DDR in dem Ost-West-Vergleich, vor allem dem Vergleich mit der Bundesrepublik Deutschland. Hier stößt man auf die Achillesferse des DDR-Sozialismus. Im Ost-West-Vergleich erwiesen sich seine „sozialen Errungenschaften" einschließlich der Sozialleistungen als mittelmäßig, nicht selten als unzulänglich, oft als unattraktiv. Das ergab sich aus den repressiven Strukturen des Staatswesens und dem niedrigeren Entwicklungsstand der DDR-Wirtschaft, der rückständigen Technologie, der geringen Qualität der Dienstleistungen, der niedrigeren Kaufkraft der Sozialeinkommen und Löhne und dem unzureichenden Angebot an Konsumgütern des gehobenen Bedarfs. Die nur mäßige Produktivität der DDR-Wirtschaft bedeutete einen großen Rückstand an volkswirtschaftlichem Wohlstand sowie an privatem und

[1] paternalistisch: väterlich bevormundend
[2] Hans Günter Hockerts: deutscher Zeithistoriker (geb. 1943)

öffentlichem Konsumniveau gegenüber den fortgeschrittenen westlichen Industrieländern wie der Bundesrepublik Deutschland. Vor diesem Rückschritt schrumpften die „sozialen Errungenschaften“ des SED-Staates zu Wohltaten, welche die überwältigende Mehrheit der DDR-Bürger bei erster Gelegenheit gegen die volle Teilhabe an den Gütern der Sozialen Marktwirtschaft und des Sozialstaats der Bundesrepublik Deutschland eintauschte.

Manfred G. Schmidt, Grundzüge der Sozialpolitik in der DDR, in: Eberhard Kuhrt, Hannsjörg F. Buck und Gunter Holzweißig (Hrsg.), Die Endzeit der DDR-Wirtschaft – Analysen zur Wirtschafts-, Sozial- und Umweltpolitik, Opladen 1999, S. 297ff.

1. *Listen Sie Vor- und Nachteile der „Einheit von Wirtschafts- und Sozialpolitik“ auf. Diskutieren Sie, ob man tatsächlich von einer „Einheit“ sprechen kann.*

2. *Beschreiben Sie den Einfluss des permanenten Vergleichs mit der Bundesrepublik auf die Mentalität der DDR-Bevölkerung.*

M6 Ost-Berlin schätzt die KSZE-Schlussakte ein

Das DDR-Außenministerium nimmt am 28. Juli 1975 eine Bewertung der KSZE-Schlussakte von Helsinki vor:

Der große Erfolg für die Staaten der sozialistischen Gemeinschaft ist die Ausarbeitung und Aufnahme des Prinzips der Unverletzlichkeit der Grenzen als selbstständiges Prinzip in den Prinzipienkatalog. [Es] enthält die klare Aussage, dass es nicht allein um den Ausschluss der Gewaltanwendung, sondern um jegliche Forderungen und Handlungen geht, die darauf gerichtet sind, Grenzen anderer Staaten zu verletzen oder sich des Territoriums anderer Staaten zu bemächtigen. Nicht verhindert werden konnte die Aufnahme eines Satzes über das Ändern von Grenzen. Die von diesem Satz ausgehende negative Wirkung konnte aber dadurch abgeschwächt werden, indem er nicht, wie von der BRD angestrebt, dem Prinzip über die Unverletzlichkeit der Grenzen zugeordnet wurde. Außerdem konnte bei den Verhandlungen über den deutschen Wortlaut dieses Satzes erreicht werden, dass die BRD zu keinem der Prinzipien eine interpretative Erklärung im Sinne des sogenannten Briefes zur deutschen Einheit[1] abgibt.

Von weitreichender Bedeutung ist die klare Ausgestaltung des Prinzips der Nichteinmischung in die inneren und äußeren Angelegenheiten. In diesem Zusammenhang ist bedeutsam die Feststellung über die Rechte jedes Teilnehmerstaates, sein System und seine Gesetze und Verordnungen zu bestimmen. [...]

Die kapitalistischen Staaten sind mit sehr weitgehenden Forderungen insbesondere in den Fragen des Prinzipienkatalogs, der vertrauensfördernden Maßnahme und der „Freizügigkeit von Menschen und Ideen“ in die Konferenz gegangen und haben diese hartnäckig verfolgt. Sie nutzten ihre Möglichkeiten und unser Interesse an einem erfolgreichen Abschluss der Konferenz aus, um insbesondere in den Prinzipien und den Bereichen Information und Kontakte einige detailliertere Aussagen durchzusetzen, als von uns ursprünglich beabsichtigt war. Diese Aussagen sind jedoch so abgesichert, um unmittelbar negative Auswirkungen auf unsere gesellschaftlichen Verhältnisse auszuschließen. [...]

Im Bereich der Kontakte, insbesondere bei familiären Begegnungen, Familienzusammenführungen, Eheschließungen und Reisen aus persönlichen und beruflichen Gründen wurde [aus westlichen Vorschlägen] die Verpflichtung übernommen, jeweilige Anträge „wohlwollend“ zu behandeln. Das innerstaatliche Genehmigungsverfahren bleibt unberührt. [...] Alle westlichen Vorschläge, die auf eine „freie“ Ein- und Ausreise ausländischer Bürger im Gastland abzielten, konnten zurückgewiesen werden. [...]

Im Bereich Kultur und Bildung konnten alle jene Elemente, die auf eine ideologische Diversion hinausliefen, wie die Einrichtung ausländischer Kinos, Lesesäle, Bibliotheken usw., ausgeschlossen werden.

Matthias Judt (Hrsg.), a.a.O., S. 518 f.

1. *Zeigen Sie anhand des Textes auf, welche Festlegungen in dem KSZE-Abkommen der DDR-Staatsführung wichtig waren.*

2. *Erläutern Sie, was die DDR-Führung plante, um mögliche unerwünschte Folgen des Abkommens zu verhindern. Prüfen Sie, ob ihr das kurz- und langfristig gelungen ist.*

M7 Eindrucksvolle Bilanz der DDR

In einer Betrachtung zum 40. Jahrestag der Gründung der DDR zeichnet Staats- und Parteichef Erich Honecker im Oktober 1989 das offizielle Bild von der DDR. Der Text erscheint in der von der SED herausgegebenen „Zeitschrift für Theorie und Praxis des wissenschaftlichen Sozialismus“.

Am 7. Oktober 1989 vollendet die Deutsche Demokratische Republik das vierte Jahrzehnt seit ihrer Gründung. Der stabile und dynamische Werdegang des ersten sozialistischen Staa-

[1] Dokument der Bundesregierung zur Ergänzung des Grundlagenvertrages von 1972. Darin stellte Bonn klar, dass die Vereinbarungen mit der DDR nichts am Auftrag des Grundgesetzes ändern, eine Wiedervereinigung Deutschlands in Frieden und Freiheit herbeizuführen. Siehe auch S. 97.

▲ **Karikatur des bundesdeutschen Karikaturisten Horst Haitzinger vom 16. August 1989.**
▪ *Erläutern Sie die Reaktion des Karikaturisten auf Honeckers Rede.*

tes der Arbeiter und Bauern auf deutschem Boden, all das, was er geleistet hat und was er heute ist, berechtigt zu der Feststellung, dass er seine historische Bewährungsprobe im Zentrum Europas bestanden hat. Mit dem Volk, durch das Volk und für das Volk wurde unter Führung der SED auf den Trümmern des Zweiten Weltkrieges ein gewaltiges Aufbauwerk vollbracht. Im Prozess revolutionärer Umgestaltungen unseres Lebens [...] veränderte sich das Dasein der Menschen wie in keiner früheren Zeit zum Guten. Frieden und Völkerfreundschaft erhielten bei uns eine zuverlässige Heimstatt. [...]

Die DDR ist die größte Errungenschaft der revolutionären deutschen Arbeiterbewegung und krönte den Kampf aller progressiven Kräfte unseres Volkes, die ein Deutschland ohne Ausbeutung des Menschen durch den Menschen, ohne Imperialismus und Reaktion, ohne nationalistischen Größenwahn und aggressiven Ausdehnungsdrang, ein neues, das sozialistische Deutschland erstrebten. Dadurch, dass die Arbeiterklasse die politische Macht in ihre Hände nahm und sie im Bündnis mit den Genossenschaftsbauern, der Intelligenz und den anderen Werktätigen ausübt, wurde dieses Ziel Wirklichkeit. [...] Die Existenz und Entwicklung des antifaschistischen, sozialistischen deutschen Friedensstaates DDR, daran kann heute weniger denn je ein Zweifel bestehen, ist ein Glück für die Völker, die unter den wiederholten Raubzügen des deutschen Imperialismus und Militarismus mehr als genug gelitten haben. [...]

Indem unser Volk den Weg des Sozialismus einschlug, entschied es sich für eine Zukunft in Freiheit, Demokratie und Menschenwürde, was gleichbedeutend war mit einer konsequenten Absage an alles Reaktionäre der Vergangenheit. In unzerstörbarer Freundschaft zur Sowjetunion, fest eingefügt in die Gemeinschaft der sozialistischen Staaten, hat unsere Republik die 40 Jahre ihres Bestehens in angestrengter Arbeit und oftmals hartem Kampf, unter weltoffenen Bedingungen mit Ergebnissen durchschritten, die sich sehen lassen können. Die DDR erlangte ihre weltweite Anerkennung und nimmt ihren gleichberechtigten Platz im internationalen Leben ein. [...]

Ihren 40. Jahrestag begeht die DDR als Staat mit einem funktionierenden, effektiven sozialistischen Gesellschaftssystem, das sich mit den in ihm verwirklichten Menschenrechten auch an den Herausforderungen der 90er-Jahre bewähren wird. Der materielle und kulturelle Lebensstandard unseres Volkes hat ein hohes Niveau erlangt, der soziale Besitzstand ist in einem Maße gewachsen, von dem man im Gründungsjahr nur träumen konnte. Vollbeschäftigung, soziale Sicherheit, gleiche Bildungschancen für alle Kinder des Volkes wurden hierzulande zur Alltagserfahrung der werktätigen Menschen, während anderswo für eine sogenannte Zwei-Drittel-Gesellschaft die Ausbeutung des Menschen durch den Menschen, die Profitmaximierung charakteristisch sind. [...]

Politische Stabilität, wirtschaftliche Dynamik und soziale Geborgenheit sind oft gebrauchte Begriffe, die Charaktereigenschaften unserer Wirklichkeit erfassen. [...]

Gesicherte Realität ist das Recht auf Arbeit, die Grundlage jeder menschenwürdigen Existenz und guten Zukunftshoffnung. Bei uns gibt es kein Bildungsprivileg für einige wenige, sondern bisher ungekannte Bildungschancen für alle Kinder des Volkes.

Erich Honecker, 40 Jahre Deutsche Demokratische Republik, in: Einheit, Heft 9/10, Berlin (Ost) 1989, S. 788-797

1. *Zeigen Sie, welche geschichtliche Rolle die DDR laut Honecker erfüllt.*

2. *Beurteilen Sie die Stichhaltigkeit von Honeckers Bilanz. Vergleichen Sie seine Haltung mit derjenigen seines Vorgängers Ulbricht in M4.*

3. *Verfassen Sie eine Gegendarstellung zu 40 Jahren DDR aus der Sicht eines Regimekritikers.*

Getrennt nebeneinander: Gesellschaft, Alltag und Kultur in beiden deutschen Staaten

◂ **„Exquisit"-Laden.**
Foto vom 23. Januar 1971.
In den „Exquisit"- und „Delikat"-Läden konnten Menschen in der DDR Westwaren mit Ostmark kaufen – zu hohen Preisen.

Bevölkerung und Gesellschaft

1949 — Die Verfassung der DDR garantiert die völlige Gleichstellung von Mann und Frau.

1950 — Die DDR senkt die Volljährigkeit von 21 auf 18 Jahre. Die Bundesrepublik folgt damit erst 1975.

1953 — Das Jugendstrafrecht der Bundesrepublik wird reformiert.

1954 — In der DDR wird die Jugendweihe gesetzlich vorgeschrieben.

1955-1970 — Geburtenstarke Jahrgänge („Babyboom") in der Bundesrepublik

1957 — Rentenreform in der Bundesrepublik

1962 — Zulassung der Anti-Baby-Pille in der Bundesrepublik

1965 — Das Scheidungs- und Unterhaltsrecht der DDR wird vereinfacht.

1972 — In der Bundesrepublik gibt es erstmals jährlich mehr Todesfälle als Geburten.

1977 — Reform des Ehe- und Familienrechts in der Bundesrepublik. Das Scheidungsrecht wird liberalisiert.

Konsum und Lebensstandard

um 1955/57 — In der Bundesrepublik sinken die Verbraucherpreise deutlich. Beginn eines wachsenden Wohlstands in Westdeutschland.

1958 — Ende der Rationierung von Lebensmitteln, Heizöl und Benzin in der DDR

um 1970 — Die Bundesrepublik erreicht das Wohlstandsniveau der USA.

1971 — Die DDR-Regierung verfügt einen Preisstopp für Lebensmittel und Mieten. Bis 1990 sollen drei Millionen neue Wohnungen gebaut werden, um den großen Wohnungsmangel zu beseitigen.

Medien, Unterhaltung und Kunst

1950 — Gründung der ARD als öffentlich-rechtlicher Rundfunkverbund in der Bundesrepublik

1952 — Der „Deutsche Fernsehfunk", das Staatsfernsehen der DDR, geht auf Sendung.

1962 — Die „Spiegel-Affäre" wird zum Prüfstein der Pressefreiheit in der Bundesrepublik.

1976 — Der Schriftsteller und Liedermacher Wolf Biermann wird von der DDR-Regierung ausgebürgert.

Geschichts- und Nationalbewusstsein

1953 — Nach dem gescheiterten Volksaufstand in der DDR erklärt der Bundestag den 17. Juni zum Tag der Deutschen Einheit.

1971 — Die SED lehnt auf ihrem Parteitag eine Wiedervereinigung ab.

1983 — Das Lutherjahr (500. Geburtstag des Reformators) wird in beiden Teilen Deutschlands gefeiert.

1989 — 40-jähriges Jubiläum der Bundesrepublik. Erstmals finden auch in Westdeutschland große Feiern zur Staatsgründung statt.

1990 — Die DDR-Regierung bekennt sich zur „Verantwortung des gesamten deutschen Volkes für die Vergangenheit".

Wider ihren Willen geteilt, richteten sich die Menschen in Ost- und Westdeutschland in ihrem jeweiligen Staat ein. Darüber entstanden in 40 Jahren Trennung unterschiedliche Gesellschaften. Doch gab es auch Ähnlichkeiten, Übereinstimmungen und wechselseitige Einflüsse.

In der DDR behielt sich das Regime vor, die Gesellschaft zu gestalten. Dabei musste sie auf Umstände reagieren, die sie nicht steuern konnte. Das betraf v.a. den Rückgang der Bevölkerung als Folge der Massenflucht in den 50er-Jahren und der ständig sinkenden Zahl von Geburten. Um den notorischen Arbeitskräftemangel auszugleichen, unterstützte der Staat die Beschäftigung von Frauen, u.a. mit kostenloser Kinderbetreuung. Mehr noch als Frauen wurden Jugendliche durch das Regime gefördert. Westliche Moden und Musikstile der Jugend waren dabei ebenso unerwünscht wie eine abweichende Meinung – der Staat forderte Anpassung.

Die Gesellschaft der Bundesrepublik war zunächst zu den bürgerlichen Lebensformen der Vorkriegszeit zurückgekehrt, was die Rolle von Mann und Frau, Ehe und Familie anging. Hier dauerte es weit länger als in der DDR, bis Ehefrauen durch Berufsarbeit unabhängig wurden. Wie in der DDR stieg dabei auch die Zahl der Scheidungen, wenngleich nicht ganz so stark wie in Ostdeutschland.

Auch Jugendliche gelangten in den 60er- und 70er-Jahren zu mehr Selbstständigkeit und entwickelten eine eigene Teenagerkultur. Ältere Menschen erhielten dank des allgemeinen Wohlstands eine bessere Versorgung als je zuvor. Angesichts rückläufiger Geburten und höherer Lebenserwartung wurde ihr Anteil immer größer.

Während sich die Bundesrepublik dank des Wirtschaftswachstums zu einer Konsumgesellschaft entwickelte, hatten die Menschen in der DDR noch lange unter den Bedingungen einer Mangelwirtschaft zu leben. Erst Mitte der 60er-Jahre zeigte sich die Staatsführung offener für die Bedürfnisse der Bevölkerung. In den 70er-Jahren nahmen das Warenangebot und der Lebensstandard spürbar zu. In der DDR herrschte längst keine Not mehr, dennoch wuchs die Unzufriedenheit über das Wohlstandsgefälle gegenüber den Nachbarn im Westen. Besonders beklagt wurde die fehlende Reisefreiheit, während den Bundesbürgern längst die Welt offenstand. Die Medien waren dabei ein ständiges Einfallstor westlicher Einflüsse.

In der zeitgenössischen Literatur gab es viele Berührungspunkte zwischen Schriftstellern aus Ost und West. In der DDR bildete sich ein Milieu kritischer Autoren, das jedoch ständig mit den Repressionen der Staatsmacht rechnen musste.

Die Erinnerung beider Staaten an die gemeinsame Geschichte war höchst unterschiedlich. Die DDR lehnte eine Verantwortung für die NS-Vergangenheit ab, während in der Bundesrepublik ein langwieriger Lernprozess stattfand, der sich um Aufarbeitung bemühte. In den 70er- und 80er-Jahren schien es so, als hätten sich die Deutschen mit der Teilung abgefunden. Der Friede in Europa war den Menschen wichtiger als eine kaum noch für möglich gehaltene staatliche Einheit.

In diesem Kapitel erwerben Sie die **Kompetenz**,

- die unterschiedlichen Formen gesellschaftlichen Lebens in beiden deutschen Staaten zu vergleichen, die sich aus der Andersartigkeit der politischen Systeme ergaben,
- den gesellschaftlichen Wandel seit den 1950er-Jahren und seine Perspektiven zu kennzeichnen,
- die Herausforderungen und Probleme moderner Industriegesellschaften zu analysieren und zu erörtern, welche Antworten beide deutsche Staaten darauf fanden,
- zu untersuchen, wie sich Deutsche in Ost und West mit ihrem jeweiligen Staat identifizierten und welche Bedeutung die Idee einer deutschen Gesamtnation besaß.

Bevölkerungsentwicklung

Bevölkerungswachstum und -struktur in der Bundesrepublik Deutschland hatte während des Zweiten Weltkriegs Schätzungen zufolge etwa 5,25 Millionen Soldaten und Zivilisten verloren. Von den über elf Millionen deutschen Kriegsgefangenen durften die meisten bereits in den ersten Nachkriegsjahren zurückkehren. Aus der Sowjetunion, wo über eine Million und damit über ein Drittel starben, wurden die letzten erst 1955 aus der Gefangenschaft entlassen. 1946 lebten etwa 63 bis 65 Millionen Menschen in den deutschen Besatzungszonen, darunter noch viele der sogenannten „Displaced Persons"*.

1970 hatte allein die Bundesrepublik mehr Einwohner als das gesamte Deutsche Reich vor dem Krieg. Zu dem massiven Bevölkerungswachstum trugen zum einen die zwölf Millionen Flüchtlinge und Vertriebenen aus den ehemaligen deutschen Ostgebieten sowie die Zuwanderer aus der DDR bei. Westdeutschland erlebte zum anderen zwischen 1955 und 1970 einen regelrechten „Babyboom", wobei seit 1960 jährlich über 900 000 Geburten registriert wurden. Ab 1970 sank die Geburtenrate auf den Stand von 1950 und danach noch weiter ab.

Die Zerstörung der Großstädte im Krieg mit dem dadurch verursachten Wohnungsmangel und die Ansiedlung von Flüchtlingen und Vertriebenen vor allem im ländlichen Raum unterbrachen den langfristigen Trend, dass sich die Bevölkerung in Ballungsräumen ansiedelte, nur kurz. Durch das in den 1950er-Jahren einsetzende Wirtschaftswachstum entstanden immer mehr Großstädte und mittlere Zentren mit hoher Siedlungsdichte. Der Anteil der Bevölkerung in Städten zwischen 5 000 und 50 000 Einwohnern stieg kontinuierlich und erreichte 1993 mehr als 40 Prozent. Der seit den 60er-Jahren immer üblichere Besitz eines Kraftfahrzeugs erleichterte das Pendeln auch zu einem entfernt liegenden Arbeitsplatz.

Der Zuzug von Flüchtlingen und Vertriebenen veränderte das Verhältnis der Konfessionen. Hatte es bis dahin noch viele Gemeinden mit nur einer Konfession gegeben, lebten nun überall Protestanten und Katholiken in denselben Gemeinden. Aus anderen Ländern kamen Menschen, die dauerhaft in der Bundesrepublik arbeiteten, wie die sogenannten „Gastarbeiter", von denen sich nur ein kleiner Teil dauerhaft in der Bundesrepublik niederließ und später Angehörige nachholte. Andere Ausländer blieben aus humanitären Gründen im Land. Die Ausländerquote stieg von einem Prozent (1950) auf 8,7 Prozent (2009).

Die Bevölkerung der DDR Die Bevölkerungsdichte war in der Sowjetischen Besatzungszone nach dem Krieg höher als in den westlichen Besatzungszonen. Seit der Gründung der DDR im Jahr 1949 sank die Einwohnerzahl kontinuierlich, von 18,8 auf 16,7 Millionen im Jahr 1989. Verantwortlich dafür war die hohe Zahl von Flüchtlingen – bis zum Ende der DDR flohen insgesamt 5,2 Millionen Menschen in die Bundesrepublik – und der beständige Rückgang der Geburtenrate.

In der DDR war Ost-Berlin das Zentrum des Landes, hinter dem andere Großstädte wie Leipzig, Dresden, Karl-Marx-Stadt (das ehemalige Chemnitz), Halle, Erfurt und Magdeburg an politischer, wirtschaftlicher und kultureller Bedeutung deutlich zurückblieben. Die Hauptstadt der DDR genoss eine Sonderstellung und sollte für Besucher aus dem Westen als Vorzeigestadt dienen.

* siehe S. 29

Der Norden der DDR war wesentlich dünner besiedelt und wirtschaftlich schwächer entwickelt als Sachsen und Thüringen im Süden. Diese traditionellen Industrieregionen waren jedoch seit Kriegsende von den Nachbargebieten im Osten (Schlesien), Westen und Süden (Hessen, Bayern) abgeschnitten, die somit zugleich als Märkte und Rohstofflieferanten entfielen.

Als Folge der Abwanderungen der 50er-Jahre entwickelte sich das Fehlen von Arbeitskräften für die DDR zum Dauerproblem. Die Anwerbung von Beschäftigten aus sozialistischen Ländern wie Polen, Angola, Mosambik und vor allem Vietnam sorgte nur für geringe Entlastung. Seit den 60er-Jahren nahm die Bevölkerung weiter ab, vor allem wegen des fortgesetzten Rückgangs an Geburten.

Einen „Staat im Staate" innerhalb der DDR bildete die Gruppe der Sowjetischen Streitkräfte in Deutschland (GSSD) mit rund 500 000 Soldaten und Zivilpersonen, die von der einheimischen Bevölkerung weitgehend isoliert lebten.

Privatleben und Familie

Privatleben, Ehe und Familie in der Bundesrepublik Nach den Schrecken des Krieges und seinen Folgen sehnten sich die Menschen nach Sicherheit, Familienleben und privatem Glück. Der wirtschaftliche und technische Aufschwung half, diese Wünsche zu erfüllen. Immer mehr Menschen hatten neue Wohnungen und sichere Arbeitsplätze. Immer mehr Familien konnten sich ein Telefon, einen Kühlschrank, eine Waschmaschine, bald auch ein Auto leisten. Sie genossen dadurch einen höheren Lebensstandard und Mobilität. Das Sinken der durchschnittlichen Arbeitszeit schuf größere Freiräume für ein gemeinsames Familienleben und für Freizeitaktivitäten. Ein eigenes Radiogerät sowie seit Ende der 50er-Jahre ein eigener Fernseher in den meisten Haushalten sorgten für laufende Unterhaltung am Feierabend und am Wochenende, an der die ganze Familie teilnahm. Der wachsende materielle Wohlstand steigerte die Zustimmung zum Gesellschaftssystem. Radikale Ideen waren zunehmend verpönt.

▲ **Idylle der heilen Welt: westdeutsches Wohnzimmer.**
Foto aus Bonn von 1958.

Bis Ende der 1960er-Jahre war Ehe die fast ausschließlich akzeptierte und praktizierte Form des Zusammenlebens von Mann und Frau. Dabei wurden viele eheliche Verbindungen aus materiellen Erwägungen getroffen („Vernunftehen"). Als ebenso selbstverständlich galt die Verbindung von Ehe und Elternschaft. In den 60er-Jahren waren 95 Prozent der Bundesbürger im Alter bis zu 45 Jahren wenigstens einmal im Leben verheiratet gewesen, während 94 Prozent aller Kinder ehelich geboren wurden.

Beim Familienideal in den 50er- und 60er-Jahren waren die Rollen zwischen den Ehepartnern klar verteilt. Während der Ehemann für das Einkommen sorgen sollte, hatte sich die Frau um den Haushalt und die Erziehung der Kinder zu kümmern. Erwerbstätige Frauen waren in der Regel entweder unverheiratet oder verwitwet. 1950 waren von den etwa 25 Prozent berufstätigen Frauen unter 60 Jahren die meisten in Betrieben von Familienangehörigen oder Verwandten tätig.

In den 1960er-Jahren entstand unter jungen Menschen ein neues Verhältnis zu Sexualität und Ehe. Empfängnisverhütung wurde nicht länger als moralisch bedenklich angesehen. Die Anti-Baby-Pille, seit 1962 in der Bundesrepublik zugelassen, wurde zum Symbol für eine moderne Familienplanung. Für Verheiratete trat der Wunsch nach Kindern in den Hintergrund; im Vordergrund standen stattdessen Liebe und Partnerschaft. Wenn sich Paare dennoch für Kinder entschieden, wurde deren Betreuungsaufwand immer größer (▸ M1).

Das Zusammenleben unverheirateter Paare stieß immer weniger auf gesellschaftliche Vorbehalte. Das durchschnittliche Heiratsalter stieg zwischen 1960 und 1990 deutlich an, von 25,9 auf 28,1 Jahre bei Männern und von 23,7 auf 25,9 Jahre bei Frauen.

Auch das unbedingte Festhalten an einer Ehe blieb nicht länger die Norm. Die Scheidungsrate vervierfachte sich zwischen 1960 und 1990 nahezu (von 8,1 auf etwa 30 Prozent der neu geschlossenen Ehen). Angesichts der zunehmenden Berufstätigkeit von Frauen, die dadurch finanziell unabhängig wurden, fiel es leichter, eine Ehe aufzulösen. Schließlich reagierte auch der Gesetzgeber, indem er das Scheidungsrecht liberalisierte: Seit 1977 können Ehen nach längerer Trennung aufgelöst werden, wobei kein „Verschulden" mehr nachgewiesen werden muss.

Privatleben, Ehe und Familie in der DDR In der DDR blieb den Bürgern nur wenig Freiraum zur persönlichen Entfaltung. Der schleppende Wiederaufbau der Industrie und die überzogenen Forderungen der SED-Führung führten zu extremen Arbeitslasten. Seit den 50er-Jahren entstand eine ausgesprochene „Arbeitsgesellschaft", geprägt von dauerhaft hohen Arbeitszeiten und einem überdurchschnittlichen Beschäftigungsgrad, insbesondere bei Frauen und Rentnern. Die gesellschaftliche Wertschätzung des Einzelnen hing von seinem Nutzen als Arbeitskraft ab.

Die Betriebe und ihr Arbeitskollektiv wurden für die Belegschaften zur zweiten Heimat. Im Betrieb wurden Kollegen zu Freunden, die gemeinsam den Feierabend verbrachten und deren Angehörige sich im Alltag gegenseitig unterstützten. Der Betrieb diente zugleich als „Filiale des Staates": Er unterhielt nicht selten eine eigene Werkküche, Kindertagesstätte, Nähstube, Reparaturwerkstatt oder medizinische Abteilung. Da die meisten Betriebe verstaatlicht waren, konnte das DDR-Regime damit die Beschäftigten zuverlässig kontrollieren.

Die Scheidungsrate lag in der DDR extrem hoch, sie stieg von 16 Prozent in den 60er-Jahren auf 37 Prozent der neu geschlossenen Ehen im Durchschnitt der 80er-Jahre. Das lag sowohl an der Unabhängigkeit der Frauen, bei denen Berufsarbeit weit verbreitet war, als auch am Ehe- und Familienrecht der DDR. Seit 1965 musste für eine Scheidung kein „Verschulden" mehr vorliegen; Ehemänner hatten nur für Kinder Unterhalt zu leisten, nicht für die geschiedene Ehefrau.

In der DDR war die Familie der Ort, von der Propaganda des SED-Regimes Abstand zu nehmen und sich vom anstrengenden Alltag zu erholen. Die Familie galt der SED als bürgerliche Institution, die im sozialistischen Gesellschaftskonzept zunächst keine Rolle spielen sollte. Der anhaltende Geburtenrückgang und die immer höhere Zahl von Scheidungen führten zu einem Gesinnungswandel. Nun wurde die Familie ausdrücklich unter den Schutz des Staates gestellt, was allerdings an der demografischen Entwicklung nichts änderte. Die vom Staat gewährte soziale Sicherheit sorgte immerhin dafür, dass junge Menschen früher heirateten (1989 lag das Durchschnittsalter bei 24 Jahren, in der Bundesrepublik bei 27). Neben der klassischen Ehe mit Kindern wurden wie in Westdeutschland seit den 70er-Jahren auch alternative Formen des Zusammenlebens üblich: alleinerziehende Mütter, Ehen ohne Trauschein, Patchwork-Familien*.

Frauen

Die Emanzipation der Frauen in der Bundesrepublik In den 60er-Jahren begann sich die Emanzipationsbewegung zu formieren. Sie hatte das Ziel, die Gleichberechtigung der Geschlechter in Arbeitswelt und Alltag durchzusetzen und damit die Abhängigkeiten und Benachteiligungen von Frauen zu beenden. Dieser Prozess vollzog sich auf mehreren Ebenen:

- Dank des massiven Ausbaus des Bildungswesens in den 60er-Jahren waren immer mehr Frauen gut ausgebildet und vielseitig qualifiziert. Der Anteil erwerbstätiger Frauen stieg kontinuierlich an, von 30,2 Prozent im Jahr 1950 auf 37,1 Prozent im Jahr 1989. Noch deutlicher war die Zunahme erwerbstätiger oder arbeitssuchender Ehefrauen und Mütter im selben Zeitraum, von 26 auf über 55 Prozent. Zunächst überwiegend in Dienstleistungsberufen wie Lehrerin, Verkäuferin oder Sekretärin tätig, die nach konservativer Vorstellung für Frauen ausschließlich geeignet schienen, drängten sie allmählich auch in Berufe, die als Männerdomänen galten. Auch nahmen viele Frauen die Möglichkeit der Teilzeitarbeit in Anspruch, die seit 1972 gesetzlich geregelt war. Der technische Fortschritt entlastete Frauen im Haushalt und schuf durch die moderne Telekommunikation (Telefon, Fax, Computer) die Möglichkeit, auch von zu Hause aus zu arbeiten. Bis heute jedoch erhalten Frauen bei vergleichbarer Arbeit weniger Lohn (▸ M2).
- Das Grundgesetz von 1949 garantierte Frauen und Männern gleiche Rechte als Staatsbürger. Das in der Bundesrepublik gültige Ehe- und Familienrecht stammte hingegen aus dem Kaiserreich und gewährte den Ehemännern noch immer einseitige Vorrechte. 1958 trat nach langen Debatten das „Gesetz über die Gleichberechtigung von Mann und Frau im Bereich des Bürgerlichen Rechts" in Kraft. Es beseitigte den bisherigen Anspruch des Ehemannes auf den Gehorsam seiner Frau, ebenso sein Letztentscheidungsrecht über das gemeinsam in die Ehe eingebrachte Vermögen. Eine Berufstätigkeit der Ehefrau hing nicht länger von der Zustimmung ihres Mannes ab. Dagegen wurde ein neuer Paragraf in das Bürgerliche Gesetzbuch (BGB) eingeführt, der Frauen die Erwerbstätigkeit nur dann zugestand, wenn dies „mit ihren Pflichten in Ehe und Familie vereinbar" sei. Diese Bestimmung entfiel erst 1977.
- Die Rolle von Frauen wurde in den 60er-Jahren kontrovers diskutiert. Dem konservativen Vorurteil, eine berufliche Tätigkeit von Frauen führe zur Verwahrlosung der Kinder, zu Sittenverfall und fehlendem Nachwuchs, stand das Eintreten der Frauenbewegung für das Selbstbestimmungsrecht der Frau gegenüber. Zu den führenden Feministinnen gehörte **Alice Schwarzer**, die in Zeitschriften wie „Courage" oder „Emma" engagiert ihre Positionen vertrat. Das Recht, selbst über das eigene Leben entscheiden zu dürfen, sollte in allen Bereichen durchgesetzt werden. Besonders umstritten war die Forderung, das Abtreibungsverbot (§ 218) aufzuheben.
  In den 70er-Jahren rückten die Belange von Frauen stärker ins öffentliche Bewusstsein. In vielen Städten wurden Frauenzentren eingerichtet. Zahlreiche Frauenhäuser

▲ **„Emma."**
Titelbild der ersten Ausgabe vom Januar/Februar 1977.

Alice Schwarzer (geb. 1942): deutsche Journalistin und Frauenrechtlerin

* Patchwork-Familie: Familie, in denen die Eltern aus früheren Ehen oder Beziehungen Kinder mitbringen

entstanden, das erste 1976 in West-Berlin. Sie sollten Müttern und ihren Kindern Zuflucht vor häuslicher Gewalt bieten. Die Wissenschaften setzten sich mit der Erforschung von Frauen- und Geschlechterrollen (*gender studies*) auseinander.

- Nur sehr langsam reagierte der Sozialstaat auf den gesellschaftlichen Wandel. Zwar bestand ein gesetzlicher Mutterschutz. Er stellte Schwangere sechs Wochen vor der Entbindung und bis zu vier Monate nach der Geburt von ihrer Erwerbstätigkeit frei und garantierte die Lohnfortzahlung und den Arbeitsplatz. Allerdings herrschte noch bis zum Ende der 80er-Jahre eine notorische Unterversorgung mit Betreuungsmöglichkeiten für Kinder. Für Kinderkrippen und -horte, Kindergärten und Ganztagesschulen wurden nur geringe Finanzmittel bereitgestellt.

▲ **Fischwerkerin Anni Paaz.**
Bronzestatue von 1971 (Höhe: 98 cm).
Anni Paaz gehörte zu den Erfolgreichsten im VEB Fischkombinat. Solche Denkmale im Stil des Realismus sollten den Einsatz von Frauen im Arbeitsleben motivieren und das angestrebte Ideal werktätiger Frauen vermitteln.

Frauen in der DDR In der DDR gab es keine Frauenbewegung, vielmehr verordnete der Staat eine „Emanzipation von oben". Die DDR-Verfassung von 1949 garantierte die völlige Gleichstellung von Mann und Frau, auch in wirtschaftlichen Dingen, ebenso die Gleichheit der Löhne. Um auch in der Familienplanung unabhängig zu sein, wurde der Schwangerschaftsabbruch seit 1972 im Rahmen einer Fristenlösung gesetzlich erlaubt. Dem SED-Regime ging es mit diesen Regelungen weniger um die Aufwertung der Frau, obwohl die Gleichberechtigung der Geschlechter zu den Zielen des Sozialismus gehörte. Viel entscheidender war der massive, anhaltende Mangel an Arbeitskräften, den die Frauen ausgleichen mussten.

Daher fanden Ehefrauen und Mütter schneller als in der Bundesrepublik in die Berufswelt. Bereits 1960 betrug der Anteil berufstätiger Frauen und solcher in Studium oder Ausbildung 70 Prozent und stieg bis 1990 auf 91 Prozent (in Westdeutschland erhöhte sich dieser Anteil von 1960 bis 1990 von 49 auf 58 Prozent). Auch für verheiratete Frauen und Mütter wurde die Erwerbsarbeit zum Normalfall. 1990 übten rund 80 Prozent der Mütter einen außerhäuslichen Beruf aus, selbst bei Müttern mit vier Kindern betrug der Anteil noch 66 Prozent.

Die Frauen hielten Erwerbsarbeit für eine Bereicherung und schätzten die dadurch erlangte Selbstständigkeit. Der Staat förderte dies seit den späten 60er-Jahren durch ein Bildungsprogramm, von dem v.a. Frauen profitierten. 1971 hatten 49 Prozent der Frauen in der DDR eine abgeschlossene Berufsausbildung, 1989 waren es über 80 Prozent.

Für Mütter sah der Staat viele berufliche Entlastungen vor: Lohnfortzahlung während Schwangerschaft und Stillzeit, geringere Arbeitszeiten bei gleichem Lohn, mehr Grundurlaub, längere Mittagspausen für Besorgungen oder die Freistellung von der Arbeit, wenn die Kinder krank waren. Im Zentrum dieser „Muttipolitik" lag eine umfassende staatliche Kinderbetreuung. Seit den 70er-Jahren gab es Krippenplätze für 80 Prozent aller Kinder im Alter bis zu drei Jahren, Kindergärten für 95 Prozent aller Vorschulkinder und Kinderhorte zur außerschulischen Betreuung für 81 Prozent der Kinder. Das SED-Regime nutzte diese Einrichtungen freilich auch, um die Kinder nach sozialistischen Maßstäben zu erziehen.

Die Staatsführung wertete die Frauenförderung als Erfolg, der zeige, wie weit man der Bundesrepublik voraus sei. Der Anteil berufstätiger Frauen war in der DDR höher als in der Bundesrepublik. Gleichwohl blieben Frauen in der DDR in Berufen mit niedrigen Löhnen überrepräsentiert. In Politik, Verwaltung und Wirtschaft sowie im Hochschulwesen fanden sie noch weniger Zugang zu Spitzenpositionen als in der Bundesrepublik. Auch die Doppelbelastung für Mütter blieb bestehen, zumal sich die Geschlechterrollen im Privaten nicht änderten: Für Haushalt und Kindererziehung war weiterhin die Frau und nur selten der Ehemann zuständig (▸ M3).

Jung und Alt

Ältere Menschen in der westdeutschen Gesellschaft Der Anteil der über Sechzigjährigen stieg nach dem Zweiten Weltkrieg deutlich, in der Bundesrepublik von 15 Prozent (1950) auf 24 Prozent (2000). Verantwortlich dafür waren mehrere Faktoren. Abgesehen von den Jahren des „Baby-Booms" zwischen 1955 und 1970 sank die Geburtenrate deutlich. Zugleich wurden die Menschen deutlich älter – eine Folge des materiellen Wohlstands, der eine gute medizinische Versorgung sowie Erholungs- und Urlaubsreisen möglich machte. Zwischen 1955 und 2009 stieg die durchschnittliche Lebenserwartung bei Frauen von 68 auf 83 Jahre, bei Männern von 64 auf 77 Jahre. Nach dem Anwerbestopp von „Gastarbeitern" 1973 verebbte die Zuwanderung jüngerer Arbeitskräfte.

Die Fälle von Altersarmut gingen drastisch zurück. Denn dank der niedrigen Arbeitslosigkeit und des Bevölkerungswachstums erzielte die Rentenversicherung seit ihrer Einführung im Jahr 1957 hohe Überschüsse, die umfassende Sozialleistungen ermöglichten. Am Ende der 1970er-Jahre geriet das Gefüge der Renten- und Sozialversicherungen allerdings in eine Schieflage. Der „Generationenvertrag", die Umverteilung von Sozialbeiträgen der Erwerbstätigen zur Versorgung der Rentner, wird durch den Rückgang der Geburten und die zunehmende Überalterung der Gesellschaft infrage gestellt. Seit 1972 gibt es jährlich mehr Todesfälle als Geburten.

In der Bundesrepublik zählten ältere Menschen zu den Gewinnern des wachsenden Wohlstands. Sie bezogen seit Ende der 50er-Jahre steigende Renten und nahmen auch im Ruhestand am Konsum wie am gesellschaftlichen Leben teil. Andererseits traf die zunehmende Schnelllebigkeit und Individualisierung der Gesellschaft ältere Menschen härter als jüngere. Der technische Fortschritt forderte ständige Anpassung und Aufgeschlossenheit für Neues. Aus dem gleichen Grund waren auch das überlieferte Wissen und die Kompetenzen älterer Menschen immer weniger gefragt. Hinzu kommt die räumliche Trennung von den übrigen Altersgruppen. In der Bundesrepublik wurde es seit den 60er-Jahren üblich, dass junge Menschen bald nach dem Schul- oder Ausbildungsabschluss den elterlichen Haushalt verlassen. Dagegen konnten immer mehr Menschen selbst im hohen Alter einen eigenen Haushalt finanzieren, ehe sie zuletzt in Bürger- oder Pflegeheime wechselten. Diese Praxis, die bis heute vorherrscht, hat die Generationen in der bundesdeutschen Gesellschaft systematisch voneinander entfernt: Während sich Alt und Jung im öffentlichen Raum wie selbstverständlich begegnen, nehmen die privaten und zwischenmenschlichen Kontakte zwischen ihnen ab.

Die westdeutsche Jugend im Wandel Die Änderung der Lebensverhältnisse in der Bundesrepublik wirkte sich auch auf die Rolle der Jugendlichen aus. Etwa ein Fünftel der zwischen 1920 und 1930 geborenen Kinder wuchs ohne Vater auf und hatte den kriegsbedingten Verlust von Geschwistern zu beklagen. Diese Nachkriegsgeneration war geprägt von tiefem Misstrauen gegenüber politischen Parolen. Sie hielt sich öffentlich und privat überwiegend zurück und arbeitete zielstrebig am beruflichen Erfolg und an der Verbesserung des eigenen Lebensstandards.

Im Gefolge des in den 50er-Jahren einsetzenden materiellen Wohlstands und der politischen Stabilität hatten Jugendliche größere Freiheiten und mehr Mitbestimmungsmöglichkeiten. Die gewandelte Einstellung gegenüber Heranwachsenden drückte sich in neuen Erziehungsgrundsätzen aus, die eine freie Entwicklung der Persönlichkeit fördern sollten. Die Reformpädagogik und das Konzept der antiautoritären Erziehung, die bereits in den 20er-Jahren entwickelt worden waren, erlebten in den 60er-Jahren eine neue Konjunktur. Ziele sollten nun nicht mehr strikter Gehorsam und bloße Wissensvermittlung sein, sondern verantwortungsbewusstes Handeln und geistige Beweglichkeit ohne Zwang. Auch die Inhalte der Erziehung wandelten sich. An den Schulen wurde seit den späten 60er-Jahren über Themen gesprochen, die bisher in der Öffentlichkeit tabu gewesen waren. Dazu gehörte die Aufklärung über Sexualität und Empfängnisverhütung, aber auch der Abbau von Vorurteilen gegenüber Homosexuellen sowie seit den 80er-Jahren die Auseinandersetzung mit der Immunschwächekrankheit AIDS.

Die Anwendung körperlicher Gewalt war immer weniger gesellschaftlich akzeptiert. Das 1953 neu gefasste Jugendstrafrecht folgte dem Grundsatz „Erziehen statt strafen". Bei Heranwachsenden zwischen 18 und 21 Jahren sollten das Gericht und die Jugendgerichtshilfe je nach persönlicher Reife des Angeklagten entscheiden, ob das mildere Jugend- oder das Erwachsenenstrafrecht anzuwenden sei. 1973 wurde die körperliche Züchtigung an Schulen verboten und in Familien stark eingeschränkt. Völlig verboten wurde letztere im Jahr 2000.

In den 60er-Jahren grenzte sich die nachfolgende Generation verstärkt von der Elterngeneration ab und entwickelte eine Teenager- und Jugendkultur mit eigenem Musik-, Mode- (Petticoat, Minirock, Lederjacke, Jeans) und Sprachstil. Es wurde üblich, dass junge Menschen bald nach dem Schul- oder Ausbildungsabschluss den elterlichen Haushalt verließen. Vorbilder für den Lebensstil und die Wertvorstellungen Jugendlicher wurden Idole aus Musik und Film, aber auch aus Politik und Literatur, die überwiegend aus den USA stammten. Nacheinander wurden bestimmte Bewegungen populär: auf die **„Halbstarken"** und **„Existenzialisten"** der 50er-Jahre folgten in den 60er-Jahren die Hippies, in den 70er- und 80er-Jahren kamen Punks, Rocker, Waver und Popper in Mode. Diese selbstständige Orientierung hing nicht nur mit dem Einfluss der Medien und der Produktwerbung zusammen, die gezielt Jugendliche ansprach, sondern auch mit den immer häufigeren Ehescheidungen, deretwegen Kinder und Jugendliche ohne den Schutz eines intakten Elternhauses aufwuchsen.

„Halbstarke": Gruppen sozial unangepasster Jugendlicher, die sich durch auffälliges, häufig aggressives Verhalten Geltung verschaffen wollten.

„Existenzialisten": Anhänger des Existenzialismus. Diese Philosophie lehnt jede metaphysische, religiöse Deutung der menschlichen Existenz ab und will sich nur mit dem beschäftigen, was der Mensch erlebt und wie er handelt. Schwarzer Rollkragenpullover und enge schwarze Hose waren typische Kleidungsstücke der „Existenzialisten".

Im Laufe der 60er-Jahre nahm das allgemeine Freizeit- und Bildungsangebot zu. Das gab Jugendlichen die Möglichkeit, ihren individuellen Neigungen nachzugehen. Im Gegenzug verloren traditionelle Jugendorganisationen wie die kirchliche Jugend, die Arbeiterjugend oder die Pfadfinder an Bedeutung. Populär wurden Jugendtreffs und Jugendzentren. Großen Zulauf hatten Sport- und Tanzvereine, Theatergruppen, Chöre, Jugendorchester und -bands.

Seit den 60er-Jahren erweiterten sich auch die Freiräume für Jugendliche in Familie, Schule und Öffentlichkeit. Wie in den übrigen westlichen Ländern machten Jugendliche ihre Selbstbestimmung in der Gesellschaft geltend. Als Kehrseite dieser Entwicklung waren Jugendliche mehr denn je den Gefahren des modernen Alltags ausgesetzt: Die Zahl der jugendlichen Verkehrstoten nahm deutlich zu (▸ M4). Alkoholkonsum und Drogenmissbrauch wurden zu einem Dauerproblem. Seit den 70er-Jahren nahmen Jugendliche auch die Krisen in Politik und Wirtschaft sowie die Bedrohung der Umwelt viel unmittelbarer wahr als in den Generationen zuvor (▸ M5).

Ältere Menschen in der DDR Auch die DDR war eine „alternde Gesellschaft". Analog zur Bundesrepublik stieg die Lebenserwartung (zwischen 1950 und 1989 bei Männern von 64 auf 70, bei Frauen von 68 auf 76 Jahre) und sank die Geburtenziffer. Anders als im Westen war die ostdeutsche Gesellschaft aber auch von der Massenflucht vor allem junger Menschen bis zum Bau der Mauer betroffen.

Wer in der DDR in Ruhestand ging, geriet ins Abseits. Der Staat zahlte nur geringe Renten und bevorzugte die jüngere, arbeitende Bevölkerung bei der öffentlichen Fürsorge. Viele Rentner mussten noch im hohen Alter arbeiten, um der Armut zu entgehen. Anfang der 70er-Jahre war noch fast jeder fünfte Rentner in Vollzeitbeschäftigung, 1989 war es immerhin noch jeder zehnte. Wie wenig ältere Menschen in den Augen des SED-Regimes galten, zeigt der Umstand, dass Rentner ohne Weiteres in die Bundesrepublik oder nach West-Berlin reisen durften. Anders als bei der „arbeitenden Bevölkerung" schien der Staat den Verlust eines Ruheständlers, der nicht in die DDR zurückkehrte, leicht verschmerzen zu können.

Jugend und Jugendpolitik in der DDR Ganz anders verhielt es sich mit den Jugendlichen in der DDR. Sie wurden von der Staatsführung mehr als jede andere gesellschaftliche Gruppe umworben. Schon 1950 wurde die Volljährigkeit von 21 auf 18 Jahre gesenkt. Die DDR bot jungen Menschen als Gegenleistung für Anpassung und Arbeit eine gesicherte Zukunft – freilich nach den Vorstellungen der Regierung.

Hierzu errichtete der Staat ein lückenloses, zentral gelenktes Bildungs- und Erziehungssystem. Es begann mit der Kinderbetreuung, die unter staatlicher Aufsicht stand, wurde über die Schule fortgesetzt und erstreckte sich auch auf die Freizeit der Jugendlichen. In den Jugendorganisationen der SED („Junge Pioniere" bis zum 14. Lebensjahr, danach die Freie Deutsche Jugend, FDJ), in Ferienlagern oder im Wehrkundeunterricht wurden Heranwachsende mit den Lehren des Marxismus-Leninismus, mit dem politischen System der DDR sowie mit antiwestlichen Feindbildern vertraut gemacht.

Wer sich in dieses System einfügte und als loyal erwies, durfte als Erwachsener mit vielen Vergünstigungen rechnen: Der Staat förderte als Gegenleistung die berufliche Karriere, vergab Studienplätze, gewährte Reisen im In- und Ausland oder stellte Wohnungen und ein Auto zur Verfügung, worauf man andernfalls jahrelang warten musste. Wer sich als Jugendlicher nicht anpasste, Kritik gegen das System erhob oder den Wehrdienst verweigerte, bekam dagegen vom Staat alle möglichen Hindernisse für eine erfolgreiche Zukunft in den Weg gelegt: die Verweigerung des Ausbildungs- oder Studienplatzes, längere Wartezeiten für eine Wohnung oder das Kfz, Reisebeschränkungen oder -verbote, Benachteiligungen am Arbeitsplatz.

Eine besondere Rolle spielte der Sport. Jugendliche Nachwuchssportler, die bei den staatlichen Wettbewerben (Spartakiaden, Kreis-, Bezirks- und DDR-Meisterschaften, Pionierpokal) herausragten, wurden eigens gefördert und genossen bei Erfolg viele Privilegien. Der Staat schmückte sich mit seinen Spitzenathleten, für die er modernste Trainings- und Betreuungsstätten errichtete. Dort mussten sich viele Sportler allerdings auch den Dopingprogrammen der DDR-Sportmedizin unterziehen.

Der sozialistische Staat duldete keine anderen Institutionen für Erziehung und Moral außer seine eigenen. Das betraf besonders die Kirchen. Das SED-Regime versuchte

▸ **Feier der Jugendweihe in Ost-Berlin.**
Foto vom 15. April 1979.
Vertreter der Schule gratulieren den Schülern der 8. Klasse der Karl-Grünberg-Oberschule in der Kongresshalle am Alexanderplatz zur Jugendweihe.
Während die in der DDR schwach vertretene katholische Kirche eine Teilnahme von Kommunionsempfängern an der Jugendweihe ablehnte, akzeptierte die evangelische Kirche – nach anfänglicher Weigerung – die Jugendweihe. Evangelische Jugendliche konnten sowohl zur Konfirmation als auch zur Jugendweihe gehen.

in den 50er- und 60er-Jahren, die kirchliche Jugendarbeit sowie die religiöse Erziehung systematisch zu unterbinden. Als Gegenentwurf zur Firmung oder Konfirmation wurde die Jugendweihe 1954 gesetzlich vorgeschrieben. Jugendliche im Alter von 14 Jahren nahmen im Schulklassenverband an einem öffentlichen Festakt teil, bei dem sie dem Staat Treue und Gefolgschaft gelobten. Die Jugendweihe war der feierliche Abschied von der Kindheit; ab diesem Zeitpunkt wurde ein Jugendlicher offiziell mit „Sie" angesprochen.

Das SED-Regime versuchte auch, die Unterhaltung und Mode der Jugendlichen zu bestimmen. Einflüsse aus der amerikanischen Popkultur galten der Regierung als gefährlich, da sie vom „Klassenfeind" stammten. Jazz, Beat oder Rock'n'Roll hielt die Regierung für „Affenkultur". 1950 wurde „angloamerikanische Tanzmusik" in der Öffentlichkeit verboten. Auch das Abhören von westlichen Radiosendern („NATO-Feindsender") sowie das Tragen von Jeans, offiziell als „Nietenhose" bezeichnet, sollten unterbleiben.

Im Lauf der 60er-Jahre musste die Staatsführung ihre Jugendpolitik korrigieren. Die Massenorganisationen verloren an Einfluss, in den 60er-Jahren war nur noch jeder zweite Jugendliche Mitglied der FDJ. Das Regime reagierte mit Zugeständnissen. Das sogenannte Jugendkommuniqué vom September 1963 verkündete den Verzicht auf „Gängelei, Zeigefingerheben und Administrieren". Jazz und Beat, lange Haare und kurze Röcke wurden nun von der Politik geduldet. Blue Jeans sollten in neuen Jugendmodeläden angeboten werden (▸ M6). 1964 wurde auf dem Deutschlandtreffen der FDJ ein Radioprogramm für Jugendliche vorgestellt („DT 64"), das danach einen festen Sendeplatz erhielt.

▲ **„Freygang."**
Plakat von 1982/83.
Die 1977 gegründete Berliner Musikgruppe wurde zur populärsten Blues-Band in der DDR. Auftrittsverbote unterlief sie immer wieder, indem sie ihren Namen wechselte.

Die Lockerung der Jugendpolitik hielt jedoch nicht lange an. Das Jugendgesetz der DDR von 1964 nahm die zuvor gewährten Freiheiten wieder zurück. Am 31. Oktober 1965 demonstrierten etwa 2 500 Jugendliche in der Leipziger Innenstadt gegen das Auftrittsverbot einiger Beat-Gruppen. Es war die größte nichtgenehmigte Demonstration in der DDR seit dem Aufstand vom 17. Juni 1953. Die Polizei schritt gewaltsam ein, viele der Demonstranten wurden zu mehrjähriger Zwangsarbeit verurteilt.

„Langhaarige", „Rowdies" und „Gammler" wurden zu Gegnern der inneren Ordnung erklärt. In den Jugendklubs fanden immer wieder Razzien der Staatssicherheit statt, um mutmaßliche Jugendbanden auszuheben. Die FDJ rief die sogenannte Singebewegung ins Leben, um mit deutschen Volksliedern gegen die zeitgenössische Beat-Musik zu konkurrieren. Der Kampf der Staatsführung um eine einheitliche, angepasste Jugend war jedoch seit Ende der 60er-Jahre verloren, zumal sich der Einfluss westlicher Medien nicht unterbinden ließ. In den 70er- und 80er-Jahren sah man in der DDR Hippies, Punks, Popper oder Rocker neben Jugendlichen, die weiterhin dem einheitlichen Erscheinungsbild der FDJ folgten.

Seit Beginn der 70er-Jahre versuchte die SED-Spitze, die jüngere Bevölkerung besonders mit sozialpolitischen Angeboten zu gewinnen. Das Regime betonte die Vorzüge einer gesicherten, planbaren Zukunft, die es nur im Sozialismus gebe. Junge Menschen könnten auf einen gesicherten Arbeitsplatz bauen, erhielten bei ihrer Heirat zinslose Ehekredite sowie eine Wohnung in Aussicht gestellt und müssten sich um die Betreuung von Kindern keine Sorgen machen. Mit der Werbung für „soziale Geborgenheit" verband das SED-Regime die Kritik an den angeblich verheerenden Zuständen der Jugend im Westen, wo Alkoholismus, Drogensucht, Wohnungsnot und Arbeitslosigkeit herrschten. Bei den Jugendlichen der DDR verfing diese Propaganda kaum, während die Angebote des Sozialstaats bereitwillig angenommen wurden (▸ M7).

Die Mehrheit der DDR-Jugend ging in den 70er- und 80er-Jahren zum Regime auf Distanz. Feindbilder verloren an Glaubwürdigkeit angesichts dessen, was in den westlichen Medien zu hören und sehen war. Der Staat duldete das private Engagement Jugendlicher in der Kirche, der Friedens- oder Umweltbewegung, obgleich er es von der Stasi überwachen ließ. Bei der Jugendweihe stand das Familienfest im Vordergrund, nicht das formelhafte Bekenntnis zum Sozialismus. Vor allem erkannten viele Jugendliche, wie gering die Aussichten auf eine Laufbahn in SED, Staat und Verwaltung waren. Die Führungspositionen blieben seit den 60er-Jahren von den alten Kadern besetzt.

Konsum

Konsum in Bundesrepublik und DDR: Wettbewerb der beiden deutschen Staaten
Nach der Überwindung der katastrophalen Versorgungsnöte nach dem Zweiten Weltkrieg wurde der Konsum zum wesentlichen Vergleichsmaßstab zwischen beiden Teilen Deutschlands. Die Warenqualität und Angebotsvielfalt sollten beweisen, dass die Soziale Marktwirtschaft in der Bundesrepublik Deutschland bzw. die sozialistische Planwirtschaft in der DDR ihren Bürgern einen höheren Lebensstandard bieten konnte.

Westdeutsche Konsumgesellschaft Die Bundesrepublik Deutschland entwickelte sich schnell zu einer Konsumgesellschaft, in der sich ein Großteil der Bevölkerung Güter und Dienstleistungen über den Lebensbedarf hinaus leisten konnte und in der der Wohlstand beständig stieg. Sie war geprägt von folgenden Merkmalen:

- Seit Mitte der 50er-Jahre sanken die Preise für Kohle, Benzin und Heizöl, seit etwa 1957 auch die für Lebensmittel und Textilien deutlich. Die Kaufkraft stieg auch durch die Einführung der Rentenversicherung, die auch Menschen nach ihrem Erwerbsleben Wohlstand ermöglichte, sowie durch höhere Löhne für Arbeitnehmer und Angestellte in den 60er-Jahren als Folge des anhaltenden Wirtschaftswachstums.
- Freizeitaktivitäten erhielten einen immer höheren Stellenwert. Die Fünf-Tage-Woche, die sich Ende der 50er-Jahre durchgesetzt hatte, bescherte Arbeitnehmern den Samstag als freien Tag. Die wöchentliche Arbeitszeit sank auf bis zu 35 Stunden in den 80er-Jahren. Schwere körperliche Arbeit wurde zunehmend von Maschinen oder von „Gastarbeitern" übernommen. Dadurch musste Freizeit immer weniger allein der Erholung dienen.
- Der technische Fortschritt führte zur Herstellung neuer und immer hochwertigerer Produkte. Die immer stärker automatisierte industrielle Fertigung ließ die Produktionskosten und damit die Preise sinken.
- Die Konsumgewohnheiten änderten sich grundlegend und glichen sich denen in den USA an. 1954 hatte es bundesweit erst rund 3200 Geschäfte mit Selbstbedienung gegeben, 1964 waren es fast 47000 (neben etwa 140000 mit Bedienung), Ende der 60er-Jahre waren Geschäfte mit Bedienung deutlich in der Minderheit.

- Die Wünsche von Verbrauchern zu ermitteln oder bei ihnen Bedürfnisse zu wecken, bekam einen immer höheren Stellenwert. Die moderne Marktforschung wurde in den 60er-Jahren auch in der Bundesrepublik eingeführt. Deren Ergebnisse nutzte die Produktwerbung. Mitte der 60er-Jahre machten die Kosten für Werbung bereits bis zu einem Fünftel des Produktionswertes aus. Verbrauchermagazine und die 1964 gegründete Stiftung Warentest halfen den Verbrauchern, sich in der immer breiter werdenden Produktpalette zurechtzufinden.

Der Speiseplan der Westdeutschen wurde bereits in den 50er-Jahren reichhaltiger, z.B. durch importiertes Gemüse und Südfrüchte. Die Entwicklung der Einkommen erlaubte es den Berufstätigen bald, einen Teil davon auf die Seite zu legen, Ende der 50er-Jahre waren es durchschnittlich bereits 8,7 Prozent. Der Bau eines Eigenheims, vom Staat seit 1956 finanziell gefördert, war das häufigste Sparziel.

An technischen Geräten hielten zunächst neben Haushaltsgeräten immer bessere Radiogeräte Einzug. Kühlschränke und Gefriertruhen lösten die alten Methoden der Bevorratung ab, Tiefkühl- und Fertigprodukte wurden gängige Nahrungsmittel. 1962 hatten 52 Prozent der Haushalte einen Kühlschrank, 1973 waren es bereits 93 Prozent. Die Haushaltsarbeiten wurden zudem erleichtert durch Waschmaschinen. 1960 waren 35 Prozent der Haushalte damit ausgestattet, 1989 85 Prozent.

Der Anteil von Ausgaben für Urlaub und Freizeit stieg kontinuierlich an und erreichte bei vierköpfigen Familien mit mittlerem Einkommen 18,4 Prozent im Jahr 1990. Der Massentourismus begann in den 60er-Jahren. Zunächst beschränkten sich die Reisen auf das Inland und Österreich, danach wurde Italien das beliebteste Urlaubsziel der Bundesbürger.

Die Elektronikindustrie produzierte immer neue Formen von Musikabspielgeräten, in den 70er-Jahren lösten Farbfernseher die Schwarzweißgeräte ab. Der Personalcomputer und die elektronische Datenverarbeitung (EDV) begannen in den 80er-Jahren ihren Siegeszug in die Haushalte und die Büros, revolutionierten das Arbeitsleben sowie das Freizeit- und Konsumverhalten.

Ein nachhaltiges Umdenken beim Verbraucherverhalten veranlassten die Proteste von 1968/69 und vor allem die internationalen Ölkrisen mit den anschließenden Einbrüchen der Weltwirtschaft. Energiesparen wurde zur gängigen Praxis, Umweltverträglichkeit und Müllvermeidung wurden leitende Prinzipien. Maßhalten prägte im Laufe der 70er-Jahre schließlich auch die Produkte selbst. Immer öfter wurden Lebensmittel als fett- oder kalorienarm, zuckerfrei oder frei von Konservierungsstoffen ausgewiesen.

◂ **Innenstadtverkehr.**
Foto von 1963.
Anfang der 60er-Jahre war der eigene Pkw mit einem Anteil von 62 Prozent am gesamten Personenverkehr das wichtigste technische Fortbewegungsmittel der Deutschen. Die wachsende Automobilisierung war für die Städte und Gemeinden eine große Herausforderung. Neue und breitere Straßen sollten den „Verkehrsinfarkt" verhindern. In vielen Städten wie hier am Münchener Marienplatz wurden Autos erst spät aus den Stadtzentren verbannt.

Konsum in der DDR In der DDR herrschte noch bis zum Ende der 50er-Jahre Mangelwirtschaft. Erst 1958 wurde die Rationierung von Lebensmitteln, Kohle und Heizöl aufgehoben. Die Kaufkraft der Bevölkerung stieg nur sehr langsam, die Preise blieben staatlich reglementiert. Private Einzelhandelsgeschäfte wurden durch volkseigene HO-Läden (Handelsorganisation, 1948 gegründet) verdrängt. Die staatliche Planwirtschaft sah die Produktion von Konsumgütern in großem Umfang zunächst gar nicht vor. Entsprechend stieg die Ausstattung der privaten Haushalte mit Waschmaschinen und Kühlschränken bis 1960 nur auf sechs Prozent, nur drei Prozent besaßen ein eigenes Auto. Immerhin gab es 1960 in 17 Prozent der Haushalte einen Fernseher und 90 Prozent verfügten über ein Radio.

In den 60er-Jahren blieben die Verbraucherpreise hoch, über die Hälfte des Durchschnittseinkommens musste für Nahrungsmittel ausgegeben werden. Die Staatsführung versuchte, die Mängel ideologisch zu überdecken und das Verbraucherverhalten durch öffentliche Aufrufe zu steuern: Man solle bei der Produktwahl auf Zweckmäßigkeit und Langlebigkeit achten, nicht auf den äußeren Schein. Staatliche Werbekampagnen kritisierten die Einkaufsgewohnheiten des Westens als „zwanghaft", „oberflächlich" und „kulturlos". Der Überfluss des Kapitalismus wurde dem wohlüberlegten, moderaten Konsum des Sozialismus gegenübergestellt.

Die Bevölkerung nahm von der Bevormundung wenig Notiz. Die Menschen sahen im Konsum die Möglichkeit, der ständigen Gleichmacherei zu entgehen und den grauen Alltag zu verschönern. In dieser Haltung wurden sie von den westlichen Medien bestärkt, ebenso durch Warensendungen von Verwandten oder Freunden jenseits des „Eisernen Vorhangs".

Während der Staat für ein einheitliches Konsumverhalten warb, schuf gerade seine Handelspolitik unter den Verbrauchern eine Zwei-Klassen-Gesellschaft. Die teuren Artikel der staatlichen Ketten HO und „Exquisit" (seit 1962) waren nur für Besserverdienende sowie für Arbeitnehmer erschwinglich, die Prämien für besondere Leistungen erhielten. Die DDR stellte ihre hochwertigsten Konsumgüter für das Ausland her, um Devisen zu erwirtschaften. Nur wer als DDR-Bürger über Westgeld verfügte, konnte an diesem Angebot teilhaben. Das galt für den Einkauf in den „Intershops" (1962 eingeführt) sowie für die „Delikat"-Läden (seit 1976), wo man Waren des „gehobenen Bedarfs" für D-Mark oder andere westliche Währungen erhielt. Bundesbürger nutzten das 1957 gegründete ostdeutsche Versandunternehmen „Geschenkdienst- und Kleinexporte GmbH" (Genex), um Produkte aller Art – vom Fresskorb bis zum Pkw – für Angehörige in der DDR zu bestellen. Die D-Mark wurde zur inoffiziellen Währung der DDR.

Allgemein besserte sich die Austattung der Bevölkerung mit teuren Gebrauchsgütern: Ende der 60er-Jahre hatten bereits 69 Prozent der privaten Haushalte einen Fernseher, jeder zweite Haushalt einen Kühlschrank und eine Waschmaschine, und über 15 Prozent verfügten über ein eigenes Auto. Wie in Westdeutschland wurde die Fünf-Tage-Woche eingeführt, der durchschnittliche Jahresurlaub betrug nun drei Wochen. Als Folge der Motorisierung und der vermehrten Freizeit wurden Ausflüge und Reisen immer häufiger, wenngleich Reiseverbote ins westliche Ausland galten. Der Staat bot stark verbilligte Bildungs- und Urlaubsreisen an, von denen jedes Jahr etwa eine Million DDR-Bürger Gebrauch machte.

Mit der Machtübernahme durch Erich Honecker 1971 vollzog die DDR-Staatsführung eine Wende in der Konsumpolitik und versprach eine Annäherung an das westliche Wohlstandsniveau. Sie beendete damit ihre Blockade gegen das am Westen orientierte Konsumverhalten. Damit weckte sie jedoch bei den Bürgern Begehrlichkeiten, die sich nur bei guter Wirtschaftslage erfüllen ließen.

▸ **Käuferschlangen in Ost-Berlin.**
Foto aus den 1970er-Jahren.

Seit Anfang der 70er-Jahre war zwar die Versorgung mit Lebensmitteln im ganzen Land gesichert, doch Südfrüchte oder Frischfleisch blieben Raritäten. Wenn es sie gab, bildeten sich Schlangen vor den Geschäften.

Die Regierung verfügte einen Preisstopp für Waren und hob Löhne, Gehälter und Renten an. Dadurch stieg die allgemeine Kaufkraft, das Angebot blieb jedoch gering. Preise für Importwaren wurden durch staatliche Zuschüsse niedrig gehalten. Dieses Geld fehlte, als die Wirtschaft der DDR Mitte der 70er-Jahre einbrach. Seit 1977 musste die DDR etwa auf den Import hochwertigen Kaffees verzichten und bot hausgemachten Mischkaffee an. Der einmal erhobene Anspruch des SED-Regimes, den Lebensstandard nachhaltig zu bessern, ließ sich nur auf Kosten der politischen Glaubwürdigkeit zurücknehmen. Am Ende des Jahrzehnts zeichnete sich ab, dass die DDR den Wohlstand der Bundesrepublik grundsätzlich nicht erreichen würde.

In den 80er-Jahren traten Anspruch und Wirklichkeit des staatlich gelenkten Konsums immer weiter auseinander. Die per Gesetz niedrigen Mietpreise etwa sorgten dafür, dass Hauseigentümer ihren Wohnraum weder instandhielten noch renovierten. Viele Gebäude waren auf Dauer nicht mehr bewohnbar. In den Städten verfielen die Altbauten, zugleich wurden riesige industrielle Fertigbauten in den Vororten hochgezogen, die zu reinen Schlafstädten verkamen („Arbeiterschließfächer", „Schnarchsilos", Wohnen in der „Platte").

▴ **In Plattenbauweise errichtete Wohnanlage in Schwedt an der Oder.**
Foto von 1971.

Angesichts steigender Löhne hatten immer mehr DDR-Bürger die Mittel für Urlaubsreisen ins Ausland. Die Regierung blieb indes bei ihrem Kurs, Anträge auf Reisen in den Westen in der Regel abzulehnen. Den Wunsch nach Reisefreiheit tat der Staat mit dem Verdacht auf „Republikflucht" ab.

Ein ständiges Reizthema blieb die Anschaffung eines Autos. Das SED-Regime hatte in den 70er-Jahren die DDR zur Automobilgesellschaft erklärt. Das Kfz wurde zum Statussymbol. Die Erwartungen der Bürger blieben jedoch auch hier unerfüllt. 1985 besaßen nur 48 Prozent der privaten Haushalte einen eigenen Pkw. Das Problem waren nicht die Kosten, sondern sehr lange Lieferzeiten. Als Reaktion darauf entstand ein Schwarzmarkt, auf dem Kunden für Gebrauchtwagen Überpreise bezahlten. Ähnliches galt für Farbfernseher, Video- oder Stereogeräte. Statt der technisch schlechteren DDR-Produkte wählte man Markenartikel aus dem Westen, die oft nicht in harter

Währung, sondern durch illegale Tauschgeschäfte erworben wurden. In den 80er-Jahren wurden Baustoffe, Ersatzteile, Reparaturen und Installationen zum verbreiteten „Zahlungsmittel" für Konsumgüter aus dem Westen. Viele Produkte und Dienstleistungen waren nur über „Beziehungen" zu haben: „Sozialismus ohne Beziehungen ist wie Kapitalismus ohne Geld", lautete eine Redensart. Es entstand eine Schattenwirtschaft, die die Ökonomie der DDR zusätzlich schwächte und trotz verschärfter Strafen nicht beseitigt werden konnte.

Seit Mitte der 80er-Jahre war die Konsumpolitik der Regierung Honecker gescheitert. Obwohl kein tatsächlicher Mangel herrschte, empfand die Bevölkerung das Angebot für unzureichend, besonders im Vergleich zur Bundesrepublik.

Fahrzeugtyp	Wartezeiten (in Jahren)	
	kürzeste	längste
Trabant Limousine	12,5	14
Trabant Uni	13,5	15
Wartburg Limousine	14,0	16
Wartburg Tourist	14,5	16,5
Škoda	15,0	16,5
Lada 21013	14,5	16,5
Lada 2105	15,5	17
Lada 2107	15,5	17
Dacia	13,5	16

▲ **Wartezeiten beim Pkw-Erwerb in der DDR.**
Nach: Stefan Wolle, Die heile Welt der Diktatur. Alltag und Herrschaft in der DDR 1971-1989, Berlin 1998, S. 218, Tabelle 22

Medien, Kunst und Unterhaltung

Medien, Kunst und Unterhaltung in Ost und West Während der Besatzungszeit kontrollierten die Alliierten die gesamte Medienlandschaft. Das Hörfunkprogramm in Deutschland gestalteten sie mithilfe ihrer Militärsender.

Bei ihrer Gründung 1949 garantierten beide deutsche Staaten die Freiheit der Meinung, der Presse und der Kunst. Diese Grundsätze wurden in der Bundesrepublik nach dem Vorbild westlicher Demokratien eingehalten und führten zu einer weitgehend freien Entfaltung von Medien, Kunst und Unterhaltung. In der DDR galt der Maßstab des Sozialismus und der Gefolgschaft gegenüber der Sowjetunion. Kritik wurde hart bestraft. Das Kulturleben in Deutschland war seitdem geteilt – zwischen der kulturellen Vielfalt (Pluralismus) im Westen und der von Staat und Partei weitgehend kontrollierten und gelenkten Kultur in der DDR.

Radio, Film und Fernsehen in der Bundesrepublik Das Radio war bis Anfang der 60er-Jahre das Leitmedium der Bundesbürger. 1960 besaßen fast 63 Prozent von ihnen ein Radiogerät. Sendungen wurden oft gemeinsam im Familienkreis verfolgt. Besonders beliebt waren damals Hörspiele, die teils von namhaften zeitgenössischen Autoren (Ilse Aichinger, Ingeborg Bachmann, Günter Eich) verfasst worden waren. Das Endspiel der Fußballweltmeisterschaft in Bern 1954, dessen Sieg für das Selbstbewusstsein des jungen deutschen Staates von großer Bedeutung war, verfolgten die meisten an den Radiogeräten und nur eine Minderheit an den insgesamt 20 000 Fernsehern, die es damals gab.

Bevor die überwiegende Mehrheit der bundesdeutschen Haushalte mit TV-Geräten ausgestattet war – 1969 waren es 84 Prozent –, erlebte das Kino eine Blüte. Die dort gezeigten Filme sollten vorwiegend eine Gegenwelt zur schwierigen Zeit nach dem Weltkrieg und in den ersten Jahren des „Wirtschaftswunders" schaffen. Eine Auseinandersetzung mit der jüngsten Vergangenheit wurde vermieden. Es dominierten deshalb Heimatfilme, Komödien und Krimis. Beliebt waren auch synchronisierte ausländische Filme, vor allem aus den USA.

Das Fernsehen wirkte sich tief greifend auf das Familienleben, Freizeit- und Konsumverhalten der Deutschen aus. Es wurde zur wichtigsten Freizeitbeschäftigung, die

◄ **„Was bin ich?"**
Foto vom April 1985.
Von 1955 bis 1989 gehörte das Quiz in der ARD „Was bin ich?" mit Robert Lembke zu den beliebtesten Sendungen. Ein Team musste durch maximal zehn geschickte Fragen den Beruf eines Kandidaten erraten. Für jede mit „Nein" beantwortete Frage bekam der Gast fünf D-Mark in ein Porzellansparschwein. Es hieß „Was bin ich?", nicht „Was mache ich?" – typisch für die Zeit des „Wirtschaftswunders", in der sich die Menschen über ihren lebenslang ausgeübten Beruf definierten.

in den 90er-Jahren mehrere Stunden umfasste. Was im TV zu sehen war, gehörte zum Tagesgespräch und prägte das Lebensgefühl. Das Auftreten von Politikern vor Kameras und Mikrofonen war maßgeblich für deren Einschätzung bei den Wählerinnen und Wählern.

Gegen Bemühungen insbesondere von Bundeskanzler Adenauer, der Bundespolitik Einfluss auf das Fernsehen zu sichern, bekräftigte das Bundesverfassungsgericht 1961, dass ausschließlich die Bundesländer mit ihrer Kulturhoheit zuständig seien. Nachdem 1950 die „Arbeitsgemeinschaft der öffentlich-rechtlichen Rundfunkanstalten der Bundesrepublik Deutschland" (ARD) gegründet worden war, folgte 1963 das ZDF als zweiter öffentlich-rechtlicher Sender. Die beiden Sender sollten frei sein von Einflussnahme oder Kontrolle durch die Politik. Dennoch wurde Landespolitikern in allen Entscheidungsgremien der Sendeanstalten ein Mitbestimmungsrecht eingeräumt. 1981 beendete die Zulassung privater Fernsehsender das Rundfunkmonopol von ARD und ZDF.

Spiegel-Affäre: 1962 geriet „Der Spiegel" in den Verdacht, militärische Geheimnisse verraten zu haben. Der damalige Verteidigungsminister Franz Josef Strauß ließ die Redakteure festnehmen. Das Magazin wurde vollständig rehabilitiert, während Strauß zurücktreten musste.

Printmedien in der Bundesrepublik Zeitungen und Zeitschriften entwickelten in den 50er- und 60er-Jahren eine große Vielfalt, bevor ihre Bedeutung vor allem durch das Fernsehen abnahm. Zu Beginn der 80er-Jahre lasen etwa 80 Prozent der Erwachsenen regelmäßig Zeitung. Die größte Auflagenstärke erreichte die seit 1952 publizierte „Bild"-Zeitung des Springer Verlages. Sie verpflichtete sich dem Massengeschmack und wurde wegen ihres konservativen Meinungsbildes und ihrer Polemik zum Angriffsziel der „1968er"-Bewegung.

Unter den Wochenzeitungen und -zeitschriften behauptete in der Bundesrepublik „Der Spiegel" vierzig Jahre lang eine Spitzenstellung. Wie sehr sein Einfluss und seine linksliberale Ausrichtung bei der politischen Gegenseite Anstoß erregten, wurde in der „**Spiegel-Affäre**" von 1962 deutlich. Die Auseinandersetzungen wurden zu einem Beispiel für die neue Pressefreiheit in Westdeutschland. Zum „Spiegel" trat 1993 der „Focus" in Konkurrenz und verdeutlichte die veränderten Lesegewohnheiten. Statt ausführlicher Reportagen und Interviews dominierten nun Bilder und kürzere Texte.

„Bravo" wurde zur bedeutendsten Jugendzeitschrift, die von den 60er- bis in die 90er-Jahre die Jugendkultur prägte und Fragen und Probleme von Jugendlichen aufgriff. Ihre höchste Auflage erreichte sie 1979 mit fast zwei Millionen Exemplaren.

▲ **„Bravo."**
Titelbild der Ausgabe vom 2. März 1970.

Literatur und Kunst Immer höhere Verkaufszahlen erreichte seit der Gründung der Bundesrepublik auch der Buchhandel. Dazu trug bei, dass seit den 50er-Jahren viele Romane als großformatige Hefte oder Taschenbücher publiziert und damit für breite

Bevölkerungsschichten erschwinglich wurden. Großes Interesse fanden deutsche und vor allem internationale Autorinnen und Autoren des 20. Jahrhunderts, deren Werke während des „Dritten Reiches" zum Teil verboten waren. Theater wurden gerade in der Zeit des Wiederaufbaus massiv durch öffentliche Gelder unterstützt.

1947 hatte sich eine Gruppe jüngerer Autoren um Hans-Werner Richter gebildet („Gruppe 47"). Sie einte die Kritik, die Deutschen versäumten die Aufarbeitung ihrer Vergangenheit. Zu der Gruppe gehörten Autoren wie Ilse Aichinger, Ingeborg Bachmann, Heinrich Böll, Martin Walser, Walter Jens oder Günter Grass. Letzterer zeigte mit seinem Roman „Die Blechtrommel" von 1959 anhand der Geschichte einer Danziger Familie zwischen 1930 und 1950, wie sich die Umbrüche jener Jahrzehnte aus der Sicht Einzelner darstellen ließen.

Zeitgleich erreichten sogenannte „Groschenhefte", die für wenige Pfennige angeboten wurden und Krimis, Wildwest- oder Liebesgeschichten boten, eine zahlreiche Leserschaft. Die Comic-Hefte, die seit den 50er-Jahren auf den deutschen Markt kamen und unter Jugendlichen sehr beliebt waren, sind ein weiteres Beispiel für den amerikanischen Einfluss auf die bundesdeutsche Gesellschaft.

Auf dem Gebiet der Malerei entdeckten die Westdeutschen die klassische Moderne wieder, Künstler, die im Nationalsozialismus als „entartet" gegolten hatten. Mit ihrer Vorliebe für abstrakte Kunst setzten sich die Bundesbürger vom künstlerischen Realismus des Ostblocks und der DDR ab. Gegen die fortschreitende Kommerzialisierung der Kunst entwickelte etwa **Joseph Beuys** Formen von Aktionskunst, die sich nicht reproduzieren ließen.

Joseph Beuys (1921-1986): deutscher Bildhauer und Zeichner, 1961-1972 Hochschullehrer an der Kunstakademie Düsseldorf

Unterhaltungsmusik in der Bundesrepublik Ob Rock'n'Roll, Beat, Pop, Jazz oder Folk, ob Blues, Funk, Soul oder Rap – fast jede neue Musikrichtung aus dem englischsprachigen Bereich war nach kurzer Zeit auch in Westdeutschland populär. In den 60er- und 70er-Jahren sorgten vor allem Tanzabende und später Diskotheken für die Verbreitung der Musik, daneben Auftritte in Film und Fernsehen, Jugendmagazine sowie Konzerte. Im Radio gab es seit den 70er-Jahren eigene Programme für Popmusik, die Jugendliche ansprachen, Hitparaden präsentierten und die neuesten Trends vermittelten. Seit den 80er-Jahren wurden Videoclips zu den Liedern produziert; Gruppen und Interpreten waren nun ständig im Fernsehen präsent.

Daneben behauptete sich auch der deutsche Schlager, zeitweilig war auch Popmusik in deutscher Sprache beliebt (besonders die „Neue Deutsche Welle" in den frühen 80er-Jahren oder Pop aus Österreich). Langfristig übernahmen viele deutsche Künstler mit den internationalen Musikstilen auch die englische Sprache.

▸ **Udo Lindenberg im Palast der Republik (Ost-Berlin).**
Foto vom 25. Oktober 1983.
Ein Beispiel für die erfolgreiche Verbindung von internationaler Popmusik und deutschen Texten war Udo Lindenberg. Ihm gelang 1983 mit „Sonderzug nach Pankow" ein Hit, der die DDR und Erich Honecker frech und humorvoll auf die Schippe nahm.
Auf einer von der FDJ organisierten Veranstaltung durfte er auftreten, unter strenger Überwachung der DDR-Behörden. Lindenbergs Musik war nicht betont politisch, doch fand er einen Weg, mit origineller Unterhaltung den „Eisernen Vorhang" zu überwinden.

Radio, Film und Fernsehen in der DDR Wie in der Bundesrepublik war auch in Ostdeutschland das Radio in den 50er-Jahren das wichtigste Massenmedium. Das SED-Regime kontrollierte Radio und TV, die es bald aktiv als politische Medien nutzte. Man konkurrierte mit den Sendungen aus dem Westen um die öffentliche Meinung. Im Dezember 1952, wenige Tage vor dem regulären Sendebeginn der ARD in Westdeutschland, ging der „Deutsche Fernsehfunk", das staatliche Fernsehen der DDR, an den Start. Zur wichtigsten täglichen Nachrichtensendung wurde die „Aktuelle Kamera". Das Magazin „Der schwarze Kanal" zeigte Ausschnitte aus dem bundesdeutschen Programm zusammen mit eigenen Kommentaren. 1954 wurde der erste Fernsehfilm aus eigener Produktion ausgestrahlt. Um diese Zeit besaßen etwa 13 000 DDR-Bürger ein TV-Gerät. Bis 1961 stieg die Zahl auf 146 000. In den 60er-Jahren entstand ein Sendeverbund mit den übrigen Staaten des Ostblocks (Intervision, nach dem Vorbild der westeuropäischen Eurovision).

▲ **Sandmännchen.**
Das „Sandmännchen", seit 1959 täglich im Fernsehprogramm der DDR, war eine der beliebtesten TV-Sendungen für Kinder in beiden Teilen Deutschlands. Sie gibt es noch heute. Die Puppentrickszenen waren ursprünglich als Gegenakzent zu den Comic-Serien aus den USA gedacht. Solche antiamerikanischen oder antiwestlichen Untertöne waren den Zuschauern jedoch gleichgültig.
Insgesamt gab es 50 Puppen des DDR-Sandmännchens. Das Bild zeigt das erste (links) und das letzte.

Radio und Fernsehen öffneten sich seit den 60er-Jahren langsam auch den Musikrichtungen aus den USA und Westeuropa wie Rock'n'Roll, Beat oder Pop. Dabei galt die sogenannte 60/40-Regelung. Danach waren bei Sendungen maximal 40 Prozent ausländische Titel erlaubt, die vorher genehmigt werden mussten.

Auf Dauer blieben Radio und Fernsehen ein Einfallstor für westliche Einflüsse. Weder Strafen noch technische Hindernisse (Störsender, manipulierte Geräte) hielten die Bürger in der DDR davon ab, sich ein eigenes Bild von der Welt zu machen.

Auch der Film unterstand staatlicher Aufsicht. Seit 1952 kontrollierte ein Staatliches Komitee für Filmwesen die Drehbücher, die Herstellung und den Vertrieb von Kinoproduktionen, die Filmwerbung sowie sämtliche Filmtheater der DDR. Die wichtigste Produktionsfirma war die 1946 gegründete DEFA (Deutsche Film-AG), die 1953 zum Volkseigenen Betrieb umgewandelt wurde. Der DEFA wurden Themen verordnet, die vom Sozialismus und von der Arbeiterbewegung handeln sollten. Das Publikum bevorzugte dagegen Filmklassiker aus der Vorkriegszeit, Produktionen aus der Bundesrepublik und später aus den USA, aber auch Filme aus den übrigen Ostblockländern.

Die Presse in der DDR Die Kontrolle der Presse fiel dem SED-Regime leichter. Anfang der 50er-Jahre mussten die letzten privaten Verleger ihre Lizenzen an die SED und die Blockparteien abgeben. Von da an existierte nur noch eine Parteipresse, deren einheitliche Linie seit 1953 das Presseamt der Staatsregierung sicherstellte. Zeitungen und Zeitschriften wurden ausschließlich über die Post zugestellt, was auch die Presse aus dem Westen betraf. Der Staat, der den Postweg überwachte, wusste daher, was die Bürger täglich lasen, und behielt sich vor, Sendungen einzuziehen.

Unterhaltungsmusik und Kunst in der DDR Die Unterhaltungsmusik war gleichfalls von den Genehmigungen eines staatlichen Komitees abhängig. In den späten 60er-Jahren entstand neben deutschen Schlagern eine eigene Szene von Pop- und Rockmusikern. Die „Puhdys", „Silly", „Lift", „Karat" oder auch die 1976 in die Bundesrepublik übergesiedelte **Nina Hagen** wurden zu erfolgreichen Stars. Interpreten aus dem Westen durften in der Regel nicht auftreten. Mit den Popidolen der westlichen Welt kam man nur durch Radio oder Fernsehen, Schallplatten oder Poster in Berührung.

Nina Hagen (geb. 1955): deutsche Punksängerin und Schauspielerin

In der bildenden Kunst sollte nach dem Willen der DDR-Führung der Realismus vorherrschen, getreu dem Vorbild der Sowjetunion. Zwar gab es offiziell keine Zensur, doch bestimmten Kulturpolitiker der SED über die „richtige" Kunst.

▲ **„Mosaik."**
Heft 1, erschienen 1955. Als Reaktion auf die westlichen Comics entstanden in der DDR die „Mosaik"-Hefte. Herausgegeben wurden sie von der staatlichen Jugendorganisation „Freie Deutsche Jugend" (FDJ).

Theater und Literatur ■ Die DDR erhob den Anspruch, eine „Kulturgesellschaft" zu sein. Die Staatsführung war stolz, ihren Bürgern kostenlosen Zugang zu Bibliotheken, Theatern und Museen zu bieten. Auch die Volkseigenen Betriebe unterhielten eigene Kulturabteilungen. Sowohl professionelle Theater, Orchester und Opernhäuser als auch die kulturelle Laienarbeit wurden staatlich gefördert.

Zentren des Theaters waren Ost-Berlin, wo das Berliner Ensemble, 1949 von Bertolt Brecht und seiner Frau Helene Weigel gegründet, internationalen Rang erwarb, und Weimar, die Stadt Goethes und Schillers. Die DDR reklamierte das Erbe der deutschen Klassik für sich, weshalb deren Stücke besonders häufig gespielt wurden. Daneben übernahm man viele Werke von russischen Dramatikern und Komponisten.

In der Literatur bestanden ausgeprägte Kontakte zwischen Autoren aus Ost- und Westdeutschland. Die Schriftstellerkongresse der DDR fanden bis zum Bau der Mauer 1961 regelmäßig mit bundesdeutscher Beteiligung statt.

Viele zeitgenössische Autoren wurden von Ost- und Westdeutschen gelesen. Zahlreiche Schriftsteller übten in ihren Werken Kritik an der deutschen Vergangenheit und Gegenwart, die sich oft gegen beide deutsche Staaten richtete. Obwohl Zensur und Publikationsverbot drohten – beides stritt die DDR-Führung offiziell ab –, entstand seit den späten 60er-Jahren ein Milieu regimekritischer Schriftsteller. Manche von ihnen verließen die DDR, wie etwa Uwe Johnson, Günter Kunert, Sarah Kirsch, Jurek Becker, Reiner Kunze oder Monika Maron.

Der ostdeutsche Schriftsteller und Liedermacher Wolf Biermann etwa hatte wegen kritischer Veröffentlichungen in der DDR Auftrittsverbot. Seine Texte erschienen in der Bundesrepublik. Die Popularität Biermanns im Westen war dem SED-Regime lange ein Dorn im Auge (▶ M8).

Im November 1976 wurde ihm nach einem Auftritt in Köln die Rückkehr in die DDR verweigert. Dagegen protestierten viele ostdeutsche Schriftsteller und Intellektuelle, die daraufhin selbst verhaftet oder ausgewiesen wurden. Der „Fall Biermann" erregte besonderes Aufsehen, weil die DDR inzwischen der KSZE-Schlussakte zur Einhaltung der Menschenrechte beigetreten war*, nun jedoch

▶ **Der Liedermacher Wolf Biermann bei seinem Auftritt in der Kölner Sporthalle am 13. November 1976.**
Mit der Begründung, er habe die DDR kritisiert, wurde Biermann nach seinem Köln-Konzert am 16. November 1976 ausgebürgert. Zu diesem Zeitpunkt hatte er in der DDR bereits elf Jahre Berufsverbot. Seine Ausbürgerung löste eine Protestwelle aus: Zwölf bekannte Schriftsteller unterschrieben eine Petition, 400 weitere DDR-Bürger solidarisierten sich mit ihnen. Die SED-Führung reagierte mit Festnahmen, Parteiausschlüssen und Berufsverboten. Reihenweise verließen daraufhin prominente Künstler und Schriftsteller die DDR.

* siehe S. 136

offen gegen die Freiheit der Meinung verstieß. Bis in die 80er-Jahre blieben Künstler und Autoren der Willkür des SED-Regimes ausgesetzt, das entweder über Kritik hinwegsah oder mit harten Maßnahmen reagierte.

Erinnerung und nationales Bewusstsein

Die Spaltung in zwei Staaten erinnerte die Deutschen unablässig an ihre Vergangenheit. Wie hatte es zum Nationalsozialismus, zum Zweiten Weltkrieg, zu Völkermord, Vertreibung und zur deutschen Teilung kommen können? In Ostdeutschland verordnete das SED-Regime dazu ein Geschichtsbild, das den Nationalsozialismus schlicht zur Fremdgeschichte erklärte: mit dem „Dritten Reich" habe man nichts mehr zu tun. Im Westen dauerte die Aufarbeitung wesentlich länger und sorgte für heftigen Streit, bis die Menschen zu einem kritischen Verhältnis zur eigenen Nation gelangten.

Wiederaufbau und Beschweigen in Westdeutschland In der Bundesrepublik der 50er-Jahre stimmten Politiker aller Parteien und die Bevölkerung darin überein, dass die deutsche Teilung ein nicht hinnehmbares Unrecht sei. Die Bonner Republik sei nur als Provisorium* auf dem Weg zu einem bald wiedervereinigten Nationalstaat gedacht. Man hob die demokratischen Traditionen in Deutschland hervor, weniger die Weimarer Republik, vielmehr die Revolution von 1848/49, das erste gesamtdeutsche Parlament und den Versuch einer demokratischen Nationalstaatsgründung. Die Nationalhymne wurde offiziell geändert, die dritte Strophe des Deutschlandliedes („Einigkeit und Recht und Freiheit") erschien angemessener als die überhebliche erste („Deutschland, Deutschland über alles").

Der Nationalsozialismus wurde allgemein als Unglück oder „Betriebsunfall" angesehen, über seine Ursachen und das ganze Ausmaß deutscher Verantwortung herrschte jedoch Schweigen (▸ M9). Kritiker wie Alexander und Margarete Mitscherlich bescheinigten rückblickend den Deutschen in der frühen Bundesrepublik eine „Unfähigkeit zu trauern": Die Erfolge der Gegenwart – Wiederaufbau, „Wirtschaftswunder", sportliche Leistungen – verdrängten die Vergangenheit.

Immerhin waren am Ende der 50er-Jahre 50 Prozent der Bundesbürger überzeugt, Deutschland sei verantworlich für den Ausbruch des Zweiten Weltkrieges (1951 waren es nur 32 Prozent gewesen). Allmählich nahm die Bevölkerung auch das ganze Ausmaß der Kriegsverbrechen und der Vernichtung der europäischen Juden wahr.

Umdenken und neues Selbstbewusstsein In den 60er-Jahren rückte der Nationalsozialismus ins öffentliche Bewusstsein. Im Geschichtsunterricht wurde erstmals die NS-Zeit behandelt. Es entstanden Mahnmale und Gedenkstätten für NS-Opfer. Die historische Forschung widmete sich nun verstärkt den NS-Verbrechen, aber auch dem deutschen Widerstand gegen Hitler.

Bestärkt durch die Geschichtswissenschaft, setzte sich langsam die Einsicht durch, der deutsche Nationalstaat sei schon seit der Reichsgründung von 1871 durch Militarismus, soziale Ungleichheit und Mangel an Demokratie belastet gewesen. Erst mit der Westintegration der Bundesrepublik sei dieser Weg verlassen worden. Seitdem begriffen Bevölkerung und Politiker die Westbindung der Bundesrepublik und die europä-

* Provisorium: Notlösung, Behelf

ische Integration als notwendige Umkehr von der bisherigen Geschichte des Nationalstaats. Die Identifikation mit dem westdeutschen Staat nahm immer mehr zu. In Umfragen von 1970 sagten 81 Prozent, sie hielten ihre Gegenwart für die glücklichste Zeit der deutschen Geschichte; 1951 hatten dies nur zwei Prozent so gesehen, während 45 Prozent das Deutsche Kaiserreich für besser erachteten.

Die deutsche Einheit wurde in den 70er- und 80er-Jahren für viele zu einem nachrangigen oder unerreichbaren Ziel. Sie durfte überhaupt nur dann erfolgen, wenn die erreichte Freiheit beibehalten und der Friede in Europa dadurch nicht gefährdet würde. 1989, zum 40-jährigen Gründungsjubiläum der Bundesrepublik, fanden erstmals aufwändige Feiern statt, die stolz auf das Erreichte blickten (▸ M10).

Erinnern und nationales Bewusstsein in der DDR Anders als die Bundesrepublik hob die DDR ihren „provisorischen" Charakter als Teil einer deutschen Gesamtnation nicht hervor. Das SED-Regime betonte stattdessen die Fortschrittlichkeit der DDR, die als erster deutscher Staat den Sozialismus verwirklicht habe: „Auferstanden aus Ruinen, und der Zukunft zugewandt", begann die von **Johannes Becher** 1949 komponierte Hymne der DDR, in der es freilich auch hieß: „Deutschland, einig Vaterland".

Johannes Robert Becher (1891-1958): deutscher Dichter, seit 1919 Mitglied der KPD; nach dem sowjetischen Exil Rückkehr nach Deutschland, wo er seit 1946 dem ZK der SED angehörte; 1954-1958 DDR-Kulturminister

Zunächst bestand sogar ein formelles Wiedervereinigungsgebot, das jedoch an den Erhalt der „sozialistischen Errungenschaften" geknüpft war. 1971 lehnte der VIII. Parteitag der SED dann eine Wiedervereinigung ausdrücklich ab.

Die DDR-Führung betonte zwar ihre geschichtliche Eigenständigkeit, zugleich benötigte sie die Bundesrepublik, um auf sie die Schattenseiten der deutschen Vergangenheit abzuwälzen. Das offizielle Geschichtsbild verwies auf die Anfänge der Demokratie und der Arbeiterbewegung in Deutschland, die man als Vorläufer der DDR ausgab. Alle übrigen Traditionen deutscher Geschichte aber hätten dem Sozialismus im Weg gestanden – und schließlich im „faschistischen Dritten Reich" geendet. Die Bundesrepublik wolle jedoch an manche dieser Traditionen wieder anknüpfen. Dass der Aufstand vom 17. Juni 1953 im Westen als Tag der Deutschen Einheit gefeiert werde, zeige, wie wenig sich die Bundesrepublik mit der Existenz eines sozialistischen Staates abfinden könne.

An diesem einseitigen, von Feindbildern geprägten Geschichtsverständnis hielt die DDR-Führung bis in die 70er-Jahre fest. Die Entspannung zwischen Ost und West entzog ihm jedoch den Boden. In den Medien sowie im Dialog mit Politikern und Intellektuellen aus dem Westen erfuhr man von einer bundesdeutschen Gesellschaft, die mittlerweile selbstkritisch mit der Vergangenheit umging und Abstand von einer Wiedervereinigung um jeden Preis genommen hatte. In Ost- wie Westdeutschland wandte sich die Geschichtswissenschaft Themen wie Wirtschaft, Gesellschaft, Alltag, Mentalität oder der Rolle von Mann und Frau zu, während die traditionelle Nationalgeschichte in den Hintergrund trat.

Unter diesen Voraussetzungen fand die DDR zu einem scheinbar offeneren Verhältnis zur deutschen Vergangenheit. In den 80er-Jahren fanden in beiden deutschen Staaten große Gedenkfeiern für Martin Luther, Friedrich Schiller und König Friedrich II. von Preußen statt. Die Erinnerung an die deutsche Geschichte erfolgte desto freimütiger, als man die Zweistaatlichkeit inzwischen für unabänderlich hielt. Wenn an Gemeinsamkeiten der Deutschen – ihre Sprache, Wissenschaft oder Kunst – erinnert wurde, dann stets mit dem Vorbehalt, dass im Sozialismus der „bessere" Teil des deutschen Kulturerbes gepflegt werde als im Westen.

Das SED-Regime ging auch nicht so weit, eine Haftung für die Verbrechen des Nationalsozialismus zu übernehmen. Ganz zuletzt zeichnete sich ein Umdenken ab, als die DDR 1988 erstmals der Reichspogromnacht vor 50 Jahren gedachte und Gespräche mit jüdischen Verbänden über eine Wiedergutmachung führte. Zu einer „Verantwortung des gesamten deutschen Volkes für die Vergangenheit" bekannte sich die DDR-Regierung in einem Brief an den Ministerpräsidenten Israels erst im März 1990 – als die DDR bereits vor dem Ende stand.*

Zwei Staaten – zwei Gesellschaften

Während 40 Jahren deutscher Teilung entstanden in Ost und West zwei verschiedene Gesellschaften. Besonders seit den 60er-Jahren gingen die Menschen in Bundesrepublik und DDR getrennte Wege. Im Westen verbreitete sich allgemeiner Wohlstand und ein dichtes Netz an sozialer Versorgung. Die Deutschen in der Bundesrepublik übernahmen den Lebensstandard der USA, waren stolz auf die stabile Demokratie und die erfolgreiche Wirtschaft ihres Landes und legten Wert auf gute Beziehungen zu ihren Nachbarn in Europa. Seit den 70er- und 80er-Jahren entwickelte sich eine *Bürgergesellschaft*, die Freiheit und Rechtsstaat nicht mehr nur passiv hinnahm, sondern aktiv für deren Erhalt eintrat. Die Krisen in Wirtschaft und Politik konnten an der breiten Zustimmung zum eigenen Staat nichts mehr ändern. Zugleich bestimmten neue Unsicherheiten das tägliche Leben:

- Die Bindung an Ehepartner, Eltern und Familie wurde gelockert, da sowohl Frauen als auch Jugendliche mehr Selbstständigkeit gewannen.
- Die Bindung an Kirchen, Parteien oder Gewerkschaften wandelte sich von einfacher Zugehörigkeit zur Forderung nach mehr Teilhabe; wo dies nicht möglich war, brachen die Bindungen ab.
- Die Bindung an den Arbeitsplatz, ein Unternehmen oder einen lebenslangen Beruf gingen in der modernen Marktwirtschaft vielfach verloren.
- Die Bindung an die Nation war durch den Nationalsozialismus und die deutsche Teilung tief erschüttert. Ein neues „Heimatgefühl" boten dafür die eigene Region sowie das Bewusstsein, in einer freien Gesellschaft zu leben. Darin lag auch eine Chance, die vielen Zuwanderer nicht-deutscher Herkunft zu integrieren.

Wie die übrigen westlichen Industrieländer wandelte sich die Bundesrepublik zu einer *Risikogesellschaft*, in der der Einzelne weitgehende Freiheiten genießt, während er immer weniger auf den Schutz fester sozialer Verbindungen wie Familie, Ehe, Gesellschaftsschicht oder Nation vertrauen kann (▸ M11).

In der DDR bauten die Menschen nach dem Zweiten Weltkrieg eine leistungsfähige Industrie auf – trotz der sozialistischen Planwirtschaft, die eine freie Entfaltung der Kräfte verhinderte. Das SED-Regime formte die alten bürgerlichen Gesellschaftsstrukturen nicht langsam um, sondern beseitigte sie radikal. Statt einer klassenlosen Gesellschaft gemäß den Ideen des Sozialismus entstand jedoch neue Ungleichheit:

- zwischen arbeitender Bevölkerung und älteren Menschen im Ruhestand,
- zwischen Anhängern und Gegnern des Regimes,
- zwischen denen, die der Staat förderte und privilegierte, und solchen, die ohne Vergünstigungen blieben.

Der Sozialismus war nach Ansicht der Machthaber gerechter als der Kapitalismus des Westens. Dennoch glaubte der Staat, seine Bürger durch Propaganda, Mauer, Reiseverbote und ständige Überwachung an sich binden zu müssen. Frauen und Jugendliche

* vgl. S. 130

wurden zwar besonders gefördert, blieben aber in Staat und Partei kaum repräsentiert. Als gesellschaftliches Vorbild galt die Sowjetunion, obwohl die DDR schon Ende der 60er-Jahre deren Lebensstandard übertraf. Das eigentliche Vorbild an Wohlstand und Freiheit blieb für die Mehrheit der Bürger die Bundesrepublik. Sie wurde jedoch vom SED-Regime als „Klassenfeind" diffamiert. Die DDR suchte offiziell die Abgrenzung vom anderen Teil Deutschlands, während Wirtschaft und Bevölkerung mit ihm enge Beziehungen unterhielten.

Das SED-Regime löste diese Widersprüche nicht auf, sondern änderte in den 70er- und 80er-Jahren die Strategie seines Machterhalts. Die Zustimmung der Bevölkerung sollte durch „soziale Geborgenheit" und allgemeinen Wohlstand erreicht werden. Neben Bevormundung, Überwachung und Unterdrückung trat das System eines diktatorischen Wohlfahrtsstaates. Denn soziale Sicherheit und Lebensqualität waren nicht als Voraussetzung für mehr Demokratie gedacht – wie in der Bundesrepublik mit ihrem Konzept der Sozialen Marktwirtschaft –, sondern sollten die Bevölkerung von politischer Selbstbestimmung gerade fernhalten (▸ M12). Tatsächlich identifizierten sich die Menschen mit den sozialen Sicherheiten. Die Anhebung des Wohlstandsniveaus blieb jedoch hinter den Erwartungen zurück und sorgte für neue Unzufriedenheit.

Die Bürger passten sich nach außen an, gingen aber innerlich auf Distanz zu ihrem Staat (▸ M13). Es gab einen Sprachgebrauch in der Öffentlichkeit, der den Parolen des Regimes folgte, und ein Sprechen und Denken im Privaten, das stark davon abwich. Viele Menschen zogen sich in Freiräume zurück, in denen die Kontrolle des Staates ausblieb oder weniger zu spüren war. Dazu zählten die Familie oder der Freundeskreis. Das selbst errichtete Wochenendhaus, die Datsche, wurde zum Symbol einer *Nischengesellschaft* in der Diktatur. Sie stiftete Solidarität zwischen den gegängelten Menschen; vielfach herrschten aber auch Neid, Unaufrichtigkeit und Misstrauen als Folge von Bespitzelung und Überwachung. Trotz aller Nischen blieb der Gesamtrahmen des diktatorischen Staates bestehen, der seine Bürger vor den Risiken der modernen Welt abschirmte, ob sie es wollten oder nicht.

M1 Erziehungsalltag im Wandel

Seit den 60er-Jahren hat sich die Situation für Mütter und Kinder in der Bundesrepublik grundlegend verändert. Die Soziologinnen Sibylle Meyer und Eva Schulze beschreiben Ursachen und Folgen dieses Prozesses:

Der Wandel der Kindererziehung [...] hat zu einer Ausdehnung aller Arbeiten geführt, die mit der Betreuung und Sozialisation[1] von Kindern zusammenhängen. Die heutige Lebenswelt ist wenig kindgerecht, ihrer objektiven Struktur nach sogar kinderfeindlich. Städtische Lebensverhältnisse sind nicht nur gefährlich, Kinder werden im Straßenverkehr oder Supermarkt regelrecht zum „Störfaktor". [...] Die Auswirkungen der veränderten Wohnumwelt auf die Kinderbetreuung haben den Betreuungsaufwand erheblich verändert. War es in den Fünfziger- und Sechzigerjahren noch möglich, Kinder am Nachmittag unbeaufsichtigt draußen (Straße, Hof, Bolzplatz) spielen zu lassen, so führte die wachsende Gefährdung von Kindern in der Wohnumwelt dazu, dass Kinder seit den Siebziger- und Achtzigerjahren kaum noch allein draußen spielen können, sondern die Nachmittage häufig in der Wohnung verbringen müssen. Die Präsenz der Kinder in der Wohnung wiederum bedeutet für die Mütter, dass der Betreuungsaufwand zunimmt [...].

Ein wesentlicher Faktor für den Wandel der Kinderbetreuung ist die [...] stark gesunkene Geburtenrate [...]. Wuchsen Kinder in den Fünfziger- und Sechzigerjahren noch überwiegend mit Geschwistern auf, so ist in den Siebzigerjahren der Anteil der Einzelkindfamilien gestiegen. In direktem Zusammenhang mit der Verringerung der Kinderzahl in der Familie stehen ein grundlegender Bedeutungswandel des „Kinder-Habens", gestiegene Leistungserwartungen an die Mütter und auch Einstellungsveränderungen gegenüber der Mutterrolle. Das Fehlen bzw. die reduzierte Anzahl der Geschwister führt zu einer stärkeren Angewiesenheit der Kinder auf die Erwachsenen und erhöht die Arbeitsanforderungen der Betreuungsperson. Andererseits ermöglicht die geringe Kinderzahl den Müttern überhaupt erst, den gestiegenen Leistungsanforderungen gerecht zu werden.

Bei den Müttern der Siebziger- und Achtzigerjahre nahm bzw. nimmt die Organisation der Freizeitgestaltung ihrer Kinder einen breiten Stellenwert ein. Wegen des Mangels an Spielgefährten – sei es wegen nicht vorhandener Geschwister oder mangels Kindern in der Nachbarschaft – ergibt sich das Spielen nicht mehr spontan, sondern muss von den Eltern zunehmend aktiv organisiert werden. Solche Tätigkeiten waren für die Mütter aus den Fünfzigerjahren kaum von Bedeutung. Die seit den Sechzigerjahren kontinuierlich gestiegenen Leistungs- und Bildungsansprüche für Kinder und Jugendliche führten darüber hinaus dazu, dass die Eltern heute für ihre Kinder nicht irgendwelche, sondern leistungs- und bildungsorientierte Beschäftigungen auswählen, wie z.B. die Teilnahme an Sportgruppen oder musischen Aktivitäten in Musik-, Tanz- oder Malgruppen. Damit wurden Mütter zu Organisatorinnen und Transporteurinnen ihrer Kinder, die sie von Sportveranstaltung zu Theateraufführung oder Kinderkurs chauffieren.

Auch das Verhältnis zwischen Eltern und Kindern hat sich erheblich verändert. War in den Fünfziger- und auch noch in den Sechzigerjahren in den familiären Beziehungen die elterliche Autorität ausschlaggebend, so rückt nun das Kind als „individuelle Persönlichkeit" und Partner in den Mittelpunkt, dessen Bedürfnisse und Wünsche bewusst respektiert werden sollen.

Sibylle Meyer und Eva Schulze, Frauen in der Modernisierungsfalle – Wandel von Ehe, Familie und Partnerschaft in der Bundesrepublik Deutschland, in: Gisela Helwig und Hildegard Maria Nickel (Hrsg.), Frauen in Deutschland 1945-1992, Bonn 1993, S. 166-188, hier S. 179 f.

1. *Fassen Sie die Elemente des Wandels der Kindererziehung seit den 50er-Jahren zusammen. Finden Sie weitere Bereiche, in denen ein solcher Wandel stattgefunden hat.*

2. *Diskutieren Sie, ob und inwieweit die Bundesrepublik Deutschland eine kinderfeindliche Gesellschaft ist.*

[1] Sozialisation: Prozess der Anpassung des Einzelnen an die Gesellschaft und ihre Normen und Verhaltensweisen

M2 Löhne und Gehälter von Frauen in der Bundesrepublik 1950-1989

Jahr	ArbeiterInnen Industrie Bruttostundenlohn Vollzeit in DM		Anteil Frauenlohn in Prozent	Angestellte Industrie und Handel[1] Bruttomonatslohn Vollzeit in DM		Anteil Frauengehalt in Prozent
	Männer	Frauen		Männer	Frauen	
1950[2]	1,42	0,86	60			
1952	1,76	1,04	59			
1954	1,88	1,12	59			
1960	2,90	1,87	64	723	404	56
1964	4,17	2,79	67	1063	626	59 (1965)
1968	5,20	3,59	69	1244	741	59
1972	7,92	5,51	69	1857	1137	61
1976	11,08	8,02	74	2637	1681	64
1980	14,16	10,25	72	3421	2202	64
1982	15,17	11,33	75	3728	2366	63
1984	16,59	12,00	72	3996	2544	64
1986	17,85	13,04	73	4322	2764	64
1988	19,32	14,12	73	4654	2989	64
1989	20,09	14,76	73	4824	3108	64

Friederike Maier, Zwischen Arbeitsmarkt und Familie – Frauenarbeit in den alten Bundesländern, Gisela Helwig und Hildegard Maria Nickel (Hrsg.), a.a.O., S. 257-279, hier S. 272, Tabelle 5

[1] ohne Verkehrswesen und Dienstleistungen sowie ohne Angestellte mit voller Aufsichts- und Dispositionsbefugnis
[2] 1950-1959 ohne Saarland und Berlin; bis 1963 ohne Berlin

1. *Nennen Sie Gründe, weshalb Arbeitgeber niedrigere Löhne an Frauen zahlen.*
2. *Ermitteln Sie entsprechende Daten aus westeuropäischen Ländern und vergleichen Sie.*
3. *Recherchieren Sie, was Gesetzgebung und Justiz bis heute gegen die Einkommensunterschiede von Männern und Frauen in der Bundesrepublik unternommen haben. Berücksichtigen Sie dabei auch europäische Initiativen.*

M3 Alltag berufstätiger Mütter in der DDR

Der Historiker Stefan Wolle schildert die Belastungen, mit denen berufstätige Mütter in der DDR zu leben hatten:

Soziologische Untersuchungen der Nachwendezeit weisen aus, dass die allgemeinen Anschauungen über Rolle und Funktion der Frau in der Gesellschaft in der DDR noch konservativer und paternalistischer[1] waren als in der damaligen Bundesrepublik. Zwar akzeptierte die Umwelt grundsätzlich die Berufstätigkeit der Frau, doch folgte daraus keine wirkliche Gleichstellung. Obwohl die Propaganda ihre hohe Erwerbsquote als Erfolg feierte, sah der Alltag ganz anders aus. Die wirtschaftliche Ineffizienz des Systems ging vor allem auf Kosten der Frauen, speziell derjenigen mit Haushalt und Kindern. Der typische Arbeitstag einer berufstätigen Mutter sah etwa so aus: Um fünf Uhr morgens weckte sie die Kinder, machte sie für den Kindergarten oder die Schule fertig und brachte sie dorthin. Die Einrichtungen der Volksbildung hatten einen speziellen Frühhort eingerichtet, wo man die Kinder schon ab sechs Uhr abgeben konnte. Dann ging es mit einer ungeheizten und überfüllten Straßen- oder S-Bahn zur Arbeit. Nach Feierabend, also gegen 17 Uhr, holten die Mütter die übermüdeten und nervösen Kinder aus den „Einrichtun-

[1] paternalistisch: väterlich bevormundend

gen“ ab, erledigten auf dem Nachhauseweg die oft mit „Rennereien“ und langem Anstehen verbundenen Einkäufe und hatten dann gerade noch Zeit für das Abendbrot. Nach dem „Sandmännchen“ steckten sie die Kinder ins Bett und erledigten die wichtigsten Arbeiten im Haushalt. Entgegen allen anderslautenden Bekundungen beteiligten sich die Ehemänner an dieser Alltagsmühle nur am Rande. Eine Untersuchung aus dem Jahre 1988 machte deutlich, dass in 54 Prozent der Ehen die Haushaltsführung allein und in weiteren 34,5 Prozent überwiegend der Frau oblag. Bei den Männern betrug das entsprechende Verhältnis 0,4 und ein Prozent. Danach blieben noch 10,1 Prozent übrig, welche die Arbeit offenbar gerecht aufteilten. Im Hinblick auf die Kindererziehung sahen die Zahlen ganz ähnlich aus. In 43,3 Prozent der Fälle lag sie allein und in weiteren 41,8 Prozent überwiegend bei der Mutter. Lediglich 12,7 Prozent der Familien gaben an, die Kinder gemeinsam zu erziehen. Erst gegen Ende der Achtzigerjahre schien sich diese traditionelle Arbeitsteilung zu verschieben.

Stefan Wolle, Die heile Welt der Diktatur. Alltag und Herrschaft in der DDR 1971-1989, Berlin 1998, S. 175 f.

1. *Nehmen Sie Stellung zu der Aussage, die „wirtschaftliche Ineffizienz des Systems ging vor allem auf Kosten der Frauen“ (Zeile 9 f.).*

2. *Vergleichen Sie mit dem Alltag in der Bundesrepublik. Entwickeln Sie dazu stichhaltige Fragen an Ihre Eltern sowie Großeltern. Ziehen Sie dazu die methodischen Empfehlungen für Zeitzeugeninterviews (siehe S. 199) heran.*

M4 Verkehrsopfer in der Bundesrepublik

Bei Verkehrsunfällen in der Bundesrepublik getötete Kinder und Jugendliche, 1953 - 1990[1]

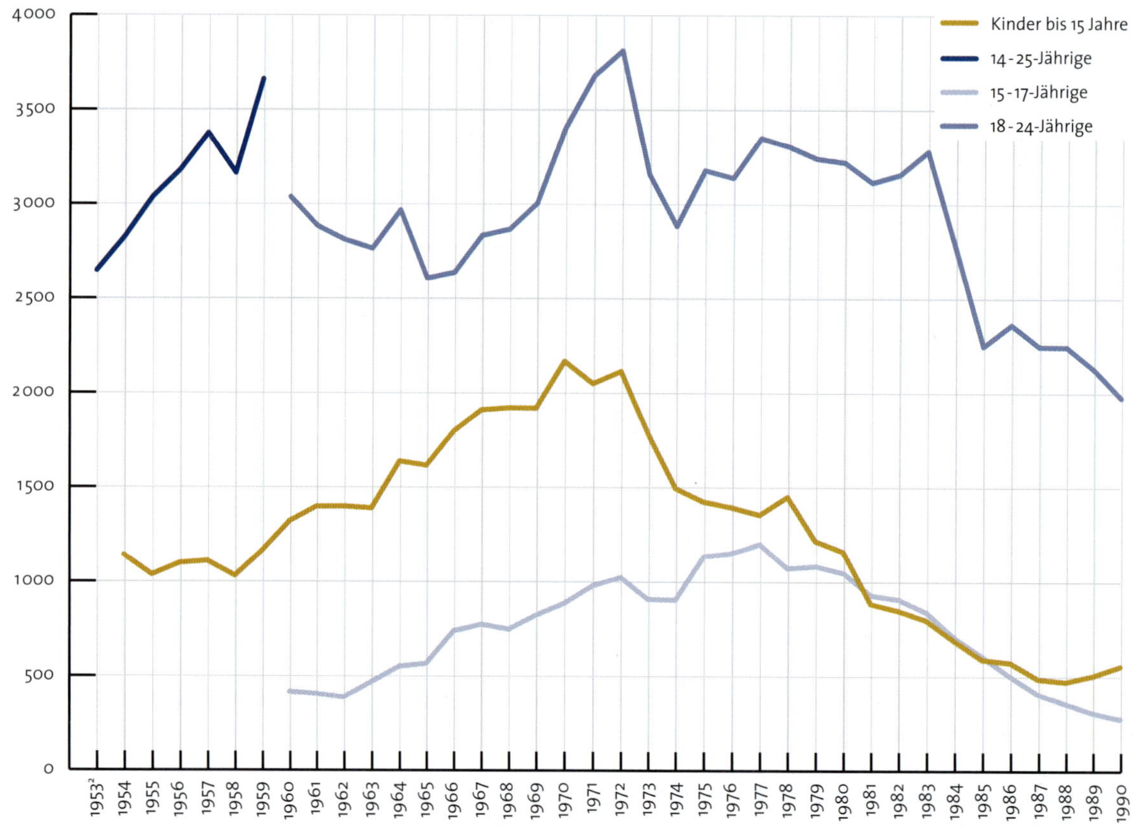

1. *Setzen Sie die Daten in Beziehung zum Pkw- und Lkw-Bestand in der Bundesrepublik (S. 79, M9).*

2. *Stellen Sie fest, welche gesetzlichen Änderungen seit 1953 erfolgt sind, um die Unfälle zu verringern.*

[1] Daten nach: Statistisches Bundesamt; bis 1956 ohne Saarland, 1990 alte Bundesländer; von 1953 - 1959 Getötete im Alter von 0 - 13 Jahren

[2] ohne West-Berlin

M5 „Diese jungen Fremden“

Unter dem Titel „Diese jungen Fremden“ erscheint 1981 ein Artikel in der „Süddeutschen Zeitung“, der die Zukunftsaussichten Jugendlicher in der Bundesrepublik behandelt:

Nachrichten über „die Jugend von heute“ klingen oft wie Expeditionsberichte aus einem exotischen Land. Seltsame Stämme werden vorgefunden von den Forschern und mit deutlicher Erregung geschildert: die grünhaarigen Punker, wie sie in Ledermontur durch die Fußgängerzone rasen, die sogenannten Popper, die man offenbar an den Kaschmirschals und an der „Watte im Hirn“ [...] erkennt, und natürlich jede Menge Hausbesetzer, Rocker, Kernkraftgegner. Eine fremde, sehr schwer auseinanderzuhaltende Masse scheint das zu sein, die mitten unter den Erwachsenen lebt [...].

In dieser Situation wird eine großangelegte Studie für einiges Aufsehen sorgen, die konsequent versucht hat, an eine Bestandsaufnahme einmal nicht „von außen“ und mit der ungeduldigen Frage heranzugehen, wie schwer die Jugend in das „normale“ Leben zu integrieren sein werde. [...] Das bemerkenswerteste Ergebnis dieser Studie [...] ist der ungeheure Pessimismus der jungen Generation. Jahrhundertelang war es eine schöne Gewohnheit der jungen Leute, die Sorgen und den Griesgram der Alten komisch zu finden; heute sind es die Jugendlichen selbst, die sich diese Sorgen machen und sich über die Alten ärgern, die das nicht ernst genug nehmen. Wenn 76 Prozent der Jugendlichen damit rechnen, „dass Technik und Chemie die Umwelt zerstören“, wenn 58 Prozent ausdrücklich sagen, sie schätzen die Zukunft „eher düster“ ein, [...] dann hat das vor allem zwei Konsequenzen: Erstens wird diese düstere Weltsicht nicht ohne Auswirkung bleiben können auf die Art, in der junge Leute ihr Leben einrichten; zweitens aber ist eine solche Jugend ohne feste gesellschaftliche Modelle stärker als jede andere zuvor in Gefahr, manipuliert zu werden. [...] Wie die Studie zeigt, gibt es einen unmittelbaren Zusammenhang ausgerechnet zwischen pessimistischer Zukunftserwartung und dem Engagement für Protestbewegungen aller Art.

Süddeutsche Zeitung vom 28. November 1981

1. *Prüfen Sie, inwieweit die „düstere Zukunftserwartung“ damaliger Jugendlicher bestätigt oder widerlegt worden ist.*

2. *Ermitteln Sie Umfrageinstitute und Sozialstudien, die die Meinungen Jugendlicher untersuchen.*

3. *Versuchen Sie, ein Stimmungsbild heutiger Jugendlicher zu ermitteln und mit den Aussagen im Text zu vergleichen.*

M6 Meine erste Jeans

Menschen verschiedenen Alters berichten von ihrer Jugend in der DDR und den Erfahrungen mit ihrer ersten Jeans:

Horst Hertel, geb. 1936

Eine Jeans war für mich zunächst einmal ein unerfüllter Traum. [...]

Anfang der 50er-Jahre, als ich 16 war, bin ich mit meinen Freunden immer nach West-Berlin gefahren. In der Woche vier-, fünfmal, wenn nicht jeden Tag. [...] Da sind wir ins Kino gegangen, für 25 Pfennig West. Sie zeigten Filme von John Wayne und Gary Cooper, das war was für uns. [...]

Jeans waren ja eine richtige Welle. Die kamen aus Amerika, dort waren Cowboys, und die hatten ja auch alle Levi's- oder Lee-Jeans an. Und die Cowboys hatten wir im Film gesehen. Das mussten wir einfach haben. [...]

Irgendwann hatte ich mir die Jeans zusammengespart, jedenfalls hatte ich sie als Erster. Für mich durfte das nicht irgendeine sein, sondern sie musste schwarz und mit Kupfernieten beschlagen sein. Das war der Knüller überhaupt, und als ich sie endlich hatte, bin ich aus der Hose nicht mehr ausgestiegen, weder am Tage noch nachts. [...] Ich wollte mit den Hosen etwas darstellen. Heute trägt die ja jeder, aber damals war das eindeutig westlich. Je mehr ich bestaunt wurde, desto mehr bin ich innerlich gewachsen, und alle waren neidisch in der Clique.

Mario Mendelsohn, geb. 1964

Meine erste Jeans war eine Levi's, schön ausgewaschen und riesengroß. Ich war damals 14 Jahre alt und der Kleinste in meiner Schulklasse. Die Jeans hätte man eigentlich dreimal um mich herumwickeln können. Ich weiß nicht mehr, auf welchen dunklen Wegen sie zu mir kam, aber sie war da, und ich wollte sie natürlich auch tragen, und das nicht als Mantel. Ich hatte eine sehr schneiderbegabte Großmutter, und die erklärte sich bereit, aus diesem Jeansmantel eine Hose für mich zu machen. Meine Bedingung war, dass die Jeans danach nicht aussah wie irgendeine Hose, sondern immer noch wie eine Levi's, wie ich sie aus Fernsehen und Werbung kannte. Gesagt, getan. [...] Ich war so stolz auf meine Levi's-

Jeans, dass ich mich in der Straßenbahn immer vorne hingestellt habe, mit dem Rücken zum Publikum, sodass alle meine Hose bewundern konnten.

Mit dieser Hose gehörte ich eindeutig nicht zu den Deppen in meiner Klasse, sondern zu den Richtigen, die auch Westjeans trugen, weil sie Westverwandte hatten. [...] Die Lehrer meinten, dass man diese Hosen nicht zur Pionier- oder FDJ-Bluse tragen sollte. Ansonsten gab es keine Restriktionen. Einer hat mal versucht, diese Regel zu umgehen, der durfte dann nicht am Fahnenappell teilnehmen und bekam einen negativen Eintrag in sein „Muttiheft".

In Merseburg gab es eigentlich keine echte Hippieszene, aber für mich waren Jeans eindeutig die Bekleidung der Hippies, wie ich sie aus dem Film „Hair" kannte, den ich in Ungarn gesehen hatte. Als Achtjähriger hatte ich eine Art Schlüsselerlebnis mit einem DDR-Hippie, der in Jeanskluft und mit Matte an mir vorbeilief. Das muss mich so was von beeindruckt haben, dass dieses Bild selbst heute noch vor mir schwebt. In Jeans fühlte man sich wie dieser „Outlaw", eben außerhalb der Welt der Spießer, ohne allerdings diesen Begriff dafür zu haben. Dass Levi's-Jeans aus Amerika kamen, war dabei völlig sekundär, das nahm man eher in Kauf, als dass man darauf stolz war.

Später war ich dann in der Kirchenszene aktiv, wo man natürlich auch nur Jeans trug.

Daniela, geb. 1969

Eines Tages, man schrieb das Jahr 1985, kam ich nach der Schule nach Hause. Ich war in der 9. Klasse der POS[1] „Ernst Thälmann" und 15 Jahre alt. Da rief meine Freundin an und erzählte mir, dass es im Exquisit Jeans gäbe, und zwar ein ausgefallenes Modell, das noch keiner hat. Ich wusste, diese Jeans wird teuer sein, und tatsächlich hat die 250 Mark gekostet. Mein Taschengeld hat für so eine kostspielige Spontanaktion natürlich nicht ausgereicht. Da hat meine Mutter den Rest beigesteuert. [...] Als ich bei dem Exquisit im Zentrum Schwerins ankam, war die Schlange davor schon von weitem zu sehen. Ich habe mich also mit meiner Freundin brav angestellt. Während der zwei Stunden Wartezeit haben wir bei den vor uns stehenden Mädchen Maß genommen und gebangt und gehofft, dass die passende Größe für mich übrig bleibt. Das war schon sehr aufregend. Endlich war ich dran und hatte auch Glück. [...]

Am nächsten Tag habe ich diese Jeans freudestrahlend angezogen und bin in die Schule gegangen. Dort musste ich dann leider feststellen, dass zwei andere Mädchen die gleiche Hose trugen. Von dem Augenblick an hatte die Hosen keinen Wert mehr für mich. [...] Dass jemand die gleichen Klamotten trug wie ich, fand ich furchtbar, besonders weil diese Jeans durch ihren Schnitt so auffällig war. Die beiden Mädchen, die sich diese Hose auch gekauft hatten, stammten aus einfachen Verhältnissen und ich aus einer Akademikerfamilie, wodurch wir privilegiert waren. Irgendwie war ich beleidigt, dass diese Mädchen sich so eine Hose auch leisten konnten. So blöd habe ich als Teenie gedacht.

Zu Hause haben wir sehr viel gebastelt und genäht. Meine Mutter war Hobbyschneiderin und hat Preise mit ihren Modellen gewonnen. Markenbewusstsein war bei uns absolut verpönt. Dabei spielte die Überzeugung, sich durch Konsumwünsche nicht vom Klassenfeind abhängig zu machen, durchaus eine Rolle. Ich bin also eher linientreu erzogen worden. Trotzdem wurde uns von meinen Eltern vorgelebt, dass man sich auch durch Kreativität abheben kann [...]. Leistung war grundsätzlich wichtiger als Besitz.

Rebecca Menzel, Jeans in der DDR. Vom tieferen Sinn einer Freizeithose, Berlin 2004, S. 12 f., 147 f. und 167 f.

[1] POS: Polytechnische Oberschule

1. *Beschreiben Sie, welche Bedeutung die eigene Jeans für jede der drei Personen hatte.*

2. *Vergleichen Sie, wodurch jeweils der Wunsch geweckt wurde, eine Jeans zu tragen.*

3. *Skizzieren Sie anhand der Berichte, wie sich die Obrigkeit und die Erwachsenen gegenüber den Jugendlichen verhielten.*

4. *Suchen Sie nach Statussymbolen Jugendlicher in der Gegenwart. Diskutieren Sie, inwieweit es heute für Jugendliche möglich ist, durch Mode in der Öffentlichkeit auf sich aufmerksam zu machen.*

M7 Brief an einen Freund im Westen

Ein Berufsschüler aus Gera schreibt 1983 an einen (Brief-)Freund in der Bundesrepublik:

In den Sommerferien habe ich oft an Dich gedacht. Nach Frankreich möchte ich auch mal, oder Italien, Griechenland. Eigentlich braucht es nicht einmal so weit zu sein. Es würden mir schon vier Wochen in der BRD reichen. Einfach mal alle besuchen, „Guten Tag" sagen und mehr nicht. Ehrlich gesagt, möchte ich gar nicht bei „Euch" bleiben. Auf beiden Seiten ist längst nicht alles rosig. Alles hat seine Vor- und Nachteile. Deshalb verstehe ich manche Leute hier bei uns nicht, die nach dem Westen abhauen. Sie geben hier eine Existenz auf, um bei Euch bei Null anzufangen. Wenn sie Pech haben, bekommen sie keine Arbeit oder so. [...]

Ich weiß manchmal selbst nicht, was ich von unserm Staat und dem Sozialismus halten soll. Auf den ersten Blick kann

man sagen, der Sozialismus ist besser als der Kapitalismus. Es gibt keine Arbeitslosen, Jugendliche bekommen Lehrstellen, wir haben stabile Preise, und und und ... Aber wenn man die Sache mal unter die Lupe nimmt, sieht es etwas anders aus. Lehrstellen gibt es zwar genug, aber trotzdem kann nicht jeder werden, was er möchte. Wenn ich damals Papa nicht gehabt hätte, wer weiß, was dann aus mir geworden wäre. Ich hab ja bei meinem Vater im Betrieb gelernt, und da hieß es: „Na ja, unter Kollegen wollen wir mal nicht so sein, da können wir schon mal helfen." [...]
Nehmen wir mal die Preise und die Konsumgüterversorgung heraus: Gut, die Preise für Brot und Butter, Milch und so weiter bleiben konstant. Ich möchte bloß einmal in den Fleischerladen gehen und auf Anhieb gekochten Schinken oder Schweinslende bekommen. Das ist mir in den zwei Jahren hier in Gera noch nicht passiert. [...] Die Klamotten, die es zu kaufen gibt, kann man einfach nicht anziehen. In den Exquisit-Läden gibt es massenweise West-Importe, natürlich auch entsprechende Preise. Ein einfacher Arbeiter kann sich so etwas nicht leisten. In Berlin gibt es an jeder Ecke einen „Fress-Ex-Laden". Dann gibt es einen großen Schuh-Ex, Damen-Ex, Herren-Ex, Unterwäsche-Ex, Stoff-Ex, Taschen- und Koffer-Ex ... Eines Tages gibt es mal nur noch solche Läden. Ist so etwas im Sinn des Sozialismus? Kann ich mir einfach nicht vorstellen. Und wo wir gerade in Berlin sind: Unsere Hauptstadt!!! Da wird alles hingeschleppt, von den Arbeitskräften angefangen. Die werden aus allen Teilen der DDR zusammengeholt, um solche Protzdinger hinzusetzen wie den Palast der Republik oder den neuen Friedrichstadtpalast oder die Großbaustelle Marzahn[1]. Für die Berliner mag das gut sein, die können das alles täglich nutzen. Hier in Gera gibt es noch nicht einmal eine einfache Schwimmhalle für den Winter.

Zit. nach: Norbert Haase, Lothar Reese und Peter Wensierski (Hrsg.), VEB Nachwuchs. Jugend in der DDR, Reinbek 1983, S. 40-44

1. *Fassen Sie die Kritikpunkte des Briefes zusammen: Was wirft der Verfasser der Bundesrepublik, was der DDR vor?*

2. *Schreiben Sie einen Brief zur Antwort, worin Sie die Lage in Westdeutschland in den 80er-Jahren differenziert schildern. Prüfen Sie, ob Sie selbst dabei eine „pessimistische" Haltung einnehmen (wie die Mehrheit der Jugendlichen lt. M5) oder ob eine hoffnungsvolle Einschätzung überwiegt.*

[1] 1976 begann die DDR-Staatsregierung im Rahmen ihrer Wohnungsbaupolitik, auf dem Gebiet von Marzahn im Osten Berlins in kürzester Zeit eine Großsiedlung zu errichten. Marzahn ist heute ein Ortsteil von Berlin mit rd. 100 000 Einwohnern.

M8 Die DDR – „ein sauberer Staat"

Im Dezember 1965 spricht Erich Honecker vor dem Zentralkomitee der SED über die Kulturpolitik:

Unsere DDR ist ein sauberer Staat. In ihr gibt es unverrückbare Maßstäbe der Ethik und Moral, für Anstand und gute Sitte. Unsere Partei tritt entschieden gegen die von den Imperialisten betriebene Propaganda der Unmoral auf, die das Ziel verfolgt, dem Sozialismus Schaden zuzufügen. Dabei befinden wir uns in voller Übereinstimmung mit der Bevölkerung der DDR und der überwiegenden Mehrheit der Menschen in Westdeutschland.
Wir stimmen jenen zu, die feststellen, dass die Ursachen für diese Erscheinungen der Unmoral und einer dem Sozialismus fremden Lebensweise auch in einigen Filmen, Fernsehsendungen, Theaterstücken, literarischen Arbeiten und in Zeitschriften bei uns zu sehen sind. Es häuften sich in letzter Zeit auch in Sendungen des Fernsehfunks, in Filmen und Zeitschriften antihumanistische Darstellungen. Brutalitäten werden geschildert, das menschliche Handeln auf sexuelle Triebhaftigkeit reduziert. Den Erscheinungen der amerikanischen Unmoral und Dekadenz[1] wird nicht offen entgegengetreten. Das gilt besonders für den Bereich der heiteren Muse und der Unterhaltung, für einzelne literarische Arbeiten. [...] Biermann wird systematisch vom Gegner zum Bannerträger einer sogenannten literarischen Opposition der DDR, zur Stimme der „rebellischen Jugend" gemacht. Davon zeugen Sendungen westdeutscher Rundfunkstationen, Berichte in der westdeutschen Presse und Rezensionen zu seinem in West-Berlin erschienenen Gedichtband. Biermann wird dort als ein „äußerst freimütiger und kühner Kritiker des mitteldeutschen Regimes" gefeiert. Biermanns sogenannte Gedichte kennzeichnen sein spießbürgerliches, anarchistisches Verhalten, seine Überheblichkeit, seinen Skeptizismus und Zynismus. Biermann verrät heute mit seinen Liedern und Gedichten sozialistische Grundpositionen. Dabei genießt er wohlwollende Unterstützung und Förderung einiger Schriftsteller, Künstler und anderer Intellektueller. Es ist an der Zeit, der Verbreitung fremder und schädlicher Thesen und unkünstlerischer Machwerke [...] entgegenzutreten.

Zit. nach: Rolf Steininger, Deutsche Geschichte. Darstellungen und Dokumente in vier Bänden, Bd. 3: 1955-1969, Frankfurt am Main 2002, S. 269 f.

1. *Stellen Sie dar, welches Bild Erich Honecker von der Kultur in der DDR zeichnet und was er von der Kulturpolitik der SED erwartet.*

2. *Listen Sie die Begriffe auf, die Honecker in seiner Kritik verwendet, und finden Sie jeweils Gegenbegriffe.*

[1] Dekadenz: kultureller Verfall

M9 Schweigen über die Vergangenheit

▲ **Gesine Schwan.**
Foto von 2005.

Die Politikwissenschaftlerin Gesine Schwan, 2004 und 2009 Kandidatin für das Amt des deutschen Bundespräsidenten, sieht im Schweigen über die Vergangenheit große Gefahren für den Zusammenhalt der Gesellschaft.

Das wichtigste Vehikel für den Grundkonsens einer Gesellschaft über ihre Werte ist der offene vertrauensvolle Dialog zwischen den Generationen. In der Weitergabe von Erfahrungen müssen die Eltern als Vorbilder, als Quelle innerer Stärke sowie von Integritäts- und Wahrheitserleben ihren Kindern gefühlsmäßig und intellektuell zur Verfügung stehen. Und dies wünschen sich die Kinder auch von ihren Eltern, für den politischen Bereich (bisher!) vor allem von ihren Eltern. Trotz aller Opposition: Sie wollen ein ermutigendes moralisches Vorbild. [...]
Wie sieht es in den deutschen Familien nun de facto aus? Sie unterscheiden sich in mehrfacher Hinsicht markant von den anderen europäischen und von den amerikanischen Familien. Auffällig ist zunächst die große Kluft zwischen den Generationen. Sie bezieht sich auf Werte, Weltanschauungen und Überzeugungen, und im Familienklima geht damit ein vergleichsweise geringes Vertrauen, eine ungewöhnliche Fremdheit zwischen den Eltern wie zwischen den Generationen, eine äußerste Distanziertheit zwischen den Familienmitgliedern einher. [...]
Ganz besonders schlecht und distanziert ist das Verhältnis zum Vater, nicht so sehr bei der Kriegsgeneration, die oft ohne Vater groß wurde, sondern bei der nachfolgenden, die mit den heimkehrenden Vätern zu tun hatte. [...]
Die Weitergabe von Werten wird durch die emotionale Distanziertheit innerhalb der Familien erheblich erschwert, einen Anspruch der Eltern auf Loyalität, Achtung und Liebe erkennen deutsche Kinder nur sehr bedingt an, und Autoritäten finden auf Anhieb kein Gehör, sie müssen sich im Einzelnen mehr als in anderen Ländern ausweisen. Interessant ist dabei, dass die Amerikaner im Vergleich zu den Deutschen der Freiheit eine sehr viel höhere Priorität einräumen und dass zugleich ihr Verhältnis zur Autorität erheblich unkomplizierter ist als das der Deutschen. [...]
Als spezifische politische Folgerung aus diesem Befund der deutschen Familie ergibt sich, dass in Deutschland eine besonders große Unsicherheit im politischen Urteil herrscht und eine eher geringe Übereinstimmung in Wertfragen – sowohl innerhalb der als auch zwischen den Generationen, und damit innerhalb der Gesellschaft als ganzer. Demzufolge wäre der demokratische Grundkonsens in Deutschland ziemlich labil. [...]
Das allgemeine Vertrauens- bzw. eher: Misstrauensklima spiegelt eine Zahl von 1953: 61 Prozent der Deutschen glaubten damals, dass man in der Öffentlichkeit und in der Wirtschaft mit Unehrlichkeit weiter kommt als mit Ehrlichkeit.

Gesine Schwan, Politik und Schuld. Die zerstörerische Macht des Schweigens, Frankfurt am Main 1997, S. 126-129

1. *Zählen Sie mögliche Gründe auf, weshalb die Deutschen nach dem Zweiten Weltkrieg über ihre eigene Vergangenheit auch im Familienkreis schwiegen.*

2. *Erörtern Sie, ob es noch andere Faktoren als die im Text genannten gab, die das Verhältnis zwischen den Generationen in Deutschland beeinträchtigen konnten.*

M10 Selbstbewusster Rückblick

1989 feiert die Bundesrepublik Deutschland ihr vierzigjähriges Bestehen. Der Journalist Hermann Rudolph, 1959 aus der DDR geflohen, zieht damals Bilanz

Aus dem Umstand, dass die Bundesrepublik ihr 40-jähriges Bestehen teils festlich, teils räsonierend[1] begeht, kann man viele Schlüsse ziehen, selbstgerechte, nachdenkliche und boshafte. Man kann darin aber auch einfach ein Zeichen dafür sehen, dass es die eigene Nachkriegsgeschichte inzwischen gut bei den Deutschen hat. [...]
Was immer in den bald 50 Jahren seit Ende des Zweiten Weltkrieges geschehen ist: Es führt, so scheint es, konsequent auf den deutschen Ist-Zustand zu. [...] Aber kann das wirklich überraschen? Dauert Geschichte nur lang genug, ist sie überdies erfolgreich – und das war, wie man's auch wendet, zumindest die Geschichte der Bundesrepublik –, legitimiert sie sich selbst, wird sie zum Boden der Rechtfertigung dessen, was aus ihr hervorgeht. [...]
Kaum etwas anderes, selbst nicht ihre Wirtschaftskraft, ist so in der Lage, ihr Selbstbewusstsein zu stärken, ihr Rückhalt zu geben, wie der Blick zurück auf den Weg, den sie [...] aus dem desaströsen Damals ins Heute gefunden hat. Aber der Wandel der Gezeiten lässt selbst diese Art der Rechtfertigung und Orientierung nicht unberührt. Was bedeuten denn die Vorsätze und Absichten, unter denen die Bundesrepublik vor 40 Jahren angetreten ist, heute noch? Was wiegen die Erfahrun-

[1] räsonieren: laut über etwas nachdenken

gen, aus denen sie geboren wurde, die sie formten, [...] auf der Waage unserer Gegenwart? Vieles versteht sich nicht mehr von selbst, was vor 40 Jahren, ja noch vor 20 oder 25 Jahren jenseits aller Zweifel stand – das Verhältnis zum Nationalstaat etwa, die Überzeugung vom hohen Wert staatlicher Ordnung, ja die Hochschätzung institutioneller Formen überhaupt, für die das Grundgesetz ein bewegendes Beispiel ist. [...]
Man kann die Anspannung, unter welche die Nachkriegsgeschichte dadurch gesetzt wird, für einen ihrer zentralen Punkte drastisch verdeutlichen anhand der Formel von der Wiedervereinigungspolitik als der Lebenslüge der Bundesrepublik. Von Sebastian Haffner[2] in den Sechzigerjahren wohl zum ersten Male gebraucht, hat sie Willy Brandt eben erst wieder aufgegriffen. Die Bundesrepublik habe nicht wahrhaben wollen, so meint die Formel, dass sie nur ein westdeutscher Staat sei, nicht aber jener Vorgriff auf das ganze, nur eben im Moment umständehalber nicht realisierte Deutschland, den die Politiker der frühen Jahre für sich in Anspruch nahmen. Aber für die Anfänge der Bundesrepublik ist diese Behauptung tatsächlich nur in dem Sinne eine Lebenslüge, als sie ein Mittel darstellt, Leben möglich zu machen. Wie fest immer die Politiker in jenen Jahren daran geglaubt haben mögen, mit der Bundesrepublik einen Anfang für das ganze Deutschland gesetzt zu haben, wie groß ihre Zweifel waren – es kennzeichnet die Lage der Deutschen damals, dass sie vermutlich den neuen Staat nicht akzeptiert und jedenfalls nicht als den ihren angenommen hätten, ja, hätten annehmen können, wenn er sich nur als Weststaat und nicht als Statthalter eines künftigen, seinerzeit auch für absehbare Zeit erwarteten Gesamtdeutschlands begriffen hätte. Diese Lebenslüge war die Wahrheit, die ihrem Vorstellungsvermögen entsprach: Es war die Wahrheit, die der Bundesrepublik zur Existenz verhalf.
Das mag unsere Wahrheit nicht mehr sein. Aber worin bestehen die Maßstäbe und haltgebenden Orientierungen der Bundesrepublik heute? Im Vorfeld des Vierzig-Jahr-Erinnerns ist vielfach der Verdacht geäußert worden, man habe vor allem einen Anlass gesucht, sich selbst auf die Schulter klopfen zu können. Nun spricht vieles dafür, dass diese Veranstaltungen die Republik in einer Phase erreichen, in der sie in eine Periode des Wandels driftet – vielleicht tiefer greifend als die meisten Belastungs- und Bewährungsproben, die sie in ihrer Geschichte bisher hinter sich gebracht hat.

Hermann Rudolph, Ein Staat ist angekommen. Zum 40. Geburtstag der Bundesrepublik Deutschland, in: Süddeutsche Zeitung vom 20./21. Mai 1989, Feuilleton-Beilage, S. [I]

[2] Sebastian Haffner (eigentlich Raimund Pretzel, 1907-1999): deutscher Publizist, 1938-1954 im Exil in London, Verfasser einflussreicher historisch-politischer Essays.

1. *Finden Sie Argumente, weshalb der Blick zurück auf die Nachkriegsgeschichte das bundesdeutsche Selbstbewusstsein gestärkt hat (Zeile 15-18).*

2. *Nehmen Sie Stellung zu der Aussage, Geschichte rechtfertige sich selbst, sofern sie nur lange genug dauert (Zeile 10-14).*

3. *Erörtern Sie, worauf die Bundesrepublik Deutschland seit 1989 ihr Selbstbewusstsein stützen kann.*

M11 Risiken der Moderne

Der Soziologe Ulrich Beck vertritt die Ansicht, die moderne Industriegesellschaft wandle sich zu einer „Risikogesellschaft“:

In der fortgeschrittenen Moderne geht die gesellschaftliche Produktion von Reichtum systematisch einher mit der gesellschaftlichen Produktion von Risiken. Entsprechend werden die Verteilungsprobleme und -konflikte der Mangelgesellschaft überlagert durch die Probleme und Konflikte, die aus der Produktion, Definition und Verteilung wissenschaftlich-technisch produzierter Risiken entstehen. [...]
Trägt der Begriff des Risikos die gesellschaftsgeschichtliche Bedeutung, die ihm hier zugemutet wird? Handelt es sich nicht um ein Urphänomen menschlichen Handelns? Sind Risiken nicht gerade ein Kennzeichen der industriegesellschaftlichen Epoche, gegen die sie hier abgegrenzt werden sollen? Gewiss, Risiken sind keine Erfindungen der Neuzeit. Wer – wie Kolumbus – auszog, um neue Länder und Erdteile zu entdecken, nahm „Risiken“ in Kauf. Aber dies waren persönliche Risiken, keine globalen Gefährdungslagen, wie sie durch Kernspaltung oder die Lagerung von Atommüll für die ganze Menschheit entstehen. Das Wort „Risiko“ hatte im Kontext dieser Epoche den Beiklang von Mut und Abenteuer, nicht den der möglichen Selbstvernichtung des Lebens auf der Erde. [...]
Es wird berichtet, dass Seeleute, die im 19. Jahrhundert in die Themse fielen, nicht etwa ertrunken, sondern an den übelriechenden Ausdünstungen und Giftdämpfen dieser Londoner Kloake erstickt sind. Auch der Gang durch die engen Gassen einer mittelalterlichen Stadt muss einem Spießrutenlauf der Nase gleichgekommen sein. [...] Dennoch fällt auf, dass die damaligen Gefährdungen im Unterschied zu den heutigen eben in die Nase bzw. die Augen stachen, also sinnlich wahrnehmbar waren, während Zivilisationsrisiken heute sich typischerweise der Wahrnehmung entziehen und eher in der Sphäre chemisch-physikalischer Formeln angesiedelt sind (z.B. Giftgehalte in Nahrungsmitteln, atomare Bedrohung). Damit ist auch gleich ein weiterer Unterschied verbunden. Damals konnten sie auf eine Unterversorgung mit Hygienetechnolo-

◂ **Alltag in der Mangelwirtschaft.**
Foto vom März 1989.
Die DDR-Bürger mussten meistens improvisieren, besonders wenn sie Ersatzteile für die Wartungsarbeiten ihres Pkw brauchten wie dieser Leipziger Bürger.

gie zurückgeführt werden. Heute haben sie in einer industriellen Überproduktion ihren Grund. Die heutigen Risiken und Gefährdungen unterscheiden sich also wesentlich von den äußerlich oft ähnlichen des Mittelalters durch die Globalität ihrer Bedrohung (Mensch, Tier, Pflanze) und ihre modernen Ursachen. Es sind Modernisierungsrisiken. Sie sind pauschales Produkt der industriellen Fortschrittsmaschinerie und werden systematisch mit deren Weiterentwicklung verschärft.

Ulrich Beck, Risikogesellschaft. Auf dem Weg in eine andere Moderne, Frankfurt am Main 1990, S. 25 und 28 f.

1. *Ulrich Becks Betrachtungen erschienen erstmals 1986. Nennen Sie weitere Risiken der modernen Welt, die sich heutzutage anfügen lassen.*

2. *Diskutieren Sie, was gegen die beschriebenen Risiken Schutz bieten kann.*

3. *Der Autor spricht von „Risiken“, nicht von „Gefahren“. Erörtern Sie, welche Chancen sich einer Gesellschaft bieten, in der Risiken überwiegen.*

M12 Die DDR als „Fürsorgediktatur“

Wie lassen sich Herrschaft und Alltag der DDR anschaulich beschreiben? Der Historiker Konrad Jarausch schlägt dazu den Begriff der „Fürsorgediktatur“ vor:

Eine Interpretation der DDR als radikalisierter Wohlfahrtsstaat könnte man […] mit den beiden etwas gegensätzlichen Begriffen der „Fürsorge“ und der „Diktatur“ umschreiben. In seiner engeren Bedeutung suggeriert das Wort „Fürsorge“ die „Pflege, Hilfe, die man jemandem zuteil werden lässt“ sowie „tätige Bemühung um jemanden, der ihrer bedarf“; im erweiterten Sinne bedeutet es eine „öffentlich organisierte Hilfstätigkeit zur Unterstützung in Notsituationen oder besonderen Lebenslagen“. Diese Konnotationen der individuellen Hinwendung und kollektiven Hilfeleistung könnten auf den ethischen Anspruch des Sozialismus hinweisen, der nicht nur eine sozialpolitische Betreuung der bedürftigen Schichten, sondern eine weitaus breitere, emanzipatorische Umgestaltung der Gesellschaft bezweckte. Gleichzeitig schwingt aber schon in den Verbindungen dieses Wortes „Fürsorge“ mit „Anstalt“ oder „Erziehung“ ein Unterton von Strenge und Bevormundung mit, der etwa in Günter Grass' ironischer Anklage in seinem Roman „Ein weites Feld“ zum Ausdruck kommt: „Eure Fürsorge hieß Beschattung.“ Die Koppelung mit dem politischen Systembegriff der Diktatur verschärft diese Doppeldeutigkeit noch zu einer eindeutigen Bezeichnung von politischer Unterdrückung. […]
Durch die Spannung seiner Komponenten stellt dieser Neologismus[1] eine Reihe von fundamentalen Fragen neu, die fast alle Gebiete des Lebens in der DDR betreffen. Wie funktionierten eigentlich die Herrschaftsmechanismen dieses diktatorischen Systems, das seine Bürger zum eigenen Glück zwingen wollte? Da es als auf sowjetische Bajonette gestütztes Besatzungsregime begann und nur von einer Minderheit getragene sozialistische Aspirationen[2] realisieren wollte, verlangte die Durchsetzung des im Staatsnamen enthaltenen Anspruchs auf sozialistische Demokratie der Arbeiter und Bauern eine SED-Alleinherrschaft, gestützt auf Stasi-Kontrolle und bürokratischer Gängelung. Das Politbüro versuchte diesen Widerspruch durch einen vormundschaftlichen politischen Stil zu überwinden, der ihre Fürsorge für die entmündigte Bevölkerung durch einen penetranten Gestus von sozialer Betreuung, materieller Versorgung, kultureller Hegung usw. demonstrierte. […] Die Bürokratisierung der Entscheidungsprozesse führte zu einer Herrschaft für, aber nicht durch das Volk, welche die Bürger zu Gehorsam und Akklamation verurteilte.

Konrad Jarausch, Realer Sozialismus als Fürsorgediktatur. Zur begrifflichen Einordnung der DDR, in: Aus Politik und Zeitgeschichte B20 (1998), S. 33-46, hier S. 42 f.

1. *Fassen Sie die Gründe zusammen, weshalb der Autor die DDR als „Fürsorgediktatur“ kennzeichnet.*

2. *Überlegen Sie, wie sich die staatliche „Fürsorge“ der DDR hätte reformieren lassen, um nicht mehr als „Diktatur“ aufzutreten.*

[1] Neologismus: Wortneuschöpfung
[2] Aspiration: ehrgeizige Bestrebung oder Hoffnung

M13 Anpassung als Überlebensstrategie

Joachim Gauck ist bis zum Zusammenbruch der DDR Pfarrer in Rostock. Er schließt sich im Herbst 1980 der Bürgerrechtsbewegung an und ist Abgeordneter der ersten und einzigen frei gewählten Volkskammer der DDR vom März bis Oktober 1990. Bis Oktober 2000 leitet er die nach ihm benannte Behörde in Berlin als „Bundesbeauftragter für die Unterlagen des Staatssicherheitsdienstes der ehemaligen DDR". 2010 kandidiert er für das Amt des Bundespräsidenten.

Mit dem Bau der Mauer wurde gleichsam die Leibeigenschaft zur Staatsdoktrin erhoben, denn von da an konnte nur derjenige diesem System noch entgehen, der bereit war, sein eigenes Leben aufs Spiel zu setzen. Das Gefühl, wehrlos in der Falle zu sitzen, veränderte das Verhältnis zu diesem Staat und seinen schamlosen Lügen wieder, dass mit dem Bau des „antifaschistischen Schutzwalles" der Frieden gerettet worden sei. Der Bürger dachte sich zwar immer noch seinen Teil, aber er konnte es nicht mehr wagen, dies auch auszusprechen, denn es gab ja kein Entrinnen mehr. Hinter der Formel vom „gelernten DDR-Bürger" verbirgt sich vor allem diese Grunderfahrung. [...]

Wer fortan nicht als Märtyrer kämpfen wollte, musste sich ohne diese letzte Möglichkeit der Selbstverteidigung arrangieren. Für alle, die auch im real existierenden Sozialismus das Leben, das einem schließlich nur einmal geschenkt wird, genießen wollten, die fröhlich sein und Kinder haben wollten – für die wurde Anpassung von nun an zu einer Strategie des Überlebens.

Zwar gehörten die terroristischen Instrumente des Stalinismus wie Folter, Verschleppung oder Mord der Vergangenheit an, aber seine zivile Spielart breitete sich nun ungehemmt in alle Lebensbereiche aus. Die Vorstellung der SED, im Besitz der absoluten Wahrheit zu sein, ihr Anspruch auf die absolute Macht bestimmten von nun an das Leben der DDR-Bürger buchstäblich von der Wiege bis zur Bahre. Das Ministerium für Staatssicherheit drang immer umfassender in das gesamte gesellschaftliche Leben der DDR ein und war als Angstapparat der SED ungeheuer wirkungsvoll. [...]

In dieser Situation wirkte die Angst gleichsam als ein Signalsystem, das ein unauffälliges Alltagsleben durch Anpassung gewährleistete. Sie wurde für mehrere Generationen [...] zum Motor, der vieles in Gang setzte: Angst bewirkte Anpassung oder sogar Überanpassung bei denen, die ihre Ellenbogen einzusetzen vermochten, sie bewirkte Depression und Rückzug in die viel beschriebenen Nischen der DDR-Gesellschaft. Sehr selten bewirkte die Angst auch Protest – bezeichnenderweise vor allem bei den Jüngeren, die noch nicht jahrzehntelang das Gefühl permanenter Bedrohung verinnerlicht hatten. In der Regel war die Angst jedenfalls so wirksam, dass ein gewisses Maß an Überanpassung zur DDR-Normalität gehörte. [...]

Die Erziehung zur Anpassung begann bereits in der Kinderkrippe und im Kindergarten. Rigoros wurde hier das oberste sozialistische Erziehungsziel „Individualität hemmen und den eigenen Willen brechen" durchgesetzt. Schon ein Erstklässler bekam mitunter zu spüren, wie unverzichtbar Anpassung war, weil die Lehrer häufig eher die staatstreue Gesinnung als die fachliche Leistung bewerteten. [...] Die in der Volksbildung vorherrschende Pädagogik, die den Schülern antrainierte, anders zu reden als zu denken, setzte sich auch in vielen Familien fort. Manche Eltern haben ihre Kinder sogar gegen die eigene Überzeugung zu angepasstem Verhalten erzogen, um ihnen eine reibungslose Entwicklung zu ermöglichen. [...] Wichtig war nicht so sehr, wirtschaftlich erfolgreich zu sein, sondern der Nachweis, dass der Einzelne funktionierte, indem er das, was von ihm gefordert wurde, akzeptierte und bereit war, die von anderen formulierten Gesellschaftsziele „schöpferisch" mitzugestalten. [...]

Diese fast pathologische[1] Spaltung der Persönlichkeit finden wir nicht nur bei vielen inoffiziellen Mitarbeitern der Stasi – sie ist, wenn man so will, geradezu ein Kennzeichen des Menschen in der sozialistischen Gesellschaft gewesen. Denn obwohl viele Menschen anders redeten und auch anders handelten, waren sie doch insgeheim Gegner des Systems. Für sie war es eine Strategie des Überlebens oder auch des Erfolges, so zu tun, als ob sie für das System seien [...].

Joachim Gauck, Die Stasi-Akten. Das unheimliche Erbe der DDR, Reinbek 1991, S. 45 ff.

1. *Erläutern Sie anhand des Textes, wie die SED-Führung die Funktionstüchtigkeit ihres Regimes zu sichern versuchte.*

2. *Welche Funktion erfüllten die Nischen der DDR-Gesellschaft nach Gauck für den „gelernten DDR-Bürger"? Erörtern Sie, ob es andere Möglichkeiten gab, mit dem Anpassungsdruck umzugehen.*

[1] pathologisch: krankhaft (verändert)

Von der friedlichen Revolution zur Wiedervereinigung

◂ **Der neue Reichstag.**
Foto von 2001.
Von seiner Fertigstellung 1894 bis 1933 diente der Bau als Parlamentsgebäude. Zerstört wurde er durch den Reichstagsbrand im Februar 1933, durch Kampfhandlungen am Ende des Zweiten Weltkriegs sowie durch die Sprengung der Kuppel 1954. Zwischenzeitlich wiederaufgebaut, beschloss der Ältestenrat des Deutschen Bundestages nach der Wiedervereinigung, dass der Reichstagsbau als Sitz des gesamtdeutschen Parlaments genutzt werden solle. Leitendes Prinzip bei der Umgestaltung des Gebäudes war u.a. Transparenz. So ermöglicht die neue gläserne Kuppel die Durchsicht auf den darunter liegenden Plenarsaal. Die Umbauarbeiten waren 1999 abgeschlossen.

- *Die Nutzung und Umgestaltung des Reichstagsgebäudes ist ein Beispiel für „Symbolpolitik". Weisen Sie dies nach.*

In der DDR entsteht eine Opposition	**1985**	Die „Initiative Frieden und Menschenrechte" (IFM) wird in der DDR gegründet.
	7.5.1989	Proteste gegen die Fälschung der Wahlergebnisse bei den Kommunalwahlen
	Aug.-Okt. 1989	Bürgerrechtler gründen in der DDR das Neue Forum, Demokratie Jetzt, den Demokratischen Aufbruch und die Sozialdemokratische Partei (SDP).
Massenproteste, Massenflucht	**4.9.1989**	Die erste „Montagsdemonstration" findet in Leipzig statt.
	Sep. 1989	Die ungarische Regierung erlaubt DDR-Bürgern die Ausreise über ihre Grenzen. DDR-Bürger, die sich in die diplomatische Vertretung der Bundesrepublik in Prag geflüchtet haben, dürfen in den Westen ausreisen.
	9.10.1989	Etwa 70 000 Menschen demonstrieren in Leipzig für demokratische Reformen. Erstmals greifen die Sicherheitskräfte nicht ein.
Das SED-Regime zerfällt	**18.10.1989**	Honecker wird vom Politbüro zum Rücktritt gezwungen.
	4.11.1989	Über 500 000 Menschen fordern auf dem Berliner Alexanderplatz einen „eigenständigen Weg" der DDR.
	7.11.1989	Die Regierung der DDR tritt zurück, am Tag darauf folgt der Rücktritt des Politbüros der SED.
Ende der DDR	**9.11.1989**	Die Grenzübergänge nach West-Berlin und in die Bundesrepublik werden geöffnet.
	Dez. 1989	Auflösung des Ministeriums für Staatssicherheit. Bürgerrechtler verhindern die Vernichtung der Stasi-Unterlagen.
	10.2.1990	Gorbatschow stimmt der Schaffung eines deutschen Gesamtstaates zu.
	18.3.1990	Erste freie Wahlen zur DDR-Volkskammer
	März 1990	Die Treuhandanstalt übernimmt ca. 8 000 Volkseigene Betriebe, um sie zu privatisieren oder stillzulegen.
Deutsche Einheit	**1.7.1990**	Der Erste Staatsvertrag zur deutschen Einheit tritt in Kraft: Wirtschafts-, Währungs- und Sozialunion zwischen der Bundesrepublik und der DDR.
	31.8.1990	Zweiter Staatsvertrag zur deutschen Einheit (Einigungsvertrag). Berlin wird Hauptstadt des künftigen geeinten Deutschland.
	12.9.1990	Durch den Zwei-plus-Vier-Vertrag erhält Deutschland die volle staatliche Souveränität. Die Grenze zu Polen wird als endgültig anerkannt.
	3.10.1990	Mit dem Beitritt der fünf ostdeutschen Länder und Ost-Berlins zur Bundesrepublik ist die Wiedervereinigung Deutschlands vollzogen.
	2.12.1990	Erste gesamtdeutsche Bundestagswahlen

Um die Mitte der 80er-Jahre wandelten sich Friedens- und Umweltinitiativen in der DDR zu einer regimekritischen Bürgerrechtsbewegung. Vorbild waren die Oppositionsbewegungen „Solidarność“ in Polen und „Charta '77“ in der Tschechoslowakei. Die Reformpolitik Gorbatschows in der Sowjetunion ließ auf Veränderungen hoffen.

Im Frühjahr 1989 machten Bürgerrechtler Wahlfälschungen bei DDR-Kommunalwahlen öffentlich bekannt. Im September entstand eine neue Welle von Flüchtlingen aus der DDR, die über die ČSSR und Ungarn in die Bundesrepublik ausreisten. Zur selben Zeit begannen in Leipzig Montagsdemonstrationen. Die Protestbewegung fand immer stärkeren Zulauf. Am 7. Oktober demonstrierten Zehntausende friedlich in Leipzig, ebenso in Ost-Berlin. Die SED-Führung griff nicht ein. Angesichts der anhaltenden Proteste wurde Erich Honecker vom Politbüro entmachtet. Der völlig überraschende Fall der Berliner Mauer am 9. November 1989 und die Öffnung der Grenzen zur Bundesrepublik beschleunigten den Machtverfall des DDR-Regimes. Die Führungsspitze der SED trat geschlossen zurück. In Verhandlungen mit den Bürgerrechtlern wurden freie Wahlen für den März 1990 vereinbart. Die „Wende“ war gelungen.

Die „friedliche Revolution“ hat ihren Namen zurecht – denn der Sturz des SED-Regimes wurde ohne Gewalt erreicht. Friedlich waren auch die Ziele. Die mehrheitlich geforderte deutsche Einheit („Wir sind ein Volk!“) durfte nicht gegen den Willen der Nachbarn in Europa durchgesetzt werden. Zugleich drängte die Zeit: Die DDR-Wirtschaft befand sich im freien Fall und die Massenflucht ließ nicht nach. Nur eine rasche deutsche Einheit versprach eine Stabilisierung der Lage.

Die Bundesregierung in Bonn handelte schnell. Bundeskanzler Kohl erhielt von den vier Alliierten das Einverständnis zu einer Wiedervereinigung. Der „Zwei-plus-Vier-Vertrag“ schrieb das Recht auf eine staatliche Einheit Deutschlands fest.

Bonn und Ost-Berlin verhandelten über den Zusammenschluss beider Staaten. Nach zwei Staatsverträgen folgte der Beitritt der fünf neu gebildeten ostdeutschen Länder zur Bundesrepublik am 3. Oktober 1990. Eine Volksabstimmung über eine neue gesamtdeutsche Verfassung gab es nicht, stattdessen galt das Grundgesetz für ganz Deutschland. Die vereinigte Bundesrepublik blieb Mitglied der Europäischen Gemeinschaft und der NATO.

Während die äußere Einheit in wenigen Monaten hergestellt wurde, dauert die innere Einheit viel länger und erfordert weit mehr Mittel als anfangs vermutet. Die Umstellung auf die Marktwirtschaft war für viele Ostdeutsche ein Schockerlebnis. Das Zusammenleben von West- und Ostdeutschen in einem Staat führte zu vielen Irritationen.

Trotz gewaltiger Transferleistungen gelang erst allmählich die Angleichung der Lebensverhältnisse. Die neue „Berliner Republik“ konnte die Stabilität der alten Bundesrepublik fortsetzen, auch wenn die Aufarbeitung der Teilung viele Mühen bereitete.

In diesem Kapitel erwerben Sie die **Kompetenz**,

- die Ursachen, Merkmale und Ziele der friedlichen Revolution in der DDR darzustellen und zu erörtern,
- den Prozess der deutschen Einigung im internationalen Rahmen zu erläutern,
- sich mit den Chancen und Problemen Deutschlands seit der Wiedervereinigung auseinanderzusetzen.

Rainer Eppelmann (geb. 1943): evangelischer Pfarrer, 1989 Mitbegründer der Partei „Demokratischer Aufbruch" (DA), seit 1990 Mitglied der CDU, 1990 Minister für Verteidigung und Abrüstung in der letzten DDR-Regierung

Wachsende Kritik von Friedens- und Umweltgruppen in der DDR Die Krise der kommunistischen Herrschaft in der DDR entzündete sich nicht nur am Versagen der Ökonomie. Den Boden für den Massenprotest des Jahres 1989 bereiteten oppositionelle Gruppierungen, die seit den frühen 80er-Jahren mit wachsendem Selbstbewusstsein das Regime herausforderten, aber auch viele einzelne Bürger, die unter Berufung auf die von der DDR 1975 unterschriebene KSZE-Schlussakte* ihre Menschenrechte einforderten.

▲ **„Schwerter zu Pflugscharen."**
Unter diesem Motto forderte die christliche Friedensbewegung zur Abrüstung auf. Trotz Betonung ihrer Friedensliebe verbot die SED-Führung jegliche Friedenssymbole und forderte die Bischöfe auf, die Friedensaktivisten zu bremsen. Sie erreichte damit das Gegenteil: Auf dem Kirchentag in Wittenberg 1983 wurde ein Schwert zur Pflugschar umgeschmiedet.

Anfangs waren es vor allem Friedens- und Umweltgruppen, die v.a. unter dem Schutz der Kirchen einen Freiraum von staatlicher Erziehung schufen und die ökologische Krise, die offiziell ignoriert wurde, zur Sprache brachten. Zunächst entstanden diese informellen Zusammenschlüsse von aufbegehrenden DDR-Bürgern aus der Empörung über konkrete Maßnahmen des SED-Staates. Die Einführung des „Wehrkundeunterrichts" an allen Schulen seit 1978, die staatlich verordnete Militarisierung der Gesellschaft sowie die Aufrüstung in Ost und West entwickelten sich alsbald zu Plattformen für eine umfassendere Kritik. Eine wichtige Rolle spielte etwa der von Pfarrer **Rainer Eppelmann** und Robert Havemann gemeinsam formulierte „Berliner Appell – Frieden schaffen ohne Waffen" (1982). Die Forderungen nach Toleranz und Anerkennung des Rechtes auf freie Meinungsäußerung unterschrieben innerhalb weniger Monate Tausende.

In Friedensseminaren und Friedenswerkstätten fanden sich zumeist jugendliche Teilnehmer aus der ganzen DDR zusammen. Ihr gemeinsames Protestsymbol war ein Aufnäher mit der Aufschrift „Schwerter zu Pflugscharen". Die Staatsmacht reagierte mit Verhaftungen und Ausbürgerungen prominenter Oppositioneller und vor allem mit dem massiven Einsatz von inoffiziellen Mitarbeitern der Staatssicherheit. Die beabsichtigte „Zersetzung" oppositioneller Gruppierungen ging so weit, dass manche Friedenskreise von Stasi-Spitzeln regelrecht unterwandert wurden.

▶ **Plastik des Symbols „Schwerter zu Pflugscharen".**
Die meist jugendlichen Friedensaktivisten trugen das Protestsymbol als Aufnäher an der Kleidung.
▪ *Recherchieren Sie, was als Vorbild für das Symbol diente.*

* siehe S. 16

Eine Bürgerrechtsbewegung entsteht 1985 gründeten Bürgerrechtler in Ost-Berlin – darunter **Bärbel Bohley**, Ralph Hirsch, Gerd Poppe, Wolfgang Templin, Vera Wollenberger – die „Initiative Frieden und Menschenrechte“ (IFM). Die zunächst stark christlich-pazifistisch ausgerichtete Protestbewegung gewann eine neue Qualität. Erstmals erhoben ostdeutsche Oppositionelle Forderungen nach einer freiheitlichen Demokratie, wie sie die Bürgerrechtsbewegungen in Polen (*Solidarność*), Ungarn und der Tschechoslowakei („*Charta '77*“) schon länger vertraten.

Bärbel Bohley (1945-2010): Malerin, Friedensaktivistin und Politikerin, 1989 Mitbegründerin der Bürgerrechtsorganisation „Neues Forum“ (NF)

Die Reformpolitik in der Sowjetunion unter Staats- und Parteichef Michail Gorbatschow machte den Oppositionellen Mut.* Immer mehr Menschen solidarisierten sich mit jenen, die verhaftet, ausgebürgert oder auf andere Weise eingeschüchtert werden sollten. Zu den dauerhaft aktiven Regimegegnern zählten nur wenige hundert Personen, die jedoch viele tausend Sympathisanten gewinnen konnten. Allmählich entstand ein landesweites Netzwerk durch im Untergrund gedruckte Zeitschriften und Flugblätter, Treffen und Protestaktionen.

Landesweite Aufmerksamkeit und wachsende Anerkennung in der Bevölkerung erhielten die Bürgerrechtler im Zusammenhang mit den Kommunalwahlen vom 7. Mai 1989. In mehreren Städten der DDR beobachteten Vertreter dieser Gruppen die Auszählung der Stimmen und protestierten anschließend gegen die festgestellten Wahlfälschungen.

Flucht vor der Staatsmacht Immer mehr Bürger stellten einen Antrag auf Ausreise aus der DDR, obwohl sie in vielen Fällen deswegen jahrelang benachteiligt und schikaniert wurden. Im ersten Halbjahr 1989 gestattete die Regierung 46 343 Personen die Übersiedlung in die Bundesrepublik. Doch die Hoffnung der SED, auf diese Weise wieder Ruhe herstellen zu können, erfüllte sich nicht. Im Gegenteil: Im Sommer 1989 lagen bereits eine Viertelmillion weiterer Ausreiseanträge vor.

Nach und nach verloren die Drohgebärden der Machthaber ihre Wirkung, wenngleich niemand vorherzusagen wusste, wie die SED auf die wachsende Unruhe im Land reagieren würde (▸ M1). Immerhin wagten es die Bürgerrechtler im August/September 1989, sich in vier erstmals öffentlich auftretenden Vereinigungen (Neues Forum, Demokratie Jetzt, Demokratischer Aufbruch, Sozialdemokratische Partei) zusammenzuschließen und eine Reform der DDR an Haupt und Gliedern zu fordern.

Am 10./11. September erlaubte die reformkommunistische Regierung Ungarns, die bereits seit Mai ihre Grenzsperren nach Österreich abbaute, fluchtwilligen Urlaubern aus der DDR die Ausreise. Über 25 000 Menschen nutzten das neue Schlupfloch im bislang undurchlässigen „Eisernen Vorhang“. Andere fanden Einlass in den diplomatischen Vertretungen der Bundesrepublik in Prag, Warschau und Ost-Berlin. Nach langwierigen Verhandlungen zwischen beiden deutschen Regierungen durften sie Anfang Oktober in den Westen übersiedeln.

Massenprotest und friedliche Revolution Seit Anfang September 1989 demonstrierten in Leipzig an jedem Montag nach Friedensgebeten in der Nikolaikirche immer mehr Menschen für Reisefreiheit statt Massenflucht. Rief die Menge anfangs noch „Wir wollen raus!“, so hieß es bald „Wir bleiben hier!“. In Ost-Berlin, Leipzig und Potsdam hielten Bürgerrechtler Mahnwachen für politische Gefangene. Das alles geschah unter den Augen der Staatssicherheit, die die Protestwelle mit Verhaftungen auflösen wollte.

* siehe S. 17 f.

In den ersten Oktobertagen spitzte sich in vielen Städten die Situation gefährlich zu. Während die Machthaber den 40. Jahrestag der DDR am 6. und 7. Oktober vor den Kameras des In- und Auslands und im Beisein des sowjetischen Staats- und Parteichefs Gorbatschow mit Pomp, Militärparaden und Aufmärschen begingen, versuchten sie gleichzeitig, mit einem Riesenaufgebot bewaffneter Sicherheitskräfte die Demonstranten einzuschüchtern.

Honecker weigerte sich, Reformen einzuleiten, zu denen ihm Gorbatschow dringend geraten hatte („Wer zu spät kommt, den bestraft das Leben").

▸ **Geschichte In Clips:** Zum Mauerfall siehe Clip-Code 7307-04

Die große Montagsdemonstration am 9. Oktober in Leipzig brachte den Umschwung. 70 000 Menschen demonstrierten friedlich, im klaren Bewusstsein, dass es dabei zu einem Blutbad kommen könne. Ähnliches geschah in Ost-Berlin. Obgleich die bewaffneten Kräfte in höchste Alarmbereitschaft versetzt waren, blieb der Befehl zur Zerschlagung der Demonstrationen aus (▸ M2). Honecker, der die Bürgerproteste nötigenfalls gewaltsam beenden lassen wollte, wurde am 18. Oktober 1989 von einer Gruppe im Politbüro um **Egon Krenz** abgesetzt. Krenz übernahm Honeckers Ämter. Die politische Führung versuchte jetzt, durch Gesprächsangebote an die Bevölkerung die Situation wieder in den Griff zu bekommen. Doch die Menschen wollten sich nicht mehr mit kleinen Korrekturen der bisherigen Politik zufriedengeben. „Wir sind das Volk!", riefen sie selbstbewusst den Machthabern zu, und im November mischte sich darunter immer häufiger der Ruf „Wir sind ein Volk!".

Egon Krenz (geb. 1937): deutscher Politiker, 1989 DDR-Staatsratsvorsitzender und Generalsekretär der SED. 1997 wegen Totschlags im Zusammenhang mit den Todesfällen an der innerdeutschen Grenze zu mehrjähriger Freiheitsstrafe verurteilt

Hans Modrow (geb. 1928): SED-Politiker, 1989/90 Regierungschef der DDR (Vorsitzender des Ministerrates); 1990-1994 Abgeordneter der PDS im Bundestag; seit 2007 Mitglied der Partei „Die Linke"

Das Ende der SED-Diktatur ■ Die anhaltende Massenflucht und der zunehmende Massenprotest im ganzen Land untergruben innerhalb weniger Wochen das brüchige Machtfundament der SED. Das Ende ihrer Herrschaft beschleunigte die Öffnung der Mauer und der Grenzübergänge nach West-Berlin und in die Bundesrepublik am 9. November 1989. Die Annahme der SED-Führung, mit der von den Demonstranten geforderten Reisefreiheit das Regime noch in letzter Minute stabilisieren zu können, erwies sich als Illusion. Nach dem Fall der Mauer besuchten Millionen den anderen Teil Deutschlands und entschieden sich gegen die DDR.

Unter dem Druck der Bevölkerung gab die SED ihre Vormachtstellung schrittweise auf. Im Dezember 1989 wurde ihre „führende Rolle" aus der Verfassung gestrichen, das Ministerium für Staatssicherheit aufgelöst, Politbüro und Zentralkomitee traten geschlossen zurück, Staats- und Parteichef Krenz legte seine Ämter nieder. Die friedliche Revolution in der DDR hatte gesiegt, die SED-Diktatur war zusammengebrochen.

Seit Mitte November 1989 amtierte eine SED-Regierung unter Ministerpräsident **Hans Modrow**. Sie stand von Beginn an unter Erfolgszwang. Die Probleme der Wirtschaft, über die jetzt in aller Öffentlichkeit berichtet und diskutiert wurde, ließen sich von der DDR allein nicht mehr bewältigen. Zugleich hielt die Ausreisewelle an. Im November und Dezember 1989 kehrten 176 650 Menschen der DDR den Rücken. Anfang

◂ **Umjubelter Grenzübertritt.**
Foto vom 9./10. November 1989.
In Berlin nutzten mehr als eine halbe Million Menschen die Grenzöffnung zu einem Kurzbesuch im Westteil der Stadt.

▲ **Der Zentrale Runde Tisch der DDR in Berlin-Niederschönhausen.**
Um mit der Bürgerbewegung ins Gespräch zu kommen, richtete Ministerpräsident Hans Modrow am 7. Dezember 1989 nach polnischem Vorbild den Zentralen Runden Tisch ein, der die Bürgerrechtler in wichtige Entscheidungen einband. Gemeinsam vereinbarten SED-Regierung und Bürgerrechtler freie Volkskammerwahlen für den 18. März 1990 und arbeiteten einen Verfassungsentwurf sowie ein neues Wahlgesetz für die demokratische Umgestaltung der DDR aus. Währenddessen nahm die in der Bevölkerung geforderte Einheit Deutschlands immer mehr Gestalt an. Nach den Volkskammerwahlen im März 1990 und dem hohen Wahlsieg der Ost-CDU wurden die Bürgerrechtler schließlich von der politischen Bühne gedrängt und von den Ereignissen, die sie selbst angestoßen hatten, überrollt.

Dezember wurde ein „Runder Tisch“ eingeführt, wie ihn auch die Reformer in Polen durchgesetzt hatten. Die Vertreter der SED und die wichtigsten Bürgerrechtsgruppen traten zu diesem Gesprächsforum zusammen. Somit bekamen Oppositionsgruppierungen erstmals Einfluss auf die Regierungspolitik.

Unter öffentlichem Druck stimmten die Regierung Modrow und die inzwischen neu formierte SED/PDS* den Forderungen des Runden Tisches nach baldigen Neuwahlen zu. Am 18. März 1990 fanden die ersten freien Wahlen zur DDR-Volkskammer statt. Während des Wahlkampfes war die Frage einer Vereinigung mit der Bundesrepublik eines der Hauptthemen. Bei den Wahlen wurde das Parteienbündnis „Allianz für Deutschland“ aus CDU (Ost), Demokratischem Aufbruch (DA) und der Deutschen Sozialen Union (DSU) eindeutiger Sieger. Eine Mehrheit der Bürger hatte sich damit für eine schnelle deutsche Einheit ausgesprochen. Am 12. April 1990 wählte die Volkskammer **Lothar de Maizière** (Ost-CDU) zum Ministerpräsidenten und bestätigte sein Kabinett der Großen Koalition aus CDU, SPD, Liberalen, DA und DSU.

Lothar de Maizière (geb. 1940): Mitglied der CDU (Ost), von April bis Oktober 1990 letzter Regierungschef (ab August auch Außenminister) der DDR, trat kurz nach der Wiedervereinigung als Bundesminister wegen Stasi-Vorwürfen zurück

* PDS: Partei des demokratischen Sozialismus, seit Dezember 1989 Rechtsnachfolgerin der SED

Auf dem Weg zur Einheit Bundeskanzler Helmut Kohl hatte Ende November 1989 mit einem „Zehn-Punkte-Programm zur Überwindung der Teilung Deutschlands und Europas" die Initiative ergriffen. Der Plan basierte auf der Überlegung, dass die Bundesregierung mit einer demokratisch legitimierten DDR-Regierung in einer „Vertragsgemeinschaft" behutsam die Vereinigung der beiden Staaten vorantreiben sollte, um den Menschen in der DDR eine Perspektive zu geben. Einen Zeitplan gab es nicht, denn noch wusste niemand, wie die Sowjetunion auf den Zerfall des SED-Regimes reagieren würde.

Doch die politische und wirtschaftliche Situation der DDR setzte die Regierenden in Ost und West unter Zugzwang: Die Übersiedlerwelle der zumeist jungen und beruflich gut qualifizierten DDR-Bürger stieg im Januar 1990 auf 73729 Personen an. Weil der wirtschaftliche Zusammenbruch der DDR offenkundig nicht mehr aufzuhalten war und gute Beziehungen zu Deutschland im sowjetischen Interesse lagen, bestätigte Michail Gorbatschow im Februar 1990, keine Einwände gegen eine deutsche Vereinigung zu haben.

Der internationale Rahmen der Deutschen Einheit Ohne die Zustimmung der vier Siegermächte des Zweiten Weltkrieges, die sich im Potsdamer Abkommen 1945 ihre Zuständigkeit für „Deutschland als Ganzes" vorbehalten hatten, konnte es keine Wiedervereinigung geben. Ebenso mussten die Interessen der übrigen europäischen Staaten, insbesondere Polens, berücksichtigt und mögliche Befürchtungen über ein größer und mächtiger werdendes Deutschland entkräftet werden. Die Bundesregierung entwickelte deshalb eine Strategie, die fünf Ziele umfasste:

- Einhegung der wirtschaftlichen und politischen Macht Deutschlands – gewährleistet durch eine verstärkte europäische Integration mit einer Wirtschafts- und Währungsunion;
- Beschränkung der deutschen Streitkräfte, nuklearwaffenfreier Status Deutschlands, besondere Zusicherungen an die Sowjetunion;
- grundlegende Erneuerung des Verhältnisses zwischen Deutschland und der Sowjetunion;
- endgültige Anerkennung der Oder-Neiße-Linie als Westgrenze Polens;
- Mitwirkung bei der Schaffung von neuen Formen und Mechanismen einer gesamteuropäischen Zusammenarbeit.

Der Bundesrepublik kam dabei das große Vertrauen zugute, das sie sich durch die jahrzehntelange Zusammenarbeit mit den USA, im westlichen Bündnissystem und in der Europäischen Gemeinschaft, aber auch im Verhältnis zu den östlichen Staaten erworben hatte.

Im Februar 1990 begannen die sogenannten „Zwei-plus-Vier-Gespräche". Dabei verhandelten die Regierungen Frankreichs, Großbritanniens, der Sowjetunion, der USA sowie der DDR und der Bundesrepublik Deutschland über die endgültigen Grenzen, die Bündniszugehörigkeit Deutschlands, die Höchststärke einer gesamtdeutschen Armee und die deutsche Souveränität. Moskau gestand im Juni 1990 Gesamtdeutschland die Mitgliedschaft in der NATO zu. Dafür versprach der Bundeskanzler, Deutschland werde seine Streitkräfte reduzieren und auf ABC-Waffen* verzichten. Darüber hinaus sagte er der Sowjetunion umfangreiche wirtschaftliche Unterstützung zu.

Mit dem *Vertrag über die abschließende Regelung in Bezug auf Deutschland* vom 12. September 1990 (Zwei-plus-Vier-Vertrag), der die Funktion eines Friedensvertrages

* ABC-Waffen: Sammelbezeichnung für atomare, biologische und chemische Waffen

hatte, erhielt das wiedervereinigte Deutschland die volle staatliche Souveränität zuerkannt und damit auch das Recht, seine Bündniszugehörigkeit frei zu wählen. In einem weiteren Vertrag zwischen Deutschland und der Sowjetunion vom 9. November 1990 vereinbarten beide Staaten ihre umfassende Zusammenarbeit. Den Abschluss bildete der deutsch-polnische Grenzvertrag vom 14. November 1990, worin das wiedervereinigte Deutschland die Grenze zu Polen definitiv anerkannte. 45 Jahre nach dem Ende des Zweiten Weltkrieges war damit die „Nachkriegszeit" für Deutschland und Europa abgeschlossen.

▲ **Montagsdemonstration vom 12. Februar 1990 in Leipzig.**

Wirtschafts-, Währungs- und Sozialunion ■ Um die Übersiedlerzahlen und den Einigungsprozess insgesamt unter Kontrolle zu bringen, beschloss die Bundesregierung schon im Februar 1990, die Wirtschafts- und Währungsunion so schnell wie möglich durchzuführen. Sie tat dies gegen die Empfehlung der meisten Wirtschaftsexperten und Politiker. So wurde, noch bevor die äußeren Voraussetzungen der staatlichen Vereinigung geklärt waren, durch die Einführung der D-Mark in der DDR die Einheit Deutschlands praktisch unumkehrbar. Um den Erwartungen der DDR-Bürger entgegenzukommen, einigte man sich auf für sie günstige Wechselkurse: Löhne, Renten und Mieten wurden im Verhältnis 1:1 umgestellt, ebenso Sparguthaben bis 6000 Mark, für Beträge darüber galt der Umtausch im Verhältnis 2:1.

Der *Staatsvertrag zur Wirtschafts-, Währungs- und Sozialunion* zwischen der Bundesrepublik und der DDR trat am 1. Juli 1990 in Kraft. Am Tag darauf wurde die D-Mark als offizielle Währung in der DDR eingeführt. Was die in der DDR lebenden Menschen seit Jahrzehnten ersehnt hatten, war Wirklichkeit geworden: Mit „richtigem" Geld konnten sie die begehrten Westwaren kaufen. Sozusagen über Nacht wurde aber auch die gesamte Wirtschaft der DDR dem internationalen Wettbewerb ausgesetzt, dem die meisten Betriebe nicht gewachsen waren. Ein gewaltiger Modernisierungsschock erfasste Wirtschaft und Gesellschaft.

Der Einigungsvertrag ■ Anfang Juli 1990 begannen in Ost-Berlin die Verhandlungen der beiden deutschen Regierungen über den zweiten Staatsvertrag zur deutschen Einheit (*Einigungsvertrag*) unter der Leitung von Bundesinnenminister **Wolfgang Schäuble** und DDR-Staatssekretär Günther Krause.

Wolfgang Schäuble (geb. 1942): deutscher Politiker, 1989-1991 sowie 2005-2009 Bundesminister des Innern, 1991-2000 Vorsitzender der CDU-Fraktion im Bundestag, 1998-2000 CDU-Parteichef

Die Übernahme der bundesdeutschen Rechtsordnung in Ostdeutschland erforderte komplizierte Regelungen. Probleme bereiteten besonders die Fragen, wie die Einheit finanziert und wie die Rechtsansprüche all derer, die in der DDR enteignet worden waren (Grundsatz „Rückgabe vor Entschädigung"), geregelt werden sollten. Darüber hinaus musste geklärt werden, welche Verfassung im wiedervereinigten Deutschland gelten sollte. Denn das Grundgesetz sah zwei Wege vor: Artikel 23 ermöglichte den Beitritt „weiterer Teile Deutschlands" zum Geltungsbereich des Grundgesetzes. Nach der (ursprünglichen) Präambel sowie laut Artikel 146 sollten die politischen Vertreter Deutschlands eine neue Verfassung erarbeiten, sobald die „Einheit und Freiheit Deutschlands" vollendet seien.

In einer Sondersitzung der DDR-Volkskammer wurde am 23. August 1990 der Beitritt nach Artikel 23 des Grundgesetzes beschlossen. Über zwei Drittel der Abgeordneten stimmten dafür, die PDS als Nachfolgerin der SED sowie Bündnis 90 stimmten für die Ausarbeitung einer neuen Verfassung. Der Runde Tisch der DDR hatte sich noch am 12. März 1990 gegen einen Beitritt der DDR zum Grundgesetz ausgesprochen.

Am 31. August 1990 wurde der Einigungsvertrag in Ost-Berlin unterzeichnet und am 20. September von beiden Parlamenten, Volkskammer und Bundestag, mit großer Mehrheit verabschiedet. Die im Juli von der Volkskammer wieder ins Leben gerufenen (seit 1952 aufgelösten) Länder Brandenburg, Mecklenburg-Vorpommern, Sachsen, Sachsen-Anhalt und Thüringen sollten am 3. Oktober 1990 der Bundesrepublik beitreten. Auch Berlin würde nicht länger geteilt sein.

▲ **Feier zur Deutschen Einheit in Berlin.**
Foto vom 3. Oktober 1990. Der 3. Oktober wird seither als nationaler Feiertag („Tag der Deutschen Einheit") begangen.

Der Einigungsvertrag von 1990 erklärte Berlin zur Hauptstadt. Er ließ jedoch offen, welches das politische Zentrum des neuen Deutschland sein sollte, ob Parlament und Regierung in Bonn blieben oder nach Berlin zogen. Quer durch alle Parteien gab es sowohl Befürworter für einen Verbleib in Bonn als auch für einen Umzug nach Berlin. Das Thema wurde in der Öffentlichkeit breit diskutiert. Am 20. Juni 1991 entschied der Bundestag nach einer leidenschaftlichen Debatte mit knapper Mehrheit, dass Berlin auch Regierungs- und Parlamentssitz werden sollte.

Wiedervereinigung und gesamtdeutsche Wahlen ■ Die vielen historischen Ereignisse des Jahres 1989/90 mündeten am 3. Oktober 1990, um Mitternacht, in die Wiedervereinigung Deutschlands durch den Beitritt der fünf ostdeutschen Länder zur Bundesrepublik Deutschland. Die DDR-Bürgerrechtler hatten sich mit ihrer Forderung nach einem eigenständigen Weg der DDR nicht durchsetzen können (▸ M3, M4). Sowohl die ersten Landtagswahlen in den neuen Bundesländern am 14. Oktober als auch die erste gesamtdeutsche Bundestagswahl am 2. Dezember bestätigten die regierenden Parteien CDU/CSU und FDP und wurden von Bundeskanzler Kohl als Volksabstimmung über seine Politik der deutschen Einheit gewertet. In vier von fünf ostdeutschen Ländern stellte die CDU den Ministerpräsidenten, in Brandenburg die SPD. In der herrschenden Euphorie honorierten die Wähler, dass Kohl und Genscher die Chance zur schnellen Herstellung der Einheit genutzt hatten. Insbesondere das Versprechen Kohls einer raschen Angleichung der Lebensverhältnisse im Osten an den Standard des Westens überzeugte die neuen Bundesbürger. Die Haltung der Sozialdemokraten zur Wiedervereinigung war gespalten: Während ein Teil der SPD um Willy Brandt und **Hans-Jochen Vogel** die Einheit vorbehaltlos befürwortete, warnte der SPD-Kanzlerkandidat **Oskar Lafontaine** vor den Kosten und Problemen einer raschen Vereinigung.

Hans-Jochen Vogel (geb. 1926): 1960-1972 Oberbürgermeister von München, 1974-1981 Bundesminister der Justiz, 1981 Regierender Bürgermeister von Berlin, 1987-1991 Vorsitzender der SPD

Oskar Lafontaine (geb. 1943): 1985-1998 Ministerpräsident des Saarlandes, 1995-1999 Vorsitzender der SPD, 2007-2010 Vorsitzender der Linkspartei

Wirtschaftlicher Umbau ■ Die Folgen der vierzigjährigen kommunistischen Herrschaft waren schwerer zu bewältigen und benötigten mehr Zeit, als Politiker und Experten ursprünglich vermutet hatten (▸ M5). Die Transformation der ostdeutschen Planwirtschaft in eine Wettbewerbswirtschaft war eine Aufgabe, für die es bis dahin kein Vorbild gab. So erwiesen sich die meisten ehemaligen Staatsbetriebe als völlig veraltet und unproduktiv, ihre Produkte und Dienstleistungen als nicht konkurrenzfähig, zumal die Ostdeutschen zunächst nur Westwaren kauften und 1991 die bisherigen Märkte in Osteuropa völlig wegbrachen.

Die Volkskammer der DDR gründete 1990 die Treuhandanstalt in Berlin. Deren Aufgabe war unter anderem, die ehemaligen staatseigenen Betriebe der DDR nach marktwirtschaftlichen Gesichtspunkten zu privatisieren oder abzuwickeln. Sie übernahm etwa 8500 Unternehmen mit etwa 45000 Einzelbetrieben und 4,1 Millionen Beschäftigten sowie rund 60 Prozent der Fläche der DDR. Als sie im Winter 1994 ihre Tätigkeit beendete, hatte sie 3700 Betriebe als nicht sanierungsfähig stillgelegt und über 15000 Firmen mit 1,5 Millionen Arbeitsplätzen privatisiert. Die Folge war ein dramatischer Anstieg der Arbeitslosigkeit (▸ M6). Durch die Übernahme der Altschulden der früheren DDR-Betriebe und Finanzhilfen aller Art für private Investoren hinterließ die Treuhandanstalt umgerechnet 140 Milliarden Euro Schulden, die den Bundeshaushalt seither jährlich mit etwa 8,7 Milliarden Euro belasten. Trotz der Ungleichheiten, die es noch immer gibt, ist der Strukturwandel der ostdeutschen Wirtschaft bereits ein gutes Stück vorangekommen (▸ M7, M8).

Finanzielle Lasten Der wirtschaftliche Umbau und die schrittweise Angleichung der Lebensverhältnisse an den westlichen Standard erforderte die Modernisierung der gesamten Infrastruktur in Ostdeutschland – Straßen, Autobahnen, Wohnungen und öffentliche Gebäude, Telekommunikation, Eisenbahn, Energieversorgung, Gesundheitswesen, Schulen, Hochschulen. Die dafür notwendigen Mittel wurden ganz überwiegend aus dem Bundeshaushalt aufgebracht.

An direkten Aufbauhilfen stellte zunächst der „Fonds Deutsche Einheit“ von 1990 bis 1994 umgerechnet rund 82 Milliarden Euro für die ostdeutschen Länder und Kommunen zur Verfügung. Der „Solidarpakt I“ von 1995 sorgte für die Aufnahme der neuen Bundesländer in den regulären **Länderfinanzausgleich**. Weiter erhielten die neuen Länder von 1995 bis 2001 Sonderleistungen des Bundes über umgerechnet 105 Milliarden Euro. Der „Solidarpakt II“ sieht bis 2019 nochmals Sonderzahlungen von 105 Milliarden Euro für Infrastruktur und Unternehmensförderung vor. Hinzu kommen 51 Milliarden Euro an Investitionshilfen des Bundes und der EU.

Länderfinanzausgleich: im Grundgesetz verankerte Regelung. Danach leisten Bundesländer mit höheren Steuereinnahmen (Geberländer) Ausgleichszahlungen an Länder mit geringerem Steueraufkommen (Nehmerländer).

Schätzungen über die bisherigen Gesamtkosten der Einheit geben an, dass zwischen 1990 und 2009 etwa 1,6 Billionen Euro an öffentlichen Finanztransfers in die neuen Länder stattfanden. Hierbei wurden Steuerzahlungen und Sozialbeiträge aus dem Osten abgezogen. Der weitaus größte Teil floss in Sozialausgaben (Renten, Arbeitslosenunterstützung, Arbeitsbeschaffungsmaßnahmen).

Lebensgefühl im Umbruch Für die neuen Bundesbürger brachte die Übernahme der westdeutschen Gesellschaftsordnung eine gewaltige Umstellung des gesamten Alltagslebens mit sich. Vom Kindergarten bis zur Altersversorgung änderte sich alles. Viele Bürger im Osten fühlten sich deklassiert und von den „Wessis“ überrollt. Auf der anderen Seite sahen sich zahlreiche Bürger in der alten Bundesrepublik durch die Erwartungen ihrer Landsleute im Osten überfordert. Die Unterschiede in der Lebenserfahrung und im Lebensgefühl zwischen den Deutschen in Ost und West gingen tiefer, als die Menschen in den Monaten der Euphorie 1989/90 angenommen hatten. Manche reagierten auf den extrem hohen Anpassungsdruck mit einer Verklärung der DDR-Vergangenheit, was in Westdeutschland oft Unverständnis hervorrief (▸ M9).

Anstieg des Rechtsextremismus Ein großes Problem des wiedervereinigten Deutschland war der bald einsetzende Anstieg rechtsextremistisch und rassistisch motivierter Straftaten. Traurige „Höhepunkte“ waren die Anschläge von Hoyerswerda (September 1991) und Rostock-Lichtenhagen (August 1992), bei denen Rechtsradikale unter dem Applaus der Anwohner Asylbewerber aus Mosambik, Vietnam und anderen Ländern angriffen. In Teilen Ostdeutschlands entstanden sogenannte „national befreite Zonen“, in denen Ausländer bis heute massiv bedroht werden.

Die Ursachen werden kontrovers diskutiert: Einige Kommentatoren wollten darin eine bereits zu DDR-Zeiten vorhandene allgemeine Ausländerfeindlichkeit sehen. Diese sei vor dem Hintergrund der Asyldebatte seit 1990 und den wirtschaftlichen und sozialen Problemen, die die Menschen in den neuen Bundesländern zu tragen haben, noch verstärkt worden. Tatsache ist aber, dass fremdenfeindliche Einstellungen nicht unmittelbar mit dem tatsächlichen Bevölkerungsanteil von Ausländern zusammenhängen: In Bundesländern mit sehr geringem Ausländeranteil (z.B. Sachsen-Anhalt und Mecklenburg-Vorpommern) kam es zwischen 1992 und 1994 viel häufiger zu fremdenfeindlichen Vergehen als etwa in Nordrhein-Westfalen, Baden-Württemberg oder Bayern, die den Großteil der damaligen Asylbewerber aufnahmen. Neuere Studien ergeben zudem, dass es keinen engen Zusammenhang zwischen Arbeitslosigkeit und rechtsextremer bzw. fremdenfeindlicher Gewalt gibt.

Dagegen lässt sich das Bild eines typischen rechtsextremen Gewalttäters zeichnen, der männlich, meist unter 30 Jahre alt ist, seine Taten – oft unter Alkoholeinfluss – in der Gruppe verübt und oft einen niedrigen Bildungsgrad aufweist.

Der Rechtsextremismus ist kein ostdeutsches Phänomen. Jedoch trafen gerade hier rechtsextremistische und „völkische“ Einstellungen auf breite Zustimmung in der Bevölkerung. Öffentliche Proteste gab es nur vereinzelt. Bei vergleichbaren Anschlägen in den alten Bundesländern, z.B. im Mai 1993 in Solingen, als bei einem Brandanschlag auf das Haus einer türkischen Familie zwei Frauen und drei Mädchen ums Leben kamen, verurteilte eine große Mehrheit der Bevölkerung die Tat scharf. Allerdings wurden rechtsextreme und gewaltbereite Vereinigungen in den neuen Bundesländern meist mit dem Personal und dem Geld der bestehenden westdeutschen Organisationen aufgebaut.

Veränderte Parteienlandschaft Die deutsche Einheit führte auch zu einer Vereinigung von politischen Parteien. Bereits im August 1990 traten die liberalen Parteien der DDR den bundesdeutschen Freien Demokraten (FDP) bei. Die SDP, die im Oktober 1989 gegründet worden war, vereinigte sich mit den westdeutschen Sozialdemokraten im September 1990. Im Oktober 1990 fand die Vereinigung von CDU-Ost und -West statt. Die GRÜNEN wurden 1993 zu einer gesamtdeutschen Partei „Bündnis 90/Die Grünen“, nachdem beide Gruppierungen seit 1990 gemeinsam zu Wahlen angetreten waren.

1998 unterlag die CDU/CSU-FDP-Koalition unter Bundeskanzler Kohl bei den Wahlen zum Bundestag. Der neue Bundeskanzler **Gerhard Schröder** (SPD) schloss eine Koalition seiner Partei mit Bündnis 90/Die Grünen. Bundesaußenminister und Vizekanzler wurde der Grünen-Politiker **Joschka Fischer**. Das rot-grüne Bündnis regierte im Bund bis 2005. Mit **Angela Merkel**, geboren in Hamburg, aufgewachsen in Templin in Brandenburg, wurde im Jahr 2000 erstmals eine Frau aus den neuen Bundesländern CDU-Vorsitzende. 2005 übernahm sie als erste Kanzlerin der Bundesrepublik die Regierung

Gerhard Schröder (geb. 1944): 1990-1998 Ministerpräsident von Niedersachsen, 1998-2005 Bundeskanzler, 1999-2004 Vorsitzender der SPD

Joschka (Joseph Martin) Fischer (geb. 1948): Politiker der GRÜNEN, 1985-1987 Umwelt- und Energieminister von Hessen, 1998-2005 Bundesaußenminister und Vizekanzler

Angela Merkel (geb. 1954): 1990 Mitglied des DA, dann der CDU, 1991-1994 Bundesministerin für Frauen und Jugend, 1994-1998 Bundesumweltministerin, 1998-2000 Generalsekretärin der CDU, seit 2000 CDU-Vorsitzende, seit 2005 Bundeskanzlerin

▲ **Wahlaufkleber zu den Volkskammerwahlen in der DDR 1990.**
- *Erklären Sie die Entstehung derjenigen Parteien, deren Anfänge in der DDR liegen.*
- *Analysieren Sie die Gestaltung der Aufkleber und erläutern Sie deren Botschaft.*

in einer Großen Koalition aus CDU/CSU und SPD. 2009 wurde sie wiedergewählt und bildete eine Koalition aus Unionsparteien und FDP.

Parteien rechts und links der Mitte Am rechten Rand des Parteienspektrums kam es schon in den 80er-Jahren in der Bundesrepublik zu Neugründungen extremistischer Gruppierungen, die als Sammelbecken für Unzufriedene mit nationalistischen, rassistischen und ausländerfeindlichen Parolen auf Stimmenfang gingen. Am bekanntesten wurde die 1983 in Bayern gegründete Protestpartei „Die Republikaner", die u.a. in Landesparlamente in Baden-Württemberg und West-Berlin sowie ins Europaparlament gewählt wurden.

Nach der Wiedervereinigung 1990 konnte die rechtsextremistische, bereits 1971 gegründete „Deutsche Volksunion" (DVU) in einigen Bundesländern Erfolge erzielen, so vor allem in Sachsen-Anhalt, wo sie bei der Landtagswahl 1998 12,9 Prozent der Stimmen erhielt. Ebenfalls in den neuen Bundesländern entwickelte sich die lange Zeit in Vergessenheit geratene „Nationaldemokratische Partei Deutschlands" (NPD) zu einer militanten rechtsextremistischen Partei, die 2004 in den sächsischen Landtag und zwei Jahre später in den Landtag von Mecklenburg-Vorpommern einzog. Ein Antrag der Bundesregierung auf das Verbot der Partei war 2003 vom Bundesverfassungsgericht abgelehnt worden: Mehrere Zeugen hatten für den Verfassungsschutz gearbeitet, ihre Aussage konnte deshalb nicht zugelassen werden.

Am linken Rand des Parteienspektrums etablierte sich nach der Wiedervereinigung in Gestalt der SED-Nachfolgerin PDS eine Partei, die in den neuen Bundesländern und in Berlin rasch an Zulauf gewann. Dabei half ihr zunächst die erhalten gebliebene Verbandsstruktur der SED. Doch gewann die PDS ständig Zulauf, auch von Jüngeren. Bei der Bundestagswahl 2005 kam sie in den neuen Ländern auf über 25 Prozent der Wählerstimmen. Bei Landtagswahlen schnitt sie noch besser ab. Die PDS war zunächst nur in den neuen Bundesländern als sozialistische „Stimme des Ostens" erfolgreich. Im Juni 2007 schloss sie sich mit der „Wahlalternative Arbeit und Soziale Gerechtigkeit" (WASG) zusammen, einer Vereinigung aus westdeutschen Altkommunisten, Gewerkschaftsfunktionären und ehemaligen SPD-Mitgliedern. Die durch den Zusammenschluss gebildete Partei „Die Linke" zog 2009 als viertstärkste Kraft in den Bundestag ein (11,9 Prozent) und strebt nach einem festen Platz im gesamtdeutschen Parteiengefüge.

▲ **Montagsdemonstration in Leipzig.**
Foto vom 9. Oktober 1989.
Trotz Anweisungen Honeckers, die Demonstration zu unterbinden, griffen die Sicherheitskräfte nicht ein. Etwa 70 000 Menschen zogen friedlich durch die Innenstadt.

M1 Unzufriedenheit in der Bevölkerung

Aus einem Bericht der Stasi-Bezirksverwaltung Magdeburg vom 9. August 1989:

In allen Bevölkerungsgruppen mehren sich Diskussionen, in denen eine gewisse Resignation und Unzufriedenheit zum Ausdruck kommt. Auch unter politisch aktiven Bürgern [...] sind folgende Auffassungen verbreitet:

- „Als Funktionär darf man treu und brav seine Pflicht erfüllen, ansonsten hat man nur Nachteile gegenüber anderen Bürgern."
- „Funktionäre müssen auf Reisen in die BRD verzichten, aber auch auf Kontakte in die BRD, also auf Geschenke wie hochwertige Gebrauchs- und Genussmittel."
- „Wer gesellschaftlich aktiv ist, muss trotzdem jahrelang auf Pkw, Telefon oder Führerschein warten. Mit Westverbindungen schafft man das über Genex[1] in Wochen."
- „Wer BRD-Währung besitzt, hat keine Sorgen mit Handwerkern und anderen Dienstleistungen."

[...] Ein immer wieder diskutiertes Thema ist die Informationsbereitstellung durch unsere Medien. Von Angehörigen der unterschiedlichsten Bevölkerungsgruppen werden häufig Widersprüche zwischen Wort und Tat der Parteiführung konstruiert. Starke Zweifel bestehen an den Meldungen über erfüllte bzw. überbotene Pläne, weil sich das nicht im Warenangebot widerspiegele. Gleichfalls bemängelt wird das Verschweigen „heißer Eisen" wie z. B. steigende Zahlen von ständigen Ausreisen und ungesetzlichen Grenzübertritten. Die Entwicklung könne – so u. a. Werktätige des Karl-Marx-Werkes, des G.-Dimitroff-Werkes und der Stahlgießerei Magdeburg – doch nur aus einer wachsenden Unzufriedenheit eines Teils der Bürger resultieren. [...]
Offenbar saisonbedingt konzentrieren sich Diskussionen zu Versorgungsfragen gegenwärtig auf

- die mangelnde Versorgung mit Frischfleisch (meist durch urlaubsbedingte Schließung der Geschäfte begründet),
- allgemein unzureichendes Gemüseangebot (zu wenig Sorten, schlechte Qualität, hoher Verschmutzungsgrad),
- immer kritischer werdende Bereitstellung von Kfz-Ersatzteilen (z. B. fehlen in Schönebeck Lada- und Wartburg-Ersatzteile völlig; Pkw-Besitzer führen Ersatzteile nach Möglichkeit aus anderen sozialistischen Ländern ein, um ihr Auto im Urlaub nutzen zu können).

BStU 000323/000324 – BStU online

[1] siehe S. 159

1. *Ordnen Sie die Beschwerden der Bevölkerung nach bestimmten Kriterien, z. B. „Lebensstandard", „politische Rechte", „langfristige/kurzfristige Missstände" etc.*

2. *Analysieren Sie die Haltung des Verfassers gegenüber den Missständen. Hält er die Klagen für begründet?*

3. *Diskutieren Sie den Kenntnisstand der DDR-Führung über die Situation kurz vor der Wende.*

M2 Am Rande eines Bürgerkrieges

Ein Augenzeuge berichtet über die Montagsdemonstration vom 9. Oktober 1989 in Leipzig:

In Betrieben wurde davor gewarnt, nach 16 Uhr die Innenstadt zu betreten; Mütter sollten ihre Kinder bis 15 Uhr aus den Krippen und Kindergärten des Zentrums abholen; Schülern und Studenten wurde mit Relegation[1] für den Fall der Beteiligung an „Aktionen" gedroht. Gerüchte schwirrten durch die Stadt. Man munkelte von MG-Nestern auf zentralen Gebäuden, befürchtete den Einsatz von Fallschirmjägern [...]. In Krankenhäusern wurden Notbetten aufgestellt und vor allem die chirurgischen und Intensivstationen verstärkt besetzt. Tausende von zusätzlichen Blutkonserven standen bereit. [...]
Leipzig glich an diesem Tag einem Heerlager. Nach späteren Aussagen von Bereitschaftspolizisten war ihnen vormittags mitgeteilt worden, dass ein friedlicher Ausgang der Demonstration wenig wahrscheinlich sei und sie vorbereitet sein müssten, möglichen Gewalttätigkeiten zu begegnen. Dementsprechend trugen sie Kampfausrüstung [...]. Auf dem Hof

[1] Relegation: Verweis von der Schule bzw. Hochschule

der VP-Bezirksbehörde[2] standen „aufmunitionierte" Schützenpanzerwagen bereit, die tonnenschweren Stahlkolosse ausgerüstet mit Räumschilden, die Fahrer mit MPi und je sechzig Schuss Munition. Die Polizeitruppe zählte insgesamt dreitausend Mann, davon zwölfhundert zur Verstärkung aus den Bezirken Halle und Neubrandenburg herbeibeordert. Hinzu kamen noch fünf Hundertschaften von Betriebskampfgruppen sowie eine sicher vierstellige Anzahl von Einsatzkräften des Ministeriums für Staatssicherheit, dessen Arsenale nicht nur Handfeuerwaffen bargen. [...]
In der Nikolaikirche und in drei weiteren Gotteshäusern wurde während der Friedensgebete ein von sechs Persönlichkeiten der Stadt getragener Aufruf zur Besonnenheit verlesen: „Unsere gemeinsame Sorge und Verantwortung haben uns heute zusammengeführt. Wir sind von der Entwicklung in unserer Stadt betroffen und suchen nach einer Lösung. Wir alle brauchen einen freien Meinungsaustausch über die Weiterführung des Sozialismus in unserem Land. Deshalb versprechen die Genannten heute allen Bürgern, ihre ganze Kraft und Autorität dafür einzusetzen, dass dieser Dialog nicht nur im Bezirk Leipzig, sondern auch mit unserer Regierung geführt wird. Wir bitten Sie dringend um Besonnenheit, damit der friedliche Dialog möglich wird."
Dieser gemeinsame Appell des Kabarettisten Bernd-Lutz Lange, des Gewandhauskapellmeisters Kurt Masur und des Theologen Peter Zimmermann sowie der Sekretäre der SED-Bezirksleitung Kurt Meyer, Jochen Pommert und Roland Wötzel wurde um 18 Uhr auch vom Sender Leipzig und etwa eine Stunde später vom Stadtfunk ausgestrahlt. Die engagierte wie couragierte Wortmeldung hat unzweifelhaft beigetragen zum friedlichen Verlauf dieses Tages, ohne jedoch die voreilig bescheinigte entscheidende Rolle gespielt zu haben. Einzig die geballte Kraft der siebzigtausend angsterfüllten und dennoch nicht weichenden Menschen in der Innenstadt und auf dem Ring erzwang um 18.25 Uhr den endgültigen Rückzug der bewaffneten Einheiten. Jene Namenlosen meinte wohl Christoph Hein, als er vorschlug, Leipzig zur „Heldenstadt der DDR" zu ernennen.

Wolfgang Schneider, Leipziger Demontagebuch, Leipzig 1990, S. 71 f.

1. *Vergleichen Sie die Situation am 9. Oktober 1989 in Leipzig mit dem 17. Juni 1953 (siehe dazu S. 117 f.).*

2. *Analysieren Sie verschiedene Gefahrenmomente im Verlauf des Tages.*

3. *Diskutieren Sie darüber, aus welchen Gründen die SED-Führung auf den Einsatz von Gewalt verzichtet hat.*

[2] VP: Volkspolizei

▲ **„March of the Fourth Reich."**
Karikatur von Bill Caldwell aus der britischen Zeitung „Daily Star" vom Februar 1990. In Großbritannien gab es anfangs große Vorbehalte gegen eine deutsche Einheit.
▪ *Erläutern Sie, was die Zeichnung aussagen will.*

M3 „Für unser Land"

Bei einer Großkundgebung auf dem Berliner Alexanderplatz am 4. November 1989 rufen Schriftsteller und Künstler der DDR (u.a. Christa Wolf, Heiner Müller und Stefan Heym) zu einem eigenständigen Weg ihres Staates auf. Anschließend veröffentlichen sie am 26. November 1989 den Appell „Für unser Land":

Unser Land steckt in einer tiefen Krise. Wie wir bisher gelebt haben, können und wollen wir nicht mehr leben. Die Führung einer Partei hatte sich die Herrschaft über das Volk und seine Vertretungen angemaßt, vom Stalinismus geprägte Strukturen hatten alle Lebensbereiche durchdrungen. Gewaltfrei, durch Massendemonstrationen hat das Volk den Prozess der revolutionären Erneuerung erzwungen, der sich in atemberaubender Geschwindigkeit vollzieht. Uns bleibt nur wenig

Zeit, auf die verschiedenen Möglichkeiten Einfluss zu nehmen, die sich als Auswege aus der Krise anbieten.
Entweder können wir auf der Eigenständigkeit der DDR bestehen und versuchen, mit allen unseren Kräften und in Zusammenarbeit mit denjenigen Staaten und Interessengruppen, die dazu bereit sind, in unserem Land eine solidarische Gesellschaft zu entwickeln, in der Frieden und soziale Gerechtigkeit, Freiheit des Einzelnen, Freizügigkeit aller und die Bewahrung der Umwelt gewährleistet sind.
Oder wir müssen dulden, dass, veranlasst durch starke ökonomische Zwänge und durch unzumutbare Bedingungen, an die einflussreiche Kreise aus Wirtschaft und Politik in der Bundesrepublik ihre Hilfe für die DDR knüpfen, ein Ausverkauf unserer materiellen und moralischen Werte beginnt und über kurz oder lang die Deutsche Demokratische Republik durch die Bundesrepublik vereinnahmt wird.
Lasst uns den ersten Weg gehen. Noch haben wir die Chance, in gleichberechtigter Nachbarschaft zu allen Staaten Europas eine sozialistische Alternative zur Bundesrepublik zu entwickeln. Noch können wir uns besinnen auf die antifaschistischen und humanistischen Ideale, von denen wir einst ausgegangen sind. Alle Bürgerinnen und Bürger, die unsere Hoffnung und unsere Sorge teilen, rufen wir auf, sich diesem Appell durch ihre Unterschrift anzuschließen.

Blätter für deutsche und internationale Politik, Januar 1990, S. 124 f.

1. *Erläutern Sie die grundlegende Alternative der zukünftigen Politik, die die Verfasser sehen.*

2. *Diskutieren Sie die Einstellung zum alten System der DDR, die sich darin spiegelt.*

M4 „Mumifizierte Utopie"

Auf den Aufruf „Für unser Land" reagiert der Schriftsteller Günter Kunert (geb. 1929). Er ist wegen seines Protests gegen die Ausbürgerung von Wolf Biermann 1977 aus der SED ausgeschlossen worden; 1979 darf er in die Bundesrepublik ausreisen.

Der deutsche Intellektuelle nebst seinen Visionen vom Guten, Schönen und Humanen ist durch keine noch so massive Tatsachenfülle widerlegbar [...]. Trotz überwältigender Kenntnis der trostlosen Lage und ihrer kaum minder trostlosen Ursachen wird die längst mumifizierte Utopie beschworen. Ob Christa Wolf auf dem Alexanderplatz in Berlin oder der aus seiner Versenkung auferstandene Rudolf Bahro im Fernsehen – entgegen jeder Erfahrung, auch ihrer eigenen, meinen sie ernsthaft, nun sei der Zeitpunkt gekommen, den „demokratischen Sozialismus" einzuläuten: das Himmelreich schon auf Erden errichten, Heinrich Heines lyrischem Diktum zufolge. Blindlings fallen die großen, pathetischen Worte, denen man abgeschworen hatte, auf die Zuhörer nieder und gemahnen den etwas kritischeren unter ihnen an die Früchte des Tantalus[1]. Würde man die Hand danach ausstrecken, sie entzögen sich dem Zugriff wie eh und je. Die nach vierzig Jahren Tristesse ungeduldige Mehrheit jedoch greift lieber nach dem Nächstliegenden, den Bananen bei „Aldi" [...].
Die gegenwärtig erhobene Forderung nach einer Erneuerung des Systems übertüchtiger Ruinenbaumeister (wirkt) wie ein später und deplatzierter Scherz. Nun endlich, heißt es, werde man auf den Trümmern des zusammengebrochenen ein wahrhaft bewohnbares Haus errichten. Ergo jene angestrebte Gesellschaft, die ihre Widersprüche und Gegensätze gewaltfrei und menschlich behandeln würde. Diese Hoffnung ist trügerisch. Denn sie ignoriert den ökonomischen und ökologischen Zustand des Landes, aber nicht nur diesen; sie missachtet vor allem die Kondition des Menschen, jenes Geschöpfes, das eine Idee nur zu realisieren vermag, indem es diese in ihr Gegenteil verkehrt [...].
[...] Nach vier Jahrzehnten einer am Grünen Tisch erdachten, der Bevölkerungsmajorität aufgenötigten Ordnung kann eine Modifikation dieser oder analoger Ordnungen keine Chance mehr haben.

Zit. nach: Michael Naumann (Hrsg.), Die Geschichte ist offen, Reinbek 1990, S. 97 ff.

1. *Vergleichen Sie die Haltung Kunerts mit derjenigen in M3.*

2. *Erklären Sie, was mit der Aussage gemeint ist, der Mensch könne eine Idee nur verwirklichen, indem er sie in ihr Gegenteil verkehrt (Zeile 28-30).*

3. *Diskutieren Sie die Frage, ob oder unter welchen Umständen 1989/90 in der DDR die Chance für eine selbstständige Entwicklung bestand.*

M5 „Rote Zahlen vom roten Sozialismus"

Der Wirtschaftswissenschaftler Karl-Hans Hartwig fasst zwei Monate nach der Schaffung der Wirtschafts-, Währungs- und Sozialunion die ökonomischen Probleme der DDR zusammen:

Die DDR-Wirtschaft befindet sich gegenwärtig in einer tiefen Krise [...]. Auch die weiteren Aussichten sind zunächst düster. Arbeitslosenzahlen von 1,5 bis zwei Millionen oder 15 Prozent werden selbst von Optimisten nicht mehr als unrealistisch angesehen. [...] Die Marktwirtschaft und der mit ihr notwen-

[1] In der altgriechischen Sage ist Tantalus von den Göttern zu ewigem Hunger und Durst verdammt. Wasser und Früchte weichen bei jedem Versuch zu essen und zu trinken zurück.

dig verbundene freie Informationsfluss bringen diese Altlasten der planwirtschaftlichen Vergangenheit an den Tag. Sie machen deutlich, dass vom roten Sozialismus vorwiegend rote Zahlen bleiben. Experten ist nicht erst seit dem 9. November bekannt, dass etwa 30 bis 40 Prozent der DDR-Betriebe nicht konkurrenzfähig sind und in Wirtschaft und Verwaltung schon immer eine große Anzahl von Arbeitskräften mitgeschleppt wurde, die ökonomisch nicht gerechtfertigt war. Produktivitätsrückstände bis zu 60 Prozent gegenüber westlichen Betrieben kommen ja nicht von ungefähr. D.h. aber, dass von den vorhandenen 9,3 Millionen Arbeitsplätzen in den ersten Jahren nach Einführung der Marktwirtschaft mehr als drei Millionen wahrscheinlich sowieso nicht zu halten wären. Sie durch neue wettbewerbsfähige Arbeitsplätze zu ersetzen, ist die vordringliche Aufgabe, und nicht irgendwelche Beschäftigungsgarantien zu geben. Das in den Köpfen der Menschen noch immer verankerte Recht auf Arbeit hat es ja faktisch auch in der DDR nie gegeben. Praktiziert wurden vielmehr ein Recht auf Lohn und der Zwang zur Beschäftigung an den falschen Stellen.

Das Parlament, 14. September 1990

1. *Arbeiten Sie die Probleme bei der Umwandlung der Planwirtschaft in eine Soziale Marktwirtschaft heraus.*

2. *Erläutern Sie, welche Aufgaben demokratisch gewählte Politiker in diesem Prozess haben.*

3. *Historiker sprechen angesichts der Vorgänge in der DDR seit Herbst 1989 von drei „Revolutionen": einer „liberalen", einer „nationalen" und einer „sozialen". Erörtern Sie, welche Gründe für eine solche Einteilung sprechen.*

M6 Entwicklung der Arbeitslosigkeit 1991-2005

Jahresdurchschnitt	Arbeitslose (in 1000) insgesamt	Männer	Frauen	Offene Stellen	Arbeitslosenquote[1] (in %) insgesamt	Männer	Frauen
			Deutschland				
1991	2602,2	1280,6	1321,6	362,8	17,3	16,4	18,5
1993	3419,1	1691,6	1727,6	279,5	19,8	18,6	11,3
1995	3611,9	1850,6	1761,3	321,3	10,4	19,6	11,4
1997	4384,5	2342,4	2042,1	337,1	12,7	12,2	13,3
1999	4099,2	2159,8	1939,4	456,4	11,7	11,3	12,2
2001	3851,6	2063,4	1788,3	506,1	10,3	10,4	10,2
2003	4376,8	2446,2	1930,6	354,8	11,6	12,4	10,8
2005	4860,7	2605,8[2]	2254,9[2]	413,1	13,0	13,4	12,7
			Früheres Bundesgebiet				
1991	1689,4	1897,7	1791,7	331,4	16,3	15,8	17,0
1993	2270,3	1277,1	1993,3	243,3	18,2	18,0	18,4
1995	2564,9	1463,7	1101,2	266,5	19,3	19,3	19,2
1997	3020,9	1740,7	1280,2	281,5	11,0	11,2	10,7
1999	2755,5	1535,5	1220,0	386,2	19,9	19,9	19,8
2001	2478,0	1378,8	1099,2	440,3	18,3	18,6	17,9
			Neue Länder und Berlin-Ost				
1991	1912,8	382,9	530,0	31,4	10,3	18,5	12,3
1993	1148,8	414,5	734,3	36,2	15,8	11,0	21,0
1995	1047,0	386,9	660,1	54,8	14,9	10,7	19,3
1997	1363,6	601,7	761,9	55,6	19,5	16,6	22,5
1999	1343,7	624,3	719,4	70,2	19,0	17,1	20,9
2001	1373,7	684,6	689,1	65,9	18,9	18,4	19,4

Statistisches Bundesamt (Hrsg.), Datenreport 2002, Bonn 2002, S. 99 und dass., Datenreport 2006, Bonn 2006, S. 99

1. *Recherchieren Sie nach regionalen Unterschieden in den neuen Ländern und den jeweiligen Faktoren.*

2. *Vergleichen Sie die Anteile der Geschlechter in den alten und neuen Bundesländern.*

[1] bezogen auf abhängige zivile Erwerbspersonen
[2] Eigenberechnungen des Statistischen Bundesamtes. Die Fälle „Ohne Angabe" beim Geschlecht wurden proportional auf Männer und Frauen verteilt.

M7 Der Osten holt auf

Die Entwicklung in den neuen Ländern, gemessen am alten Bundesgebiet:

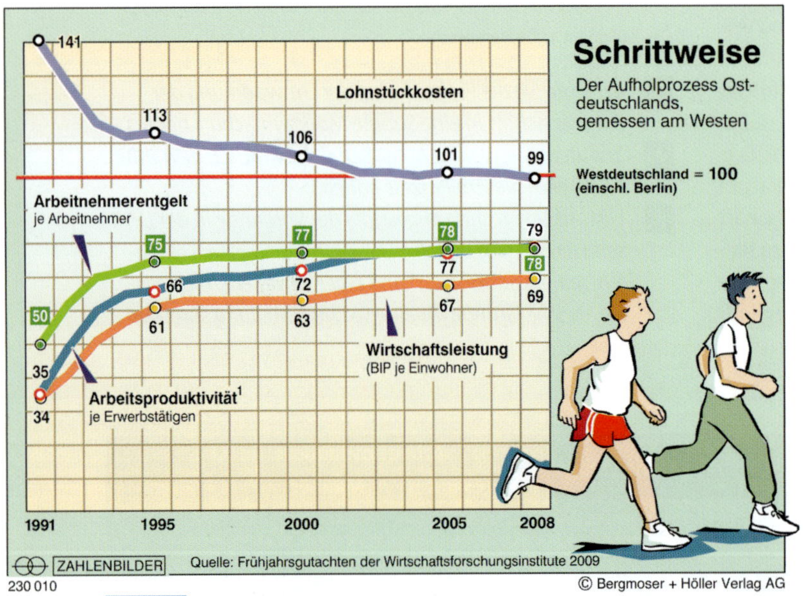

[1] Arbeitsproduktivität: Messgröße für die Entwicklung der Produktion im Verhältnis zum Arbeitseinsatz (Anzahl der Beschäftigten und deren Arbeitsstunden)

1. *Nach einer anfänglich schnellen Steigerung hat sich die ostdeutsche Entwicklung seit Mitte der 90er-Jahre verlangsamt. Nennen Sie Gründe dafür.*

2. *Ostdeutsche Arbeitnehmer fordern die 1:1-Angleichung der Löhne und Gehälter an das Westniveau. Wirtschaftswissenschaftler und Politiker warnen vor einer schnellen Angleichung. Sammeln Sie Argumente pro und contra und begründen Sie Ihre eigene Meinung, indem Sie die Daten aus der Grafik berücksichtigen.*

M8 Die „innere Einheit" – ein Traum?

Der Journalist Jens Bisky zieht 15 Jahre nach der Wiedervereinigung eine negative Bilanz:

Der Irrglaube, dass es so etwas gäbe wie eine „innere Einheit", die alle Interessengegensätze und Konflikte überwölben könne, verhindert seit fünfzehn Jahren die freie Debatte über den richtigen Weg beim Aufbau Ost. Das patriotische Tabu hat der Einheit mehr geschadet als alles andere. Da über die Unterschiede und die substanziell verschiedenen Interessen in Ost und West nicht mit zivilisierter Gelassenheit gestritten wird, da man verbissen versucht, die Existenz von Gegensätzen überhaupt zu leugnen und Unterschiede als bald überwunden marginalisiert, beschert uns beinahe jede Saison einen kurzen Ausbruch innerdeutschen Gezänks.

[...] Die Wirtschaftskraft des Ostens erreicht etwa zwei Drittel des westdeutschen Niveaus. Die Wertschöpfung[1] stagniert bei 63 Prozent des Westens, es fehlen etwa 3000 mittelständische Unternehmen und 700000 Beschäftigte, die vorhandenen Unternehmen sind zu klein und leiden unter geringer Eigenkapitalausstattung. Das Umsatzvolumen der einhundert umsatzstärksten Unternehmen in den neuen Ländern ist etwa so groß wie das Umsatzvolumen von RWE oder Metro allein. Jede fünfte Erwerbsperson hat keinen regulären Arbeitsplatz, die Abwanderung dauert an. Jeder dritte Euro, der im Osten ausgegeben wird, wurde nicht in den neuen Ländern erwirtschaftet. Anzeichen für eine wirtschaftliche Aufholjagd gibt es kaum.

Wer im Osten heranwächst, geht zur Jugendweihe, nicht zu Konfirmation oder Kommunion. In seiner Nachbarschaft leben deutlich weniger Ausländer als im Westen. Nach der Wende hat sich eine eigene ostdeutsche Identität herausgebildet, ein deutliches Bekenntnis, nicht dazuzugehören, anders zu sein. Zu ihr bekennen sich seit Jahren unverändert mehr als 70 Prozent der Ostdeutschen. Dem antworten auf der anderen Seite Desinteresse, Ignoranz und Umerziehungsfantasien. Nach einer Allensbach-Umfrage stehen die Brüder und Schwestern im anderen Landesteil Ost- wie Westdeutschen ebenso nah oder fern wie Österreicher. [...]

Das ist die Realität, vor der die Prediger der „inneren Einheit" gern die Augen verschließen. Selbstverständlich sind Ostdeutsche weder durch Geburt noch durch Erziehung oder Propaganda deformiert oder unfähig zum Leben in Freiheit. Die 2,4 Millionen von ihnen, die seit 1990 in den Westen gezogen sind, haben sich erfolgreich und weitgehend geräuschlos integriert. Die neuen Länder selber aber haben sich in dieser Zeit als eine unterentwickelte, randständige Region stabilisiert. [...]

Im Großen und Ganzen blieb die notwendige Kurskorrektur beim Aufbau Ost aus, der Transferwahnsinn geht weiter: mit zu wenig Mitteln für Investitionen und zu viel für Konsum,

[1] Wertschöpfung: Nettoproduktion einer Volkswirtschaft oder eines Wirtschaftszweiges. Sie ergibt sich aus dem Herstellungspreis von Waren und Dienstleistungen, wovon Abschreibungen, indirekte Steuern und staatliche Zuschüsse (Subventionen) abgezogen sind.

mit kaum vorhandenen Wettbewerbsvorteilen für ostdeutsche Unternehmen, mit aberwitzigen Infrastrukturprojekten, mit zweckwidrigem Einsatz der Mittel. Dass nach OECD-Berechnungen zwei Drittel der deutschen Wachstumsschwäche auf die Belastungen durch die Vereinigung zurückgehen, scheint die Westdeutschen nicht zu beunruhigen. Sie zahlen brav weiter und fragen kaum nach.

Das unerfüllbare Versprechen von der „Angleichung der Lebensverhältnisse" ist noch immer nicht aus der Welt, obwohl es in weiten Teilen der neuen Länder darum geht, eine Abwärtsentwicklung zu verhindern und den Teufelskreis aus wirtschaftlicher Schwäche, Arbeitslosigkeit, Abwanderung, Überalterung und Transferbedarf zu durchbrechen.

Ein Neuanfang würde eine ehrliche Bilanz voraussetzen. Eben deshalb fällt er so schwer. Die staatliche Vereinigung war 1990 politisch richtig und ist gelungen, aber sie muss nicht mit Angleichung und widerspruchsfreiem Einverständnis einhergehen. Eingestehen müsste man, dass der Aufbau Ost, das ehrgeizigste Unternehmen der vergangenen fünfzehn Jahre, in das die Deutschen einen Großteil ihrer Energie und ihrer Mittel investiert haben, gescheitert ist und dass auch Momente kultureller Fremdheit nicht weichen. [...]

Ein radikaler Neuanfang fällt schwer, weil es eine gemeinsame Öffentlichkeit kaum gibt. Die stille Gesellschaft in den neuen Ländern verweigert sich überwiegend den überregionalen Medien. Nach der systematischen Entbürgerlichung in der DDR, nach der Ausschaltung der sozialistischen Funktionseliten und der anhaltenden Abwanderung fehlt es im Osten an einem Bürgertum, einem Mittelstand, an Eliten. Der soziale Raum zwischen Familie und Staat ist nur schwach besetzt. [...]

Zuverlässig rechnen können wir mit einer starken innerostdeutschen Differenzierung in wenige städtische Zentren und unterentwickelte ländliche Regionen, mit weiterer Abwanderung und rascher Überalterung, mit bleibenden Unterschieden bei Einkommen und Vermögen, mit anhaltendem Transferbedarf und einer Tradierung ostdeutscher Besonderheiten.

Der Verteilungskonflikt um die Transfergelder dürfte sich nicht mehr lange durch Solidaritätsbeschwörungen verdrängen lassen.

So wird uns der Ost-West-Gegensatz noch Jahrzehnte begleiten. [...] Wer mag, kann weiter von „innerer Einheit" träumen und auf die nächste Ossi-Wessi-Hysterie warten.

Vernünftig wäre konfliktbewusste Gelassenheit. Sie setzte eine Kultur der Ungleichheit und der Unterschiede voraus. Im Osten wie im Westen ist darauf kaum einer vorbereitet.

Süddeutsche Zeitung vom 25. August 2005

1. *Arbeiten Sie heraus, welche Bedingungen für die innere Einheit Deutschlands laut Bisky erfüllt sein müssten.*

▲ **„Daran müssen wir noch arbeiten."**
Karikatur von Rainer Schwalme, 1992.

2. *Vergleichen Sie die Aussagen zur Wirtschaft mit den statistischen Daten in M7. Bewerten Sie daraufhin die Aussagekraft von M7.*

3. *Der Autor fordert „konfliktbewusste Gelassenheit" (Z. 96). Nehmen Sie dazu Stellung.*

M9 DDR-Nostalgie

Der ostdeutsche Historiker Stefan Wolle ist 1990 an der Auflösung der Stasi beteiligt. Er wirkt als Sachverständiger an den beiden Enquête-Kommissionen[1] des Bundestages zur „Aufarbeitung von Geschichte und Folgen der SED-Diktatur in Deutschland" (1992-1998) mit.

Viele Menschen haben in der DDR glücklich und zufrieden gelebt und den Zusammenbruch ihres Staates als Katastrophe erlebt. Da sind zunächst die Mitarbeiter der Partei, des Staatsapparats, die Offiziere der „bewaffneten Organe" von der Stasi bis zur Nationalen Volksarmee. Selbst wenn es ihnen heute materiell besser geht, stehen sie subjektiv auf der Stufenleiter des sozialen Erfolgs ein ganzes Stück weiter unten. Die neue Demokratie und den Rechtsstaat erleben sie

[1] Enquête-Kommission: vom Parlament einberufene Arbeitsgruppe, in der Abgeordente und Sachverständige Gutachten zu politischen und gesellschaftlichen Fragen erstellen

▲ **Demonstrant in Berlin.**
Foto vom Oktober 2004.

als tägliche Demütigung. Dies betrifft leider nicht nur die Stützen des alten Systems. [...]
Das Leben in der DDR war armselig, provinziell, kleinkariert und unfrei – aber es war auch ohne wesentliche Risiken. Im Schatten der Mauer blühten manche kleinen Biotope. Westbesucher empfanden DDR-Reisen oft als Reise in die Kindheit. Da gab es noch selbstgebackenen Kuchen, der Weihnachtsbaum wurde mit der Säge aus dem Winterwald geholt und das Geschirr im Abwaschbecken mit der Hand gewaschen. Und diese DDR-Nostalgie grassiert heute nicht nur unter den Günstlingen des untergegangenen Systems. „Man lebte bescheidener, aber glücklicher", werden eines Tages die Großmütter ihren Enkeln erzählen. Und schon heute stimmen Intellektuelle und Künstler in das Klagelied von der verlorenen Idylle mit ein.
Mit äußerstem Geschick spielt die PDS auf der Klaviatur der Legenden. Da ist zunächst die auch im Westen gern kolportierte Meinung, die BRD-Kolonisatoren seien wie eine Dampfwalze übers Land gegangen. Sie hätten alles niedergemacht, was es in der DDR an sozialen Errungenschaften gegeben hätte. Das Gegenteil ist der Fall. Die Sozial- und Bildungseinrichtungen der DDR befanden sich Ende der Achtzigerjahre in einem katastrophalen Verfallszustand. Dort, wo tüchtige Kommunalpolitiker am Werk sind, werden heute Schulen, Bibliotheken, Sozialeinrichtungen, Krankenhäuser, Seniorenheime und anderes großzügig renoviert oder neu eröffnet. Auch die Infrastruktur hat sich entscheidend verbessert. Während man früher zwanzig Jahre und länger auf einen Telefonanschluss warten musste, erfüllt die Telekom die Anschlusswünsche kurzfristig. Im Straßenbau, bei der Abwasserentsorgung oder der Versorgung mit Erdgas ist in den letzten vier Jahren mehr geschehen als in vierzig Jahren Sozialismus. [...] Ein Blick über die östlichen Grenzen reicht aus, um sich auszumalen, wie die Situation ohne die Finanzhilfe aus den westlichen Bundesländern aussähe. Natürlich gibt es in den neuen Bundesländern einen Berg sozialer Probleme. Doch ist es eine Perversion des Denkens, deswegen gerade jene Partei zu wählen, welche die wirtschaftliche und soziale Katastrophe zu verantworten hat.
Eine weitere Legende lautet, die intellektuelle Elite der DDR sei ins gesellschaftliche Abseits getrieben worden. Dabei sei das wertvolle Potenzial der SED schnöde beiseite geschoben worden. Insbesondere die Art und Weise der vom Westen betriebenen „Geschichtsaufarbeitung" würde die Menschen verbittern. Die Kritik an der untergegangenen DDR würde den Menschen ihre Identität rauben und ihre Biografien zerstören. Richtig ist, dass viele Menschen einen Teil ihres Lebens für den Staat DDR gearbeitet haben, ohne dabei Privilegien oder wesentliche Vorteile zu erhalten. Es gab wirklich die Auffassung, die DDR wäre der bessere deutsche Staat, weil er aus antifaschistischen Wurzeln gesprossen wäre. Und es gab immer wieder die Illusion, der Sozialismus könnte demokratisch reformiert werden. [...] Doch diese zarten Pflänzchen wurden von der Partei und der Stasi zertrampelt. [...]
Die vielleicht wichtigste westliche Fehlwahrnehmung ist die Meinung, die PDS sei politisch links oder linksradikal. Tatsächlich ist sie in ihrer Ideologie reaktionär, und in der praktischen Alltagspolitik bedient sie eher die Ängste des Kleinbürgers vor der modernen Gesellschaft, als dass ihre Konzepte in die Zukunft weisen. [...] Zum Teil geht es um Partikularinteressen wie Renten und Eigentumsansprüche. Zum anderen Teil geht es um die Rettung von Lebensgeschichten. Welcher Ex-Funktionär oder Stasi-Spitzel schaut morgens gerne in den Spiegel und sagt sich: „Du warst zeit deines Lebens ein opportunistischer Karrierist und Heuchler." Es ist natürlich viel schöner, sich zu sagen: „Auch wenn das sozialistische Experiment gescheitert ist, so war es doch ein erhabener Traum." [...]

Frankfurter Allgemeine Zeitung vom 27. Juli 1994, S. 23

1. *Prüfen Sie die Vorwürfe an die ehemaligen und heutigen Träger der sozialistischen Ideologie.*

2. *Untersuchen Sie die zeitliche Bedingtheit des Textes. Gelten seine zentralen Aussagen noch oder haben sich im Verlauf des Einigungsprozesses Veränderungen ergeben?*

Zeitzeugengespräche als erinnerte Geschichte

In Zeitzeugengesprächen erzählen Menschen über vergangene Zeiten und Ereignisse, die sie selbst erlebt haben. Deren Darstellungen können weder Objektivität noch Repräsentativität für sich beanspruchen. Zeitzeugen berichten nicht über die historische Wirklichkeit, sondern geben lediglich ihre momentanen Erinnerungen und eine bestimmte Sicht auf die Vergangenheit wieder. Dennoch bieten Zeitzeugengespräche die Möglichkeit, von persönlichen Hoffnungen, Enttäuschungen und Einstellungen zu erfahren. Alltags- und sozialgeschichtliche Aspekte können stärker in den Blick genommen werden.

Zeitzeugen befragen

Interviewer und Zeitzeugen sollten gemeinsam dazu beitragen, die Ereignisse der Vergangenheit zu rekonstruieren und einseitige Monologe zu vermeiden. Fragen und Nachfragen können dem Interviewpartner helfen, sich an Details zu erinnern und Sichtweisen kritisch zu hinterfragen. Immer ist zu berücksichtigen, dass sich die Erinnerung von Menschen an Vergangenes im Lauf der Jahre ändert. So können beispielsweise in der Zwischenzeit gemachte Erfahrungen Menschen dazu veranlassen, Erlebnisse in der Vergangenheit anders einzuordnen und zu bewerten. Möglicherweise scheuen Zeitzeugen auch davor zurück, damalige Einstellungen oder Persönliches preiszugeben.
Aus diesen Gründen ist es unerlässlich, bei einem Gespräch mit Zeitzeugen Verhaltensmaßregeln zu beachten. In allen Phasen ist die Würde des Gesprächspartners zu achten.

Vorbereitung

- Zu welchem Thema soll ein Zeitzeugengespräch stattfinden?
- Rechtzeitige, persönliche Kontaktaufnahme mit dem / den Zeitzeugen
- Absprache mit dem / den Zeitzeugen: Termin; Kosten; Informieren des Zeitzeugen über Anzahl der Schüler, deren Alter und das Unterrichtsthema; Einholen von biografischen Informationen über den Zeitzeugen; Abklären, worüber der Zeitzeuge (nicht) sprechen will. Wie darf das Gespräch festgehalten werden (am günstigsten ist die Aufzeichnung mit einer Kamera, gefolgt von einer Aufnahme mit Diktiergerät oder schriftlichen Notizen)? Ist eine Veröffentlichung der Aufzeichnungen gestattet?
- Bei mehreren Zeitzeugen: Sollen sie gemeinsam oder getrennt voneinander auftreten? Welche Fragen sollten allen oder mehreren Interviewpartnern gestellt werden?
- Erarbeitung eines Fragenkatalogs

Durchführung

- Konzentriertes und sorgfältiges Festhalten des Gesprächs in Form von Stichpunkten und Zitaten. Dabei ist zu kontrollieren:
  Hält sich der Zeitzeuge an die vereinbarten Themen? Wie ist die Körpersprache des Zeitzeugen (Mimik, Gestik, Modulation der Stimme etc.), verändert sie sich während des Gesprächs? Wo widerspricht sich der Gesprächspartner? Was entspricht nicht dem im Unterricht Gelernten?
- Vorsichtiges und höfliches Nachfragen bei Widersprüchen
- Einhalten des Zeitrahmens

Nachbereitung

- Anhören / Ansehen der Aufzeichnungen des Gesprächs
- Gemeinsame Aussprache über den Inhalt des Gesprächs und über das Auftreten des Zeitzeugen; Abgleichen mit den Erwartungen vor dem Gespräch
- Einbetten der Aussagen des Zeitzeugen in den historischen Kontext; Festhalten von Gemeinsamkeiten, Ergänzungen und Widersprüchen zum Unterrichtsstoff
- Präsentation der Ergebnisse, z.B. als Zeitungsartikel oder Ausstellung

Beispiel 1

„Aufgewachsen in der DDR“

Martina F. hat vor dem Zeitzeugengespräch folgende Angaben zu ihrem Lebenslauf gemacht:

Martina F. wurde 1965 in Magdeburg geboren. Durch ihre Eltern, beide Mitglieder der SED, wurde Martina F. im Sinne der Staatsideologie erzogen. Da beide Elternteile berufstätig waren (Vater Ingenieur, Mutter Busfahrerin), kam sie schon im Alter von einem Jahr in eine Kinderkrippe. In der Schule war Martina F. wie viele ihrer Klassenkameraden Mitglied in der *Freien Deutschen Jugend* (FDJ), nachdem sie zuvor schon zu den *Jungen Pionieren* gehört hatte. An den gemeinsamen offiziellen Maidemonstrationen nahm sie gerne teil, zog dafür ihre blaue FDJ-Bluse an, die sie heute noch besitzt. Die Ferienlager nutzte sie als gute Gelegenheit, mit den Freundinnen die Ferien zu verbringen. Bei ihrer Jugendweihe gelobte sie, *„für ein glückliches Leben des ganzen deutschen Volkes zu arbeiten und zu kämpfen“* und ihre *„ganze Kraft für die große und edle Sache des Sozialismus einzusetzen“*. Darüber hinaus war es für sie selbstverständlich, in der 8. Klasse in die *Gesellschaft für deutsch-sowjetische Freundschaft* (DSF) einzutreten. In ihrer Freizeit hörte Martina F. gerne Rockmusik von verschiedenen Gruppen aus der DDR, wie zum Beispiel die „Puhdys“, und sah das Jugendfernsehen der DDR. Sie war davon überzeugt, im Westen herrsche der „Klassenfeind“, und lehnte das dortige System kategorisch ab. Ihren Urlaub verbrachte sie an der Ostsee oder am Plattensee in Ungarn. Martina F. studierte Geschichte und Russisch in Berlin und auch für zwei Semester in Moskau. Ihr Ziel war es, als Lehrerin den Schülerinnen und Schülern die Ideen des Sozialismus nahe zu bringen. Die wachsende Unzufriedenheit der Bevölkerung in den 80er-Jahren registrierte Martina F. kaum, zu sehr war sie mit ihrem Studium beschäftigt. Von der Maueröffnung und der anschließenden Wiedervereinigung wurde sie regelrecht überrascht. Sie kann heute noch nicht richtig nachvollziehen, warum die DDR so rasch verschwand. Die Umstellung auf die neuen politischen und wirtschaftlichen Rahmenbedingungen fiel ihr schwer. Heute arbeitet Martina F. als Lehrerin an einer Regelschule in Thüringen.

Möglicher Fragenkatalog:

- Welche Pflichten und Möglichkeiten hatten Mitglieder der *„Jungen Pioniere“* und der *„Freien Deutschen Jugend“*? Welche Verhaltensmaßregeln galten, wie viel Zeit haben Sie pro Woche für Aktivitäten aufgewendet?
- Welche Bedeutung hatte für Sie die *„Jugendweihe“*?
- Wurde in Ihrer Familie über Politik gesprochen? Waren diese Gespräche auch kontrovers? Wenn ja, um welche Themen ging es dabei?
- Hatten Sie jemals das Bedürfnis, in die Bundesrepublik oder ein anderes westliches Land zu reisen? Wie haben Sie es beurteilt, dass den meisten Bürgerinnen und Bürgern der DDR diese Möglichkeit nicht offenstand?
- Welches Bild von der Bundesrepublik und den anderen westlichen Ländern hatten Sie? Wie sind Sie zu diesen Vorstellungen gelangt? Hat sich Ihr Bild gewandelt?
- Welche Veränderungen in der Stimmung der Bevölkerung vor der Maueröffnung haben Sie registriert?
- Welche Einstellung besaßen Sie gegenüber Mitschülern und anderen Mitbürgern, die eine kritische Haltung gegenüber der Staatsdoktrin oder gegenüber den Verhältnissen in der DDR hatten? Gab es auch kritische Äußerungen von Kommilitonen? Wie haben Sie das Verhalten von staatstreuen gegenüber regimekritischen Mitbürgern erlebt?
- Empfanden Sie einen Unterschied zwischen dem offiziellen Bild vom Leben in der DDR und der gesellschaftlichen Wirklichkeit? Wenn ja, welche Lebensbereiche betraf dies?
- Wie beurteilen Sie heute die Staatsdoktrin und das Leben in der DDR?

Beispiel 2

Bernd K. hat vor dem Zeitzeugengespräch folgende Angaben zu seinem Lebenslauf gemacht:

Bernd K. wurde 1962 in Dresden geboren. Er selbst wie auch seine Eltern waren schon immer sehr stark in der evangelischen Kirche engagiert, sein Vater war Pfarrer in einer kleinen Gemeinde bei Dresden, seine Mutter Bibliothekarin. Die Eltern standen der SED ablehnend gegenüber und diskutierten politische Fragen häufig mit ihren Kindern und mit regimekritischen Freunden in der Gemeinde.

Bernd K. trat – wie zwei seiner Mitschüler auch – weder den *Jungen Pionieren* noch der *Freien Deutschen Jugend* bei. Den meisten Mitschülern war dies egal, aber von den Lehrern, die staatstreu waren, wurde er deswegen respektlos behandelt. Die Jugendweihe lehnte er ab. Stattdessen nahm er an der Konfirmation teil.

In seiner Freizeit arbeitete Bernd K. zunächst in einer kleinen Gruppe für den Umweltschutz in Dresden. Dort versuchte man, die Verschmutzung von Wasser und Luft zu messen und zu dokumentieren, doch das war schwierig, weil solche Ergebnisse nicht an die Öffentlichkeit gelangen sollten. Später beteiligte er sich aktiv bei der entstehenden Friedensbewegung. Schon 1982 nahm er am Friedensforum in der Dresdner Kreuzkirche teil.

Aufgrund seiner staatsfernen Einstellung durfte Bernd K. nicht das Abitur machen. Deswegen musste er seinen Wunsch, Chemie zu studieren, aufgeben. Den Dienst in der *Nationalen Volksarmee* verweigerte er; während seines Ersatzdienstes als „Bausoldat" kam es vor, dass er schikaniert wurde. Anschließend absolvierte er eine Lehre als Mechaniker.

Ab 1989 beteiligte sich Bernd K. an den Demonstrationen, die auch für die DDR wie in der Sowjetunion unter Michail Gorbatschow Transparenz und einen Umbau des sozialistischen Wirtschafts- und Gesellschaftssystems forderten. Wie viele andere trat er für eine friedliche Reform der DDR, für einen *„Sozialismus mit menschlichem Antlitz"* ein, und beteiligte sich an den Montagsdemonstrationen in Leipzig. Sofort nach der Maueröffnung begab er sich zu entfernten Verwandten nach Bayern, wo er freundlich aufgenommen wurde.

Einige Jahre nach der Wiedervereinigung konnte Bernd K. seine umfangreiche Stasi-Akte einsehen. Dabei musste er feststellen, dass ihn nicht nur Lehrerinnen und Lehrer, sondern auch Mitschülerinnen und Mitschüler und sogar Mitglieder seiner Umweltschutzgruppe für das Ministerium für Staatssicherheit bespitzelt hatten. Bei einigen hatte er bereits Verdacht gehegt, bei anderen kam die Enttarnung völlig überraschend. Heute arbeitet Bernd K. in einer Werkstatt in Bamberg. Er denkt darüber nach, sein Studium nachzuholen.

Möglicher Fragenkatalog:

- Was waren die Gründe für Ihr unangepasstes Verhalten in der DDR? Haben Sie jemals daran gedacht, es aufzugeben?
- Wie wurden Sie in der Schule von Lehrern und Mitschülern behandelt? Wie äußerte sich deren ablehnende Haltung oder Respektlosigkeit?
- Welches Bild von der Bundesrepublik und den anderen westlichen Ländern hatten Sie? Wie haben Sie Ihre Vorstellungen gewonnen? Hat sich Ihr Bild gewandelt?
- Welche Einstellung hatten Sie gegenüber Mitschülern und anderen Mitbürgern, die eine staatstreue Haltung einnahmen?
- Wie haben Sie Ihre Zeit als „Bausoldat" erlebt?
- Haben Sie je daran gedacht, aus der DDR zu fliehen? Wenn ja, was hat Sie von Ihrem Vorhaben abgebracht?
- Was wussten Sie von Aktivitäten des Staatssicherheitsdienstes im Allgemeinen oder Sie persönlich betreffend? Welche Informationen haben Sie in Ihrer Stasi-Akte gefunden?
- Haben Sie nach der Einsicht in Ihre Stasi-Akten das Gespräch mit denjenigen gesucht, die Sie als inoffizielle Mitarbeiter bespitzelt haben? Welche Gründe hatten Sie für Ihre Entscheidung? Was empfinden Sie heute gegenüber diesen Menschen?

▲ **Selbst gefertigtes Transparent, das auf der Demonstration am 4. November 1989 in Ost-Berlin mitgeführt wurde.**

▪ *Erläutern Sie, worauf das Plakat anspielt, und erörtern Sie, ob der Vergleich angemessen ist.*

1. *Stellen Sie dar, welche Rolle die weltpolitischen Konstellationen des Kalten Krieges für die Verankerung der Bundesrepublik im Westen und der DDR im Osten spielten.*

2. *Analysieren Sie die gesellschaftspolitischen Herausforderungen und Weichenstellungen der Bundesrepublik in der Ära Adenauer (1949-1963).*

3. *„Bonn ist nicht Weimar". Mit dieser These betitelte der Schweizer Journalist Fritz René Allemann sein 1956 erschienenes Buch über die Bundesrepublik. Zu dieser Zeit waren Befürchtungen, auch die zweite deutsche Demokratie könne scheitern, noch weit verbreitet. Erläutern Sie, welche Gefahren für die Demokratie bestanden. Belegen Sie die These des Autors.*

4. *Ein im Jahr 2009 erschienenes Buch über die Geschichte der Bundesrepublik Deutschland trägt den Titel „Die Suche nach Sicherheit". Erörtern Sie, ob dieser Aspekt für die Geschichte der Bundesrepublik entscheidend ist.*

5. *Fassen Sie die Kennzeichen der sogenannten „68er-Bewegung" zusammen. Bewerten Sie, wie sich ihre gesellschaftlichen und politischen Ziele in der weiteren geschichtlichen Entwicklung auswirkten.*

6. *Erörtern Sie, ob die „Neue Ostpolitik" der sozial-liberalen Koalition in den 1970er-Jahren eine Abkehr von den Grundpositionen Adenauers bedeutete.*

7. *Der Historiker Christoph Kleßmann ist der Ansicht, die DDR habe niemals ohne die Bundesrepublik auskommen können. Finden Sie Argumente und Gegenargumente zu dieser Behauptung.*

8. *Arbeiten Sie heraus, wie in der DDR versucht wurde, die Akzeptanz des SED-Regimes zu steigern. Welche Leistungen, Kosten und Defizite der Wirtschafts- und Sozialpolitik in der Endphase der DDR standen einander gegenüber?*

9. *Stellen Sie die verschiedenen Formen der Opposition in der DDR dar und beurteilen Sie ihre Ziele und ihre Wirkung.*

10. *Nehmen Sie Stellung zu folgender These: „Die Berliner Mauer war ein Symbol sowohl für den Verlust der nationalen Einheit der Deutschen als auch für die Unerbittlichkeit im Kalten Krieg."*

11. *Die Frage, ob Bonn oder Berlin der Regierungssitz des wiedervereinigten Deutschland werden sollte, war heftig umstritten. Nur eine knappe Mehrheit im Bundestag entschied für Berlin. Sammeln und ordnen Sie die Argumente der Debatte und nehmen Sie selbst Stellung.*

12. *Erläutern Sie die wirtschaftlichen und politischen Probleme sowie die unterschiedlichen gesellschaftlichen Prägungen in der DDR und der Bundesrepublik, die das Zusammenwachsen der beiden deutschen Staaten noch immer schwierig gestalten.*

13. *Führen Sie eine Podiumsdiskussion durch zum Thema „Die DDR – ein Unrechtsstaat?". Überlegen Sie, welche Bereiche bei der Erörterung dieser Frage berücksichtigt werden müssen.*

Literaturtipps

Arnd Bauerkämper, Die Sozialgeschichte der DDR, München 2005

Hans-Hermann Hertle und Stefan Wolle, Damals in der DDR. Der Alltag im Arbeiter- und Bauernstaat, München 2006

Hedwig Richter, Die DDR, Paderborn 2009

Andreas Rödder, Deutschland einig Vaterland. Die Geschichte der Wiedervereinigung, München 2006

Bernd Stöver, Der Kalte Krieg, München ^{2}2006

Jürgen Weber, Kleine Geschichte Deutschlands seit 1945, München ^{3}2006

Heinrich August Winkler, Der lange Weg nach Westen, 2 Bde., München 2000

Edgar Wolfrum (Hrsg.), Die Deutschen im 20. Jahrhundert, Darmstadt 2004

Edgar Wolfrum, Die geglückte Demokratie. Geschichte der Bundesrepublik von ihren Anfängen bis zur Gegenwart, Stuttgart 2006

Edgar Wolfrum, Die DDR. Eine Geschichte in Bildern, Darmstadt 2008

Internettipps

www.alltagskultur-ddr.de

www.bpb.de
Internetportal der Bundeszentrale für politische Bildung

www.ddr-museum.de

www.deinegeschichte.de
Portal zum Thema „deutsch-deutsche Geschichte"

www.deutschegeschichte.eu
Portal mit Bildergalerien zur Geschichte des 20. Jahrhunderts des Berliner Verlages Bebra Wissenschaft

www.deutschegeschichten.de
Infos, Zeitzeugenberichte und viele andere Materialien zur deutschen Geschichte von 1890 bis zur Gegenwart

www.dhm.de/lemo/home.html
„Lebendiges Museum Online" ist ein Gemeinschaftsprojekt des Hauses der Geschichte der Bundesrepublik Deutschland und des Deutschen Historischen Museums Berlin. Angeboten werden Informationen und Materialien zur deutschen Geschichte seit 1871.

www.17juni1953.de
Homepage der Vereinigung 17. Juni 1953 e.V.

www.stiftung-aufarbeitung.de
Bundesstiftung, die die Beschäftigung mit Ursachen, Geschichte und Folgen der Diktatur in der Sowjetischen Besatzungszone und der DDR fördern will

www.zeitgeschichte-online.de

www.zeitzeugen.bildung-rp.de
Homepage der Koordinierungsstelle für Zeitzeugengespräche im Unterricht

▲ **Der Jahrhundertschritt.**
Skulptur von Wolfgang Mattheuer, geschaffen 1984/1990, vor dem Haus der Geschichte der Bundesrepublik Deutschland in Bonn.

Europa stammt aus dem Nahen Osten. Dies erzählt uns zumindest der antike Mythos, wonach Europa eine Königstochter aus Phönikien, dem heutigen Libanon, war, in die sich der griechische Göttervater Zeus verliebte und die unserem Kontinent später den Namen gab. Seit der Antike hat der Nahe Osten niemals seine große wirtschaftliche, politische und kulturelle Bedeutung für Europa und die Welt verloren. Hier befinden sich heilige Stätten der drei Weltreligionen Judentum, Christentum und Islam.

Der Nahe Osten zählt heute zu den größten Krisengebieten der Welt. Seit Jahrzehnten schwelt dort der Konflikt Israels mit Palästina und den übrigen Staaten der arabischen und muslimischen Welt, die zum Teil dem 1948 gegründeten Staat Israel das Existenzrecht absprechen. Trotz einzelner Erfolge von Friedensinitiativen ist noch immer kein Durchbruch zu einer dauerhaften Lösung gelungen. Die wechselvolle Geschichte der Region führt vor Augen, wie komplex die Ursachen des Konflikts sind und wie weit sie zum Teil in die Geschichte zurückreichen. Sie verdeutlicht auch, welche Schwierigkeiten sich beim Ringen um eine Verständigung ergeben. Der bedeutendste Akteur, der in den letzten Jahrzehnten durch wiederholte Eingriffe die Verhältnisse im Nahen Osten beeinflusste, sind die Vereinigten Staaten von Amerika.

Die Europäische Gemeinschaft, seit 1992 Europäische Union (EU), vermittelt ebenfalls in dem Konflikt. Hervorgegangen aus vorwiegend wirtschaftlichen Interessengemeinschaften, versucht sie, ihre ökonomische Rolle in politisches Gewicht umzusetzen. Voraussetzung dafür ist jedoch eine einheitliche politische Linie. Seit den Anfängen in den 1950er-Jahren traten ständig neue Mitglieder hinzu, zumal nach der Auflösung des Ostblocks, woraufhin die EU die meisten Staaten Osteuropas aufnahm. Durch die Erweiterungen geriet jedoch auch der Prozess der europäischen Integration immer wieder ins Stocken.

Die vergangenen Jahrzehnte haben gezeigt, dass die Bundesrepublik Deutschland nicht nur wirtschaftlich von der europäischen Integration profitiert. Die schnelle Wiedervereinigung der beiden deutschen Staaten nach dem Fall der Mauer 1989 wurde auch dadurch möglich, dass sich Deutschland nach dem Zweiten Weltkrieg als berechenbarer und zuverlässiger Partner erwiesen hat.

In diesem Großkapitel erwerben Sie die **Kompetenz**,

- die Entwicklung der europäischen Integration und die Ursachen des Nahost-Konflikts zu analysieren,
- zu erkennen, dass es für die Beurteilung zentraler Vorgänge der internationalen Politik unerlässlich ist, historische Hintergründe einzubeziehen,
- zu erörtern, wo die Chancen und Grenzen internationaler Kooperation bei der europäischen Integration und im Nahost-Konflikt liegen,
- Äußerungen zur heutigen Entwicklung in der Europäischen Union bzw. zum Nahost-Konflikt kritisch einzuordnen.

Brennpunkte und Entwicklungen der Gegenwart in historischer Perspektive

Die europäische Integration

◂ **Europa und der Stier – oder: Europa – Vision 3000 – Ein Kontinent ohne nationale Grenzen.**
Gemälde von Curt Stenvert, 1987.
Das Bild nimmt Bezug auf den antiken Europa-Mythos. In ihm verliebt sich der griechische Göttervater Zeus in die Königstochter Europa (aus Phönikien, heute Libanon) und entführt sie auf die Insel Kreta.
Diesen Mythos verbindet das Bild mit der Gegenwart und einer Zukunftsvision der europäischen Integration.
Am rechten unteren Bildrand ist der antike Palast von Knossos (Kreta) dargestellt, in dem der Sohn von Zeus und Europa als König residierte.
Die auf dem Stier stehende Figur trägt die von der europäischen Raumfahrtorganisation entwickelte Europarakete.
Der im rechten oberen Bildrand abgebildete „Mystische Kristall" ist ein Symbol, das auf den göttlichen Ursprung aller Dinge verweist.

Europainitiativen nach den Weltkriegen

1929 Der französische Außenminister Aristide Briand schlägt im „Europaplan" eine föderative Ordnung der europäischen Staaten vor.

1948 16 westeuropäische Staaten bilden die Organization for European Economic Cooperation (OEEC) zur wirtschaftlichen Zusammenarbeit.

1949 Der Europarat wird gegründet, um Kooperation und Demokratie in Europa zu fördern.

Erste Schritte zur europäischen Einigung

1951 Die Benelux-Staaten, die Bundesrepublik, Frankreich und Italien gründen die Europäische Gemeinschaft für Kohle und Stahl (EGKS).

1952 Die EGKS-Staaten vereinbaren eine Europäische Verteidigungsgemeinschaft (EVG), die jedoch nicht zustande kommt.

1957 Die EGKS-Staaten gründen die Europäische Wirtschaftsgemeinschaft (EWG) und die Europäische Atomgemeinschaft (Euratom).

Die Europäischen Gemeinschaften (EG) und die wirtschaftliche Integration

1967 EGKS, EWG und Euratom werden als Europäische Gemeinschaften (EG) zum Zweck der weiteren wirtschaftlichen Integration vereinigt.

1973-1986 Mit dem Beitritt von Großbritannien, Dänemark und Irland sowie von Griechenland, Spanien und Portugal gelingt die Nord- bzw. Süderweiterung der EG.

1985 Das Schengener Übereinkommen leitet den Verzicht auf Grenzkontrollen ein.

1986 Die Einheitliche Europäische Akte (EEA) veranlasst ein vorwiegend wirtschaftliches Reformprogramm.

Die Europäische Union (EU) und die politische Integration

1993 Der Maastrichter Vertrag begründet die Europäische Union (EU) und vertieft die politische Kooperation.

1995-2007 Die EU wächst vor allem durch die Osterweiterung von zwölf auf 27 Mitgliedstaaten.

2002 Der Euro löst in elf EU-Staaten als Bargeld die nationalen Währungen ab.

2004 Der Vertrag über eine Verfassung für Europa wird unterzeichnet, erlangt jedoch wegen gescheiterter Referenden keine Rechtskraft.

2009 Der Vertrag von Lissabon tritt in Kraft, der die Handlungsfähigkeit der EU stärkt.

Der Zusammenschluss von Staaten prägte die Geschichte Westeuropas seit dem Zweiten Weltkrieg und seit dem weltpolitischen Umbruch um 1990 die Geschichte ganz Europas. Die Europäer hatten seit dem Mittelalter eine gemeinsame Identität entwickelt. Zu ihr gehörten das Erbe der Antike und das Christentum ebenso wie die Freiheit des Handels und die Unabhängigkeit der Völker. Dabei versuchten die europäischen Staaten bis zum 20. Jahrhundert nicht, sich politisch zusammenzuschließen. Dies änderte sich in der Notlage nach den beiden Weltkriegen. Der erste Zusammenschluss war der Europarat 1949, in dem zunächst zehn Staaten politische Vereinbarungen trafen. Er hat mit seinen heute 47 Mitgliedern viel für Menschenrechte und Demokratie bewirkt, jedoch blieb er eine intergouvernementale Vereinigung. Die Staaten verhandeln miteinander, haben aber noch keine Souveränitätsrechte abgetreten.

Die erste supranationale Institution, der Hoheitsrechte übertragen wurden, war die 1951 gegründete Europäische Gemeinschaft für Kohle und Stahl (EGKS). In ihr vereinigten sich die Benelux-Staaten (Belgien, Luxemburg, Niederlande), die Bundesrepublik, Frankreich und Italien. Die EGKS traf auf dem Feld der Kohle- und Stahlpolitik Entscheidungen, die für die sechs Staaten rechtsverbindlich waren. Diesem supranationalen Integrationskern wurden andere Wirtschafts-, dann Politikbereiche und weitere Staaten angegliedert. So begründete die EKGS 1957 die Europäische Wirtschaftsgemeinschaft (EWG), die einen gemeinsamen Markt schuf. Staaten Nord- und Südeuropas schlossen sich an. Der Binnenmarkt war 1993 weitgehend verwirklicht. Die wirtschaftliche Integration setzte sich mit der Osterweiterung der Europäischen Union (EU) fort; als EU werden die Gemeinschaften seit der Neuordnung 1993 bezeichnet. Zugleich begründete ein Teil der EU eine Währungsunion, die mit der Einführung des Euro-Bargelds 2002 vollendet war.

Die 27 Staaten der EU (Stand seit 2007) ringen bis heute um ein wirkungsvolleres Handeln nach Innen und Außen. Denn Europa hat global nicht das Gewicht, das seiner Wirtschaftskraft entspricht. Die supranationalen Organe der EU, vor allem das Europäische Parlament, fordern mehr Entscheidungsbefugnisse, um die politische Einheit Europas zu stärken. Jedoch bestimmen noch immer die Einzelstaaten das Tempo der Einigung, indem sie wichtige Entscheidungen zur weiteren Integration nur einstimmig treffen.

Die Integration wird auch auf anderen Ebenen vorangetrieben. So intensivieren beispielsweise europäische Forschungseinrichtungen, Kooperationen europäischer Firmen und Bildungsprogramme die Zusammenarbeit jenseits nationaler Grenzen und fördern die Verständigung.

In diesem Kapitel erwerben Sie die **Kompetenzen**,
- die Entwicklungsstufen und Triebkräfte der europäischen Integration zu erörtern,
- Entscheidungsstrukturen der Europäischen Union in Vergangenheit und Gegenwart zu beurteilen,
- die Herausforderungen des europäischen Einigungsprozesses zu diskutieren.

Europäische Identität und erste Einigungsbestrebungen

Grundlagen europäischer Identität in der Neuzeit Die Geschichte Europas seit dem Mittelalter fasziniert durch ihre Vielfalt trotz aller Gemeinsamkeiten. Zwar bevorzugten jedes Land und jede Region eigene Formen in Kultur, Politik und Wirtschaft. Auch verließen die Bauern und einfachen Bürger ihr unmittelbares Umfeld größtenteils nicht. Aber die Könige, Adligen und Kaufleute hatten Kontakt, sie konnten Veränderungen beobachten und lernten voneinander. Dabei bewahrten sie die **Identität** ihrer Länder und Regionen. Ebenso gab es freilich europäische Gemeinsamkeiten in Kultur, Politik und Wirtschaft, die im Lauf der Neuzeit nicht verlorengingen.

Identität (lat. idem: derselbe): das Individuelle, Unverwechselbare

Kulturell blieb das Christentum trotz aller konfessionellen Spaltungen das tragende Fundament. Die Konfessionen unterschieden sich nach Glaubenssätzen und äußeren Kirchenformen. Jedoch verschwand nie das gemeinsame Ideal einer Religion, die den Mitmenschen achten sollte. Grundlage dafür waren das Gebot der Nächstenliebe und die Vorstellung vom Menschen als Person, die Ebenbild Gottes ist und eine unsterbliche Seele hat. Die Europäer bekämpften sich in Eroberungs- und Glaubenskriegen, fühlten sich jedoch einer gemeinsamen Kultur zugehörig. Neben dem Christentum prägte das gemeinsame Erbe der griechischen und römischen Antike die Werte und das Denken der europäischen Nationen. Gelehrten ermöglichte die Freiheit des Denkens die Begründung der modernen Wissenschaft.

In der Politik bildete dieses kulturelle Erbe die Voraussetzung für die Achtung der Menschenrechte und das Entstehen der Demokratie. Große Bedeutung gewann der Gedanke der Friedenssicherung, weil die politische Vielfalt Europas immer wieder zu verheerenden Kriegen führte. Der Friedensgedanke kam in glänzender Weise zum Ausdruck bei den großen europäischen Kongressen, erstmals bei den Verhandlungen zum Westfälischen Frieden (1645-1648), die den Dreißigjährigen Krieg beendeten.

In der Wirtschaft galt während der gesamten Neuzeit die Freiheit von Handel und Verkehr. Der Niederländer Hugo Grotius (1583-1645) begründete dies im 17. Jahrhundert in einer Abhandlung zum „Mare liberum" (Das freie Meer) erstmals in theoretischer Form. Seine Argumentation, die schließlich das internationale Recht (Völkerrecht) prägte, lautete: Die Meere sind internationale Gewässer, deshalb müssten sie für den Handel aller Nationen offen sein. Auch der Binnenhandel war stets frei, obwohl ihn unter anderem Zölle behinderten.

Bei aller Vielfalt waren das die Wesenszüge der europäischen Identität in der Neuzeit: die Werte des Christentums und der antiken Philosophie, das Streben nach Frieden und die Freiheit von Handel und Verkehr. Dies waren nach dem Zweiten Weltkrieg

▲ **Europa als Königin.**
Kupferstich von Matthäus Merian, 1643.
Im Zug der wissenschaftlichen Auseinandersetzung mit den nicht-europäischen Weltteilen ab dem 17. Jahrhundert wurde Europa immer mehr als geografisch-kulturelle Einheit gesehen. Die weitverbreitete allegorische Darstellung der Europa als Königin drückt das Überlegenheitsgefühl gegenüber den Bewohnern anderer Kontinente aus.

auch Wesenszüge der europäischen **Integration**. Jedoch gehörte zu dieser Identität ebenso das Bewusstsein, anderen Kulturen überlegen zu sein und sie beherrschen zu können. Der Kolonialismus, der daraus erwuchs, endete erst nach den Katastrophen der beiden Weltkriege. Sie führten zur Einsicht, dass nur ein geeintes Europa neben den Weltmächten USA und UdSSR bestehen konnte. Die europäische Integrationsidee war somit das Ergebnis eines schmerzvollen Lernprozesses.

Integration (lat.): Erneuerung, Herstellung eines Ganzen

Die Europäer waren sich immer ihrer Gemeinsamkeiten bewusst. Jedoch existierte vor dem 20. Jahrhundert kein Plan, der eine Einigung Europas vorsah. Als frühe Vision wird oft die Schrift Immanuel Kants „Zum ewigen Frieden" (1795) genannt. Jedoch entwickelte Kant hier die Gedanken für einen dauerhaften Frieden in der Welt, nicht für die Einheit Europas, obwohl er bereits von der „föderalen Organisation Europas" sprach (▸ M1).

Europapläne nach dem Ersten Weltkrieg ■ Im 19. Jahrhundert verstärkten sich die Gegensätze der europäischen Nationalstaaten. Für sie war es noch immer selbstverständlich, im Innern und nach außen rigoros die eigenen Interessen durchzusetzen. Dazu schien ihnen auch ein Krieg gerechtfertigt. *Souveränität*, also staatliche Unabhängigkeit und Handlungsfreiheit, war das oberste Prinzip ihres Handelns. Erst die Katastrophe des Ersten Weltkriegs (1914-1918) stellte dieses Denken infrage.

Der **Versailler Vertrag** (1919) orientierte sich grundsätzlich am Selbstbestimmungsrecht der Völker und betonte die Eigenständigkeit der Nationen. Dennoch entwickelten sich in der Folge zum ersten Mal in der europäischen Geschichte Initiativen zur europäischen Integration. Politisch begünstigt wurden sie durch den Völkerbund, der 1919 ins Leben trat. Er verstand sich als Organisation der freien Völker in der Welt und machte es sich zur Aufgabe, kollektiv den Frieden zu sichern und die internationale Zusammenarbeit zu fördern.

Versailler Vertrag (1919): schuf nach dem Ersten Weltkrieg eine neue Friedens- und Staatenordnung in Europa

Die Initiativen zur europäischen Einigung finden sich in drei Bereichen: in der Publizistik, in der politischen Planung und in europapolitischen Vereinigungen. In Zeitungen und Hunderten von Artikeln und Büchern wurde die Integration Europas thematisiert.

Der bedeutendste Plan stammt vom französischen Außenminister **Aristide Briand**. Er schlug bei einer Völkerbundversammlung 1929 eine **föderative** Verbindung der europäischen Staaten vor. Sie sollten ihre Unabhängigkeit bewahren, aber einen festen Rahmen für die politische und wirtschaftliche Zusammenarbeit schaffen. Der *Europaplan* Briands hatte im Kern ein sicherheitspolitisches Ziel. Er sollte den Frieden nach dem Ersten Weltkrieg stabilisieren und hätte vor allem Deutschland im neuen europäischen Verbund verpflichten können, die Bedingungen des Versailler Vertrags einzuhalten. Jedoch entzogen sich Deutschland wie die übrigen Mächte dem Plan Briands. Die Initiative des französischen Staatsmannes war trotz des Scheiterns das Beispiel für den späteren Start der europäischen Integration um 1950. Auch nach dem Zweiten Weltkrieg war es ein Ziel, Deutschland international einzubinden, damit von ihm nach einem Wiedererstarken keine Gefahr mehr ausgehen konnte.

Aristide Briand (1862-1932): französischer Politiker; mehrmals Außenminister; bemühte sich um die deutsch-französische Aussöhnung; 1926 Friedensnobelpreis

föderativ (lat. foedus: Bündnis, Vertrag): Bezeichnung für einen Staatenverbund, in dem Einzelstaaten Rechte an den Verbund abtreten

Unter den europapolitischen Vereinigungen hatte die *Paneuropa-Union*, die der Österreicher *Nikolaus Graf von Coudenhove-Kalergi* 1922 gründete, die meisten Mitglieder in verschiedenen Staaten. Coudenhove-Kalergi verkündete als Motto der Bewegung: Europa werde nach der Weltherrschaft auch „seine Selbstständigkeit und den Rest des Wohlstandes einbüßen, wenn es weiter uneinig ist". Ziel waren die „Vereinigten Staaten von Europa". Die Paneuropa-Union vertraute darauf, dass eine Verständigung von Persönlichkeiten aus unterschiedlichen Bereichen eine staatliche Einigung anstoßen könne; dabei sollten Freiheit und Wohlstand der Europäer gegen die aufstrebenden Mächte, die Sowjetunion und die USA, bewahrt werden. In Deutschland wurde die Union 1933 von den Nationalsozialisten verboten.

Pläne für eine rein wirtschaftliche Kooperation, mit der nach dem Zweiten Weltkrieg der Integrationsprozess tatsächlich in Gang kam, gab es bereits 1925. Dabei sollte ein europäischer Zollverein für den Abbau von Zollschranken und einen gemeinsamen Markt eintreten.

Chancen für Europaprojekte am Ende des Zweiten Weltkriegs Der Zweite Weltkrieg festigte die weltpolitische Lage, die sich nach dem Ersten Weltkrieg bereits abgezeichnet hatte. Die USA und die Sowjetunion beendeten den Krieg 1945 als *Weltmächte* und behielten in der Zeit danach ihre militärische, wirtschaftliche und politische Überlegenheit bei. Sie bestimmten die Neuordnung Deutschlands und Europas, während die beiden anderen Siegermächte Großbritannien und Frankreich, geschwächt infolge der Kriege und wirtschaftlichen Krisen, ihren weltpolitischen Vorrang unwiederbringlich einbüßten. Deutschland hatte den selbst verursachten Krieg militärisch verloren. Politisch verlor ganz Europa an Bedeutung. Was weitsichtige Staatsmänner, Publizisten und wachsame Bürger schon länger vorausgesehen hatten, war mit dem Verlauf und Ende des Zweiten Weltkriegs für jedermann offenkundig.

Führende Vertreter von Exilregierungen hatten daher schon vor 1945 die Chancen für eine Gemeinschaftsbildung ost- und westeuropäischer Staaten erwogen. Der Belgier **Paul-Henri Spaak** (1899 - 1972), später ein führender Europapolitiker, setzte sich für einen Zusammenschluss der **Benelux**-Länder mit Frankreich ein. General *Charles de Gaulle* (1890 - 1970), später französischer Staatspräsident, beschäftigte sich im Londoner Exil 1943 mit einer *Föderation* des westlichen Europa. Diese Projekte zeigten den grundlegenden Wandel des politischen Denkens. Um zu einem Staatenverbund zu gelangen, durfte das Prinzip der Souveränität nicht mehr absolut gelten. Vielmehr sollten alle Partner **Hoheitsrechte** an eine Föderation abgeben, d.h. wenigstens zum Teil auf uneingeschränkte Handlungsfreiheit verzichten. Davon waren auch die maßgebenden Programme nach 1945 geprägt (▸ M2).

Die weltpolitische Entwicklung ließ zunächst jedoch keinen Raum für solche Pläne. Noch während des Kriegs bereitete der amerikanische Präsident *Franklin D. Roosevelt* (1882 - 1945) die Gründung der Vereinten Nationen (UNO) vor, die 1945 als weltumspannende Organisation zur Friedenssicherung geschaffen wurde.* Er lehnte westeuropäische Zusammenschlüsse ab, weil er eine Spaltung der westlichen Demokratien fürchtete. Zudem wurde Osteuropa schrittweise dem kommunistischen Diktat der Sowjetunion unterworfen. Im Westen Europas wollte die einflussreichste Macht, Großbritannien, die „**splendid isolation**" des Inselstaates bewahren.

Europainitiativen in der Nachkriegszeit Dennoch setzte *Winston Churchill*, bis 1945 Premierminister Großbritanniens, ein wichtiges Signal für die europäische Integration, indem er in seiner berühmten Züricher Rede (1946) eine „Struktur der Vereinigten Staaten von Europa" entwarf (▸ M3). Frankreich und Deutschland sollten den Kern bilden, dabei alle großen und kleinen Nationen politisches Gewicht haben und friedlich den Wiederaufbau des Kontinents leisten. Churchill klammerte freilich Großbritannien aus, nicht zuletzt wegen seiner Führungsrolle im **Commonwealth**.

Paul-Henri Spaak (1899 - 1972): belgischer Politiker; mehrfach Ministerpräsident und Außenminister; bekleidete bedeutende Ämter bei internationalen und europäischen Organisationen

Benelux: Belgien, Niederlande, Luxemburg

Hoheitsrechte/Souveränitätsrechte: Sie ermöglichen einem souveränen Staat, seine Aufgaben wahrzunehmen. Die wichtigsten sind: Gesetzgebung, Finanzhoheit, Gerichtsbarkeit, Polizei- und Militärgewalt.

Splendid isolation (engl.: großartige Abtrennung): Prinzip der britischen Außenpolitik. Demnach sollte sich der Inselstaat in europäische Angelegenheiten lediglich als übergeordneter Schiedsrichter einmischen.

Commonwealth of Nations (engl. commonwealth: Gemeinwohl): Anfang des 20. Jh. gegründete Vereinigung von Staaten, in der Großbritannien seine Verbindung zu ehemaligen Kolonien aufrechterhielt

* siehe S. 10

Der Appell Churchills fand zunächst keine Resonanz in der Politik, beflügelte aber die Initiativen und privaten Vereinigungen in vielen Nationen. Sie propagierten eine europäische Föderation. Die nun erwachende Europabewegung forderte anders als Churchill, die Staaten sollten auf zentrale Souveränitätsrechte verzichten. Auf einem *Europa-Kongress* in Den Haag, der im Mai 1948 etwa tausend Delegierte aus Parlamenten, Verbänden und Kirchen von 19 Staaten zusammenführte, wurden die Europakonzeptionen vorgetragen. Diese hätten zu einem Souveränitätsverlust der föderierten Staaten geführt. Der Kongress, ein Höhepunkt der Europabewegung in der Nachkriegszeit, beschäftigte Rundfunk und Presse. Die Politik musste reagieren.

Den Visionen wurden durch die Realität enge Grenzen gesetzt. Kein maßgebender Politiker trat dafür ein, die Souveränität seines Staates einzuschränken. Unter diesen Voraussetzungen gründeten zehn Staaten 1949 den **Europarat**. Er war die erste politische Organisation Europas, die freilich nur allgemeine Fragen des Kontinents beriet. Eine „Versammlung" des Europarats unter dem Vorsitz Graf Coudenhove-Kalergis erarbeitete 1951 den „Entwurf einer europäischen Bundesverfassung", der die „Vereinigten Staaten von Europa" vorbereiten sollte. Er hatte aber praktisch keine Folgen.

Die wichtigsten Herausforderungen waren die Bedrohungen des Kalten Krieges* und der wirtschaftliche Wiederaufbau. Die unumgängliche Wirtschaftskooperation konnte der Europarat nicht organisieren. Den entscheidenden Impuls, um die westeuropäischen Staaten in Wirtschaftsfragen an einen Tisch zu bringen, gab der Marshall-Plan**. Nach seinen Vorgaben stellten die USA für die Wirtschaft Mittel zur Verfügung, die von den Europäern selbst untereinander verteilt wurden. Seit 1948 bestand dafür die *Organisation für Europäische Wirtschaftliche Zusammenarbeit* (**OEEC**).

Bis 1949 existierten als europäische Einrichtungen folglich der Europarat und die OEEC. Sie berieten über europäische Fragen und verteilten die Gelder aus dem Marshall-Plan. Dabei trafen die Verhandlungspartner gemeinsame Entscheidungen. Eigene Rechte gegenüber den Mitgliedstaaten hatten weder der Europarat noch die OEEC.

Europarat: 1949 als erste europäische Staatenorganisation gegründet. Er sieht seine Aufgabe vorwiegend in der Förderung der Demokratie und dem Schutz der Menschenrechte. Von den über 200 von ihm verabschiedeten Abkommen und Konventionen ist die bedeutendste die Europäische Menschenrechtskonvention (1950). Der Europarat zählt mittlerweile 47 Mitglieder. Er ist keine Institution der EU.

OEEC (Organization for European Economic Cooperation): 1948 gegründete Organisation; Mitglieder waren 16 (später 18) Teilnehmerstaaten. Die OEEC koordinierte den Wiederaufbau und förderte die wirtschaftliche und politische Zusammenarbeit Europas.
Nachfolgeorganisation ist seit 1960 die OECD (Organization for Economic Cooperation and Development), die sich nicht mehr auf Europa beschränkt. Sie berät und informiert zu Wirtschaft und Bildung.

* siehe S. 14
** siehe S. 12

M1 Das Zeitalter Europas

Der Historiker Michael Maurer fragt nach dem Raum und dem „Zeitalter Europas“:

Nicht die Geografie kann die Einheit Europas vorgeben, sondern nur die Tradition und Identitätsbildung der Europäer selbst.[1] [...]
Das Zeitalter Europas – das waren insbesondere jene vier Jahrhunderte von 1492 (Eroberung Granadas; Entdeckung Amerikas durch Columbus) bis 1917 (Russische Revolution und Eingreifen der Vereinigten Staaten in den Weltkrieg). Am Anfang standen das Ausgreifen Europas bis zu seinen Grenzen und das Drängen darüber hinaus; darin manifestierten sich frühe Nationalstaatsbildung wie auch erschließender Forscherdrang nach außen. Dieser kann einerseits auf einen neuen geistigen Habitus[2] der Europäer (seit der Renaissance) zurückgeführt werden, beschwor aber andererseits durch seine Folgen (zunächst in wirtschaftlicher Hinsicht) für einen großen Teil des Globus das Zeitalter der Europäisierung herauf. Am Ende dieser vierhundertjährigen Geschichte stürzten sich die europäischen Nationalstaaten in einen blutigen innereuropäischen Bürgerkrieg[3], aus dem die Vereinigten Staaten von Amerika als Macht des 20. Jahrhunderts hervorgingen, bevor sich dann das kommunistisch beherrschte und von der Sowjetunion dominierte Osteuropa zu einem Gegenblock formierte, der bis zum Umbruch von 1989/90 Bestand hatte. Weltweit betrachtet, ist das 20. Jahrhundert das Zeitalter der Entkolonialisierung und Enteuropäisierung – eine Entwicklung, die nach dem Zweiten Weltkrieg immer deutlicher wurde. In dieser Perspektive erscheint die Phase von 1492 bis 1917 als das eigentlich europäische Zeitalter.

[1] Die geografischen Grenzen Europas wurden im Lauf der Geschichte beständig neu definiert. Die Griechen der Antike benutzten als Erste Europa als geografischen Begriff und bezeichneten damit im 6. Jh. v. Chr. das Gebiet zwischen Gibraltar im Westen und dem Schwarzen Meer im Osten, der Norden war ihnen weitgehend unbekannt. Schon der Geschichtsschreiber Herodot (490/80 - 424 v. Chr.) benutzte Europa zusätzlich als kulturellen Kampfbegriff. Demnach war Europa das Siedlungsgebiet der Griechen, die sich gegenüber den asiatischen Persern im Osten durch Tapferkeit und Freiheitsliebe auszeichneten. Bis ins Mittelalter markierte der Fluss Don die Grenze zu Asien. Nach der „Europäisierung“ Russlands durch Zar Peter den Großen (1672 - 1725) festigte sich die noch heute gängige Vorstellung, dass das Uralgebirge die beiden Erdteile trennt.
[2] geistiger Habitus: Haltung
[3] Einige Historiker fassen die kriegerischen Auseinandersetzungen von 1914 - 1945 (u. a. Erster Weltkrieg, bolschewistische Revolution in Russland 1917/18, Zweiter Weltkrieg) als „Europäischen Bürgerkrieg“ zusammen. Dabei sehen sie Europa als kulturelle Einheit mit ähnlichen politischen Strukturen und Rechtsordnungen.

Freilich bedeutete gerade der Rückgang der europäischen Weltgeltung und die Einsicht in die Ursachen der europäischen Katastrophe [...] auch eine Rückbesinnung auf das Europäische und Abendländische, die das 20. Jahrhundert in zwei Wellen prägte, vor allem nach 1918 und nach 1945, und zwar keineswegs nur in Deutschland, sondern in einer Vielzahl europäischer Staaten, insbesondere in den Kernstaaten. Die politische und wirtschaftliche Wirklichkeit der Europäischen Union verdankt sich letztlich den Anstößen, welche europäische Staatsmänner nach dem Zweiten Weltkrieg im Zusammenhang der Rückbesinnung auf ein christliches Abendland gaben (Schuman, de Gasperi, Adenauer), nachdem ein erster Anlauf auf ein politisch geeinigtes „Paneuropa“ (Coudenhove-Kalergi) nach dem Ersten Weltkrieg noch zum Scheitern verurteilt war. In diesem Sinne ist also die Zeitgeschichte – wiederum in anderer Weise – ein Zeitalter Europas geworden, nun des auf sich selbst zurückgeworfenen, in sich vielfach zersplitterten kleinsten Erdteils im Ringen mit sich selbst und um seine wahre Identität.

Michael Maurer (Hrsg.), Aufriss der Historischen Wissenschaften, Bd. 2: Räume, Stuttgart 2001, S. 102 - 105

1. *Benennen Sie die Ereignisse und Prozesse, die das „Zeitalter Europas“ kennzeichnen.*
2. *Erörtern Sie die These, dass der Zeitraum von 1492 bis 1917 das „Zeitalter Europas“ war.*
3. *Weisen Sie anhand historischer Prozesse nach, dass das 20. Jahrhundert laut Maurer ein Zeitalter der „Enteuropäisierung“ war.*
4. *Arbeiten Sie heraus, welche Identität Europas in dem Textausschnitt zum Ausdruck kommt.*

M2 Das Hertensteiner Programm

Nach dem Zweiten Weltkrieg formiert sich eine nichtstaatliche Europabewegung. Im September 1946 arbeitet eine Gruppe dieser Bewegung aus zahlreichen europäischen Ländern und den USA, Föderalisten genannt, ein Programm für eine gesamteuropäische Gemeinschaft unter Einschluss der osteuropäischen Länder aus. Es ist nach dem Ort der Abfassung benannt und beeinflusst die Programme anderer Europaaktivisten:

1. Eine auf föderativer Grundlage errichtete europäische Gemeinschaft ist ein notwendiger und wesentlicher Bestandteil jeder wirklichen Weltunion.
2. Entsprechend den föderalistischen Grundsätzen, die den demokratischen Aufbau von unten nach oben verlangen, soll die europäische Völkergemeinschaft die Streitigkeiten, die zwischen ihren Mitgliedern entstehen könnten, selbst schlichten.

3. Die Europäische Union fügt sich in die Organisation der Vereinten Nationen ein [...].

4. Die Mitglieder der Europäischen Union übertragen einen Teil ihrer wirtschaftlichen, politischen und militärischen Souveränitätsrechte an die von ihnen gebildete Föderation.

5. Die Europäische Union steht allen Völkern europäischer Wesensart, die ihre Grundgesetze anerkennen, zum Beitritt offen.

6. Die Europäische Union setzt die Rechte und Pflichten ihrer Bürger in der Erklärung der Europäischen Bürgerrechte fest.

7. Diese Erklärung beruht auf der Achtung vor dem Menschen in seiner Verantwortung gegenüber den verschiedenen Gemeinschaften, denen er angehört.

8. Die Europäische Union sorgt für den planmäßigen Wiederaufbau und für die wirtschaftliche, soziale und kulturelle Zusammenarbeit sowie dafür, dass der technische Fortschritt nur im Dienste der Menschheit verwendet wird.

9. Die Europäische Union richtet sich gegen Niemand und verzichtet auf jede Machtpolitik, lehnt es aber auch ab, Werkzeug irgendeiner fremden Macht zu sein.

10. Im Rahmen der Europäischen Union sind regionale Unterverbände, die auf freier Übereinkunft beruhen, zulässig und sogar wünschenswert.

11. Nur die Europäische Union wird in der Lage sein, die Unversehrtheit des Gebietes und die Bewahrung der Eigenheit aller ihrer Völker, großer wie kleiner, zu sichern.

12. Durch den Beweis, dass es seine Schicksalsfragen im Geiste des Föderalismus selbst lösen kann, soll Europa seinen Beitrag zum Wiederaufbau und zu einem Weltbund der Völker leisten.

Curt Gasteyger, Europa von der Spaltung zur Einigung. Darstellung und Dokumentation 1945-2000, Bonn 2001, S. 44 f.

1. *Geben Sie die zentralen Forderungen des Programms wieder.*

2. *Erklären Sie die Begriffe „Föderation" und „Föderalismus".*

3. *Weisen Sie nach, dass der Entwurf der Europäischen Union die weltpolitische Lage im September 1946 nur wenig berücksichtigte.*

M3 Rede Churchills am 19. September 1946 in Zürich

Winston Churchill, 1946 Oppositionsführer im britischen Unterhaus, erkennt die Chancen für ein „Wiederaufleben Europas" früh. Seine Rede am 19. September 1946 an der Universität Zürich ist vom Plan Aristide Briands einer Föderation der europäischen Staaten im Jahr 1929 inspiriert, formuliert aber eine eigene Vision:

Der erste Schritt bei der Neugründung der europäischen Familie muss eine Partnerschaft zwischen Frankreich und Deutschland sein. Nur auf diese Weise kann Frankreich die moralische Führung Europas wiedererlangen. Es gibt kein Wiederaufleben Europas ohne ein geistig großes Frankreich und ein geistig großes Deutschland. Die Struktur der Vereinigten Staaten von Europa, wenn sie gut und echt errichtet wird, muss so sein, dass die materielle Stärke eines einzelnen Staates von weniger großer Bedeutung ist. Kleine Nationen zählen ebenso viel wie große und erwerben sich ihre Ehre durch ihren Beitrag zu der gemeinsamen Sache. Die alten Staaten und Fürstentümer Deutschlands, frei vereint aus Gründen gegenseitiger Zweckmäßigkeit in einem Bundessystem, können alle ihren individuellen Platz in den Vereinigten Staaten von Europa einnehmen.

Ich versuche nicht, ein ausführliches Programm zu entwerfen für Hunderte von Millionen Menschen, die glücklich und frei sein wollen, zufrieden und sicher, die die vier Freiheiten[1], von denen der große Präsident Roosevelt sprach, genießen und nach den in der Atlantik-Charta verankerten Grundsätzen[2] leben wollen. Ist dies ihr Wunsch, so müssen sie es nur sagen, und gewiss finden sich Mittel und Möglichkeiten, um diesen Wunsch Wirklichkeit werden zu lassen.

Ich muss Sie aber auch warnen. Die Zeit ist vielleicht knapp. Gegenwärtig haben wir eine Atempause. Die Geschütze schweigen. Der Kampf hat aufgehört, aber nicht die Gefahren. Wenn es uns gelingen soll, die Vereinigten Staaten von Europa oder welchen Namen auch immer sie tragen werden zu errichten, müssen wir jetzt damit beginnen.

Curt Gasteyger, Europa zwischen Spaltung und Einigung, Darstellung und Dokumentation 1945-2005, Bonn 2005, S. 47 f.

1. *Zeigen Sie auf, welche Struktur sich Churchill bezüglich der Vereinigten Staaten Europas und welche bezüglich Deutschlands vorstellt.*

2. *Analysieren Sie die These Churchills, dass nur in der Partnerschaft mit Deutschland Frankreich „die moralische Führung Europas wiedererlangen" kann.*

3. *Ordnen Sie die Überlegungen Churchills in die Nachkriegssituation ein. Erörtern Sie, was der Realisierung der „Vereinigten Staaten von Europa" entgegenstand, und berücksichtigen Sie dabei besonders das Verhältnis zwischen Frankreich und Deutschland.*

[1] Freiheit der Meinung, Freiheit der Religion, Freiheit von Not und Freiheit von Furcht

[2] Erklärung der USA (Roosevelt) und Großbritanniens (Churchill) von 1941. Grundsätze waren u. a. Selbstbestimmungsrecht, Gewaltverzicht, Verzicht auf territoriale Expansion.

„Vereinigte Staaten“ oder Wirtschaftsgemeinschaft?

Die historischen Grundlagen des Einigungsprozesses Um den wirtschaftlichen Wiederaufbau Europas einzuleiten, wurde mit der OEEC 1948 eine erste wirtschaftliche Hilfsorganisation für die Staaten des alten Kontinents gegründet. Die Wirtschaft sollte zur treibenden Kraft der Integration werden. Unmittelbar nach 1950 war allerdings noch offen, ob nicht doch ein Zusammenschluss auf politischer Ebene vorrangig sein sollte.

Die folgenden *historischen Grundlagen* bestimmten um 1950 den Einigungsprozess:

1. Politisch herrschte der Wunsch vor, dauerhaft Frieden herzustellen.
2. Daraus folgte, dass die europäischen Völker den Nationalismus eindämmen mussten, der sie in zwei Weltkriege gestürzt hatte. Weltanschaulich hatten die führenden Nachkriegspolitiker, die den Einigungsprozess Europas in Gang brachten, jetzt eine andere Plattform: das Christentum.
3. Das drängende Problem nach dem Krieg war die wirtschaftliche Not, die noch einmal in der Geschichte Europas Hungerkrisen auslöste. Die Wirtschaft aufzubauen und den Lebensstandard zu heben, erzeugte kurz- und mittelfristig den größten Handlungsdruck.
4. Eine Lösung konnte nicht national, sondern nur im internationalen, freien Personen- und Warenverkehr gesucht werden.
5. Die langfristige Perspektive der Akteure war die machtpolitische Aufwertung Europas. Die Einigung sollte bewirken, dass Europa in der Weltpolitik wieder Gewicht hatte.

Diese Grundlagen wirken im Einigungsprozess Europas größtenteils bis heute. Umstritten war, auf welcher Grundlage gemeinsame Vereinbarungen getroffen werden sollten. Staaten, die möglichst wenig Hoheitsrechte abgeben wollten, bevorzugten die Verständigung zwischen den nationalen Regierungen. Man nannte das die *intergouvernementale* Ebene. Die Anhänger einer *supranationalen* Einigung hingegen wollten, dass die Einzelstaaten möglichst viele Hoheitsrechte an gemeinsame europäische Organe abgaben, die dann für alle entschieden. Die Auseinandersetzung um die unterschiedlichen Lösungen zieht sich durch die Geschichte der europäischen Gemeinschaften.

▲ **Coopération Intereuropéenne.**
Plakat, 1950.
Das Plakat entstand im Rahmen eines Wettbewerbs des European Recovery Program („Marshall-Plan“).

Begründung und Gründerväter der europäischen Einigung Die politische Einigung, wie sie beispielsweise Churchills Plan von den „Vereinigten Staaten von Europa“ vorsah, schien nach 1945 angesichts der Spaltung in Ost und West die wünschenswerte Option. Denn das westliche Europa sah sich von der sowjetischen Militärmacht bedroht und vom Schutz der amerikanischen Truppen abhängig. Der 1949 ins Leben gerufene Europarat* konnte nur in sehr beschränktem Ausmaß Wirkung entfalten.

Zum *Integrationskern* wurde aber letztendlich die *wirtschaftliche Kooperation*. Im Mai 1950 veröffentlichte der französische Außenminister **Robert Schuman** den Plan, die Stahl- und Kohleproduktion in Frankreich und der Bundesrepublik Deutschland einer übernationalen Behörde zu unterstellen. Dieser Organisation sollten andere europäische Staaten beitreten können (▸ M1).

Schuman sowie sein Mitarbeiter **Jean Monnet**, der Architekt des Plans, beendeten damit die Politik, Deutschland dauerhaft zu schwächen. Gegen die USA, die nach Beginn des Kalten Kriegs die Bundesrepublik als starken Verbündeten wollten, war dies ohnehin

Robert Schuman (1886-1963): französischer Politiker; geboren im damals deutschen Reichsprotektorat Elsass-Lothringen; besaß bis 1918 die deutsche Staatsbürgerschaft, danach die französische. Der Christdemokrat war 1948 bis 1952 französischer Außenminister und setzte sich früh für eine Aussöhnung mit Deutschland ein.

Jean Monnet (1888-1979): französischer Unternehmer; 1946-1950 Leiter des französischen Planungsamtes; enger Mitarbeiter des französischen Außenministers Schuman

* siehe S. 211

nicht durchzusetzen. Stattdessen suchte Frankreich die Kooperation, auch um von der deutschen **Montanindustrie** zu profitieren und sie zugleich zu kontrollieren. Die französische Stahlindustrie war angewiesen auf Kohle aus Deutschland. Monnet schrieb, wenn man „bei uns die Furcht vor einer deutschen industriellen Vorherrschaft beseitigen könnte", sei „das größte Hindernis für die Einigung Europas weggeräumt". Der Nutzen für Frankreich deckte sich mit dem Gewinn für Europa. Die Verweigerung Großbritanniens gegenüber einer wirtschaftlichen Kooperation mit Frankreich sowie das Drängen der USA, Deutschland auf europäischer Ebene einzubinden, begünstigten den Plan.

Diese Politik musste aber auf alte Feindbilder verzichten. Sie ergab sich aus der Erfahrung zweier Weltkriege und der Einsicht, dass alles für eine westeuropäische Kooperation sprach. Neben Schuman gelten zwei weitere Persönlichkeiten als Gründerväter der europäischen Einigung: Bundeskanzler Konrad Adenauer hegte als Rheinländer seit jeher Sympathien für Frankreich. Der italienische Ministerpräsident **Alcide De Gasperi** war im österreichischen Trient aufgewachsen, das 1919 zu Italien kam. Schon die Lebensgeschichte dieser Politiker überbrückte die Nationen. Alle drei gehörten christlichen Parteien an, und im Christentum hatten sie auch ihre politische Heimat jenseits der Nationen. Adenauer und De Gasperi machten sich den Schuman-Plan zu eigen. Adenauer soll Monnet versichert haben, Europa sei „die wichtigste Aufgabe, die vor mir steht". Für Deutschland lag der politische Nutzen in der Rückkehr zur Gemeinschaft der Völker. Für alle Beteiligten bedeutete der Schuman-Plan den ersten realpolitischen Schritt, sich der Verwirklichung der europäischen Vision zu nähern.

Montanindustrie: zusammenfassende Bezeichnung für Bergbau (hier: Kohle, Eisen), Eisen- und Stahlindustrie

Alcide De Gasperi. *(1881-1954): italienischer Politiker. Der überzeugte Antifaschist war einer der Mitbegründer der italienischen Christdemokratischen Partei; 1945-1953 Ministerpräsident.*

Erste Schritte zur wirtschaftlichen und politischen Integration Der Plan wurde verwirklicht im Vertrag über die Gründung der *Europäischen Gemeinschaft für Kohle und Stahl* (EGKS) vom 18. April 1951. Sie war die erste supranationale Organisation Europas, vereinbart zwischen Belgien, der Bundesrepublik Deutschland, Frankreich, Italien, Luxemburg und den Niederlanden. Nachdem die Mitgliedstaaten Hoheitsrechte an die Gemeinschaft abgegeben hatten, konnte diese im vorgegebenen Rahmen verbindlich Entscheidungen auch gegen den Willen der Mitgliedstaaten treffen.

Die Gemeinschaft hatte *Organe* mit Vorbildcharakter für den gesamten Einigungsprozess: die Hohe Behörde (später „Kommission"), den Ministerrat mit Vertretern der Mitgliedstaaten, einen Gerichtshof und eine Parlamentarische Versammlung (später „Europäisches Parlament"). Die Rechtsakte der Hohen Behörde hatten unmittelbare Wirkung („Durchgriffswirkung") für einzelne Unternehmen in den sechs Staaten. Die Präambel des EGKS-Vertrags, der 1952 in Kraft trat, sprach aber nicht nur von Marktregelung, sondern vom „ersten Grundstein" für die europäische Völkergemeinschaft, die „lange Zeit durch blutige Auseinandersetzungen entzweit" gewesen war.

Der zweite Grundstein, ein politischer, sollte zur selben Zeit gelegt werden. Der französische Premierminister René Pleven plante seit 1950 eine *Europäische Verteidigungsgemeinschaft* (EVG). Wie bei der wirtschaftlichen war auch bei der militärischen Kooperation das französische Interesse maßgebend. Die USA drängten auf die Wiederbewaffnung Deutschlands. Sie erschien Pleven jedoch nur im Rahmen einer europäischen Armee unter einem einheitlichen Oberbefehl akzeptabel. 1952 unterzeichneten demzufolge die EGKS-Staaten einen Vertrag zur Bildung der Europäischen Verteidigungsgemeinschaft. Er wurde allerdings von der französischen Nationalversammlung 1954 nicht ratifiziert*, ja nicht einmal debattiert. Das Parlament wollte die Selbstbestimmung Frankreichs über seine Streitkräfte nicht infrage stellen. Eine parallel ver-

* Ratifikation: völkerrechtlich verbindlicher Akt, um einen internationalen Vertrag zu beglaubigen

▲ **„Die EVG bedroht den Frieden."**
Plakat von 1954.
Dieses DDR-Plakat ließ die SED anfertigen, um gegen die Europäische Verteidigungsgemeinschaft Propaganda zu machen.
- *Beschreiben und analysieren Sie das Plakat.*
- *Stellen Sie die Aussage des Plakats den Zielen der EVG gegenüber.*

handelte politische Union scheiterte damit ebenfalls und wurde auf unbestimmte Zeit verschoben (▸ M2).

Daraufhin erklärten die Außenminister der sechs Mitgliedstaaten der EGKS 1955, „dass Europa zunächst auf wirtschaftlichem Gebiet gebaut werden muss". Leitfaden sollte die „Methode Monnet" sein, wie man sie nannte. Darunter verstand man einen Einigungsprozess, der ohne politisches Gesamtkonzept zunächst wirtschaftlich betrieben wurde. Die Politikwissenschaft nennt das heute das *„funktionalistische Modell" der Integration*, die Rechtswissenschaft einen *„funktionalen Ansatz"*. Die Perspektive war, auf einen „Spillover-Effekt" zu hoffen, nämlich ein Übergreifen der wirtschaftlichen Aktivitäten auf andere Felder und schließlich die politische Einigung (▸ M3).

Die Römischen Verträge 1957 und die Organe der Gemeinschaft Die sechs EGKS-Staaten setzten den wirtschaftlichen Einigungsprozess fort. Sie schlossen am 25. März 1957 auf dem Kapitol in Rom zwei Verträge zur Gründung der *Europäischen Wirtschaftsgemeinschaft* (EWG) und der *Europäischen Atomgemeinschaft* (Euratom). Ihr Sitz wurde die belgische Hauptstadt Brüssel. Die beiden Organisationen traten neben die EGKS und nahmen am 1. Januar 1958 ihre Tätigkeit auf. Sie hatten das Ziel, einen gemeinsamen Markt zu schaffen und die Atomenergie zu nutzen. Letzteres sollte helfen, die Energieknappheit zu überwinden. Die Europäische Wirtschaftsgemeinschaft bildete im Kern eine Zollunion, deren Binnenzölle tatsächlich nach etwa einem Jahrzehnt entfielen. Außerdem entschlossen sich die Gründerstaaten zu einer *Gemeinsamen Agrarpolitik* (GAP). Besonders Frankreich wollte seine Landwirtschaft mit hohen Außenzöllen vor billiger Konkurrenz schützen und seinen Bauern Absatzgarantien sichern. Dafür öffnete es sich Staaten mit einem stärker gewerblich-industriellen Profil. Die Gemeinsame Agrarpolitik sollte der Einstieg in die gemeinsame Wirtschaftspolitik und den gemeinsamen Binnenmarkt sein.

Dieser *Ausgleich politisch-wirtschaftlicher Interessen* war bedeutsam. Das Fundament war der *Ausgleich zwischen Frankreich und Deutschland.* Das Einvernehmen der beiden großen EU-Staaten ist noch heute der Motor der europäischen Integration.

Die Organe der EWG wurden den Organen der EGKS nachgebildet mit dem Ministerrat, der Europäischen Kommission* und der „Versammlung" (später: „Europäisches Parlament"). Der Gerichtshof der EGKS wurde als Europäischer Gerichtshof (EuGH) neu gegründet. Die Organe bestehen in der Grundform bis heute.

Der Ministerrat vereinigte Vertreter der nationalen Regierungen. Er traf die Entscheidungen und setzte Gemeinschaftsrecht, zunächst allerdings nur bei Einstimmigkeit. Die Kommission, in die jeder Staat je nach Größe ein oder zwei Mitglieder schickte, überwachte den vereinbarten Fortgang der Integration. Die „Versammlung" (Sitz seit 1952 in Straßburg, Aufenthalt auch in Luxemburg und Brüssel) setzte sich aus Abgeordneten der nationalen Parlamente zusammen. Sie hatte zunächst nur beratende, nicht gesetzgebende Funktion. Dem Gerichtshof (Sitz in Luxemburg) gehörte jeweils ein unabhängiger Richter pro Mitgliedstaat an. Er urteilte bei Streitigkeiten zwischen Organen und Staaten, aber auch bei Klagen natürlicher oder juristischer Personen gegen einen Rechtsakt der Gemeinschaften.

Bedeutung und Hindernisse des Integrationsprozesses in den 1960er-Jahren Die Römischen Verträge schufen 1957 eine neue supranationale Organisation, aber nur für

* Europäische Kommission: bis zum Vertrag von Maastricht (S. 223 f.) „EG-Kommission"

die sechs Staaten, die sich schon 1951 zusammengeschlossen hatten. Die Hoffnung, dass die „Methode Monnet“ und der „Spillover-Effekt“ die Integration Europas in Bewegung halten würden, erfüllte sich.

Im Rückblick ist besonders erstaunlich, wie spät die Bedeutung der Römischen Verträge erkannt wurde. Denn die Kompetenzen der vier Organe wuchsen stetig und erlangten für immer mehr europäische Staaten Bedeutung. Die Verträge begründeten zugleich eine europäische Rechtsordnung. Das Gemeinschaftsrecht galt nämlich unmittelbar in jedem Staat und war schließlich nationalem Recht übergeordnet (▸ M4).

Aber auch Schwierigkeiten und Rückschläge begleiteten den Integrationsprozess. Der Präsident des ersten Europäischen Parlaments, Walter Hallstein, formulierte in seiner Rede zur konstituierenden Sitzung am 19. März 1958: „Unsere Gemeinschaft ist nicht ein Sein, sondern ein Werden.“ Die Öffentlichkeit nahm beim „Werden“ vor allem die Probleme wahr, die tatsächlich bis etwa 1970 nur wenige Fortschritte zuließen. Die Gemeinsame Agrarpolitik regelte marktwidrig die Preise und gewährte den Landwirten Absatzgarantien für ihre Produkte. Die Subventionen drohten deshalb in den 1960er-Jahren ins Unermessliche zu steigen.

Der französische Staatspräsident Charles de Gaulle stoppte 1966 den eigentlich geplanten Übergang zu Mehrheitsentscheidungen in der Kommission. Sein Konzept eines „Europa der Vaterländer“ bezweckte ein Zusammenrücken der Nationen unter französischer Führung. Zu diesem Europa sollten neben den EWG- auch osteuropäische Staaten und Griechenland gehören. Das Konzept folgte der Vision, die Bedeutung Frankreichs zu stärken, berücksichtigte aber weder den „Eisernen Vorhang“, der die osteuropäischen Staaten abtrennte, noch die Abneigung der EWG-Staaten, eine Vorherrschaft Frankreichs hinzunehmen (▸ M5). Die negative Entwicklung kennzeichnet auch, dass die Erweiterung der drei Gemeinschaften EGKS, EWG und Euratom nicht glückte. Die Verhandlungen mit Großbritannien über einen Beitritt wurden 1963 und 1967 ergebnislos vertagt. Frankreich versagte einer britischen Mitgliedschaft die Zustimmung, da es fundamentale politische und wirtschaftliche Veränderungen der Gemeinschaft befürchtete sowie einen wachsenden Einfluss der USA, dem wichtigsten Verbündeten Großbritanniens.

▾ Europäische Wirtschaftsgemeinschaft (EWG).
Organigramm auf der Grundlage des EWG-Vertrags vom 25. März 1957.

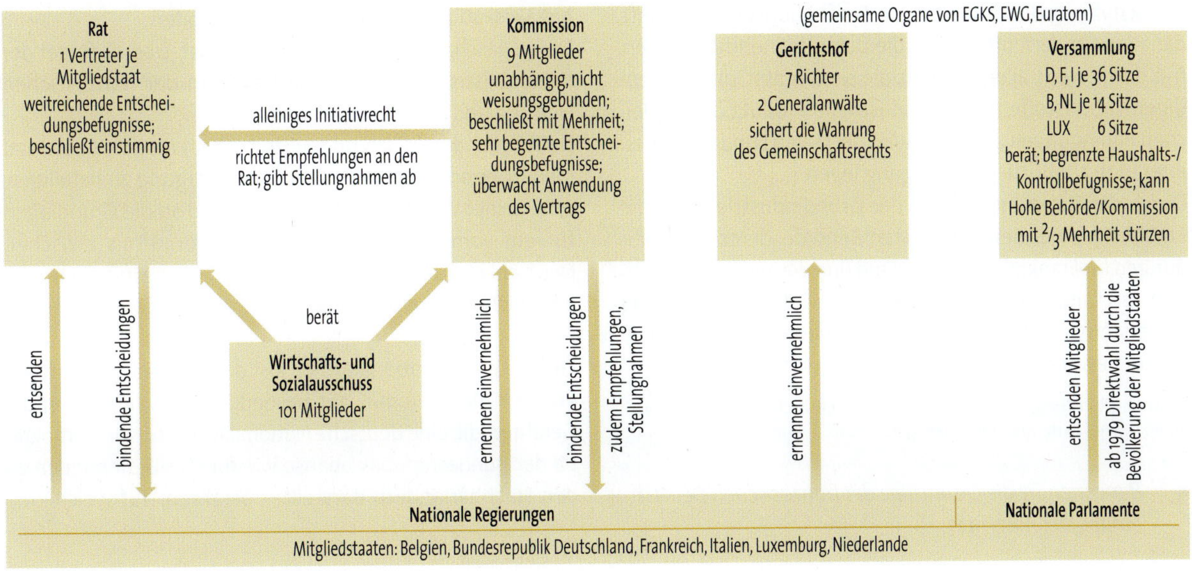

M1 Der Schuman-Plan: Realpolitik und Vision

Der französische Außenminister Robert Schuman trägt am 9. Mai 1950 in einer Regierungserklärung den Plan aus der Feder seines Mitarbeiters Jean Monnet vor, die bundesdeutsche und französische Stahlproduktion zusammenzulegen:

Europa lässt sich nicht mit einem Schlag herstellen und auch nicht durch eine einfache Zusammenfassung: Es wird durch konkrete Tatsachen entstehen, die zunächst eine Solidarität der Tat schaffen. Die Vereinigung der europäischen Nationen erfordert, dass der jahrhundertealte Gegensatz zwischen Frankreich und Deutschland ausgelöscht wird. Das begonnene Werk muss in erster Linie Deutschland und Frankreich umfassen.

Zu diesem Zweck schlägt die französische Regierung vor, in einem begrenzten, doch entscheidenden Punkt sofort zur Tat zu schreiten.

Die französische Regierung schlägt vor, die Gesamtheit der französisch-deutschen Kohlen- und Stahlproduktion unter eine gemeinsame Oberste Aufsichtsbehörde (Haute Autorité) zu stellen, in einer Organisation, die den anderen europäischen Ländern zum Beitritt offensteht.

Die Zusammenlegung der Kohlen- und Stahlproduktion wird sofort die Schaffung gemeinsamer Grundlagen für die wirtschaftliche Entwicklung sichern – die erste Etappe der europäischen Föderation – und die Bestimmung jener Gebiete ändern, die lange Zeit der Herstellung von Waffen gewidmet waren, deren sicherste Opfer sie gewesen sind.

Die Solidarität der Produktion, die so geschaffen wird, wird bekunden, dass jeder Krieg zwischen Frankreich und Deutschland nicht nur undenkbar, sondern materiell unmöglich ist. Die Schaffung dieser mächtigen Produktionsgemeinschaft, die allen Ländern offensteht, die daran teilnehmen wollen, mit dem Zweck, allen Ländern, die sie umfasst, die notwendigen Grundstoffe für ihre industrielle Produktion zu gleichen Bedingungen zu liefern, wird die realen Fundamente zu ihrer wirtschaftlichen Vereinigung legen. [...]

Durch die Zusammenlegung der Grundindustrien und die Errichtung einer neuen Obersten Behörde, deren Entscheidungen für Frankreich, Deutschland und die anderen teilnehmenden Länder bindend sein werden, wird dieser Vorschlag den ersten Grundstein einer europäischen Föderation bilden, die zur Bewahrung des Friedens unerlässlich ist.

Klaus-Jörg Ruhl (Hrsg.), „Mein Gott, was soll aus Deutschland werden?" Die Adenauer-Ära 1949-1963, München 1985, S. 86ff.

1. *Benennen Sie die Grundzüge der französischen Deutschlandpolitik nach 1945.*

2. *Arbeiten Sie die zentralen Argumente heraus. Worin liegt – aus französischer Sicht – die zukunftsweisende Bedeutung der geplanten Montanunion?*

3. *Erläutern Sie am Beispiel der Europäischen Gemeinschaft für Kohle und Stahl das europäische Integrationskonzept des „funktionalistischen Modells".[1] Welche Annahmen lagen diesem Konzept zugrunde?*

M2 Resolution zur EVG

Vor allem Franzosen, Italiener und Niederländer aus den Widerstandsbewegungen gegen die deutsche Besatzung im Zweiten Weltkrieg gründen 1946 die Union der Europäischen Föderalisten (UEF), die beharrlich einen europäischen Bundesstaat propagiert. Die Union veröffentlicht am 19. September 1954, drei Wochen nach der Ablehnung der Europäischen Verteidigungsgemeinschaft (EVG) in der französischen Nationalversammlung, eine Resolution:

Im Jahre 1950 ging von Frankreich der Gedanke des Vertrages über die Europäische Verteidigungsgemeinschaft aus. 1952 stimmte die französische Nationalversammlung den Grundsätzen des Vertragswerkes zu. 1954 haben Regierung und Parlament Frankreichs das Scheitern des Vertrages bewirkt. Frankreich trägt, wenn auch nicht ausschließlich, eine schwere Verantwortung; denn diese Entscheidung berührt nicht nur Frankreich. Über die westliche Einheit und über die Hoffnung auf die europäische Einheit hinaus gefährdet sie die Existenz eines jeden Staates der freien Welt. Das Bündnis zwischen Nationalismus und Kommunismus, das die Chancen des Neutralismus in allen europäischen Ländern stärkt, hat Moskau zu einem großen Sieg verholfen.

Die so geschaffene Lage ist äußerst ernst. Überall findet der Nationalismus seine Rechtfertigung in der französischen Haltung und erhebt sein Haupt. [...]

Deutschland politisch und wirtschaftlich an den Westen zu binden, es an der gemeinsamen Verteidigung zu beteiligen, es in keiner Weise zu diskriminieren und so die Grundlagen für ein vom Vertrauen getragenes Verhältnis zwischen Deutschland und Frankreich zu legen – das sind die unveränderlichen Gegebenheiten der großen Probleme unserer Zeit.

Eine deutsche Nationalarmee löst dieses Problem nicht. Wir erinnern noch einmal mit besonderem Nachdruck an die Gefahren, die eine deutsche Nationalarmee für die Demokratie der Bundesrepublik ebenso wie für ihre Beziehungen zu den Nachbarländern darstellt – Gefahren, auf welche die

[1] siehe S. 216

Föderalisten und weitsichtigsten deutschen Politiker unablässig hingewiesen haben.

Europa-Archiv, 9. Jahrgang (1954), S. 6988

1. *Erklären Sie, weshalb Nationalismus und Neutralismus als existenzgefährdend für die „freie Welt“ angesehen werden.*

2. *Ordnen Sie die Ablehnung einer deutschen Nationalarmee in die Wiederbewaffnungsproblematik Deutschlands nach 1945 ein. Worin bestanden die möglichen Gefahren einer deutschen Nationalarmee?*

M3 Die wichtigsten Außenhandelspartner der Bundesrepublik 1950, 1970 und 2009.

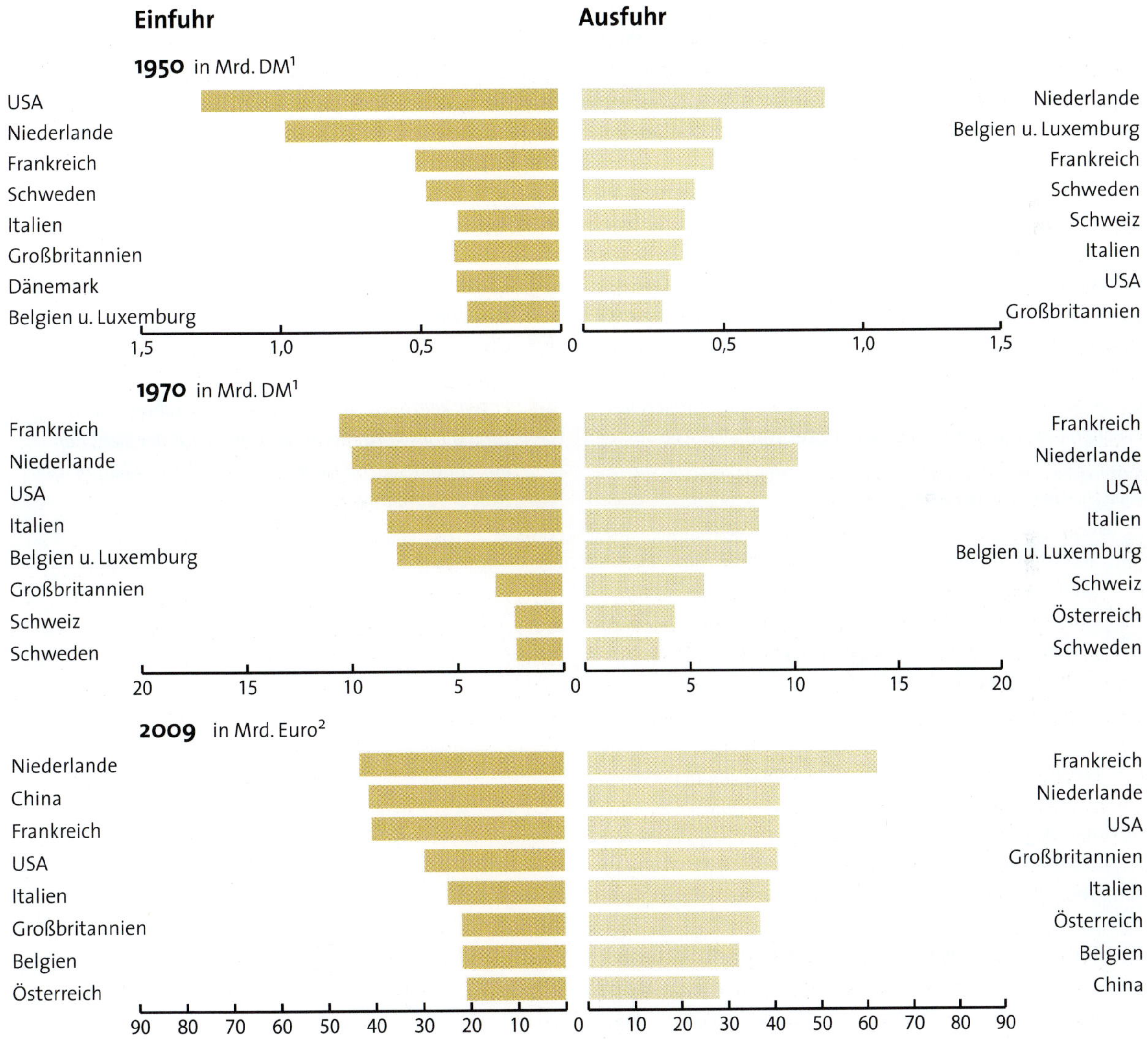

[1] Die Fischer-Chronik: Deutschland. Ereignisse – Personen – Daten, Frankfurt am Main, Sp. 1301 f.
[2] Nach: Globus Infografik GmbH, Hamburg

1. *Arbeiten Sie heraus, welche Handelspartner für die Bundesrepublik im Laufe der Jahrzehnte an Bedeutung gewannen bzw. verloren. Nennen Sie mögliche Gründe dafür.*

2. *Erläutern Sie, warum die Bundesrepublik 1950 noch keine Exportnation war.*

3. *Informieren Sie sich im Internet, was die wichtigsten Import- und Exportgüter sind.*

M4 Erinnerungen an die Römischen Verträge

Jürgen Habermas (geb. 1929), vor allem in Frankreich hochgeschätzter deutscher Philosoph, beschreibt im Rückblick, wie er die Gründung der EWG 1957 wahrgenommen hat:

Als vor 50 Jahren die Gründung der Europäischen Wirtschaftsgemeinschaft feierlich beschlossen wurde, stand die innenpolitische Frage der atomaren Ausrüstung der Bundeswehr weit mehr im Zentrum nicht nur meiner Aufmerksamkeit. Wie viele andere habe auch ich damals nicht begriffen, dass diese Zollunion bereits mit verfassungsähnlichen Institutionen ausgestattet wurde und damit die Perspektive auf eine Europäische Gemeinschaft, also eine politische Vereinigung der Länder Westeuropas, eröffnete.
Andererseits standen die pazifistischen Motive, die damals die Anhänger der Friedensbewegung im nationalen Rahmen bewegten, im Einklang mit den Motiven, welche die sechs Gründungsstaaten und die Hauptakteure Adenauer, De Gasperi und Schuman angetrieben haben: Nie wieder Krieg zwischen den Nationalstaaten, die sich in zwei Weltkriegen zerfleischt hatten, natürlich die Einbindung Deutschlands, das den Krieg angezettelt hatte und mit dem monströsen Verbrechen der Judenvernichtung belastet war.

Jürgen Habermas, Europa: Vision und Votum, in: Blätter für deutsche und internationale Politik 2007, S. 517-520, hier 517

1. *Setzen Sie sich mit der Aussage auseinander, dass die „Zollunion" „verfassungsähnliche Institutionen" besaß.*
2. *Arbeiten Sie heraus, warum Habermas wie andere Zeitgenossen die historische Bedeutung der EWG bei ihrer Gründung nicht erkannt hat.*

M5 „Konzert der europäischen Staaten"

De Gaulle begründet 1970 in den „Memoiren der Hoffnung. Die Wiedergeburt 1958-1962" seine europaskeptische Haltung in den 1960er-Jahren. Über die europäischen Völker vermerkt er:

Alle sind sie von derselben weißen Rasse, derselben christlichen Herkunft, derselben Lebensart; seit eh und je einander verbunden durch ungezählte Bande des Denkens, der Kunst, der Wissenschaft, der Politik, des Handels; und so entspricht es ihrer Natur, dass sie ein Ganzes werden, das in dieser Welt seinen Charakter und seine Gestalt findet. Dank dieser Bestimmung Europas regierten es die römischen Kaiser, versuchten Karl der Große, Karl V. und Napoleon es zu sammeln, erhob Hitler den Anspruch, ihm seine erdrückende Herrschaft aufzuzwingen. Aber wie könnte man die Augen vor der Erkenntnis verschließen, dass es keinem von seinen Einigern gelang, die unterworfenen Länder zur Selbstaufgabe zu bewegen? Im Gegenteil, stets erzeugte die willkürliche Zentralisierung den Gegendruck virulenter[1] Nationalitäten. Darum glaube ich, dass heute wie in allen verflossenen Epochen die Einigung Europas nicht im Verschmelzen der Völker liegen, sondern nur das Ergebnis ihrer systematischen Annäherung sein kann, sein muss. [...] Meine Politik gilt daher der Einrichtung des Konzerts der europäischen Staaten, um so deren Solidarität wachsen zu lassen, indem sie untereinander die mannigfaltigsten Bande knüpfen und festigen. Nichts verwehrt uns den Gedanken, dass von da aus – vor allem wenn sich die Staaten eines Tages ein und derselben Bedrohung gegenübersehen – die Entwicklung zu ihrer Konföderation führen kann.

Zit. nach: Gerhard Brunn, Die Europäische Einigung von 1945 bis heute, Bonn 2006, S. 364 f.

1. *Zählen Sie auf, welche Gemeinsamkeiten de Gaulle den europäischen Völkern zuschreibt.*
2. *Charakterisieren Sie sein Konzept der europäischen Einigung.*
3. *Entwickeln Sie anhand eigener Recherchen eine Bewertung dieses Konzepts, indem Sie es aus der Sicht der außenpolitischen Probleme Frankreichs zu Beginn der 1960er-Jahre abwägen.*

[1] virulent: ansteckend, sich gefahrvoll auswirkend

Von der Wirtschaftsgemeinschaft (EWG) zum Markt ohne Grenzen (EU)

Die nationalen Regierungen schieben an Die Entscheidungsstrukturen der supranationalen europäischen Organe waren schwerfällig. Kommission und Parlamentarische Versammlung hatten nur einen engen Gestaltungsspielraum. Der beinahe hundertköpfige Ministerrat musste seine Beschlüsse in den wichtigen Sachfragen einstimmig fassen.

Entscheidungen fielen in erster Linie bei den regelmäßigen Treffen der Regierungschefs und ihrer Vertreter; solche Treffen waren in den Verträgen eigentlich nicht vorgesehen. Neben der supranationalen Ebene der Einigung, die von den Organen der EWG verkörpert wurde, bekam nun die intergouvernementale größeres Gewicht. Die Regierungen verhandelten direkt miteinander, zunächst informell, später in einer institutionellen Verfestigung, dem **Europäischen Rat**, den die Medien heute oft „EU-Gipfel" nennen.

Die Regierungen beschränkten die Autonomie der supranationalen Organe. Nach den Krisen der 1960er-Jahre brachten sie die europäische Einigung weiter voran, wenn auch nur schleppend.

Die Arbeit der Organe wurde beeinträchtigt, weil Beschlüsse nur bei Einstimmigkeit zustande kamen. Die Fortentwicklung des gemeinsamen Marktes stagnierte. Aber die Europäischen Gemeinschaften wurden besser vernetzt. Seit 1967 waren nicht nur Parlament und Gerichtshof gemeinsame Einrichtungen von EGKS, EWG und Euratom, sondern auch Ministerrat und Kommission. Offiziell firmierten sie nun unter dem Titel *Europäische Gemeinschaften* (EG).

Die regelmäßigen Gipfeltreffen des Europäischen Rats hatten den Vorteil, dass die Gemeinschaft der Staaten politisch zusammenrückte. In erster Linie der deutsche Bundeskanzler Helmut Schmidt suchte den direkten Kontakt zu seinem französischen Amtskollegen **Valéry Giscard d'Estaing**, um Entscheidungen vorzubereiten. Schmidt hielt wenig von den europäischen Organen, aber viel von einer abgestimmten europäischen Politik (▸ M1).

Fortschritte in der Wirtschafts-, Währungs- und Erweiterungspolitik Mit der Regierungszeit Schmidts (1974-1982) fallen Fortschritte in der Wirtschafts- und Währungspolitik der Gemeinschaft zusammen. Abkommen mit 58 afrikanischen Staaten (1975) und der *Europäischen Freihandelsassoziation* (**EFTA**, 1977) erleichterten den Außenhandel. In der EFTA hatten sich 1960 sieben Staaten zusammengeschlossen, um ein Gegengewicht gegen die Gemeinschaft aufzubauen, was nicht gelang. Mit Ausnahme Norwegens und der Schweiz traten diese Staaten später der Gemeinschaft bei. Den Einstieg in die Währungseinheit markierte 1978 die Gründung des europäischen Währungssystems mit dem *ECU* (*European Currency Unit*). Der ECU diente als Rechnungseinheit. Er stabilisierte bis zur Einführung des Euro die Wechselkurse zwischen den nationalen Währungen und machte dadurch internationale Geschäfte berechenbarer.

Zwischen 1970 und 1986 gelangen die *Nord-* und die *Süderweiterung*. 1970 begannen die Beitrittsverhandlungen mit Großbritannien, Dänemark, Irland und Norwegen. Die Schwierigkeiten um einen Beitritt Großbritanniens wurden überwunden. Der Inselstaat hielt Distanz, weil er sich auf dem Kontinent nicht binden wollte und sich dem Commonwealth und den USA verpflichtet sah. Norwegen entschied sich 1972 per Volksentscheid gegen Europa, aber Großbritannien, Dänemark und Irland traten mit

Europäischer Rat: Unter dieser Bezeichnung 1974 vereinbarte regelmäßige Konferenz der Staats- und Regierungschefs der EG und späteren EU. Sie fand alle drei bis sechs Monate statt. Der Vorsitz wechselt bis heute, jedes halbe Jahr übernimmt ein anderer Mitgliedstaat den Vorsitz.
Der Rat wurde 1986 in die Einheitliche Europäische Akte der EG aufgenommen. Diese bestätigte seine Aufgabe, die gemeinsame Politik zu steuern. Jedoch wurde der Europäische Rat kein Organ der EG oder der EU.

Valéry Giscard d'Estaing (geb. 1926): französischer Politiker; 1974-1981 Staatspräsident; 2002 Vorsitzender des EU-Verfassungskonvents

EFTA (European Free Trade Association): Europäische Freihandelsvereinigung, 1959 gegründet; Gründungsmitglieder waren Österreich, Dänemark, Portugal, Schweden, die Schweiz und Großbritannien; später traten Finnland und Island bei; 1994 Bildung eines Europäischen Wirtschaftsraums von Staaten der EFTA und der EU.

▲ **Europa auf dem Stier, auf der Mauer balancierend.**
Zeichnung von Johannes Grützke, 1976.
Diese Zeichnung ist der Entwurf für ein Wandbild am Grenzübergang Checkpoint Charlie zwischen West- und Ost-Berlin, das jedoch nicht realisiert wurde. Sie greift den antiken Europa-Mythos auf (siehe S. 204 und 206).
- *Skizzieren Sie die geschichtliche Situation im Jahr 1976.*
- *Interpretieren Sie vor diesem Hintergrund die Zeichnung.*

Wirkung vom 1. Januar 1973 den Europäischen Gemeinschaften der nunmehr Neun bei. Irland zog wirtschaftlich daraus den größten Gewinn. Einen ähnlichen Aufschwung erlebten später Griechenland als zehntes EG-Mitglied ab 1981 sowie Spanien und Portugal ab 1986.

Der Aufbruch zu Reformen Schon vor der Erweiterung auf zwölf Mitglieder hatte sich der Reformdruck auf die vertragliche Grundlage der Gemeinschaft verstärkt. Zwei Entwicklungen spielten eine Rolle:

Erstens erwies sich seit etwa 1970 eine *Koordination der Außenpolitik* als immer dringlicher. Die wirtschaftlichen Krisen der 1970er-Jahre erforderten gemeinsame Reaktionen, noch mehr die politischen, etwa der Einmarsch sowjetischer Truppen in Afghanistan 1979.* Um die Politik abzustimmen, bildete sich ein Stab von Beamten in einer Organisation der *Europäischen Politischen Zusammenarbeit*" (EPZ). Die EPZ vernetzte zwar die Außenministerien der EG-Staaten, aber international fehlte ihr die machtpolitische Durchsetzungsfähigkeit. Der amerikanische Außenminister Henry Kissinger kommentierte bissig, er wisse keine Nummer, um mit „Europa" zu telefonieren. Aber die EPZ wurde zum Vorläufer eines europäischen Außenministeriums, dessen Aufbau 2009 begann. Wie so oft im Einigungsprozess war der Beginn unscheinbar.

Zweitens erkannten maßgebliche Politiker, dass die supranationalen Organe mehr Eigenverantwortung erhalten mussten. Bundesaußenminister Hans-Dietrich Genscher legte 1981 mit seinem italienischen Kollegen Emilio Colombo eine *Europäische Akte* zur Intensivierung der Arbeit der Organe vor. Später steigerten die Regierungschefs Frankreichs und der Bundesrepublik, **François Mitterand** und Helmut Kohl, das europapolitische Engagement. Kohl erstrebte einen engeren politischen Zusammenschluss im Sinne von „Vereinigten Staaten von Europa". Für Mitterand und andere Regierungschefs war das vordringliche Ziel, in einem „Europa der Bürger" den Alltag der Menschen zu verbessern.

Die beiden Entwicklungen erforderten Lösungen, zum einen mehr politische Koordination, zum anderen eine bürgernähere Arbeit der Organe.

François Mitterand (1916-1996): französischer Politiker; Minister in insgesamt elf Regierungen; 1981-1995 Staatspräsident

Die Einheitliche Europäische Akte Die Einheitliche Europäische Akte (EEA), 1986 von den zwölf EG-Staaten unterzeichnet und am 1. Juli 1987 in Kraft getreten, trug dem Reformdruck Rechnung. Mit ihr setzte eine neue Phase des Einigungsprozesses ein, die bis heute andauert.

Die EEA verbesserte die Koordination. Sie verknüpfte einerseits die Europäische Politische Zusammenarbeit vertragsrechtlich mit den Europäischen Gemeinschaften; deshalb wurde der Vertrag „einheitliche" Akte genannt. Endlich war nun die *politische Integration* Europas vertraglich begründet. Die wirtschaftliche setzte sich intensiviert fort, weil die EEA nun den Fahrplan für die „Vollendung" des Binnenmarkts festlegte.

Andererseits stärkte die EEA die supranationalen Organe, ohne indessen Bürgernähe zu erreichen. Der Ministerrat sollte mit Mehrheit jene Maßnahmen beschließen können, die zur Vollendung des Binnenmarkts nötig waren. Es ging nun darum, die Behinderungen für den freien Verkehr von Personen, Waren, Kapital usw. bis Ende 2002 abzustellen. Außerdem wurde im „Verfahren der Zusammenarbeit" der EG-Organe das Europäische Parlament gestärkt, das nun über Gesetze abstimmen und sich nur bei

* siehe S. 17

Einstimmigkeit im Ministerrat fügen musste. Das Parlament war nunmehr die erste supranationale Volksvertretung mit Kompetenz zur Gesetzgebung in der neueren Geschichte.

Damit enthielt die Einheitliche Europäische Akte nicht nur die *umfassendste Reform* der Gemeinschaft seit den Römischen Verträgen. Sie ermöglichte auch eine Dynamik der Integration, die supranational und intergouvernemental zugleich war. In Brüssel tarierte der Kommissionspräsident **Jacques Delors** seine Initiativen so aus, dass sie von allen akzeptiert wurden. Dabei vergaß er nicht das französische Interesse, das wie 1951/52 immer noch wirtschaftspolitische Vorteile benötigte, um sich im Einigungsprozess nicht als Verlierer zu sehen. Aber mit gutem Kontakt zu Helmut Kohl und als ehemaliger Vertrauter des europäisch weitsichtigen François Mitterand vermochte Delors die „deutsch-französische Lokomotive" für die supranationalen Organe einzusetzen.

Jacques Delors (geb. 1925): französischer Politiker; 1981-1984 französischer Wirtschafts- und Finanzminister; 1985-1994 Präsident der EU-Kommission

Europäische Integration im weltpolitischen Umbruch Entscheidend für den Fortgang wurde freilich der weltpolitische Umbruch. Der Fall des „Eisernen Vorhangs" veränderte das Gesicht Europas radikal. Zudem stand ab November 1989 die Frage der *deutschen Einheit* auf der Tagesordnung. Helmut Kohl besaß die Unterstützung des amerikanischen Präsidenten George Bush und ebenso des sowjetischen Präsidenten Michail Gorbatschow. Aber die europäischen Partner verhielten sich reserviert gegenüber einer Wiedervereinigung der beiden deutschen Staaten. Mitterand war dafür, während die britische Regierungschefin **Margaret Thatcher** zunächst schroff ablehnend reagierte. Helmut Kohl wollte die Ängste der Nachbarn durch ein dezidiertes Entgegenkommen auf europäischem Feld verringern.

Die neue Lage beschleunigte den Einigungsprozess, der seit Mitte der 1980er-Jahre in Gang gekommen war. Im Vordergrund standen dabei die Vollendung des Binnenmarktes und die Währungsunion. Der Binnenmarkt gewährte z. B. noch nicht, wie 1986 angestrebt, die Freizügigkeit der Personen. Frankreich trat für eine einheitliche Währung ein und wollte damit Deutschland noch stärker an sich binden. Diesem Plan widersetzte sich die Bundesrepublik mit ihrer starken D-Mark bis 1989. Die schwierigen Verhandlungen gelangten letztlich jedoch zum Erfolg.

Margaret Thatcher (geb. 1925): konservative britische Politikerin; 1979-1990 Premierministerin. Sie setzte den sogenannten „Britenrabatt" durch; Großbritannien zahlt seitdem bis heute weniger Beiträge als andere an die EU, da es von der Gemeinsamen Agrarpolitik kaum profitiert.

Der Vertrag von Maastricht Der im niederländischen Maastricht verabschiedete Vertrag von 1992, der am 1. November 1993 in Kraft trat, begründete die *Europäische Union*. Unter dem Namen „Union" wurden die bestehenden Verträge vereinigt. Das neue politische Gebilde verglich man gern mit einer dreisäuligen griechischen Tempelfront. Unter dem Dach der Europäischen Union bilden die Regelungswerke der EWG und Euratom die erste Säule; der EGKS-Vertrag lief 2002 aus. Die zweite Säule umfasste die gemeinsame *Außen- und Sicherheitspolitik*, die „Verteidigungspolitik" sollte später hinzugenommen werden. Die dritte Säule bezog sich auf die Zusammenarbeit der Polizei und der Justiz. Da Grenzkontrollen zwischen den EU-Staaten entfallen sollten, waren Kooperationen bei Polizei und Grenzschutz, der Zollfahndung wie der Einwanderungspolitik vorzusehen (▸ M2).

Die erste Säule blieb als einzige supranational. Sie war insofern die wichtigste, als sie die „Kohärenz" und Fortentwicklung der beiden anderen Säulen mittragen sollte, die auf der Stufe der intergouvernementalen Kooperation verharrten. Die EU-Staaten traten somit auf den politischen Feldern keine Hoheitsrechte an gemeinsame Organe ab (▸ M3).

▲ **Die „drei Säulen" der Europäischen Union.**

■ *Erläutern Sie anhand der Grafik, welche Aufgabenbereiche gegenüber den Europäischen Gemeinschaften (EGKS, Euratom und EWG) neu hinzugekommen sind.*

Auf den ersten Blick scheint Maastricht nur eine Umgruppierung komplizierter europäischer Regelungen zu sein. Aber es wurde rasch klar, dass der Vertrag die Lebenswelt der EU-Bürger wie noch kein anderer zuvor verändern konnte. Dies entfachte lebhafte Diskussionen. Der freie Personenverkehr beunruhigte, weil er die Konkurrenz um Arbeitsplätze verschärfte. Jeder Bürger eines EU-Staats erhielt jetzt zusätzlich die Unionsbürgerschaft, sodass er im gesamten Unionsgebiet seinen Wohnsitz nehmen konnte. Angesichts der Öffnung der Grenzen war vermeintlich auch die Kriminalität grenzenlos. Die gemeinsame Währung, die „Euro" genannt wurde, verunsicherte am meisten. Vor allem die Deutschen trennten sich ungern von der D-Mark und befürchteten Inflation und Nachteile für die deutsche Wirtschaft.

Medien und Bürger kritisierten scharf, dass derart weitgehende Maßnahmen ohne ausreichende demokratische Legitimation getroffen wurden. Sie waren nur von Regierungen abgesprochen, nicht durch ein europäisches Parlament beschlossen worden. Das „Demokratiedefizit" der EU zu beheben, wurde demzufolge zur Aufgabe, die nun ernster genommen wurde als zuvor.

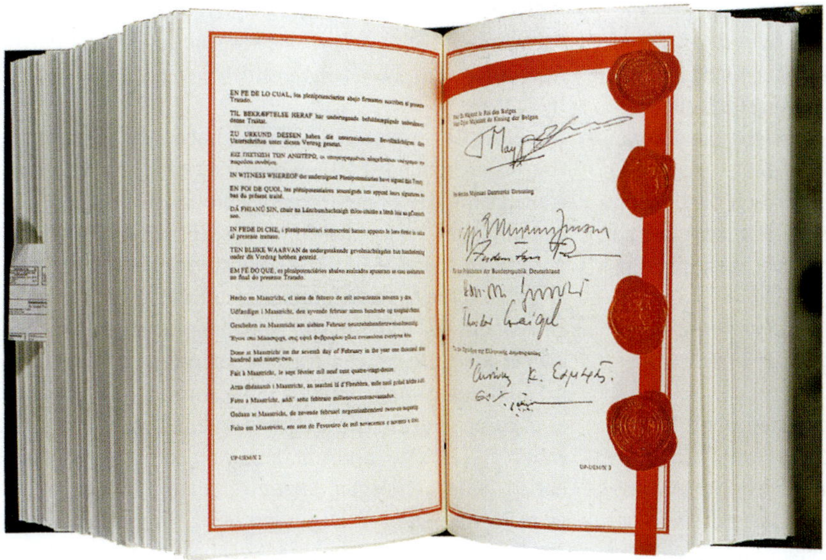

▲ Der Vertrag von Maastricht vom 7. Februar 1993.

M1 Die Deutungshoheit des Jacques Delors

Der Politikwissenschaftler Werner Weidenfeld gewinnt aus dem Rückblick auf die Überwindung der Europakrise um 1985 eine Lehre für die Zukunft:

Ende der 70er-, Anfang der 80er-Jahre befand sich die europäische Integration in der Ära eines tiefen Niedergangs. „Eurosklerose“[1] wurde zum Schlüsselbegriff der Lagebeschreibung. Europa konnte mit den dynamischen Märkten nicht mehr mithalten. Es erschien erschöpft, gleichsam ein Ausschnitt aus dem Museum. Bundeskanzler Helmut Kohl und Staatspräsident François Mitterand erkannten die dringende Notwendigkeit eines strategischen Aufbruchs. Dazu bedurfte es eines entsprechend begabten politischen Kopfes. Sie fanden ihn, Jacques Delors. Er war starker französischer Finanzminister. Die meisten sahen in ihm den künftigen französischen Staatspräsidenten. Er aber nahm die Herausforderung Europa an. Zunächst teilte er den Staats- und Regierungschefs mit, er müsse nun strategisch nachdenken. Nach einigen Monaten trug er sein Ergebnis vor. Europa braucht zum Aufbruch eine große historische Aufgabe. Es könnte eine Neuorganisation der Sicherheit oder die Vollendung des Binnenmarkts sein. Der Binnenmarkt wurde als strategisches Thema genommen. [...]
Aus diesem gelungenen Beispiel können wir für unsere gegenwärtigen Herausforderungen lernen: Wir brauchen starke politische Führungsfiguren und strategische Köpfe. Wir müssen die notwendigen Schritte strategisch erklären und vertrauensbildend durchhalten. [...] Die Schlussfolgerung liegt auf der Hand: Europas Politik muss das Erklärungsdefizit eliminieren. Es ist viel mehr Zeit und Kraft auf die Erläuterung zu richten. Wer die Deutungshoheit gewinnt, der gewinnt auch die Zukunft.

Werner Weidenfeld, Europa braucht neuen Aufbruch, in: Monatsspiegel 156 (2010), S. 10-12, hier S. 12

[1] Eurosklerose: zusammengesetzt aus „Euro“ und „Sklerose“ (griech.: Verhärtung, Verstopfung)

1. *Beurteilen Sie, inwiefern der Binnenmarkt ein naheliegendes, realistisches Ziel war.*
2. *Diskutieren Sie über die Lehren, die Weidenfeld für das Jahr 2010 zieht.*
3. *Prüfen Sie an ein oder zwei Beispielen (ohne Bezug zum Einigungsprozess), ob die Deutungshoheit tatsächlich über die Zukunft entscheidet.*

M2 Die Ziele der Europäischen Union im Maastrichter Vertrag

Im Artikel B des Vertrages über die Europäische Union vom 7. Februar 1992 werden die allgemeinen Ziele und Prinzipien der Abmachungen genannt:

Die Union setzt sich folgende Ziele:
- Die Förderung eines ausgewogenen und dauerhaften wirtschaftlichen und sozialen Fortschritts, insbesondere durch Schaffung eines Raumes ohne Binnengrenzen,

durch Stärkung des wirtschaftlichen und sozialen Zusammenhalts und durch Errichtung einer Wirtschafts- und Währungsunion, die auf längere Sicht auch eine einheitliche Währung nach Maßgabe dieses Vertrags umfasst;

- die Behauptung ihrer Identität auf internationaler Ebene, insbesondere durch eine gemeinsame Außen- und Sicherheitspolitik, wozu auf längere Sicht auch die Festlegung einer gemeinsamen Verteidigungspolitik gehört, die zu gegebener Zeit zu einer gemeinsamen Verteidigung führen könnte;
- die Stärkung des Schutzes der Rechte und Interessen der Angehörigen ihrer Mitgliedstaaten durch Einführung einer Unionsbürgerschaft;
- die Entwicklung einer engen Zusammenarbeit in den Bereichen Justiz und Inneres;
- die volle Wahrung des gemeinschaftlichen Besitzstands und seine Weiterentwicklung, wobei [...] geprüft wird, inwieweit die durch diesen Vertrag eingeführten Politiken und Formen der Zusammenarbeit mit dem Ziel zu revidieren sind, die Wirksamkeit der Mechanismen und Organe der Gemeinschaften sicherzustellen.

Die Ziele der Union werden nach Maßgabe dieses Vertrags entsprechend den darin enthaltenen Bedingungen und der darin vorgesehenen Zeitfolge unter Beachtung des Subsidiaritätsprinzips[1], wie es in Artikel 3b des Vertrags zur Gründung der Europäischen Gemeinschaft bestimmt ist, verwirklicht.

Presse- und Informationsamt der Bundesregierung (Hrsg.), Bulletin Nr. 16, 12. Februar 1992, S. 114

1. *Untersuchen Sie, welche Ziele neu sind und welche Ziele bestehende Zielsetzungen weiterführen. Die Beantwortung schließt ein Sowohl-als-auch ein.*
2. *Nehmen Sie Stellung, inwiefern die genannten Ziele die Umsetzung von Werten widerspiegeln.*
3. *Formulieren Sie zu jedem der Punkte eine mögliche Gefahr, die mit der Zielsetzung verbunden ist, und wägen Sie Vor- und Nachteile ab.*
4. *Erörtern Sie Chancen und Grenzen des Subsidiaritätsprinzips.*

M3 François Mitterand über die Bedeutung Europas für Frankreich

Nach der Unterzeichnung des Maastrichter Vertrags hält der französische Staatspräsident François Mitterand am 5. Juni 1992 vor Studierenden und Lehrenden des Institut d'Études Politiques eine leidenschaftliche Rede. Anlass ist das französische Referendum über den Maastrichter Vertrag:

Von einer Generation zur nächsten haben wir gelernt, dass Frankreich Erbfeinde hatte; es waren allerdings nie dieselben! Frankreich hatte ungefähr ganz Europa zum Erbfeind. Die Zeit Englands ist wohlbekannt, aber die Spaniens ist auch noch nicht so lange her, und das österreichisch-ungarische Reich, Preußen, die Sowjetunion und Deutschland, oder sagen wir das Reich, das macht eine Menge Erbfeinde, und sogar ein paar zu viele, wenn man sich darin zurechtfinden will. Ich erinnere mich, sie gezählt zu haben: In Wirklichkeit gibt es in Europa nur ein einziges Land, mit dem wir nie im Krieg waren. Das einzige Land, mit dem wir niemals Krieg geführt haben – es ist angelegen, daran zu erinnern, aber wir werden es nicht tun – das ist Dänemark. Kurz, Frankreich war die meiste Zeit ein unangenehmer Nachbar. [...]
Schließlich die letzte Alternative, diejenige, die ohne Zweifel die Debatte der nächsten Monate beherrschen wird: das Vaterland oder Europa? Handelt es sich um gegensätzliche Begriffe? Ist derjenige, der sich als Gemeinschaftseuropäer versteht, ein schlechter Patriot? Gibt derjenige sein Vaterland auf, der aus Patriotismus Frankreich, und nur Frankreich wählt – ohne die Nützlichkeit bestimmter Abkommen zu leugnen, aber ohne ein strukturell entscheidendes Abkommen, wie das von Maastricht, zu unterstützen? Ist er deshalb ein schlechter Europäer? Ich werde mich nicht auf diese Art von Diskussion einlassen. Ich habe einmal versucht, dies auszudrücken, indem ich sagte: „Frankreich ist unsere Heimat, aber Europa ist unsere Zukunft." Kann man weiterhin Franzose sein und gleichzeitig den Bau Europas fortentwickeln? Das ist meine Überzeugung, da ich an den Platz Frankreichs in Europa glaube, an den Platz Frankreichs in der Welt.

François Mitterand, Auszug aus seiner Rede vor Studierenden und Lehrenden des Institut d'Études Politiques anlässlich des französischen Referendums über den Maastrichter Vertrag (1992), in: Themenportal Europäische Geschichte (2009), URL: www.europa.clio-online.de/2009/Article=423

1. *Mitterand erwähnt die „Feindschaften" seines Landes mit anderen Ländern in der Vergangenheit. Skizzieren Sie in einem kurzen Vortrag die Konfliktpunkte zwischen Frankreich und Deutschland seit Ludwig XIV. von Frankreich (1638-1715).*
2. *Benennen Sie die Aspekte, die sich aus dem Spannungsfeld zwischen nationalstaatlicher und europäischer Identität ergeben.*
3. *Vergleichen Sie den Standpunkt Mitterands mit dem von de Gaulle (M5, S. 220).*

[1] Auf die EU bezogen bedeutet das Subsidiaritätsprinzip, dass die EU nur tätig wird, wenn ein Ziel auf europäischer Ebene besser erreicht werden kann als auf der Ebene der einzelnen Mitgliedstaaten.

Der Kraftakt der Erweiterungen – mühevolle Reformen

1958: Belgien, Deutschland (BR), Frankreich, Italien, Luxemburg, Niederlande
1973: Dänemark, Großbritannien, Irland
1981: Griechenland
1986: Portugal, Spanien
1990: ehemalige DDR
1995: Finnland, Österreich, Schweden
2004: Estland, Lettland, Litauen, Polen, Tschechien, Slowakei, Ungarn, Malta, Zypern
2007: Rumänien, Bulgarien
bis 2010: Beitrittsverhandlungen mit Türkei, Kroatien und Island

EU 27: Langfristige Perspektive
- Mitgliedstaaten
- Beitrittskandidaten
- Potenzielle Beitrittskandidaten
- Mitgliedschaft möglich

▲ Die europäische Integration seit 1958.

Die Erweiterungen 1990 - 2010 Trotz der vorausgehenden Nord- und Süderweiterungen wuchs die europäische Staatengemeinschaft zwischen 1990 und 2010 noch einmal von zwölf auf 27 Staaten. Der weltpolitische Umbruch um 1990 eröffnete vor allem den Osteuropäern das Tor zur Mitgliedschaft. Sie wünschten den Beitritt wegen des Binnenmarkts und der wirtschaftlichen Hilfen, aber die EU bot auch politischen Schutz und Sicherheit. Gerade gegenüber Russland hegten die osteuropäischen Staaten großes Misstrauen.

Die Erweiterungen waren eine große Herausforderung für die europäische Integration. Das Wirtschaftsgefälle innerhalb der EU-Staaten verdoppelte sich und erzeugte einen härteren Verteilungskampf um knappere Finanzmittel. Die Politikstile und -traditionen der West- und Osteuropäer lagen weit auseinander, ebenso die außenpolitischen Orientierungen. Zu Russland etwa hatten die Deutschen traditionell gute, osteuropäische Staaten hingegen sehr gespannte Beziehungen (▸ M1).

Die erste Erweiterung vollzog sich mit der deutschen Wiedervereinigung am 3. Oktober 1990; die neuen Bundesländer gehörten nun ebenso zur Europäischen Gemeinschaft. Um Zugang zum europäischen Wirtschaftsraum zu erhalten, beantragten um 1990 Finnland, Norwegen, Österreich und Schweden den Beitritt. Sie wollten ebenfalls an den EU-Gesetzen zu Handel und Wirtschaft mitwirken, die sie sonst als Partner der

EU in der Regel akzeptieren mussten. 1995 wurden sie Mitglieder, mit Ausnahme Norwegens, dessen Bürger wie schon 1972 mit Nein stimmten.

Weitaus schwieriger gestaltete sich die „Osterweiterung“. In der Mitte der 1990er-Jahre stellten Polen, Ungarn, die Tschechische Republik, die Slowakei, Slowenien, Rumänien, Bulgarien, Lettland, Estland und Litauen Anträge für eine Aufnahme in die EU. Für sie wie für Malta und Zypern wurde dem Beitritt eine Phase vorgeschaltet, in der die Neumitglieder wirtschaftlich und politisch an die EU herangeführt wurden. Denn um 2000 lag das Pro-Kopf-Einkommen in den Staaten der Kandidaten nur bei rund 50 Prozent des EU-Durchschnitts. Während der Heranführung erhielten sie schon Förderungen in Höhe von 30 Milliarden Euro, um sich dem Standard der EU anzunähern. Zugleich hatten sie für eine „demokratische und rechtsstaatliche Ordnung“ zu sorgen, wozu die Achtung der Menschenrechte und der Schutz von Minderheiten gehörten.

Am Ende befürworteten der Europäische Rat, die Kommission und das Europäische Parlament den Beitritt der geförderten Kandidaten. Zehn von ihnen wurden 2004 Vollmitglieder der EU. Bulgarien und Rumänien folgten 2007, obwohl die Zweifel an ihrer EU-Reife nicht ausgeräumt waren; diese bestanden aufgrund der dortigen Korruption, der strukturschwachen Wirtschaft und des hohen Staatsdefizits. Seit etwa 2000 wurden auch Kroatien, Mazedonien, die Türkei, neuerdings Albanien und weitere Staaten Kandidaten. Der geplante Beitritt der Türkei spaltete die Meinungen innerhalb der EU (▸ M2). Die Türkei ihrerseits zögerte, die politischen Bedingungen zu erfüllen.

Die historische Tragweite der Erweiterungen ▪ Die Bewertung der Erweiterungen aus der Distanz weniger Jahre muss zuerst den Gewinn hervorheben. Einerseits wurde ein riesiger Raum von Skandinavien bis zum Schwarzen Meer der EU angegliedert und politisch stabilisiert. Immer wieder wird der Friedensaspekt hervorgehoben. Seit der Neuordnung Osteuropas 1919 war die Geschichte der dortigen Staaten von deutscher und sowjetischer Gewalt- und Fremdherrschaft geprägt. Die Integration in die EU lässt auf eine Zukunft in Selbstbestimmung, Frieden und Wohlstand hoffen. Andererseits hat die Erweiterung historischen Rang, weil der Einigungsprozess jetzt erst über Westeuropa hinauswuchs und gesamteuropäisch wurde.

Die Kritik lässt sich in der Frage zusammenfassen, ob die EU die Ausdehnung politisch verkraftet. Der frühere Bundeskanzler Helmut Schmidt befürchtete beispielsweise eine „führungslose Agglomeration* von Staaten“. Dies lasse die EU weltpolitisch nicht zur Geltung kommen und gegenüber den USA und China zurückfallen.

Die Verträge von Amsterdam und Nizza ▪ Die Erweiterung machte es unumgänglich, im Europäischen Rat und im Verfahren der Organe mehr Handlungsfähigkeit zu gewinnen. Noch in Maastricht 1992 wurde diesem Ziel Vorrang eingeräumt. Die richtige Methode schien, die Mehrheitsentscheidungen der Organe auszuweiten, auch auf politische Felder.

Die Beratungen dazu wurden im Amsterdamer Vertrag 1997 zusammengeführt, der am 1. Mai 1999 in Kraft trat. Er ließ jedoch das Problem der Handlungsfähigkeit ungelöst. Die kleineren Staaten verzichteten nicht auf Vetorechte, die größeren erhielten kein Stimmengewicht, das ihrer Bevölkerungszahl angemessen war. Beim anderen Ziel der Erweiterungsphase, der Demokratisierung der EU, erreichte der Amsterdamer

* Agglomeration: Anhäufung, Zusammenballung

Vertrag indessen Fortschritte. Das Europäische Parlament, nun auf 700 Abgeordnete begrenzt, wurde als Gesetzgeber dem Ministerrat nahezu gleichgestellt.

Das Amsterdamer „Left-over", Überbleibsel, wie man es beschönigend nannte, war also immer noch die Frage der Entscheidungsfähigkeit. Dazu sollte der Europäische Rat in Nizza im Jahr 2000 eine Lösung finden. Doch auch in einem Verhandlungsmarathon von 108 Stunden konnten die Interessen der Fünfzehn nicht zum Ausgleich gebracht werden. Der Vertrag, der am 1. Februar 2003 in Kraft trat, sah nur in wenigen Nebenfeldern, etwa der Einwanderungspolitik, Mehrheitsentscheidungen vor. Immerhin verabschiedete der EU-Gipfel von Nizza eine Grundrechtecharta. Sie enthielt eine Sammlung von Grundrechten, die aber nicht in die EU-Verträge aufgenommen wurden und vorläufig „Dekorationsstück" blieben. Nizza stürzte die EU in eine Krise.

Die Transformation des Verfassungsprozesses Deshalb arbeitete ein Konvent unter Leitung des ehemaligen französischen Staatschefs Giscard d'Estaing eine „Verfassung" aus. Sie sollte alle seit 1951 geschlossenen, mittlerweile kaum noch überschaubaren Verträge in einem Text komprimieren und den nötigen Reformen anpassen. Dem Konvent war ebenso aufgegeben, das Demokratie- und Entscheidungsdefizit abzubauen. Jedoch verhinderten vor allem Spanien und Polen, die das maximale Stimmengewicht beanspruchten, erneut eine ausgewogene Mehrheitslösung. Nach entsprechenden Änderungen wurde die Verfassung 2004 in Brüssel unterzeichnet, trat aber nicht in Kraft, weil sich Volksabstimmungen in Frankreich und den Niederlanden 2006 dagegen aussprachen (▸ M3).

▲ **„Das böse Wort."**
Karikatur von Klaus Stuttmann, 2007.
Dargestellt sind von links der EU-Kommissionspräsident Barroso, Bundeskanzlerin Merkel, der britische Premierminister Blair, der polnische Staatspräsident Kaczynski, der französische Staatspräsident Chirac und der italienische Ministerpräsident Prodi.

Der Schock über das Scheitern lähmte die Akteure nur für kurze Zeit. Die rund 500-seitige „Verfassung" wurde zum „Vertrag" umgeschrieben, der nahezu 90 Prozent der Verfassungsbestimmungen aufnahm. Er machte die EU handlungsfähiger und demokratischer. Die EU erhielt mehr Kompetenzen in der Außenpolitik, der Verteidigungs- und der Sozialpolitik. Ein *Hoher Vertreter für die Außen- und Sicherheitspolitik*, faktisch ein Außenminister, sollte die Gemeinschaft künftig gegenüber Nicht-EU-Ländern vertreten. Mehr Demokratie wurde erreicht, insofern dem Parlament weitergehende Mitsprache, besonders in der Haushaltspolitik, eingeräumt wurde.

Für eine mehrjährige Übergangszeit wurde ein Ausgleich zwischen größeren und kleineren Staaten bei der Stimmenverteilung im Ministerrat gefunden. Künftig soll das Prinzip der *doppelten Mehrheit* das Zustandekommen von Beschlüssen erleichtern (Mehrheit der Staaten, die zugleich 65 Prozent der EU-Bevölkerung repräsentieren; ▸ M4 und M5).

Der Vertrag wurde 2007 in Lissabon unterzeichnet. Obwohl er die Handlungsfähigkeit der Union stärkte und die Rechte des Europäischen Parlaments erweiterte, stieß er auf verbreitete Ablehnung in der Öffentlichkeit; die Bürger Irlands stimmten erst bei einem zweiten Referendum zu.

Der Binnenmarkt wird zum Binnenraum Parallel zu den Erweiterungen und Reformen öffnete sich der Binnenmarkt der EU zum Binnenraum, aber in Form einer *diffe-*

▸ **„Aber bitte – schön artig!“**
Karikatur von Burkhard Mohr, 1995.

- *Erläutern Sie, worauf die Karikatur anspielt.*

renzierten Integration. Differenziert bedeutet, dass nicht alle EU-Staaten weitere Schritte zur Integration sofort mitgingen, sondern erst später nachfolgten. Beispiele sind der Wegfall der Grenzkontrollen und die Einführung des Euro.

Das *Schengener Übereinkommen* 1985 plante den Verzicht auf Grenzkontrollen (zwischen den Benelux-Staaten, der Bundesrepublik und Frankreich). Zehn Jahre später fielen tatsächlich die Schlagbäume dieser Staaten, zugleich auch Portugals und Spaniens. Die übrigen EU-Staaten wurden erst später zu „Schengen-Staaten“ mit Ausnahme Großbritanniens, Irlands und Zyperns.

Als vorrangiges wirtschaftspolitisches Ziel hatte der Maastrichter Vertrag die *Währungsunion* angestrebt. Wer beitreten wollte, musste „Konvergenzkriterien“ erfüllen, vor allem Preisstabilität und gesunde Staatsfinanzen. Darauf hatte am meisten die Bundesregierung gedrängt. Das Projekt schien aufgrund der strengen Kriterien zu scheitern, aber 1998 bescheinigte der Europäische Rat elf Ländern die „Euroreife“. Die großzügige Prüfung der Zahlen nahm den Kriterien die Schärfe, nicht zuletzt bei Griechenland, das als zwölftes Land 2001 hinzukam. 1999 wurde der Euro an den Devisenmärkten eingeführt. Ab 1. Januar 2002 bezahlten die Bürger in der „Euro-Zone“ nicht mehr mit der nationalen, sondern mit der europäischen Währung. Bis 2011 waren es Bürger von 17 EU-Staaten.

Der Euro war und ist historisch beispiellos. Erstmals in der neuesten Geschichte kam eine Währung in Umlauf, die nicht durch einen zentralen politischen Willen und eine zentrale Wirtschaftspolitik abgesichert war. Der Euro hatte zunächst bei den Bürgern als „Teuro“* und als labile Währung wenig Ansehen. Aber selbst die skeptischen Deutschen mussten zugeben: Die Inflationsraten lagen niedriger als zu Zeiten der D-Mark, und der Außenwert des Euro stieg. Sogar während der **Weltfinanzkrise** 2008/09 zeigte sich der Euro stabiler als der Dollar. Jedoch wurde die Schuldenkrise Griechenlands 2010 zum Belastungstest. Nur die späte Einigung, für die Schulden Griechenlands gemeinsam zu bürgen, rettete die Euro-Zone bei der ersten Existenzkrise vor schweren Verwerfungen.

* Der Eindruck, dass Wirtschaft und Handel die Währungsumstellung für eine starke Erhöhung der Preise nutzten, war in der Bevölkerung weit verbreitet.

M1 Aufbruch in ein neues Jahrhundert

Hans-Gert Pöttering 2007-2009 Präsident des Europäischen Parlaments, hält am 12. Oktober 1999 im College of Europe in Natolin (Polen) einen Vortrag über den Wesenskern der Europäischen Union und die Bedeutung der Osterweiterung:

Weiter definierte Wladyslaw Bartoszewski[1], der in den Lagern Hitlers ebenso gelitten hatte wie in denen Stalins, den Begriff Europa: „Der Begriff Europa lässt sich meiner Meinung nach nicht auf den rein geografischen Terminus verengen. In der Geschichte der Völker und Staaten dieses Kontinents hat dieser Begriff eine zivilisatorische Bedeutung angenommen. Er wurde zu einem kollektiven Symbol von fundamentalen Werten und Prinzipien. Europa, das bedeutet vor allem die Freiheit der Person, die Menschenrechte – politische und ökonomische. Das ist eine demokratische und von Bürgern getragene Ordnung. Das ist der Rechtsstaat. Das ist die effektive Wirtschaft, die sich auf individuelles Unternehmertum und Initiative stützt. Gleichzeitig ist es die Reflexion über das Schicksal der Menschen und die moralische Ordnung, die den jüdisch-christlichen Traditionen und der unvergänglichen Schönheit der Kultur entspringt."
Polen leitet, so die Schlussfolgerung von Wladyslaw Bartoszewski, aus dieser Begrifflichkeit Europas, aus seiner Zugehörigkeit zu den europäischen Werten, das Begehren und den Wunsch ab, den europäischen und westlichen Strukturen anzugehören, der Europäischen Union, der Westeuropäischen Union und der Nordatlantischen Allianz. Polen strebt in die Europäische Union, „weil es sich mit ihren fundamentalen Zielen solidarisch erklärt", weil es sich ebenso wie die Begründer der Römischen Verträge von 1957 davon leiten lässt, „in dem festen Willen, die Grundlagen für einen immer engeren Zusammenschluss der europäischen Völker zu schaffen ... und durch diesen Zusammenschluss ... Frieden und Freiheit zu wahren und zu festigen".
Deswegen ist die Erweiterung, vor der wir stehen, in ihrem Charakter, in ihrer historischen Bedeutung, eine völlig andere Beitrittsfrage als der Beitritt der Briten, Iren und Dänen 1973, der Griechen 1981, der Spanier und Portugiesen 1986, der Finnen, Schweden und Österreicher 1995. Alle diese Länder gehörten schon zur demokratischen europäischen Familie, aber die Länder Mitteleuropas wollen erst noch Teil dieser demokratischen Familie Europas werden und somit Teil der Strukturen der Europäischen Union.

[1] Wladyslaw Bartoszewski (geb. 1922): polnischer Journalist und Politiker, Widerstandskämpfer im Zweiten Weltkrieg, 1995-1996 und 2000-2001 Außenminister Polens

Hans-Gert Pöttering, Von der Vision zur Wirklichkeit. Auf dem Weg zur Einigung Europas, Bonn 2004, S. 70 f.

1. *Arbeiten Sie heraus, welche Motive für den Beitritt Polens zur EU im Text genannt werden.*
2. *Die Politikwissenschaft nennt als ein Motiv für die europäische Integration die „nationale Selbstbehauptung". Stellen Sie dar, inwieweit das auch für die osteuropäischen Staaten nach dem Zusammenbruch des Warschauer Pakts gilt.*
3. *Vergleichen Sie die Motive mit der Bundesrepublik Deutschland, als sie nach ihrer Gründung die europäische Integration suchte.*

M2 Überdehnungsschmerzen

Der Politikwissenschaftler Heinz Theisen zeigt sich äußerst skeptisch bezüglich einer weiteren Ausdehnung des EU-Raums:

Statt um Vertiefung und Erweiterung geht es jetzt um Differenzierung und Abstufung. Um der Union zu einer handlungsfähigen Selbstbehauptung zu verhelfen, muss sie sich in der politischen Zusammenarbeit auf ihren engeren Integrationsraum konzentrieren. In einem weiteren Raum würde es nicht mehr um eine auf politischen Gemeinsamkeiten beruhende Integration, sondern nur um eine auf ökonomischen Interessen beruhende Kooperation gehen. Dies gilt vor allem hinsichtlich der nur relativ gleichen Länder des orthodoxen Osteuropa. Im Raum der Koexistenz mit der islamischen Welt ginge es primär um die gegenseitige Organisation von Distanz. [...]
Mit der Türkei als Vollmitglied würde die Europäische Union zu einem Anrainer des Nahen Ostens und des Kaukasus. Mit einem muslimischen Mitgliedstaat würde die Union zwischen alle kulturellen Fronten und Konflikte geraten und als neutraler Vermittler etwa im Nahen Osten ausfallen. Die angestrebte Gemeinsame Außen- und Sicherheitspolitik der EU hätte keine Chance mehr. Eine nicht dezidiert westliche Europäische Union wäre gewissermaßen ein transkulturelles Gebilde und daher kein Beitrag zu einer neuen Weltordnung der Kulturen, die sich in der entstehenden Multipolarität abzeichnet. Sowohl die zunehmende Islamisierung als auch die erstarkende Wirtschaft der Türkei verringert die dortige Begeisterung für Europa. Die Türkei ist eine Macht aus eigenem Recht und könnte darüber zum wichtigsten Kooperationspartner der EU im östlichen Mittelmeer werden. [...] Die Türkei ist längst stark genug, um eine eigene Führungsrolle in der Region zu übernehmen. Da eine politische Integration

in die EU diese behindern würde, liegt ein Beitritt nur noch im wirtschaftlichen Interesse der Türkei. Die EU fände sich auf die Rolle reduziert, anatolische Armutsregionen zu subventionieren, und würde dem türkischen Staat eine Konzentration auf seine Machtobjekte erleichtern. [...]
Das Ziel einer gesamteuropäischen Union ist irreal. Möglich ist eine differenzierte Integration, in der nicht Gemeinsamkeiten, sondern Gegenseitigkeiten die Maßstäbe sind für eine Differenzierung nach Räumen der politischen Integration, der ökonomischen Kooperation und der kulturellen Koexistenz. Für den Wiederaufbau eines handlungsfähigen Kerns sind die Ein- und Ausgrenzungen in Zukunft nach realpolitischen Kriterien des Möglichen zu treffen. Allerdings müsste dafür auch unser Realitätsverständnis erweitert werden. Kulturen, dies haben Spätsozialisten und Neoliberale noch zu lernen, sind eine wesentliche Voraussetzung für das Funktionieren von Währungszonen, politischen Strukturen und Märkten.

Heinz Theisen, Überdehnungsschmerzen. Die EU und ihre Grenzen definieren, in: Merkur 64 (2010), S. 1059-1067, hier S. 1064-1067

1. *Nehmen Sie Stellung zu den Prinzipien, die Theisen für eine weitere Integration der EU formuliert.*
2. *Bewerten Sie die Argumente, die aus seiner Sicht gegen einen Beitritt der Türkei zur EU sprechen.*
3. *Erwägen Sie grundsätzlich das Pro und Contra eines Beitritts der Türkei. Sammeln Sie dazu selbstständig Gesichtspunkte (über die im Text genannten hinaus) und diskutieren Sie in der Form eines Podiumsgesprächs. Jeweils zwei Mitschüler sollten die Argumente für bzw. gegen einen Beitritt vortragen, woran sich eine allgemeine Diskussion anschließt.*
4. *Diskutieren Sie die Schlussthese von Theisen, dass Kulturen eine wesentliche Voraussetzung für das Funktionieren von Währungszonen, politischen Strukturen und Märkten seien. Klären Sie dabei, wie der Begriff „Kultur" definiert werden kann, den Theisen nicht näher kennzeichnet.*

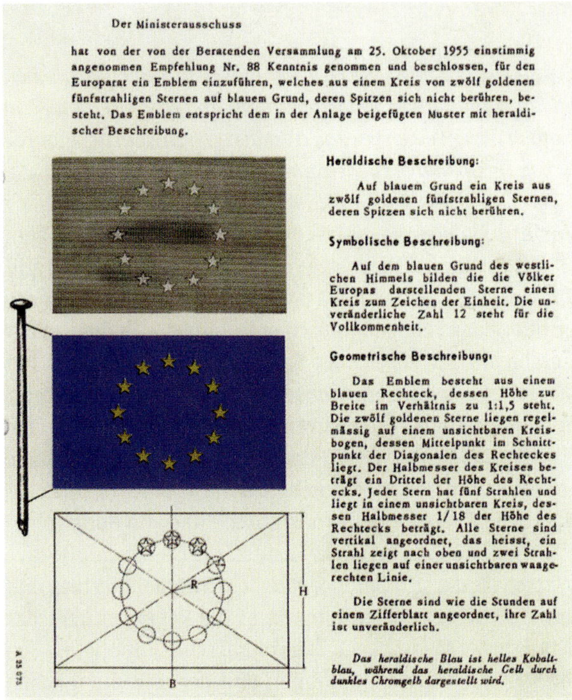
Der Ministerausschuss

hat von der von der Beratenden Versammlung am 25. Oktober 1955 einstimmig angenommen Empfehlung Nr. 88 Kenntnis genommen und beschlossen, für den Europarat ein Emblem einzuführen, welches aus einem Kreis von zwölf goldenen fünfstrahligen Sternen auf blauem Grund, deren Spitzen sich nicht berühren, besteht. Das Emblem entspricht dem in der Anlage beigefügten Muster mit heraldischer Beschreibung.

Heraldische Beschreibung:

Auf blauem Grund ein Kreis aus zwölf goldenen fünfstrahligen Sternen, deren Spitzen sich nicht berühren.

Symbolische Beschreibung:

Auf dem blauen Grund des westlichen Himmels bilden die die Völker Europas darstellenden Sterne einen Kreis zum Zeichen der Einheit. Die unveränderliche Zahl 12 steht für die Vollkommenheit.

Geometrische Beschreibung:

Das Emblem besteht aus einem blauen Rechteck, dessen Höhe zur Breite im Verhältnis zu 1:1,5 steht. Die zwölf goldenen Sterne liegen regelmässig auf einem unsichtbaren Kreisbogen, dessen Mittelpunkt im Schnittpunkt der Diagonalen des Rechteckes liegt. Der Halbmesser des Kreises beträgt ein Drittel der Höhe des Rechtecks. Jeder Stern hat fünf Strahlen und liegt in einem unsichtbaren Kreis, dessen Halbmesser 1/18 der Höhe des Rechtecks beträgt. Alle Sterne sind vertikal angeordnet, das heisst, ein Strahl zeigt nach oben und zwei Strahlen liegen auf einer unsichtbaren waagerechten Linie.

Die Sterne sind wie die Stunden auf einem Zifferblatt angeordnet, ihre Zahl ist unveränderlich.

Das heraldische Blau ist helles Kobaltblau, während das heraldische Gelb durch dunkles Chromgelb dargestellt wird.

▲ **Europaflagge.**
Auszug aus dem Rapport de l'Assemblé sur l'emblème du Conseil de l'Europe (Bericht der Kommission zum Emblem des Europarats). Seit 1986 wird die Flagge des Europarats, wie sie 1953 festgelegt wurde, auch offiziell für die Europäische Union verwendet.

M3 Entwurf einer EU-Verfassung

In einer Erläuterung des EU-Verfassungsentwurfs heißt es 2005:

Als klaren Grundzug hebt der Verfassungsvertrag die *Doppelnatur der EU* als Bürgerunion *und* Staatenunion hervor: Einerseits stützt sich die EU unmittelbar auf die Unionsbürgerinnen und Unionsbürger, denen gegenüber sie öffentliche Gewalt ausübt, zum Beispiel durch die unmittelbar geltenden Europäischen Gesetze. Die Bürgerinnen und Bürger haben dementsprechend gegenüber der Union unmittelbar demokratische Kontrollrechte, besonders in den Wahlen zum Europäischen Parlament. Andererseits stützt sich die Union auch nach wie vor auf die Mitgliedstaaten, deren demokratisch legitimierte Regierungen über den Rat maßgebliche Entscheidungsbefugnisse behalten. Charakteristisch für die Staatenunion ist auch, dass die Mitgliedstaaten „Herren der Verträge" bleiben, da Vertragsänderungen auch künftig nur nach Ratifikation durch alle Vertragsparteien in Kraft treten können (Artikel IV-443 Abs. 3 VVE). Jeder Mitgliedstaat kann überdies im Einklang mit seinen verfassungsrechtlichen Vorschriften beschließen, aus der Europäischen Union auszutreten (Artikel I-60); ein solches ausdrückliches Austrittsrecht war in den bisherigen Gemeinschaftsverträgen seit 1951/57 nicht vorgesehen.
Darüber hinaus bleibt die Europäische Union auch nach Inkraft-Treten der Verfassung eine supranationale Integrationsgemeinschaft eigener Art sowie eine spezielle Rechts- und Wertegemeinschaft. Kennzeichen für die „neue Union" wird nach wie vor die „Gemeinschaftsmethode" sein, in der vom Willen der Regierungen unabhängige Organe, vor allem das direkt von den Unionsbürgern gewählte Europäische Parlament im Mitentscheidungsverfahren und die Europäische Kommission – als „Hüterin des Gesamtinteresses" der Union mittels ihres Vorschlagsmonopols für Gesetzgebungs-

akte – maßgeblichen Einfluss auf die europäische Rechtsetzung ausüben.

Der Charakter der Europäischen Union als Rechts- und Wertegemeinschaft wird darüber hinaus durch die Aufnahme der Charta der Grundrechte als subjektive Grundrechtsgewährleistung und objektive Werteordnung der Union deutlich unterstrichen. Außerdem ist es gelungen, neben dem kulturellen, religiösen und humanistischen Erbe Europas auch die unverletzlichen und unveräußerlichen Rechte des Menschen sowie die Leitprinzipien Freiheit, Demokratie, Gleichheit und Rechtsstaatlichkeit als universelle Werte in der Präambel zu verankern. Ebenfalls in der Verfassung (VVE) festgelegt werden die Symbole der Union: Flagge, Hymne „Ode an die Freude", Motto „In Vielfalt geeint", Europäische Währung und Europatag am 9. Mai (vgl. Artikel I-8).

Verfassung der Europäischen Union, Verfassungsvertrag vom 29. Oktober 2004. Protokolle und Erklärungen zum Vertragswerk, hrsg. von Thomas Läufer, Bonn 2005, S. 15

1. *Arbeiten Sie heraus, welche politischen und ideellen Prinzipien der EU zugrunde gelegt sind.*

2. *Heftig kritisiert wurde, dass in der Verfassung der Bezug auf den christlichen Gott fehlt. Wägen Sie die Argumente dafür und dagegen ab. Nehmen Sie persönlich Stellung.*

3. *Der Text brachte Elemente in die Union ein, die typisch für (demokratische) Staaten sind. Dazu gehören die Bezeichnung Verfassung, die Nennung eines Grundrechtskatalogs und die Symbole der Union. Erläutern Sie, warum das für die Ablehnung des Verfassungsvertrags mitentscheidend war.*

M4 Der Vertrag von Lissabon

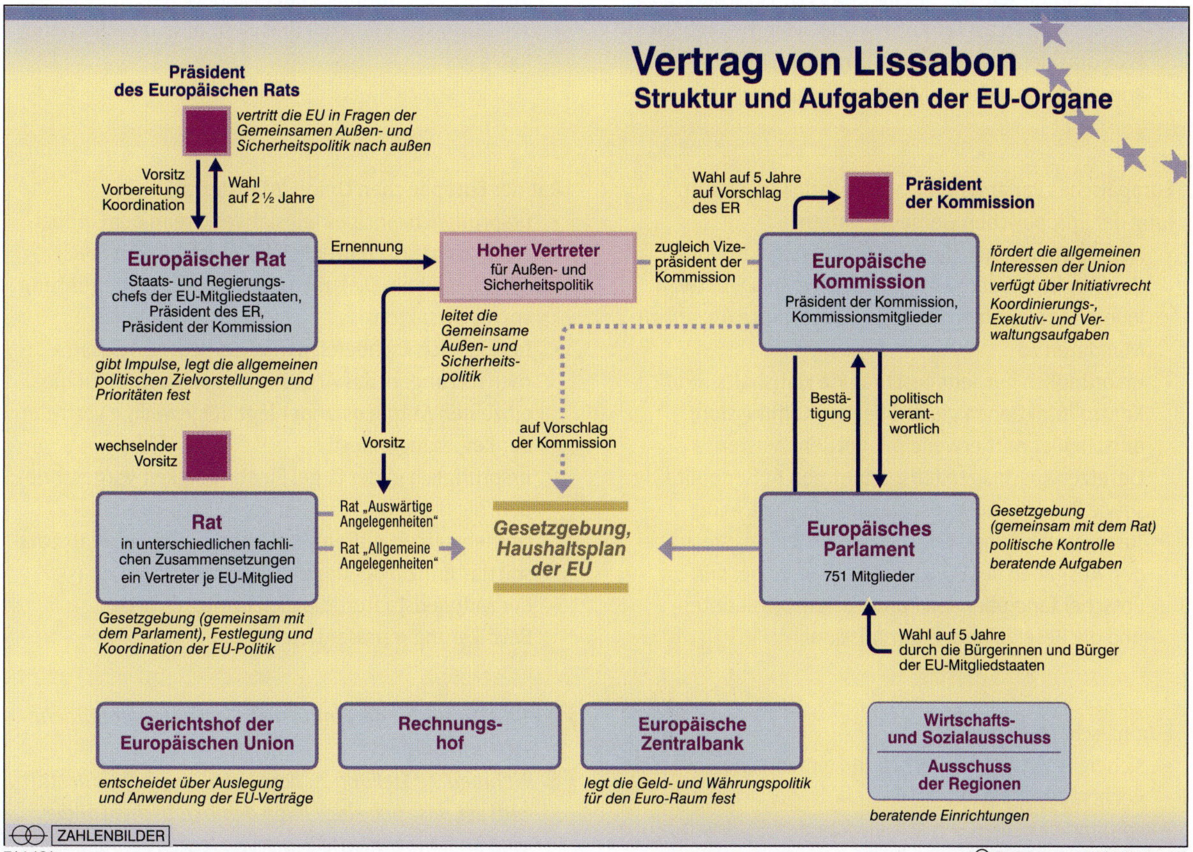

714 121

1. *Im Vertrag von Lissabon haben die Staats- und Regierungschefs versucht, verschiedene Ziele zu erreichen. Die Union sollte erstens bürgernäher und transparenter werden; zweitens sollten die Entscheidungsstrukturen effizienter werden; drittens wollten die einzelnen Mitgliedstaaten ein möglichst großes Mitspracherecht für* *sich reservieren. Arbeiten Sie heraus, welche(s) der drei Ziele jeweils durch Neuregelungen des Reformvertrags erreicht werden kann/können.*

2. *Ordnen Sie die Institutionen den drei Gewalten Legislative, Exekutive und Judikative zu. Arbeiten Sie die Gründe dafür heraus, dass an der Legislative mehrere Organe beteiligt sind.*

3. *Entscheiden Sie, ob die Europäische Union durch den Vertrag tatsächlich demokratischer und bürgernäher wird.*

4. *Vergleichen Sie die Grundstruktur der EWG (siehe S. 217) mit der Grundstruktur der EU im Vertrag von Lissabon. Welche Entwicklungslinien werden deutlich?*

M5 Die Institutionen der Europäischen Union

Europäische Kommission (früher „Hohe Behörde"):
- oberstes Exekutivorgan in den Europäischen Gemeinschaften und der EU
- überwacht die Einhaltung der EU-Verträge, den Wettbewerb und die Haushaltsdisziplin der Mitgliedsländer
- alleiniges Gesetzesinitiativrecht
- ihm gehören seit 2009 der Kommissionspräsident, der Hohe Vertreter für Außen- und Sicherheitspolitik (Vizepräsident) sowie je ein stimmberechtigter Kommissar aus den 27 Mitgliedsländern an

Europäischer Rat:
- oberstes Lenkungsorgan, das über die Leitlinien der EU entscheidet; tritt mindestens zweimal im Jahr zusammen
- 1974 als Institution gebildet; seit 2009 festes Organ der EU
- Mitglieder: Staats- bzw. Regierungschefs (bis 2009 auch die Außenminister der Länder)
- seit 2009 steht ihm der Präsident des Europäischen Rates vor

Europäisches Parlament (bis 1986 offiziell „Versammlung der Europäischen Gemeinschaften"):
- Mitglieder wurden zunächst von den Parlamenten der Mitgliedstaaten entsandt; 1979 erste Direktwahl
- jedem Mitgliedsland steht eine bestimmte Anzahl an Mandaten zu
- ursprünglich nur sehr beschränkte Haushalts- und Kontrollfunktionen gegenüber der Kommission; entscheidet mittlerweile mit bei den meisten Gesetzesvorschlägen (ausgenommen Außenpolitik sowie Bereiche bei der sozialen Sicherheit, in der Justiz- und Innenpolitik); Letztentscheidungsrecht bei den Ausgaben der EU; muss zustimmen bei der Entscheidung über den Kommissionspräsidenten und die Besetzung der Kommission

Rat der Europäischen Union (Ministerrat):
- ursprünglich einziges legislatives Organ der Europäischen Gemeinschaften (EGKS, Euratom und EWG)
- entscheidet als Exekutivorgan über die Durchführung von Rechtsakten
- tagt je nach Fachbereich in verschiedenen Zusammensetzungen; das Abstimmungsverhalten für die einzelnen Mitgliedsländer legt der jeweilige Vertreter der Regierungen fest
- ursprünglich in der Regel Einstimmigkeit vorgeschrieben; diese gilt noch immer grundsätzlich bei der Gemeinsamen Außen- und Sicherheitspolitik; ab 2014 soll das Prinzip der doppelten Mehrheit gelten (55 % der Mitgliedstaaten, die gleichzeitig 65 % der Bevölkerung repräsentieren)

Europäischer Gerichtshof:
- sichert Wahrung des Rechts und einheitliche Rechtsauslegung
- verhandelt Klagen von Mitgliedstaaten, EU-Institutionen, Unternehmen und Einzelpersonen

1. *Bestimmen Sie die Einflussmöglichkeiten der Bürgerinnen und Bürger.*

2. *Nehmen Sie Stellung zu dem Urteil, wonach es unstatthaft sei, dass sich eine Union demokratischer Länder eine undemokratische Regierung leisten könne. Ziehen Sie dafür auch historische Gründe heran.*

Gegenwärtige Herausforderungen der EU

Auf dem Weg zu einem demokratischen Bundesstaat? Die EU hat kein Vorbild in der Geschichte. Deshalb ist die Antwort nicht leicht, wenn man nach der künftig denkbaren Staatsform fragt. Die Europaaktivisten wollen möglichst einen EU-Bundesstaat. Ist er erreichbar? Das Bundesverfassungsgericht gestattete 2009 zwar die Übertragung substanzieller nationaler Rechte auf die EU, aber nicht die Übertragung der „Verfassungsidentität" der Bundesrepublik Deutschland, also der Souveränität. Das Gericht verneinte damit einen Bundesstaat EU, bejahte aber den Einigungsprozess.

Der Fortgang der Einigung ist darüber hinaus prinzipiell wegen der politischen Grundhaltungen der Bürger schwierig: erstens aufgrund ihrer verbreiteten Vorbehalte gegenüber der EU, zweitens aufgrund ihrer starken nationalen Bindung. Noch immer haben die nationalen Staats- und Regierungschefs und ihre Minister ein entscheidendes Gewicht. Bei Gipfeltreffen oder im Rahmen der **Ratspräsidentschaft** bietet ihre Doppelfunktion Chancen und Risiken. Ein Einsatz für die Union eröffnet die Möglichkeit, sich international zu profilieren. Im eigenen Land jedoch kann dieser Einsatz zu Ansehensverlust führen, wenn die Bürger europakritisch sind.

Ratspräsidentschaft: Nach einem festgelegten Turnus übernehmen die einzelnen Mitgliedsländer jeweils für ein halbes Jahr den Vorsitz im Ministerrat. Dabei leiten sie die Sitzungen und arbeiten ggf. Kompromisse aus.

Die Vorbehalte gegen Europa lauten, dass die EU bürokratisch und bürgerfeindlich sei. Sprichwörtlich für die Regulierungswut der Brüsseler Beamten sind die Bananen- oder die Gurkenverordnung, die deren Krümmung und Länge vorschreiben (▸ M1; M2). Vergessen wird demgegenüber, dass EU-Vorschriften den Verbraucher auch schützen. Schwerer wiegt der Vorwurf, die EU sei bürgerfeindlich und unzureichend demokratisch legitimiert. Die Rechte des Europäischen Parlaments wurden zwar gestärkt. Aber immer noch erfahren die Bürger Europa als bürokratisches Handlungsfeld, nicht als Forum der Demokratie. Die Beamten, nicht das Parlament erscheinen als das eigentliche Machtzentrum der EU. Dabei beklagen Beobachter, dass Persönlichkeiten fehlten, die Europa verkörpern, und dass es an kontroversen Debatten mangle. Stattdessen würden europäische Themen in Hinterzimmern abgehandelt, weil sie wenig zum Stimmenfang geeignet seien. Dass die Klagen nicht abwegig sind, zeigt die Beteiligung bei Europawahlen. Sie sinkt seit der ersten Direktwahl 1979 und hat einen Tiefstand erreicht.

▲ **Die Qual der Wahl.**
Karikatur von Klaus Stuttmann, 2009.

Neben der Europaskepsis ist die nationale Bindung ein noch größeres Hindernis. Die meisten Europäer verstanden sich in den Jahrhunderten der Neuzeit als Angehörige einer Nation. In der neuesten Geschichte waren sie bereit, ihr Leben für ihre Nation einzusetzen. Diese historische Tiefenstruktur ist nicht verschwunden. Vor allem aber ist die Identifizierung jedes Einzelnen mit der Nation als Schicksals- und Lebensgemeinschaft weiterhin sehr stark.

Wegen der Vorbehalte verfügt die EU über zu wenig *Legitimation* (Berechtigung), um ein Bundesstaat für die Europäer zu werden. Wegen der nationalen Bindungen haben die Bürger zu wenig europäische *Identität*, um sich einem europäischen Staat zugehörig zu fühlen.

Erneut deutlich wurde die Anziehungskraft des Nationalen nach dem Zusammenbruch des Ostblocks. Er führte in den 1990er-Jahren zu einer Renaissance des Nationalstaats, insbesondere in Ostmitteleuropa. Der Kommunismus hatte das Nationalgefühl unterdrückt, das sich nun umso stärker entfaltete. Das Bedürfnis, die eigene Geschichte und Sprache zu pflegen und sich von den Nachbarn zu unterscheiden, erfasste aber nicht nur die Balkanvölker, sondern ebenso die Flamen und Wallonen* in Belgien.

Ein wichtiges Prinzip der EU ist der *Regionalismus*. Er hat in erster Linie das Ziel, den wirtschaftlichen und sozialen Zusammenhalt in der Gemeinschaft zu verbessern und einen einheitlichen Lebensstandard herzustellen. Deshalb werden Wachstum und Beschäftigung in wirtschaftsschwachen Gegenden gefördert. Der seit 1994 bestehende **Ausschuss der Regionen** soll allen Gegenden in Brüssel direkt eine Stimme geben und Befürchtungen entgegenwirken, dass lokale kulturelle, wirtschaftliche und politische Besonderheiten übergangen werden. In Streitigkeiten um Unabhängigkeit hat die europäische Gemeinschaft immer die Souveränität der Nationalstaaten respektiert, jedoch vermittelnd eingegriffen. So hat sie die Einrichtung von Autonomieverwaltungen im Baskenland und in Südtirol unterstützt, wo die Bevölkerung ihre Angelegenheiten zum Teil selbst regeln kann.

Ausschuss der Regionen: Er umfasst 222 Vertreter regionaler und lokaler Organe; berät die Institutionen der EU.

Ein Europa der unterschiedlichen Geschwindigkeiten? Trotz ihrer regionalen Bindungen identifizieren sich Politiker und Bürger der EU in der Regel mit dem Nationalstaat. Dabei gibt es Unterschiede. Die Briten hielten seit Jahrhunderten ihre Distanz zum Kontinent. Sie verfielen außerdem nie in einen blinden Chauvinismus**, der das hässliche Gesicht der Nation gezeigt hätte. Bei den Deutschen ist das anders. Sie vergaßen nicht, dass ihr schrankenloser Nationalismus die Katastrophe des Zweiten Weltkriegs heraufbeschworen hatte. Nach 1989 wussten ihre Politiker deshalb sehr wohl, dass ein starkes Deutschland in der Mitte Europas das Einvernehmen der Nachbarn gewinnen musste.

Weil die EU-Staaten sich in ihrer Bereitschaft zur Integration unterscheiden, wird das Konzept eines *Europa der unterschiedlichen oder der zwei Geschwindigkeiten* praktiziert. Gemeint ist ein Einigungsprozess, den einige EU-Staaten rascher, andere langsamer vollziehen. Die *innere Differenzierung* der Gemeinschaft begann mit der Umsetzung der Einheitlichen Europäischen Akte nach 1986. Die von den Kritikern befürchtete Spaltung der Einigung blieb aus. Dies war auch der Fall beim Schengener Abkommen, dem sich mittlerweile auch Nicht-EU-Staaten angeschlossen haben, und bei der Erweiterung der Eurozone.

Bei den unterschiedlichen Geschwindigkeiten kristallisierte sich ein „Kerneuropa" mit einer rascheren Integration heraus, zu dem die Sechs der Römischen Verträge gehören. Demgegenüber steht die verzögerte Integration der „äußeren", vor allem osteuropäischen EU-Staaten. Außerhalb der EU finden wir weitere Abstufungen. So arbeiten die Kandidaten für einen Beitritt schon vor der Aufnahme mit der EU zusammen. Einige Nachbarn der EU schließen sich auch ohne Mitgliedschaft dem Wirtschafts- oder Schengen-Raum an (u.a. Norwegen, Island, Liechtenstein).

* Flamen und Wallonen: Volksgruppen in Belgien mit niederländischer bzw. französischer Sprache und Tradition

** Chauvinismus: übersteigerter Nationalismus, der die eigene Nation für überlegen hält

Wohin mit dem Geld? Der EU-Haushalt Die Einnahmen der EU stammen zu zwei Dritteln aus den *Zuweisungen* der Mitgliedstaaten. Das letzte Drittel kommt aus Zolleinnahmen und aus der nationalen Mehrwertsteuer (maximal 0,3 Prozent). Jedoch darf der Etat 1,24 Prozent des Bruttonationaleinkommens der EU nicht übersteigen; demgemäß werden die Zuweisungen angepasst.

Unter den Ausgaben machen die *Struktur- und Entwicklungshilfen* fast die Hälfte aus. Sie fließen überwiegend an Regionen, deren Bruttosozialprodukt weniger als 75 Prozent des EU-Durchschnitts beträgt. Die Subventionen aus der gemeinsamen Agrarpolitik betragen immer noch rund 30 Prozent, die Verwaltungsausgaben sechs Prozent der Gesamtausgaben (▸ M3).

Jeder Staat bezahlt für den EU-Haushalt und bekommt daraus Hilfen. Dabei unterscheidet man *Nettozahler* und *Nettoempfänger*, je nachdem, ob ein Staat weniger oder mehr zurückbekommt, als er zuweist. Zu den Nettoempfängern gehören vor allem wirtschaftsschwache Süd- und Ostländer. Die Bundesrepublik (wie auch die Niederlande, Österreich oder Schweden) ist Nettozahler. Sie zieht aber großen Gewinn aus dem intensiven Handel innerhalb des Binnenmarkts, der mehr Arbeitsplätze und höhere Steuereinnahmen erbringt.

Zukünftige Reformen sollen die Akzeptanz bei den Bürgern erhöhen und das Prinzip der Solidarität festigen. Folgende Überlegungen sind von Bedeutung: Bei den Einnahmen könnte eine allgemeine EU-Steuer die Zuweisungen ersetzen; allerdings, so wird gefordert, sollten die Einnahmen der EU dadurch nicht steigen. Bei den Ausgaben erschwert das noch maßgebende Prinzip der Einstimmigkeit Reformen. EU-Staaten, die sehr stark von den Struktur- und Agrarhilfen profitieren, können Veränderungen blockieren. Für andere Bereiche wie Wissenschaft und Forschung stehen bisher nicht ausreichend Fördergelder zur Verfügung.

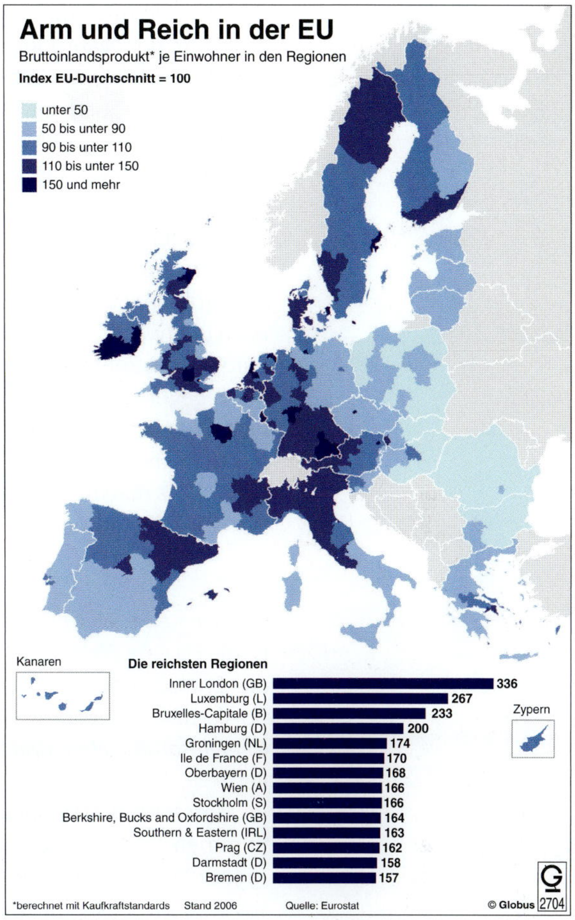

▲ Die Wirtschaftskraft der EU-Länder im Jahr 2006.

- *Nennen Sie die Länder mit dem geringsten und die Regionen mit dem höchsten Bruttoinlandsprodukt.*
- *Diskutieren Sie, ob sich die wirtschaftliche Leistung in der Stimmengewichtung für die jeweiligen Länder niederschlagen sollte.*

Welche Richtung nimmt der Binnenmarkt? Die Währung als Problem Der Einigungsprozess war um 1950 zunächst als politisches Projekt gedacht. Sein Motor wurde dann doch der Binnenmarkt. Es gelang, ihn zu „vollenden", als er weitgehend den freien Verkehr von Waren, Personen, Dienstleistungen und Kapital gewährleistete. Jedoch bedarf er des fortgesetzten Ausbaus, wie auch die Währungsunion, die nach dem Maastrichter Vertrag 1993 verwirklicht wurde.

Dem Binnenmarkt stellen sich drei Herausforderungen: Erstens soll eine *Energiepolitik* den Ausbau erneuerbarer Energien und die Energieeffizienz fördern. Die größere Herausforderung ist zweitens die Koordinierung der *Sozialpolitik*, die im Amsterdamer Vertrag 1999 als Aufgabe formuliert wurde. Bisher ist die Sozialpolitik immer noch ein nationales Politikfeld, das in Wahlkämpfen eine bedeutende Rolle spielt. Die Wähler erwarten allerdings auch ein Engagement der EU. Drittens muss der weite Abstand zwischen reichen und armen EU-Staaten verringert werden (▸ M4).

Die Währungsunion galt den einen als Krönung des Binnenmarkts, den anderen als Union des Währungsverfalls. Die meisten Experten freilich versichern heute, dass sich der Euro in einer Weise bewährt hat, wie man es nicht erwarten konnte.* Sie bestätigen aber auch die Bedenken, dass die *Stabilität* des Euro stets gefährdet ist, solange die Finanz- und Wirtschaftspolitik letztlich national verantwortet wird.

Außerdem verlangt die Währungsunion „Konvergenzkriterien", d.h. als Bedingung für ihre Mitglieder eine Haushalts- und Preisstabilität. Die Staaten dürfen sich jährlich nicht höher verschulden als um drei Prozent, insgesamt nicht höher als mit 60 Prozent ihres Bruttosozialprodukts. Die Verstöße gegen diese Kriterien sind zahlreich. Die Preisstabilität der Euro-Zone wurde von der Europäischen Zentralbank in Frankfurt erfolgreich überwacht. Jedoch erwies sich in der Schuldenkrise Griechenlands 2010, dass die Europäische Zentralbank nicht anders als die Nationalbanken der USA und Großbritanniens gegen die eherne Regel verstieß, keine Staatsanleihen anzukaufen. Letztlich erweitert das den Geldumlauf und kann inflationäre Entwicklungen auslösen. Dabei wies das gemeinsame, obschon späte Handeln der EU-Staaten in der Schuldenkrise in die Zukunft. Es machte die Notwendigkeit offenkundig, die Finanz- und Wirtschaftspolitik stärker abzustimmen als bisher.

Europa – eine Weltmacht? Der Einsatz des europäischen Potenzials Wirtschaftlich ist die EU eine Weltmacht, politisch und militärisch nicht. In den 1970er-Jahren begann die „Europäische Politische Zusammenarbeit", um die Politik zu koordinieren. Als erster EU-Vertrag stellte dann die Einheitliche Europäische Akte 1986 die Weichen für eine *Gemeinsame Außen- und Sicherheitspolitik* (GASP), die der Maastrichter Vertrag formulierte.

Tatsächlich aber sprach Europa in allen darauf folgenden Krisen mit nationalen Stimmen. Es minderte dadurch seinen Einfluss während der Jugoslawien-Kriege der 1990er-Jahre und vor allem beim letzten Golfkrieg von 2003**. Dabei zerfiel Europa sogar in zwei Lager; Frankreich und die Bundesrepublik missbilligten diesen scharf, während die Regierungen Großbritanniens, Italiens und osteuropäischer Staaten die USA sogar militärisch unterstützten.

Der Lissaboner Vertrag etablierte 2009 einen Hohen Vertreter für die Außen- und Sicherheitspolitik der EU und einen Europäischen Auswärtigen Dienst. Damit verfügt die EU über ein eigenes Außenministerium. Gegner kritisieren die 2010 in Gang gekommene Besetzung des Dienstes als zu kostspielig und überflüssig. Aber Skepsis begleitete den Einigungsprozess in allen fünf Jahrzehnten, in denen er trotzdem stetig voranschritt.

Soll und kann Europa eine gemeinsame Außen- und Sicherheitspolitik betreiben, letztlich eine *Weltpolitik*, die seinem Potenzial entspricht? Es gibt Argumente dafür. Im Zeitalter der Globalisierung versteht sich die EU nicht in erster Linie als Binnenmarkt. Vielmehr will sie ihre Kräfte bündeln, da sich der politische Einfluss ihrer Einzelstaaten verringert. Zudem erwarten die Partner weltweit ein stärkeres Engagement Europas. Die EU wird das freilich nicht in einem eng verstandenen Vorteilsdenken tun können. Der Friede, den sie auf dem eigenen Kontinent stabilisiert, ist abhängig vom Frieden außerhalb. Daher muss die EU ihr wirtschaftliches und militärisches Potenzial künftig stärker für den Frieden in der Welt einsetzen (▸ M6 und M7).

* siehe S. 229 f.
** siehe S. 222

Um auch in der Hochtechnologie als konkurrenzfähige „global player" zu agieren, arbeiten Unternehmen, Banken und Staaten aus verschiedenen europäischen Ländern in Konsortien* und Organisationen zusammen. Beispiele dafür sind die EADS (*European Aeronautic Defence and Space Company*) mit dem Luftfahrtunternehmen Airbus und die europäische Weltraumorganisation ESA (*European Space Acency*). Teure Projekte dienen zum Teil dem Prestige der europäischen Staaten und lassen die europäische Wirtschaft von technologischen Entwicklungen profitieren.

▲ **Lena Meyer-Landrut, die Gewinnerin des Eurovision Song Contest 2010.**
Der Eurovision Song Contest (früher Grand Prix Eurovision de la Chanson) ist ein Liederwettbewerb der Europäischen Rundfunkunion (EBU), in der 57 Länder aus Europa, Asien und Nordafrika vertreten sind. Er wird seit 1956 jährlich ausgetragen. Beim Finale entscheiden die Zuschauer der teilnehmenden Länder das Ergebnis mit.

- *Erörtern Sie, ob die Veranstaltung die europäische Identität stärkt oder ob der Konkurrenzgedanke im Vordergrund steht.*
- *Nennen Sie weitere europäische Organisationen aus unterschiedlichen gesellschaftlichen Bereichen (z.B. Sport, Kultur). Informieren Sie sich über die beteiligten Mitgliedsländer. Diskutieren Sie, welche Bedeutung sie für Europa haben.*

Gibt es eine Wertegemeinschaft? Europäische Identität Die EU hat im Lauf der Jahrzehnte eine *Identität* entwickelt. Die Reden der führenden Staatsmänner erinnern nicht mehr so häufig wie um 1950 an die Werte des Christentums und der Antike. Frieden und Freiheit sind jedoch Kernbegriffe der Wertegemeinschaft geblieben. Darüber hinaus werden Werte genannt, die europäisch und westlich-atlantisch zugleich sind: die Vernunft (Rationalität, Rationalismus), die Säkularisierung (Trennung von Kirche und Staat) sowie die Demokratie (Herrschaft des Volkes) als Garant der Menschenrechte und des Rechts.

Die Frage, ob diese Orientierungen in der Politik zum Tragen kommen, stellt sich in jedem Einzelfall. Ein Beispiel ist die Integration der arabischen und türkischen Minderheiten. Sie kommen aus einer anderen Wertewelt, in der die Religion weit mehr gilt als rein weltliche Vernunftgründe, in der auch die Demokratie keine vergleichbare Tradition hat und anders verstanden wird als in Europa. Die Herausforderung für Europa ist, die schwierige Integration der Zuwanderer zu bewältigen, ohne die eigenen Werte des Friedens, der Freiheit und der Demokratie zu missachten (▸ M5). Aber die Herausforderung, die in Reden beschworenen Werte in unmittelbare Politik umzusetzen, betrifft jedes Handlungsfeld, auch die demokratischen Ordnungen der Europäer selbst.

Stiftet die gemeinsame Kultur und Akzeptanz der Werte auch eine Identität bei den Bürgern, verstanden als Übereinstimmung, *Identifizierung* mit Europa? Eine Umfrage im Jahr 2004 brachte folgendes Ergebnis: 86 Prozent der Befragten waren stolz auf ihre Nationalität, 68 Prozent waren stolz darauf, Europäer zu sein.

Noch kann keine Rede davon sein, dass sich eine gemeinsame europäische Öffentlichkeit gebildet hat. Deshalb konzentrieren sich – abgesehen von Eliten in Politik, Wirtschaft und Kultur – die Diskussionen über europäische Fragen noch immer auf den nationalen Raum. Europäische oder länderübergreifende Medien spielen somit nur eine sehr untergeordnete Rolle. Um den Austausch zwischen den Ländern zu erweitern und zu vertiefen, ermöglichen europäische Bildungsprogramme wie **SOKRATES** und **ERASMUS** jungen Menschen für längere Zeit in anderen europäischen Ländern zu leben und helfen Sprachbarrieren sowie Vorurteile abzubauen.

SOKRATES: Aktionsprogramm der EU zur Förderung der transnationalen Zusammenarbeit im Bildungsbereich; 2006 abgelöst durch das „Programm für lebenslanges Lernen"

ERASMUS: Teil des Programms SOKRATES und dann des „Programms für lebenslanges Lernen"; gegründet 1997, um die Zusammenarbeit der europäischen Hochschulen und vor allem die Mobilität der Studenten zu fördern

* Konsortium: Zusammenschluss von Unternehmen und Banken zur Durchführung eines größeren Geschäfts

M1 Bananenbürokratie und politische Enteignung der Bürger

Hans Magnus Enzensberger, deutscher Dichter, der sich leidenschaftlich immer wieder Zeitfragen zuwendet, kritisiert unter dem Titel „Wehrt euch gegen die Bananenbürokratie!" 2010 in der „Frankfurter Allgemeinen Zeitung" die Europäische Union:

Meine Lobrede auf die Europäische Union ist kurz. In der Geschichte unseres Erdteils gibt es nur wenige Jahrzehnte, in denen der Friede geherrscht hat. Zwischen den Staaten, die diesem Bund angehören, ist es seit 1945 zu keinem einzigen bewaffneten Konflikt mehr gekommen. Das ist eine Anomalie, auf die Europa stolz sein kann.

Auch über eine Reihe von anderen Annehmlichkeiten können wir uns freuen. Sie sind inzwischen so selbstverständlich geworden, dass sie uns kaum noch auffallen. Ich bin aber alt genug, um mich daran zu erinnern, wie mühsam es nach dem Zweiten Weltkrieg war, ein benachbartes Land zu betreten. [...]

Schon seit der Gründung der Europäischen Gemeinschaften haben Ministerrat und Kommission dafür gesorgt, dass die Bevölkerung bei ihren Beschlüssen nichts mitzureden hat. Als hätte es die Verfassungskämpfe des neunzehnten und zwanzigsten Jahrhunderts nie gegeben, haben sie sich von Anfang an auf eine Kabinettspolitik verständigt, die alles Wesentliche im Hinterzimmer aushandelt. Dass dieser Rückfall in vorkonstitutionelle[1] Zustände durch kosmetische Korrekturen zu heilen wäre, glaubt inzwischen niemand mehr. Das viel beschworene demokratische Defizit ist also nichts weiter als ein vornehmer Ausdruck für die politische Enteignung der Bürger.

[1] vorkonstitutionell: bevor es Verfassungen gab

Damit befinden sich die Akteure in einer äußerst komfortablen Situation. Anders als in einem klassischen Rechtsstaat gibt es im Regime der Europäischen Union keine richtige Gewaltenteilung. [...] Die Kommission hat praktisch ein Monopol für die Gesetzesinitiative. Sie verhandelt und entwirft ihre Richtlinien hinter geschlossenen Türen. Die Kontrolle durch das Europa-Parlament ist schwach. Es kann nur über etwa vierzig Prozent des Budgets entscheiden. Die klassische Regel „No taxation without representation" hat hier keine Gültigkeit. Die über fünfzehntausend Lobbyisten, die in Brüssel tätig sind, haben mehr Einfluss auf die Entscheidungen der Kommission als alle Abgeordneten. [...]

Was aber die Bewohner unseres Erdteils am meisten nervt, ist der Regelungswahn der Brüsseler Behörden. [...] Es gibt einen schönen Satz des deutschen Philosophen Odo Marquard, den man der Eurokratie gerne hinter die Ohren schreiben möchte: „Es kommt nicht darauf an, die Welt zu verändern, sondern sie zu verschonen." Leider folgt man in Brüssel lieber einer anderen Maxime. Sie lautet: Augen zu und durch. Nun fällt es den Angehörigen einer jeden politischen Klasse natürlich schwer einzusehen, dass sie nicht unsere Herren, sondern unsere Diener sind.

Hans Magnus Enzensberger, Wehrt euch gegen die Bananenbürokratie, in: FAZ, vom 3. Februar 2010, Nr. 28, S. 27

1. *Fassen Sie die Kritik Enzensbergers zusammen.*
2. *Arbeiten Sie an Beispielen heraus, dass es darauf ankäme, die Welt mit überflüssigen Vorschriften zu verschonen. Geben Sie dabei, wenn möglich, den Akteur an (Kommune, Land ... EU).*
3. *Diskutieren Sie den Vorwurf der „politischen Enteignung der Bürger" (Z. 23).*

M2 Zustimmung zur Mitgliedschaft in der EG bzw. EU 1981-2009

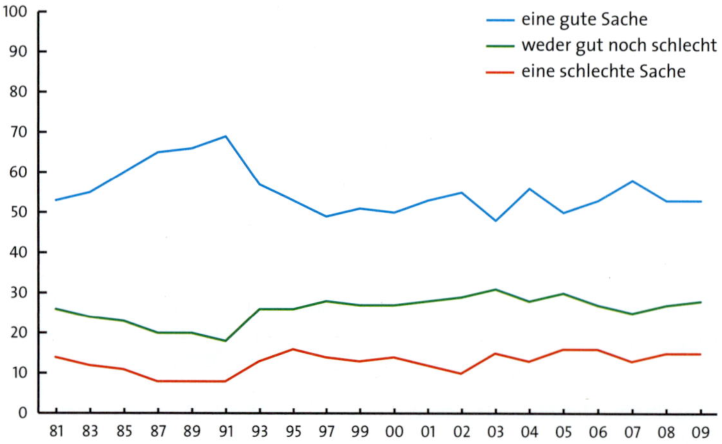

Der Umfrage in allen Ländern der EG bzw. EU lag die Frage zugrunde: „Glauben Sie, dass die Mitgliedschaft in der Europäischen Gemeinschaft ... ist?"

1. *Beschreiben Sie die überwiegend geringen Veränderungen, die aus dem Liniendiagramm hervorgehen.*
2. *Diskutieren Sie, ob aus solchen Umfragen Rückschlüsse auf eine europäische Identität gezogen werden können.*

Nach Standard Eurobarometer 52 und 73; http://ec.europa.eu/public-opinion (abgerufen am 29. November 2010)

M3 Der Haushalt der EU

Ausgaben (2010)

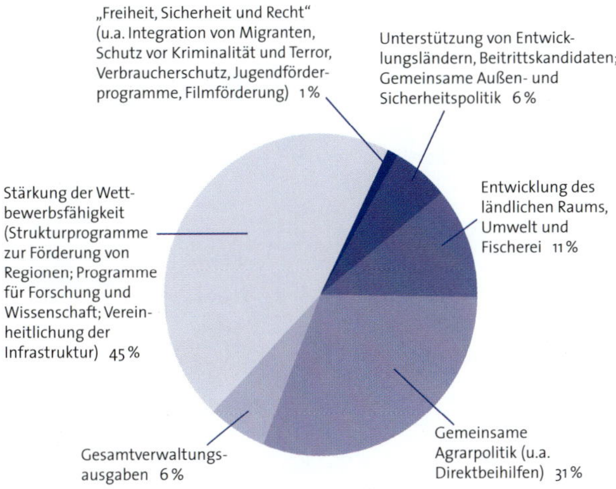

Nach: Werner Weidenfeld, Die Europäische Union, Paderborn 2010, S. 159 und 162

Einnahmen (2009)

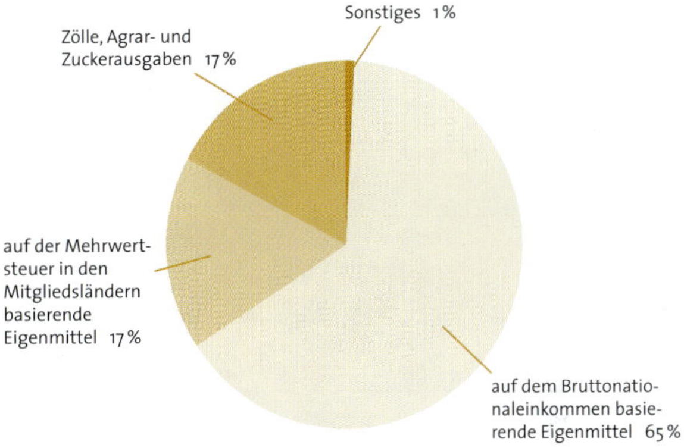

Der Begriff „Eigenmittel" bedeutet, dass diese Gelder automatisch an die EU abgeführt werden, ohne dass es dazu einen eigenen Beschluss geben muss.
Grundsätzlich darf der Haushalt niemals die Obergrenze von 1,24 Prozent des Bruttonationaleinkommens in der EU überschreiten. Die Aufnahme von Schulden ist unzulässig.
Einige Hilfsprogramme der EU werden gesondert finanziert. Eines der wichtigsten ist dabei der EU-Solidaritätsfonds, der jährlich etwa 1 Mrd. Euro enthält. Mit ihm werden Länder unterstützt, die Opfer von Naturkatastrophen oder wirtschaftlichen Krisen wurden.

1. *Fassen Sie die Betätigungsfelder der EU zusammen, soweit sie aus dem Haushalt hervorgehen.*
2. *Erläutern Sie, welche Aufgaben der EU der Haushalt nicht verdeutlicht.*
3. *Stellen Sie dar, inwiefern sich im Haushalt die Entwicklung der europäischen Integration widerspiegelt.*

M4 Soziale Komponente

In einem Lehrbuch von 2010 erachtet es Werner Weidenfeld als notwendig, dass sich die EU der Sozialpolitik zuwendet:

Die europäische Einigung war von Anfang an ein politisches Projekt, das über eine ökonomisch geprägte Strategie vermittelt wurde. Angesichts der Herausforderungen zunehmend globaler Märkte kann sich die wirtschaftliche Integration keinen Stillstand leisten. Dass die wirtschaftliche Integration darüber hinaus unzureichend durch eine soziale Komponente abgefedert ist, haben nicht zuletzt die beiden Nein-Kampagnen gegen die Europäische Verfassung in Frankreich und den Niederlanden im Jahre 2005 gezeigt. Gerade in Zeiten der wirtschaftlichen Krise und der existenziellen Unsicherheit vieler Menschen müssen sich die Europäische Union bzw. ihre Mitgliedstaaten über die Eckpunkte eines sozialen Europas verständigen, auch wenn die Frage nach dem passenden Sozialmodell zu den sensibelsten Bereichen der nationalen Politik gehört.
Die Angst vor Sozialdumping und der unkontrollierten Liberalisierung der Märkte verstärkt die Abwehrhaltung vieler Bürger gegenüber der EU. Zwar wurde die Sozialpolitik als Feld europapolitischer Koordinierung bereits früh als gemeinsame Aufgabe wahrgenommen und in Amsterdam 1999 als eigenes Kapitel in die Verträge überführt. Doch im Vergleich zur Dimension dieser Politik ist nicht viel passiert. Abgesehen von der Entsenderichtlinie und Maßnahmen zur Chancengleichheit gibt es hier kaum echte Kompetenzen und Gesetzgebung. Die Mitgliedstaaten finden in diesem Feld keine gemeinsame Linie, ihre Auffassungen über die Ausgestaltung ihrer jeweiligen sozialen Sicherheitssysteme gehen weit auseinander. Auch wenn die Möglichkeiten der europäischen Ebene vor diesem Hintergrund begrenzt sind, könnten mehr Fortschritte erzielt werden.

Werner Weidenfeld, Die Europäische Union, Paderborn 2010, S. 210

1. *Ordnen Sie die Aussage ein, dass die europäische Einigung ein politisches Projekt war, das über eine ökonomisch geprägte Strategie vermittelt wurde.*
2. *Begründen Sie u. a. mithilfe der Hinweise aus dem Text, weshalb die europaweite Koordinierung der Sozialpolitik sehr schwierig ist.*

M5 Glaube an Gott und Muslime in Europa

Der ersten Karte liegt eine repräsentative Umfrage zugrunde. Die Frage lautete: „Glauben Sie an einen Gott?"

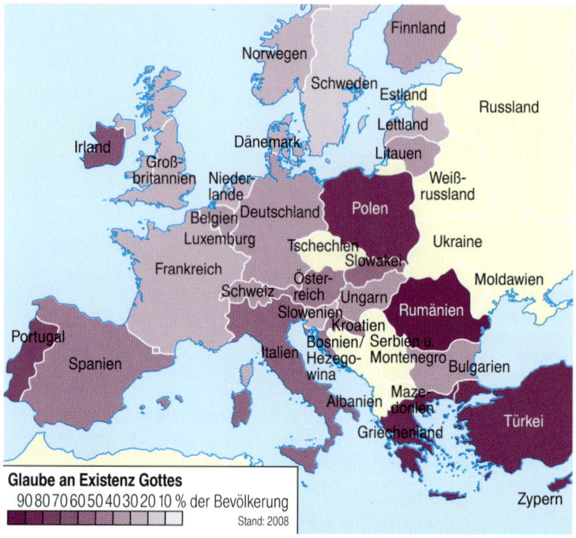

1. *Benennen Sie die Herausforderung, die sich durch die Haltung der Bevölkerung gegenüber der Religion ergibt.*
2. *Laut Umfragen ist für die Bevölkerung in den EU-Ländern die Religion kein wichtiger Wert. Bewerten Sie, welchen Stellenwert die Religion für die europäische Integration hatte.*
3. *Diskutieren Sie, inwieweit die unterschiedliche Haltung der Bevölkerung gegenüber der Religion die europäische Integration behindern kann.*

M6 Die weltpolitische Herausforderung der EU

Der Politikwissenschaftler Herfried Münkler erläutert 2005 in seinem Buch über „Imperien" (vom antiken Rom bis zu den USA) auch die weltpolitische Lage Europas:

Europa ist durch die veränderten Konstellationen nach dem Ende des Ost-West-Gegensatzes und dem Zusammenbruch der Sowjetunion erheblich stärker herausgefordert, als man sich dies Anfang der 1990er-Jahre vorstellen konnte und wollte. Zunächst wurde das Ende des weltpolitischen Gegensatzes als Chance begriffen, die Teilung des Kontinents in zwei konträre politische Lager zu überwinden und den in Westeuropa begonnenen Prozess einer die Nationalstaaten übergreifenden wirtschaftlichen und politischen Integration schrittweise auf Mittel- und Osteuropa auszudehnen. Rückblickend zeigt sich, dass man den befürchteten Widerstand Russlands überschätzt, während man die dabei auftretenden wirtschaftlichen und sozialen Probleme unterschätzt hat. Dass sich mit der „Wiedervereinigung Europas" auch dessen politisches Gewicht verändern und es weltpolitisch eine gewichtigere Rolle spielen werde, ist von einigen Beobachtern vorausgesagt worden, wobei die Erwartungen bezüglich der Rolle, die den Europäern dabei zufallen werde, in der Regel weit überzogen waren. [...]

Tatsächlich bestand und besteht die Herausforderung der Europäischen Union darin, dass sie auf der einen Seite mit einem postimperialen Raum konfrontiert war, in dem sich mit großer Geschwindigkeit alle die Konflikte und Instabilitäten entwickelten, die für postimperiale Räume typisch sind, während sich auf der anderen Seite die bislang als wohlwollender Hegemon[1] agierende westliche Führungsmacht zunehmend in einen imperialen Akteur verwandelte, der auf die Wünsche und Vorstellungen seiner Verbündeten kaum noch Rücksicht nahm. Die meisten europäischen Politiker sind von diesen Entwicklungen auch deswegen überrascht worden, weil sie die Handlungslogik eines Imperiums nicht auf ihrer Rechnung hatten: Sie dachten in der politischen Recheneinheit Staat – und wurden mit postimperialen Räumen auf der einen und einem imperialen Akteur auf der anderen Seite konfrontiert. Die Irritationen begannen bei der Frage, welche Reaktion auf die jugoslawischen Zerfallskriege angemessen sei, und steigerten sich bis zu den politischen Zerwürfnissen im Vorfeld des Irak-Krieges. Hat nun, wie einige

[1] Hegemon (griech.): Vorherrscher, Vormacht

▲ **EUPOL.**
Foto vom 28. März 2010.
Zur Gemeinsamen Außen- und Sicherheitspolitik der EU gehören auch friedenserhaltende oder -schaffende Maßnahmen. Bei der Mehrzahl der EU-Missionen, die es im Zeitraum zwischen 1992 und 2009 gab, handelte es sich um zivile Einsätze.
In Afghanistan unterstützt die EU den Aufbau einer Polizei. Das Bild zeigt einen Ausbildungsleiter aus Schleswig-Holstein (rechts).

meinen, Europa an Bedeutung und Einfluss gewonnen? Oder hat es, wie andere dagegenhalten, an beidem verloren?

Herfried Münkler, Imperien. Die Logik der Weltherrschaft – vom Alten Rom bis zu den Vereinigten Staaten, Berlin 2005, S. 245 f.

1. *Erläutern Sie die „Wiedervereinigung Europas“ durch die EU. Was ist mit postimperialem Raum gemeint?*
2. *Analysieren Sie das politische Verhalten der EU-Staaten im Rahmen der Jugoslawien-Kriege und des Irak-Kriegs, die Münkler nennt.*
3. *Überprüfen Sie, welche Antwort auf die beiden Schlussfragen Münklers angemessen ist. Ist Europa seit 1990 in der Welt wichtiger geworden?*

M7 Lehren Europas aus der Geschichte

Zwei Philosophen, der Deutsche Jürgen Habermas und der Franzose Jacques Derrida, machen sich gemeinsam Gedanken zu Aspekten der europäischen Identität im 21. Jahrhundert:

In Europa sind die lange nachwirkenden Klassenunterschiede von den Betroffenen als ein Schicksal erfahren worden, das nur durch kollektives Handeln abgewendet werden konnte. So hat sich im Kontext von Arbeiterbewegungen und christlich-sozialen Überlieferungen ein solidaristisches, auf gleichmäßige Versorgung abzielendes Ethos des Kampfes für „mehr soziale Gerechtigkeit“ gegen ein individualistisches Ethos der Leistungsgerechtigkeit durchgesetzt, das krasse soziale Ungleichheiten in Kauf nimmt.

Das heutige Europa ist durch die Erfahrungen der totalitären Regime des zwanzigsten Jahrhunderts und durch den Holocaust – die Verfolgung und Vernichtung der europäischen Juden, in die das NS-Regime auch die Gesellschaften der eroberten Länder verstrickt hat – gezeichnet. Die selbstkritischen Auseinandersetzungen über diese Vergangenheit haben die moralischen Grundlagen der Politik in Erinnerung gerufen. Eine erhöhte Sensibilität für Verletzungen der persönlichen und der körperlichen Integrität spiegelt sich unter anderem darin, daß Europarat und EU den Verzicht auf die Todesstrafe zur Beitrittsbedingung erhoben haben.

Eine bellizistische[1] Vergangenheit hat einst alle europäischen Nationen in blutige Auseinandersetzungen verstrickt. Aus den Erfahrungen der militärischen und geistigen Mobilisierung gegeneinander haben sie nach dem Zweiten Weltkrieg die Konsequenz gezogen, neue supranationale Formen der Kooperation zu entwickeln. Die Erfolgsgeschichte der Europäischen Union hat die Europäer in der Überzeugung bestärkt, daß die Domestizierung staatlicher Gewaltausübung auch auf globaler Ebene eine gegenseitige Einschränkung souveräner Handlungsspielräume verlangt.

Jede der großen europäischen Nationen hat eine Blüte imperialer Machtentfaltung erlebt und [...] die Erfahrung des Verlusts eines Imperiums verarbeiten müssen. Diese Abstiegserfahrung verbindet sich in vielen Fällen mit dem Verlust von Kolonialreichen. Mit dem wachsenden Abstand von imperialer Herrschaft und Kolonialgeschichte haben die europäischen Mächte auch die Chance erhalten, eine reflexive Distanz zu sich einzunehmen. So konnten sie lernen, aus der Perspektive der Besiegten sich selbst in der zweifelhaften Rolle von Siegern wahrzunehmen, die für die Gewalt einer oktroyierten[2] und entwurzelnden Modernisierung zur Rechenschaft gezogen werden. Das könnte die Abkehr vom Eurozentrismus befördert und die kantische Hoffnung auf eine Weltinnenpolitik beflügelt haben.

Jürgen Habermas und Jacques Derrida, Unsere Erneuerung, in: Frankfurter Allgemeine Zeitung, vom 31. Mai 2003, S. 13

1. *Skizzieren Sie die historischen Erfahrungen in Europa, die Habermas und Derrida nennen.*
2. *Stellen Sie die Konsequenzen gegenüber, die sich daraus für die gegenwärtige Identität Europas ergeben haben.*
3. *Nehmen Sie Stellung, welche Aspekte für Sie persönlich die Identität Europas ausmachen. Die für Sie wichtigen Aspekte müssen nicht dem Text entnommen sein. Diskutieren Sie über Ihre Schwerpunktsetzungen.*

[1] bellizistisch: kriegerisch
[2] oktroyiert: aufgezwungen

Karikaturen als politische Statements

Satire / satirisch: Ursprünglich eine Spottdichtung, die vor allem menschliche Schwächen und Missstände in der Gesellschaft anprangerte. Von der Literatur ausgehend eroberte sich die Satire zunehmend andere Bereiche wie z.B. Grafik (Karikatur), Film und Fernsehen. Zu den satirischen Mitteln gehören z.B. die Übertreibung, das Aufdecken von Widersprüchen zwischen Sein und Schein, Polemik, Ironie.

Polemik: Scharfer Meinungsstreit in der politischen (literarischen oder wissenschaftlichen) Diskussion. Sie war ursprünglich ein rhetorischer Wettstreit und wurde später auch in der Publizistik ausgetragen. Es wird kein Konsens angestrebt, sondern mit unsachlichen Angriffen und scharfer persönlicher Kritik am Gegner versucht, die eigene Meinung durchzusetzen.

Allegorie (→ Attribut): Eine Allegorie stellt einen abstrakten Inhalt bildlich dar. Dies erfolgt meist über eine Personifikation: Den dargestellten Personen werden Gegenstände – Attribute – beigegeben, durch die gekennzeichnet wird, wofür sie stehen (z.B. Mal- und Zeichengeräte für eine Allegorie der Kunst). In Karikaturen sind besonders Personifikationen von Staaten vorzufinden. Bei allegorischen Darstellungen von Tieren stehen diese selbst – ohne Attribut – für bestimmte Eigenschaften (z.B. der Fuchs für die Schläue).

Karikaturen sind **satirische** Aussagen in gezeichneter Form – fallweise mit Textunterschrift – die ein bestimmtes, in ihrer Entstehungszeit aktuelles Thema aufgreifen.
Ihr entscheidendes Merkmal ist die Verfremdung. Dabei wird das thematisierte politische Handlungsfeld in ein anderes allgemein bekanntes (z.B. Alltagsleben, Literatur, Mythen, Märchen) übertragen und bleibt trotzdem erkennbar.
Inhaltlich will der Karikaturist nicht durch Argumente überzeugen, sondern durch Wertung, Konfrontation und **Polemik** suggestiv Emotionen wecken.
Formal bedient er sich der Umsetzung von **Allegorien und deren Attributen**, Bildzitaten und Redensarten, vor allem aber der übertreibenden Verzerrung (ital. caricatura – Zerrbild, Spottbild). Die Realität wird dadurch grotesk gespiegelt, was den Betrachter unterschwellig beunruhigt.

Wo findet man Karikaturen?

Politische Karikaturen wie auch solche, die Unpolitisches (z.B. Modetorheiten) zum Thema haben, fand man ursprünglich nur in satirischen Zeitschriften, wie z.B. den „Punch" in Großbritannien oder dem „Kladderadatsch" in Deutschland.

Im 20. Jahrhundert verlagerte sich die Karikatur in die Tagespresse. Dort beherrscht sie nicht mehr eine ganze Zeitungsseite, sondern muss mit anderen Themen um die Aufmerksamkeit des Leser konkurrieren. Damit dieser die Pointe rasch erfassen kann, muss der Karikaturist vielschichtige Probleme auf ein zentrales Thema reduzieren.

Karikaturen interpretieren

Karikaturen sind Bildquellen besonderer Art und werden in einem mehrschrittigen Vorgehen erschlossen. Dieses orientiert sich an den folgenden Kategorien und Fragestellungen:

Inhalt und Form

- Wer oder was ist dargestellt?
- Welche zeichnerischen Mittel setzt der Karikaturist ein?
- Welche Bedeutung haben diese zeichnerischen Mittel?
- Welcher Zusammenhang besteht zwischen der Zeichnung und der Textunterschrift (wenn vorhanden)?
- Auf welche Vergleichsebene wurde das karikierte Geschehen übertragen?

Historischer Kontext

- Vor welchem historisch politischen Hintergrund spielt sich das karikierte Geschehen ab?
- Auf welchen Sachverhalt / welche Person(en) daraus konzentriert sich der Zeichner?
- Welche anderen Aspekte hat er ausgeklammert?
- Welchem politischen Standort lässt sich der Karikaturist deshalb zuordnen?

Zusatzfragen (für Recherche):

- Wo ist die Karikatur erschienen? Welcher politischen Richtung gehört diese an?
- Welche Informationen zur Person des Karikaturisten lassen sich finden?

Bewertung und Aussage

- Welche der eingesetzten zeichnerischen Mittel sind für das Verständnis der Karikatur unbedingt notwendig / hilfreich / überflüssig? (Bitte begründen.)
- Warum kommt der Karikaturist ohne, bzw. nicht ohne Textunterschrift aus?

Um die Aussage zu erkennen, müssen alle Aspekte zusammengeführt und miteinander verknüpft werden. Dies führt zur entscheidenden Deutungsfrage: Worin besteht die Pointe der Karikatur?

Die Sprache der Karikaturisten

Einige Elemente der Verfremdung und der Bildersprache sind für Karikaturen so typisch, dass sie besonders häufig auftreten.

▲ **„Der Lotse geht von Bord".**
Titelbild des „Spiegel" vom 20. September 1982.

▲ **Den Gürtel enger schnallen.**
Karikatur von Peter Kaczmarek.

*Ein **Bildzitat** hatte der Zeichner ausgewählt, als er sich mit dem bevorstehenden Ende der Kanzlerschaft Helmut Schmidts (SPD) auseinandersetzte. Anlass war der Rücktritt der FDP-Minister, weshalb Schmidt bis zum konstruktiven Misstrauensvotum am 1. Oktober (s. S. 100) nur eine Minderheitsregierung führte.*

Der bisherige Kanzler geht von Bord des Staatsschiffs genau wie Reichskanzler Bismarck in der Karikatur von 1890. (siehe Originalzeichnung, kleines Bild re.)
Gezeigt wird allerdings nur die Hälfte des zitierten Originals: Zu Kaiser Wilhelm II., der Bismarck zum Rücktritt veranlasst hatte, gibt es hier keine Entsprechung – wohl ein Hinweis auf die Andersartigkeit der Gründe für die Machtablösung, die bei Schmidt im Gegensatz zu Bismarck demokratisch legitimiert war.

__Redensarten und Sprichwörter__ zeichnerisch umzusetzen, gehört ebenfalls zu beliebten Mitteln der Karikatur:
„Den Gürtel enger schnallen" umschreibt Sparmaßnahmen. Wörtlich genommen und mit den Mitteln der Verzerrung und Übertreibung dargestellt, entsteht dabei oft das Bild einer lebensbedrohlichen Situation für den Betroffenen.

▲ **NATO und Russland.**
Karikatur von Klaus Stuttmann, 2008.

*Die **Tierallegorie** des russischen Bären, zugleich eine Nationalallegorie, versinnbildlicht die politische und militärische Stärke Russlands sowie dessen territoriale Größe und wird vom Karikaturisten für eine Konfrontation der Nato mit Russland eingesetzt.*
Die Bildabfolge unterstützt die Pointe: Der Natovertreter – zunächst ohne den Vergleichsmaßstab des Bären dargestellt – gibt dem Tier selbstbewusst Kommandos. Angesichts der Größenunterschiede auf dem zweiten Bild erscheinen diese dann ebenso aussichtslos und lächerlich wie die Drohung des Natovertreters.
Der Kontext der Karikatur: Am 19.8.2008 bot die Nato im Kaukasuskonflikt (siehe Seite 19) Georgien eine vertiefte Zusammenarbeit an. Die Kooperation mit dessen Kriegsgegner Russland im Nato-Russland-Rat wurde zugleich ausgesetzt.

▲ **„und stören den Blick auf's Wesentliche nicht."**
Karikatur von Horst Haitzinger, 21.11.2009

*Als **Personenkarikatur** ist die vorliegende Darstellung einzuordnen. Sie will die charakteristischen Gesichtszüge übertreibend, aber doch erkennbar wiedergeben.*
*Die Karikatur erschien anlässlich der Amtseinsetzung der EU-Außenbauftragten Catherine Ashton (GB) und des Ratspräsidenten Hermann Van Rompuy (B), die in der EU kaum bekannt waren. Das **Stereotyp** des Gartenzwergs verdeutlicht deren Unbedeutendheit und politische Schwäche.*
*Angela Merkel und Nicolas Sarkozy repräsentieren Deutschland und Frankreich, die beiden Vorreiter der europäischen Integration. Die Bundeskanzlerin wird in der Rolle der Germania dargestellt, die wie auch der deutsche Michel eine **Nationalallegorie** ist. Der Charakterisierung des Staatspräsidenten dient das Bild Napoleons.*

Beispiele mit Anspielung auf den Europa-Mythos

Frankreich:
Marianne mit dem Attribut der Jakobinermütze verkörpert Frankreich. Sie gilt seit der Französischen Revolution als Allegorie der Freiheit und der Republik. Benannt wurde sie nach dem damals gängigsten Vornamen.

Irland:
Die Blume am Hut des Mannes verweist auf die Bezeichnung Irlands als „grüne Insel".

Benelux-Länder:
Belgien (Mann ganz rechts mit Baskenmütze; von den beiden Volksgruppen des Landes repräsentiert er die französischsprachige); Niederlande (Frau mit typischer Volkstracht); Luxemburg (Der Anzug, den der Mann ganz links trägt, spielt darauf an, dass das Großherzogtum Sitz vieler Banken ist.).

Dänemark:
Seemann mit wollener Pudelmütze

Deutschland:
dargestellt durch den deutschen Michel mit der Schlaf- bzw. Zipfelmütze. Seit der Zeit vor der Revolution von 1848/49 („Vormärz") gilt er als nationale Personifikation der Deutschen – eine Anspielung auf mangelndes politisches Interesse.

Großbritannien:
Auf dem Hut des Mannes befindet sich der Union Jack, die Nationalflagge des Vereinigten Königreiches Großbritannien und Nordirland. Das rote Georgskreuz steht für England, die darunter liegenden Andreaskreuze symbolisieren Schottland (weiß) und Nordirland (rot).

▲ **„Kein Wunder, dass Europa nicht vorankommt."**
Karikatur von Klaus Pielert, 1973.

Italien:
dargestellt vermutlich durch einen Uniformierten mit einem Federbusch auf dem Hut.

Diese Personifikationen repräsentieren die Mitgliedsstaaten der EU. Sie lassen sich zum Teil durch Nationalfarben bzw. -flaggen und Attribute sowie durch die Größe der Gestalt/des Landes voneinander unterscheiden.

▼ **EU-Erweiterung.**
Karikatur von Walter Hanel, 1999.

Türkei:
Die Personifikation trägt einen Fez. In dem Käfig daneben steht ein Kurde (Die Türkei bekämpft Bestrebungen dieses im Südosten des Landes lebenden Volkes, einen unabhängigen Staat zu gründen.)

Inhalt und Form

a) Europa sitzt mit entsetztem Gesichtsausdruck auf dem Rücken des Stieres. Dieser wird von den alten und neuen Mitgliedern der EG an Kopf, Füßen und Schwanz brutal in unterschiedliche Richtungen gezerrt. Die Staaten sind als Personifikationen mit bestimmten Attributen dargestellt, die als allgemein bekannt vorausgesetzt werden.

b) Durch den Stier ist das Europa-Motiv noch fassbar, obwohl der Zeichner die Europa weggelassen hat. Er schließt sich damit an die künstlerische Entwicklung des Europa-Motivs an, die sich zunehmend von den Vorgaben des Mythos gelöst hat.
An deren Stelle finden wir eng gedrängt die 1999 (Erscheinungsjahr der Karikatur) etablierten Mitgliedsstaaten der EU auf dem Rücken des Stieres. Auch wenn nicht alle Personifikationen identifiziert werden können, verdeutlicht der Schriftzug auf dem Stier, dass alle Mitgliedsstaaten der EU repräsentiert werden sollen. Voll Schrecken und Ablehnung beobachten sie den Versuch von Oststaaten, mit einer Leiter ebenfalls den Rücken des Stieres und damit die EU zu erreichen. Diese sind als eine Schar von Armen (zerfetzte Ostfahne, Bündel) dargestellt. Sie werden als Nettoempfänger eingestuft, da sie mehr an EU-Fördermitteln bekommen, als sie an Beiträgen leisten. Auch der Stier betrachtet den Vorgang mit Argwohn, denn ihm droht die Überlastung.

Historischer Kontext

a) Die Karikatur entstand anlässlich der Norderweiterung der EG, als Dänemark, Großbritannien und Irland 1973 beitraten und damit die Zahl der Mitglieder auf 9 stieg. Deren unterschiedliche, zum Teil gegensätzliche Interessen wurden bereits im Vorfeld deutlich – beispielsweise beim Streit um den Beitritt Großbritanniens.

b) Zwischen 1991 und 1996 hatte die EU mit zehn osteuropäischen Staaten Verträge geschlossen, die eine Option für den Beitritt enthielten. 1999, als die Karikatur gezeichnet wurde, liefen Beitrittsverhandlungen mit sechs osteuropäischen Staaten; die Aufnahme von Gesprächen mit sechs weiteren war beschlossen. Die Türkei blieb lediglich Kandidat für eine Aufnahme in die EU

Bewertung und Aussage

In beiden Karikaturen ist durch die künstlerische Gestaltung die Reduktion auf ihr entscheidendes Thema gelungen:

a) Das Problem divergierender Interessen wird grafisch durch das Zerren an dem Stier in entgegengesetzte Richtungen visualisiert. Die Norderweiterung wird pointiert mit dem Ziel karikiert, zu zeigen, dass ein vereintes Europa an den eigenstaatlichen Egoismen, die sich gegenseitig widersprechen, scheitern müsse.

b) Die in der EU befürchtete Polarisierung der etablierten und der großen Zahl von ärmeren Staaten wird durch die beiden Gruppen verdeutlicht: die einen, die sich gerade noch auf dem überfüllten Rücken des Stiers halten können – die andern, die entschlossen mit der Leiter den ersehnten Platz erobern wollen.
Die Karikatur zur Osterweiterung zielt auf die Furcht der etablierten Mitglieder der EU vor einer Invasion der Nettoempfänger, deren große Zahl und Ansprüche man fürchtet.

Der Nahe Osten: historische Wurzeln eines weltpolitischen Konflikts

◂ Streit zwischen einem israelischen Grenzpolizisten und einem Palästinenser in Jerusalem.
Foto vom 13. Oktober 2000.
Israelische Sicherheitskräfte hinderten tausende Palästinenser am Zutritt zur al-Aqsa-Moschee. Angesichts der zunehmenden Spannungen im Westjordanland und dem Gazastreifen wollten sie Unruhen und Zusammenstöße nach dem Freitagsgebet verhindern.

Israelitische Geschichte in biblischer Zeit	1300 v. Chr.	Philister und Hebräer siedeln in Palästina.
	n. 1230 v. Chr.	Die hebräischen Stämme gründen ein Nordreich (Israel) und ein Südreich (Juda).
	n. 1000 v. Chr.	Nach biblischer Überlieferung siegt König David über die Philister. Jerusalem wird zum Mittelpunkt seines Reiches.
	587 v. Chr.	Die Babylonier erobern das Südreich Juda, zerstören Jerusalem und den Tempel; „Babylonische Gefangenschaft“ (bis 538 v. Chr.).
	63 v. Chr.	Palästina wird römisch.
Römische Herrschaft	66 - 73 n. Chr.	Der große jüdische Aufstand gegen Rom („Judäischer Krieg“) wird niedergeschlagen. Die jüdische Diaspora beginnt.
	ab 313	Kaiser Konstantin I. fördert die Ausbreitung des Christentums. Palästina wird zum „Heiligen Land“ der Christen.
Muslimische Herrschaft und Kreuzzüge	bis 641	Muslimische Araber erobern Palästina.
	1095	Papst Urban II. ruft zum Kreuzzug der Christen auf.
	1517	Die türkischen Osmanen erobern Palästina.
Imperialismus und Mandatszeit	1897	Der von Theodor Herzl einberufene 1. Zionisten-Weltkongress in Basel fordert die Gründung eines jüdischen Nationalstaates in Palästina.
	1917	Balfour-Deklaration: Die britische Regierung verspricht eine „nationale Heimstätte in Palästina für das jüdische Volk“.
	1920/22	Nach der Auflösung des Osmanischen Reiches 1918/19 setzt der Völkerbund Großbritannien und Frankreich als Mandatsmächte im Nahen Osten ein.
	1933 - 1945	In der NS-Zeit wird Palästina zu einem Hauptziel jüdischer Emigration.
Beginn des israelisch-palästinensischen Konflikts	1947	Die UN-Resolution zur Teilung Palästinas in einen jüdischen und einen arabischen Staat wird von den Arabern abgelehnt.
	1948	Der Staat Israel wird proklamiert.
Ausweitung zum israelisch-arabischen Konflikt und Friedensbemühungen	1948/49	Im ersten Arabisch-Israelischen Krieg kämpfen die arabischen Staaten gegen Israel.
	1956	Zweiter Arabisch-Israelischer Krieg (Suez-Krieg gegen Ägypten)
	1964	Die Palästinensische Befreiungsorganisation (PLO) wird gegründet.
	1967	Sechs-Tage-Krieg (5. bis 10. Juni): Israel besetzt weitere Gebiete.
	1987	Die erste „Intifada“, der Widerstand junger Palästinenser, bricht aus.
	2000	Die zweite „Intifada“ beginnt.
	2003	Das „Nahost-Quartett“ (Russland, USA, EU, UN) veröffentlicht eine „Roadmap“ zur Beilegung des Konfliktes um Palästina.

Der Nahe Osten ist eine der großen Krisenregionen der Welt. Zu ihm werden Israel und die von ihm besetzten palästinensischen Gebiete sowie die arabischen Nachbarstaaten Ägypten, Jordanien, Libanon und Syrien gezählt. Nach dem Zweiten Weltkrieg war das Gebiet Schauplatz von fünf großen Kriegen und vielen weiteren bewaffneten Konflikten. Im Mittelpunkt steht der Nahost-Konflikt zwischen Palästinensern und Juden, auch „Palästina-Konflikt" oder „israelisch-palästinensischer Konflikt" genannt. Beide Nationen beanspruchen Palästina als Territorium für den eigenen souveränen Staat. Während die Juden mit westlicher Unterstützung 1948 ihren demokratischen Staat Israel gründen konnten, besteht bis heute kein international anerkannter palästinensischer Nationalstaat.

Als Nahtstelle zwischen Orient und Okzident erlebte der Nahe Osten seit dem Altertum eine wechselvolle Geschichte. Seit dem ausgehenden 2. Jahrtausend v. Chr. konkurrierten mehrere Stämme um die Vorherrschaft. Die Region war Ursprung und Heimat der drei Weltreligionen Judentum, Christentum und Islam. Um 1000 v. Chr. wurde sie zeitweise von David, König der Stämme Juda und Israel, regiert. Im Zeitalter des Hellenismus gehörte Palästina zu den griechisch geprägten Nachfolgereichen Alexanders des Großen. Im Übergang von der Römischen Republik zur Kaiserzeit im 1. Jahrhundert v. Chr. eroberten römische Truppen einen großen Teil des Nahen Ostens.

Die Ausbreitung des Islam ab dem 7. Jahrhundert n. Chr. konnten auch die Kreuzzüge zwischen dem 11. und 13. Jahrhundert nicht rückgängig machen. Später folgte sogar die Eroberung des gesamten Byzantinischen Reiches durch die Osmanen.

Als sich das Osmanische Reich in der zweiten Hälfte des 19. Jahrhunderts unter dem Druck von Nationalbewegungen aufzulösen begann, konkurrierten die europäischen Mächte im Zeitalter des Imperialismus um Einfluss im Nahen Osten. Seit dem Eintritt des osmanischen Vielvölkerstaats an der Seite Deutschlands und Österreich-Ungarns in den Ersten Weltkrieg 1914-1918 nutzten die Entente-Mächte den erwachenden arabischen Nationalismus für ihre Zwecke. Gleichzeitig sicherten die Briten den Zionisten, den Anhängern der jüdischen Nationalbewegung, die Errichtung eines jüdischen Staates in Palästina zu. Nach dem Ende des Osmanischen Reiches 1918/19 erteilte der Völkerbund den Siegermächten des Ersten Weltkriegs Großbritannien und Frankreich das Mandat für die Kontrolle über die Region.

Während des Nationalsozialismus und der Verfolgung der Juden im Holocaust (Shoa) wurde Palästina zu einem Hauptziel jüdischer Einwanderung aus Europa. Der von den palästinensischen Eliten geführte arabische Nationalismus richtete sich zunehmend nicht nur gegen die britischen Besatzer, sondern auch gegen die seit den 1880er-Jahren wachsende Zahl jüdischer Einwanderer. Als die UNO zur Lösung des Palästina-Problems die Teilung des Landes in einen arabischen und einen jüdischen Staat beschloss und 1948 Israel gegründet wurde, bestritten die arabischen Staaten sein Existenzrecht. Bis heute ist der Konflikt ungelöst, sind die Grenzen der Staaten im Nahen Osten umstritten. Mitverantwortlich für die anhaltenden Probleme ist die Politik der Fundamentalisten, strenggläubiger und gewaltbereiter Anhänger verschiedener Gruppen auf beiden Seiten.

In diesem Kapitel erwerben Sie die **Kompetenz**,

- die wechselvolle Geschichte des Nahen Ostens seit der Antike und die historischen Hintergründe für seine politischen und kulturellen Prägungen zu verstehen,
- sich mit den Positionen der am Nahost-Konflikt Beteiligten auseinanderzusetzen,
- Hindernisse und Chancen für eine Lösung des Konflikts auszuloten.

Römische Herrschaftsinteressen und jüdisches Selbstständigkeitsstreben im antiken Palästina

„Gottes auserwähltes Volk“ Die Katastrophe des „Judäischen Krieges“ war nicht die erste in der wechselvollen Geschichte des jüdischen Volkes in der Antike. Schon als seine Vorfahren – Vieh züchtende Nomaden aus Mesopotamien – in die fruchtbare Region entlang des Jordan einwanderten, mussten sie sich gegen die Stadtkultur der Philister behaupten, denen das Land den Namen Palästina verdankt. Wenig später gerieten sie in das Kräftefeld der überlegenen benachbarten Großreiche der Ägypter, Hetither, Assyrer und Babylonier, später der Perser, Alexanders des Großen und seiner hellenistischen Nachfolger, die das Land eroberten und beherrschten. Militärische Niederlagen, Zerstörung, Plünderungen und Zwangsumsiedlungen waren die Folge. Von ihnen blieben besonders die Zerstörung des Tempels in Jerusalem durch die Babylonier unter ihrem König Nebukadnezar im Jahr 587 und die Verschleppung der jüdischen Oberschicht in die „Babylonische Gefangenschaft“ (bis 538 v. Chr.) im Gedächtnis.

Schriftlich erzählt wird auch von Höhepunkten der jüdischen bzw. israelischen Geschichte zwischen diesen Katastrophen, wie der erfolgreichen Flucht israelitischer Nomaden aus Ägypten, der Einigung der israelitischen Stämme unter den Königen David und Salomon und dem Ausbau Jerusalems zur Hauptstadt, der mehrfachen Erneuerung der Königreiche Juda und Israel nach Eroberungen, der Rückkehr aus dem Exil in Babylonien oder erfolgreichen Aufständen gegen die hellenistische Herrschaft.

Niederlagen und Höhepunkte prägten das Selbstbewusstsein des israelitischen und später jüdischen Volkes. Grundlage war vor allem die gemeinsame Religion: der Glaube an den „Gott der Väter“, aus dem allmählich der monotheistische Glaube an den „einen Gott Jahwe“ entstand. Die Erzählungen von den „Helden“ wie Abraham, Moses, David und Salomon und den Höhepunkten der frühen jüdischen Geschichte wurden mit dem Glauben an Jahwe in Zusammenhang gebracht: Das zahlenmäßig kleine Volk empfand sich als das „auserwählte Volk Jahwes“. Er hatte mit ihm einen Bund geschlossen und ihm Palästina als das „gelobte Land“ versprochen. „Sein Volk“ hatte ihm in Jerusalem einen prächtigen Tempel errichtet. Immer wenn dieses Volk sich von Jahwe abwendete, wurde es ein Opfer seiner übermächtigen Feinde; sobald es seine Gebote hielt und ihm vertraute, rettete er es aus Gefahr und Unterdrückung. So interpretierten die biblischen Schriften die über Jahrhunderte entstandene ältere Überlieferung und schufen dadurch ein israelitisches Gemeinschaftsgefühl (▸ M1).

Palästina unter römischer Herrschaft Dieses von seiner besonderen Rolle in der Weltgeschichte überzeugte Volk geriet im 1. Jahrhundert v. Chr. in den Blick eines Reiches, das gerade zur neuen Weltmacht aufstieg. Rom errichtete nach der Eroberung Italiens sein Imperium rund um das Mittelmeer. Seine Feldherren **Pompeius** und Caesar unterwarfen den östlichen Mittelmeerraum, also Kleinasien, Syrien und Ägypten bis Mesopotamien. 63 v. Chr. übernahmen die Römer die Herrschaft in Palästina (▸ M2). Die jüdischen Provinzbewohner mussten zusätzlich zu den Abgaben an den Tempel und seine Priesterschaft hohe Steuern an die Besatzungsmacht zahlen. Wer aus der jüdischen Oberschicht mit den Römern zusammenarbeitete, konnte als Steuerpächter, in der Rechtsprechung oder bei der Aushebung von Truppen Einfluss und Wohlstand gewinnen. **Herodes** durfte zwischen 37 und 4 v. Chr. sogar in Judäa als König von Roms Gnaden regieren. Erst fast 50 Jahre nach seinem Tod wurde sein Herrschaftsgebiet vollständig der römischen Provinzialverwaltung eingegliedert.

Pompeius (Gnaeus P. Magnus 106-48 v. Chr.): römischer Politiker und Feldherr. Er befreite ab 67 v. Chr. als Oberbefehlshaber das Mittelmeer von Seeräubern und errichtete ab 68 v. Chr. im Osten (Kleinasien, Syrien, Judäa) bis zur Grenze Arabiens römische Provinzen.

Herodes I., der Große (um 73-4 v. Chr.): ab 47 v. Chr. Statthalter von Galiläa, von 37 bis 4 v. Chr. König über Judäa, Samarien und Galiläa unter römischer Oberhoheit. Herodes errichtete in Jerusalem einen Königspalast und ließ ab 20 v. Chr. den zweiten Israelitischen Tempel umbauen (Herodianischer Tempel).

▸ **Rückseite eines Sesterz.**
Messing, nach 71.
Unter Kaiser Vespasian und seinen Nachfolgern wurden Münzen für die Provinz Judäa mit der Umschrift „IUDAEA CAPTA" („Judäa [ist] erobert") geprägt.
- *Beschreiben Sie das Motiv. Überlegen Sie, welche Absicht mit der Herausgabe dieser Münze verbunden gewesen sein könnte.*

Die Ausübung der jüdischen Religion behinderten die Römer nicht, solange ihre Staatsgötter und seit der Kaiserzeit der Herrscherkult nicht infrage gestellt wurden. Dementsprechend blieben die religiösen und rituellen Befugnisse des Hohepriesters und der ihm unterstellten Priesterschaft des Tempels von Jerusalem unangetastet. Herodes konnte den inzwischen baufälligen zweiten Israelitischen Tempel durch einen prachtvollen Neubau ersetzen. Denn unter dem Vorwand der „Pax Romana", der römischen Herrschaftsideologie, war den Römern vor allem daran gelegen, ihren Machtbereich zu vergrößern, dort Ruhe und Ordnung zu bewahren und möglichst großen wirtschaftlichen Nutzen aus ihm zu ziehen.

Abgrenzung oder Anpassung? ■ Für die jüdische Bevölkerung stellte sich unter der römischen Herrschaft wie schon in allen früheren Phasen der Fremdherrschaft in Palästina die Frage, wie weit sie sich der fremden Sprache, Kultur und Religion der Besatzungsmacht anpassen sollte. Auch jetzt behielten die Kräfte die Oberhand, die die Reinheit des Judentums forderten. Einige von ihnen waren zu Gewalt bereit und radikalisierten sich: Die **Zeloten** forderten zum Aufstand gegen die Römer auf. Die sogenannten **Sikarier** verübten Mordanschläge gegen Römer und Juden, die ihre radikale Meinung nicht teilten. Etwa seit der Zeitenwende kam es immer wieder zu lokalen Rebellionen gegen die römische Fremdherrschaft und zu Spannungen zwischen jüdischen Gruppen, die bürgerkriegsähnliche Formen annahmen. Umgekehrt wurde die anfänglich noch zurückhaltende römische Herrschaft immer härter und rücksichtsloser.

Zeloten: von griech. zelotes = Anhänger, Eiferer; jüdische Widerstandsbewegung gegen die römische Besatzung

Sikarier: von lat. sica = Dolch; „Messerstecher"; besonders militante Gruppe der Zeloten, deren Anhänger vor allem Dolchattentate verübte

Der „Judäische Krieg" ... ■ Der Steuerdruck und die allgemeine Unzufriedenheit mit der römischen Herrschaft ließen in der jüdischen Bevölkerung den Wunsch nach Unabhängigkeit und Freiheit wachsen. Einmischungen römischer Herrscher und Statthalter bei der Einsetzung des Hohepriesters und Übergriffe auf den Tempelschatz schürten den Unmut und bewogen eine Gruppe von Zeloten im Jahr 66 n. Chr. zum Aufstand: Sie forderten die Einstellung des Kaiserkults, besetzten die Festung Masada in der jüdischen Wüste und drangen schließlich in Jerusalem ein. Damit verloren die zum Kompromiss mit den Römern bereiten Juden jeden Einfluss. Der zunächst lokal begrenzte Aufstand ergriff die gesamte Region und wurde zum „Judäischen Krieg" (▸ M3).

Nachdem der römische Statthalter eine schwere Niederlage erlitten hatte, übernahm **Vespasian** das Kommando. Im Jahr 68 n. Chr. wurde er zum Kaiser ausgerufen, sodass er nach Rom abzog und seinem Sohn **Titus** im Jahr 70 das Kommando übergab. Dieser beendete den Krieg siegreich. Bereits im Jahr 71 konnte er in Rom einen feierlichen Triumph feiern. Dies darf jedoch nicht darüber hinwegtäuschen, dass er Jerusalem erst nach rund fünfmonatiger Belagerung hatte erobern können und sich die Kämpfe

Vespasian(us) (Titus Flavius V., 9-79 n. Chr.): römischer Feldherr und von 69 bis 79 n. Chr. römischer Kaiser

Titus (T. Flavius Vespasianus, 39-81 n. Chr.): Sohn Vespasians, römischer Feldherr und von 79 bis 81 Kaiser des Römischen Reiches in mehreren Widerstandsnestern noch jahrelang hinzogen. Spektakulärer Abschluss der Feldzüge war 73 die Eroberung der Bergfestung Masada.

Simon Bar Kochba (hebräisch „Sternensohn"): eigentlich Sim(e)on Ben Kosiba, jüdischer Rebell, der sich als Erlöser (Messias) ausgab, und von 132 bis 135 n. Chr. den anfänglich erfolgreichen, jedoch letztlich gescheiterten zweiten großen Aufstand der Juden Palästinas gegen das Römische Reich (Bar Kochba-Aufstand) anführte.

Zion: ursprünglich der Name eines Hügels in Jerusalem, später Synonym für Jerusalem und das ganze Heilige Land

... und seine Folgen Im Jahr 130 folgte mit der von **Simon Bar Kochba** gegen die Römer angeführten Revolte noch ein zweiter Aufstand. Jedoch hatte bereits der „Judäische Krieg" den Juden gezeigt, dass es fast unmöglich war, die Romanisierung Palästinas zu verhindern. Seine Bedeutung liegt aber vor allem darin, dass Titus die vollständige Zerstörung des Herodianischen Tempels angeordnet hatte. Damit wollte er den Juden ihr religiöses Zentrum rauben, den jüdischen Widerstand in seinem Kern treffen und endgültig auslöschen. Ohne dieses Zentrum ihres religiösen und kulturellen Zusammengehörigkeitsgefühls setzte sich für die Juden die sogenannte Diaspora, die „Verstreutheit", fort, die bereits mit der Zerstörung des Tempels durch die Babylonier begonnen hatte (▸ M4). Nun lebten endgültig mehr Juden verstreut in fremden Ländern als im „gelobten", von Jahwe versprochenen Land.

Umgekehrt blieb bei den in der Diaspora lebenden Juden die Erinnerung an Jerusalem (**Zion**) lebendig und die Hoffnung, dass alle Juden dort irgendwann wieder eine Heimat fänden. Die sogenannte Klagemauer, eine ehemalige Stützmauer und der einzige Überrest der Tempelanlage, wurde zum Symbol dieser Hoffnung sowie der Einheit und Identität des Judentums.

Gleichzeitig wurde der kompromisslose Durchhaltewille der Zeloten in Masada, der auch das eigene Leben nicht schonte, zum Sinnbild für die Opfer- und Verteidigungsbereitschaft des jüdischen Volkes.

Die in den Schriften des Alten Testamentes festgehaltenen Erzählungen über die frühe jüdische Geschichte sowie Symbole wie die Klagemauer und Masada prägen als historisch-religiöses Erbe über Jahrhunderte das Denken vieler Juden bis in die Gegenwart.

▸ **Relief vom Titusbogen auf dem Forum Romanum in Rom, nach 81.**
Der Senat ließ den Triumphbogen zu Ehren von Kaiser Titus und dessen Sieg über die Juden im Jahr 70 errichten. Das Relief zeigt römische Soldaten mit den erbeuteten Kultgegenständen aus dem Jerusalemer Tempel, darunter den Tisch mit den Broten für den Sabbat, den traditionellen jüdischen Ruhe- und Feiertag zum Gedenken an den letzten Schöpfungstag, sowie die Menora, den großen siebenarmigen Leuchter. Die Menora ist eines der wichtigsten jüdischen Symbole, ein Sinnbild für Gottes Gegenwart.

M1 Ein Großreich unter Saul und David?

a) Das Wissen über die Geschichte Palästinas in vorrömischer Zeit und damit über die Ursprünge des Judentums mit der Besiedlung des „gelobten Landes", der Eroberung Jerusalems und Errichtung eines israelitischen Großreiches unter den Königen Saul, David und Salomon, beruht im Wesentlichen auf der Überlieferung der Bibel. In einem historischen Atlas über die Geschichte der Juden wird der Beginn der Königszeit wie folgt zusammengefasst:

„In jener Zeit war kein König in Israel: Ein jeglicher tat, was in seinen Augen recht war." [...] Der Schluss des Buches der Richter[1] beklagt die Anarchie und die moralische Desintegration der Stämme Israel, die durch Bruderkämpfe zerrüttet waren. Der Verfasser des Buches brachte eindeutig die Überzeugung zum Ausdruck, dass das Volk Israel trotz der offensichtlichen Mängel der Monarchie einen König benötigte. [...]

Saul, der erste König, war ein Spross des Stammes Benjamin, der für seine hervorragenden Krieger bekannt war und sehr günstig zwischen den von Juda angeführten Stämmen und den von Efraim angeführten Stämmen im Norden siedelte. Sauls Erfolge als König erfüllten alle Erwartungen. Er schlug die Ammoniter in Gilead, die Moabiter, die Amalekiter, die Aramäer, die Edomiter; vor allem aber gebot er dem Vordringen der Philister Einhalt. [...] Da er sich etliche Male den durch Samuel übermittelten Geboten Gottes widersetzt hatte, wurde der Streit zwischen den beiden immer unversöhnlicher. Schließlich teilte der Prophet Saul mit, dass Gott ihn verwerfe. Jemand anders wurde so dazu bestimmt, die erste königliche Dynastie in Israel zu errichten – David vom Stamme Juda, aus Bethlehem.

Die Bibel gibt mehrere Erzählungen von Davids Thronbesteigung. Der David des Buches Samuel – ein tapferer hübscher Junge, Besieger Goliaths, Anführer in des Königs Armee, begabt auch auf dem Gebiet der Musik [...] – inspirierte die Fantasie künftiger Generationen und wurde zum Gegenstand zahlreicher populärer Epen. Da das Volk Israel über lange Jahrhunderte vom Hause David regiert wurde, erhielten diese Geschichten einen heroischen Charakter.

Nach Sauls Tod brach ein Bürgerkrieg aus. David herrschte über den mächtigen Stamm Juda, während Ischboscheth, Sauls Sohn, die anderen Stämme anführte. Der siebenjährige Bürgerkrieg endete mit der Ermordung Ischboscheths und mit dem Ruf des Volkes, David möge sie vor den Philistern retten. Der neue König vollendet das Werk seines Vorgängers. [...]

Sein folgenreichstes und wichtigstes Werk vollbrachte er jedoch in Kanaan selbst: [...] Mit dem Sieg über die Jebusiter und der Eroberung Jerusalems [...] schuf David eine Hauptstadt für sein Königreich und ein geistiges Zentrum für die israelitische Nation. Das war eine wahre Revolution, die Jahrtausende jüdischer Geschichte beeinflussen sollte.

[1] Die Richter führten als Häuptlinge die Stämme Israels an, bevor diese nach der Errichtung des Königtums unter Saul und David zu einer nationalen Einheit wurden. Das Buch der Richter im Alten Testament schildert die Zeit nach der Eroberung Kanaans (nach 1250 v. Chr.) bis zur Königszeit unter Saul (ca. 1050 v. Chr.).

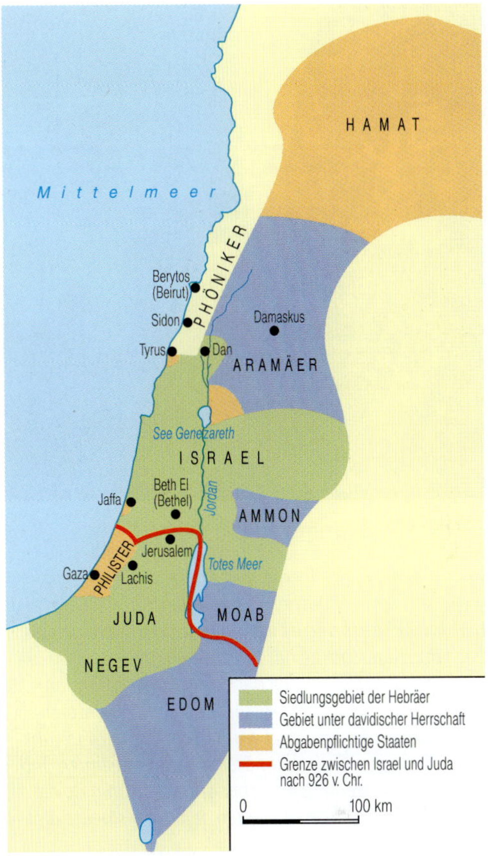

▲ **Das Großreich Davids und Salomons, um 1000 bis um 926 v. Chr.**

b) Der israelische Historiker Ariel Lewin setzt sich mit der Quellenlage zur Geschichte Palästinas auseinander:

Die biblischen wie auch die mesopotamischen Quellen bestätigen, dass das Land seit dem 9. Jahrhundert v. Chr. in zwei Königreiche geteilt war: das Königreich Israel im Norden und das Königreich Juda im Süden. Israel erstreckte sich von Bethel nach Norden bis Dan, nahe dem Berg Hermon, während Juda sich nach Süden von Jerusalem bis zum Negev aus-

▲ **Davidsgrab auf dem Berg Zion in Jerusalem.**
Foto um 2000.
Das Grabmal, auf dem heute silberne Tora-Rollen mit der hebräischen Überlieferung der fünf Bücher Mose stehen, hat die Form eines römischen Sarkophages und ist in eine bestickte Decke gehüllt. Es befindet sich im Erdgeschoss eines zweistöckigen Baus unter dem gotischen Abendmahlssaal, den die Franziskaner im 15. Jahrhundert auf den Resten einer frühchristlichen Kirche errichteten. Das Grab des biblischen Königs David wurde dort seit dem 12. Jahrhundert zunächst von den Christen, später von den Muslimen und den Juden verehrt. Auch wenn es als sicher gilt, dass König David hier niemals bestattet war, sehen die Juden den Ort bis heute als heilige Stätte an.

dehnte. Die Bibel deutet an, dass es sich um zwei Gruppen desselben Volkes handelte, um die „Söhne Israels", und die übrigen Belege bestätigen, dass sie, von einigen regionalen Abweichungen abgesehen, dieselbe Kultur, Sprache und Religion pflegten. Der Bibel zufolge waren die beiden Reiche das Ergebnis einer vereinigten Monarchie des 10. Jahrhunderts, eines kleinen Imperiums, das Kanaan und Transjordanien beherrscht hatte. Die Hauptstadt dieser politischen Einheit war Jerusalem mit seinem Königspalast und dem prächtigen Tempel des Nationalgottes gewesen. Die Archäologen sind jedoch zu dem Schluss gekommen, dass es nie ein imperiales Israel gegeben hat, und diskutieren jetzt die Historizität der ersten Könige Saul, David und Salomo, die angeblich etwa zwischen 1020 und 922 v. Chr. regierten. Eine aramäische Stele belegt wenigstens, dass im Syrien des 9. Jahrhunderts das Königreich Juda als das „Haus Davids" bekannt war. Bisher ist jedoch noch kein Dokument zum Vorschein gekommen, das sich direkt auf diese ersten Könige bezieht.

c) In einer Veröffentlichung über die Geschichte der Juden in Deutschland von 2007 heißt es:

Und wenngleich diese Überlieferung – die sich über zahlreiche Generationen hinweg mündlich erhalten hat und erst viele Hundert Jahre nach den geschilderten Ereignissen zu Papier gebracht wurde – einer historischen Überlieferung nicht immer standhalten kann, wenn also die Grenzen zwischen Dichtung und Wahrheit, Legende und Wirklichkeit in solchem Rückblick stark verschwimmen, so bleibt diese Vorgeschichte doch „wahrhaftig" – in dem Sinne, dass darin die Entstehung und die Veränderungen des jüdischen Welt- und Selbstverständnisses zutreffend kenntlich werden.

Erster Text: Yair Hoffmann, Der Beginn des Königtums: Saul und David 1050-970 v. Chr., in: Eli Barnavi (Hrsg.), Universalgeschichte der Juden. Von den Ursprüngen bis zur Gegenwart. Ein historischer Atlas, München 2004, S. 14-15, hier S. 14; zweiter Text: Ariel Lewin (Hrsg.), Palästina in der Antike, Stuttgart 2004, S. 9; dritter Text: Ingke Brodersen und Rüdiger Dammann, Zerrissene Herzen. Die Geschichte der Juden in Deutschland, Bonn 2007, S. 27 f.

1. *Vergleichen Sie die Texte a) und b). Arbeiten Sie heraus, worauf sich die Autoren jeweils stützen.*
2. *Analysieren Sie die Haltung der Autoren zu der Überlieferung. Informieren Sie sich hierzu auch über den Begriff „Teleologie". Prüfen Sie, ob er hier angebracht ist.*
3. *Nehmen Sie Stellung zu den Aussagen in Text c). Überlegen Sie, welche Probleme damit zugleich deutlich werden.*
4. *Arbeiten Sie die jeweiligen Größenvorstellungen eines Königreichs Davids heraus. Ziehen Sie die Karte auf der Seite 155 hinzu. Erläutern Sie Ihre Ergebnisse.*

M2 Ein Römer über die Juden

Der aus Bithynien in der heutigen Türkei stammende Senator, Konsul und Geschichtsschreiber Cassius Dio (um 150-235) schildert in seiner „Römischen Geschichte" die Eroberung Judäas im Jahre 63 v. Chr. Die Juden beschreibt er so:

Dies waren die Ereignisse, die zu jener Zeit in Palästina geschahen. Denn so wurde seit alters das gesamte Land benannt, das sich von Phönizien bis nach Ägypten am Mittelmeer entlang erstreckt. Es hat auch einen anderen Namen erhalten: Das Land wurde Judäa genannt und die Bevölkerung selbst Juden. Ich weiß nicht, wie ihnen dieser Name gegeben worden ist, aber er wird auch für alle anderen Menschen verwendet, die, obwohl sie einem anderen Volk angehören, deren Bräuchen folgen. Diese Sorte gibt es selbst unter den Römern, und obwohl sie oft unterdrückt wurden, haben sie sich stark ausgedehnt und die Freiheit zur Befolgung ihrer Gebote erlangt.
Sie unterscheiden sich vom Rest der Menschheit in beinahe jedem Detail der Lebensweise, am meisten aber durch die

Tatsache, dass sie die Götter der anderen nicht verehren, sondern einen einzigen Gott inbrünstig verehren. Selbst in Jerusalem hatten sie von ihm nie eine Statue, und da sie ihn für unnennbar und unsichtbar halten, verehren sie ihn in der außergewöhnlichsten Weise auf Erden. Sie haben ihm einen Tempel errichtet, der besonders groß und außerordentlich schön war, abgesehen davon, dass er offen und ohne Dach war. Außerdem widmeten sie ihm den Tag, der Tag des Kronos [Saturn] genannt wird, an dem sie, neben vielen anderen sehr eigenartigen Bräuchen, keiner ernsthaften Beschäftigung nachgehen.[1]

Cassius Dio, 37,16, 5-37,17,3, nach: ders., Römische Geschichte, Bd. 2, übersetzt von Otto Veh, Zürich 1985, S. 75 f.

1. *Arbeiten Sie heraus, wie Cassius Dio die Juden charakterisiert.*

2. *Erläutern Sie, wie das Verhältnis von Römern und Juden beschrieben wird und wie Cassius Dio die Juden beurteilt.*

3. *Erörtern Sie, warum die Juden oft unterdrückt wurden, obwohl die Römer in religiösen Fragen in der Regel tolerant waren.*

M3 De bello Iudaico

Eine der wichtigsten Quellen über den „Judäischen Krieg" stammt von dem jüdischen Feldherrn und Geschichtsschreiber Flavius Josephus, eigentlich Josippos ben Mattijahu (Josef, Sohn des Matthias). Er ist an den Ereignissen sowohl auf jüdischer als auch auf römischer Seite beteiligt – zunächst als Kommandeur der jüdischen Landbevölkerung von Galiläa gegen die römischen Truppen und nach seiner Gefangenschaft als Chronist der römischen Seite, als welcher er die Geschichte des Krieges festhalten soll. Zwischen 75 und 79 n. Chr. verfasst er sein Werk „De bello Iudaico".

a) Über die Einnahme Jerusalems 70 n. Chr. schreibt Flavius Josephus:

Kaum hatte sich [...] Titus entfernt, als die Empörer nach kurzer Ruhepause abermals gegen die Römer ausrückten. Hierbei kam es zum Handgemenge zwischen der Besatzung des Tempels und den Mannschaften, die das Feuer in den Gebäuden des inneren Vorhofs löschen sollten, wobei diese die Judäer bis zum Tempelgebäude zurückdrängten. In diesem Augenblick ergriff einer der Soldaten, ohne einen Befehl abzuwarten oder die schweren Folgen seiner Tat zu bedenken, wie auf höheren Antrieb ein brennendes Holzscheit und schleuderte es, von einem Kameraden hochgehoben, durch eine kleine goldene Tür, durch die man von Norden her in die den Tempel umgebenden Gemächer eintrat. Sowie die Flammen aufloderten, stießen die Judäer angesichts der Größe des Unglücks einen Schrei aus und eilten, ohne der Gefahr zu achten oder ihre Kräfte zu schonen, zu Hilfe; denn was sie bisher vor dem Äußersten zu bewahren gesucht hatten, drohte unterzugehen.

Ein Eilbote meldete Titus, was vorgefallen war. Schnell sprang dieser von seinem Lager im Zelt, wo er eben vom Kampf ausruhte, auf und lief, wie er war, zum Tempel hin, um dem Brand Einhalt zu tun. [...] Der Caesar[1] wollte durch Schreien und Handbewegungen den Soldaten zu verstehen geben, sie sollten löschen; sie aber hörten sein Rufen nicht, da es von lautem Geschrei übertönt wurde, und die Zeichen seiner Hand beachteten sie nicht, weil sie teils vom Kampfe, teils von ihrer Erbitterung abgelenkt wurden. Weder Vorstellungen noch Drohungen vermochten den Andrang der Legionen aufzuhalten: Die Wut allein leitete sie. [...] Ganze Haufen von Bürgern, lauter schwache, unbewaffnete Leute, wurden niedergemacht, wo immer der Feind sie traf. Um den Altar türmten sich die Toten in Masse; das Blut floss an seinen Stufen, und die Leichen derer, die oben auf ihm ermordet wurden, glitten an seinen Wänden herunter.

Als der Caesar dem Ungestüm seiner rasend gewordenen Soldaten nicht mehr Einhalt zu bieten vermochte und die Flammen immer weiter um sich griffen, betrat er mit den Befehlshabern das Allerheiligste und sah sich an, was es enthielt. Alles fand er weit erhaben über den Ruf, den es bei Fremden genoss, und ganz entsprechend dem Ruhm und der hohen Meinung unter den Einheimischen. [...] Er versuchte deshalb persönlich, die Soldaten zum Löschen anzuhalten; dem seiner Leibwache angehörenden Zenturio Liberalius befahl er, die Widerspenstigen durch Stockschläge zu zwingen. Aber ihre Erbitterung, ihr Hass gegen die Judäer und ihre ungezügelte Kampfeslust waren stärker als die Rücksicht auf den Caesar und die Furcht vor dem, der ihnen wehren wollte. Die meisten feuerte die Aussicht auf Plünderung an, da sie glaubten, es müsse, weil sie außen alles von Gold gefertigt sahen, das Innere erst recht voller Schätze sein. Während der Caesar voreilte, um die Soldaten zurückzuhalten, hatte schon einer von denen, die ins Innere eingedrungen waren, im Dunkel Feuer unter die Türangeln gelegt; als jetzt plötzlich auch

[1] Gemeint ist der jüdische Ruhe- und Feiertag Sabbat, der die Arbeitswoche beschließt und traditionell von Freitagabend bis Samstagabend zum Gedenken an die göttliche Schöpfung begangen wird. In sechs Tagen, so berichtet das 1. Buch Mose, habe Gott die Welt erschaffen, und am siebten Tag geruht.

[1] Titelbestandteil des Titus als Sohn des römischen Kaisers

▲ **Die Bergfestung Masada.**
Rekonstruktionszeichnung von Peter Connolly, 1983.
Die Bergfestung Masada auf einem unzugänglichen Felsplateau über dem Toten Meer wurde erst im April 73 oder 74 eingenommen. Dazu bauten die Römer mehrere Heerlager und eine riesige Rampe auf den Berg. Diese Bauten und die Verteidigungsanlagen sind größtenteils erhalten und ein Reiseziel für Touristen.

▲ **Israelische Soldaten beim Gebet auf Masada.**
Foto von 2007.
Der Ort wurde von 1965 bis 1991 zur Vereidigung der Rekruten genutzt. Einige Rekruten tragen den Tallit (Gebetsschal) und Tefillin (Gebetsriemen).

von Innen eine Flamme emporschoss, zogen sich die Offiziere mit dem Caesar zurück, und niemand hinderte mehr die Soldaten, draußen Feuer zu legen. So ging der Tempel gegen den Willen des Titus in Flammen auf.

b) Nach der Einnahme der Stadt durch die römischen Truppen hält Titus an die Einwohner Jerusalems eine Ansprache:

Titus befahl den Soldaten, ihre Erbitterung zu bezähmen und mit dem Schießen einzuhalten, ließ einen Dolmetscher neben sich treten und begann zum Zeichen, dass er der Sieger sei, als erster zu reden: „Nun, seid ihr endlich der Leiden eures Vaterlandes satt, ihr, die ihr, ohne unsere Macht und eure Stärke zu bedenken, in unvernünftiger Wut und Tollheit das Volk, die Stadt und den Tempel zugrunde gerichtet habt und gerechterweise selbst zum Verderben verurteilt seid, die ihr, seitdem Pompeius euch unterwarf, unablässig auf Empörung hingearbeitet und endlich den offenen Krieg gegen die Römer begonnen habt! Auf was baut ihr denn eigentlich? Habt ihr euch auf eure Menge verlassen? Seht, ein sehr kleiner Teil der römischen Heeresmacht ist mit euch fertig geworden. Auf die Treue von Bundesgenossen? Aber welches Volk außerhalb unseres Reiches sollte denn die Judäer den Römern vorziehen? Auf eure Körperkraft? Aber selbst die Germanen sind uns untertan! Auf die Festigkeit eurer Mauern? Welche Mauer ist mächtiger als der Ozean, von dem umgeben doch die Briten den Waffen der Römer huldigen! Auf euren entschlossenen Mut und die Verschlagenheit eurer Anführer? Aber ihr wisst, dass selbst die Karthager uns unterlagen! Somit hat euch nichts anderes gegen die Römer in Waffen gebracht als deren Milde. Wir gaben euch das Land in Besitz, wir setzten über euch Könige aus eurem eignen Stamm, wir beließen euch eure heimischen Gesetze und erlaubten euch nicht allein zu Hause, sondern auch unter Freunden nach eurem Gutdünken zu leben; vor allem gestatteten wir euch, für euren Gottesdienst Steuern zu erheben und Gaben zu sammeln, ohne die Spender zu rügen oder zu hindern, sodass ihr reicher wurdet als wir selbst und euch mit unserem Gelde gegen uns rüstetet. Dann wurdet ihr durch den Genuss so bedeutender Vergünstigungen übermütig, wandtet euch gegen die, die sie euch gewährten.

c) Die letzten Aufständischen ziehen sich nach dem Fall Jerusalems in die Bergfestung Masada zurück und können sich dort noch bis 73 n. Chr. den römischen Legionen widersetzen. Eleazar Ben Simon, Priester und Anführer der Zeloten, wendet sich mit folgenden Worten an die mit ihm Eingeschlossenen:

Schon lange sind wir, meine Mitkämpfer, entschlossen, weder den Römern noch sonst jemand untertan zu sein außer dem

Gott allein [...]. Entehren wir uns nicht selbst, indem wir, die wir früher nicht einmal eine ungefährliche Sklaverei ertragen wollten, jetzt mit der Sklaverei uns freiwillig die schrecklichsten Qualen aufbürden, die uns sicher bevorstehen, wenn wir in die Hände der Römer fallen. Denn wie wir die ersten waren, die sich auflehnten, sind wir auch die letzten, die noch gegen sie kämpfen. Ich halte es für eine besondere Gnade Gottes, dass er uns in den Stand setzt, ehrenvoll als freie Menschen unterzugehen, was anderen, die unversehens überwältigt wurden, nicht vergönnt war. Wir wissen ja, dass wir morgen früh in Feindeshand geraten werden; aber noch haben wir die freie Wahl, mit unsern Lieben einen edlen Tod zu sterben. [...] Vielleicht hätten wir gleich zu Anfang, als unser Streben nach Freiheit auf Widerstand bei unseren Landsleuten und auf noch größeren bei unseren Feinden stieß, den Ratschluss des Gottes erkennen sollen, dass er das ihm einst so teure Volk der Judäer verderben wollte. Denn wäre er uns gnädig geblieben oder nur wenig über uns erzürnt gewesen, würde er dem Untergang so vieler Menschen nicht ruhig zugeschaut und seine heilige Stadt nicht dem Feuer und der Zerstörungswut unserer Feinde preisgegeben haben. [...] Die Strafe dafür aber wollen wir nicht von unseren Todfeinden, den Römern, sondern vom Gott durch unsere eigne Hand erleiden; sie wird milder sein als andere. Ungeschändet sollen unsere Frauen sterben, und unsere Kinder, ohne die Sklaverei zu kennen. Und sind sie vorangegangen, wollen wir selbst einander den Liebesdienst erweisen und uns die Freiheit als Leichentuch bewahren! Zuvor aber wollen wir unsere Kostbarkeiten und die Burg durch Feuer vernichten; denn ich bin sicher, dass die Römer sich ärgern werden, wenn sie weder uns noch die Beute kriegen. Nur die Nahrungsmittel wollen wir übriglassen, damit sie nach unserm Tod zum Zeugnis dienen, dass nicht der Hunger uns bezwang, sondern dass wir, wie von Anfang an so auch jetzt noch entschlossen waren, den Tod der Sklaverei vorzuziehen.

Flavius Josephus, Geschichte des Judäischen Krieges, Stuttgart 2008, S. 442-444, 450 f. und 493 f.

1. *Charakterisieren Sie die Grundhaltung der jüdischen Gruppen, die an Aufstand und Krieg beteiligt waren.*
2. *Arbeiten Sie heraus, wie Flavius Josephus die Zerstörung Jerusalems bewertet.*
3. *Analysieren Sie das hier gezeichnete Bild der Römer.*
4. *Flavius Josephus schrieb sein Werk in römischem Auftrag. Überlegen Sie, inwieweit die Darstellung gefärbt sein könnte.*
5. *Masada gilt in Israel auch als ein Symbol des Widerstandes. Beurteilen Sie, inwieweit dies ein Resultat der Überlieferung durch Flavius Josephus sein könnte.*

M4 Die Folgen der Kriege: jüdische „Diaspora"

a) Zwischen 132 und 135 führt Simon Bar Kochba einen zweiten jüdischen Aufstand gegen die Römer an. Er weitet sich bis nach Ägypten aus, wird aber durch Kaiser Hadrian mit seinen Truppen 135 niedergeschlagen. Der Historiker Ariel Lewin schreibt 2004 über die Folgen dieses zweiten Krieges für das jüdische Leben in Palästina:

Dieser Krieg wirkte sich auf die jüdische Welt noch schlimmer aus als der erste: Der Historiker Cassius Dio berichtet, dass bei diesen Kämpfen 580 000 Juden umkamen, während unzählige andere an Hunger und Krankheiten und in Bränden starben; hunderte Dörfer wurden zerstört. Das Territorium von Judäa rund um Jerusalem war geradezu entvölkert, im Süden des Landes sowie an der Küste wurden die Juden zur Minderheit. In einigen Zentren wie Jericho, Hebron, Lydda (Lod) und anderen Gebieten Peräas, der Sharon-Ebene und Südjudäas bildeten sie jedoch weiterhin kompakte Kerne, und rasch verlagerte sich das Zentrum des jüdischen Lebens wieder in das fruchtbare, bevölkerungsreiche Galiläa. [...]
Die bedeutendsten der verbliebenen Rabbiner versammelten sich in der kleinen Stadt Usha auf halbem Wege zwischen Sephoris und der Küste, um wieder ein Gelehrtenzentrum aufzubauen, das in gewisser Weise eine neue jüdische religiöse Autorität repräsentieren konnte. Man muss allerdings entgegen der Ansicht vieler Historiker betonen, dass diese Versammlung der Weisen nicht den Charakter einer nationalen Institution hatte, die für die gesamte jüdische Gemeinschaft sprechen sollte.

b) Die deutsche Althistorikerin Loretana de Libero berichtet 2007 über die demografische Entwicklung in Palästina sowie über die Haltung der römischen Kaiser zu den Juden nach 135:

Mitte des 2. nachchristlichen Jahrhunderts machten die Juden nach modernen Schätzungen in Palästina nur noch ein Viertel der Gesamtbevölkerung von eineinhalb Millionen Menschen aus. Allerdings bildeten noch im 5. Jahrhundert Juden und sogenannte Heiden gegenüber den Christen die Bevölkerungsmehrheit. [...]
Das Wohl und Wehe der Juden war abhängig von der persönlichen Einstellung der römischen Kaiser zu deren Religion. Während Hadrian mit Repressalien auf Unzufriedenheit und Unruhen antwortete, lockerte sein Nachfolger Antoninus Pius die Verbote und gestattete den Juden, ihre Religion auszuüben. Die Dynastie der Severer (193-235 n. Chr.) schließlich war den Juden überaus wohlgesonnen. Erst mit Constantius II. (337-361 n. Chr.) begann eine [christliche] antijüdische Gesetzgebung, die in spätantike Gesetzessammlungen wie den

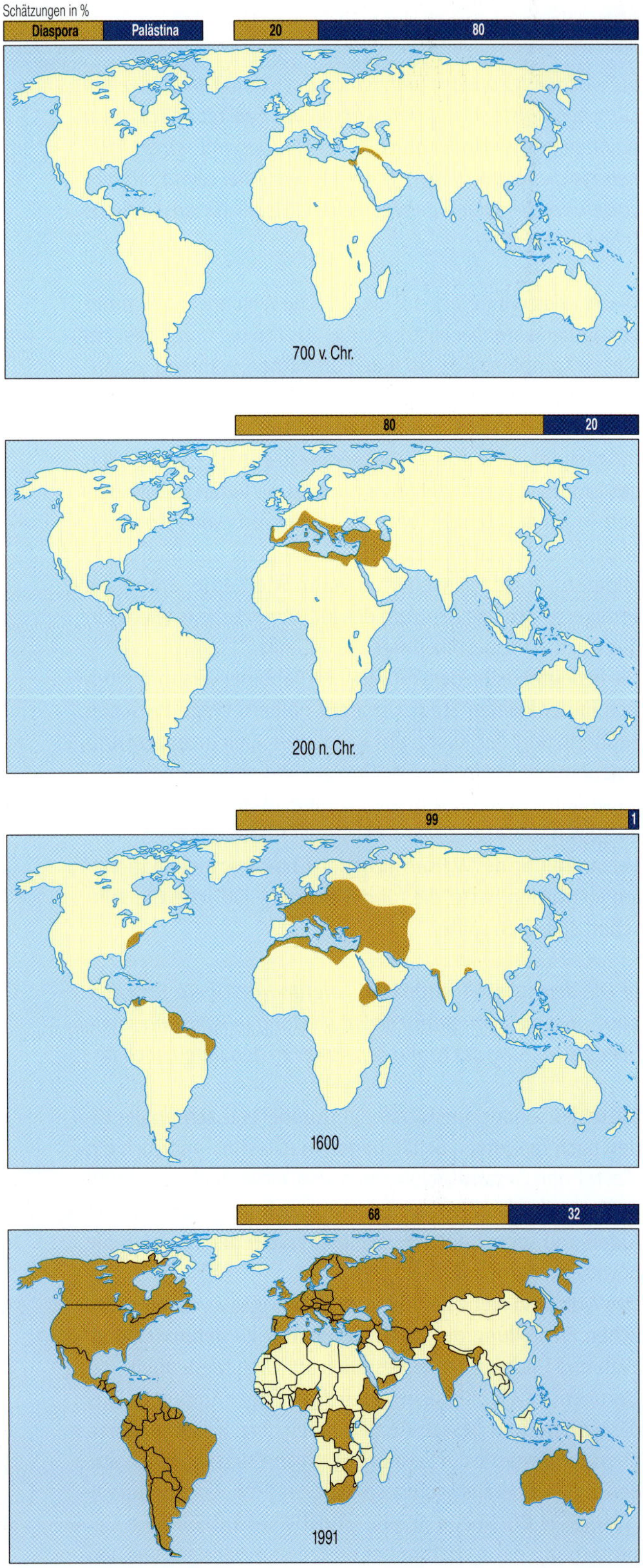

Codex Theodosianus (438 n. Chr.) und den Codex Iustinianus (534 n. Chr.) Eingang gefunden hat.

c) Der Historiker Julius Schoeps im Jahre 2005 in einem Interview über die Bedeutung der jüdischen „Diaspora":

GEO EPOCHE: Herr Professor Schoeps, was bedeutet „Diaspora" für Juden?

SCHOEPS: Diaspora ist das griechische Wort für Verstreutheit beziehungsweise Verbannung. Auf Hebräisch sagt man galut. Der Begriff bezeichnet im Prinzip den Zustand des Judentums nach der Zerstörung Jerusalems und des Tempels im Jahre 70 n. Chr. Und als der Bar Kochba-Aufstand 135 n. Chr. niedergeschlagen war, durften Juden etwa den Tempelbezirk und große Teile der Stadt nicht betreten. Es kam zu Versklavung und massiven Vertreibungen durch die Eroberer. Juden lebten danach zerstreut in aller Welt – seither ein Grundmerkmal jüdischer Geschichte.

GEO EPOCHE: Wohin sind die Juden Palästinas damals gegangen?

SCHOEPS: Manche von ihnen blieben trotz aller Widrigkeiten dort. Andere wurden von den Römern versklavt. Wieder andere flohen: nach Osten ins Zweistromland, nach Westen längs der nordafrikanischen Küste, nach Spanien, Italien, Griechenland, manche nach Norden bis über die Alpen. Oft ging es an die Ränder des Römischen Reiches.

Erster Text: Ariel Lewin, Palästina in der Antike, Stuttgart 2004, S. 34;
zweiter Text: Loretana de Libero, Der Nahe Osten als Konfliktgebiet in Antike und Mittelalter, in: Bernhard Chiari und Dieter H. Kollmer (Hrsg.), Wegweiser zur Geschichte. Naher Osten, Paderborn u.a. [2]2009, S. 20 und 24;
dritter Text: Peter-Matthias Gaede (Hrsg.), Die Geschichte des Judentums, in: GEO Epoche, Hamburg 2005, S. 60

1. *Arbeiten Sie anhand der Texte die Folgen der Kriege für die jüdische Bevölkerung heraus.*
2. *Untersuchen Sie die Möglichkeiten für Juden, weiterhin in Palästina zu leben. Bestimmen Sie die Bedeutung der jüdischen „Diaspora".*
3. *Diskutieren Sie die Rückkehrmöglichkeiten für ausgewanderte Juden nach Palästina während der römischen Spätantike.*
4. *Informieren Sie sich über die antijüdischen Bestimmungen der spätrömischen Gesetzeswerke Codex Theodosianus und Codex Iustinianus. Inwieweit lassen sich christliche Motive feststellen?*

◂ **Siedlungsgebiete von Juden 700 v. Chr. - 1991**
Aus: Eli Barnavi (Hrsg.), Universalgeschichte der Juden. Von den Ursprüngen bis zur Gegenwart. Ein historischer Atlas, München 2004, S. XII/I

Konflikte zwischen Christen und Muslimen zur Zeit der Kreuzzüge

Eine Region im Umbruch Mit der Teilung des Imperium Romanum und dem Untergang des Weströmischen Reiches wurde Palästina Teil des Oströmischen und späteren Byzantinischen Reiches. Diesem erwuchs im 7. Jahrhundert mit dem Islam ein schlagkräftiger Gegner. Der muslimischen Expansion, die von der arabischen Halbinsel ausging, hatte das Byzantinische Reich wenig entgegenzusetzen. Es verlor seine Besitzungen in Nordafrika und bereits im Jahr 641 war auch Palästina muslimisch beherrscht und blieb es unter wechselnden Reichen im Wesentlichen bis zum Ende des Ersten Weltkrieges.

Damit trafen in Palästina neben verschiedenen lokalen Kulten drei große monotheistische Religionen aufeinander. Neben dem Judentum hatte sich ab dem 4. Jahrhundert das Christentum etabliert. Jesus Christus war in Palästina geboren worden. Er hatte dort gelebt, als Wanderprediger Anhänger um sich geschart und war als Aufrührer gegen die römische Herrschaft gekreuzigt worden. Nun kam als dritte Religion der Islam hinzu.

Auch die ethnische Zusammensetzung der Bevölkerung veränderte sich tief greifend. Hatten hier zunächst Juden, Minderheiten seit Jahrhunderten ansässiger vorderorientalischer Ethnien und die Nachkommen der überwiegend griechisch geprägten provinzialrömischen Bevölkerung gelebt, so drangen seit dem 7. Jahrhundert vermehrt Angehörige arabischer Stämme und vorderasiatischer Turkvölker als Eroberer ein und ließen sich in Palästina dauerhaft nieder.

Die muslimischen Herrscher akzeptierten bis auf wenige, zeitlich beschränkte Ausnahmen aus wirtschaftlichen Gründen die kulturellen Eigenheiten der bunt gemischten Bevölkerung und gewährten Juden und Christen gegen eine Sondersteuer Religionsfreiheit sowie den Zugang zu ihren heiligen Stätten.

„Heilige Kriege“ Die Jerusalem-Wallfahrt christlicher Pilger aus dem Westen – neben den Wallfahrten nach Rom und Santiago de Compostela die wichtigste im europäischen Mittelalter – blieb durch die Araber unbehelligt, zumal sie den islamischen Herren mehr Einnahmen als Probleme brachte. Doch 1076 blockierten die Seldschuken nach der Eroberung des Nahen Ostens die Pilgerwege nach Jerusalem, überfielen und beraubten unbewaffnete Wallfahrer. Sie machten die aufkeimende Hoffnung des byzantinischen Kaisers auf eine Rückeroberung der Region zunichte. Seine Bitte um Militärhilfe nahm Papst Urban II. zum Anlass, 1095 auf dem Konzil zu Clermont vor den Bischöfen, Äbten und Rittern aus ganz Frankreich mit den Worten „Gott will es!“ zu einem Kreuzzug, zur bewaffneten Wallfahrt und zur Befreiung der Christen in Palästina, aufzurufen. Zahlreiche Prediger verbreiteten den Kreuzzugsgedanken und erweiterten die Botschaft um die Forderung, die heiligen Stätten der Christenheit aus den Händen der „Ungläubigen und Heiden“ zu befreien oder zu „erlösen“ (▸ M1). Sie fanden großen Widerhall nicht nur im Adel, sondern auch in der einfachen Bevölkerung vor allem Westmitteleuropas, und lösten die Kreuzzugsbewegung aus, die vom Ende des 11. bis zum Ende des 13. Jahrhunderts dauerte.

▸ **Ritter auf dem Kreuzzug als miles Christi.**
Miniatur aus dem Westminster Psalter, 13. Jahrhundert.

▲ **Die Kreuzfahrerstaaten um 1131.**

▪ *Vergleichen Sie die Karte mit einer aktuellen des Nahen Ostens.*

Zehntausende brachen 1095/96 unter der Führung von Herzögen, Grafen und Bischöfen in großen Heeren in den Orient auf. Während der Züge kam es zu den ersten großen Ausschreitungen gegen die Juden nördlich der Alpen, besonders im Rheinland, in Frankreich und in Böhmen. Diese wurden als die ersten und wahren Feinde Christi verschrien, ausgeraubt, zur Taufe gezwungen oder umgebracht. Ganze Judengemeinden wurden vernichtet.

Die Kreuzzugsbewegung führte zunächst zur Eroberung Jerusalems und zur Errichtung von Kreuzfahrerstaaten im „Heiligen Land“ (▸ M2). Nach langem militärischen Hin und Her endete sie jedoch mit einem Misserfolg der abendländischen Eindringlinge, obwohl sie zu Zehntausenden aufgebrochen waren.

Die hinter den Kreuzzugspredigten und dem Verhalten der Kreuzfahrer erkennbare Ideologie ähnelt auffällig der muslimischen Lehre vom „Heiligen Krieg“, dem Dschihad. Beide gehen davon aus, dass es erlaubt oder sogar geboten sei, den eigenen, „rechten“ Glauben notfalls mit der Waffe zu verteidigen. Da Gott den Einsatz der Waffen „wolle“, erwarte alle in diesem Heiligen Krieg Gefallenen das Paradies als Lohn.

Wem „gehören“ Jerusalem und das Heilige Land?

Schon bald wurde die Stadt Jerusalem zum Symbol dessen, was zu erobern oder zu verteidigen war. Die Juden sahen und priesen die Stadt Davids und Salomos als den Mittelpunkt ihrer Identität als „Volk Gottes“ und damit als die „heilige Stadt“ schlechthin. Für die Christen war sie mit Rom „heilige Stadt“, da Jesus hier die letzten Tage seines Lebens verbracht hatte, gestorben und auferstanden war. Die Muslime verehrten Jerusalem als den Ort, wo **Mohammed**, der Stifter des Islam, in den Himmel aufgefahren war und wo einst die Posaune zum Jüngsten Gericht ertönen werde; sie war für sie die dritte „heilige Stadt“ nach Mekka und Medina.

Mohammed (um 570-632): Gründer des Islam. Nach arabischen Quellen aus dem 9. und 10. Jh. lernte Mohammed (arab. „der Gepriesene“) als junger Mann die Lehren der Juden und Christen kennen. Mit etwa 40 Jahren fühlte er sich zum Gesandten Gottes (Allahs) berufen. Die arabische Zeitrechnung beginnt mit seiner Auswanderung (arab. Hedschra) von Mekka nach Medina 622. Mohammed war nicht nur Religionsstifter, sondern auch Herrscher über weite Teile Arabiens. Für ihn und seine Nachfolger waren und sind Religion und Staat eine Einheit.

Teilweise schon jahrhundertealte Synagogen, Kirchen, Klöster und Moscheen in und um Jerusalem, vor allem die christliche Grabeskirche, die jüdische Klagemauer und der muslimische Felsendom, waren Sinnbilder der drei Religionen, um deren Rang und Besitz eifersüchtig gekämpft wurde. Die meisten der überlebenden Kreuzfahrer des Ersten Kreuzzugs sahen ihn mit der Eroberung und militärischen Absicherung der „heiligen Stadt“ Jerusalem als beendet an und kehrten daraufhin nach Westeuropa zurück.

Die in Palästina verbliebenen Ritter und adligen Anführer errichteten christliche „Kreuzfahrerstaaten“. Zu dem religiösen Motiv der Befreiung kam der Anspruch auf dauerhafte Herrschaft hinzu. So hielt etwa der Mainzer Jude Elieser ben Nathan im 12. Jahrhundert fest: „Es erhoben sich freche Gesichter, welsches Volk, eine grimmige ungestüme Schar von Franzosen und Deutschen aus allen Ecken und Enden, die sich vorgenommen hatten, nach der heiligen Stadt zu ziehen, um dort das Grab ihres Heilandes aufzusuchen, die Ismaeliten von dort auszutreiben und sich des Landes zu bemächtigen.“ Ausdruck dieses westeuropäisch-römisch-christlichen Herrschaftsanspruches über Palästina wurden Bauten wie die Kreuzfahrerburgen, die Ritterorden der Templer und Johanniter oder auch der Deutsche Orden, deren Mitglieder sich als „milites Christi“ verstanden (▸ M3).

Die muslimischen Eroberer hielten während der beiden Jahrhunderte der Kreuzzüge ebenso rigoros an ihrem Anspruch auf Herrschaft über Palästina fest. Als sie die Kreuzzüge durch die endgültige Eroberung Jerusalems 1244 und des letzten christlichen Stützpunktes im „Heiligen Land“, Akkon, 1291 beendet hatten, betonten die Muslime die Bedeutung der islamischen Stätten des Felsendoms und der al-Aqsa-Moschee in Jerusalem als einigende Symbole gegen die Europäer und für den Herrschaftsanspruch des Islam in Jerusalem und Palästina (▸ M4).

Eine Episode mit Folgen Die Kreuzzüge waren letztlich erfolglos und nur eine Episode in der Geschichte des Nahen Ostens. Sie blieben aber bis in die Gegenwart nicht ohne Folgen (▸ M5). In Europa lebte das Kreuzzugsdenken bei der Verfolgung der Muslime in Spanien, der Juden in ganz Europa und in der Ketzerverfolgung wieder auf. Manche dieser Aktionen bezeichneten Zeitgenossen sogar als „Kreuzzug“. Beinahe regelmäßig wurde der Begriff in der Frühen Neuzeit für die Abwehrkriege gegen die vom Balkan nach Europa vordringenden muslimischen Osmanen verwendet. Der Begriff weckte stets eine Mischung aus Angst vor grausamen Angriffen und der Überzeugung kultureller Überlegenheit gegenüber den anstürmenden „heidnischen Barbaren“. Als die Türken erfolgreich abgewehrt waren, sahen viele im Abendland darin einen späten Sieg der Kreuzfahrer und sich selbst als die Erben und Nachfolger jener in ihren Augen tief gläubigen und heldenhaften Kämpfer. Die Furcht vor den muslimischen Türken wich im 18. Jahrhundert einem Gefühl der Überheblichkeit und Verachtung, auch wenn man von ihrer exotischen Kultur gleichzeitig auch fasziniert war.

Die muslimische Welt vergaß die Kreuzzugszeit, die Eroberungslust und Habgier der Eindringlinge aus dem Abendland, nie. Spätere Auseinandersetzungen mit den „Ungläubigen“

▸ **Mohammeds Himmelfahrt.**
Buchillustration von 1436.
In der islamischen Geschichtsschreibung werden zwei Ereignisse besonders herausgestellt, die für die Überlieferung der Prophetie Mohammeds besonders bedeutsam sind: die nächtliche Reise nach Jerusalem und die Himmelfahrt. Vom Jerusalemer Tempelberg soll Mohammed auf einem pferdeähnlichen Reittier, dem Buraq, in den Himmel aufgefahren sein. Zuvor habe er dort ein Gebet mit allen biblischen Propheten einschließlich Jesus geleitet. Da der Islam die Darstellung heiliger Personen verbietet, ist das Gesicht des Propheten „leer“.

◂ **Der Felsendom.**
Foto, um 2000.
Der Felsendom auf dem Tempelberg ist neben der al-Aqsa-Moschee eines der Hauptheiligtümer des Islam und der älteste erhaltene muslimische Sakralbau überhaupt. Er wurde 691 über dem Felsen errichtet, wo die Himmelfahrt Mohammeds stattgefunden haben soll. Er birgt zudem den Stein, auf dem nach biblischer Überlieferung Abraham seinen Sohn Isaak als Beweis für seinen Gehorsam gegenüber Gott opfern wollte, bevor ein Engel dies verhinderte.

▾ **Der Tempelberg in Jerusalem.**
Foto, um 2000.
Jerusalem ist die Hauptstadt Israels und einer der wichtigsten Wallfahrtsorte der drei Weltreligionen Judentum, Christentum und Islam. Einige Stätten sind allen drei Religionen heilig, wie der im 7. Jahrhundert von den Muslimen errichtete Felsendom. Ebenso heilig wie der Felsendom ist den Juden der benachbarte Ort des zerstörten zweiten Tempels, den König Herodes (37-4 v. Chr.) erbauen ließ und der 70 n. Chr. durch die Römer zerstört wurde. Die „Klagemauer“, von den Juden „Westmauer“ genannt, ist der einzige Überrest. Sie ist Ort der Klage und Stätte des Gebets. Die bedeutendste christliche Pilgerstätte ist die Grabeskirche. Sie steht dort, wo sich das Grab Jesu befunden haben soll.

wurden auf die Kreuzzüge bezogen und als typisch für die christlich-westliche Welt angesehen (▸ M6).

So wurde und wird bis heute aktuelles Handeln mit dem Schlagwort oder Kampfbegriff „Kreuzzug“ gerechtfertigt oder kritisiert. Mit den Worten des Historikers Christopher Tyerman: „So wurde der Begriff des Kreuzzugs immer mehr zu einem ungenauen Synonym für ideologische Konflikte oder – schlimmer noch – zu einer schiefen, aber stark aufgeladenen Metapher für politische Konflikte zwischen Vertretern unterschiedlicher Kulturen oder Religionen.“ Der Politikwissenschaftler Samuel P. Huntington meint sogar, die Welt befinde sich nach dem Ende des Kalten Krieges, in dem sich zwei Ideologien gegenüberstanden, gegenwärtig in einem „Kampf der Kulturen“.

M1 „Christus spricht heute zu euch ..."

Am 5. November 1198 hält Abt Martin des Zisterzienserklosters Pairis im Bistum Basel eine Kreuzzugspredigt. Mönch Gunther aus demselben Kloster hat sie überliefert:

Christus spricht heute zu euch durch meinen Mund mit seinen eigenen Worten, klagt euch das Unrecht, das ihm angetan. Vertrieben ist Christus aus seiner heiligen Stätte, aus seinem Sitz, ist verstoßen aus jener Stadt, die er selber mit seinem eigenen Blute für sich geweiht hat. Wehe! Wo einst die fleischliche Erscheinung von Gottes Sohn durch die heiligen Propheten verkündigt wurde, [...] wo er persönlich predigte und lehrte und oftmals Zeichen und Wunder verrichtete, wo er beim Mahl mit seinen Jüngern das Sakrament des allerheiligsten Leibes und Blutes einsetzte, wo er litt, starb und begraben wurde und nach drei Tagen wieder auferstand und vor den Augen seiner Jünger in den Himmel aufgenommen wurde und am zehnten Tage den Heiligen Geist in feurigen Zungen über sie ausgoss: dort herrscht jetzt die Barbarei eines heidnischen Volkes! O Unglück, o Tränen, o Abgrund von Leid! Das Heilige Land, durch das Christus seine Schritte lenkte, in dem er die Kranken heilte, Blinde sehend machte, die Aussätzigen reinigte und die Toten erweckte, dieses Land, sage ich, ist in die Hand der Ungläubigen gegeben; gestürzt sind die Kirchen, beschmutzt ist das Heiligtum, des Reiches Sitz und Würde ist auf die Heiden gekommen! [...]

Unser Volk, das jenes Land zu bewohnen pflegte, ist fast vollständig vom Schwert des Feindes oder in schon lange währender Gefangenschaft dahingerafft [...]. Das ist Christi Not, die ihn selber treibt, euch heute durch meinen Mund zu bitten!

Deshalb, ihr starken Krieger, kommt jetzt Christus zu Hilfe, gebt eure Namen zur christlichen Heerfahrt, lasst euch freudig in ein glückhaftes Feldlager einreihen! Euch vertraue ich heute Christi Sache an, ihn selber gebe ich euch sozusagen in die Hand, damit ihr euch müht, ihn in sein Erbe wiedereinzusetzen, aus dem er grausam vertrieben ist. [...]

Wenn ihr aber fragt, was ihr von Gott an sicherem Lohn für solche Mühen erhoffen dürft, so verspreche ich euch gewisslich: Es wird jeder, der das Zeichen des Kreuzes nimmt und reine Buße tut, jeglicher Sünde fortan ledig sein, und gleichgültig, an welchem Ort, zu welcher Zeit und durch welches Geschick er das gegenwärtige Leben verlieren mag, er wird das ewige Leben gewinnen! Ich schweige jetzt davon, dass jenes Land, das ihr aufsuchen werdet, bei Weitem reicher und fruchtbarer ist als dieses hier; und es ist leicht möglich, dass viele unter euch dort selbst in den Dingen der Zeitlichkeit ein glücklicheres Schicksal finden, als sie es nach ihrer Erinnerung hier erfahren haben.

▲ **Ein Christ wird von Moslems geköpft.**
Illustration in einer Kreuzzugschronik, 14. Jahrhundert. Das Feindbild Islam sollte der Kreuzzugsidee Nachdruck verleihen. Auf der Säule sitzend schaut ein „heidnisches Symbol" zu.

So seht jetzt, Brüder, wie groß auf dieser Kreuzfahrt die Sicherheit ist, bei euch die Verheißung des himmlischen Reiches gewiss und die Hoffnung auf Glück in der Zeitlichkeit größer ist.

Ich selbst gelobe mich als Gefährte der Reise und der Mühen, und wie es Gott gefallen mag, will ich Glück und Unglück mit euch teilen. Nehmt also jetzt, meine Brüder, frohen Sinnes das sieghafte Zeichen des Kreuzes, damit ihr die Sache des Gekreuzigten getreulich zum Ziele führen und um eine kurze, mäßige Mühe hohen, ewigen Lohn erwerben könnt.

Gunther von Pairis, Die Geschichte der Eroberung von Konstantinopel, übersetzt und erläutert von Erwin Assmann, Köln/Graz 1956, S. 36-39

1. *Beschreiben und begründen Sie die Wirkung der Kreuzzugspredigt des Abtes Martin.*

2. *Fassen Sie die Gründe für die Kreuznahme zusammen. Erläutern Sie, wie das Vorgehen gerechtfertigt wird. Berücksichtigen Sie den historischen Hintergrund der Kreuzzüge in der Zeit der kirchlichen Reformbewegung des 10. und 11. Jahrhunderts.*

3. *Überlegen Sie, welche Motive der Kreuzfahrer oftmals tatsächlich überwogen haben dürften.*

▲ **Die Befreiung Jerusalems.**
Karte des Heiligen Landes mit Jerusalem als Mittelpunkt, um 1170/80.
Zu den Zielen der ersten Kreuzzüge gehörte die Befreiung Jerusalems von den „Ungläubigen“, die hier einen Heiligen mit Steinen bewerfen. Unter der Karte kämpft der Heilige Georg, ein Märtyrer, der der Christenverfolgung im 3. Jahrhundert zum Opfer gefallen sein soll, als Kreuzritter.

M2 Die Einnahme Jerusalems durch die Kreuzfahrer 1099

Wilhelm von Tyrus, um 1130 in Jerusalem als Kind von Einwanderern geboren, kehrt nach einem Studium der Theologie und Rechtswissenschaften in Europa nach Palästina zurück. Bevor er 1175 zum Bischof von Tyrus ernannt wird, tritt er 1167 in die Dienste von König Amalrich I. von Jerusalem, für den er die Geschichte der Kreuzfahrerstaaten, seine „Historia rerum in partibus transmarinis gestarum“ („Geschichte der Taten jenseits des Meeres“) zu schreiben beginnt. Darin berichtet er über die Eroberung Jerusalems:

Es geschah sicherlich nach gerechtem Urteil Gottes, dass die, welche das Heiligtum des Herrn mit ihren abergläubischen Gebräuchen entweiht und dem gläubigen Volk entzogen hatten, es mit ihrem eigenen Blut reinigen und den Frevel mit ihrem Tode sühnen mussten. [...] Im Tempelbezirk sollen an die zehntausend Feinde umgekommen sein, wobei also die, welche da und dort in der Stadt niedergemacht wurden und deren Leichen in den Straßen und auf den Plätzen umher lagen, noch nicht gerechnet sind, denn ihre Zahl soll nicht geringer gewesen sein. Der übrige Teil des Heeres zerstreute sich in der Stadt, zog diejenigen, welche sich in engen und verborgenen Gassen versteckt hatten, um dem Tode zu entrinnen, wie das Vieh hervor und stieß sie nieder. Andere taten sich in Scharen zusammen und gingen in die Häuser, wo sie die Familienväter mit Frauen und Kindern und dem ganzen Gesinde herausrissen und entweder mit den Schwertern durchbohrten oder von den Dächern herabstürzten, dass sie den Hals brachen. [...]
Als endlich auf diese Weise Ordnung in der Stadt hergestellt war, legten sie die Waffen nieder, wuschen sich die Hände, zogen reine Kleider an und gingen dann demütigen und zerknirschten Herzens, unter Seufzen und Weinen, mit bloßen Füßen, an den ehrwürdigen Orten umher, welche der Erlöser durch seine Gegenwart heiligen und verherrlichen mochte, und küssten sie in großer Andacht. Bei der Kirche zu den Leiden und der Auferstehung des Herrn kamen ihnen sodann das gläubige Volk der Stadt und der Klerus, welche beide seit so vielen Jahren ein unverschuldetes Joch getragen hatten, voll Dankes gegen ihren Erlöser, der ihnen wieder die Freiheit geschenkt, entgegen und geleiteten sie unter Lobliedern und geistlichen Gesängen nach der vorgenannten Kirche.

Zit. nach: Hagen Schulze und Ina Ulrike Paul (Hrsg.), Europäische Geschichte. Quellen und Materialien, München 1994, S. 982 f.

1. *Arbeiten Sie das Bild des Kreuzfahrers heraus, das Wilhelm von Tyrus zeichnet.*
2. *Diskutieren Sie, inwieweit die Überlieferung Wilhelm von Tyrus' Herrschaftsansprüche auf Jerusalem enthält.*

▲ **Sultan Saladin, Gegenspieler der christlichen Kreuzfahrer, erobert 1187 Jerusalem.**
Französische Buchmalerei, um 1400.
Saladin, arabisch Salah ad-Din, war Sultan von Ägypten und Damaskus (Mesopotamien). Nach seinem Sieg in der Schlacht bei Hattin im Juli 1187, der größten Niederlage der Kreuzfahrer, eroberte er mit seinen Truppen am 2. Oktober 1187 Jerusalem und beendete damit die über 80 Jahre dauernde christliche Herrschaft über die Stadt. Als Gegenleistung für die Kapitulation Jerusalems wurde ein friedlicher Abzug der eingeschlossenen Christen gegen Lösegeld vereinbart. Bis 1189 eroberte Saladin weitere Teile der Kreuzfahrerstaaten Jerusalem, Tripolis und Antiochia. Erst die Niederlagen im Dritten Kreuzzug (1189 - 1192), den König Philipp II. von Frankreich, Richard I. (Löwenherz) von England und Kaiser Friedrich I. Barbarossa zur Rückeroberung Jerusalems anführten, hinderten Saladin daran, die Kreuzfahrerstaaten vollständig zu vernichten. 1192 schlossen Richard und Saladin einen Waffenstillstand. Christen durften bald wieder die Wallfahrtsorte besuchen und Juden war es erlaubt, eigene Gemeinden zu gründen.

M3 Das Propagandabild des Heiligen Krieges

Ein englischer Chronist berichtet um 1192 folgende Begebenheit über ein Mitglied des Templerordens, dem auf dem Jerusalemer Tempelberg gegründeten Ritterorden der Templer, die bei der Belagerung der Küstenstadt Akkon erzählt worden sein soll:

Er fürchtete sich nicht, für Christus zu sterben. Zuletzt, von Speeren, Steinen und Lanzen eher zermalmt als besiegt, sank er zu Boden und ging triumphierend, mit der Krone des Martyriums gekrönt, in den Himmel ein. Es ist fürwahr ein sanfter Tod ohne Leiden, wenn das Schwert eines Mannes sich aus der um ihn ausgebreiteten Menge eine solch große Krone für sich selber erschaffen hat. So zu sterben ist süß, wenn der Sieger umgeben von all den Ungläubigen daliegt, die er mit seiner siegreichen Rechten erschlagen hat. [...] Die Stätte, wo er focht, war mit den Stoppeln bedeckt, die die Schnitter stehen gelassen hatten, als sie kurz zuvor das Getreide geerntet hatten. Eine derart große Zahl von Türken war zum Angriff vorgerückt und dieser eine Mann hatte so lange gegen ganze Schlachtordnungen standgehalten, dass das Feld, in dem sie standen, verwüstet und zerstampft dalag und keine Spur von Getreide mehr zu sehen war. Es heißt, dass einige den Körper des toten Mannes mit Staub bedeckt und sich dann den Staub auf ihre Köpfe gestreut hätten, um dadurch seinen Mut in sich aufzunehmen. Gerüchten zufolge soll einer noch eifriger zu Werke gegangen sein. Er schnitt die Genitalien des Toten ab und nahm sie mit, um Kinder zu zeugen, auf dass – wenn solches möglich wäre – die Glieder des Toten einen Erben von seinem Mut hervorbrächten.

Zit. nach: Christopher Tyerman, Die Kreuzzüge, Stuttgart 2009, S. 11 f.

1. *Arbeiten Sie heraus, wie die Kreuzzugspropaganda die Ideologie eines heiligen christlichen Krieges herausstellt. Bestimmen Sie das Verhältnis von Glaube, Gewalt und Zielsetzung. Vergleichen Sie mit M1.*
2. *Analysieren Sie, welches Bild des Fremden gezeichnet wird.*
3. *Informieren Sie sich über den Begriff „Dschihad" heute. Erarbeiten Sie, inwieweit sein Gebrauch auf Palästina und Jerusalem Bezug nimmt.*

M4 Die Rückeroberung Jerusalems

a) Aus der Geschichtsschreibung des Ibn al-Atir (1160-1233) zur Rückeroberung Jerusalems 1187:

Auf der Kuppel des Felsendomes stand im Scheitel ein großes vergoldetes Kreuz; als die Muslime am Freitag in die Stadt einzogen, kletterten einige von ihnen oben auf die Kuppel, um das Kreuz zu entfernen. Als sie hinaufgestiegen waren, erhob sich ein einstimmiger Schrei in der Stadt und außerhalb, unter Muslimen und Franken. Die Muslime riefen *Allah akbar* vor Freude, die Franken schrien vor Schmerz und Bestürzung. Das Geschrei war so laut und durchdringend, dass es die Erde erzittern ließ.

b) Aus der Geschichtsschreibung des Imad ad-Din (1125-1201):

Wie sollte [der Sultan] sich nicht die Eroberung des starken Jerusalem zum Ziel nehmen und der Moschee al-Aqsa, die auf Frömmigkeit gegründet ist, denn es ist der Sitz des Propheten, das Haus der Heiligen, der Ort der Anbetung der Frommen, den die großen Heiligen der Erde und die Engel des Himmels besuchen? Hier ist der Ort der Sammlung und der Auferstehung (am Jüngsten Tage), treffen Schar um Schar die Gesandtschaften der frommen Freunde Gottes ein; hier steht der Felsen, dessen immer neuer Glanz vor allem Abstumpfen bewahrt wurde, von dem der Weg des Auffahrens (des Propheten zum Himmel) ausging; über seinem Haupt erhebt sich die stolze Kuppel wie eine Krone; hier zuckte der Blitz, von hier nahm Buraq[1] seinen Weg, hier erhellte die Nacht der Himmelsreise mit der Herabkunft der glänzenden Leuchte die Welt. Unter seinen Toren ist das Tor der Barmherzigkeit[2], und wer dort eintritt, erhält das Recht, das Paradies zu betreten und ewig dort zu weilen. [...] Jerusalem ist die erste der beiden *qibla*[3], das zweite der beiden Häuser Gottes, die dritte der heiligen Städte [...]. Wer weiß, ob Gott nicht durch uns Jerusalem seine schönste Gestalt zurückgibt, so, wie er es geehrt hat, indem er es zusammen mit seiner edelsten Schöpfung am Anfang der Sure[4] erwähnt hat [...].

[1] das Himmelspferd, auf dem Mohammed seine nächtliche Reise gemacht haben soll
[2] das goldene Tor, ein Tor zum Tempelbezirk
[3] Gebetsrichtung, im Raum erkennbar durch die Gebetsnische (*mihrab*)
[4] Die Überlieferung der Nachtreise Mohammeds geht auf die Sure 17,1 zurück: „Gepriesen sei der, der mit seinem Diener bei Nacht von der heiligen Kultstätte nach der fernen Kultstätte, deren Umgebung wir gesegnet haben, reiste, um ihn etwas von unseren Zeichen sehen zu lassen." (Zit. nach: Hans Jansen, Mohammed. Eine Biographie, München 2008, S. 189)

c) Der Islamwissenschaftler Hans Jansen interpretiert die Sure 17,1, auf welche die Überlieferung der Nachtreise Mohammeds zurückgeht:

Wenn wir *asrâ* in Sure 17,1 dieselbe Bedeutung geben wie an anderen Stellen im Koran, drängt sich der Gedanke auf, dass es sich hier um die *Hidschra* (= Auswanderung) von Mekka nach Medina handelt. Denn Mohammed zog mitten in der Nacht mit den Seinen los, und zwar aus dem Territorium, wo die Ungläubigen das Sagen hatten. Die beiden Kultstätten aus Vers 1 könnten dann die Kaaba in Mekka sein und eine Gebetsstätte, die in Medina bereits eingerichtet war.

d) Imad ad-Din deutet den Tag, an dem Jerusalem zurückerobert worden ist:

Es ergab sich, dass die Eroberung Jerusalems auf den Tag fiel, in dessen Nacht die Himmelsreise des Propheten stattgefunden hatte. Vollkommen war überall die Freude über den glänzenden Sieg, alle Zungen strömten über von Gebeten und Anrufungen Gottes.

Erster Text zit. nach: Francesco Gabrieli (Hrsg.), Die Kreuzzüge aus arabischer Sicht, Augsburg 1999, S. 192; zweiter Text ebd., S. 199 f.; dritter Text: Hans Jansen, Mohammed. Eine Biographie, München 2008, S. 190; vierter Text zit. nach: Francesco Gabrieli (Hrsg.), a. a. O., S. 208

1. *Erklären Sie die Bedeutung des Felsendoms und der al-Aqsa-Moschee für die Muslime zur Zeit der Kreuzfahrer.*
2. *Erörtern Sie die politische Bedeutung der Untersuchungen, die der Islamwissenschaftler Hans Jansen über die genaue Bedeutung der Sure 17,1 angestellt hat.*
3. *Arbeiten Sie auf der Grundlage der Darstellung sowie von M2 und M4 die Bedeutung der heiligen Stätten in Jerusalem für die verschiedenen Religionen heraus.*

▸ **Krak des Chevaliers in Syrien.**
Foto von 2002.
Diese Kreuzritterburg kam 1142 in den Besitz des Johanniter-Ordens. Er ließ sie nach 1170 ausbauen. Die Besatzung bestand aus rund 2 000 Mann. 1271 eroberten muslimische Truppen die Festung.

- *Informieren Sie sich über die Johanniter. Was haben sie mit den Kreuzzügen zu tun? Informationen finden Sie unter www.johanniter.de*

M5 Auswirkungen

Der Historiker Simon Lloyd nennt 1995 folgende Auswirkungen der Kreuzzüge:

Tatsächlich waren die Folgen der Kreuzzugsbewegungen fast überall zu spüren; kaum ein Bereich der damaligen abendländischen Welt, lässt man ihre unmittelbaren Nachbarn einmal beiseite, der nicht direkt oder indirekt in der einen oder anderen Weise von ihr betroffen oder beeinflusst wurde. Auf der weltgeschichtlichen Bühne spielten die Kreuzzüge eine wichtige Rolle, gaben sie doch der politischen und kulturellen Landkarte ein neues Gesicht – denn sie bildeten eine wichtige Voraussetzung für die fortschreitende Expansion der lateinischen Christenheit, für das Entstehen neuer, römisch geprägter Staaten in Nordosteuropa, auf der iberischen Halbinsel und natürlich im Orient, wenn auch einigen dieser Staaten nur eine kurze Existenz beschieden war. [...] Durch die Ausrufung von Kreuzzügen suchte das Papsttum seinem Anspruch, die Christenheit zu lenken, Realität zu verleihen, wobei es der Verwirklichung dieses Traums unter Innozenz III. am nächsten kam.

Die Kreuzzüge trugen ebenso dazu bei, das Selbstverständnis der Europäer zu verändern; sie förderten die Erkenntnis, dass alle Europäer eine gemeinsame Identität haben, die in einer gemeinsamen kulturellen Tradition – die freilich lokale Unterschiede aufweist – verwurzelt ist. Da die abendländische christliche Kultur das kennzeichnende gemeinsame Merkmal war, tat sich ein tiefer Spalt zwischen den christlichen Westeuropäern und der übrigen Menschheit auf, der seiner Konzeption nach im Wesentlichen religiös fundiert war. Betrachtet man die Kreuzzüge in diesem Sinne als einen umfassenden ideologischen Krieg, so lässt sich sagen, dass sie den fremdenfeindlichen Zug innerhalb der abendländischen Kultur, der bisher relativ latent geblieben war, dramatisch verstärkten und die exklusive Sicht der Welt zusätzlich nährten, wonach die Überlegenheit der christlich-abendländischen Kultur eine ausgemachte Sache war. Im Zusammenhang damit stand ein drastischer Wandel der christlich-jüdischen Beziehungen im Abendland: Die Pogrome von 1096 bezeugen eine neue, feindselige Haltung, die sich bald fest im Herzen der abendländischen Kultur verankerte. Darüber hinaus bewirkte das Kreuzzugswesen, als Idee und als Praxis, die Durchsetzung ritterlicher Werte und trug damit stark zu einem neuen Selbstverständnis des Ritterstandes bei – ein Selbstverständnis, das die kulturelle Distanz dieses Standes von anderen sozialen Schichten scharf akzentuierte.

Simon Lloyd, die Kreuzzugsbewegung 1096 bis 1274, in: Jonathan Riley-Smith (Hrsg.), Illustrierte Geschichte der Kreuzzüge, Frankfurt am Main/New York 1999, S. 81

1. *Arbeiten Sie die Auswirkungen der Kreuzzüge heraus.*
2. *Verfassen Sie ein Referat zum Thema „Kein Krieg ist heilig – Die Kreuzzüge". Nutzen Sie dazu die Darstellung und die Materialien dieses Kapitels.*

◂ Saladin-Denkmal in Damaskus.
Foto, 2000.
Sultan Saladin, der „siegreiche Herrscher“, wurde durch die Eroberung Jerusalems 1187 und den Sieg über die Kreuzfahrer zu einem Mythos, zum größten aller Helden der muslimischen Welt und vorbildhaften islamischen Herrscher verklärt. In der Altstadt von Damaskus erinnert heute ein Denkmal an Saladins Erfolge im Kreuzzug.

M6 Revolution und Dekadenz?

Der in Paris lebende libanesische Schriftsteller Amin Maalouf schreibt 1983 über die Folgen der Kreuzzüge:

Während für Westeuropa die Zeit der Kreuzzüge der Beginn einer echten Revolution war, sowohl auf wirtschaftlichem als auch kulturellem Gebiet, folgten diesen Glaubenskriegen im Orient Jahrhunderte der Dekadenz und des Obskurantismus[1]. Die von allen Seiten bedrängte muslimische Welt zieht sich in sich selbst zurück. Sie ist empfindlich, intolerant und steril geworden, und alle diese Eigenschaften verstärken sich mit der zunehmenden Weiterentwicklung der übrigen Welt, von der sie sich an den Rand gedrängt fühlt. Fortschritt, das sind jetzt die anderen. Modernität, das sind die anderen. Musste man, um seine kulturelle und religiöse Identität zu bestätigen, diese Modernität, die das Symbol des Westens war, ablehnen? Oder musste man, im Gegenteil, entschlossen den Weg der Modernität beschreiten, auf die Gefahr hin, seine Identität zu verlieren? Weder dem Iran noch der Türkei noch der übrigen arabischen Welt ist es gelungen, aus diesem Dilemma herauszukommen. [...]
Man ist oft erstaunt festzustellen, in welchem Maße die Haltung der Araber und der Muslims insgesamt dem Westen gegenüber noch heute von Vorkommnissen beeinflusst wird, die allgemein als vor sieben Jahrhunderten abgeschlossen gelten.

[1] Obskurantismus: Verdunklung, Unaufgeklärtheit

So beziehen sich, an der Schwelle zum dritten Jahrtausend, die politischen und religiösen Führungskräfte der arabischen Welt ständig auf Saladin, auf den Fall Jerusalems und seine Wiedereroberung. In der Volksmeinung und auch in gewissen offiziellen Reden wird Israel einem neuen Kreuzfahrerstaat gleichgestellt. Von den drei Divisionen der palästinensischen Befreiungsarmee trägt eine heute noch den Namen Hittin[2] und die andere Ain Jalout[3]. [...] Der Suez-Krieg von 1956[4] wurde wie der von 1191[5] empfunden, als ein Kreuzzug der Franzosen und Engländer.

Amin Maalouf, Der Heilige Krieg der Barbaren. Die Kreuzzüge aus der Sicht der Araber, München 2003, S. 282 f.

1. *Diskutieren Sie die Folgen der Kreuzzüge, die Maalouf beschreibt.*

2. *Überlegen Sie, inwiefern mit den Kreuzzügen „Geschichtspolitik“ betrieben wird.*

[2] Bei Hittin (Hattin) schlug Saladin 1187 die Kreuzfahrer.
[3] Bei Ain Jalout in Ägypten besiegten die Türken und kaukasischen Tscherkessen 1260 das mongolische Heer.
[4] vgl. dazu S. 292
[5] Gemeint ist die Einnahme Akkons 1191 durch hauptsächlich französische und englische Kreuzfahrer während des Dritten Kreuzzugs (1189 - 1192).

Imperialismus und Nationalismus im Nahen Osten

Grundfragen und Parteien des Nahost-Konflikts Die Frage, wer im Nahen Osten rechtmäßig herrscht und wem Palästina „gehört", wurde um die Wende zum 20. Jahrhundert und im Verlauf des Ersten Weltkriegs mit dem Niedergang des Osmanischen Reichs neu entfacht. Damit verbunden war die Frage, ob Palästina für sich allein ein selbstständiges Staatsgebiet darstelle oder Teil eines größeren Gebildes sei, z.B. zu Syrien gehöre. Zuletzt ging es auch um die Bestimmung der Grenzen, also um die Frage, wie groß denn eigentlich Palästina sein solle. Die Zahl der Akteure, die Ansprüche auf das osmanische Erbe in Nahost und im Besonderen auf Palästina erhoben, hatte sich dabei gegenüber den früheren Konflikten in der Antike und im Mittelalter zwar erhöht. Bestimmend waren jedoch drei: die jüdisch-zionistische, die britische und die arabische Seite.

Theodor Herzl (1860-1904): aus Budapest gebürtiger österreichisch-jüdischer Schriftsteller, Publizist und Journalist. Unter dem Eindruck von Antisemitismus und Diskriminierung verfasste er die Schrift „Der Judenstaat" (1896), mit der er den politischen Zionismus initiierte, der vor allem die Gründung eines jüdischen Staates anstrebte.
1949 wurde Herzls Leichnam nach Jerusalem überführt und auf dem nach ihm benannten Herzlberg beigesetzt.

Die jüdische Perspektive Auch während der osmanischen Herrschaft im Nahen Osten gab es jüdische Ansiedlungen und Gemeinden in Jerusalem und in ganz Palästina. Wie auch viele Juden in der Diaspora glaubten sie an die Überlieferung des Propheten Jesaja, dass in „Zion" (Jerusalem) der Messias erscheinen werde und diejenigen, die dort begraben sind, dann als Erste auferstehen werden. Diese jüdischen Gemeinden waren zahlenmäßig klein und besaßen keinerlei staatlich-politischen Charakter oder Anspruch.

1881 löste ein Attentat auf Zar Alexander II. mehrere Pogrome gegen die jüdische Bevölkerung im Russischen Reich aus. Man hatte die Juden mithilfe alter antisemitischer Vorurteile pauschal für den Tod des Zaren und die revolutionäre Stimmung im Reich verantwortlich gemacht. Die Pogrome führten zu einer großen Verunsicherung und zogen jüdische Flüchtlingsströme ins europäische Ausland und in die USA nach sich.

Der immer wiederkehrende Antisemitismus in vielen Staaten Europas ließ mehrere namhafte Persönlichkeiten dafür werben, nun endgültig ins „Land der Väter" und nach „Zion" zurückzukehren. Dafür wurden Vereine ins Leben gerufen, wie „Chowewe Zion" („Freunde Zions"). Seine eigentliche politisch-nationalstaatliche Ausprägung erfuhr der daraus entstehende „Zionismus" aber erst durch den Wiener Journalisten und Juristen **Theodor Herzl**, der 1896 die Broschüre „Der Judenstaat – Versuch einer modernen Lösung der Judenfrage" veröffentlichte (▸ M1). In ihr kam er zu dem Schluss, dass die in manchen Staaten Europas vollzogene rechtliche Gleichstellung der Juden sowie die Anpassung der jüdischen Lebensformen an ihre jeweilige Umgebung noch kein Ende des Antisemitismus bewirkt hätten. Stattdessen schlug er als „moderne" Lösung die Gründung eines eigenen jüdischen Nationalstaats vor, in dem die Juden leben und die eigene Identität ohne Furcht wahren könnten. Herzl drängte auf eine internationale zionistische Konferenz. Sie sollte den Zionismus weltweit bekannt machen, das Zusammengehörigkeitsgefühl der Juden stärken und den zionistischen Gruppen und Palästinavereinen einen organisatorischen Rahmen geben.

Theodor Herzl gehörte 1897 zu den Organisatoren des ersten Zionistischen Weltkongresses und wurde zum Präsidenten der von ihm initiierten Zionistischen Weltorganisation (ZWO) gewählt. Ziel der Zionisten war es, den auf der Welt verstreut lebenden Juden in Palästina eine Heimat zu geben (▸ M2). Ihre vordringliche Aufgabe bestand darin, den Aufbau Palästinas und die Auswanderung vorzubereiten. Um 1900 hatte der

▲ **Drei zionistische Führer.**
Glanz- oder Schmuckbild, 1906. Max Nordau (links) war Mitbegründer der Zionistischen Weltorganisation, Theodor Herzl (Mitte) Gründer der Zionistischen Weltorganisation (ZWO) und Max Emmanuel Mandelstamm ein einflussreicher russisch-jüdischer Zionist.
- *Erläutern Sie die zionistischen Ziele, die auf dem Bild symbolisiert werden.*

Zionismus etwa 200 000 Anhänger, im Deutschen Reich waren es allerdings nur 20 000. Im Judentum hatte die zionistische Position viele Kritiker, für die die Lösung nicht in Auswanderung, sondern in Integration und Annäherung bestand (▸ M3). So stand auch der Centralverein deutscher Staatsbürger jüdischen Glaubens (CV), die größte Organisation der deutschen Juden, der zionistischen Position kritisch gegenüber.

Von den folgenden „Zionistischen Kongressen" ging tatsächlich eine programmatisch motivierte Einwanderung nach Palästina aus. Sie ließ den jüdischen Bevölkerungsanteil in Palästina stetig anwachsen (▸ M4). Es entstanden erste landwirtschaftliche Kollektivsiedlungen (**Kibbuzim**), 1909 wurde die Stadt Tel Aviv gegründet. Theodor Herzl war sich 1897 bereits sicher, durch sein Wirken einen jüdischen Nationalstaat in Palästina ins Leben gerufen zu haben.

Kibbuzim (Sg. Kibbuz): hebr. „Vereinigung"; genossenschaftliche Siedlung mit besonderer Gesellschaftsform und Ideologie; zuerst in Palästina zur Zeit des britischen Mandats, dann im Staat Israel

Der Erste Weltkrieg als Neuanfang im Nahen Osten? Der Erste Weltkrieg schuf scheinbar günstige Verhältnisse für die Gründung neuer Staaten in Palästina, da er die Herrschaftsverhältnisse im Nahen Osten gründlich veränderte. Im Oktober 1914 trat das Osmanische Reich als Bündnispartner Deutschlands in den Krieg ein. Damit wurde auch der Nahe Osten Kriegsgebiet. Diese Region grenzte im Süden an den Kernbereich des britischen Imperiums zwischen Ägypten und Indien, im Norden des Osmanischen Reichs gab es Interessenkonflikte mit Russland, und Frankreich besaß ein Interesse an Syrien, das zum Osmanischen Reich gehörte. Damit war der Nahe Osten mehr als nur ein Nebenschauplatz des Ersten Weltkriegs. Alle alliierten Kriegsgegner hatten ein nationales Interesse an einer Eroberung des Osmanischen Reichs mit einer anschließenden Neuaufteilung des Gebiets. Sie trafen hierüber Absprachen, bei denen sie maximale Kriegsziele vereinbarten. Beispielhaft hierfür war das Abkommen zwischen den Unterhändlern Sir Mark Sykes und François Georges-Picot vom 16. Mai 1916 (Sykes-Picot-Abkommen), das den Nahen Osten in weiten Teilen als britisch-französisch-arabisches Gebiet vorsah. Die Briten besaßen auch die militärische Stärke, um den Krieg gegen das Osmanische Reich zu gewinnen. Jerusalem wurde am 9. Dezember 1917 kampflos eingenommen.

Thomas Edward Lawrence, bekannt als Lawrence von Arabien (1888-1935): britischer Archäologe, Geheimagent und Schriftsteller. Er nahm von 1911 bis 1914 an Expeditionen nach Syrien und in den Sinai teil und sprach Arabisch. Er wurde Verbindungsmann für den britischen Geheimdienst und unterstützte den arabischen Aufstand gegen die osmanische Herrschaft. Gegenüber der britischen Regierung vertrat Lawrence stets die arabischen Interessen. Schon zu Lebzeiten genoss er als „Lord of Arabia" einen legendären Ruf, vor allem nachdem er seine Erlebnisse 1926 in seinem Buch „Die sieben Säulen der Weisheit" veröffentlichte.
Der mit sieben Oscars prämierte Film „Lawrence von Arabien" von 1962 prägte das Bild von diesem britischen Geheimagenten ebenso wie die Vorstellung von den tragischen, letztlich schwachen Arabern.

Unklare britische Position? Durchaus umstritten ist im Einzelnen, welche genauen Kriegsziele Großbritannien dabei wirklich verfolgte. Einerseits versprach man dem arabischen Scherifen Hussein von Mekka die Gründung eines arabischen Staates und unterstützte seinen Sohn, Emir (Fürst) Feisal, 1916 mit Geld und Militärberatern bei seinem Aufstand gegen den osmanischen Sultan, in dem der Brite **Thomas Edward Lawrence** zu einer Schlüsselfigur wurde. Eine wesentliche Grundlage für die militärische arabisch-britische Zusammenarbeit gegen das Osmanische Reich bildete ein Brief des britischen Hochkommissars Henry McMahon an den arabischen Scherifen Hussein von Mekka. Das von McMahon darin eingeräumte arabische Gebiet war dabei noch wesentlich größer, als jenes, das ein Jahr später das Sykes-Picot-Abkommen vorsah.

Andererseits traf die britische Regierung nach Ansicht vieler Historiker diese Absprachen mit den arabischen Würdenträgern aber nur aus strategischem Interesse, um Verbündete gegen die osmanische Armee zu gewinnen, die den Suez-Kanal bedrohte. Dieser stellte eine wichtige Verbindung zum Kolonialreich Indien dar. Daher durfte das angrenzende strategisch wichtige Palästina nicht in „falsche Hände" geraten.

In Bezug auf Palästina schien die britische Regierung grundsätzlich bereit, die zionistische Idee eines jüdischen Nationalstaats zu unterstützen. So veröffentlichte der britische Außenminister **Lord Arthur James Balfour** 1917 eine Sympathieerklärung an

Lord Arthur James Balfour, 1. Earl of Balfour (1848-1930): britischer Politiker. 1902 bis 1905 britischer Premierminister, von 1916 bis 1919 Außenminister. In dieser Funktion sicherte er mit der nach ihm benannten Balfour-Deklaration vom 2. November 1917 den Zionisten Unterstützung zu.

◂ Jüdische Siedler pflanzen im Kibbuz Ramat Rachel Bäume.
Foto, 1930er-Jahre.
Seit dem Ende des 19. Jahrhunderts kamen Hunderttausende jüdische Siedler in mehreren Einwanderungswellen nach Palästina. Geleitet von zionistischen Idealen und sozialistischen Ideen gründeten vor allem osteuropäische Einwanderer ab 1909 Kollektivsiedlungen, die Kibbuzim, und landwirtschaftliche Genossenschaften (Moschavim). Die jüdischen Siedler begannen mit der Erschließung des Landes und dem Aufbau neuer Wirtschafts- und Gesellschaftsstrukturen. Je mehr die Zahl der jüdischen Einwanderer wuchs, desto schwieriger wurde das Verhältnis zu den in Palästina ansässigen Arabern, bis es dann ab 1920 zu offenen Auseinandersetzungen zwischen beiden Gruppen kam.

die Zionistische Föderation, die sogenannte Balfour-Deklaration, in der er die Unterstützung seiner Regierung für die „Errichtung einer nationalen Heimstätte für das jüdische Volk in Palästina" zusagte (▸ M5). Die Erklärung blieb vage. Dennoch befürwortete die britische Regierung, dass sich nach dem Krieg eine „Zionistische Kommission" in Jerusalem niederließ. Diese bemühte sich mit großem Eifer, alle zionistischen Belange voranzutreiben. Symbolische Bedeutung erlangte dabei die Grundsteinlegung für eine hebräische Universität am 24. Juli 1918: Diese wurde nicht nur als ein wissenschaftliches, sondern zugleich als ein nationales geistiges Zentrum angesehen, das die Sprache Hebräisch, bis dahin die Sprache der Bibel, als weltliche Nationalsprache etablieren sollte.

Bei den Pariser Vorortkonferenzen nach dem Ende des Ersten Weltkrieges und in Nachfolgeabkommen ordneten die Siegermächte den Nahen Osten nach ihren Interessen neu. Das Gebiet wurde Frankreich und Großbritannien als Mandat übertragen (▸ M6). Das Mandat über Palästina enthielt die eindeutige Erklärung, die jüdische Ansiedlung und Staatsbürgerschaft in Palästina erleichtern und die Balfour-Deklaration umsetzen zu wollen. Dies waren Weichenstellungen für einen jüdischen Staat.

Die arabische Position: Beginn einer National- und Gegenbewegung Der arabische Aufstand gegen die osmanische Herrschaft war Ausdruck eines persönlichen Machtinteresses des Scherifen von Mekka, der zusammen mit seinen drei Söhnen in der Tradition Mohammeds und der ersten Kalifen ein großarabisches Reich wiedererrichten wollte. Als Würdenträger über die heiligen Stätten und als Oberhaupt der hoch angesehenen Familie der Haschemiten, die seit dem 10. Jahrhundert die Kontrolle über Mekka und Medina ausübten, konnte er einen traditionellen Führungsanspruch über die arabische Gemeinschaft geltend machen. Das arabische Lager war jedoch gespalten und akzeptierte den Führungsanspruch des Scherifen bei Weiten nicht einhellig. Vor allem junge Intellektuelle propagierten eine Nationalbewegung, die sich teilweise am europäischen Nationalstaatsdenken orientierte. Sie wollten kein arabisches Großreich, das ein Vielvölkerstaat gewesen wäre, sondern einen muslimischen „palästinensischen" Staat.

▸ **Die Sieger des Ersten Weltkrieges verhandeln in Paris mit dem späteren syrischen König Emir Faisal (Mitte).**
Foto von 1919.
Bei den Verhandlungen ging es um die Einwanderungsbedingungen von Juden nach Palästina sowie über die Rechte der arabischen Bevölkerung. Hinter Faisal steht der Vertreter Frankreichs, Captain Rosario Pisani, rechts neben ihm (mit Kopftuch) der Brite Thomas Edward „Lawrence von Arabien".

Gemeinsam war allen Formen der arabischen Nationalbewegung jedoch die Ablehnung eines jüdischen Nationalstaats in Palästina. Das hatte viele Gründe. Ein Grund bestand in dem grundlegenden kulturellen Unterschied zwischen den nomadischen Beduinen und den jüdischen Neuankömmlingen, die eine systematische Bodenkultivierung betrieben. Ein weiterer war die Form der Landnahme durch die jüdischen Organisationen: Sie kauften keineswegs nur ödes, bislang ungenutztes Land, sondern teilweise auch Land, das arabische Kleinbauern gepachtet hatten, und die nun gegen Zahlung einer Entschädigung das Land verlassen sollten. Eine Rolle spielte auch, dass nach der Vertreibung der osmanischen Regierung jede neue Herrschaft abgelehnt wurde.

Die Araber sahen sich durch die Pariser Verträge und durch die Mandatsbestimmungen um den aus ihrer Sicht verdienten Lohn betrogen. Wachsende Feindschaft gegenüber den westlichen Mächten, vor allem aber gegenüber den jüdischen Siedlern und gegen alle vermeintlichen oder tatsächlichen Anzeichen eines jüdischen Nationalstaats in Palästina war die Folge (▸ M7).

Bereits im ersten Jahrzehnt nach dem Ersten Weltkrieg gab es über 360 Tote bei gewalttätigen Auseinandersetzungen zwischen Arabern und Juden in Palästina, die überwiegend von arabischen Palästinensern ausgingen. Angst, Hysterie und Hass nahmen zu. Die wachsenden Spannungen zeigten sich beispielhaft 1921, als die Unabhängigkeit der zionistischen Stadtgründung Tel Aviv von der viel älteren, arabisch bewohnten Nachbarstadt Jaffa genehmigt wurde. Sie bedeutete die erste künstliche Trennung von Juden und Arabern in Palästina.

◂ **Britische Soldaten versuchen, eine arabische Revolte am Jaffator in Jerusalem unter Kontrolle zu bringen.**
Foto, 1920er-Jahre.
Den Briten gelang es immer weniger, die verschiedenen Interessen der arabischen Einwohner und der Zionisten gegeneinander auszubalancieren. Seit 1921 kam es regelmäßig zu antibritischen und antijüdischen Unruhen in Palästina.

M1 Der jüdische Nationalstaat als Grundidee des Zionismus

Als Wegbereiter des Zionismus erscheint aus heutiger Sicht das nur 86 Seiten umfassende Buch „Der Judenstaat. Versuch einer modernen Lösung der Judenfrage“, das am 14. Februar 1896 in Wien erschienen und bald darauf ins Englische, Italienische, Französische und Russische übersetzt worden ist. Sein Autor ist Theodor Herzl. Er stammt aus Budapest, lebt aber seit 1878 in Wien und Paris, wo er als Auslandskorrespondent arbeitet. Herzl ist als liberaler Jude aufgewachsen, d. h. in seiner Familie werden zwar die jüdischen Bräuche und Festtage geachtet, jedoch zugleich ein bürgerliches Leben geführt. Seit den 1880er-Jahren nimmt der Antisemitismus in Wien zu, nicht zuletzt durch den Zustrom von Ostjuden, die nach den Pogromen von 1881 aus Russland geflohen sind. Herzl denkt darüber nach, wie das Problem des Antisemitismus und der immer wiederkehrenden Judenverfolgung gelöst werden könnte, und macht sich an die Vorbereitungen zu seinem epochal wirkenden Werk:

Ich glaube den Antisemitismus, der eine vielfach komplizierte Bewegung ist, zu verstehen. Ich betrachte diese Bewegung als Jude, aber ohne Hass und Furcht. Ich glaube zu erkennen, was im Antisemitismus roher Scherz, gemeiner Brotneid, angeerbtes Vorurteil, religiöse Unduldsamkeit – aber auch, was darin vermeintliche Notwehr ist. Ich halte die Judenfrage weder für eine soziale noch für eine religiöse, wenn sie sich auch noch so und anders färbt. Sie ist eine nationale Frage, und um sie zu lösen, müssen wir sie vor allem zu einer politischen Weltfrage machen, die im Rate der Kulturvölker zu regeln sein wird.

Wir sind ein Volk, *ein* Volk.

Wir haben überall ehrlich versucht, in der uns umgebenden Volksgemeinschaft unterzugehen und nur den Glauben unserer Väter zu bewahren. Man lässt es nicht zu. Vergebens sind wir treue und an manchen Orten sogar überschwängliche Patrioten, vergebens bringen wir dieselben Opfer an Gut und Blut wie unsere Mitbürger, vergebens bemühen wir uns, den Ruhm unserer Vaterländer in Künsten und Wissenschaften, ihren Reichtum durch Handel und Verkehr zu erhöhen. In unseren Vaterländern, in denen wir ja auch schon seit Jahrhunderten wohnen, werden wir als Fremdlinge ausgeschrien; oft von solchen, deren Geschlechter noch nicht im Lande waren, als unsere Väter da schon seufzten. Wer der Fremde im Lande ist, das kann die Mehrheit entscheiden; es ist eine Machtfrage, wie alles im Völkerverkehre. Ich gebe nichts von unserem ersessenen guten Recht preis, wenn ich das als ohnehin mandatloser Einzelner sage. Im jetzigen Zustand der Welt und wohl noch in unabsehbarer Zeit geht Macht vor Recht. Wir sind also vergebens überall brave Patrioten, wie es die Hugenotten waren, die man zu wandern zwang. Wenn man uns in Ruhe ließe ...

Aber ich glaube, man wird uns nicht in Ruhe lassen. [...]

Niemand ist stark oder reich genug, um ein Volk von einem Wohnort nach einem anderen zu versetzen. Das vermag nur eine Idee. Die Staatsidee hat wohl eine solche Gewalt. Die Juden haben die ganze Nacht ihrer Geschichte hindurch nicht aufgehört, diesen königlichen Traum zu träumen: „Übers Jahr in Jerusalem!“ ist unser altes Wort. Nun handelt es sich darum zu zeigen, dass aus dem Traum ein tagheller Gedanke werden kann.

▲ **Theodor Herzl.** *Foto von 1896.*

Dazu muss vor allem in den Seelen tabula rasa[1] gemacht werden von mancherlei alten, überholten, verworrenen, beschränkten Vorstellungen. So werden dumpfe Gehirne zunächst meinen, dass die Wanderung aus der Kultur hinaus in die Wüste gehen müsse. Nicht wahr! Die Wanderung vollzieht sich mitten in der Kultur. Man kehrt nicht auf eine niedrigere Stufe zurück, sondern ersteigt eine höhere. Man bezieht keine Lehmhütten, sondern schönere, modernere Häuser, die man sich neu baut und ungefährdet besitzen darf. Man verliert nicht sein erworbenes Gut, sondern verwertet es. Man gibt sein gutes Recht nur auf gegen ein besseres. Man trennt sich nicht von seinen lieben Gewohnheiten, sondern findet sie wieder. Man verlässt das alte Haus nicht, bevor das neue fertig ist. Es ziehen immer nur diejenigen, die sicher sind, ihre Lage dadurch zu verbessern. Erst die Verzweifelten, dann die Armen, dann die Wohlhabenden, dann die Reichen. Die Vorangegangnen erheben sich in die höhere Schicht, bis diese zuletzt ihre Angehörigen nachschickt. Die Wanderung ist zugleich eine aufsteigende Klassenbewegung.

Und hinter den abziehenden Juden entstehen keine wirtschaftlichen Störungen, keine Krisen und Verfolgungen, sondern es beginnt eine Periode der Wohlfahrt für die verlassenen Länder. Es tritt eine innere Wanderung der christlichen Staatsbürger in die aufgegebenen Positionen der Juden ein.

[1] tabula rasa: lat. wörtlich „abgeschabte Schreibtafel“; unbeschriebene Tafel oder leeres Blatt

Der Abfluss ist ein allmählicher, ohne jede Erschütterung, und schon sein Beginn ist das Ende des Antisemitismus. Die Juden scheiden als geachtete Freunde, und wenn einzelne dann zurückkommen, wird man sie in den zivilisierten Ländern genauso wohlwollend aufnehmen und behandeln wie andere fremde Staatsangehörige. Diese Wanderung ist auch keine Flucht, sondern ein geordneter Zug unter der Kontrolle der öffentlichen Meinung. Die Bewegung ist nicht nur mit vollkommen gesetzlichen Mitteln einzuleiten, sie kann überhaupt nur durchgeführt werden unter freundlicher Mitwirkung der beteiligten Regierungen, die davon wesentliche Vorteile haben.

Theodor Herzl, Der Judenstaat. Text und Materialien von 1896 bis heute, hrsg. von Ernst Piper, Berlin/Wien 2004, S. 16 f. und 22 f.

1. *Erarbeiten Sie die Motive, die Herzl für seine Idee eines jüdischen Nationalstaats anführt. Nehmen Sie dazu Stellung.*
2. *Erklären Sie den Titel „Der Judenstaat. Versuch einer modernen Lösung der Judenfrage".*
3. *Überlegen Sie, wie sich der Ton Herzls erklären lässt und welche Adressaten er im Sinn hatte.*
4. *Die Parole „Wir sind ein Volk" spielte auch in der deutschen Revolution von 1989 eine Rolle. Vergleichen Sie den Gebrauch der Losung.*
5. *Erläutern Sie, inwieweit Herzl einen eigenständigen jüdischen Nationalstaat als die Lösung des Antisemitismus ansah.*
6. *Nehmen Sie Stellung zu der Auffassung, es sei eine Frage der Macht und Mehrheit, wie Bevölkerungsgruppen leben können.*

M2 Das „Baseler Programm"

a) Auf dem ersten zionistischen Kongress in Basel 1897 wird das folgende Programm verabschiedet:

Der Zionismus erstrebt für das jüdische Volk die Schaffung einer rechtlich gesicherten Heimstätte in Palästina.
Zur Errichtung dieses Zieles nimmt der Kongress folgende Mittel in Aussicht:

1. Die zweckdienliche Förderung der Besiedlung Palästinas mit jüdischen Ackerbauern, Handwerkern und Gewerbetreibenden.
2. Die Gliederung und Zusammenfassung der gesamten Judenheit durch geeignete örtliche und allgemeine Veranstaltungen nach den Landesgesetzen.
3. Die Stärkung des jüdischen Volkes und Volksbewusstseins.
4. Vorbereitende Schritte zur Erlangung der Regierungszustimmung[1], die nötig sind, um das Ziel des Zionismus zu erreichen.

b) Der Historiker Julius H. Schoeps über die Wortwahl des „Baseler Programms":

Das sogenannte „Baseler Programm", das Nordau[2] ein „Meisterwerk der Umschreibung" nannte, war verschwommen formuliert. Um keine völkerrechtlichen Verwicklungen zu riskieren, war man nicht so weit gegangen, die Errichtung eines souveränen jüdischen Staates zu fordern, sondern sprach von der Errichtung einer „öffentlich-rechtlich gesicherten Heimstätte". Den Delegierten war klar, was mit dieser unbestimmten Formel gemeint war. Herzl tat absichtlich nichts dazu, sie zu interpretieren. Jacob de Haas, Herzls Vertrauensmann in London und späterer Biograf, berichtet, er habe Herzl darauf aufmerksam gemacht, dass sich die gewählte Formulierung schwer ins Englische übersetzen lasse. Herzls Antwort, so meinte er, habe die Stimmung der Kongressteilnehmer ausgedrückt: „No need to worry. The people will read it as ‚Jewish State' anyhow."

Erster Text zit. nach: Elmar Krautkrämer, Krieg ohne Ende? Israel und die Palästinenser – Geschichte eines Konflikts, Darmstadt 2003, S. 160; zweiter Text: Julius H. Schoeps, Theodor Herzl 1860-1904, Neu-Isenburg 2004, S. 124

1. *Erläutern Sie die Ziele des „Baseler Programms".*
2. *Prüfen Sie Schoeps' Urteil und nehmen Sie Stellung.*
3. *Erörtern Sie, wegen welchen befürchteten „völkerrechtlichen Verwicklungen" das Ziel eines jüdischen Nationalstaats nicht offen formuliert wurde.*

M3 Reaktionen auf die Idee eines jüdischen Nationalstaats

Von den jüdischen Lesern wird Theodor Herzls Schrift „Der Judenstaat" unterschiedlich aufgenommen. Neben Zustimmung gibt es auch Spott und Ablehnung, etwa von den beiden österreichischen Schriftstellern Stefan Zweig und Karl Kraus in Wien. Letzterer zieht daraus die Konsequenz und tritt 1899 aus der Israelitischen Kultusgemeinde aus.

a) Stefan Zweig über Theodor Herzls „Der Judenstaat":

Bald vor der Jahrhundertwende begann es so allmählich durchzusickern (denn kein Mensch dachte wirklich daran, die

[1] Gemeint ist die Zustimmung bzw. Unterstützung der Großmächte.
[2] Max Nordau: Schriftsteller und enger Mitarbeiter Theodor Herzls

▸ **„Der Zug durchs rote Meer.“** *Karikatur aus dem satirischen Journal „Schlemiel“, um 1900. Die Karikatur zeigt Theodor Herzl und seinen späteren engen Mitarbeiter Max Nordau. Die Schilder tragen die Aufschrift „Chowewe Zion“ (wörtlich: „Zionsfreunde“), den Namen eines Vereins zur Besiedlung Palästinas, und den Schriftzug „Jerusalem“. Die Bildunterschrift lautet: „Halt! – Das Wasser steht noch nicht wie eine Mauer!“*

- *Erklären Sie die Aussage der Karikatur.*

Broschüre zu lesen), dieser elegante, noble, meisterhafte Causeur[1] hätte da plötzlich einen abstrusen Traktat geschrieben, der nichts mehr und nichts minder wollte, als dass die Juden aus ihren Ringstraßenhäusern und Villen, aus ihren Geschäften und Rechtsanwaltskanzleien, kurz, dass sie mit Sack und Pack nach Palästina übersiedeln und dort eine Nation gründen sollten.

b) Karl Kraus äußert sich dazu folgendermaßen:

Einer der Herren, die sich jetzt als Geschichtsanwälte des jüdischen Volkes aufwerfen und mit seltsam gen Sonnenaufgang verdrehten Augen für die Rückkehr aller übrigen Juden nach dem Stammland Palästina agitieren, ersuchte mich vor einiger Zeit, einen kleinen Betrag zu jenen Zwecken beizusteuern, die man zionistische oder mit einem guten alten Wort antisemitische nennt. [...] Ich glaubte wirklich im ersten Moment, dass der freundliche Sammler als endlicher Vollstrecker des christlich-sozialen Willens – nicht, wie er meint, des Alten Testaments – sich das berühmte „Schussgeld auf Juden“ abholen komme, wurde aber bald belehrt, dass der Antisemitismus, wie ihn die Zionisten predigen, von so barbarischen Maßnahmen vorläufig absehe und sich damit begnüge, die für die bloße Austreibung der Juden erforderlichen Geldmittel aufzubringen.

[1] Causeur: wörtl. „Plauderer“; Anspielung auf den lockeren Erzählton, den Theodor Herzl als Journalist ausübte

c) Der französische Baron Edmond de Rothschild erwirbt Grundstücke in Palästina. 1917 erklärt er in einem Brief an den zionistischen Führer und späteren israelischen Staatspräsidenten Chaim Weizmann seine Beweggründe für die Unterstützung jüdischer Ansiedlungen in Palästina:

Es ist selbstverständlich, dass diejenigen von uns, denen die liberalen westlichen Völker seit langer Zeit ihre Bürgerrechte eingeräumt haben, ihre Adoptivländer nicht werden aufgeben wollen. Ich, so gebe ich zu, bin persönlich mit meinem Herzen zu stark mit Frankreich verbunden, als dass ich an eine andere Heimat denken könnte. Allerdings muss man an diejenigen denken, die nicht ein ähnliches Glück wie wir hatten. Massen von Juden, unzählbar viele, mit denen man in den Ländern, in denen sie wohnen, über Generationen wie mit Fremden und minderwertigen Menschen umgegangen ist, haben Palästina zum Land ihrer Zuflucht ausersehen, in dem sich ihre materiellen Bedürfnisse und ideellen Interessen erfüllen konnten.

Erster Text zit. nach: Julius H. Schoeps, a. a. O., S. 93 und 95; zweiter Text zit. nach: Yoram Mayorek, Zwischen Ost und West: Edmond de Rothschild und Palästina, in: Georg Heuberger (Hrsg.), Die Rothschilds. Beiträge zur Geschichte einer europäischen Familie, Frankfurt am Main 1994, S. 133-150, hier S. 144

1. *Herzl wurde vorgeworfen, seine Vorstellungen seien eine Utopie. Prüfen Sie, ob die Vorwürfe berechtigt sind.*

2. *Erläutern Sie Stefan Zweigs und Karl Kraus' Kritik an Herzls Idee. Nehmen Sie Stellung.*

3. *Vergleichen Sie Rothschilds Ziele mit jenen von Herzl.*

M4 Die Bevölkerungsentwicklung in Palästina von 1881 bis 1948

a) Anwachsen der jüdischen Bevölkerung
Die jüdische Geschichtsschreibung unterscheidet mehrere Einwanderungswellen (hebräisch Alijot = Mehrzahl von Alija, wörtlich „Aufstieg"; benannt nach dem Weg der Pilger zum Jerusalemer Tempel) bis zur Staatsgründung Israels 1948 und danach. Unterscheidungskriterien sind u.a. die Motive und Anlässe zur Einwanderung wie auch die Herkunft der Immigranten.

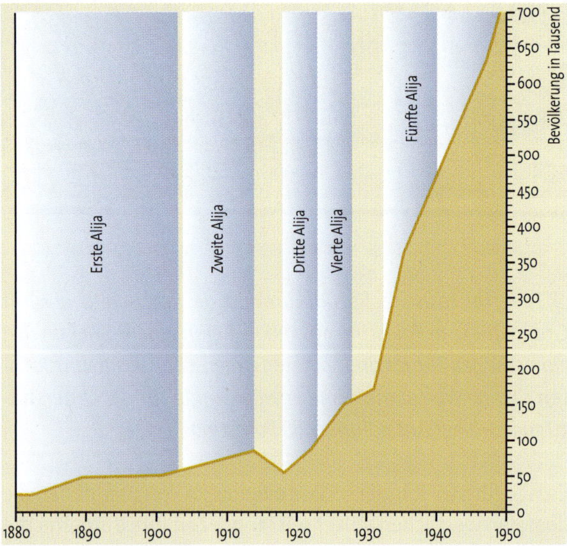

Erstellt nach: Eli Barnavi (Hrsg.), Universalgeschichte der Juden. Von den Ursprüngen bis zur Gegenwart. Ein historischer Atlas, München 2004, S. 203

b) Der Anteil der jüdischen und arabischen Bevölkerung Palästinas im Vergleich:

Jahr	jüdische Bevölkerung	arabische Bevölkerung	Gesamtzahl der Bewohner
1882	ca. 24 000	ca. 426 000	ca. 450 000
1914	ca. 85 000	ca. 600 000	ca. 685 000
1918	ca. 56 000	ca. 600 000	ca. 656 000
1922	84 000	668 000	752 000
1931	175 000	859 000	1 033 000
1935	355 000	953 000	1 308 000
1940	464 000	1 081 000	1 545 000
1945	554 000	1 256 000	1 810 000

Nach: Michael Wolffsohn, Israel. Geschichte, Politik, Gesellschaft, Wirtschaft, Wiesbaden [7]2007, S. 260

1. *Vergleichen Sie die Statistiken. Treffen Sie Aussagen zur jüdischen Bevölkerungsentwicklung in Palästina.*
2. *Untersuchen Sie, wann die jüdische Einwanderung nach Palästina am stärksten war. Erklären Sie vor dem historischen Hintergrund die möglichen Ursachen.*
3. *Formen Sie die Tabelle b) in ein Säulendiagramm um. Beurteilen Sie die Situation in Palästina.*

M5 Die britische Haltung

a) Aus der Vereinbarung zwischen dem britischen Hochkommissar in Ägypten Sir Henry McMahon und dem Scherif von Mekka Hussein vom 24. Oktober 1915, von der arabischen Halbinsel bis nach Palästina, Syrien und dem heutigen Libanon wieder ein arabisches Reich entstehen zu lassen:

Abgesehen von den genannten Änderungsvorschlägen ist Großbritannien bereit, die Unabhängigkeit der Araber in allen vom Scherifen von Mekka geforderten Gebieten anzuerkennen und zu unterstützen.
Ich bin davon überzeugt, dass diese Erklärung Sie zweifellos von der Sympathie überzeugt, die Großbritannien ihren arabischen Freunden entgegenbringt. Sie wird eine feste und dauerhafte Allianz begründen, deren sofortiges Ergebnis die Vertreibung der Türken aus arabischen Ländern und die Befreiung der arabischen Völker vom türkischen Joch sein wird, das so lange auf ihnen lastete.

b) Der britische Außenminister Arthur James Balfour übermittelt Lord Walter Rothschild, Vizepräsident der britischen Vereinigung jüdischer Gemeinden, am 2. November 1917 folgende Erklärung, die als „Balfour-Deklaration" bekannt geworden ist:

Mein lieber Lord Rothschild,
zu meiner großen Genugtuung übermittle ich Ihnen namens S.M. Regierung folgende Sympathieerklärung für die jüdisch-nationalen Bestrebungen, die vom Kabinett geprüft und gebilligt worden sind.
Seiner Majestät Regierung betrachtet die Schaffung einer nationalen Heimstätte in Palästina für das jüdische Volk [wörtlich: a national home for the Jewish people] mit Wohlwollen und wird die größten Anstrengungen machen, um die Erreichung dieses Ziels zu erleichtern, wobei klar verstanden wird, dass nichts getan werden soll, was die bürgerlichen und religiösen Rechte bestehender nichtjüdischer Gemeinschaften in Palästina oder die Rechte und die politische Stellung der Juden in irgendeinem anderen Lande beeinträchtigen könnte.

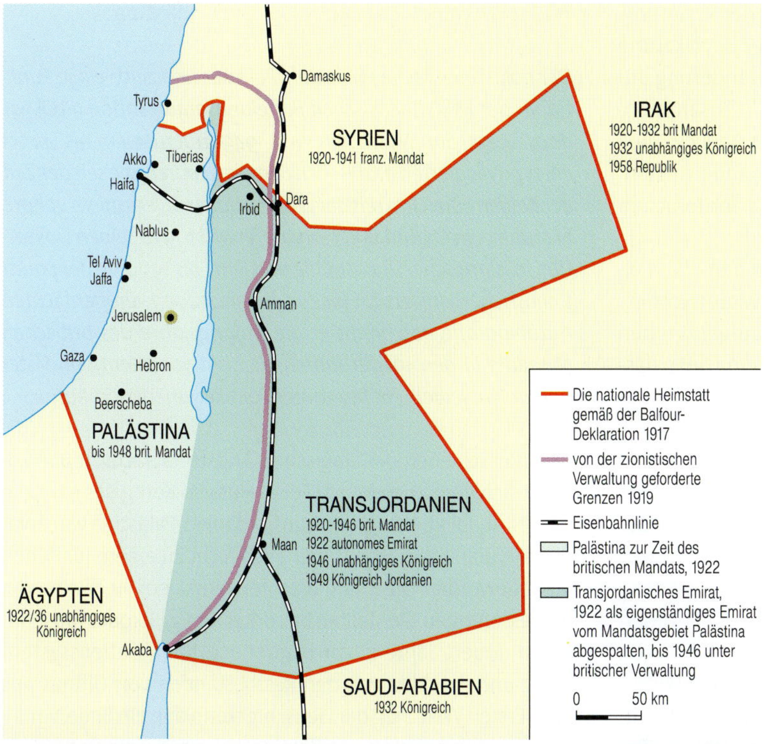

▲ **Die jüdische nationale Heimstatt, 1917-1922.**

Ich bitte Sie, diese Erklärung zur Kenntnis der zionistischen Föderation zu bringen.

Erster Text zit. nach: Friedrich Schreiber und Michael Wolffsohn, Nahost. Geschichte und Struktur des Konflikts, Opladen [4]1990, S. 22; zweiter Text zit. nach: Georg Heuberger (Hrsg.), a.a.O., S. 167

1. *Arbeiten Sie die zentrale Aussage der Balfour-Deklaration heraus.*
2. *Untersuchen Sie den Zusammenhang zwischen der Balfour-Deklaration und dem zionistischen Grundsatzprogramm (M2).*
3. *Vergleichen Sie die Zusagen an Scherif Hussein von 1915 mit dem Inhalt der Balfour-Deklaration.*
4. *Beurteilen Sie die britische Haltung, die aus dem Wortlaut der Briefe an die jüdische und arabische Seite sowie ihrem inhaltlichen Verhältnis spricht. Wie musste der Brief McMahons aufgefasst werden?*

M6 Das Palästina-Mandat des Völkerbunds

Der Völkerbund ernennt 1922 eine Mandatsregierung für Palästina, das heutige Jordanien, den Libanon und Syrien. Die rechtliche Grundlage und das Ziel des Mandats formuliert der Artikel 22 des Völkerbundvertrags: Völker werden in die Obhut der „fortgeschrittenen Nationen" gegeben, „die noch nicht imstande sind, sich unter den besonders schwierigen Bedingungen der heutigen Welt selbst zu leiten". Als Ziel der Mandatsverwaltung gilt es, das „Wohlergehen und die Entwicklung dieser Völker" zu fördern. Vorbereitet wird die Mandatsvergabe an Frankreich und Großbritannien auf der Versailler Friedenskonferenz und in zahlreichen Vorverträgen. Aus dem Völkerbund-Mandat für Palästina:

Artikel 1. Der Mandatar[1] soll alle Vollmachten der Gesetzgebung und Verwaltung besitzen, soweit sie nicht durch die Bestimmungen dieses Mandats beschränkt werden.
Artikel 2. Der Mandatar soll dafür verantwortlich sein, dass das Land unter solche politische, administrative und wirtschaftliche Bedingungen gestellt wird, welche die Errichtung der jüdischen nationalen Heimstätte [...] und die Entwicklung von Selbstverwaltungsinstitutionen sowie die Wahrung der bürgerlichen und religiösen Rechte aller Einwohner Palästinas, ohne Unterschied der Rasse und Religion, sichern.
Artikel 3. Der Mandatar soll, soweit die Umstände dies erlauben, die lokale Selbstverwaltung fördern.
Artikel 4. Eine angemessene jüdische Vertretung („Jewish Agency") soll als eine öffentliche Körperschaft anerkannt werden zu dem Zweck, die Verwaltung Palästinas in solchen wirtschaftlichen, sozialen und anderen Angelegenheiten zu beraten und mit ihr zusammenzuwirken, die die Errichtung der jüdischen nationalen Heimstätte und die Interessen der jüdischen Bevölkerung in Palästina betreffen, und, immer vorbehaltlich der Kontrolle durch die Verwaltung, an der Entwicklung des Landes zu helfen und teilzunehmen. [...]
Artikel 5. Der Mandatar soll verantwortlich sein, dafür zu sorgen, dass kein palästinensisches Gebiet an die Regierung irgendeiner auswärtigen Macht abgetreten oder verpachtet oder in irgendeiner Weise unter ihre Kontrolle gestellt wird.

[1] Mandatar: Person oder Institution, die von einem Auftraggeber mit einer Aufgabe betraut wurde

Artikel 6. Die Verwaltung Palästinas soll unter der Sicherung, dass die Rechte und die Lage anderer Teile der Bevölkerung nicht beeinträchtigt werden, die jüdische Einwanderung unter geeigneten Bedingungen erleichtern und in Zusammenarbeit mit der in Artikel 4 erwähnten „Jewish Agency" eine geschlossene Ansiedlung von Juden auf dem Lande, mit Einschluss der nicht für öffentliche Zwecke erforderlichen Staatsländereien und Brachländereien, fördern.

Artikel 7. Die Verwaltung von Palästina soll für den Erlass eines Gesetzes über die Staatsangehörigkeit verantwortlich sein. In dieses Gesetz sollen Bestimmungen aufgenommen werden, die so gefasst sind, dass sie die Erwerbung der palästinensischen Staatsbürgerschaft durch Juden, die ihren dauernden Aufenthalt in Palästina nehmen, erleichtern. [...]

Artikel 13. Die gesamte Verantwortung in Bezug auf die Heiligen Stätten und religiösen Gebäude oder Plätze in Palästina, einschließlich jener für die Aufrechterhaltung bestehender Rechte, für die Sicherung freien Zugangs zu den Heiligen Stätten, religiösen Gebäuden und Plätzen und für die freie Ausübung des Gottesdienstes – unter Wahrung der Erfordernisse der öffentlichen Ordnung und des Anstands – wird von dem Mandatar übernommen, der ausschließlich dem Völkerbund in allen hiermit verbundenen Angelegenheiten verantwortlich ist, unter der Voraussetzung [...], dass nichts in diesem Mandat so aufgefasst wird, dass es dem Mandatar die Berechtigung gibt, in das Gefüge oder die Verwaltung der rein muselmanisch geheiligten Stätten einzugreifen, deren Immunität garantiert ist.

Zit. nach: Ernst Marcus, Palästina – Ein werdender Staat, Leipzig 1929, S. 257 und 263 ff.

1. *Arbeiten Sie die Ansätze zur Neuordnung des Nahen Ostens heraus. Beziehen Sie die Karte auf S. 277 ein.*
2. *Analysieren Sie, ob die Mandatslösung ein gelungener Kompromiss nationaler Interessen war.*
3. *Erläutern Sie die Bedeutung der Artikel des Mandatsvertrages. Inwieweit unterstand die Regierung in Palästina britischer Souveränität?*
4. *Beurteilen Sie die Wortwahl für die rechtliche Einrichtung von Mandaten. Untersuchen Sie die Artikel darauf, ob sie dem Ziel von Mandaten gerecht werden konnten, die Bevölkerung in ihrer Entwicklung zu fördern.*
5. *Prüfen Sie, ob aus dem Mandatsvertrag eine Bevorzugung der zionistischen Interessen abzuleiten ist.*
6. *Nehmen Sie aus der Sicht von T. E. Lawrence Stellung zu den Regelungen des Palästina-Mandats.*

M7 Das Leben im Mandatsgebiet Palästina

Der palästinensische Philosoph, Politiker und zeitweilige Funktionär der Palästinensischen Befreiungsorganisation (PLO; vgl. dazu S. 295) Sari Nusseibeh wird 1949 in Jerusalem als Spross einer privilegierten arabischen Familie geboren, die seit der Zeit der Kalifen zum Umkreis der Würdenträger in Jerusalem gehört. Er studiert in Oxford und Harvard, erwirbt 1978 seinen Doktortitel in Islamischer Philosophie und lehrt bis 1990 an der palästinensischen Universität Bir Zait. In seiner 2007 veröffentlichten Autobiografie beschreibt er die Anfangsjahre des britischen Mandats in den 1920er-Jahren, die ihm vor allem sein Vater Anwar Nusseibeh, ein bekannter Politiker, überliefert hat:

Anfangs schienen die arabischen Ängste tatsächlich überzogen. Nach dem Krieg wurde Feisal Hussein König des Irak, sein Bruder Abdallah König von Transjordanien. Palästina war zwar nicht in arabischer Hand, aber auch nicht zu einem jüdischen Staat geworden. Die Briten brachten Jerusalem eine Reihe von Verbesserungen. Sie stellten das unter König Herodes tausendneunhundert Jahre zuvor begonnene Kanalisationssystem fertig und machten mit den Restbeständen von Giftgas aus dem Ersten Weltkrieg der Heuschreckenplage ein Ende. Vor allem aber führten sie eine effektive Verwaltung ein und brachten den Einwohnern damit etwas, was für sie vollkommen neu war: Gesetz, Ordnung und ein Gefühl von Gerechtigkeit.

Unter dem britischen Mandat erlebten vor allem die freien Berufe, die Händler und das Beamtentum einen Aufschwung. Die Angehörigen der arabischen Mittelschicht bauten sich Häuser in Katamon, Talbieh und Bakaa, während sich die Jaffa-Straße zu einer belebten Einkaufsmeile mit Banken und Läden meist arabischer Christen entwickelte. So optimistisch war die allgemeine Stimmung, dass Musaa Kazim al-Husseini, der Präsident des Arabischen Hochkomitees, 1921 das palästinensische Volk aufforderte, „seine Hoffnungen auf die Regierung Großbritanniens zu setzen, die für ihren Gerechtigkeitssinn, ihre Sorge um das Wohlergehen der Bevölkerung und die Wahrung ihrer Rechte bekannt ist, und sich mit ihren legitimen Forderungen einverstanden zu erklären".

Am Beispiel der Erziehung meines Vaters lässt sich nachvollziehen, welcher Geist unter den Kindern der Jerusalemer Oberschicht herrschte. Mit Ausnahme der allgemeinen Ablehnung der Balfour-Erklärung fügte sich die Jerusalemer Elite in die von den Engländern importierte Gesellschaftsordnung, als wäre sie für sie maßgeschneidert. Die Männer führten das gesellschaftliche Leben von Gentlemen, und insgeheim zogen die englischen Offiziere sie den ins Land strömenden russisch-jüdischen Parvenus[1] vor.

[1] Parvenus: Emporkömmling

Mein Vater verbrachte seine Kindheit in einer wunderbar facettenreichen Welt. An der Spitze der Gesellschaftspyramide stand der britische Gouverneur, der auf einem weißen Ross einherritt. Er residierte in einem Gebäude auf dem „Hügel des Bösen Rats", wo zur Zeit Jesu der Hohepriester seinen Amtssitz gehabt hatte. Als Nächstes kamen die in edle Gewänder gehüllten Würdenträger der verschiedenen Religionen, angeführt von Hadsch Amin al-Husseini, dem Großmufti von Jerusalem und wichtigsten muslimischen Führer der Stadt, sowie verschiedene christliche Erzbischöfe und Bischöfe. Dann waren da Familien wie die unsere, die auf eine glorreiche, wenn auch bisweilen nur in ihrer Fantasie vorhandene Vergangenheit zurückblickten und deren Kinder geplättete Sakkos zu Hosen mit Bügelfalten trugen und typischerweise einen Band moderner arabischer Gedichte oder Robinson Crusoe unter den Arm geklemmt hatten. Ihre Helden waren nicht Cowboys und Indianer, sondern islamische Krieger und fränkische Kreuzritter. Unterhalb dieser Schicht der Honoratioren gab es eine wachsende Zahl Angehöriger stadttypischer Berufe wie Verwaltungsangestellte, Lehrer oder Kaufleute. Die Basis der Pyramide bildete die Klasse der hart arbeitenden, stolzen Bauern oder Fellachen in ihren bunten, traditionellen Gewändern. Beduinen in wallenden Dschellabas führten ihre Kamele durch die Straßen, in denen es damals noch kaum Autos gab.

Im Jahr 1929 kam es zu antijüdischen Ausschreitungen, nachdem einige Hundert junge Anhänger Ze'ev Jabotinskys[2] (der bei Juden den Beinamen „unser Duce"[3] trug), zur Al-Burak[4] marschiert waren, um dort lauthals „Die Mauer gehört uns!" zu skandieren. Unter wehenden Fahnen sangen die Anhänger Jabotinskys die Hatikva, die jüdische Nationalhymne. [...]

Unter den Muslimen verbreitete sich das Gerücht, die Juden wollten den Tempelberg, auf dem einst der Salomontempel gestanden hatte, unter ihre Kontrolle bringen. Der Mufti heizte die Stimmung weiter an. Am nächsten Tag stürmten Muslime mit dem Ruf „Islamia!" das Gelände vor der Klagemauer und zerrissen jüdische Gebetsbücher. Ein jüdischer Junge wurde nach einem Streit bei einem Fußballspiel erstochen.

In Hebron wurden vierundsechzig Juden ermordet, sämtlich Angehörige einer alteingesessenen religiösen Gemeinschaft, die immer in Frieden mit ihren Nachbarn gelebt und mit dem weltlichen Nationalismus der russischen Juden nichts zu tun hatte. Doch die aufgebrachte Menge, angestachelt durch einen wahnhaften, primitiven Nationalismus, unterschied nicht mehr zwischen Juden und Zionisten. Die Welt bestand nur noch aus Schwarz und Weiß: sie gegen uns. Ein Verhängnis und ein Vorbote.

Sari Nusseibeh, Es war einmal ein Land. Ein Leben in Palästina, München 2008, S. 30 f. und 34 f.

[2] ein führender Zionist in Palästina
[3] Duce: ital. „Führer"; Beiname des von 1922 bis 1943 in Italien herrschenden faschistischen Diktators Benito Mussolini (1883-1945)
[4] Al-Burak: muslimische Bezeichnung der Klagemauer

1. *Erläutern Sie, wie Nusseibeh das Verhältnis zwischen Arabern, Briten und Juden in Palästina schildert. Welche Erklärungen führt er dafür an?*

2. *Begründen Sie, inwieweit es schwerfällt, das geschilderte Zusammenleben zwischen Arabern und Engländern zu verallgemeinern.*

3. *Nehmen Sie Stellung zu Nusseibehs Interpretation des geschilderten Zwischenfalls für das arabisch-jüdische Zusammenleben.*

4. *Erläutern Sie anhand von M4 bis M7, warum der Nahost-Konflikt als ein Produkt des Ersten Weltkriegs bezeichnet werden kann.*

Die Gründung des Staates Israel

Auf dem Weg zu einer Zwei-Staaten-Regelung? Der Ausrufung eines jüdischen Teilstaates in Palästina 1948 ging zwischen 1922 und dem Ende der Mandatszeit 1947 eine zunehmende Entzweiung der arabischen und jüdischen Bevölkerung voraus. Erschwert wurde die Situation dadurch, dass sich die Briten von beiden Seiten nicht die Kontrolle über die Region nehmen lassen wollten und abwechselnd Partei ergriffen. Arabische Protestbewegungen und Aufstände in den 1920er-Jahren sowie zwischen 1936 und 1939 richteten sich zunächst gegen die zionistischen Siedler, zunehmend jedoch gegen die britische Mandatsmacht.

Eine britische Untersuchungskommission, die 1936 das Land bereiste, um die Ursachen der eskalierenden Unruhen zu untersuchen, kam zu dem Ergebnis, der Konflikt sei politischer Art und es gehe darin besonders um die Frage: „Wer wird schließlich in Palästina regieren, wenn die Briten einmal abgezogen sind?“ (▸ M1, M2)

Zahlreiche Faktoren weisen darauf hin, dass die arabische und auch die jüdisch-zionistische Bevölkerung Palästinas in der Mandatszeit keinen gemeinsamen föderalen Staat wollten, sondern nach nationaler Souveränität strebten. Dabei war auf arabischer Seite allerdings noch ungeklärt, ob diese eine Ausrichtung nach Syrien, Transjordanien oder womöglich Ägypten bedeutete. Für die Idee eines arabisch-palästinensischen Staates gab es noch keine starke Nationalvertretung, wie sie die jüdische Seite in Gestalt der zionistischen Delegation in Palästina besaß. Diese betrieb zielstrebig fast von Beginn an die Vorbereitung nationalstaatlicher jüdischer Einrichtungen in Palästina. So erwarb sie bis zum Ende des britischen Mandats etwa 25 Prozent des bewohnbaren palästinensischen Landes. Damit formulierte sie nicht nur einen Herrschaftsanspruch, sondern gab durch die Lage der Siedlungen zugleich spätere Grenzziehungen vor. Selbstverteidigungseinheiten bildeten eine erste Grundlage für die spätere nationale Armee. Gleichzeitig setzte die zionistische Vertretung bereits in den 1920er-Jahren Hebräisch als dritte öffentliche Sprache in Palästina neben Arabisch und Englisch durch. Regierungserklärungen mussten in allen drei Sprachen formuliert werden, Hebräisch wurde die Lehrsprache in jüdischen Einrichtungen.

Beide Seiten versuchten bis 1947, das Territorium der Klagemauer zu erwerben, das damit nicht nur eine religiöse, sondern auch eine nationale Bedeutung in der Auseinandersetzung zwischen Juden und Arabern erhielt.

Das Entscheidungsjahr 1947/48 Eine Lösung der Palästinafrage wurde durch den Zweiten Weltkrieg sowohl verzögert als auch beschleunigt: verzögert, weil die Mandatsmächte mit der Niederwerfung Hitler-Deutschlands beschäftigt waren, und beschleunigt, weil sich durch die Shoa die Frage nach dem Schicksal der überlebenden Juden umso dringlicher stellte.

Während des Krieges hatte Großbritannien die Einwanderung von Juden nach Palästina eingeschränkt. Als es diese Politik nach Kriegsende fortsetzen wollte, initiierten die Jewish Agency und jüdische Organisationen – darunter auch radikal-terroristische – den offenen Kampf gegen die Mandatsmacht und organisierten illegale Einwanderungen. Erst auf Druck der USA erlaubte Großbritannien die jüdische Einwanderung wieder, vor allem von aus den Konzentrationslagern Befreiten (Displaced Persons, „DPs“).

Zur selben Zeit begannen die Palästinenser – von den arabischen Staaten unterstützt –, ihre Angriffe auf die Juden zu verstärken. Da ein friedlicher Ausgleich zwischen Palästinensern und Juden nicht gelang, baten die Briten die Vereinten Nationen (UN)

▲ **Die „Exodus 47" im Hafen von Haifa.**
Die zionistische Untergrundorganisation „Hagana" (dt. „Verteidigung") unterlief ständig die britischen Einwanderungsbestimmungen nach Palästina. Dabei erregte die „Exodus" am meisten Aufsehen. Als das Schiff am 18. Juli 1947 mit etwa 4400 Holocaust-Überlebenden in Haifa ankam, versperrten britische Soldaten den Passagieren den Weg an Land und schickten sie zurück in den französischen Ausgangshafen. Als sich die Flüchtlinge weigerten, in Frankreich von Bord zu gehen, fuhren die Schiffe weiter nach Hamburg. Von dort brachten britische Soldaten sie in Lager bei Lübeck.
- *Überlegen Sie, warum der Fall der „Exodus" dazu beitrug, dass die UNO der Gründung Israels im Mai 1948 zustimmte und die Betroffenen nach Israel ausreisen konnten.*

um Prüfung des Problems. Die Weltorganisation verabschiedete am 29. November 1947 eine Resolution, die das Ende der Mandatszeit, eine Teilung Palästinas in einen jüdischen und einen arabischen Staat und einen Sonderstatus Jerusalems vorsah. Während Israel zögernd zustimmte, lehnten die Palästinenser – wie alle arabischen Staaten – den Plan ab und begannen sofort mit dem bewaffneten Widerstand.

Da Großbritannien den Rückzug seiner Truppen für den 15. Mai 1948 angekündigt hatte, entschloss sich die jüdische Seite zum Alleingang: Am 14. Mai rief **David Ben Gurion**, der aus Polen stammende Präsident des Großzionistischen Weltverbandes, den Staat Israel aus (▸ M3). Der neue Staat wurde sofort von den Vereinigten Staaten und der Sowjetunion anerkannt. Am Tag darauf griffen ihn die Armeen der arabischen Nachbarstaaten an. Das Mandat war zu Ende, der Arabisch-Israelische Krieg begann.

David Ben Gurion, gebürtig David Grün (1886-1973): 1906 Auswanderung von Polen nach Palästina, 1947 Leiter des israelischen Unabhängigkeitskampfes, 1948-1953 und 1955-1963 israelischer Premierminister

Die Shoa und der unabhängige jüdische Staat Die Shoa bildete eine neue und besondere Legitimationsgrundlage für den eigenständigen jüdischen Staat in Palästina. Vor dem Völkermord waren vor allem zwei Begründungen für einen jüdischen Nationalstaat angeführt worden: zum einen das Gedenken an die geschichtlichen Wur-

▶ **Die Gründung Israels.**
Foto von Rudi Weissenstein vom 14. Mai 1948.
Unter dem Porträt Theodor Herzls rief der der erste Ministerpräsident Israels, David Ben Gurion, vor Mitgliedern des jüdischen Nationalrats in Tel Aviv den Staat Israel aus.

- *Analysieren Sie die Symbolsprache des Fotos.*
- *Vergleichen Sie das Foto mit Bilddarstellungen anderer Staatsgründungen.*

zeln in der Antike – Palästina war in diesem Sinne das „Land der Väter" im ehemaligen Judäa –; zum anderen war der wiederkehrende Antisemitismus ein Antrieb für die Nationenbildung. Die neue Dimension der Verfolgung durch die Nationalsozialisten schien einen eigenen, geschützten und starken Staat beinahe zwangsläufig als Notwendigkeit erscheinen zu lassen. Der Glaube etwa an die Möglichkeit eines liberalen Neben- oder Miteinanders mit anderen Bevölkerungsgruppen erschien für viele der europäischen Überlebenden meist nur noch wie ein fataler Irrglaube.

Die zionistischen Organisationen in Palästina vertraten diese Auffassung durchaus offensiv und teilweise aus der Not geboren. So richtete die Hagana (dt. „Verteidigung"), die Vorläufereinrichtung der israelischen Armee, nach 1945 in alliierten Sammellagern in Deutschland geheime Ausbildungsstätten ein, in denen sie Holocaust-Überlebende zu militärischen Führungskräften für einen kommenden Krieg in Palästina ausbildete. Insgesamt rund 22 300 Holocaust-Überlebende – annähernd ein Drittel der anfänglichen Armee – kämpften in der Folge 1948 gemäß der Parole: „Wir brauchen Arbeiter und Kämpfer!" für die Unabhängigkeit des Staates Israel. Am 14. Januar 1948 verließ der erste organisierte Transport junger Rekruten München: rund 400 Mann, von denen 200 zwischen 16 und 18 Jahre alt waren. Aus Sicht der damaligen zionistischen Führungskräfte in Palästina ließ sich so die existenzielle Orientierungs- und Heimatlosigkeit der Holocaust-Überlebenden mit den Anliegen in Palästina verknüpfen. David Ben Gurion würdigte deren Einsatz bereits im Wortlaut der Unabhängigkeitserklärung: Gerade der versuchte Völkermord habe aufs Neue bewiesen, „dass das Problem der jüdischen Heimatlosigkeit durch die Wiederherstellung des jüdischen Staates im Lande Israel gelöst" werden müsse.

Auch die durch das „Gesetz zur Erinnerung an Holocaust und Heldentum" 1953 ins Leben gerufene Gedenkstätte Yad Vashem in Jerusalem betont bis heute die Legitimation Israels als Land der Rehabilitierung der Verfolgten der Shoa, deren Erinnerung in das kollektive israelische Gedächtnis eingegangen sei (▶ M4).

Arabische Reaktionen: Ablehnung Israels und innerarabische Konkurrenz Auf arabischer Seite stieß nicht nur die Legitimation Israels durch den Holocaust auf Ablehnung, sondern auch die Teilung Palästinas zugunsten eines jüdischen Teilstaats. In dieser Haltung waren sich die sieben unabhängigen Staaten Syrien, Transjordanien, Irak, Saudi-Arabien, der Libanon, Ägypten und der Jemen einig, die sich 1945 in Kairo zur „Arabischen Liga" zusammengeschlossen hatten und im Zuge dieses Bündnisses auch an eine militärische Zusammenarbeit in Kriegsfällen dachten. Sie behaupteten, Israel habe kein Recht zu existieren. Auch die arabische Bevölkerung in Palästina lehnte einen jüdischen Teilstaat mehrheitlich ab, zumal der UN-Teilungsplan in ihren Augen fruchtbares Land und Felsland ungerecht verteilte.

▲ **Palästinenser auf der Flucht.**
Foto um 1948/49.
Viele Palästinenser flohen nach der Gründung des Staates Israel im Jahre 1948 aus ihrer Heimat.

Der Eindruck einer Bevorzugung und Überlegenheit der jüdisch-zionistischen Seite und die damit verbundene Angst, selbst an den Rand gedrängt zu werden, war bereits eine der Triebfedern für die palästinensischen Streikbewegungen und Aufstände 1936 bis 1939 gewesen. Daran knüpften nun nach der Verkündung des UN-Teilungsplans 1947 militärische Attacken palästinensischer Kämpfer an. Da die arabische Bevölkerung Palästinas allerdings keine einheitliche und gut organisierte politische Führung und auch kaum verfügbare militärische Kräfte hatte, entwickelte sich ein bürgerkriegsähnlicher Kampf um Siedlungen, Dörfer und Straßen zwischen palästinensischen Banden und Kämpfern der Arabischen Liga auf der einen und jüdischen Selbstverteidigungseinheiten und Untergrundorganisationen auf der anderen Seite. Noch bevor mit dem Einmarsch verbündeter Truppen aus Ägypten, Transjordanien, Syrien, dem Libanon und Irak nach Israel ab dem 15. Mai 1948 der eigentliche Arabisch-Israelische Krieg begann, hatte die Teilung Palästinas zu kriegsähnlichen Situationen geführt (▸ M5).

Dabei ergaben sich für die arabische und palästinensische Seite zwei prägende Erfahrungen: zum einen eine große Führungsschwäche und Uneinheitlichkeit in der Zielsetzung, zum anderen eine große Zahl von Opfern. So ging die militärische und politische Führung des palästinensischen Widerstands gegen die Teilung und Errichtung des israelischen Staats rasch auf die Führungen der umliegenden arabischen Staaten über, die ihrerseits aber als Konkurrenten um eine Vorherrschaft in Palästina auftraten und sich somit gegenseitig schwächten.

Zugleich reagierten jüdische Untergrundorganisationen sowie später die israelische Armee mit Gegenoffensiven, die Gebietsverbesserungen für den Staat Israel erbringen sollten. Dabei schürten die Untergrundorganisationen zum Teil durch gezielte Terroranschläge Panik unter der arabischen Bevölkerung. Die Flucht und teilweise Vertreibung von über 700 000 Arabern aus Palästina war die Folge, die die palästinensische Seite stark schwächte.

Auch Israel hatte viele Opfer zu beklagen. Dank amerikanischer und europäischer Waffenlieferungen sicherte sich Israel am Ende jedoch nicht nur sein ursprüngliches Staatsgebiet, sondern erweiterte es sogar. Unter Vermittlung der UNO, deren Mitglied Israel 1949 wurde, schloss man mit Ägypten, dem Libanon, Transjordanien und Syrien bis 1949 Waffenstillstandsverträge. Das israelische Parlament, die Knesset (hebr.

Versammlung), erklärte am 23. Januar 1950 Jerusalem zur „Ewigen Hauptstadt Israels". Obwohl Frankreich, Großbritannien und die USA die neuen Grenzen im Nahen Osten garantierten, verweigerten die arabischen Staaten Israel das Existenzrecht.

Weitere Konfliktpotenziale Die Teilung Palästinas, die Gründung und Selbstbehauptung des Staates Israel sowie die hohe Zahl von Flüchtlingen in die arabischen Nachbarstaaten verstärkten eine teilweise bis in die Gegenwart reichende Wasserproblematik. Aufgrund der Grenzziehungen nach dem Ersten Weltkrieg und im Jahr 1947 grenzen der Libanon, Syrien, Jordanien, das arabische Westjordanland wie auch der Staat Israel an den Jordan und sind damit im Grunde Konkurrenten, aber auch gegenseitig Abhängige in der Nutzung des Stroms: Würde man etwa am Oberen Jordan Wasser umleiten, hätte dies für alle Anrainer am unteren Jordan katastrophale Folgen.

In Jordanien vervierfachte sich die Einwohnerzahl beispielsweise bis 1955 – nicht zuletzt durch die enorme Zahl der palästinensischen Flüchtlinge. Parallel dazu stieg die Einwohnerzahl Israels durch 676 000 Immigranten bis 1951 ebenfalls stark an. Um aber diese Einwanderer versorgen zu können und in wirtschaftlicher bzw. energiepolitischer Sicht unabhängig zu sein, verfolgten beide Seiten nationale wasserwirtschaftliche Programme, die den Jordan und seine Zuflüsse nicht nur als Wasserressource, sondern auch als Energiequelle für Kraftwerke nutzten. Besonders der Bau einer israelischen Landwasserleitung, die vom See von Tiberias aus nach Galiläa und in den Süden reichte und 1964 fertig gestellt wurde, war Ursache neuer Konflikte, die auch Syrien einbezogen. Zugleich gründete Israel 1952 eine staatliche Wasserforschungsgesellschaft (TAHAL) und verstaatlichte 1959 alle verfügbaren Wasserressourcen. Auch der Zugang zum Wasser wurde somit zu einer Frage der nationalen Sicherheit und eine Quelle von Dominanz und Abhängigkeit, aber auch eine Möglichkeit von Blockade und Widerstand.

Insgesamt zeigte bereits die Situation im Frühsommer 1948, dass mit der Proklamation des Staates Israel zwar die Frage nach einem jüdischen Staat in Palästina, nicht aber die Palästinafrage als solche gelöst war. Sie hatte weder alte Konfliktmuster und -potenziale beseitigt, noch konnte sie die Entstehung neuer Konflikte verhindern.

M1 „Möglichkeit einer dauerhaften Lösung"?

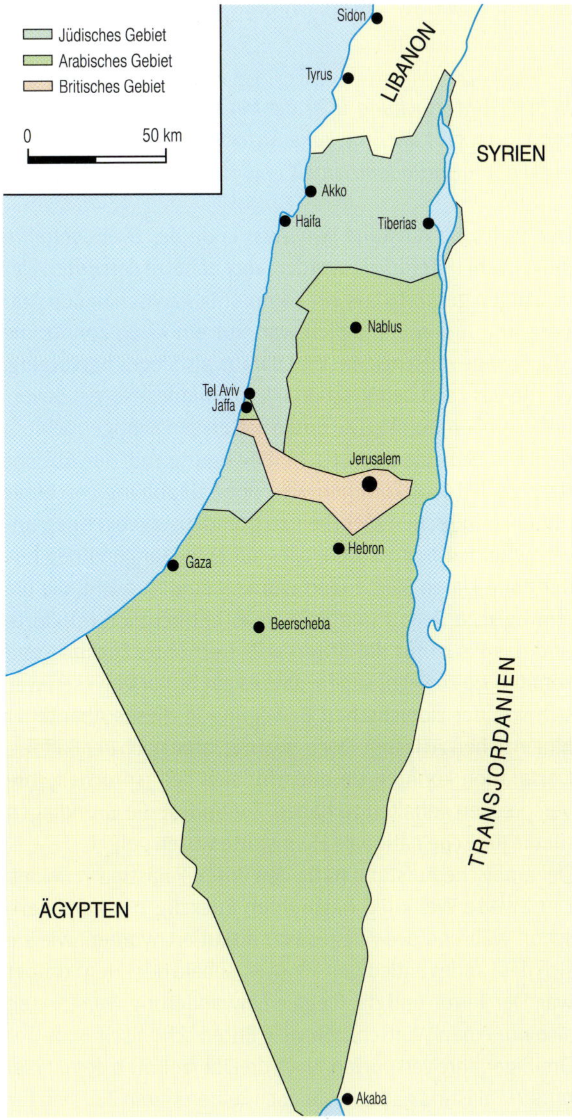

▲ **Teilungsplan der Peel-Kommission, Juli 1937.**

Die britische Regierung sendet nach dem Ausbruch des arabischen Aufstands im August 1936 eine Untersuchungskommission, die britische Palestine Royal Commission, unter der Leitung von Lord William Robert Peel nach Palästina. Sie erstattet 1937 ihren umfangreichen Bericht. Das über 400 Seiten umfassende Werk gleicht dabei zunächst einer Geschichtsschreibung, die die Entwicklungen in Palästina vom Ende des Osmanischen Reichs bis 1936 nachzeichnet und im abschließenden dritten Teil Vorschläge zur „Möglichkeit einer dauerhaften Lösung" unterbreitet. Als solche versteht die sogenannte Peel-Kommission die Teilung Palästinas in einen südlichen arabischen und einen nördlichen jüdischen Abschnitt sowie einer internationalen Zone, die als schmaler Gebietsstreifen von Jerusalem bis zur Mittelmeerküste reichen soll. In dem Palestine Royal Commission Report heißt es:

Ein unüberwindlicher Konflikt hat sich zwischen den beiden nationalen Gemeinschaften innerhalb der engen Grenzen eines kleinen Landes erhoben. Ungefähr eine Million Araber stehen in offenem oder latentem Kampf mit 400 000 Juden. Es gibt keine gemeinsame Grundlage zwischen ihnen. Die arabische Gemeinschaft ist vorwiegend asiatischen, die jüdische vorwiegend europäischen Charakters. Sie unterscheiden sich in Religion und Sprache. Ihr kulturelles und soziales Leben, ihre Denkweise und Lebensführung sind ebenso unvereinbar wie ihre nationalen Bestrebungen. Die letztgenannten sind das größte Hindernis für den Frieden. Araber und Juden könnten möglicherweise lernen, zusammen in Palästina zu leben und zu arbeiten, wenn sie eine echte Anstrengung machen wollten, ihre nationalen Ideale miteinander zu versöhnen und zu verbinden und so mit der Zeit ein gemeinsames zweigestaltiges Staatsvolkstum aufzubauen. Aber hierzu sind sie nicht imstande. Der Krieg und seine Folgen haben alle Araber mit der Hoffnung erfüllt, in einer freien und geeinten arabischen Welt die Traditionen des arabischen goldenen Zeitalters wiederzubeleben. In gleicher Weise sind die Juden von ihrer historischen Vergangenheit erfüllt. Sie wollen zeigen, was die jüdische Nation leisten kann, wenn sie wieder in das Land ihrer Väter zurückversetzt ist. Daher ist eine nationale Angleichung zwischen Juden und Arabern ausgeschlossen. Nach arabischer Vorstellung dürften die Juden nur den Platz beanspruchen, den sie im arabischen Ägypten oder Spanien einst innehatten. Die Araber hinwieder würden in der jüdischen Vorstellung so abseits stehen wie einst die Kanaaniter im alten Land Israel. Das Nationalheim kann, wie zuvor gesagt, nicht halbnational sein. Unter diesen Umständen noch weiter daran festzuhalten, dass palästinensisches Staatsbürgertum irgendeinen moralischen Gehalt in sich schließe, wäre eine verderbliche Illusion. Weder Araber noch Juden haben irgendein Gefühl für einen einheitlichen Staat.

Bericht über Palästina. Erstattet durch die britische königliche Palästina-Kommission unter dem Vorsitz von Earl Peel, Berlin 1937, S. 422 f.

1. *Erläutern Sie die Einschätzung der Peel-Kommission.*
2. *Überlegen Sie, welche Zukunftsaussichten die Feststellungen der Peel-Kommision möglich erscheinen lassen.*

M2 Der Weg zur Staatsgründung Israels – ein Resümee

In einer Untersuchung über die Mandatszeit aus dem Jahr 1999 formuliert der israelische Historiker Tom Segev mit Blick auf die Staatsgründung Israels 1948 folgendes Resümee:

Der arabische Aufstand war zwar Ende der Dreißigerjahre gewaltsam unterdrückt worden, aber er hatte den Briten klar vor Augen geführt, dass ein Kompromiss zwischen den Arabern und Juden unmöglich war. Nur ein Krieg konnte die Machtfrage entscheiden: Wer daraus als Sieger hervorging, würde das Land beherrschen oder zumindest so viel davon, wie er erobern konnte. Die Briten hatten den richtigen Schluss gezogen. Seit die zionistische Bewegung mit der Absicht nach Palästina gekommen war, einen unabhängigen Staat mit einer jüdischen Mehrheit zu gründen, war ein Krieg unvermeidlich. Dabei deutete alles auf einen langen Krieg hin, der ohne klaren Sieg enden würde – eine Aussicht, die die strategische Bedeutung Palästinas beträchtlich minderte und das Risiko für die Briten selbst erhöhte. Rückblickend konnten sie zu Recht sagen, dass es ein Fehler gewesen war, sich von der zionistischen Bewegung in dieses Abenteuer hineinziehen zu lassen. Doch zwanzig Jahre nach der Balfour-Deklaration konnten sie auch für sich beanspruchen, ihre Versprechen gehalten zu haben: Zumindest die Grundlagen für die jüdische nationale Heimstätte waren gelegt.
Der arabische Aufstand hatte den Briten Palästina verleidet. Der Zweite Weltkrieg hatte ihren Rückzug nur verzögert; schon während des Krieges war diskutiert worden, wie sie sich des Landes entledigen könnten, sobald der Krieg vorüber war. Der Terror und die illegale Einwanderung[1] verstärkten also nur einen Wunsch, den viele Briten schon seit Ende der Dreißigerjahre verspürten. Nach drei Jahrzehnten des Zionismus in Palästina gab es zwar noch keinen klaren Zeitplan für den jüdischen Staat, aber es konnte kein Zweifel mehr daran bestehen, dass sich die jüdische Unabhängigkeit bereits abzeichnete. Die sozialen, politischen, wirtschaftlichen und militärischen Grundlagen des künftigen Staates waren gefestigt, und es herrschte ein tiefes Gefühl nationaler Einheit. Der zionistische Traum stand vor der Verwirklichung.
Die häufige Behauptung, die Staatsgründung sei eine Folge des Holocaust gewesen, entbehrt daher jeder Grundlage, auch wenn natürlich der Schock, das Entsetzen und die Schuldgefühle, die viele empfanden, ein tiefes Mitgefühl für die Juden im Allgemeinen und die zionistische Bewegung im Besonderen erzeugten. Dieses Mitgefühl kam den Zionisten bei ihren diplomatischen Bemühungen und ihrer Propaganda zugute. Es beeinflusste ihre Strategie dahingehend, dass sie sich auf die jüdischen Überlebenden konzentrierten und von den anderen Nationen forderten, sie nach Palästina zu schicken. Alle Überlebenden seien Zionisten, behauptete die Jewish Agency, und alle wollten nach Palästina – was nicht stimmte.

Tom Segev, Es war einmal ein Palästina. Juden und Araber vor der Staatsgründung Israels, München 2005, S. 538 f.

[1] Gemeint ist der Terror durch jüdische Gruppierungen gegen die britische Verwaltung. Durch illegale Einreisen versuchte die Jewish Agency, die britische Beschränkung der jüdischen Einwanderung nach Palästina zu umgehen.

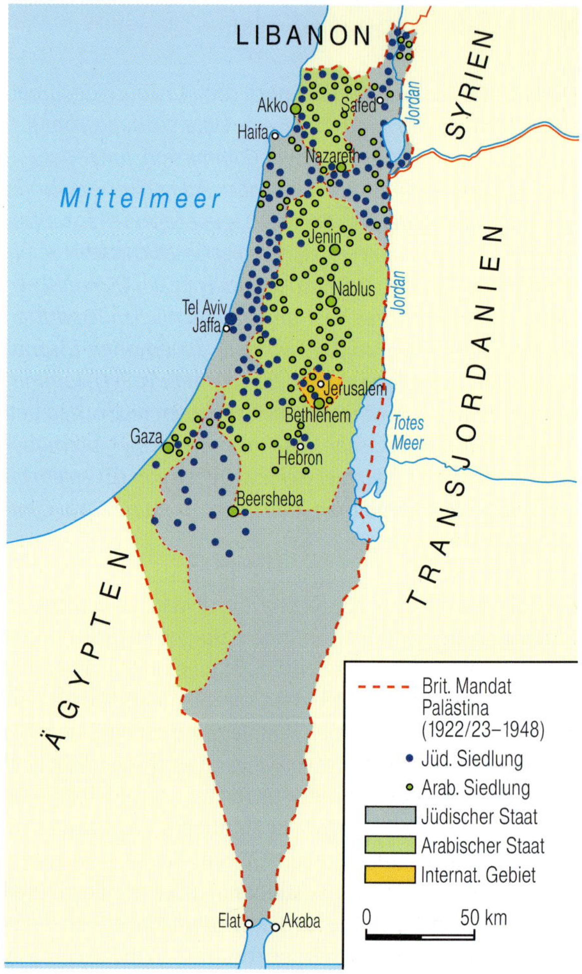

▲ Israel nach dem UN-Teilungsplan von 1947.

1. *Zeigen Sie, welche Ziele Segev den Konfliktparteien zuschreibt. Kann er sich hierbei auf die Peel-Kommission (M1) berufen?*
2. *Arbeiten Sie heraus, wie Segev die Staatsgründung Israels bewertet.*
3. *Vergleichen Sie Segevs Resümee mit der Einschätzung der Peel-Kommission in M1.*

M3 Israel wird proklamiert

David Ben Gurion ruft am 14. Mai 1948 den Staat Israel mit folgenden Worten aus:

Im Lande Israel trat das jüdische Volk ins Leben, hier wurde sein geistiges, religiöses und politisches Antlitz geformt; hier führte es sein Leben in staatlicher Selbstständigkeit [...].
Mit Gewalt aus seinem Lande vertrieben, hielt es ihm allenthalben in der Zerstreuung die Treue und hörte niemals auf, die Rückkehr in sein Land und die Wiederherstellung seiner politischen Freiheit in ihm zu erflehen und zu erhoffen.
In historischer und überlieferter Verbundenheit erstrebten die Juden aller Zeiten die Wiedergewinnung ihrer alten Heimat; in Scharen kehrten Pioniere, Wagemutige und Helden der letzten Generation heim in ihr Land. Sie brachten die Wüste zu neuem Leben, bauten Städte und Dörfer, schufen ein im Wachstum begriffenes Siedlungswerk mit eigener Wirtschaft und Kultur, friedliebend und wehrfähig, das allen Bewohnern des Landes die Segnungen des Fortschritts bringt und sich nach staatlicher Selbstständigkeit sehnt.
Im Jahre 1897 trat, dem Rufe Theodor Herzls, des Künders der Nationalstaatsidee, folgend, der Zionistenkongress zusammen und proklamierte das Recht des jüdischen Volkes auf nationale Wiedergeburt in seinem Heimatlande.
Dieses Recht wurde in der Balfour-Deklaration vom 2. November 1917 anerkannt und im Völkerbundmandat, das der historischen Verbundenheit des jüdischen Volkes mit dem Lande Israel und dem Anspruch des jüdischen Volkes auf die Wiedererrichtung seines Nationalheimes internationale Geltung verschaffte.
Die Katastrophe, die in unseren Tagen über das jüdische Volk hereinbrach und der Millionen Juden in Europa zum Opfer fielen, bewies erneut und eindringlich, dass es unerlässlich ist, die Frage des heimat- und staatenlosen jüdischen Volkes durch Wiedererrichtung des jüdischen Staates im Lande Israel zu lösen, der seine Tore jedem Juden weit öffnen und dem jüdischen Volk die Stellung einer gleichberechtigten Nation unter den Völkern verleihen wird. [...]
Im Zweiten Weltkrieg leistete die jüdische Bevölkerung des Landes im Kampf der freiheits- und friedliebenden Nationen gegen die Kräfte der nationalsozialistischen Verbrecher ihr Teil und erwarb sich mit dem Blute ihrer Kämpfer den Anspruch, den Völkern, die den Bund der Vereinten Nationen gründeten, zugerechnet zu werden.
Das jüdische Volk hat gleich allen anderen Völkern das natürliche Recht, ein selbstständiges Leben in einem souveränen Staat zu führen. Daher sind wir [...] heute, am Tage, an dem das britische Mandat über das Land Israel zu Ende geht, zusammengetreten und proklamieren hiermit kraft unseres natürlichen und historischen Rechtes und aufgrund des Beschlusses der Vollversammlung der Vereinten Nationen die Errichtung eines jüdischen Staates im Lande Israel, des Staates Israel. [...]
Der Staat Israel wird für die jüdische Einwanderung und die Sammlung der zerstreuten Volksglieder geöffnet sein; er wird sich die Entwicklung des Landes zum Wohle aller seiner Bewohner angelegen sein lassen. Er wird im Geiste der Visionen des Propheten Israels auf den Grundlagen der Freiheit, der Gleichheit und des Friedens gegründet sein; er wird allen seinen Bürgern volle soziale und politische Gleichberechtigung ohne Unterschied der Religion, der Rasse und des Geschlechtes gewähren; er wird Glaubens- und Gewissensfreiheit sowie Freiheit der Sprache, der Erziehung und Kultur garantieren. Er wird die heiligen Stätten aller Religionen beschützen und den Grundsätzen der Charta der Vereinten Nationen Treue bewahren. [...]
Wir bieten allen Nachbarstaaten und ihren Völkern die Hand zum Frieden und zu guter Nachbarschaft und rufen sie zur Zusammenarbeit mit dem jüdischen Volke, das in seinem Lande die Selbstständigkeit erlangte, und zu gegenseitiger Hilfe auf. Der Staat Israel ist bereit, seinen Beitrag zu den gemeinsamen Bemühungen für den Fortschritt des gesamten Mittleren Ostens zu leisten.

Elmar Krautkrämer, Krieg ohne Ende? Israel und die Palästinenser – Geschichte eines Konflikts, Darmstadt 2003, S. 160 f.

▸ Emblem des Staates Israel von 1949.
- *Erläutern Sie die Symbolik des siebenarmigen Leuchters („Menora") und der Ölzweige im offiziellen, aber relativ unbekannten Emblem des Staates Israel von 1949. Ziehen Sie dazu ein Glossar heran, z. B. http://israel-information.net/glossar*

1. *Erarbeiten Sie die Argumente, mit denen das Existenzrecht des Staates Israel begründet wird.*

2. *Analysieren Sie Ben Gurions Darstellung des jüdischen Volkes sowie die Ziele und das Selbstverständnis des Staates Israel.*

◂ Fotos der Gedenkstätte Yad Vashem in Jerusalem.
Yad Vashem liegt auf dem Berg der Erinnerung in Jerusalem und besteht aus mehreren Forschungs- und Lehrzentren, Archiven, Denkmälern, thematischen Parkanlagen, Ausstellungen und Museen. Die Hauptausstellung zur Holocaustgeschichte wurde 2005 neu konzipiert. Architektonisch durchmisst das Museum den Berg wie ein ausgestrecktes langes Band oder wie eine innerirdische Brücke. Sein Ausgangs- und Endpunkt bildet jeweils eine große geschwungene Dreiecksform von über zehn Meter Höhe. Der Anfangspunkt stellt eine Videoinstallation dar, die aus verschiedenen originalen Filmausschnitten und Fotos ineinandergeblendete Szenen aus dem jüdischen Alltag im Vorkriegseuropa zeigt (linkes Bild). Den Endpunkt des Museumsbaus bildet die Terrasse am Ausgang des Neuen Museums für Holocaustgeschichte mit Blick auf Jerusalem (rechtes Bild).

M4 Der Holocaust: Legitimation Israels oder belastende Argumentation im Nahost-Konflikt?

a) Am 28. August 1953 verabschiedet die Knesset, das israelische Parlament, das „Gesetz zur Erinnerung an Holocaust und Heldentum" zur Gründung der Gedenkstätte Yad Vashem in Jerusalem:

1. Hiermit wird in Jerusalem eine Gedenkstätte, Yad Vashem, eingerichtet:
   1) Für die sechs Millionen Angehörigen des jüdischen Volkes, die zu einem qualvollen Martyrium, zur Vernichtung verdammt und hingemordet wurden von den Nationalsozialisten und ihren Helfern;
   2) Für die Familien aus dem Hause Jakobs, die von den Tyrannen vernichtet wurden;
   3) Für die Gemeinden, Synagogen, Bewegungen und Organisationen und die kulturellen, pädagogischen, religiösen und wohltätigen öffentlichen Einrichtungen, die aus dem bösartigen Vorhaben heraus, den Namen Israel und seine Kultur für immer auszuradieren, zerstört und vernichtet wurden;
   4) Für den Mut der Juden, die ihr Leben für ihr Volk in Heiligkeit und Reinheit hingegeben haben;
   5) Für das Heldentum jüdischer Soldaten in den Armeen und in den Widerstandsorganisationen in Städten und Wäldern, die ihr Leben im Kampf gegen den nationalsozialistischen Tyrannen und seine Helfer verloren haben;
   6) Für die heroische Geschichte derjenigen, die in den Ghettos eingeschlossen waren, und für ihre Kämpfer, die sich erhoben und die Flamme des Aufstands zur Rettung der Würde ihres Volkes entzündet haben;
   7) Für den erhabenen und hartnäckigen Kampf des jüdischen Volks, am Rand der Vernichtung stehend, um die Bewahrung seines menschlichen Antlitzes und seiner jüdischen Kultur;
   8) Für die unaufhörlichen Bemühungen der Eingeschlossenen, ihr Heimatland [Israel] zu erreichen, und für die Hingabe und das Heldentum ihrer Brüder und Schwestern, die den kleinen Rest an Überlebenden retteten und befreiten;
   9) Für die Gerechten der Völker, die ihr Leben riskierten, um Juden zu retten. [...]
2. Es ist die Aufgabe von Yad Vashem, die Erinnerung an all jene Mitglieder des jüdischen Volkes zusammenzutragen [...] und ihnen ein Monument und Denkmal zu errichten – ihnen, den Gemeinden, den Organisationen und den Institutionen, die vernichtet wurden, weil sie dem jüdischen Volk angehörten, sowie das Gedenken an die Gerechten unter den Völkern aufrechtzuerhalten. Zur Erfüllung dieser Ziele wird Yad Vashem ermächtigt: [...]
   3) In Israel und im gesamten jüdischen Volk den Tag, der von der Knesset als Holocaust-Gedenktag festgelegt wurde, zu verwurzeln, und eine einheitliche Tradition im Gedenken an seine Helden und Opfer aufzubauen; [...]
   4a) Den Angehörigen des jüdischen Volkes, die vernichtet wurden, und jenen, die im Holocaust und in Aufständen

fielen, gleichsam die israelische Staatsangehörigkeit im Gedenken zu verleihen als Zeichen dafür, dass sie zu ihrem Volk genommen wurden. [...]

2.a Der Tag des Sieges über das nationalsozialistische Deutschland wird jedes Jahr begangen, gemäß der Anweisung der Regierung.

b) Der israelische Autor und ehemalige Vorsitzende des israelischen Parlaments Avraham Burg äußert sich 2009 in seinem Buch „Hitler besiegen" über die israelische Politik:

Die Shoa ist in unterschiedlichem Maße in nahezu alle politischen Argumente Israels eingeflochten. Im Gegensatz zu anderen Ereignissen der Vergangenheit rückt die Shoa nicht weiter in die Ferne, sondern kommt uns ständig näher. Es ist eine präsente Vergangenheit, die erhalten, überwacht, gehört und dargestellt wird. Kurz nach dem Sechs-Tage-Krieg [...] prägte [Außenminister Abba Eban] einen Begriff, der noch heute gängig ist; er bezeichnete Israels Waffenstillstandslinien von 1949 als „Auschwitz-Grenzen" – enge Grenzen, die Israel zum Handeln zwängen. Rückblickend verknüpfte er den wundersamen Befreiungskrieg mit der finsteren Epoche, die ein Vierteljahrhundert vorher geendet hatte, und stellte dem strahlenden israelischen Licht die tiefschwarze Finsternis gegenüber, die sich über die staatenlosen Juden gesenkt hatte. Sechs Tage der Erlösung gegen zwölf Jahre Unterdrückung.

c) In einer Buchbesprechung über Avraham Burgs „Hitler besiegen" des Tagesspiegel vom 21. September 2009 heißt es:

Anders als die Sprengstoffanschläge palästinensischer Attentäter erschüttert dieses Buch das Fundament des zionistischen Establishments, das für Staatsgründung und Staatsführung verantwortlich ist, bis ins Mark. [...] Der in Israel geborene Avraham Burg war bis vor Kurzem ein Pfeiler des Zionismus und der politischen Führung des Landes. [...]

Die Hauptthese ist, dass Israel sich auf einem gefährlichen Irrweg befinde, weil es den Holocaust zu einem „theologischen Pfeiler der jüdischen Identität" gemacht habe und in der Opferrolle verharre – obwohl die Juden über einen starken Staat und mehr Macht als je zuvor in der Geschichte verfügen. [...] Eine Folge laut Burg: Israel habe „Muskeln entwickelt, keine Seele". Man setze auf Gewalt und militärische Macht, was angesichts der feindlichen Gesinnung vieler gegenüber Israel in der Region vielleicht verständlich sei. Doch man verkenne, dass die Welt sich seit 1945 grundlegend verändert habe: Die internationale Staatengemeinschaft habe sich die Lehre des „Nie Wieder" zu eigen gemacht, sodass Israel beispielsweise nicht allein einem bedrohlichen Iran gegenüberstände. Stattdessen sei die Shoa zur Entschuldigung und „Triebkraft jeglichen Handelns" stilisiert worden. [...]

Doch Burg geht es um die politische Instrumentalisierung des Holocaust. Anschaulich illustriert er seine These, dass das Beharren auf dem Alleinvertretungsanspruch Israels für Opfer und Gedenken – die Mehrheit der Juden lebt außerhalb des jüdischen Staates – und die gezielte Kultivierung der Umzingelungsmentalität verhindere, dass Israel sich aus der politischen Sackgasse befreit, in der es steckt. Und eine öffentliche Debatte über die Zukunft Israels ermöglicht, die nach Ansicht Burgs so dringend nötig ist. [...]

Das größte Entsetzen in Israel haben jedoch die Vergleiche Burgs zwischen den politischen, sozialen und nationalen Strukturen in Israel heute und denen im Deutschland zwischen Reichsgründung und dem Ende der Weimarer Republik ausgelöst. Staatsgründung durch Waffengewalt, Niederlage und Demütigung, die zu Militarismus und Rachegedanken führen, Ausgrenzung von Minderheiten – „gewisse Momente der israelischen Erfahrung weisen große Ähnlichkeit auf" mit der „langen Inkubationszeit, die dem Nationalsozialismus voranging", schreibt Burg provozierend. Diese Vergleiche sind grob und leicht zu widerlegen – wie die meisten historischen Analogien, was Burg selbst einräumt. Doch hier spricht der radikale Therapeut, der seine Gesellschaft durch Schmerzzufügung aufrütteln will: Israel sei aufgrund seiner Geschichte nicht automatisch gefeit gegen Irrwege.

Erster Text zit. nach: Bella Gutterman und Avner Shalev (Hrsg.), Zeugnisse des Holocaust. Gedenken in Yad Vashem, Göttingen 2006, S. 16 f.; zweiter Text: Avraham Burg, Hitler besiegen. Warum Israel sich endlich vom Holocaust lösen muss, Frankfurt am Main 2009, S. 36; dritter Text: Andrea Nüsse, Hitler besiegen. Seele statt Muskeln, in: www.tagesspiegel.de/kultur/literatur/seele-statt-muskeln/1603320.html [26. Juni 2010]

1. *Fassen Sie die Zielsetzung des „Gesetzes zur Erinnerung an Holocaust und Heldentum" in Text a) zusammen.*
2. *Überlegen Sie, warum die Knesset der Gründung der Gedenkstätte ein Gesetz zugrunde gelegt hat. Welche Bedeutung kommt Yad Vashem damit zu?*
3. *Arbeiten Sie aus den Texten b) und c) die Thesen Avraham Burgs heraus, die er in seinem Buch vertritt. Nehmen Sie dazu Stellung.*
4. *Diskutieren Sie die abschließend nach Burg zitierte Aussage, „Israel sei aufgrund seiner Geschichte nicht automatisch gefeit gegen Irrwege".*
5. *Verfassen Sie einen Leserbrief an Avraham Burg aus der Sicht eines israelischen Kritikers. Beurteilen Sie beide Positionen.*
6. *In der arabischen Presse wurden Burgs Äußerungen gefeiert und sogar als ein Beweis für das nahende Ende des Zionismus und des israelischen Staates angesehen. Erläutern Sie, warum.*

M5 Auseinandersetzungen um die Gründung des Staates Israel

a) Dir Jassin (auch Deir Jassin oder Dair Yasin) ist der Name eines ehemaligen arabischen Dorfes nordwestlich von Jerusalem und im palästinensischen Geschichtsbewusstsein beinahe zum Synonym für Heimatverlust und Ohnmacht gegenüber der israelischen Macht geworden. Am 9. April 1948 verüben dort zionistische Untergrundorganisationen ein Massaker, dem über 250 Araber zum Opfer fallen. Zentrale Aspekte der Ereignisse um Dir Jassin lassen sich durch jüdische und arabische Zeitzeugenberichte erarbeiten:

Erinnerung Yoseph Avidars, ehemaliger General des Hagana-Kommandos[1]:

„Wir waren gegen den Angriff auf Dir Jassin. Wir hatten andere Dinge zu tun, als Dir Jassin anzugreifen, das uns nicht angriff. Uns beschäftigten die arabischen Dörfer, die die Straße nach Jerusalem bedrohten. Wir waren insbesondere gegen das Massaker, das dort veranstaltet wurde. Das war nicht die Art und Weise, wie wir von der Hagana kämpften."

Erinnerung Menachem Begins, damals Oberkommandierender der Untergrundeinheit Etzel[2]:

„Am 9. April eroberten unsere Männer zusammen mit einer Lechi-Einheit[3] das Dorf Dir Jassin ... Unsere Männer waren gezwungen, um jedes Haus zu kämpfen. Um den Feind zu überwinden, benutzten viele Handgranaten. Und die Zivilisten, die unsere Warnungen missachtet hatten, erlitten unvermeidliche Verluste."

Erinnerung Meir Peils, eines Hagana-Offiziers, der erst nach Ende der Kämpfe zu seiner Einheit stieß:

„Dir Jassin lag überhaupt nicht an der Straße nach Jerusalem. Seit Dezember 1947 gab es ein Friedensabkommen zwischen Dir Jassin und der jüdischen Nachbarsiedlung Givat Schaul[4]. Dort wurde nicht geschossen. Dort passierte nichts.
Sie griffen in der Morgendämmerung ohne Vorwarnung an. Nach ein oder zwei Stunden stellten sie fest, dass sie das ganze Dorf nicht erobern konnten, nur den Ostteil. Im Westteil schossen etwa zwölf bis 15 Araber – nur mit Gewehren, nicht mit automatischen Waffen.
Ungefähr um zehn Uhr vormittags griff ein Palmach-Trupp[5], der von einem Lechi um Hilfe gebeten wurde, Dir Jassin an und eroberte innerhalb von fünf Minuten den Westteil des Dorfes.
Nachdem der Palmach-Trupp Dir Jassin wieder verlassen hatte, gingen die Etzel- und Lechi-Leute von Haus zu Haus und schossen wahllos auf Frauen, Männer und Kinder. Wir haben das fotografiert. Ich versuchte, den Kommandeur zu überzeugen, das heißblütige Massaker zu beenden.
Das dauerte ungefähr drei oder vier Stunden. Es hörte erst auf, als einige Hundert [jüdische] Bürger von Givat Schaul nach Dir Jassin kamen und gegen dieses Massaker von Etzel und Lechi protestierten. Sie beschimpften sie als Mörder. Etzel und Lechi verließen das Dorf. Junge Hagana-Leute, noch Schüler, haben die Opfer gezählt und beerdigt. Es waren 254 arabische Leichen, die meisten Frauen und Kinder, nur wenige alte Männer."

Erinnerung der damals achtjährigen Überlebenden von Dir Jassin, Mijam Akel:

„Die Juden kamen um vier Uhr früh. Meine Mutter hob mich und meine Schwester aus dem Fenster. Dann flohen wir zu meiner Tante nach Ein Karem. Meine Mutter, mein Vater, meine zwei Brüder, mein Großvater und mein Onkel starben alle. Von unserer Familie starben 45 Personen. Das ist alles, was ich weiß.
Wir kamen nicht wieder in den Ort. Wir konnten nicht sehen, was sie mit den Leichen taten, ob sie sie in den Brunnen warfen, sie verbrannten oder Gräben aushuben und sie beerdigten. Allah weiß es."

Zit. nach: Friedrich Schreiber und Michael Wolffsohn, Nahost. Geschichte und Struktur des Konflikts, Opladen [4]1996, S. 156 f.

b) Der aus Polen gebürtige und seit 1958 in Israel lebende Präsident des Internationalen Auschwitz-Komitees Noah Flug und der deutsche Politikwissenschaftler und Journalist Martin Schäuble haben ein Buch über den Konflikt zwischen Israelis und Palästinensern aus der Sicht von Zeitzeugen beider Seiten geschrieben. Darin berichten sie, wie die Menschen in dem gerade gegründeten Israel den Beginn des Arabisch-Israelischen Krieges erlebt haben:

[1] Hagana: zionistische Untergrundorganisation in Palästina, die später in der israelischen Armee aufging
[2] Etzel: Abkürzung für Irgun Zvai Leumi (IZL, „Nationale Militärorganisation"); zionistische Untergrundorganisation
[3] Lechi: Abkürzung für „Lohame Cherut Israel" („Kämpfer für die Freiheit Israels"); zionistische Untergrundorganisation
[4] Girat Schaul: Stadtviertel in Jerusalem
[5] Palmach: Eliteeinheit der Untergrundorganisation Hagana

Am Tag nach Ben Gurions Rede vom 14. Mai 1948 marschierten Soldaten aus sieben arabischen Ländern ein. Es war der Beginn des ersten Arabisch-Israelischen Krieges. Die Arabische Liga veröffentlichte am Tag der Invasion eine Erklärung. Darin versprachen die Mitgliedsländer „Frieden, Sicherheit und Wohlstand für diesen Teil der Welt". Abd ar-Rahman, der Generalsekretär der Arabischen Liga, fand auf einer Pressekonferenz andere Worte: „Dies wird ein Ausrottungskrieg und ein Massaker sein, von dem man wie von dem mongolischen Massaker und den Kreuzzügen sprechen wird."

Der erste Arabisch-Israelische Krieg war ein Kampf wie David gegen Goliath – darin sind sich viele Israelis und Palästinenser bis heute einig. Die Streitfrage ist lediglich, wer David und wer Goliath war. Auf beiden Seiten kursieren bis heute stark voneinander abweichende Angaben zum Verlauf des Krieges. Eine israelische Version: Die riesigen arabischen Armeen überfielen bestens ausgerüstet mit modernem Kriegsgerät Israel. Die Israelis waren weit in der Unterzahl und kaum bewaffnet, schlugen aber dennoch die Araber in einem heroischen Kampf in die Flucht.

Die arabische Version: Die heldenhaften arabischen Armeen griffen an, um die palästinensischen Brüder zu retten. Sie kämpften geschlossen Seite an Seite und rückten so in Windeseile voran. Dabei waren sie dem Sieg fast zum Greifen nahe. Aber nur fast, denn unerwartet kamen den Israelis modernste Waffen aus dem Ausland zur Hilfe, die einen arabischen Sieg unmöglich machten.

Was geschah wirklich? [...] In der ersten Phase vom Kriegsausbruch am 15. Mai 1948 bis zum ersten Waffenstillstand am 10. Juni war Israels Existenz in der Tat bedroht. Soldaten aus Ägypten, Transjordanien, Syrien, Irak, Saudi-Arabien, dem Libanon und Jemen marschierten ein. Flugzeuge warfen Bomben über Tel Aviv ab, arabische Truppen griffen jüdische Ortschaften an. Lokale Banden beteiligten sich an den Attacken, einige von ihnen schlossen sich der palästinensischen Armee des Heiligen Krieges an.

Der Israelin Hava Keller ging es wie vielen. Die ausgelassene Feier auf Tel Avivs Straßen lag erst ein paar Stunden zurück, schon erhielt sie den Befehl, zu ihrem Kibbuz zu gehen, um ihn zu bewachen. Zuvor hatte Hava Keller eine Bekannte noch um einen Gefallen gebeten. „Einer Freundin gab ich zwanzig Briefe. Sie waren alle für meine Eltern. Jeder trug ein anderes Datum. Sie musste jede Woche einen Brief für mich abschicken. Ich wollte nicht, dass meine Eltern Angst um mich haben."

Dazu gab es allen Grund. Die Araber waren den Israelis in der ersten Phase weit überlegen. Sie kämpften mit den besseren Waffen und besaßen schweres Kriegsgerät wie Panzer und Artillerie. Die israelische Feuerkraft war zu Beginn dagegen sehr bescheiden. Manche Waffen stammten aus eigener, improvisierter und fehlerhafter Produktion. [...]

In den ersten Kriegstagen standen sich auf beiden Seiten etwa gleich viele Soldaten gegenüber. [...] Bis zu 30 000 arabische Kämpfer standen etwa 35 000 israelischen Soldaten gegenüber. Auf israelischer Seite kämpften die Mitglieder der Untergrundbewegungen, die Soldaten der Hagana und allen voran deren Eliteeinheiten, die Palmach. Das hebräische Palugot Machaz bedeutet Stoßtruppen, die zusammengesetzten Anfangsbuchstaben der zwei Wörter ergeben Palmach.

Uri Chanoch gehörte der Palmach an. Er hatte das Konzentrationslager Dachau überlebt und wanderte 1946 in Palästina ein. Ein Jahr später meldete er sich freiwillig zur Palmach. Die Zeit im nationalsozialistischen Deutschland holte ihn im Krieg wieder ein. „Manchmal hörte ich aus der Ferne deutsche Schimpfworte wie Schweinehunde. Auf der arabischen Seite kämpften auch deutsche Söldner. Das motivierte uns nur noch mehr zum Kampf. Einer meiner besten Freunde wurde vor meinen Augen erschossen. Zuvor hatte er mir immer gesagt, dass die für ihn bestimmte Patrone die Fabrik noch nicht verlassen hat. Der Aufopferungswille war groß. Wenn wir diesen Krieg verlieren, dann gibt es kein Land, dann wartet nur das Meer auf uns."

Noah Flug und Martin Schäuble, Die Geschichte der Israelis und Palästinenser, München 2009, S. 49-51

1. *Arbeiten Sie aus den Zeitzeugenberichten in Text a) die Ereignisse um Dir Jassin im April 1948 heraus. Ordnen Sie das Geschehen in den zeitlichen Kontext ein.*

2. *Bestimmen Sie die politischen Strategien der israelischen Untergrundorganisationen und der späteren Armee.*

3. *Im allgemeinen Gedächtnis sind in Bezug auf Dir Jassin vor allem der Angriff und weniger dessen Beendigung durch jüdische Bürger geblieben. Diskutieren Sie die Gründe.*

4. *Erörtern Sie die in b) geschilderten arabischen Reaktionen auf die Gründung des Staates Israel.*

5. *Recherchieren Sie mithilfe der Darstellung, Lexika oder dem Internet den Verlauf des Arabisch-Israelischen Krieges (vgl. die Literaturtipps auf S. 317). Nehmen Sie Stellung zu der Frage nach „David gegen Goliath" (Z. 59ff.).*

Israel und seine arabischen Nachbarn im Kalten Krieg

Sechs Tage im „Kalten Krieg" Bereits zum Ende des Zweiten Weltkrieges wurde deutlich, dass die Weltpolitik künftig vor allem von den beiden Hauptsiegermächten bestimmt werden würde: den Vereinigten Staaten und der Sowjetunion. Seit der Endphase des Krieges und in der Nachkriegszeit versuchten die beiden kriegsentscheidenden Mächte, ihren Einfluss auf Europa und die übrige Welt durchzusetzen. Kennzeichen dieses Konflikts zwischen „Ost" und „West" war von Anfang an ein Kalter Krieg: ein von Misstrauen und Propaganda bestimmter Konkurrenzkampf zweier Systeme und Ideologien, den die (demokratischen) Westmächte unter Führung der USA und die (kommunistischen) Staaten des Ostblocks unter Führung der UdSSR von 1945 bis 1990 mit allen Mitteln außer denen eines direkten, „heißen" Krieges führten.

Die Einflussnahme der beiden Supermächte machte auch vor Ländern im Fernen und Nahen Osten nicht halt. Sowohl die UdSSR als auch die USA hatten dem UN-Teilungsplan für Palästina 1947 zugestimmt. Angesichts einer sozialistischen und sozialdemokratischen Mehrheit in Israel und der sozialistischen Ausrichtung der zionistischen Bewegung hoffte die Sowjetunion auf ein „sozialistisches Israel". In Palästina stießen die Blöcke des Kalten Krieges zwar nicht unmittelbar aneinander. Jedoch gerieten auch der Nahe Osten und der Konflikt zwischen Israel, den Palästinensern und der arabischen Welt in den Sog des Kalten Kriegs.

Nach 1948 blieb das Verhältnis zwischen Israelis und Palästinensern angespannt. Beide Seiten suchten zur Stärkung ihrer Position Bündnispartner im arabischen und außerarabischen Raum. Die Zahl der Akteure im Nahen Osten mit unterschiedlichen Interessen und Verflechtungen wuchs weiter an. Die komplexe und brisante Lage führte in der Zeit des Kalten Krieges zu zahlreichen Krisen und insgesamt vier Nahost-Kriegen zwischen Israel und den arabischen Staaten.

So wandten sich im Sechs-Tage-Krieg 1967, nach dem Arabisch-Israelischen Krieg 1948 und dem **Suez-Krieg** von 1956 auch als dritter Nahost-Krieg bezeichnet, die Regierungen Ägyptens und Syriens mit Hilferufen an die Machthaber in Moskau. Zunehmende Spannungen zwischen Israel und Syrien hatten Israel dazu veranlasst, einem arabischen Angriff zuvorzukommen und am 5. Juni 1967 Ägypten anzugreifen, das von Jordanien und Syrien unterstützt wurde. In einem „Blitzkrieg" zerstörte die israelische Armee beinahe die gesamte Luftwaffe ihrer Gegner und stieß weit in alle Richtungen vor. Nach sechs Tagen trat auf Drängen der UNO am 11. Juni ein Waffenstillstand in Kraft.

Tatsächlich wäre die sowjetische Regierung für den Fall, dass Israel die syrische Hauptstadt Damaskus eingenommen hätte, zu einem Gegenschlag bereit gewesen und hatte bereits einen Raketenkreuzer sowie U-Boote Kurs auf Syrien nehmen lassen. Gleichzeitig wandte sich der Premierminister **Alexej Kossygin** mit einem Telegramm an den amerikanischen Präsidenten **Lyndon B. Johnson**, in dem er ihn dazu aufforderte, Israel zur Einstellung der Kriegshandlungen zu bewegen. Andernfalls würde die UdSSR „militärische Aktionen einleiten". Daraufhin beendete das siegreiche Israel seine Offensive nach Syrien. Parallel dazu hatte Johnson die 6. US-Flotte ins östliche Mittelmeer geschickt.

Aus dem regional begrenzten Krieg zwischen Israel und Ägypten, Jordanien und Syrien hätte wenig später ein weltweiter Atomkrieg werden können. Sowohl die Sowjetunion als auch die USA hatten aus strategischen und wirtschaftlichen Gründen ein Interesse am Nahen Osten.

Suez-Krieg, auch Sinai-Krieg genannt: Bezeichnung für den zweiten Nahost-Krieg, der Ende Oktober 1956 mit einem Angriff Großbritanniens, Frankreichs und Israels auf Ägypten begann. Auslöser war die ägyptische Blockade der Zufahrt zum Roten Meer. Britische und französische Truppen besetzten den von Ägypten zuvor verstaatlichten Suez-Kanal, Israel den Gazastreifen und weite Teile des Sinai. Im November 1956 mussten Großbritannien, Frankreich und Israel auf Druck der USA ihre Truppen wieder abziehen.

Alexej Kossygin (1904-1980): 1964 bis 1980 Ministerpräsident der Sowjetunion

Lyndon B. Johnson (1908-1973): 1963-1968 US-Präsident (Demokratische Partei)

◂ **Blick auf die jüdische Siedlung Ariel im Westjordanland.** *Foto von 2003. Politisch umstritten sind bis heute die Siedlungen in den 1967 von Israel besetzten Gebieten, mit denen im Sinne einer Landnahme außerhalb des eigentlichen Staatsgebietes Fakten geschaffen werden. Die Siedlung Ariel wurde 1978 von 40 Familien gegründet. Anfangs bestand sie überwiegend aus temporären Baracken, nach und nach wuchs sie vor allem durch Einwanderung zu einer Stadt mit fast 17 000 Einwohnern an.*

Israelisches Existenzrecht und Landesausbau Ziel aller israelischen Regierungen ab 1948 war es, das nationale Existenzrecht ihres Staates politisch und militärisch zu verteidigen. Die feindlichen Reaktionen auf die Staatsgründung durch die Palästinenser sowie die Arabische Liga provozierte das biblische Bild von „David und Goliath", nährte das Gefühl, umzingelt und bedroht zu sein, und führte zu einer wachsamen Politik. In besonderen Gefahrensituationen meinten Teile der Bevölkerung und manche Politiker sogar, dass man einem zweiten Holocaust vorbeugen müsse.

Daher suchte Israel verlässliche Bündnispartner und unternahm enorme verteidigungspolitische Anstrengungen. Gemessen an seiner Einwohnerzahl war Israel eines der kleinsten Länder des Nahen Ostens. Gemessen an der Dauer der Wehrpflicht (drei Jahre für Männer, 21 Monate für Frauen), der Höhe der Militärausgaben und der Schlagkraft seiner Armee bald jedoch eines der führenden. Seine Wehrhaftigkeit demonstrierte Israel in Verteidigungs- und Angriffskriegen wie im Arabisch-Israelischen Krieg von 1948, dem Suez-Krieg von 1956, dem Sechs-Tage-Krieg von 1967 und dem **Jom-Kippur-Krieg** von 1973, aber auch in zahllosen weiteren Militärschlägen und Operationen auf eigenem Gebiet oder in benachbarten Territorien. Im Sechs-Tage-Krieg besetzte Israel als Sieger die nach dem Teilungsplan von 1947 den Palästinensern zuerkannten Gebiete Westjordanland (Westbank), Gazastreifen und Ost-Jerusalem.

Der Sicherung des Existenzrechtes Israels diente ein auf verschiedenen Ebenen vorangetriebener Landesausbau. Durch die Proklamation Israels erschien es möglich, im „gelobten Land" einen Staat aufzubauen, der an die biblischen Wurzeln des Volkes Israel anknüpfen konnte. Israel sollte in Anlehnung an Theodor Herzls Vision von einem jüdischen Musterstaat ein blühendes Land werden. Dazu gehörte der Aufbau der Landwirtschaft und – dank künstlicher Bewässerung – die Errichtung umfangreicher Plantagen zur Ernährung der durch weitere Einwanderung wachsenden Bevölkerung. Dem Landesausbau dienten auch die Förderung moderner Städte und industrieller Zentren sowie die Gründung jüdischer Siedlungen im ganzen Land, auch in den Palästinensergebieten. Archäologische Grabungsprogramme sollten die Überreste der antiken Ursprünge und die historische Identität Israels zum Vorschein bringen und so den historischen und biblischen Anspruch des jüdischen Volkes auf diesen Landstrich untermauern.

Wehrhaftigkeit und Landesausbau waren miteinander verschränkt und verstärkten sich gegenseitig. So sollten die israelischen Eroberungen im Norden an den Grenzen zum Libanon und zu Syrien im Jahr 1967 auch die Quellwasserzuflüsse des Oberen

Jom-Kippur-Krieg: israelische Bezeichnung für den vierten Nahost-Krieg, von den Arabern Oktober- oder Ramadan-Krieg genannt, weil er in den Fastenmonat Ramadan fiel. Der Krieg begann am 6. Oktober 1973, am höchsten jüdischen Feiertag Jom Kippur (hebr. „Tag der Versöhnung"), mit einem Überraschungsangriff Ägyptens und Syriens auf dem Sinai und den Golanhöhen, die sechs Jahre zuvor von Israel im Zuge des Sechs-Tage-Krieges erobert worden waren. Nach anfänglichen Erfolgen der Angreifer wendete sich der Kriegsverlauf zugunsten Israels, bevor am 24. Oktober 1973 auf Druck der USA der UN-Waffenstillstand in Kraft trat.

Jordan sichern, von denen zu einem großen Teil die Landwirtschaftsprogramme abhingen. Die Verschränkung zeigte sich vor allem an der israelischen Einnahme Ost-Jerusalems und der Klagemauer 1967 (▸ M1). Aus der Begeisterung über den Rückgewinn des heiligen Ortes und der ehemaligen Hauptstadt resultierte die einhellige Überzeugung, sich von den besetzten Gebieten „nie wieder zu trennen“, sondern sie dauerhaft zu besetzen und zu besiedeln. Ost-Jerusalem wurde annektiert und die gesamte Stadt am 30. Juli 1980 vom israelischen Parlament per Gesetz zur „unteilbaren“ Hauptstadt Israels erklärt.

Da in Ost-Jerusalem eine mehrheitlich arabische Bevölkerung lebte, führte dieser gegen die UNO und die USA durchgesetzte Schritt zu neuen Spannungen. Israel wandelte sich in Ost-Jerusalem, Gaza und im Westjordanland im Zeitraum bis 1990 von einer angegriffenen Macht zu einer Besatzungsmacht. Der Friedensprozess wurde auf israelischer Seite immer dann erschwert, wenn sich Parteien oder Stimmen durchsetzten, die eine Politik der Stärke gegenüber den Palästinensern verfolgten, die jedes Zugeständnis in Richtung eines Palästinenserstaates oder wenigstens einer Teilautonomie als Gefährdung Israels oder als Verrat an den biblischen Grundlagen des jüdischen Volkes ablehnten.

Palästinensische Traumata Die israelische Seite konnte die ersten Jahrzehnte seit der Staatsgründung als eine Zeit von Gefährdungen und Erfolgen betrachten. Demgegenüber brachten sie den Palästinensern eher die Erfahrung von Schwäche, Ohnmacht oder Demütigung. Der jüdische Historiker Michael Wolffsohn sieht in den Niederlagen und Verlusten für die Palästinenser ein ähnlich traumatisches Erlebnis, wie dies für viele Juden der Holocaust war. Damit will er nicht das Geschehen gleichstellen, sondern darauf hinweisen, welche psychologisch verstörende Wirkung die Ereignisse auf palästinensischer Seite besaßen.

Der historisch begründbare Anspruch der Palästinenser auf nationale Identität und Heimat war entgegen dem Teilungsplan der UNO von 1947 durch die einseitige Proklamation des Staates Israel missachtet worden. Angst und Panik nach der Gründung Israels, Terrorakte und Massaker jüdischer Untergrundorganisationen, später der Bau jüdischer Siedlungen und die damit verbundenen Umsiedlungen und Vertreibungen der palästinensischen Bewohner machten Hunderttausende Palästinenser zu Flüchtlingen (▸ M2). Nach dem Sechs-Tage-Krieg und den israelischen Eroberungen und Annexionen steigerte sich das Flüchtlingsproblem. Immer mehr Palästinenser lebten – und dies zum Teil in der zweiten Generation – heimatlos und verstreut in den arabischen Nachbarländern, weshalb manche immer wieder von einer „palästinensischen Diaspora“ sprachen (▸ M3).

Obendrein genossen die Palästinenser, ganz gleich, ob sie in Israel, den von Israel nach 1967 besetzten Gebieten oder in benachbarten Staaten lebten, keine politische Autonomie und bürgerliche oder kulturelle Selbstbestimmungsrechte. Zwar sahen die UN-Resolutionen zu den Kriegen von 1967 und 1973 den israelischen Rückzug aus den besetzten Gebieten vor, aber eine palästinensische Autonomie im Westjordanland und im Gazastreifen scheiterte bis zum Ende des Kalten Krieges am Widerstand Israels.

Wer repräsentiert die Palästinenser? Die arabischen Bewohner Palästinas zeigten ihren Widerstand gegen die aus ihrer Sicht einseitig projüdische Politik der Mandatsmacht Großbritannien bereits 1936, indem sie das Arab High Commitee gründeten, das Streiks organisierte und Freiwilligenkommandos ausbildete.

Nach der Gründung Israels formierte sich palästinensischer Widerstand aus dem Exil in Jordanien und Ägypten vor allem in zwei Organisationen: der von **Yassir Arafat** gegründeten Fatah (arab. „Eroberung", „Sieg"; Abkürzung für „Bewegung zur nationalen Befreiung Palästinas") und der Volksfront zur Befreiung Palästinas (Popular Front for the Liberation of Palestine, PFLP), die bald durch Sabotage- und Terroranschläge gegen Israel Aufmerksamkeit erregten.

Yassir Arafat (1929 - 2004): palästinensischer Politiker; Mitbegründer und Führer der Fatah, von 1969 bis 2004 Vorsitzender der PLO und ab 1996 Präsident der Palästinensischen Nationalbehörde, der offiziellen internationalen Vertretung der Palästinenser. 1993 führte Arafat im Namen der PLO Friedensverhandlungen mit Israel, die zur gegenseitigen Anerkennung führten. Gemeinsam mit den israelischen Politikern Yitzhak Rabin und Schimon Peres erhielt er 1994 den Friedensnobelpreis. Nach dem Scheitern der Verhandlungen über einen unabhängigen palästinensischen Staat mit Israels Regierungschefs Ehud Barak und US-Präsident Bill Clinton (Camp David) im Jahr 2000 und der zweiten „Intifada" verlor Arafat an Einfluss.

Auf Initiative der Liga der arabischen Staaten erfolgte 1964 die Gründung der Palestine Liberation Organization (PLO) in Ost-Jerusalem, also auf symbolträchtigem Gebiet. Die PLO sollte die offizielle Vertretung aller Palästinenser, also auch der palästinensischen Flüchtlinge in anderen Ländern sein. Sie entwickelte sich zu einer Dachorganisation der verschiedenen palästinensischen Parteien und Bewegungen. 1968 legte sie ihr Ziel, die Errichtung eines unabhängigen palästinensisch-arabischen Staates, und die Mittel ihrer Politik in einem Grundsatzprogramm, der „Palästinensischen Nationalcharta", nieder. Diese erklärte Palästina zum „Heimatland des arabisch-palästinensischen Volkes" als „unteilbare territoriale Einheit". Das palästinensische Volk sei „Teil der arabischen Nation" und der „bewaffnete Kampf" „einziger Weg zur Befreiung Palästinas" gegen die „zionistische Invasion Palästinas im Jahr 1917".

Im Umfeld des Sechs-Tage-Krieges begann der verhängnisvolle Kreislauf von palästinensischen Terrorakten und israelischer Vergeltung. Um der palästinensischen Sache die Aufmerksamkeit der Welt zu sichern und Druck auf die Verbündeten Israels auszuüben, verübten Aktivisten der PLO Terroranschläge auch im Ausland oder bildeten ausländische Terroristen in ihren „Camps" aus, die den Terror in alle Welt tragen sollten. Beispiele hierfür sind das Attentat auf die israelische Mannschaft während der Olympischen Spiele in München 1972 oder die Entführung eines Flugzeugs der Lufthansa 1977, mit der die Freilassung von RAF-Terroristen in der Bundesrepublik Deutschland erpresst werden sollte.

Im Jahr 1974 erreichte die PLO unter Arafat, der seit 1969 ihre Leitung übernommen hatte, einen ersten politischen Erfolg: Sie wurde als einzige Vertretung des palästinensischen Volkes nicht nur durch die Arabische Liga, sondern auch durch die Vereinten Nationen anerkannt (▸ M4). Trotzdem lehnten Israel und die PLO weiterhin Verhandlungen ab. Erst nach einem vernichtenden Militärschlag gegen das Hauptquartier der PLO im Libanon im Jahr 1982 rückte Arafat von seiner unversöhnlichen Haltung ab und zeigte sich bereit, unter bestimmten Bedingungen das Existenzrecht Israels anzuerkennen. Daraufhin kündigten radikale Kräfte um die Volksfront zur Befreiung Palästinas und die radikale libanesische Organisation Hisbollah (arab. „Partei Gottes") Arafat die Gefolgschaft auf. Dies leitete die Spaltung der PLO in einen gemäßigten und einen radikalen Flügel ein.

Dieser Prozess setzte sich in Israel fort. 1987 wurde im Gazastreifen die palästinen-

▸ **Palästinensische Anhänger der Fatah während der Feier zum 45-jährigen Jubiläum der Bewegung.**
Foto aus Dura (Westjordanland), Januar 2010. Links eine Fotografie des 2004 verstorbenen Fatah-Führers Yassir Arafat. Er trägt darauf sein Markenzeichen, ein von palästinensischen Männern zum Schutz gegen die Sonne getragenes weißes Baumwolltuch mit schwarzem Muster, die sogenannte Kefije oder Kuffiye. Kein anderer palästinensischer Politiker erreichte bisher Arafats Bekanntheit.

sische Terrororganisation Hamas (arab. „religiöser Eifer"; Abkürzung für „Islamische Widerstandsbewegung") gegen die israelische Besatzung im Westjordanland, im Gazastreifen und in Ost-Jerusalem gegründet. Sie wurde als Partei und als Kampforganisation zum unversöhnlichen Rivalen der PLO. Mit ihren Ideen leiteten Hisbollah und Hamas eine neue, religiöse Dimension des Nahost-Konflikts ein: den Versuch einer radikalen Re-Islamisierung der Gesellschaft. Sie bekämpften nicht nur das Existenzrecht Israels, sondern auch die kompromissbereite PLO, säkulare arabische Staaten wie Ägypten sowie alle westlichen Einflüsse.

Die arabischen Staaten Die 1945 in Kairo gegründete Arabische Liga lehnte auch nach dem für Ägypten, Jordanien und Syrien katastrophalen Sechs-Tage-Krieg die staatliche Existenz Israels rigoros ab. Im Jom-Kippur-Krieg 1973 setzten die arabischen Staaten erstmals Erdöl als politische Waffe ein: Sie verhängten ein Embargo gegenüber den USA sowie den Niederlanden und drosselten die Ölausfuhr, um Druck auf die mit Israel verbündeten westlichen Industriestaaten auszuüben.

Erst 1977 scherte der ägyptische Präsident **Mohammed Anwar as-Sadat** aus der Front aus. Er trug vor dem israelischen Parlament eine Friedensinitiative vor, zu der die Anerkennung von Israels Sicherheitsinteresse gehörte (▸ M5). Zwei Jahre später unterzeichneten Sadat und der israelische Ministerpräsident **Menachem Begin** den ersten Friedensvertrag zwischen einem arabischen Land und Israel, der auch eine nicht näher definierte „Autonomie" für Gaza und Westjordanland vorsah. Beide Männer erhielten dafür den Friedensnobelpreis. Seit 1994 unterhält Israel auch mit Jordanien eine vertragliche Beziehung, die auf Gewaltverzicht und gegenseitiger Anerkennung beruht.

Das macht deutlich, dass die Arabische Liga, der heute 21 arabische Staaten und Palästina angehören, kein geschlossener Block ist. Auch wenn immer wieder die Einheit der „arabischen Nation" beschworen wurde, vertrat doch jedes Mitglied seine nationalen Interessen. Die arabischen Staaten unterstützten zwar grundsätzlich den Anspruch des palästinensischen Volkes auf eine Heimat in Palästina, aber sie nahmen keine einheitliche Haltung gegenüber PLO, Hamas, Hisbollah oder zum Existenzrecht Israels und der Frage ein, wie stark die Lehren des Islam Staat und Gesellschaft prägen sollten. Gegen Ende des Kalten Krieges mehrten sich die Anzeichen, dass sich die Mehrheit der Mitglieder der Arabischen Liga einem Frieden mit Israel nicht mehr verschließen würde, sofern er das Heimatrecht der Palästinenser respektiert.

Mohammed Anwar as-Sadat (1918-1981): von 1970 bis 1981 Staatspräsident Ägyptens. Nach dem ägyptisch-israelischen Friedensabkommen von Camp David 1978, für das er gemeinsam mit Menachem Begin den Friedensnobelpreis erhielt, wurde er von extremistischen Gegnern seiner Friedenspolitik 1981 ermordet.

Menachem Begin (1913-1992): von 1977 bis 1992 Ministerpräsident Israels. In seine Amtszeit fiel der Friedensschluss mit Ägypten 1978, für den er gemeinsam mit Mohammed Anwar as-Sadat den Friedensnobelpreis erhielt.

Fundamentalistische religiöse Gruppen in einigen arabischen Staaten erschwerten einen solchen Friedensschluss. Deutlich wird, dass dort, wo sich der Fundamentalismus ausbreiten konnte, instabile gesellschaftliche und staatliche Verhältnisse vorherrschten, wie sie für postkoloniale Situationen typisch sind. In dieser Hinsicht spiegelt sich im Nahost-Konflikt das Erbe des Imperialismus. Auch der Nahe Osten wurde nach dem Ende des Kolonialismus vom Nord-Süd-Konflikt erfasst.

◂ **Friedensabkommen von Camp David.**
Foto vom 17. September 1978.
Mit Handschlag besiegeln der israelische Ministerpräsident Menachem Begin und der ägyptische Präsident Anwar as-Sadat den ägyptisch-israelischen Friedensvertrag, der maßgeblich von US-Präsident Jimmy Carter (Mitte) vermittelt wurde. Der Vertrag beendete zum ersten Mal den Kriegszustand zwischen Israel und einem seiner Nachbarländer auf der Grundlage „freundschaftlicher Beziehungen". Begin und Sadat erhielten dafür den Friedensnobelpreis.

▸ **Szene aus „Waltz with Bashir".**
Foto aus dem animierten Dokumentarfilm von 2008. „Waltz with Bashir" ist eine Dokumentation in Trickfilmform über den ersten Libanon-Krieg 1982 aus der Perspektive des Regisseurs Ari Folman. Er war als junger israelischer Soldat im Libanon stationiert. Mit dem Film arbeitet er seine verdrängten Kriegserlebnisse und die seiner Kameraden auf. Der Filmtitel spielt auf den mit Israel verbündeten libanesischen Präsidenten Bashir Gemayel an. Nach dessen Ermordung verübten libanesische Christen ein Massaker an Palästinensern in den Flüchtlingslagern bei Beirut als Racheakt. 1982 marschierten israelische Truppen zur Bekämpfung der PLO in den Libanon ein. Das Massaker konnte mit Rückendeckung durch die israelische Armee geschehen.
Der Film gewann mehrere Auszeichnungen, u.a. den „Golden Globe" 2009 als bester ausländischer Film.

Die Haltung der Supermächte im Überblick ■ Die UdSSR verstärkte nach dem Suez-Konflikt im Jahre 1956 ihr Engagement im Nahen Osten im Interesse der „kommunistischen Weltrevolution". Nach dem Sechs-Tage-Krieg wechselte sie endgültig in das Lager der Gegner Israels. Fortan unterstützte sie antiwestliche und antiisraelische arabische Staaten durch Industrialisierungshilfen, Kredite, Waffen und Militärberater.

Darüber hinaus kooperierte die Sowjetunion in den 1970er- und frühen 1980er-Jahren mit der Fatah von Yassir Arafat, da sie den Kampf der Palästinenser als „revolutionären Befreiungskampf" begrüßte. Als Arafat sich Israel gegenüber verhandlungsbereit zeigte, wandte sich die UdSSR der 1982 gegründeten Kommunistischen Partei Palästinas zu und unterstützte bis zum Ende des Kalten Krieges kompromisslos die radikalen Gegner Israels. Erst im Zeichen von Glasnost und Perestroika unter Michail Gorbatschow zeigte sich die UdSSR bereit, im Palästina-Konflikt zu vermitteln. Indiz für eine neue Haltung war die gelockerte Ausreisepolitik für russische Juden, ab 1990 die größte Einwanderergruppe nach Israel.

Mit dem Auftreten der UdSSR hatte sich die Auseinandersetzung um Palästina zum Stellvertreterkrieg der Supermächte und Blocksysteme im Kalten Krieg entwickelt, denn auch die USA betrieben dort eine Interessenpolitik. Als Vormacht des westlichen Bündnisses war es ihr Ziel, den sowjetischen Einfluss in der Region einzudämmen und die Ölversorgung aus dem arabischen Raum zu sichern. Die USA übernahmen die Rolle der Schutzmacht Israels (▸ M6). Dabei nutzten sie ähnliche Instrumente wie die UdSSR im arabischen Lager. Mitunter hatten sie jedoch Mühe, Israel zu bremsen, das im Windschatten der amerikanischen Macht zu einer Politik der Stärke neigte. Daher bemühten sich die US-Regierungen seit den 1950er-Jahren, in der Rolle eines „Maklers" zwischen Israel und den Arabern zu vermitteln. Dies konnte das Vordringen der UdSSR im Nahen Osten nicht verhindern.

Obwohl es gelang, Ägypten unter seinem Präsidenten Sadat in den 1970er-Jahren wieder enger an den Westen zu binden, gelang keine dauerhafte Lösung. Zwar vermittelte Präsident Jimmy Carter in Camp David 1979 den Frieden zwischen den verfeindeten Mächten Ägypten und Israel. Doch den Streit mit den anderen arabischen Staaten und der PLO konnte er nicht beilegen. Im arabischen Lager galt Ägypten als Verräter, viele arabische Staaten brachen die Beziehungen zu Ägypten ab. Die Ermordung Sadats durch muslimische Extremisten 1981 bewies, dass der Konflikt eskalierte (▸ M7).

▲ **Israelische Soldaten tanzen an der Klagemauer.**
Neujahrskarte zum Sieg vom Juni 1967 nach dem Sechs-Tage-Krieg.

M1 Die israelische Einnahme Jerusalems: Segen oder Fluch?

Der israelische Journalist Gil Yaron schreibt 2007 über die Einnahme Jerusalems durch das israelische Militär 1967:

Spielte die Klagemauer vor dem Sechs-Tage-Krieg im israelischen Alltag nur eine Nebenrolle, erfolgte 1967 ein tiefer Wandel. Am 7.6.1967 eroberten israelische Truppen Ost-Jerusalem. Der Verteidigungsminister Mosche Dayan ging mit den anderen Siegern, Generalstabschef Yitzhak Rabin (1922-1995) und dem lokalen Befehlshaber Motta Gur zur Klagemauer und erklärte feierlich: „Jerusalem ist befreit. Wir haben Jerusalem, die geteilte Hauptstadt Israels, vereint. Wir sind an unsere heiligen Plätze zurückgekehrt, um uns niemals wieder von ihnen zu trennen." In Israel brach eine begeisterte Stimmung aus. Die Dauer des Krieges wurde der biblischen Erschaffung der Welt gleichgestellt. Gläubige Juden sahen in dem erfolgreichen Feldzug ein Zeichen Gottes.

Nicht alle Israelis labten sich an dem berauschenden Sieg. Eine Anekdote besagt, dass der israelische Premier Levy Eschkol kurz nach der Eroberung Ost-Jerusalems von seinen Beratern zur Klagemauer gebracht wurde. Euphorisch betrat er die Altstadt. Doch auf seinem Weg zum jüdischen Heiligtum verdüsterte sich sein Gesichtsausdruck. Hunderte schweigende Araber säumten seinen Weg und betrachteten die israelischen Eroberer mit einer Mischung aus Angst und Hass. An der Klagemauer angekommen, begrüßten ihn die Israelis mit stürmischem Beifall.

Eschkol erhob seine linke Hand und machte mit zwei Fingern das „V"-Zeichen. Sein Berater fragte ihn: „Ist das ein V für ‚victory'?" „Nein", flüsterte Eschkol in Jiddisch zurück: „Das ist für: ‚Wie kriechen wir hier wieder raus?'" So hatte Eschkol, der wie fast alle Akteure des Sechs-Tage-Krieges gegen seinen Willen aufgrund einer Reihe von Fehlern in den Krieg hineingezogen worden war, schon kurz danach trotz der hysterischen Euphorie um ihn herum den militärischen Sieg als politische Niederlage erkannt. Mit den eroberten Gebieten hatte Israel das Palästinenserproblem „geschluckt": Anstatt an ihren Grenzen befanden sich die Araber nun inmitten des jüdischen Staates. [...]

Doch die Mehrheit reagierte ekstatisch auf die „Befreiung" ganz Jerusalems. Schon wenige Stunden nach der Eroberung ließ der neu gewählte Bürgermeister Teddy Kollek das Mughrabi-Viertel vor der Klagemauer planieren. Insgesamt 135 arabische Häuser wurden dem Erdboden gleichgemacht, 650 Palästinenser zwangsweise umgesiedelt.

Vor der Klagemauer entstand der große Platz, an dem sich heute Tausende zum Gebet einfinden können.

Gil Yaron, Jerusalem. Ein historisch-politischer Stadtführer, München 2007, S. 160 f.

1. *Der Sechs-Tage-Krieg von 1967 wird aus israelischer Sicht oft als nationaler Triumph angesehen. Erarbeiten Sie Aspekte dieses „Triumphs".*
2. *Nehmen Sie Stellung, ob Geschichte und Religion instrumentalisiert wurden.*
3. *Erläutern Sie, worin sich die Ambivalenz des Geschehens zeigt.*
4. *Diskutieren Sie, welche Alternativen es von israelischer oder amerikanischer Seite 1967 im Umgang mit der Klagemauer gegeben hätte.*
5. *Erörtern Sie am Beispiel der Klagemauer, ob Jerusalem der Kulminationspunkt des Nahost-Konflikts ist.*
6. *Entwerfen Sie Handlungsstrategien der palästinensischen Seite nach dem Krieg von 1967 sowohl gegenüber den arabischen Ländern als auch gegenüber Israel.*

M2 „Ich bin Araber“

Der 2008 verstorbene Mahmud Darwisch gilt als einer der bedeutendsten palästinensischen Dichter. Bereits zu Lebzeiten wird er als „die Stimme Palästinas“ bezeichnet. Sein Werk ist in etwa 30 Sprachen übersetzt worden. Seine politische Lyrik hat ihn zu einem geistigen Vorkämpfer der palästinensischen Nationalbewegung werden lassen. Darwisch, 1941 in einem Dorf in Galiläa geboren, flieht mit seinen Eltern und Geschwistern 1948 in den Libanon. Als sie nach dem Krieg heimlich zurückkehren, ist ihr Dorf zerstört und zwei israelischen Siedlungen gewichen. Seiner Familie gelingt es, in einem Nachbardorf unterzukommen und von der israelischen Verwaltung als illegale Rückkehrer geduldet zu werden. Dennoch empfindet sich Darwisch fortan wie ein „Fremder im eigenen Land“. Er schafft sich eine „Heimat in der Sprache“ und opponiert literarisch und journalistisch gegen die israelische Herrschaft. Gleichzeitig versucht er, auf palästinensischer Seite einen gesamtarabischen Stolz wiederzubeleben. 1964 entsteht das folgende Gedicht:

Identitätskarte

Schreib auf:
Ich bin Araber. Ausweisnummer: 50 000.
Kinder: Acht.
Das neunte kommt Ende des Sommers.
Macht dich das wütend?

Schreib auf:
Ich bin Araber.
Beschäftigt: Im Steinbruch mit Kameraden.
Für meine acht Kinder breche ich
Brot, Kleider und Schulhefte
Aus dem Fels.
Denn ich werde nicht als Bettler
Vor deiner Tür stehen.
Macht dich das wütend?

Schreib auf:
Ich bin Araber.
Ohne Nachname. Nur ein Vorname.
Mit unendlicher Geduld habe ich
In einem Land,
Wo die Menschen mit dem Zorn leben,
Meine Wurzeln geschlagen,
Noch vor der Geburt der Zeit,
Vor der Zypresse und dem Olivenbaum,
Noch vor dem Wachsen des Grases.
Mein Vater: Aus einer Familie von Pflügern,
Nicht aus den Kreisen der Herren.
Mein Großvater: Ein Bauer,
Ohne Herkunft und Rang.
Er lehrte mich die Achtung vor der Sonne
Noch vor dem Lesen der Bücher.
Mein Haus: Eine Hütte
Aus Zweigen und Schilfrohr.
Gefällt dir das, so wie ich bin?
Ohne Nachname. Nur ein Vorname.

Schreib auf:
Ich bin Araber.
Haarfarbe: Kohlrabenschwarz.
Augen: Kaffeebraun.
Besondere Kennzeichen:
Eine festgeschnürte Kuffiye[1] auf dem Kopf
Und meine Hand hart wie Stein,
Rau für den, der sie berührt.

Meine Adresse:
Ich komme aus einem friedlichen,
Vergessenen Dorf,
Wo die Straßen keine Namen haben
Und alle Männer auf den Feldern und
Im Steinbruch arbeiten.
Schreib auf:
Ich bin Araber.
Macht dich das wütend?

Schreib auf:
Ich bin Araber.
Ihr habt die Weingärten meiner Väter gestohlen
Und das Land, das ich bestellte
Zusammen mit meinen Kindern.
Ihr habt uns und allen meinen Enkeln
Nur diese Felsen hier übriggelassen.
Und ich habe gehört,
Dass eure Regierung
Uns auch die noch wegnehmen will.

Also:
Schreib auf! Ganz oben!
Ich hasse die Menschen nicht,
Und ich greife auch niemanden an.
Aber wenn ich Hunger habe,
Esse ich das Fleisch meines Unterdrückers.
So hüte dich, hüte dich
Vor meinem Hunger und meinem Zorn!

Mahmud Darwisch, Palästina als Metapher, Heidelberg 1998, S. 238-240

[1] Kuffiye: in Palästina von Männern getragenes schwarz-weißes Kopftuch

1. *Arbeiten Sie das Bild der Araber heraus. Was erscheint hier als palästinensische bzw. arabische „Identität"?*
2. *Stellen Sie heraus, wie das Gegenüber, das lyrische Ich, charakterisiert wird.*
3. *Mahmud Darwisch hat recherchiert, dass aus seinem arabischen Heimatdorf nach 1949 zwei israelische Siedlungen entstanden, u.a. für jüdische Auswanderer aus Europa. Formulieren Sie eine Antwort auf Darwischs Aussagen aus der Sicht eines jüdischen Einwanderers.*
4. *Der Islam- und Literaturwissenschaftler Stephan Milich schreibt über Darwischs Bedeutung: „Die Gedichte sind Ausdruck kollektiver Selbstbehauptung und betonen eindringlich die Existenz eines palästinensischen Volkes mit eigener nationaler Identität und Geschichte, das von Israel und einigen arabischen Staaten lange Zeit nicht anerkannt wurde."[2] Nehmen Sie dazu Stellung.*

M3 Gibt es eine palästinensische Diaspora?

Der Begriff „Diaspora" (dt. „Verstreutheit") ist lange vor allem von der jüdischen Geschichtsschreibung für die Zeitspanne zwischen der Vertreibung durch die Römer und der israelischen Staatsgründung gebraucht worden. Seit einigen Jahren wird untersucht, inwieweit auch von einer palästinensischen Diaspora seit 1948 gesprochen werden kann. Verlässliche Angaben über die Zahl der Palästinaflüchtlinge gibt es kaum. Das 1949 gegründete UN-Hilfswerk „United Nations Relief and Works Agency for the Palestinian Refugees" (UNRWA) liefert einige Anhaltspunkte:

Gebiete	Angaben für 1990	Angaben für 2009
Israel	800 000	1,5 Mio.
Gazastreifen	550 000	1,1 Mio.
Westjordanland	900 000	754 000
Jordanien	1,7 Mio.	1,9 Mio.
Syrien	225 000	457 000
Libanon	350 000	417 000
andere Länder	830 000, darunter 250 000 in Saudi-Arabien	ohne Angabe

Nach: Globus Infografik, Hamburg, und Margret Johannsen, Der Nahost-Konflikt, Wiesbaden [2]2009, S. 82

[2] Stephan Milich, Fremd meinem Namen und fremd meiner Zeit. Identität und Exil in der Dichtung von Mahmud Darwisch, Berlin 2005, S. 13

1. *Diskutieren Sie, ob und inwieweit man von einer palästinensischen Diaspora sprechen kann.*
2. *Klären Sie durch Recherchen die gegenwärtige Gebietsverteilung in Palästina. Gehen Sie hierbei besonders auf den Gazastreifen und den historischen Hintergrund der Region ein. Berücksichtigen Sie die Karten auf S. 303 und 307.*

M4 Probleme und Strategien der PLO

Ein deutsches Lexikon von 2008 erklärt die PLO (Palestine Liberation Organization) so:

Die PLO hatte in den späten 1960er-Jahren ihren Hauptsitz und ihr Hauptaktionsfeld in Jordanien mit seiner großen palästinensischen Bevölkerung und seiner langen Grenze mit Israel. Sie verfügte damals im Land über große Bewegungsfreiheit, wurde aber so sehr als Störfaktor betrachtet, dass König Husain im „Schwarzen September" 1970 massiv militärisch gegen sie vorging und ihre militärische und politische Organisation aus dem Land zwang.[1] Sie verlegte Hauptquartier und Aktionsraum in den Libanon.
Um 1970 lehnte die PLO, anders als die arabischen Staaten, die ihre Ablehnungshaltung von 1970 revidierten, jeden Kompromiss mit Israel etwa im Sinne einer Zwei-Staaten-Regelung ab. Ihr strategisches Ziel war seinerzeit die Zerstörung des Staates Israel und seine Ersetzung durch einen säkularen Staat Palästina. Sie konnte sich diese kompromisslose Haltung, die den führenden arabischen Staaten nicht genehm war, aufgrund ihres nach 1967 erworbenen Prestiges leisten. Der Oktoberkrieg von 1973[2] verschob allerdings dann wieder das Kräfteverhältnis zugunsten der arabischen Regimes. Die PLO konnte sich ihnen nicht weiter frontal entgegenstellen. Außerdem erschien durch das Ergebnis des Kriegs eine für die Araber nicht ganz ungünstige Regelung möglich. Die PLO ließ sich bei ihrer 12. Nationalratssitzung im Juni 1974 auf ein Etappenprogramm ein, das auch die Befreiung nur eines Teils von Palästina (konkret: der 1967 besetzten Gebiete) ins Auge fasste bzw. begrüßte. Dies war der erste Schritt auf dem Weg

[1] Nach einem fehlgeschlagenen Attentat der Volksfront zur Befreiung Palästinas (PFLP) auf Hussein I., von 1952 bis 1999 König von Jordanien, brach im September 1970 der jordanisch-palästinensische Bürgerkrieg (1970-1971) aus, auch „Schwarzer September" genannt. Hussein konnte mithilfe der Beduinen die palästinensische Organisation in Jordanien zerschlagen, die zunehmend die Macht im Staat bedrohte.

[2] andere Bezeichnung für den Jom-Kippur-Krieg vom 6. bis 26. Oktober 1973

zum offiziellen Einverständnis mit einer Zwei-Staaten-Regelung, den eine Minderheit in der PLO heftig ablehnte. Dieser Weg wurde aber dennoch weiter verfolgt. Mit Beschluss des 19. Nationalrats im November 1988 wurde Israel implizit, mit der Einigung von Oslo im September 1993[3] auch explizit von der PLO anerkannt.

Alexander Flores, Die arabische Welt. Ein kleines Sachlexikon, Stuttgart ²2008, S. 213

1. *Arbeiten Sie die politisch-ideologischen Pole heraus, zwischen denen die PLO gegenüber Israel operierte. Welche Motive spielten dabei eine Rolle?*

2. *Erläutern Sie das Verhältnis der PLO zu den arabischen Staaten. Bewerten Sie die Ausrichtungen der PLO.*

3. *Untersuchen Sie den Artikel im Hinblick auf die politische Entwicklung der PLO.*

[3] In Oslo trafen Israel und die PLO in geheimen Verhandlungen mehrere Vereinbarungen, die später in Washington unterzeichnet wurden. Dazu gehörte die stufenweise Einführung palästinensischer Autonomie und ein Teilrückzug der israelischen Armee aus den besetzten Gebieten für einen Gewaltverzicht der PLO und die Anerkennung Israels; vgl. dazu S. 304 ff.

M5 Die Palästinafrage als Kernproblem des arabisch-israelischen Konflikts?

Aus der Rede des ägyptischen Präsidenten Anwar as-Sadat vor dem israelischen Parlament am 20. November 1977:

Die Antwort auf die Kardinalfrage über den Frieden ist weder schwierig noch unmöglich, trotz der vielen Jahre, die von Feindseligkeit und Hass geprägt worden sind. Die Beantwortung dieser Frage ist einfach, wenn wir einer geraden Linie der Wahrheit und des Glaubens folgen. Sie wollen mit uns in diesem Gebiet zusammenleben. Dazu sage ich ganz ehrlich: Wir heißen Sie willkommen. Alleine dies ist das Anzeichen eines historischen Wandels. Wir haben Sie in der Vergangenheit abgelehnt. Dazu hatten wir unsere Gründe und Argumente. [...] Heute sage ich Ihnen und der ganzen Welt aber, dass wir es akzeptieren, mit Ihnen in einem Zustand des gerechten und dauerhaften Friedens zusammenzuleben. [...] Der Friede wird nicht gut fundiert sein, wenn er nicht auf Gerechtigkeit beruht, sondern auf der Besetzung von Gebieten anderer. Es darf nicht erlaubt sein, dass Sie etwas verlangen, was Sie anderen verweigern. Ich sage ganz offen, Sie müssen die Träume von morgen aufgeben wie auch die Überzeugung, dass die Gewalt das beste Mittel ist für Ihr Verhalten den Arabern gegenüber. Im Sinne unserer Begegnung müssen Sie begreifen, dass Ihnen die Expansion nichts nützt. Unser Land ist kein Gegenstand von Kompromissen und

▼ **Ansprache des ägptischen Ministerpräsidenten Anwar as-Sadat vor der Knesset in Jerusalem.**
Foto vom 20. November 1977.

Diskussionen. Unser nationales Territorium ist heilig. [...] Keiner von uns kann oder will auf nur einen Fußbreit dieses Territoriums verzichten. [...]
Ich sage Ja zu der Logik, derzufolge Israel in diesem Gebiet in Frieden und Sicherheit leben kann. Dass es innerhalb seiner Grenzen vor jeder Aggression geschützt wird, auch hierzu sage ich Ja. Ich sage auch Ja zu der Forderung, dass Israel alle Garantien erhält, welche ihm die Verwirklichung dieser beiden Ziele ermöglichen, nämlich Frieden und Sicherheit. Wir erklären, dass wir alle internationalen Garantien, die Sie fordern, akzeptieren, von welcher Seite auch immer. [...]
Um zu diesem Ziel zu gelangen, müssen wir gewissen Realitäten offen und mutig begegnen. Es gibt arabische Territorien, die von Israel mit Waffengewalt besetzt gehalten werden. Wir beharren auf dem vollen Rückzug aus diesen Territorien, das schließt das arabische Jerusalem mit ein. [...] Der volle Rückzug aus den im Jahre 1967 besetzten Gebieten ist eine selbstverständliche Sache. Hierzu nehmen wir keine Argumente hin. Ohne diesen Schritt wären Gespräche über den dauerhaften und gerechten Frieden sinnlos. Ohne diesen Schritt wäre eine Absicherung unseres Zusammenlebens in Sicherheit und Frieden völlig sinnlos. [...] Was die palästinensische Frage anbelangt, so gibt es niemanden, der bestreitet, dass diese Frage der Kern des ganzen Problems ist. Niemand in der Welt kann heute die in Israel demonstrierten Slogans akzeptieren, mit denen die Existenz des palästinensischen Volkes ignoriert und gefragt wurde, wo dieses Volk zu finden sei. Die Sache der Palästinenser und deren legitime Rechte können von niemandem mehr geleugnet oder ignoriert werden. [...] Solange dieses Problem ungelöst bleibt, verschärft sich der Streit und nimmt neue Dimensionen an. Ich sage Ihnen ganz ehrlich, dass ohne die Palästinenser der Friede unrealisierbar ist.

Archiv der Gegenwart, 22. November 1977, S. 21378 ff.

1. *Arbeiten Sie heraus, mit welchen Argumenten Sadat 1977 für einen Frieden wirbt. Beurteilen Sie seine Rede im Hinblick auf die Chancen eines Friedensvertrages mit Israel.*
2. *Nehmen Sie Stellung zu dem Vorwurf der arabischen Regierung, Sadat habe in seiner Rede die Idee einer gesamtarabischen Nation aufgegeben.*
3. *Diskutieren Sie, ob die „palästinensische Frage“ der Kern des israelisch-arabischen Konflikts ist.*

M6 Die amerikanische Haltung zum israelisch-arabischen Konflikt

Am Beispiel des israelisch-syrischen Wasserkonflikts in den 1950er-Jahren verdeutlicht die Historikerin Ina M. Vallianatos-Grapengeter 1996 die amerikanische Haltung unter Dwight D. Eisenhower, US-Präsident von 1953 bis 1961:

Washingtons Einmischung in den israelisch-arabischen Wasserstreit [...] muss im Rahmen der ineinandergreifenden ideologischen und sicherheitspolitischen Interessenkonflikte der beiden Supermächte zu Beginn des Kalten Krieges und vor dem Hintergrund der westlichen Ölinteressen gesehen werden. Die Befürchtung der Eisenhower-Administration, dass die arabische Welt, die bis dahin als höchstes Vakuum galt, aufgrund der proisraelischen Außenpolitik von Präsident Truman[1] immer stärker in Gefahr geriet, in das Fahrwasser der Sowjetunion zu gelangen, veranlasste die neue Regierung, eine doppelte Strategie zu verfolgen, die als eine Vorstufe der Eisenhower-Doktrin von 1957 angesehen werden könnte. Zum einen sollte der Nahe Osten in einer Militärallianz an den Westen gebunden werden, zum anderen musste der Region der Nährboden für kommunistische Ideen, wie er in der sozialökonomischen Problematik der palästinensischen Flüchtlinge gesehen wurde, durch eine funktionale Entwicklungspolitik entzogen werden.

Ina M. Vallianatos-Grapengeter, Der Nahostkonflikt im Prisma der Wasserproblematik. Wasserpolitik im Jordantal 1882-1967, Hamburg 1996, S. 59 f.

1. *Erarbeiten Sie die amerikanische Position gegenüber den arabischen Staaten.*
2. *Informieren Sie sich über die „Eisenhower-Doktrin“. Prüfen Sie, inwieweit sie hier angewendet wurde.*
3. *Diskutieren Sie, ob Eisenhowers Position geeignet war, stabile Beziehungen der USA zu den arabischen Staaten aufzubauen.*

[1] Harry S. Truman (1884-1972) war von 1945 bis 1952 US-Präsident; vgl. S. 12

M7 Die Entwicklung des israelisch-arabischen Konflikts von 1948 bis 1995

Im Zentrum des Nahost-Konflikts stehen seit 1948 die Auseinandersetzungen um den Staat Israel. Die arabische Seite kämpft zunächst dafür, anstelle Israels für das gesamte Palästina eine arabische Herrschaft einzurichten. Dafür würden Ägypten wie auch Jordanien und Syrien als Vormacht bereit stehen. Erst 1974 akzeptiert die palästinensische Seite unter Yassir Arafat erstmals die Zwei-Staaten-Lösung und tritt fortan für einen palästinensischen Teilstaat ein. 1978 folgt die Anerkennung Israels durch Ägypten. Von entscheidender Bedeutung für die territoriale Entwicklung sind bis 1990 der UN-Teilungsplan von 1947, die Waffenstillstandsvereinbarung von 1949, die Waffenstillstandsvereinbarungen nach dem Sechs-Tage-Krieg 1967, die Neugliederung des Sinai nach dem Friedensvertrag zwischen Israel und Ägypten 1978 sowie die Entstehung der palästinensischen Autonomiegebiete im Kontext der in Oslo geführten israelisch-palästinensischen Verhandlungen mit dem Gaza-Jericho-Abkommen (Oslo I) 1994 und dem Vertrag von Taba (Oslo II) über das Westjordanland im Jahr 1995.

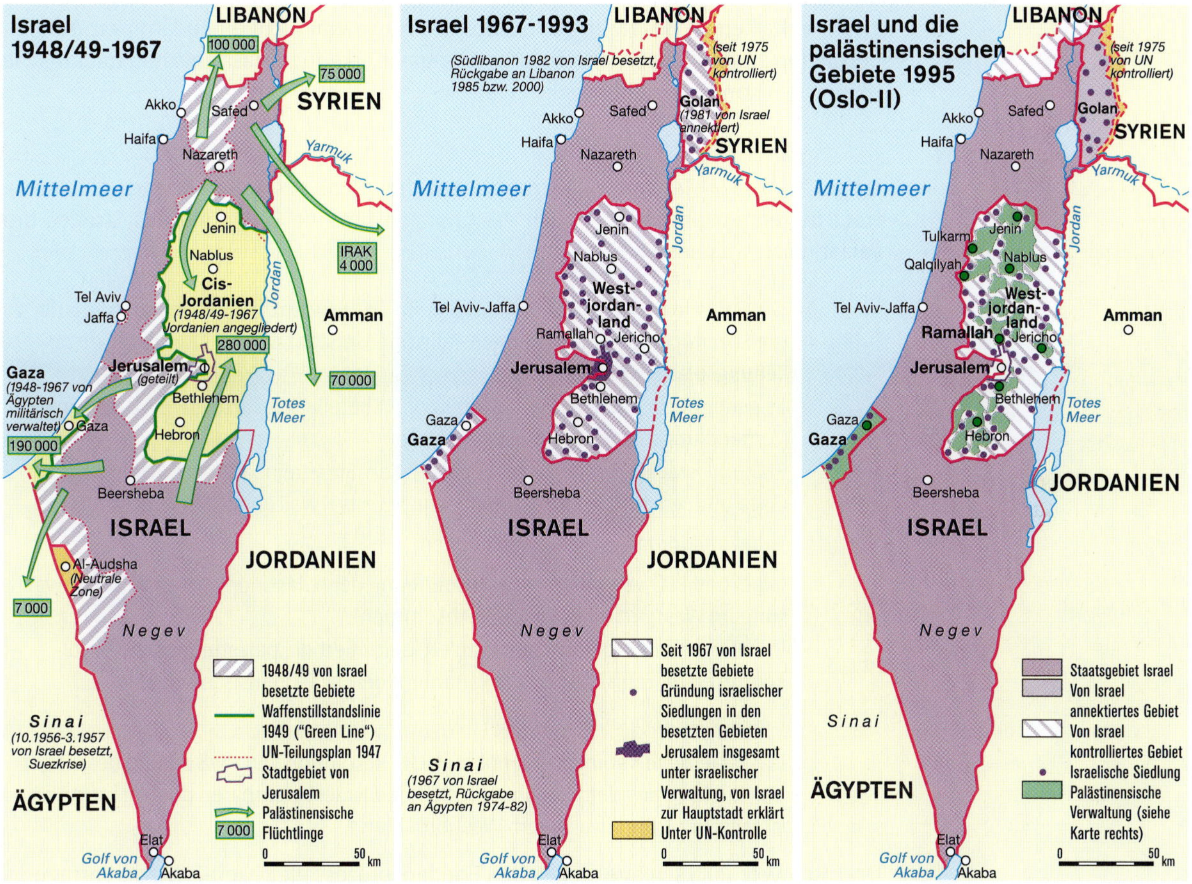

Ingenieurbüro für Kartographie Dr. H.-J. Kämmer, Berlin

1. *Erörtern Sie, inwieweit die Lage in Palästina eine gleiche Ausgangsposition für eine Vereinnahmung durch die Supermächte bot, wie dies in Vietnam, Korea oder Deutschland der Fall war. Ziehen Sie dazu die Darstellung auf S. 10 ff. heran.*

2. *Arbeiten Sie anhand der Karten die Gebietsentwicklungen von 1948 bis 1995 a) aus israelischer, b) aus arabischer und c) aus palästinensischer Sicht für das gesamte Konfliktgebiet sowie für Jerusalem heraus. Ziehen Sie die Darstellung hinzu. Bewerten Sie die Ergebnisse.*

3. *Arbeiten Sie die außenpolitischen Grundsätze Israels heraus. Lassen sich Möglichkeiten für eine palästinensische Friedenslösung erkennen? Ziehen Sie die Karte auf S. 307 hinzu.*

„Intifada" und „Roadmap": Gefahren und Chancen für den Friedensprozess im Nahen Osten

Die erste „Intifada" Trotz der Friedensbeteuerungen der PLO kam es immer wieder zu Anschlägen der Palästinenser auf israelische Einrichtungen und die jüdische Bevölkerung. 1982 marschierten israelische Truppen im benachbarten Libanon ein und forderten den Abzug der PLO-Kämpfer. Gleichzeitig besetzten sie im Süden des Libanon eine zehn Kilometer breite „Sicherheitszone".

Die Palästinenser gaben ihren Widerstand nicht auf. Im Dezember 1987 begann im Gazastreifen und im Westjordanland eine Erhebung: die erste „Intifada" (wörtlich übersetzt: „abschütteln"). Der Aufstand der jungen Palästinenser, die nichts anderes erfahren hatten als Besatzung und Unterdrückung, war nicht einzudämmen. Auf beiden Seiten starben viele Menschen. Israel musste erkennen, dass eine rein militärische Lösung des Konflikts nicht möglich war.

Neue Chancen? Im ersten Jahrzehnt nach dem Ende des Kalten Krieges schienen – trotz der ersten „Intifada" – auch die Chancen für eine Beilegung des Streites um Palästina zu steigen:

1988	Der Palästinensische Nationalrat erkennt das Existenzrecht Israels an und ruft gleichzeitig einen unabhängigen Palästinenserstaat auf der Grundlage des Teilungsplanes von 1947 aus.
1991	Es gelingt USA und UdSSR, alle am Konflikt beteiligten Parteien in Madrid an den Verhandlungstisch zu bringen.
1993	PLO und Israel erkennen sich gegenseitig an. Sie vereinbaren in Washington für Gaza und Jericho eine palästinensische Selbstverwaltung (Oslo I-Abkommen).
1994	Israel und Jordanien schließen Frieden.
1995	Israel und PLO vereinbaren die Ausdehnung der palästinensischen Selbstverwaltung im Westjordanland (Oslo II-Abkommen).
1996	In freien und demokratischen Wahlen legitimiert die palästinensische Bevölkerung einen Legislativrat, das Parlament der palästinensischen Gebiete.
1997	Israel zieht Truppen aus Hebron ab.
1998	Das israelische Kabinett erkennt eine UN-Resolution von 1978 an und beschließt den Rückzug aus dem Südlibanon; PLO und Israel vereinbaren den Rückzug israelischer Truppen aus dem Westjordanland.

Doch schwere Rückschläge stellen den Friedensprozess gleichzeitig wieder infrage:

1995	Der zum Frieden mit der PLO bereite israelische Ministerpräsident Rabin wird von einem jüdischen orthodoxen Extremisten ermordet.
1996	Die konservative Likud-Partei, die den Abkommen von Oslo kritisch gegenübersteht, gewinnt in Israel die Wahlen.
1996	Bei der Eröffnung eines historischen Tunnels nahe der al-Aqsa-Moschee kommt es zu schweren Unruhen.
1997	Israel beschließt den Bau einer jüdischen Siedlung in Ost-Jerusalem.
1999	Israel stoppt den Truppenabzug aus dem Westjordanland, da die Palästinenser ihren Zusagen nicht nachgekommen seien.

Die zweite „Intifada“ Auf welch schwankendem Boden die Friedensbemühungen insgesamt standen (▸ M1), erkennt man daran, dass die strittigen Punkte ausgeklammert blieben. Dazu gehörten der Status Jerusalems, das beide Seiten als Hauptstadt für sich beanspruchten, sowie die genaue Grenze zwischen Israel und den Palästinensergebieten, die Zukunft der jüdischen Siedlungen auf Palästinensergebiet, die Flüchtlingsfrage und die Frage der Entschädigungen. Als diese Fragen im Sommer 2000 in Camp David auf den Tisch kamen, führte das zum Scheitern der Verhandlungen.

Die Enttäuschung über den Misserfolg in Camp David und die angestaute Unzufriedenheit über das große Elend in den Palästinensergebieten entluden sich im Herbst 2000 in der zweiten „Intifada“ (▸ M2, M3). Auf palästinensischer Seite wurde für den Massenprotest vorrangig der Besuch des damaligen Oppositionsführers und späteren Ministerpräsidenten **Ariel Sharon** in Begleitung von rund 1000 Soldaten, Polizisten und Journalisten am 28. September auf dem Tempelberg verantwortlich gemacht. Dieser Besuch durch den früheren Minister für „Nationale Infrastruktur“, der den israelischen Siedlungsbau in den palästinensischen Gebieten trotz Friedensverhandlungen gefördert hatte, sei eine kalkulierte Provokation gewesen, um die israelischen Herrschaftsansprüche auch auf den Tempelberg zu verdeutlichen. Die Steinwürfe der Palästinenser auf das Polizeiaufgebot, das am folgenden Tag gegen mögliche Unruhen in Jerusalem aufgestellt worden war, müssten als legitimer spontaner Protest gegen diesen Machtanspruch angesehen werden.

Auf israelischer Seite wurde hingegen der PLO und ihrem Vorsitzenden Yassir Arafat vorgeworfen, die Gewalttätigkeiten möglicherweise lange geplant zu haben. Der Gang Ariel Sharons auf den auch für Juden heiligen Tempelberg sei hingegen als Ort für einen Besuch angemeldet und daher völlig ordnungsgemäß gewesen. Demgegenüber müsse die „Intifada“ als Terrorismus konsequent bekämpft werden.

Streiks und Zusammenstöße mit der israelischen Polizei waren der Anfang einer neuen Gewaltwelle. Massiver Einsatz von israelischem Militär rief Terrorakte militanter Palästinenser hervor und umgekehrt. Anders als während der ersten „Intifada“ setzten radikale Gruppen vor allem auf Bombenanschläge von Selbstmordattentätern. Da diese überwiegend aus den autonomen Städten kamen, besetzte Israel die Gebiete erneut. Innerhalb weniger Jahre gab es mehrere Tausend Tote auf beiden Seiten zu beklagen – die meisten davon Zivilisten.

▲ **Jugendlicher Steinewerfer bei einer Demonstration in Sawiya bei Nablus im Westjordanland.**
Foto vom 25. Februar 1988.
Der Junge hält die verbotene palästinensische Flagge. Vor allem junge Palästinenser beteiligten sich während der ersten „Intifada“ an den Straßenkämpfen gegen die israelische Besatzung. Die Proteste äußerten sich in Massendemonstrationen, Steinwürfen auf Soldaten und Siedler, Anzünden von Autoreifen oder dem Aufhängen palästinensischer Flaggen.

Ariel Sharon (auch Scharon, geb. 1928): israelischer Offizier und Politiker, nach verschiedenen Ministerposten von 2001 bis 2006 israelischer Ministerpräsident.

„Roadmap“ ins Ungewisse? Im Jahr 2002 schalteten sich die USA, Russland, die EU und die UNO in den Konflikt ein. Das „Nahost-Quartett“ wollte eine friedliche Lösung der Palästinenserfrage in Form einer „Roadmap“ (engl. „Fahrplan“) auf den Weg bringen (▸ M4). Das Dokument ging wie der UN-Teilungsplan von einer Zwei-Staaten-Lösung in Palästina aus. Es listete alle offenen Fragen auf und sah vor, dass sich Israel und die Palästinenser in zwei Phasen bis Ende 2003 aufeinander zu bewegen sollten, um anschließend in einer dritten Phase bis 2005 feste Grenzen zu vereinbaren und einen Friedensvertrag zu schließen.

Beide Seiten sollten sich nach dem Motto „Land gegen Frieden“ gegenseitig anerkennen und die Gewalt durch staatliche Organe oder Terror beenden. Die Palästinenser wurden aufgefordert, für innere Ordnung und Sicherheit zu sorgen, Anschläge auf Israel zu verhindern, die Bevölkerung zu entwaffnen und eine Verfassung zu erarbeiten. Israel sollte sich verpflichten, seit 2001 auf Palästinensergebiet errichtete Siedlungen und Außenposten abzureißen, keine weiteren zu bauen und schließlich seine Truppen abzuziehen, sobald es die Sicherheitslage erlaubte.

▸ **Bei einem Selbstmordattentat gesprengter Bus in Jerusalem.**
Foto von Juni 2002. Selbstmordattentate radikaler palästinensischer Organisationen gab es bereits in den 1990er-Jahren. Nie zuvor kam es jedoch zu so vielen Anschlägen wie während der zweiten „Intifada".

Israel stimmte dem Plan nach langem Zögern mit knapper Mehrheit zu, bei den Palästinensern stieß er sofort auf Ablehnung. Der Friedensprozess stand wieder still. Die Spirale der Gewalt setzte sich wieder in Gang und wurde zusätzlich angeheizt, als eine über 760 Kilometer lange Absperrung errichtet wurde, um die autonomen Palästinensergebiete hermetisch abzuriegeln. Israel wollte sich auf diese Weise vor weiteren Anschlägen schützen. Hinzu kam der hasserfüllte Bürgerkrieg zwischen der gemäßigten PLO und der Hamas. Er führte dazu, dass der Gazastreifen durch die Hamas, und das Autonomiegebiet im Westjordanland von der PLO regiert wird und noch weniger als zuvor von „den" Palästinensern gesprochen werden kann.

Ursachen des Scheiterns Die Ursachen, die zum Scheitern der Friedensinitiative zwischen Israel, den Palästinensern und den arabischen Nachbarstaaten führten, sind vielschichtig. Zum einen ist es schwierig, Lösungen zu finden, wenn beide Seiten sich auf – vermeintliche oder tatsächliche – „jahrhundertealte historisch verbürgte Rechte" berufen und diese durchsetzen wollen. Jeder Versuch schafft neues Unrecht. Verhängnisvoll wirkt sich aus, dass sich durch den lang andauernden Konflikt ein politisches Klima ausgebildet hat, in dem Kompromissbereitschaft als Schwäche oder als Verrat an der eigenen Sache ausgelegt werden kann. Nicht zu vergessen sind das unermessliche Leid, das zahllosen Familien auf beiden Seiten zugefügt wurde, sowie das Gefühl, bedroht oder betrogen zu sein. Beides kann in die Forderung nach Vergeltung münden. Keiner Seite fällt es daher leicht, aus dem Kreislauf des Aufrechnens von Schuld oder der Gewalt herauszutreten.

◂ **Israelische Sperrmauer bei Jerusalem.**
Foto von Jim Hollander, Juli 2004.
Zum Schutz vor Heckenschützen und Selbstmordattentaten baut Israel seit 2002 an einem fast 760 Kilometer langen „Anti-Terror-Zaun". Er trennt Israel vom palästinensischen Westjordanland. Die Anlage besteht zum größten Teil aus einem elektronisch gesicherten Zaun mit einem Graben. In besiedelten Gebieten und an belebten Kreuzungen wurde eine bis zu neun Meter hohe Betonmauer errichtet. Die Sperranlage verläuft zum Teil durch palästinensisches Siedlungsgebiet und behindert Hunderttausende auf dem Weg zu Arbeitsplätzen, Feldern, Krankenhäusern und Schulen. Im Juli 2004 erklärte der Internationale Gerichtshof in Den Haag die Sperranlage für völkerrechtswidrig. Unabhängig davon: Der palästinensische Terror ließ nach der Errichtung der Grenzanlagen nach.

Bislang war es immer so, dass Aktionen weniger Radikaler die Kompromissbereiten scheinbar ins Unrecht setzen und bei der breiten Masse Angst und Unsicherheit erzeugen konnten. Auf diese Weise wurde beinahe jeder Lösungsansatz unterlaufen und in sein Gegenteil verkehrt. Zudem spricht keine der Konfliktparteien mit einer Zunge. Das gilt für die arabischen Nachbarn, die nationale Interessen durchsetzen wollen, ihre Stellung in der muslimisch-arabischen Welt behaupten wollen und sich unterschiedlich gegenüber der westlichen Welt positionieren. Dies gilt ebenso für die Palästinensergruppen, die sich nicht nur in ihrer Haltung gegenüber dem Staat Israel sowie in ihrer Bereitschaft, Gewalt anzuwenden, unterscheiden, sondern sich in Gestalt von Hamas und PLO gegenseitig das Recht bestreiten, im Namen des anderen zu sprechen.

Aber auch Israels Regierungen verhielten sich widersprüchlich: Während etwa 1992 das Regierungskabinett unter Yitzhak Rabin offiziell jeden weiteren Ausbau der jüdischen Siedlungen in den Palästinensergebieten verbot, nahm dessen Nachfolger **Benjamin Netanjahu**, der Rabins Friedenspolitik massiv kritisiert hatte, 1996 den Siedlungsausbau wieder auf. Die Anzahl der Siedler stieg bis ins Jahr 2000 von rund 100 000 auf 200 000 an. Da im Westjordanland und vor allem im Großraum Jerusalem die Besiedlung auch in den Folgejahren deutlich zunahm, ist die geografische Verwirklichung eines palästinensischen Staates inzwischen schwer vorstellbar geworden. Besonders die israelische Stadtplanung für Jerusalem zeigt dabei expansive Züge und rief internationale Kritik hervor, wie dies beispielsweise im Herbst 2009 an der Vorstadt Gilo südlich von Jerusalem deutlich wurde: Für den weiteren Ausbau dieser ab den 1970er-Jahren errichteten Siedlung war der Bau von insgesamt 900 Wohnungen geplant, dabei liegt die bereits rund 40 000 Einwohner umfassende Stadt gemäß den völkerrechtlich legitimierten Grenzen im Westjordanland. In Israel aber wird Gilo zum Verwaltungskreis der eigenen Hauptstadt gezählt.

Benjamin Netanjahu (geb. 1949): israelischer Politiker, von 1996 bis 1999 und erneut seit 2009 israelischer Ministerpräsident

▾ **Der Nahe Osten heute.**

▲ **Gaza-Jericho-Abkommen.**
Foto vom 13. September 1993.
Israels Ministerpräsident Yitzhak Rabin (l.) und PLO-Führer Yassir Arafat (r.) besiegeln unter den Augen von US-Präsident Bill Clinton im Garten des Weißen Hauses in Washington das Gaza-Jericho-Abkommen. Rabin und Arafat erhielten 1994 für ihre Verständigungsbemühungen den Friedensnobelpreis.
- *Analysieren Sie die Bildsprache.*
- *Vergleichen Sie das Bild mit motivverwandten Fotos, etwa zur deutsch-französischen Aussöhnung.*

M1 UN-Resolutionen als Grundsatz für den Frieden?

Im Friedensprozess nach der ersten „Intifada" von 1987 ist immer wieder auf die UN-Resolution 242 zurückgegriffen worden, die 1967 nach dem damaligen Nahost-Krieg entstanden ist. Die wesentlichen Auszüge aus dieser Resolution lauten:

Resolution des Weltsicherheitsrates Nr. 242 vom 22. November 1967.

Der Sicherheitsrat gibt seiner andauernden Beunruhigung über die ernste Lage im Nahen Osten Ausdruck und unterstreicht, dass es nicht angeht, Territorium durch Krieg zu erobern, und dass es nötig ist, für einen gerechten und dauernden Frieden zu wirken, der es jedem Staat der Region erlaubt, in Sicherheit zu leben. [...]

1. Er bekräftigt, dass die Einhaltung der Prinzipien der Charta es erfordert, dass ein gerechter und dauerhafter Frieden im Nahen Osten errichtet wird, welcher die Anwendung der beiden folgenden Prinzipien umfassen sollte:
   a. Rückzug israelischer Streitkräfte aus während des jüngsten Konfliktes besetzten Gebieten,
   b. Einstellung jeglicher kriegerischer Erklärung oder jeglichen kriegerischen Zustandes sowie Respektierung und Anerkennung der Souveränität, der territorialen Integrität und der politischen Unabhängigkeit jeglichen Staates der Region und dessen Recht, in Frieden innerhalb sicherer und anerkannter Grenzen frei von Drohungen und Gewaltakten zu leben.
2. Er stellt im Weiteren die Notwendigkeit fest:
   a. die freie Schifffahrt auf den internationalen Wasserstraßen der Region zu garantieren,
   b. eine gerechte Regelung des Flüchtlingsproblems zu verwirklichen,
   c. die territoriale Unverletzlichkeit und politische Unabhängigkeit jedes Staates der Region durch Maßnahmen zu garantieren, welche die Schaffung entmilitarisierter Zonen umfassen.

Zit. nach: Der Staat Israel. Informationen zur politischen Bildung, Nr. 141, hrsg. von der Bundeszentrale für politische Bildung, Bonn 1986, S. 40

1. *Erarbeiten Sie die Grundsätze der UN-Resolution 242. Prüfen Sie, welche Friedenschancen sie enthält.*

2. *Charakterisieren Sie die Entwicklung des Nahost-Konflikts nach 1987. Welche Positionen der Konfliktparteien werden deutlich?*

3. *Diskutieren Sie, welche Interessen dritte Regierungen an einem Frieden im Nahen Osten haben.*

4. *Benennen Sie die wesentlichen Kriterien, die heute a) für die israelische und b) für die palästinensische Seite entscheidend für den Frieden sind.*

M2 Die „Intifada" – ein „Kinderspiel"?

Die Auseinandersetzungen zwischen Palästinensern und der israelischen Armee ab Ende September 2000 erzeugen ein großes internationales Medieninteresse. Hervorgerufen wird es auch durch das Ausmaß der Gewalt. Der Journalist Christoph Reuter schreibt in einer Reportage für das Wochenmagazin „Stern" Ende Juni 2001 über die Straßenkämpfe in der Stadt Ramallah im Westjordanland, die er über längere Zeit beobachtet hat. Im Mittelpunkt seiner Reportage stehen vier Jungen, darunter der 14-jährige Badr und der ein Jahr ältere Ramzi:

So wie die Straßen nach Ramallah immer an denselben Stellen abgeriegelt werden, so hat auch die Straßenschlacht in der Stadt ihr Ritual. Sie könnte überall losgehen, aber sie ereignet sich immer am selben Ort, fast immer zur selben Zeit, freitags nach dem Gebet. Es ist Krieg, und mancher geht hin. Dutzende, manchmal Hunderte Jungen ziehen von der Moschee nach Norden. So auch an diesem Freitag.

Zwei Autowracks sind in der Nacht zu einer Barrikade zusammengeschoben worden. Die ersten Steinewerfer haben Geröllhaufen hinter Mauern zusammengetragen. Alle beziehen Stellung, als wären sie miteinander verabredet: die gepanzerten israelischen Militärjeeps, die Steinewerfer, die Ambulanzwagen vom Roten Halbmond[1], die Zuschauer, zwei Mütter von Gefallenen, die mit Plastiktüten voller feuchter Tücher und Zitronenscheiben die Tränengasopfer versorgen – und der Eisverkäufer, der mit einer pinkfarbenen Kühlbox seine Runden zwischen den Linien drehen wird, denn freitagnachmittags sei hier das beste Geschäft zu machen.

Es geht los. Die Motoren der israelischen Jeeps heulen im Leerlauf auf wie gereizte Tiere. Die Kinder der Intifada zielen sorgfältig, den Arm weit über dem Kopf, leicht nach links gebeugt. Der ganze Körper eine Abschussrampe. Die meisten halten weiten Abstand von der Gegenseite. Badr aber, der 14-jährige, eine schwere Metallplatte vor dem Körper, schiebt sich nach vorn, streckt den einen, bald den anderen Fuß hervor, tänzelt mit seinem Schild vor den Soldaten, soweit das Tränengas es zulässt. Ramzi war der Stratege, der jede Lücke im gegnerischen Beschuss ausmachte. Badr wagt sich am weitesten vor, und dafür bewundern sie ihn, schauen auf zu ihm, wenn sie in Staub und Deckung liegen, während das trockene „Plopp“ der gummiummantelten Stahlgeschosse durch die Luft schneidet. Badr ignoriert die Schüsse. Er kann sie kaum hören.

Seit seiner Geburt, sagt seine Mutter später, und Badr wird misstrauisch herüberschauen, sei er auf dem linken Ohr ganz, auf dem rechten halb taub. Badr hat aufgehört, zur Schule zu gehen, denn dort lachen sie über ihn. An der schmalen Frontlinie aber, an der er antritt im besten Hemd und das Haar voller Gel, dass es glänzt wie eine erstarrte Welle, gibt sein Handicap ihm Heldenstatus. Seine Mutter kam zweimal, ihn an den Ohren nach Hause zu zerren. Das war nicht gut, sagt sein Blick. Peinlich. Aber warum, Badr, warum dort das Leben riskieren? Die Frage muss man brüllen, um sein Ohr zu erreichen. Weil es eben richtig sei, sagt er, weil Gott auf ihrer Seite stehe. Als gehe es um ein Fußballspiel.

Die vorderste Reihe der Jungen wirft, zieht sich zurück, von hinten rücken die nächsten mit frischer Munition nach. Die Steinewerfer verausgaben sich und treffen niemanden. Die israelischen Schützen treffen oft, irgendwann schießen sie scharf, hinterher werden beide Seiten behaupten, die anderen hätten angefangen. Es ist ein sich ohne Fortschritt wiederholendes Spiel: Wir Israelis zeigen euch, dass wir die Stärkeren sind. Wir Palästinenser zeigen euch, dass uns das gleichgültig ist. In dieses Spiel muss niemand die Jungen schicken. Aber sie sind auch zu nützlich, als dass jemand sie zurückhielte.

Links und rechts der Straße geht der Alltag weiter, während der Schlachten kreuzen Autos die Frontlinie. Auf den Baustellen dies- und jenseits der Kampfzone wird weitergearbeitet, so nah, dass ein palästinensischer Schreiner vor ein paar Monaten ins Visier der israelischen Armee geraten konnte. Nicht nah genug aber, um zu erkennen, dass es keine Waffe war, die der Schreiner hielt. Der Schuss traf ihn in den Kopf, er starb mit einer Bohrmaschine in den Händen, und sie trugen ihn als Märtyrer zu Grabe.

Christoph Reuter, Der Tod – Ein Kinderspiel, in: Der Stern 26/2001, S. 32 f.

▲ **Jugendliche bereiten sich auf eine neue „Intifada“-Schlacht vor.**
Foto aus Ramallah von 2001.

■ *Charakterisieren Sie die „Intifada“ anhand des Fotos. Beachten Sie die Symbole an der Mauer.*

1. *Arbeiten Sie den Verlauf der Auseinandersetzungen heraus. Welchen Eindruck erweckt das Geschehen, welche Motive werden deutlich?*

2. *Nehmen Sie Stellung zu dem Begriff „Spiel“ im Zusammenhang mit der palästinensischen Aufstandsbewegung.*

3. *Untersuchen Sie die Reportage auf eine journalistische Grundhaltung oder Schreibabsicht.*

[1] Roter Halbmond: 1868 gegründete islamische humanitäre Organisation, vergleichbar mit dem „Roten Kreuz“

▲ Kinder protestieren vor der Niederlassung der Vereinten Nationen in Beirut gegen die vermeintliche Erschießung von Mohammed Al Durah mit einem Szenenfoto des Fernsehfilms.
Foto vom 18. Oktober 2000.
Das Foto zeigt Jamal Al Durah und seinen verblutenden Sohn Mohammed an der umkämpften Nezarim-Kreuzung in Gaza bei einem Schusswechsel zwischen Palästinensern und Soldaten der israelischen Armee. Drei Schüsse sollen das Kind getroffen haben, einer davon tödlich. Bis heute ist nicht erwiesen, ob der Junge von israelischen oder palästinensischen Kugeln erschossen wurde. Ein palästinensischer Kameramann des französischen Fernsehens France 2 drehte die Szene, die weltweit für Empörung sorgte und die israelische Armee als Kindermörder an den Pranger stellte. Im palästinensischen Fernsehen wurde der Film in veränderter Form verbreitet: In die Originalaufnahme wurde ein schießender israelischer Soldat hineinmontiert, der zu einem völlig anderen Zeitpunkt an einer ganz anderen Stelle gefilmt wurde. Die Szene machte Mohammed Al Durah zum Märtyrer, die Szene zur Ikone der zweiten „Intifada".

M3 Phasen und Gruppen der „Intifada"

Die französische Politologin Lætitia Bucaille beobachtet das Geschehen während der zweiten „Intifada" von der palästinensischen Seite aus. In ihrem Buch „Generation Intifada" von 2002 unterscheidet sie Phasen und Akteure der Aufstandsbewegung:

Es lassen sich mehrere Phasen und unterschiedliche Aktionsformen ausmachen. In den ersten Monaten drückt sich der Aufstand im Wesentlichen in Demonstrationen aus, bei denen Jugendliche Steine auf Panzer und gut ausgerüstete Soldaten werfen. Der Tod von palästinensischen Kindern und Jugendlichen scheint sinnlos und der Kampf von vornherein verloren zu sein, aber er schockiert und bewegt die internationale Öffentlichkeit. Das Bild vom Tod des kleinen verängstigten Mohammed Al Durah, der von der israelischen Armee neben seinem Vater erschossen wurde, geht um die Welt.[1] Die Bilder zeigen das sehr ungleiche Kräfteverhältnis und den unverhältnismäßigen Einsatz militärischer Mittel durch Israel. Das für die Palästinenser positive Echo in den Medien ist allerdings nur vorübergehend; es zeigt sich, dass sie nur einen scheinbaren Sieg errungen haben, als andere Bilder, wie der Lynchmord an vier Israelis durch eine entfesselte Menge in Ramallah, durch die Medien verbreitet werden. Zudem ist der Einfluss von Bildern auf die Wahrnehmung der palästinensischen Frage relativ begrenzt, da sie vor allem vorgefasste Meinungen verstärken: Für die einen ist die große Zahl von Kindern und Jugendlichen, die von den Israelis erschossen werden, ein Zeichen für die Verantwortungslosigkeit der palästinensischen Eltern, die ihren Kindern erlauben oder sie sogar ermutigen, die Konfrontation mit der israelischen Armee zu suchen; für die anderen zeigt sich daran die Grausamkeit und Unangemessenheit des israelischen Vorgehens. Die internationale Öffentlichkeit durch die Medien gewinnen zu wollen, ist eine unsichere und schwierige Strategie. Auf nationaler Ebene bekommt die palästinensische Gesellschaft durch den Tod der Steinewerfer den Status eines Opfers, das nicht in der Lage ist, die Besatzungsmacht mit wirksamen Mitteln zu bekämpfen.
In einer zweiten Phase, die im April 2001 beginnt, greifen bewaffnete, der Fatah angehörende Gruppen Siedler und Posten der israelischen Armee im Westjordanland und im Gazastreifen an. Trotz einiger gewagter Vorstöße bringt der Einsatz von Waffen wenig, weil die jungen Männer, deren Aktionen nicht koordiniert sind, keine richtige Guerilla bilden. Das harte Vorgehen Israels gegen die Aktivisten schwächt die Bewegung, die für den bewaffneten Kampf eintritt. Die völlige Abriegelung der besetzten Gebiete, die Schließung der Straßen zwischen den palästinensischen Orten, die Wiederbesetzung von Zonen, die schon autonom waren, und die Zerstörung von Häusern sowie zivilen und militärischen Einrichtungen durch Bulldozer und F-16-Flugzeuge stellen eine schwere Belastung für die Zivilbevölkerung dar, die sich dadurch noch weniger mit dem Vorgehen der bewaffneten Gruppen solidarisiert.
[...] Die bewaffneten Flügel der islamistischen Organisationen haben die Praxis der Selbstmordanschläge gegen israelische Zivilisten wiederbelebt. Zu Beginn der Intifada werden

[1] Die Autorin spielt hier auf das Foto von Jamal Al Durah und seinem sterbenden Sohn Mohammed in Gaza an; siehe oben.

mehrere verheerende Attentate verübt. Im Gegensatz zu den anderen Aktionsformen stellen sie für die Palästinenser eine Möglichkeit dar, Israel erhebliche Verluste zuzufügen und das Kräfteverhältnis für kurze Zeit umzukehren. Seit einiger Zeit ahmen die zur Fatah gehörenden Aktivisten die Methode der Islamisten nach. Doch diese mörderische Gewalt radikalisiert die israelische Gesellschaft, veranlasst die Regierungen, schärfere Sicherheitsmaßnahmen zu ergreifen, und führt zu einem Legitimitätsverlust der Palästinenser auf der internationalen Bühne. Die harten Vergeltungsschläge des israelischen Staates verschaffen wiederum den extremistischen Kräften Zulauf.

Lætitia Bucaille, Generation Intifada, Hamburg 2004, S. 8-10

1. *Erläutern Sie die „Phasen“ der Aufstandsbewegung. Vergleichen Sie die Interpretation der „Steinewerfer“ mit dem Bild, das Christoph Reuter in der „Stern“-Reportage (M2) vom Aufstand zeichnet.*
2. *Analysieren Sie Bucailles Darstellung daraufhin, ob sich ein Ziel oder Motiv für die Aufstandsbewegung erkennen lässt.*
3. *Untersuchen Sie, welche Rolle sie den Medien zuspricht. Bewerten Sie den Befund.*
4. *Arbeiten Sie die Folgen der „Intifada“ auf israelischer Seite heraus, die in M2 und M3 genannt oder angedeutet werden.*
5. *Erörtern Sie, welche Schlussfolgerungen für die Lösung des Konflikts M2 und M3 zulassen.*
6. *Diskutieren Sie, welche Handlungsmöglichkeiten es von israelischer Seite auf die Ereignisse im Jahr 2001 gegeben hätte. Überlegen Sie, ob es dabei sinnvoll ist, Zusammenhänge zum Attentat vom 11. September 2001 auf das World Trade Center und die USA zu ziehen.*

M4 Die „Roadmap“ von 2002: von Beginn an zum Scheitern verurteilt?

Die gewalttätigen Auseinandersetzungen im Nahost-Konflikt führen 2002 erneut zu internationalen Vermittlungsversuchen, bei denen sich die USA, Russland, die EU sowie die UNO zu einem „Führungsquartett“ zusammenschließen. Ihre Hoffnung gründen sie auf einen „Fahrplan“ („Roadmap“), der in verbindlichen Zeitintervallen erfüllt werden und bis zum Jahr 2005 zu einem dauerhaften Frieden führen soll. Bereits am 18. September 2002, unmittelbar nach der Vorstellung der „Roadmap“, äußern sich sowohl die palästinensische als auch die israelische Seite über ihre Inhalte. Der langjährige Nahost-Korrespondent Jörg Bremer berichtet am 19. September 2002 in der Frankfurter Allgemeinen Zeitung:

JERUSALEM, 18. September. Die Palästinenser haben am Mittwoch enttäuscht auf den Friedensplan reagiert, der in New York vom „Quartett“ vorgestellt wurde, in dem in regelmäßiger Folge die Vereinigten Staaten, Russland, die Europäische Union und die Vereinten Nationen über den Nahen Osten beraten. Zurückhaltende Äußerungen kamen auch aus dem Amt des israelischen Ministerpräsidenten Sharon[1]. Unterdessen hat es am Nachmittag in der Nähe der Stadt Umm el Fahm im Norden Israels den ersten Selbstmordanschlag seit sechs Wochen gegeben. Bei dem Attentat an einer Bushaltestelle kamen der Terrorist und eine weitere Person ums Leben, drei Personen wurden zum Teil schwer verletzt. Auch in anderen Orten im Krisengebiet kam es zu neuer Gewalt.
Ministerpräsident Sharon forderte auf einer Kabinettssitzung noch vor dem Anschlag: „Für einen Fortschritt (zum Frieden) muss es ein absolutes Ende von Terror und Gewalt geben.“ Ein Sprecher des Außenministeriums sagte, wenn es dazu komme, könne gemeinsam eine neue Zukunft zum Besten beider Völker gebaut werden. In der Umgebung des israelischen Ministerpräsidenten gilt der beschlossene Drei-Phasen-Plan, mit dem bis 2005 ein Ende des Konflikts erreicht und ein Staat Palästina ausgerufen sein soll, als unrealistisch. Außenminister Peres[2], der wie die palästinensischen Minister Schaath und Erekat[3] an dem Treffen in New York teilnahm, äußerte sich aber zufrieden. Er lehnte aber ein palästinensisches Angebot für eine teilweise Waffenruhe ab. In einer ersten Phase sollte danach die Gewalt gegen Zivilisten enden und erst in der zweiten Phase ein völliger Waffenstillstand vereinbart werden. Das sei für die erste Phase „eine Lizenz zum Töten“, sagte Peres.
Die Palästinenser kritisieren vor allem, dass sich das Quartett nicht für einen sofortigen Abzug der israelischen Truppen einsetze. Die Erklärung „bringt gar nichts“, sagte Erekat. Die Palästinenser erwarteten ein Ende der „israelischen Aggression“. Diese Position vertrat auch der Vorsitzende der palästinensischen Autonomiebehörde, Yassir Arafat. In Ramallah sagte er, der Abzug israelischer Truppen sei unerlässlich für die Verwirklichung von Reformen und für Schritte auf dem Weg zum Frieden. Er hoffe auf einen schnellen und sofortigen Abzug der israelischen Armee, damit die Palästinenser ihre Reformen beginnen könnten. Arafat hat für Januar Wahlen zum Autonomierat und zum Vorsitz der Autonomiebehörde angesetzt.
Nach dem Drei-Phasen-Plan des Quartetts sollen Israel und die Palästinenser noch vor den für Januar vorgesehenen

[1] zu Ariel Sharon siehe S. 305
[2] Schimon Peres (geb. 1923) war von 2001 bis 2002 Außenminister und ist seit 2007 Staatspräsident Israels.
[3] Kamalain Schaath und Saeb Erekat

Wahlen in den autonomen Gebieten Sicherheitsvereinbarungen treffen. Israel wird aufgefordert, seine Truppen auf die Positionen zurückzuziehen, von denen aus sie gegen die zweite „Intifada" seit Ende September 2000 vorgerückt sind. Die Palästinenser sollen mit ihrem reformierten Polizeisystem selbst für Sicherheit sorgen. Die Bewegungsfreiheit soll wiederhergestellt werden.
In der zweiten Phase sollen 2003 die Grenzen für den künftigen Staat festgelegt und eine palästinensische Verfassung geschrieben werden. Zur dritten Phase gehören Verhandlungen über den Endstatus auf der Grundlage der Grenzlinie, die vor dem Sechs-Tage-Krieg 1967 bestand. Ein strenges Kontrollsystem soll die Einhaltung der Abkommen gewährleisten. Der Plan beruht auf der vor Kurzem in der Krisenregion vorgestellten Initiative des dänischen Außenministers Möller, der derzeit EU-Ratsvorsitzender ist.
Am Treffen des Quartetts in New York nahmen zeitweise auch die Außenminister von Ägypten, Jordanien, Libanon, Syrien und Saudi-Arabien teil. UN-Generalsekretär Kofi Annan sprach nach den Beratungen von einem historischen Treffen, warnte aber vor zu großer Euphorie angesichts des seit über einem halben Jahrhundert andauernden Konflikts zwischen Israel und seinen arabischen Nachbarn.
Derweilen kam es wieder zu Gewalt im Krisengebiet. Am Rande von El Azarijeh, dem biblischen Bethanien, wurde am Morgen der Körper eines Israelis gefunden, der offenbar zuvor von Palästinensern ermordet worden war. Der Israeli aus der Siedlung Maale Adumim war mit seinen palästinensischen Arbeitern in ihren Heimatort mitgegangen. Was dann geschah, ist unklar. Jüdische Extremisten wollten offenbar unter arabischen Grundschülern in einem Dorf bei Hebron ein Blutbad anrichten. Nach Zeitungsberichten explodierte eine Bombe unter einem Trinkwasserbrunnen auf dem Schulhof, verletzte aber zum Glück nur fünf Kinder. Das Militär vermutet wie bei einigen anderen Fällen extremistische Israelis als Täter. Bei Dschenin im Norden des Westjordanlandes erschossen Soldaten ein 23 Jahre altes Mitglied der al-Aqsa-Brigaden, des militanten Arms von Arafats Fatah-Bewegung. Nach Angaben der Armee eröffneten der Mann und sein Begleiter das Feuer auf die Soldaten, als diese ihren Wagen anhalten wollten. Das Oberste Gericht in Jerusalem wies die Berufung von Angehörigen zweier palästinensischer Attentäter aus Ost-Jerusalem zurück, die gegen die geplante Zerstörung ihrer Wohnhäuser geklagt hatten. In der Nähe von Ramallah im Westjordanland zerstörte die Armee zudem 34 Sozialwohnungen, die illegal errichtet worden seien. Nach palästinensischen Angaben erteilt Israel zu selten Baugenehmigungen.

Frankfurter Allgemeine Zeitung vom 19. September 2002, S. 1f.

1. *Erarbeiten Sie aus dem Bericht die Vorsätze der „Roadmap". Klären Sie, inwieweit in ihr bereits konkrete Inhalte festgehalten wurden.*
2. *Stellen Sie die Positionen der beiden Konfliktparteien zur „Roadmap" heraus und legen Sie deren Argumentationen dar. Beurteilen Sie die Erwartungen der Parteien.*
3. *Untersuchen Sie die aus dem Bericht deutlich werdende Situation im Krisengebiet. Schätzen Sie die Aussichten des Friedensplans ein.*
4. *Im Gegensatz zur israelischen und palästinensischen Seite fand die „Roadmap" etwa innerhalb der EU Anerkennung. Erläutern Sie mögliche Gründe für die unterschiedlichen Reaktionen.*
5. *Diskutieren Sie alternative Möglichkeiten für einen Friedensplan, der den geschichtlichen Hintergrund sowie die Grundpositionen der Konfliktparteien berücksichtigt. Halten Sie Ihre Ergebnisse in einer Mindmap fest.*

Karten als Informationslandschaft

Karten ermöglichen eine Orientierung in Raum und Zeit. Sie können neben der geografischen auch die zeitliche Dimension von Ereignissen, Entwicklungen und Zusammenhängen veranschaulichen. Wir unterscheiden historische Karten und Geschichtskarten. Historische Karten wurden in einer vergangenen Epoche erstellt und zeigen Verhältnisse entsprechend dem damaligen Verständnis und Kenntnisstand. Demgegenüber vermitteln Geschichtskarten den gegenwärtigen Wissensstand. Sie werfen einen Blick aus heutiger Sicht auf bestimmte Phänomene der Geschichte. Beide Kartentypen können zur Gruppe der thematischen Karten gehören, die bestimmte Informationen topografisch abbilden, etwa Verkehr, Wetter, Sprachen, Religionen, Ethnien und Wahlergebnisse.

Mit Karten arbeiten

Karten sind keine „neutralen“ oder „objektiven“ Medien. Ganz im Gegenteil: Seit es Karten gibt, stellen sie interpretierende Deutungen der Welt dar, denn sie reflektieren das Wissen und Denken ihrer Entstehungszeit. So rücken etwa mittelalterliche Weltkarten des Abendlandes ganz selbstverständlich Jerusalem als Zentrum des Christentums in den Kartenmittelpunkt. Karten können Gleichzeitiges wie Ungleichzeitiges zeigen und damit Entwicklungen veranschaulichen. Als maßstäblich verkleinerte, auf das für das Thema jeweils Wesentliche reduzierte und durch vielfältige Symbole kodierte „Raummodelle“ stellen sie Sachverhalte aus Politik, Wirtschaft, Kultur oder Gesellschaft zu einer bestimmten Zeit in einem ausgewählten Raum dar. Karten können bestimmte Darstellungsabsichten verfolgen, z.B. Ausdruck von Handels- oder Gewerbeinteressen sein, bestimmte kulturelle oder politische Wertschätzungen zum Ausdruck bringen und Herrschaftsansprüche darstellen oder legitimieren, indem sie strittige Grenzverläufe fixieren oder durch Ausklammerung einem Volk oder Staat das Existenzrecht bestreiten. Damit beeinflussen Karten das Geschichtsbild oder die aktuelle Weltsicht des Betrachters oft deutlich mit. Für die Arbeit mit Karten ist deshalb die Kenntnis des historischen und thematischen Hintergrunds genauso wichtig, wie die „Übersetzung“ der Legende und der Symbole.

Formale Kennzeichen

- Um welchen Kartentyp handelt es sich?
- Wer hat die Karte entworfen oder in Auftrag gegeben?
- Wann und wo ist die Karte entstanden oder publiziert worden?

Karteninhalt

- Auf welchen Raum, welche Zeit und welches Thema bezieht sich die Karte?
- Welche Bedeutung haben die Farbflächen (Länder, Glaubensrichtungen etc.), welche die Symbole (Orte, Bodenschätze, Güter, ihre Menge, Handelswege oder Ereignisse)?
- Lässt sich durch den Vergleich mit anderen Karten/weiteren Quellen feststellen, ob bestimmte Gegebenheiten oder Entwicklungen hervorgehoben oder ausgeklammert werden?

Historischer/aktueller Kontext

- In welchen historischen/politischen Zusammenhang lässt sich die Karte einordnen?
- Welche Ursachen, Entwicklungen und Folgen lassen sich aus der Karte ablesen?

Intention und Bewertung

- An welche Adressaten wendet sich die Karte?
- Welche Aussageabsicht verfolgt sie?
- Auf welche wissenschaftliche oder politische Diskussion geht sie ein?
- Ist eine bestimmte Sichtweise, eine politisch-ideologische Zielsetzung erkennbar?
- Welche Fragen kann die Karten beantworten, welche nicht?

Lösungsvorschlag für die Analyse

Palästina – ein schrumpfendes Land

Le Monde diplomatique (Hrsg.), Atlas der Globalisierung. Die neuen Daten und Fakten zur Lage der Welt, Berlin 2007, S. 153; erstellt nach Karten von Mai 2002, August 2004 und September 2005 der Organisation B'Tselem (The Israeli Information Center for Rights in the Occupied Territories)

Formale Kennzeichen Bei der Karte handelt es sich um eine Geschichts- bzw. politische Karte. Sie wurde aus Karten von Mai 2002, August 2004 und September 2005 der Organisation B'Tselem entwickelt und 2006 in der französischen Ausgabe des „Atlas der Globalisierung" erstmals publiziert. Der Atlas stellt in Texten, Statistiken und Karten u.a. politisch, ökonomisch und kulturell folgenreiche wie ungelöste Konflikte in der gegenwärtigen Welt dar. Die Lebenswirklichkeit der Völker und Staaten soll erfasst und beurteilt werden können.

Karteninhalt Die Karte bezieht sich auf das Westjordanland im Jahr 2006, ein Gebiet im Nahen Osten mit einer Fläche von knapp 6 000 km^2, in dem etwa 2,3 Millionen Palästinenser und über 250 000 Israelis leben. Sie thematisiert unter dem Titel „Palästina – ein schrumpfendes Land" den ungelösten Konflikt zwischen Israel und Palästina. Mit farbigen Flächen zeigt die Karte, welche Territorien von Israel vollständig beherrscht oder von israelischen Siedlungen durchdrungen werden und wo sich palästinensische Städte, Dörfer und Flüchtlingslager sowie die Territorien befinden, in denen die Palästinenser über eine relative Autonomie verfügen. Durch deutlich unterscheidbare Farben wird dem Betrachter die Verteilung der Bevölkerung im Westjordanland veranschaulicht. Als schwarze oder blaue Linie ist die teilweise bereits fertig gestellte bzw. im Bau befindliche Trennmauer dargestellt, die die von Israel beherrschten Territorien von palästinensischen abschirmt. Die militärischen Stützpunkte Israels sind als rote Quadrate verzeichnet; rot-orange sind die Straßen markiert, die von Palästinensern nicht oder nur unter strengen Auflagen genutzt werden dürfen.
Die Karte erfasst nicht die historisch-politische und militärische Entwicklung der Region; sie veranschaulicht nicht den Teilungsplan der UNO von 1947 sowie die danach von Israel durch militärische Aktionen zu seinem Gunsten erreichten Gebietsveränderungen. Eine grüne Linie zeigt zwar die Grenze des 1967 von Israel eroberten Westjordanlandes, nicht aber den Gazastreifen mit seinen etwa 1,5 Millionen Palästinensern oder die Entwicklung der seitdem fortschreitenden israelischen Besiedlung. Auch erfasst die Karte nicht die politischen Verhandlungen und Lösungsansätze des Konflikts (u.a. Oslo-Verträge 1993/95, Camp-David 2000, Beschlüsse der UNO und des Internationalen Gerichtshofs 2004, der den Abriss der für illegal erklärten Sperrmauer verfügte).

Historischer/aktueller Kontext Die Karte demonstriert die nach 2000 völlig verfahrene Lage im Nahost-Konflikt, das israelische Sicherheitsbedürfnis sowie ansatzweise die Lebensbedingungen der Palästinenser in einem Land, in dem sie nicht Herr im Hause sind. Gemessen an früheren Teilungsplänen der UNO und des sogenannten Nahost-Quartetts (UNO, USA, EU, Russland) ist das Siedlungsgebiet der Palästinenser stark geschrumpft und das ursprünglich von ihnen bewohnte Westjordanland zu zahlreichen voneinander getrennten kleinen „Inseln" geworden. Die Situation bietet kaum Möglichkeiten für eine produktive ökonomische und politische Entwicklung in einem künftigen Staat Palästina. Sie erschwert auch die von einigen Gruppen in Israel und Palästina favorisierte Zwei-Staaten-Lösung, zumal die beiden Länder noch weit von einer Lösung des Problems des (palästinensischen) Ost-Jerusalems und der in Israel lebenden arabischen Minderheiten entfernt sind.

Intention und Bewertung Die von israelischen Menschenrechtsgruppen entwickelte Karte will offenbar auf eine von ihnen als Unrecht wahrgenommene Situation hinweisen. Bestimmte politische Kräfte in Israel dringen auf eine nicht militärische, sondern politische Lösung des Palästinenserproblems, zumal erhebliche Teile der Weltöffentlichkeit und insbesondere einige Verbündete Israels – trotz grundsätzlicher Akzeptanz der Existenz des Staates Israel und seiner elementaren und legitimen Sicherheitsinteressen – der israelischen Siedlungs- und Besatzungspolitik im Westjordanland kritisch gegenüberstehen.

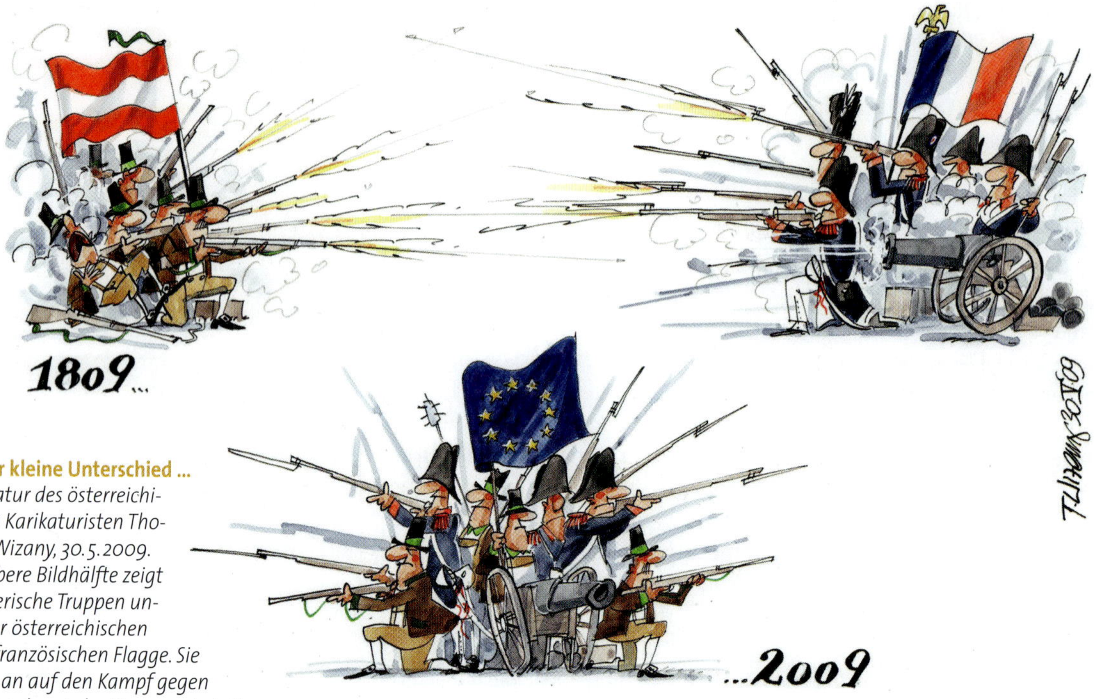

▲ **Der kleine Unterschied ...**
Karikatur des österreichischen Karikaturisten Thomas Wizany, 30.5.2009. Die obere Bildhälfte zeigt gegnerische Truppen unter der österreichischen bzw. französischen Flagge. Sie spielt an auf den Kampf gegen die napoleonische Hegemonie in Europa. So wurde 1809 nach ersten Erfolgen der Tiroler Freiheitskämpfer Andreas Hofer mit seinen Milizen geschlagen, er selbst später gefangen genommen und zum Tode verurteilt.

- *Arbeiten Sie die zentrale Aussage der Karikatur heraus.*
- *Beurteilen Sie, ob der untere Bildteil das Verhältnis der EU-Staaten angemessen ausdrückt.*

1. *Skizzieren Sie die historischen Wurzeln des Nahost-Konflikts.*

2. *Begründen Sie, warum der Konflikt große weltpolitische Bedeutung hat.*

3. *Die Erinnerung an die Kreuzzüge sowie an die Errichtung von Kreuzfahrerstaaten ist vor allem in den islamisch geprägten Staaten des Nahen Ostens noch immer gegenwärtig. Beurteilen Sie, inwiefern dadurch eine Beteiligung westlicher Staaten am Friedensprozess erschwert wird.*

4. *Durch den Nahost-Konflikt sind verschiedene politische, wirtschaftliche und kulturelle Interessen der Europäischen Union betroffen. Nennen Sie diese.*

5. *Untersuchen Sie die Wechselbeziehungen zwischen dem israelisch-palästinensischen Konflikt und dem Krisenherd Iran.*

6. *Auch in Europa gab es in der jüngeren Vergangenheit bewaffnete Auseinandersetzungen. Ein Beispiel dafür ist der Kampf der IRA (Irish Republican Army) um eine Loslösung Nordirlands von Großbritannien. Vergleichen Sie diesen Konflikt mit dem israelisch-palästinensischen.*

7. *Skizzieren Sie entscheidende Stationen der europäischen Einigung bis 1990.*

8. *Erläutern Sie die Entwicklungen, die die Phase der beschleunigten Integration Europas ab 1990 bestimmten.*

9. *Stellen Sie die Gemeinsamkeiten und Unterschiede im Aufbau der EU heute und der EWG bei ihrer Gründung 1957 dar. Was sind die Gründe für die strukturellen Veränderungen und was erschwert diese?*

10. *Vergleichen Sie die europäische Integration nach dem Zweiten Weltkrieg mit der Entwicklung der Vereinigten Staaten von Amerika zu einem Bundesstaat bis zum Beschluss der Bundesverfassung 1787. Was verhindert die Umwandlung der EU in einen Bundesstaat?*

11. *Die Türkei ist eine muslimisch geprägte Demokratie, in der die Verfassung eine strikte Trennung von Religion und Staat vorschreibt. Das Land gilt oft als „Brücke zwischen Orient und Okzident". In der arabischen Welt wünschen viele ein Engagement der Türkei zur Lösung des Nahost-Konflikts. Allerdings hat sich das Verhältnis zwischen der Türkei und Israel im Jahr 2010 dramatisch verschlechtert. Erörtern Sie Chancen und Risiken eines EU-Beitritts der Türkei unter diesem Gesichtspunkt.*

Literaturtipps

Jörn Böhme, Tobias Kriener und Christian Sterzing, Kleine Geschichte des israelisch-palästinensischen Konfliktes, Schwalbach/Ts. 2005

Margret Johannsen, Der Nahost-Konflikt, Wiesbaden ^{2}2009

Gudrun Krämer, Geschichte Palästinas. Von der osmanischen Eroberung bis zur Gründung Israels, München 2002

Elmar Krautkrämer, Krieg ohne Ende? Israel und die Palästinenser. Geschichte eines Konflikts, Darmstadt 2003

Wolfgang Schmale, Geschichte und Zukunft der Europäischen Identität, Stuttgart 2008

Tom Segev, Die ersten Israelis. Die Anfänge des jüdischen Staates. Aus dem Englischen von H. Dierlamm und H. Freundl, München 2008

Ferdinand Seibt, Die Begründung Europas. Ein Zwischenbericht über die letzten tausend Jahre, Frankfurt am Main 2004

Rolf Steininger, Der Nahostkonflikt, Frankfurt am Main ^{4}2003

Guido Thiemeyer, Europäische Integration. Motive – Prozesse – Strukturen, Stuttgart 2010

Werner Weidenfeld, Die Europäische Union, Paderborn 2010

Werner Weidenfeld (Hrsg.), Die Europäische Union. Politisches System und Politikbereiche (Schriftenreihe der Bundeszentrale für politische Bildung, Nr. 689), Bonn 2008

Internettipps

http://bucheditor.zdf.de/?10238
Lexikon des ZDF zur Europäischen Union

http://europa.eu/abc/panorama/whatdoes/index_de.htm
Offizielle Website der Europäischen Union mit Informationen über ihren Aufbau und ihre Aufgaben

www.hdg.de/eurovisionen
Virtuelle Reise in die europäische Geschichte von der Antike bis zur Gegenwart

www.lpb-bw.de/europalinks.html
Materialien zu aktuellen Themen, die die Europäische Union betreffen

http://terra-x.zdf.de/ZDFde/inhalt/14/0,1872,7587374,00.html
Informationen, Bilder, Lexikon, Quiz etc. zu Themen rund um den Islam und den Orient

www.bpb.de/themen/N7BUCR,0,0,Nahost.html
Angebot der Bundeszentrale für politische Bildung

www.law.ou.edu/hist
Multimediale Chronik des Nahost-Konflikts von der Staatsgründung Israels 1948 bis zum Gaza-Krieg 2008

▲ **Israel-Museum, Jerusalem.**

▲ **Einheitliche Grenzschilder der EU.**
Foto von 1992.

Präsentationsprüfung

Die sichere Präsentation von fundierten Ergebnissen, die zu einem Themenkomplex selbstständig erarbeitet wurden, ist im Studium und im Berufsleben eine unverzichtbare Aufgabe. Inwieweit Sie die dafür nötigen Fähigkeiten erworben haben, müssen Sie bekanntlich bereits in der Schule unter Beweis stellen.
Die Präsentationsprüfung ist Bestandteil der mündlichen Prüfungen. Sie besteht aus zwei Teilen: der Präsentation und einem anschließenden Prüfungsgespräch. Auf den nächsten Seiten erhalten Sie Hinweise dafür, wie Sie speziell im Fach Geschichte vorgehen und worauf Sie achten sollten.

Die erkenntnisleitende Fragestellung bei der Vorbereitung

Wie hieß der erste deutsche Bundespräsident? Welche war die größte Oppositionspartei im Deutschen Bundestag in den Fünfzigerjahren? Wann trat das Grundgesetz in Kraft? – Diese reinen Informationsfragen lassen keinen Interpretationsspielraum zu, denn ihre Antworten liefern lediglich Einzelfakten: Theodor Heuss – SPD – 23. Mai 1949. Zudem sind die Fragestellungen nicht geeignet, ein tieferes Verständnis der frühen Bundesrepublik zu gewinnen.
Bei einer erfolgreichen Präsentationsprüfung geht es nicht darum, einzelne Kenntnisse zu präsentieren, Ereignisse zu schildern oder Sachverhalte zu beschreiben. Um die letzte Phase des Abiturs sicher und souverän zu meistern, bedarf es einer sogenannten erkenntnisleitenden Fragestellung. Was versteht man darunter?
Eine leitende Frage konzentriert das Thema auf einen bestimmten Aspekt hin. Sie ist problemorientiert und kontrovers. Dadurch lässt sie bei der Beantwortung verschiedene Sichtweisen und Meinungen zu. Der Fragesteller muss also zu einer eigenständigen Stellungnahme gelangen, wobei er verschiedene Gesichtspunkte kritisch zu prüfen und gegeneinander abzuwägen hat. Auf dieser Basis entsteht eine differenzierte Deutung und Bewertung eines historischen Sachverhalts, vorausgesetzt die Argumentation ist sorgfältig rückgebunden an die geschichtlichen Fakten und Zusammenhänge. Dabei ist es völlig normal, dass sich die endgültige Fragestellung erst im Laufe des Arbeitsprozesses herauskristallisiert oder sich verändert.
Die Vorteile einer solchen erkenntnisleitenden Fragestellung für Ihre erfolgreiche Präsentationsprüfung liegen auf der Hand:

- Sie stellt den roten Faden Ihrer Präsentation dar. Viele thematische Aspekte können unberücksichtigt bleiben, weil sie unter der gegebenen Fragestellung unwichtig sind oder ohne argumentative Überzeugungskraft bleiben.
- Sie verhindert, dass Sie den Überblick über das recherchierte Material verlieren.
- Sie verhindert, dass Sie die Bearbeitung Ihres Themas zu umfassend anlegen.
- Sie verhindert das zusammenhanglose Darstellen von Fakten und Abläufen.
- Sie weckt die Neugier der Zuhörer.
- Mit der souveränen Behandlung dieser Frage stellen Sie unter Beweis, dass Sie problemorientiert arbeiten und eine eigenständige fundierte Meinung vertreten können.

„Die Entwicklung von Wirtschaft und Gesellschaft in der Bundesrepublik Deutschland in den Fünfzigerjahren“ ist ein zu komplexer Bereich, um ihn in einer zehnminütigen Prüfung sachgerecht und problemorientiert zu behandeln.

Eine geeignete Fragestellung muss nicht nur gezielt Aspekte aus diesem Bereich herausgreifen, sondern auch Anlass bieten zu einer kontroversen Auseinandersetzung mit einem abschließenden Urteil. So lässt beispielsweise das Thema „Was sind die Gründe für das sogenannte ‚Wirtschaftswunder'?" ein derartiges Abwägen von Pro- und Contra-Argumenten nicht zu. Mögliche Fragestellungen sind hingegen:

1. Ist der Begriff „Wirtschaftswunder" zur Charakterisierung der wirtschaftlichen Entwicklung der Bundesrepublik in den Fünfzigerjahren gerechtfertigt?
2. Erschwerte die Entwicklung in der Bundesrepublik in den Fünfzigerjahren eine frühzeitige Aufarbeitung der NS-Vergangenheit?

Die folgenden Cluster skizzieren mögliche Antworten:

Zu 1.

pro	contra
(1) Metaphorischer Ausdruck gibt Erstaunen der Bevölkerung angesichts des unerwarteten, rasanten Aufschwungs wieder. (2) Entwicklung zu einer Wohlstandsgesellschaft trotz massiver Probleme und Herausforderungen nach dem Zweiten Weltkrieg: • katastrophale Versorgung der Bevölkerung • Zerstörung von Wohnraum und Infrastruktur • Eingliederung von Flüchtlingen und Vertriebenen • Ungewissheit über das politische Schicksal Deutschlands (3) ...	(1) pragmatische politische und ökonomische Erklärungen: • Aufbauhilfe, v.a. Marshall-Plan • politische Weichenstellungen: u.a. Währungsreform, Soziale Marktwirtschaft • stabiler Wechselkurs der D-Mark zum Dollar • Leistungsbereitschaft der Bevölkerung • ausreichende Zahl an qualifizierten Arbeitskräften • Vorhandensein der nötigen Produktionsanlagen • hohe Nachfrage (u.a. „Korea-Boom") (2) wirtschaftlicher Aufschwung auch in anderen Ländern (3) ...

Zu 2.

pro	contra
(1) Sehnsucht nach „heiler Welt" (2) Wirtschaftlicher Erfolg und zunehmender Wohlstand begünstigen das Verdrängen persönlicher Verantwortung. (3) Spannungsverhältnis zwischen dem Selbstbewusstsein, das aus dem wirtschaftlichen Erfolg erwächst, und der Scham im Zusammenhang mit der eigenen NS-Vergangenheit (4) Ost-West-Gegensatz nach 1945 und die Ideologie des Antikommunismus überschatten eine Aufarbeitung des NS. (5) ...	(1) vereinzelt bereits Aufarbeitung der NS-Vergangenheit (2) Für die fehlende Aufarbeitung waren andere Gründe entscheidend, u.a.: • Mit den Kriegsverbrecherprozessen und der Entnazifizierung durch die Alliierten war die Ansicht verbreitet, damit sei die nötige Aufarbeitung bereits geleistet. • mangelndes Schuldbewusstsein der Bevölkerung (3) Beispiel des Umgangs mit der NS-Vergangenheit in der DDR belegt, dass kein direkter Zusammenhang mit der wirtschaftlicher Entwicklung besteht. (4) ...

1. Erstellen Sie zu folgenden erkenntnisleitenden Fragestellungen jeweils problemorientierte Cluster:
- **War die Kuba-Krise ein typischer Konflikt des Kalten Krieges?**
- **War die Kuba-Krise ein Wendepunkt des Kalten Krieges?**
- **Stand die Welt bei der Kuba-Krise am Rande eines Weltkrieges?**

2. Formulieren Sie zu folgenden Themenbereichen erkenntnisleitende Fragestellungen:
- **die Stalin-Note**
- **der Arbeiteraufstand in der DDR vom Juni 1953**
- **die Westintegration der Bundesrepublik**
- **die zweite Berlin-Krise 1958-1961**
- **der Mauerbau**

Der adressatenbezogene Auftritt bei der Präsentation

Die Präsentationsform muss immer auch darauf abzielen, die Zuhörer anzusprechen und zu fesseln. Dabei stehen Sie und Ihr Vortrag im Mittelpunkt.
Beachten Sie dabei die folgenden Kriterien:

So gewinnen Sie Ihr Publikum

Klare Gliederung

Einleitung
- überraschende, pfiffige Eröffnung

Hauptteil
- zielorientiertes Sprechen (roter Faden)
- Beschränkung auf Wesentliches
- strukturierende Hinweise auf Schnittstellen

Schluss
- prägnante Schlusssätze

Fachliche Richtigkeit

Freies Sprechen beweist eine gute Vorbereitung

Rücksicht auf das Publikum
- klare Zielformulierung
- klare Fragestellung
- klare Argumentation
- Blickkontakt
- freundliche Mimik
- Offenheit ausstrahlende Körperhaltung
- klare Artikulation
- angemessenes Tempo
- kurze Sätze
- lebendige Sprache
- anschauliche Beispiele

Die eingesetzten Medien unterstützen den Vortragenden und steigern die Aufmerksamkeit des Publikums. Sie sind wichtige Hilfsmittel, um Materialien einzusetzen und das Publikum bei der Aufnahme und Verarbeitung der Informationen zu unterstützen:

Visualisierung

Präsentationsmittel
- Folien
- PowerPoint-Präsentation
- Plakate
- ...

Kriterien für die Gestaltung
- Konzentration auf Wichtiges
- übersichtliche Gestaltung/Lesbarkeit
  - keine Effekthascherei
  - Zurückhaltung beim Einsatz von Farben
- Einheitlichkeit
- Verständlichkeit

Ziele
- Motivation
- Wecken von Neugier
- Verständnishilfe zum Vortrag
- klare, prägnante Informationen

Präsentationsmedien
- Beamer
- Flipchart
- Moderationswand
- Tafel/Whiteboard
- Tageslichtprojektor
- ...

Das vertiefende Gespräch beim Kolloquium

Im anschließenden Kolloquium wird der Präsentationsgegenstand perspektivisch erweitert und vertieft. Es dient nicht zum Abfragen oder zur Überprüfung von Detailwissen, sondern soll ein Fachgespräch zu dem jeweiligen Thema sein. Hierzu werden Ihnen idealerweise Bewertungs- oder Impulsfragen gestellt. Am Beispiel des Themas „Wirtschaftswunder" könnten diese folgendermaßen aussehen:

1. *Stellen Sie dar, welche Faktoren für den wirtschaftlichen Aufschwung in den Fünfzigerjahren entscheidend waren.*
2. *Erläutern Sie, warum es in der DDR kein „Wirtschaftswunder" gab.*
3. *Die „1968er"-Bewegung behauptete einen Zusammenhang zwischen dem Materialismus der Fünfzigerjahre und der Verdrängung der NS-Vergangenheit.*
   Nehmen Sie dazu Stellung.
4. *Charakterisieren Sie anhand der folgenden Bilder das Lebensgefühl in den drei westlichen Besatzungszonen bzw. der Bundesrepublik kurz nach deren Gründung. Ergänzen Sie gegebenenfalls Aspekte, die von den Fotos nicht erfasst werden.*
5. *Prüfen Sie, ob eine Einordnung der Bilder unter den Begriff „Wirtschaftswunder" gerechtfertigt ist.*

▲ **Die Fünfzigerjahre in der Bundesrepublik Deutschland.**
Fotoserie aus der Zeitschrift „Geo Epoche – Deutschland nach dem Krieg 1945-1955" (Heft 09/2002) unter der Überschrift „Wirtschaftswunder" (Ausschnitt).
Die Bilder zeigen (von links oben nach rechts unten): Wahl zum „Mister Berlin" (1951), erste Linienflüge (1955); Titelbild der „Illustrierten Filmbühne" mit Ausschnitt aus dem Spielfilm „Sissi, die junge Kaiserin" (1956); Häuser von Flüchtlingen (1955); Geschäft mit vollen Regalen (1948); Tennis-Idol Gottfried von Cramm in Wimbledon (1951); Modell „BMW 502" (1952); Fernsehübertragung der Krönung Elisabeths II. zur britischen Königin (1953); Einbauküche (1957); Werbeplakat für Waschpulver (1955); Kongresshalle Berlin, 1956/57 von den USA erbaut als Beitrag zur Internationalen Bauausstellung (1957); Kochkurs (1957); Bundeswirtschaftsminister Ludwig Erhard auf der Industriemesse in Hannover (1953); Hochhaus in München (1953); Berliner Boogie-Woogie-Meisterschaft (1957); Seifenkistenrennen in Berlin (um 1949).

Hinweise zur Bearbeitung der Abituraufgabe

Die Anforderungen und Erwartungen in Geschichtsklausuren liegen nicht in der bloßen Wiedergabe von Erlerntem ohne genauen Fragenbezug, sondern überwiegend im souveränen Anwenden gelernter Inhalte auf andere Sachverhalte und im angemessenen, eigenständigen Beschreiben und Beurteilen komplexer Problembereiche.

1. Lesen Sie die Aufgabenstellung langsam und sorgfältig durch.
2. Beachten Sie bei den Aufgaben die jeweiligen Anforderungsbereiche. Diese können Sie an den „Operatoren" erkennen (siehe dazu auch vorne im Buch). Je schwieriger die Aufgaben sind, desto stärker werden sie bei der Bewertung gewichtet – unabhängig davon, wie umfangreich die Ausarbeitung der Aufgaben ist.
   Insgesamt gibt es drei Anforderungsniveaus:
   Im **Anforderungsbereich I** (Reproduktion) wird von Ihnen bei der Bearbeitung das Wiedergeben und Beschreiben von Sachverhalten und Zusammenhängen aus einem abgegrenzten Gebiet erwartet.
   Der **Anforderungsbereich II** (Reorganisation und Transfer) verlangt von Ihnen das selbstständige Erklären, Bearbeiten, Ordnen und Anwenden von Ihnen schon bekannten Inhalten und Methoden.
   Im **Anforderungsbereich III** (Reflexion und Problemlösung) wird von Ihnen der genau durchdachte Umgang mit neuen Problemstellungen und Erkenntnissen sowie eingesetzten Methoden erwartet. Ziel Ihrer Arbeit ist es, Begründungen, Folgerungen, Beurteilungen oder Schlussfolgerungen für das eigene Verhalten zu finden.
3. Erschließen Sie die Intention der Aufgabenstellungen mit zentralen Fragen (z.B. Was verlangt die Aufgabe von mir? Welche Schlüsselbegriffe sind enthalten und welche Schwerpunkte muss ich deswegen bei der Beantwortung setzen?).
4. Halten Sie die Reihenfolge der Aufgaben möglichst ein. Nehmen Sie den Einsatz an Arbeit und damit den Zeitaufwand entsprechend der erreichbaren Punktezahl vor.
5. Arbeiten Sie bei der Analyse und Interpretation einer Quelle mit farbigen Stiften:
   a) Lesen Sie den Text sorgfältig durch, wenn nötig auch mehrfach, und markieren Sie wesentliche Gedanken und Schlüsselbegriffe, soweit sie zur Aufgabenstellung gehören.
   b) Verwenden Sie, soweit möglich und für das Textverständnis nötig, Angaben zum Autor (z.B. politischer Standort, seine Intentionen) und zur Quelle selbst (Entstehungszeit, historischer Kontext, Adressaten des Textes).
   c) Arbeiten Sie zu den gestellten Aufgaben aus der Quelle stichpunktartig, aber bereits grob strukturiert, wichtige inhaltliche Aussagen heraus und belegen Sie sie mit treffenden Zitaten (Zeilenbelege!) und eigenen Argumenten.
6. Schreiben Sie ganze, nicht zu lange Sätze und benutzen Sie die notwendigen Fachbegriffe. Die Wortwahl sollte klar und sachlich sein.
7. Schreiben Sie sachlich, klar und verständlich. Formulieren Sie sprachlich angemessen und schreiben Sie ganze Sätze.
8. Achten Sie beim abschließenden Durchlesen in erster Linie auf den Inhalt, aber auch auf Rechtschreibung, Grammatik und Satzbau.

Übungsaufgabe

M1 Aus der Regierungserklärung von Willy Brandt am 28. Oktober 1969 vor dem Deutschen Bundestag

Die Deutschen sind nicht nur durch ihre Sprache und ihre Geschichte – mit ihrem Glanz und ihrem Elend – verbunden; wir sind alle in Deutschland zu Haus. Wir haben auch noch gemeinsame Aufgaben und gemeinsame Verantwortung: für den Frieden unter uns und in Europa. 20 Jahre nach Gründung der Bundesrepublik Deutschland und der DDR müssen wir ein weiteres Auseinanderleben der deutschen Nation verhindern, also versuchen, über ein geregeltes Nebeneinander zu einem Miteinander zu kommen.
Dies ist nicht nur ein deutsches Interesse, denn es hat seine Bedeutung auch für den Frieden in Europa und für das Ost-West-Verhältnis. Unsere und unserer Freunde Einstellung zu den internationalen Beziehungen der DDR hängt nicht zuletzt von der Haltung Ost-Berlins selbst ab. Im Übrigen wollen wir unseren Landsleuten die Vorteile des internationalen Handels und Kulturaustausches nicht schmälern. [...]
Die Bundesregierung wird sich von der Erkenntnis leiten lassen, dass der zentrale Auftrag des Grundgesetzes, allen Bürgern gleiche Chancen zu geben, noch nicht annähernd erfüllt wurde. Die Bildungsplanung muss entscheidend dazu beitragen, die soziale Demokratie zu verwirklichen. Aufgabe der praktischen Politik in den jetzt vor uns liegenden Jahren ist es, die Einheit der Nation dadurch zu wahren, dass das Verhältnis zwischen den Teilen Deutschlands aus der gegenwärtigen Verkrampfung gelöst wird. [...]
Wir wollen mehr Demokratie wagen. Wir werden unsere Arbeitsweise öffnen und dem kritischen Bedürfnis nach Information Genüge tun. Wir werden darauf hinwirken, dass durch Anhörungen im Bundestag, durch ständige Fühlungnahme mit den repräsentativen Gruppen unseres Volkes und durch eine umfassende Unterrichtung über die Regierungspolitik jeder Bürger die Möglichkeit erhält, an der Reform von Staat und Gesellschaft mitzuwirken.
Wir wenden uns an die im Frieden nachgewachsenen Generationen, die nicht mit den Hypotheken der Älteren belastet sind und belastet werden dürfen; jene jungen Menschen, die uns beim Wort nehmen wollen – und sollen. Diese jungen Menschen müssen aber verstehen, dass auch sie gegenüber Staat und Gesellschaft Verpflichtungen haben. [...]
Mitbestimmung, Mitverantwortung in den verschiedenen Bereichen unserer Gesellschaft wird eine bewegende Kraft der kommenden Jahre sein. Wir können nicht die perfekte Demokratie schaffen. Wir wollen eine Gesellschaft, die mehr Freiheit bietet und mehr Mitverantwortung fordert. Diese Regierung sucht das Gespräch, sie sucht kritische Partnerschaft mit allen, die Verantwortung tragen, sei es in den Kirchen, der Kunst, der Wissenschaft und der Wirtschaft oder in anderen Bereichen der Gesellschaft. [...]
Die Regierung kann in der Demokratie nur erfolgreich wirken, wenn sie getragen wird vom demokratischen Engagement der Bürger. Wir haben so wenig Bedarf an blinder Zustimmung, wie unser Volk Bedarf hat an gespreizter Würde und hoheitsvoller Distanz. Wir suchen keine Bewunderer; wir brauchen Menschen, die kritisch mitdenken, mitentscheiden und mitverantworten. Das Selbstbewusstsein dieser Regierung wird sich als Toleranz zu erkennen geben. Sie wird daher auch jene Solidarität zu schätzen wissen, die sich in Kritik äußert. Wir sind keine Erwählten; wir sind Gewählte. Deshalb suchen wir das Gespräch mit allen, die sich um diese Demokratie mühen. In den letzten Jahren haben manche in diesem Lande befürchtet, die zweite deutsche Demokratie werde den Weg der ersten gehen. Ich habe dies nie geglaubt. Ich glaube dies heute weniger denn je. Nein: Wir stehen nicht am Ende unserer Demokratie, wir fangen erst richtig an. Wir wollen ein Volk der guten Nachbarn werden im Innern und nach außen.

Zit. nach: Klaus von Beyme, Die großen Regierungserklärungen der deutschen Bundeskanzler von Adenauer bis Schmidt, München/Wien 1979, S. 252 und 281

M2 Karikatur von Horst Haitzinger in der Neuen Presse Hannover (21. Oktober 1980): „Warum ziehen wir diesem boshaften Vieh nicht endlich einmal eins über den Rücken?“

M3 Aus der Presseerklärung des sowjetischen Staats- und Parteichefs Gorbatschow nach einem Treffen mit Bundeskanzler Helmut Kohl am 16. Juli 1990

Und schließlich das Wichtigste. Vergessen wir doch nicht, in welcher Zeit wir leben. In einer anderen Zeit hätten wir, wie ich denke, keine Vereinbarungen treffen und all das nicht erreichen können, was heute geschehen ist und was zur Vereinigung Deutschlands führt. Denn zugleich bringen wir den europäischen Prozess voran und nähern uns Vereinbarungen in Wien [Abrüstungsverhandlungen]. Die Führung der Bundesrepublik Deutschland hat sich dafür ausgesprochen, dass die zukünftige Bundeswehr zahlenmäßig beinahe um die Hälfte [...] reduziert werden muss. Auch das ist ein Merkmal der verantwortungsbewussten Haltung der Bundesregierung, und ich hoffe, dass dies in die Politik jener eingehen wird, die dann im vereinigten Deutschland regieren werden. [...] Und schließlich ändert sich auch der Charakter der NATO. Es wird eine gemeinsame Deklaration beider Bündnisse geben. Sie öffnen sich einander, nehmen Kontakte auf, es werden entsprechende Institutionen gegründet und ein Zusammenwirken beginnt auch bei der Kontrolle. Das heißt, wir haben bereits eine ganz andere Situation. Eine, ich würde sagen, Situation des Übergangs zu zukünftigen europäischen Sicherheitsstrukturen.

Reden und Dokumente des 20. Jahrhunderts, Gütersloh/München 1996, S. 482-484

1. *Arbeiten Sie heraus, mit welchen programmatischen Ankündigungen der neu gewählte Bundeskanzler in M1 den Beginn einer neuen Ära markieren will und wie sich dies auf den Satzbau und die Wortwahl der Rede niederschlägt.* ***8 VP***

2. *Prüfen Sie, ob die angekündigten Zielsetzungen von der Politik der sozial-liberalen Koalition unter Bundeskanzler Willy Brandt eingelöst wurden.* ***12 VP***

3. *a) Die Karikatur M2 spielt auf eine Erhöhung des Mindestumtausches von 13 auf 25 D-Mark an. Beschreiben Sie die Bild- und Textelemente der Karikatur und erklären Sie ihre Aussage.* ***10 VP***

b) Ordnen Sie die Karikatur in die Politik der DDR in der Ära Honecker sowie in den Ost-West-Konflikt ein. ***10 VP***

4. *Erläutern Sie unter Einbeziehung von M3 die „Politik des neuen Denkens“ in der Sowjetunion nach dem Amtsantritt Michail Gorbatschows als Generalsekretär der KPdSU.* ***8 VP***

5. *Beurteilen Sie die Bedeutung des Kurswechsels in der Sowjetunion unter Gorbatschow für den Zusammenbruch der DDR und die Wiedervereinigung.* ***12 VP***

Bearbeitungszeit: 270 Minuten

Lösungsvorschlag

1. *Arbeiten Sie heraus, mit welchen programmatischen Ankündigungen der neu gewählte Bundeskanzler in M1 den Beginn einer neuen Ära ankündigt und wie sich dies in der stilistischen Gestaltung der Rede niederschlägt.*

Der **Operator „Herausarbeiten"** gehört dem Anforderungsbereich I (Reproduktion) an.

Herausarbeiten bedeutet,
Informationen und Sachverhalte (**hier: die programmatische Ankündigung und deren Ausdruck in Satzbau und Wortwahl der Rede**)
aus dem vorgegebenen Material (**hier: der Auszug der Regierungserklärung Brandts**)
unter bestimmten Gesichtspunkten (**hier: der Beginn einer neuen Ära**)
zu erschließen.

Nach den Jahren der Großen Koalition (CDU/CSU und SPD) von 1966 bis 1969 unter dem christdemokratischen Bundeskanzler Kurt Georg Kiesinger wurde mit Willy Brandt an der Spitze einer Koalition von SPD und FDP erstmals ein Sozialdemokrat zum Regierungschef in der Bundesrepublik Deutschland gewählt.

Brandt kündigt in seiner Rede an, dass sich die neue Bundesregierung den Beziehungen zur DDR besonders widmen will (Zeile 4-7). Brandt unterstreicht die herausragende Bedeutung dieser Beziehungen nicht nur für die gespaltene deutsche Nation, sondern für den gesamten Ost-West-Konflikt. Vorrangiges Ziel bleibt für Brandt die Wahrung der „Einheit der Nation" (Zeile 15/16). Allerdings bedeutet die Charakterisierung des angestrebten deutsch-deutschen Verhältnisses als „geregeltes Nebeneinander" (Zeile 5/6) eine Abkehr vom strikten Alleinvertretungsanspruch der Bundesrepublik, den die Regierungen vor der Großen Koalition vertreten hatten. Diesem Ziel ordnet Brandt nun den politischen Gegensatz und die fehlende demokratische Legitimation der DDR-Regierung unter.

Im Innern strebt Brandt eine „Reform von Staat und Gesellschaft" an (Zeile 22) an. Dabei sollen die Mitwirkungsmöglichkeiten der Bürgerinnen und Bürger erweitert werden. Die neue Regierung will einen Dialog mit allen gesellschaftlichen Schichten, Generationen und Führungskräften in Organisationen anstoßen (Zeile 30-32: „[...] in den Kirchen, in der Kunst, der Wissenschaft und der Wirtschaft oder in anderen Bereichen der Gesellschaft"). Brandts Selbstverständnis als „Gewählter", nicht „Erwählter" streicht seine Verantwortung gegenüber den Wählern heraus.

Brandt erläutert, Regierung und Wählerinnen und Wähler müssten aufeinander zugehen. Die Regierung will eine offene Informationspolitik betreiben (Zeile 18-22: „Anhörungen im Bundestag, [...] ständige Fühlungnahme mit den repräsentativen Gruppen unseres Volkes [...] umfassende Unterrichtung [...]"). Gleichzeitig wird aber auch an die Pflicht der Bürgerinnen und Bürger appelliert, sich für den Staat zu engagieren. Die Bemerkung „[Die] jungen Menschen müssen aber verstehen, dass auch sie gegenüber Staat und Gesellschaft Verpflichtungen haben" kann auch als Anspielung auf die Proteste der „1968er"-Bewegung verstanden werden, die Ende der Sechzigerjahre die politischen Verhältnisse im Land sowie vorherrschende Grundeinstellungen infrage stellte. In diesem Sinne verstanden, leitet Brandt aus der dort geäußerten Kritik die folgerichtige konstruktive Mitwirkung an Veränderungen ab. Die Verbindung der beiden Begriffe „Mitbestimmung" und „Mitverantwortung" zu Beginn eines Absatzes (Zeile 27) und die baldige Wiederholung des zweiten Begriffs (Zeile 29f.) unterstreichen, wie sehr die beiden Aspekte für Brandt zusammengehören und sich gegenseitig bedingen.

Ein Anliegen der sozial-liberalen Regierung ist auch die Solidarität innerhalb der Bevölkerung. Im Sinne einer „sozialen Demokratie" soll systematisch die Bildung breiter Bevölkerungsschichten (Zeile 14: „Bildungsplanung") gefördert und Chancengleichheit erzielt werden. Brandt sieht dabei noch erheblichen Nachholbedarf (Zeile 12-14).

Die Begriffe „Gespräch", „kritische Partnerschaft" (Zeile 14), „Solidarität" (Zeile 38) drücken aus, dass sich der Bundeskanzler „auf Augenhöhe" mit allen Bürgerinnen und Bürgern auseinandersetzen will. Die Bedeutung von Kooperation und Teamfähigkeit, die auch Kritik einschließt, verdeutlicht, dass er sich nicht in erster Linie als Chef seiner Regierung sieht, sondern als deren Repräsentant. Die ständige Wiederholung von „Wir", mit dem oft auch aufeinanderfolgende Sätze eingeleitet werden, legt die damit verbundene Abgrenzung vom Führungsstil Konrad Adenauers nahe, der in seiner Zeit als Bundeskanzler von 1949 bis 1963 für zentrale Weichenstellungen in der Bundesrepublik verantwortlich war. Dessen straffer und zum Teil autoritärer Führungsstil wurde bereits zu Beginn der Fünfzigerjahre in den Begriff „Kanzlerdemokratie" gefasst.

Die Stärkung und Ausgestaltung der Demokratie (Zeile 18: „Wir wollen mehr Demokratie wagen") und die Verbesserung der friedlichen Beziehungen zu den Nachbarstaaten als zentrale Vorhaben seiner Regierung führt Brandt im letzten Absatz zusammen und stellt sie damit heraus.

2. *Prüfen Sie, ob die angekündigten Zielsetzungen von der Politik der sozial-liberalen Koalition unter Bundeskanzler Willy Brandt eingelöst wurden.*

Der **Operator „Prüfen"** gehört dem Anforderungsbereich III (Reflexion und Problemlösung) an.

Prüfen bedeutet,
vorgegebene Aussagen bzw. Behauptungen (**hier: der Beginn einer neuen Ära**)
an konkreten Sachverhalten und innerer Stimmigkeit (**hier: die Politik der sozial-liberalen Koalition unter Bundeskanzler Willy Brandt**)
zu messen.

Willy Brandt war Bundeskanzler von 1969 bis 1974, bevor er anlässlich der Affäre um den DDR-Spion Günter Guillaume zurücktrat.

Die 1970 beschlossene Senkung des Wahlrechtsalters (beim aktiven Wahlrecht von 21 auf 18 Jahre, beim passiven von 25 auf 21 Jahre) verbreiterte die Wählerbasis. Nicht zuletzt aufgrund des großen politischen Engagements von Jugendlichen im Rahmen der Proteste der „1968er"-Bewegung hatte sich die Überzeugung durchgesetzt, dass auch Teenager die nötige politische Reife besäßen und deshalb die Möglichkeit zur Mitbestimmung bekommen sollten.

Die Voraussetzung dafür, dass in Betrieben Arbeitgeber und Arbeitnehmer gemeinsam soziale und personelle Angelegenheiten regelten, schuf die sozial-liberale Koalition mit dem Erlass des Betriebsverfassungsgesetzes 1972, das die Rechte von Betriebsräten stärkte.

Eine wichtige Entscheidung zugunsten einer besseren sozialen Absicherung der Bevölkerung war die Rentenreform von 1972. Nun wurden über die Angestellten hinaus auch nicht berufstätige Frauen und Selbstständige in die 1957 geschaffene gesetzliche Rentenversicherung einbezogen. Dies sowie die Einführung einer Mindestrente, die Erhöhung des Rentenniveaus und die Öffnung der gesetzlichen Krankenversicherung für Landwirte und Studierende führten von 1972 bis 1975 zu einer Verdoppelung der staatlichen Sozialausgaben. Langfristig verengte sich dadurch der finanzielle Spielraum der Sozialversicherungen und des Bundeshaushalts, besonders in wirtschaftlichen Krisenzeiten mit hoher Arbeitslosigkeit und geringeren Steuereinnahmen.

Auch bei der Bekämpfung des Bildungsnotstandes, den die OECD laut einer Studie von 1966 als Gefahr für die Leistungsfähigkeit der deutschen Wirtschaft angesichts eines drohenden Fachkräftemangels ansah, konnte die neue Bundesregierung auf erste Schritte der vorherigen Koalitionen aufbauen. Die gesetzliche Grundlage dafür, dass Bund und Länder beim Ausbau der Hochschulen und Fachhochschulen zusammenwirken, war im Mai 1969 gelegt worden. Der Mitte der Sechzigerjahre einsetzende Bau neuer Hochschulen und die Einstellung neuer Lehrer an den Schulen und von Dozenten wurden vorangetrieben. Das 1971 erlassene Bundesausbildungsförderungsgesetz (BAföG) gewährte Schülern und Studierenden aus einkommensschwachen Familien finanzielle Unterstützung. Die Investitionen führten zu einer starken Zunahme der Schülerzahlen an Realschulen und Gymnasien und insgesamt zu einer Erhöhung des Bildungsniveaus. Vor allem junge Frauen profitierten von dem größeren Bildungsangebot. Arbeiterkinder besuchten vermehrt Realschulen und Gymnasien, blieben aber auch weiterhin gemessen am Anteil an der Gesamtbevölkerung stark unterrepräsentiert.

Auch wenn bereits von der Großen Koalition eine Liberalisierung der Gesetzgebung eingeleitet wurde, beispielsweise mit der Abschaffung von Ehebruch und Homosexualität als Straftatbestand, konnte eine Koalition ohne Beteiligung der konservativen Union in den Siebzigerjahren die Gesetzgebung an den Wertewandel in der Gesellschaft anpassen. Die 1974 eingeführte Fristenlösung wollte die bisher geltende generelle Bestrafung von Schwangerschaftsabbrüchen abschaffen, musste aber nach dem Einspruch des Bundesverfassungsgerichts 1976 durch eine Indikationenlösung (Straffreiheit der Abtreibung nur bei bestimmten Indikationen und nach vorheriger Beratung) ersetzt werden. Das neue Ehe- und Familienrecht folgte dem Grundsatz von der Gleichheit der Geschlechter sowie dem Selbstbestimmungsrecht der Frau. Ab 1977 galt beim Scheidungsrecht das Zerrüttungsprinzip statt des Schuldprinzips. Das sich durchsetzende Verständnis von Kindern als schützenswerten, selbstständigen Persönlichkeiten führte zu einem teilweisen Verbot körperlicher Züchtigung. Im Strafvollzug bekam der Anspruch, Straftäter zu resozialisieren, einen größeren Stellenwert.

Die bedeutendste außenpolitische Weichenstellung während der Kanzlerschaft von Willy Brandt war die sogenannte Neue Ostpolitik. Bereits zu Beginn der Sechzigerjahre von Egon Bahr, einem engen Vertrauten von Willy Brandt, konzipiert, lag ihr die Vorstellung zugrunde, dass eine Wiedervereinigung der beiden deutschen Staaten durch eine konfrontative Haltung gegenüber der DDR und der Sowjetunion nicht zu erreichen sei. Die Politik sollte gegenseitiges Vertrauen schaffen, humanitäre Erleichterungen erzielen und damit einen „Wandel durch Annäherung" erreichen. In Verträgen mit der Sowjetunion (1970), Polen (1970) und der Tschechoslowakei (1973) akzeptierte die Bundesregierung den Status quo, verzichtete auf jegliche Gebietsansprüche und vertiefte die wirtschaftlichen und kulturellen Beziehungen zu diesen Ländern. Der Kniefall Willy Brandts vor dem Ehrenmal der Helden des Warschauer Ghettos im Rahmen des Staatsbesuchs zur Unterzeichnung des Vertrags mit Polen wurde zum Symbol der Verantwortung der Bundesrepublik gegenüber der NS-Vergangenheit. Besonders heftig bekämpft wurden von CDU/CSU und von den Vertriebenenverbänden die Anerkennung der Oder-Neiße-Grenze und damit der Verzicht auf die ehemaligen Ostgebiete. Auf heftigen Widerstand von konservativer Seite stieß auch der Grundlagenvertrag von 1972 mit der DDR. Zwar verweigerte auch er der DDR die völkerrechtliche Anerkennung durch die Bundesrepublik, bedeutete aber de facto eine Anerkennung der DDR als zweiten deutschen Staat. Damit verabschiedete sich die Bundesregierung endgültig von der 1955 formulierten

Hallstein-Doktrin, nach der die Bundesrepublik jedem Staat nach dessen Anerkennung der DDR den Abbruch der Beziehungen androhte. Die Bundesrepublik verzichtete auf ihren bisherigen Alleinvertretungsanspruch und bekam dafür die Zusicherung, dass „praktische und humanitäre Fragen" einvernehmlich mit Ost-Berlin geregelt würden. Das Transit- sowie das Verkehrsabkommen sicherten den freien Zugang von der Bundesrepublik nach West-Berlin und erleichterten Reisen von Westbürgern in die DDR.

Zusammenfassend lässt sich sagen, dass die sozial-liberale Koalition unter Willy Brandt bzw. ab 1974 unter seinem Nachfolger Helmut Schmidt in Bereichen wie der Bildungspolitik, einer Modernisierung der Gesetzgebung sowie einer veränderten Haltung gegenüber dem Ostblock an Ansätze der Großen Koalition anknüpfen konnte und Veränderungen in diesen Bereichen intensivierte. Die Neue Ostpolitik schuf die Grundlage für eine Zusammenarbeit mit der DDR, die die Konsequenzen aus der verfestigten Ost-West-Konfrontation akzeptierte. Die 15 Jahre zuvor eingeführten Sozialversicherungen nutzte die sozial-liberale Koalition für den weiteren Abbau sozialer Ungleichheit.

Die zeitweilige Zerstrittenheit der Koalitionsparteien, die nur knappe Mehrheit im Bundestag und die Mehrheit der Opposition im Bundesrat verhinderten oft weitergehende Reformen. Zudem ließ der von der ersten Ölkrise 1973 ausgelöste wirtschaftliche Abschwung, der zu einer Zunahme der Arbeitslosigkeit und einem Sinken der staatlichen Einnahmen führte, kostspielige Neuerungen nur noch in geringem Umfang zu.

3. *a) Die Karikatur M2 spielt auf eine Erhöhung des Mindestumtausches von 13 auf 25 D-Mark an. Beschreiben Sie die Bild- und Textelemente der Karikatur und erklären Sie ihre Aussage.*

Der **Operator „Beschreiben"** gehört dem Anforderungsbereich I (Reproduktion) an. Der **Operator „Erklären"** gehört dem Anforderungsbereich II (Reorganisation und Transfer) an.

Beschreiben bedeutet,
wesentliche Informationen aus vorgegebenem Material (**hier: Karikatur**)
oder aus Kenntnissen zusammenhängend und schlüssig wiedergeben.

Erklären bedeutet,
Informationen (**hier: die Aussage der Karikatur**)
durch eigenes Wissen und eigene Einsichten in einen Zusammenhang (**hier: die deutsch-deutschen Beziehungen zur Zeit des Erscheinens der Karikatur**)
einzuordnen und zu begründen.

Die Karikatur teilt sich in zwei Bildteile. In der linken Bildhälfte steht ein als Gärtner gekleideter Mann, der aufgrund der Gesichtszüge als Bundeskanzler Helmut Schmidt identifiziert werden kann. Diesen spricht die danebenstehende Gestalt, die die Schlafmütze als „deutschen Michel" kennzeichnet, mit den Worten an: „Warum ziehen wir diesem boshaften Vieh nicht endlich einmal eins über den Rücken?" Die Nationalallegorie des Michels verkörpert die deutsche Bevölkerung, dessen Ausspruch gibt somit das vorherrschende Stimmungsbild in der Bundesrepublik wieder. Die Karikatur unterstellt, dass der Regierungschef und die Bevölkerung auf die Erhöhung der Mindestumtauschgebühr, die Einreisende aus der Bundesrepublik bei Einreise in die DDR zu entrichten hatten, unterschiedlich reagieren. Dies drücken die Gegenstände aus, die die beiden Figuren in den Händen halten. Der Michel hält eine Keule schlagbereit in seiner Rechten hoch, Schmidt trägt hingegen eine Gießkanne, mit der er ein Feld wässern will.

Dieses Feld wird rechts daneben als „Entspannung" bezeichnet und ist vollständig schwarz. Die noch verbliebenen Pflanzen wurden von dem darauf weidenden Esel zertrampelt oder herausgerissen. Das Halsband mit der Plakette verdeutlicht, dass diese Tierallegorie die DDR-Staatspartei SED verkörpert. Die charakteristische Brille auf der Nase verweist zudem auf den DDR-Staatsratsvorsitzenden Erich Honecker. Auf dem Rücken des Tieres liegt ein Sack, in dem ein Mensch kopfüber eingebunden ist, von dem nur noch die Schuhe sichtbar sind. Der Schriftzug verdeutlicht, dass dieser Mensch für die gesamte DDR-Bevölkerung steht.

Die Karikatur brandmarkt zum einen das Verhalten der SED-Führung. Diese missachte die Interessen und Rechte der eigenen Bevölkerung. In ihrer Reise- und Meinungsfreiheit eingeschränkt, dienten die Menschen den Machthabern nur als Instrument, um von der Bundesrepublik materielle Hilfen zu bekommen. Die Einschätzung, die Entspannung sei gescheitert, kann sich auf das innerdeutsche Verhältnis oder auf die Verschlechterung der Ost-West-Beziehungen insgesamt beziehen. Die Zeichnung appelliert an den Bundeskanzler Schmidt, seine verständnisvolle Position gegenüber der DDR-Führung zu ändern. Die Bildunterschrift verstärkt diese Aussage noch. Sie deutet an, dass der Esel, abfällig als „boshaftes Vieh" bezeichnet, durch Prügel, also eine härtere Gangart der Bundesregierung, seine unbewegliche Haltung noch am ehesten aufgeben könnte.

3. *b) Ordnen Sie die Karikatur in die Politik der DDR in der Ära Honecker sowie in den Ost-West-Konflikt ein.*

Der **Operator „Einordnen"** gehört dem Anforderungsbereich II (Reorganisation und Transfer) an.

Einordnen bedeutet,
einen oder mehrere Sachverhalte (**hier: die Aussage der Karikatur**) bzw. Vorgänge
in einen größeren historischen Zusammenhang (**hier: die Politik der DDR in der Ära Honecker und den Ost-West-Konflikt**)
zu stellen.

Im Grundlagenvertrag von 1972 sicherte die DDR-Regierung der Bundesrepublik die Teilnahme am Prozess für Sicherheit und Zusammenarbeit in Europa zu. Die Unterzeichnung der KSZE-Schlussakte in Helsinki durch die USA, Kanada, die Sowjetunion und alle europäischen Staaten mit Ausnahme Albaniens 1975 war einer der Höhepunkte der Entspannung im Ost-West-Konflikt. Denn darin verpflichteten sich die Unterzeichnerstaaten, Konflikte ausschließlich friedlich beizulegen und Menschenrechte wie etwa die Freiheit der eigenen Meinung zu respektieren. Die massive Aufrüstung der UdSSR und der Einmarsch sowjetischer Truppen in Afghanistan 1979, die die dortige prokommunistische Regierung gegenüber islamischen Milizen stützen sollten, beendeten die Entspannungsphase. Das westliche Bündnis reagierte mit Handelssanktionen, dem NATO-Nachrüstungsdoppelbeschluss 1979, nach dem die Aufstellung sowjetischer SS-20-Raketen gegebenenfalls mit der Stationierung US-amerikanischer Mittelstreckenraketen in der Bundesrepublik beantwortet werden sollte, und viele westliche Staaten verweigerten die Teilnahme an den Olympischen Sommerspiele in Moskau 1980. Die Karikatur entstand einige Monate später.

Bereits als Außenminister in der Großen Koalition hatte sich Willy Brandt für Verhandlungen mit der DDR eingesetzt. Die Pläne Walter Ulbrichts, eigenmächtig mit der

Bundesrepublik enge wirtschaftliche Beziehungen zu knüpfen, hatten 1971 zu seiner von führenden SED-Funktionären in Abstimmung mit Moskau betriebenen Entmachtung beigetragen. Im Grundlagenvertrag bestand die SED unter Führung Erich Honeckers nun nicht mehr auf der vollen Anerkennung der DDR, sondern begnügte sich mit der staatsrechtlichen Anerkennung durch die Bundesregierung. Denn die Aufnahme in die UNO 1973 – gemeinsam mit der Bundesrepublik – brachte die erhoffte internationale Anerkennung des ostdeutschen Staates. Zudem versprach sich Honecker von der Vereinbarung eine bessere Legitimation der SED-Herrschaft.

Im Gegensatz zu Ulbricht vor dessen Sturz akzeptierte Honecker vorbehaltlos die Führungsrolle der Sowjetunion innerhalb des Ostblocks. Unter seiner Führung grenzte sich die SED nach innen und außen ab. In der neuen Verfassung von 1974 war der Hinweis auf die Wiedervereinigung Deutschlands gestrichen. Die Beziehungen zur Bundesrepublik verfolgten zwei Ziele: die volle Anerkennung der DDR und die notwendige Unterstützung der sich Ende der Siebzigerjahre verschärfenden Krise der DDR-Wirtschaft. Dafür gewährte die SED – allerdings nur zaghaft – humanitäre Erleichterungen wie die Herabsetzung der Altersgrenze bei Ost-West-Reisen, eine erleichterte Familienzusammenführung und den Freikauf politischer Häftlinge.

Ende der Siebzigerjahre zeichnete sich ab, dass Honecker mit der von ihm eingeleiteten „Einheit von Wirtschafts- und Sozialpolitik" gescheitert war. Zwar wurde die erstrebte bessere Versorgung der Bevölkerung mit Lebensmitteln und Konsumgütern zunächst erreicht. Deren Finanzierung mittels Krediten sowie die strukturellen Schwächen der Wirtschaft (veraltete Produktionsanlagen, Importüberschuss, Drosselung sowjetischer Rohstofflieferungen, Devisenmangel, geringe Produktivität, Währungsschwäche) führten letztendlich zu Versorgungsengpässen und einem immer größeren Haushaltsdefizit.

Neben einem höheren Lebensstandard sollte auch die massive personelle und materielle Aufstockung des Staatssicherheitsdienstes inneren Unruhen vorbeugen. Der Führungsanspruch der SED sollte behauptet und jegliche Opposition unterdrückt werden. Kritik am Regime oder an den Lebensverhältnissen wurde unnachgiebig verfolgt. Beispiele dafür sind die Ausbürgerung des Dichters und Liedermachers Wolf Biermann 1976 und die Repressionen gegen den Bürgerrechtler Robert Havemann.

4. *Erläutern Sie unter Einbeziehung von M3 die „Politik des neuen Denkens" in der Sowjetunion nach dem Amtsantritt Michail Gorbatschows als Generalsekretär der KPdSU.*

Der **Operator „Erläutern"** gehört dem Anforderungsbereich II (Reorganisation und Transfer) an.

Erläutern bedeutet,
Informationen (**hier: die Presseerklärung Gorbatschows**)
durch eigenes Wissen und eigene Einsichten in einen Zusammenhang (**hier: „Politik des neuen Denkens" in der Sowjetunion**)
einzuordnen und zu begründen, sowie
diese durch Beispiele oder Belege zu verdeutlichen.

Nach dem Tod Leonid Breschnews und dessen nur kurz amtierenden beiden Nachfolgern Juri Andropow und Konstantin Tschernenko gelangte 1985 mit Michail Gorbatschow ein Mann an die Spitze, der es sich zur Aufgabe machte, den Sozialismus menschlicher zu gestalten und die wirtschaftliche Leistungsfähigkeit zu stärken, ohne

den Führungsanspruch der KPdSU aufzugeben. In der Folge ließ er im Innern neue Formen der Mitbestimmung der Bürgerinnen und Bürger zu (u.a. erstmals seit 1917 freie und geheime Wahlen von Abgeordneten zum Kongress der Volksdeputierten), führte marktwirtschaftliche Elemente in die Wirtschaft ein (Gewinnorientierung von Betrieben) und ließ das Verwaltungs- und Rechtssystem zum Teil umorganisieren (Einführung rechtsstaatlicher Prinzipien). Die Veränderungen goss er in die beiden Schlagwörter „Glasnost" (Öffnung) und „Perestroika" (Umgestaltung).
Die Steigerung der Wirtschaftskraft und damit die langfristige Bewahrung des Großmachtstatus der Sowjetunion erforderten auch außenpolitische Kurskorrekturen. Denn die leistungsschwache und marode sowjetische Wirtschaft erzwang eine Abkehr von der Aufrüstungspolitik. Der Rüstungswettlauf der vergangenen Jahre hatte dazu geführt, dass die Militärausgaben einen Großteil der Staatsausgaben verbrauchten und zugleich der Lebensstandard der Bevölkerung immer mehr sank. Eine Verständigung mit dem Westen sowie der Verzicht auf eine Unterstützung sozialistischer Regime in Mittel- und Südamerika, in Afrika und Asien sollten zu einer langfristigen Reduzierung der Militärausgaben führen und ein Klima der Entspannung zwischen Ost und West schaffen.
Die vom amerikanischen Präsidenten Ronald Reagan nach dessen Amtsantritt 1981 verfolgte „Politik der Stärke" hatte auf Konfrontation mit der als „Reich des Bösen" gebrandmarkten UdSSR gesetzt. Das von ihm initiierte Rüstungsprogramm sollte die politische und wirtschaftliche Überlegenheit des Westens demonstrieren. Die Ankündigung Reagans, ein satellitengestütztes Raketenabwehrsystem zu entwickeln, schien die Schlagkraft der sowjetischen Militärmacht zusätzlich infrage zu stellen.
Nachdem Ende der Siebzigerjahre die Bemühungen um Rüstungsbegrenzung und Kontrolle eingestellt worden waren, erzielten die USA und die UdSSR bzw. ihre Nachfolgerin, die GUS, nun Vereinbarungen über eine umfassende Abrüstung und über eine Rüstungsbegrenzung (1987 INF-Vertrag, 1990 KSE-Vertrag, 1991 START-I-Vertrag, 1993 START-II-Vertrag).

In Abkehr von der Breschnew-Doktrin von 1968 reklamierte die Sowjetunion zumindest bis kurz vor ihrer Auflösung 1992 nun nicht mehr das Recht für sich, in anderen Ostblockstaaten wie etwa beim Aufstand in Ungarn 1956 oder dem „Prager Frühling" zu intervenieren. Bürgerrechtsbewegungen wie in Polen (Solidarność) und der Tschechoslowakei („Charta '77") beriefen sich auf die neue politische Grundhaltung in der Sowjetunion.

Die Entspannung der Ost-West-Beziehungen und das geschaffene Klima gegenseitigen Vertrauens werden auch in den Ausführungen Gorbatschows auf der Pressekonferenz am 16. Juli 1990 deutlich. (Zeile 7: „Auch das ist ein Merkmal der verantwortungsbewussten Haltung der Bundesregierung.") Sein mittelfristiges Ziel ist eine europäische Integration über die NATO, den Warschauer Pakt und die Europäische Gemeinschaft hinaus (Zeile 10-12: „Sie [NATO und Warschauer Pakt] öffnen sich einander, nehmen Kontakte auf, es werden entsprechende Institutionen gegründet und ein Zusammenwirken beginnt auch bei der Kontrolle." „Eine [...] Situation des Übergangs zu zukünftigen europäischen Sicherheitsstrukturen.")

5. *Beurteilen Sie die Bedeutung des Kurswechsels in der Sowjetunion unter Gorbatschow für den Zusammenbruch der DDR und die Wiedervereinigung.*

Der **Operator „Beurteilen"** gehört dem Anforderungsbereich III (Reflexion und Problemlösung) an.

Beurteilen bedeutet,
Aussagen (**hier: die Bedeutung des Kurswechsels in der Sowjetunion unter Gorbatschow für den Zusammenbruch der DDR und die Wiedervereinigung**), Behauptungen, Vorschläge oder Maßnahmen im Zusammenhang auf ihre Stichhaltigkeit bzw. Angemessenheit zu prüfen und dabei die angewandten Kriterien zu nennen.

Die sowjetische Politik der Öffnung machte die Lage der SED-Führung aus mehrerlei Gründen prekär. Die Bürgerrechtsgruppen wurden mit ihrer Forderung nach einer freiheitlichen Demokratie durch den Reformkurs Gorbatschows ermutigt. Die Nichteinmischung in die inneren Angelegenheiten der übrigen Staaten des Warschauer Pakts verbot eine Niederschlagung der Proteste durch die Rote Armee wie im Juni 1953. Damals war die machtpolitische Abhängigkeit der SED-Führung von der östlichen Führungsmacht für jedermann sichtbar geworden.

Honecker hatte nach dem Sturz Ulbrichts 1971 dessen Beharren auf einem eigenständigen Weg der DDR abgelehnt und die Führungsrolle der Sowjetunion bedingungslos anerkannt. Seit dem Kurswechsel in der Sowjetunion Mitte der Achtzigerjahre weigerte sich die DDR-Führung allerdings, Gorbatschows Reformpolitik zu folgen. Die SED-Führung wusste, dass eine Öffnung nach dem Vorbild der Sowjetunion die Machtstellung des Regimes gefährdet hätte.

Die DDR war auf die Zusammenarbeit mit der Bundesrepublik angewiesen. Denn sie benötigte kaufkraftstarke Westdevisen, um die schuldenfinanzierte Versorgung der Bevölkerung zu gewährleisten und den rasanten wirtschaftlichen Niedergang seit Ende der Siebzigerjahre zu stoppen. Allerdings verschaffte auch der von der Bundesregierung gewährte Milliardenkredit 1983 der DDR nur eine kurze Atempause und konnte nicht verhindern, dass das Land 1989 vor einem Staatsbankrott stand.

Der Druck auf das Regime wuchs durch den zunehmenden Massenprotest („Montagsdemonstrationen") und durch die steigende Abwanderung der Bevölkerung. Die Öffnung der Grenze zwischen Ungarn und Österreich im September 1989 bot eine zusätzliche Möglichkeit zur Massenflucht in den Westen. Die Ablösung Honeckers, der die Proteste notfalls gewaltsam niederschlagen lassen wollte, Gesprächsangebote an die oppositionellen Gruppen, die Gewährung von Reisefreiheit (9. November 1989: Öffnung der Berliner Mauer) sowie die genehmigte Übersiedlung der immer zahlreicheren Ausreisewilligen konnten das DDR-Regime nicht stabilisieren. Die Bevölkerung wollte sich mit kleineren Änderungen nicht mehr zufrieden geben.

Gegen diejenigen, die demokratische Reformen in einem eigenständigen ostdeutschen Staat forderten, setzten sich die Befürworter einer Wiedervereinigung durch.

Die Regierung der Sowjetunion hatte ihre Truppen in der DDR zum Stillhalten gegenüber der Protestbewegung beordert. Als nach der Wende in Ostdeutschland die Frage einer deutschen Einheit auf die Tagesordnung kam, war es erneut die UdSSR, von deren Haltung ein solcher Schritt abhing.

Völkerrechtlich gesehen war eine Zustimmung der Sowjetunion Voraussetzung für die Wiedervereinigung der beiden deutschen Staaten. Denn trotz der Gewährung der vollen Souveränität der Bundesrepublik Deutschland (Deutschlandvertrag 1955 zwischen der Bundesrepublik und den drei Westalliierten) bzw. der offiziellen Anerkennung der Souveränität der DDR durch die Sowjetunion ebenfalls 1955 behielten die Alliierten das Letztentscheidungsrecht bei Fragen, die Deutschland als Ganzes betrafen.

Die Staatsverträge zwischen der DDR und der Bundesrepublik Deutschland sowie der Zwei-plus-Vier-Vertrag zwischen den beiden deutschen Staaten und den vier Alliierten schufen die Voraussetzung für die Wiedervereinigung (Beitritt der fünf Bundesländer der DDR zur Bundesrepublik am 3. Oktober 1990).

Die Sowjetunion hatte unter Gorbatschow außenpolitisch ein „neues Denken" begonnen, das ein vertrauensvolles Verhältnis zum Westen suchte und auf überholte Vormachtansprüche verzichtete. Von der Wende in der DDR 1989/90 war Moskau ebenso überrascht worden wie der Westen. Das Verhalten Gorbatschows in der deutschen Frage entsprach völlig konsequent der Politik des „neuen Denkens", obwohl dies für die Sowjetunion schmerzliche Einschnitte bedeutete. Die Sowjetunion verlor einen Bündnispartner an die NATO und musste ihre Truppen aus der DDR abziehen. Sie verlor zudem mit der DDR ihren wichtigsten Wirtschaftspartner innerhalb des Ostblocks. Dies alles nahm Gorbatschow in Kauf und verteidigte sein Vorgehen gegen innenpolitische Gegner. Das vereinte Deutschland reduzierte dafür seine Streitkräfte und verzichtete auf eigene ABC-Waffen. Zudem revanchierte sich die Bundesregierung mit umfassenden Wirtschafts- und Finanzhilfen für Moskau und setzte sich für die weitere Verständigung zwischen Ost und West ein.

Abschließend kann festgestellt werden, dass die Zustimmung der Sowjetunion zur deutschen Wiedervereinigung unabdingbar war. Den vorausgehenden Zusammenbruch des SED-Regimes hat der von Gorbatschow eingeschlagene Reformkurs beschleunigt. Der Zusammenbruch der DDR und ihrer Wirtschaft hatte seine Ursachen hingegen in der Misswirtschaft der SED-Führung und ihrer fehlenden Reformbereitschaft. Angesichts der immer schlechteren Versorgungslage wuchs die Unzufriedenheit der Bevölkerung, die den wachsenden Abstand zum Lebensstandard in der Bundesrepublik wahrnahm und zuletzt nicht mehr akzeptierte. Die DDR nach der Wende war zwar politisch reformiert, ihre Wirtschaft schien jedoch nicht mehr zu retten. Dies verschlechterte auch die Position der frei gewählten DDR-Regierung bei den Beitrittsverhandlungen mit der Bundesregierung.

Schriftliche Quellen als erzählte Geschichte

Schriftliche Quellen sind Texte, die in einem bestimmten geschichtlichen Zusammenhang geschrieben wurden und im Original oder als Abschrift überliefert worden sind. Dazu gehören ganz unterschiedliche Quellengattungen wie Urkunden, Gesetze, Protokolle, Flugblätter, Briefe, Reden, Lebenserinnerungen und Tagebücher sowie Akten, Zeitungsartikel, Chroniken und Annalen – kurz: alle Textquellen, aus denen Kenntnisse über die Vergangenheit gewonnen werden können.

Schriftliche Quellen analysieren

Geschichtsschreibung ist der Versuch, die Vergangenheit zu rekonstruieren und zu interpretieren. Dabei sind wir besonders auf schriftliche Quellen angewiesen. Unterschieden werden kann bei Textquellen zwischen „Traditionsquellen" und „Überrestquellen": Als Tradition werden in der Geschichtswissenschaft Quellen bezeichnet, die nicht nur für Zeitgenossen, sondern bewusst für die Nachwelt geschrieben worden sind, wie vor allem Chroniken, Annalen oder (Auto-)Biografien. Zum Überrest zählen demgegenüber Quellen, die wie Urkunden, Gesetzestexte oder Policey-Ordnungen, Rechnungen, Protokolle oder Briefe für die jeweilige Gegenwart verfasst wurden.
Keine Quelle „spricht für sich". Der Historiker muss die Vergangenheit aus den Quellen rückblickend erschließen, formale Merkmale klären, den Inhalt kritisch prüfen und in den historischen Kontext einordnen. Schriftliche Quellen können unvollständig oder gefälscht sein, Fehler oder Unwahrheiten enthalten. Darüber hinaus sind sie immer durch die Sichtweise und die Intention des Verfassers geprägt. Zu berücksichtigen ist daher immer auch der zeitliche Abstand zwischen dem dargestellten Geschehen und dem Zeitpunkt der Abfassung.
Die Schlüsse, die wir aus Quellen ziehen, hängen aber immer auch von unserem Vorwissen und unseren sozialen, politischen und religiösen Einstellungen ab.

Formale Kennzeichen

- Wer ist der Verfasser oder Auftraggeber?
- Welche Funktion, welchen Beruf oder welche Stellung hat er?
- Um welche Quellengattung handelt es sich (Tradition oder Überrest)?
- Wann, wo und aus welchem Anlass wurde der Text verfasst?

Textinhalt

- Was ist Gegenstand des Textes? Was wird thematisiert?
- Wie ist der Text aufgebaut? Welche Merkmale kennzeichnen ihn (Sprache, Stil)?

Historischer Kontext

- Welchen Zeitraum, welche Ereignisse oder welche Personen behandelt die Quelle?
- In welchem Bezug steht der Verfasser zu dem, was er berichtet (Handelnder, Zeitzeuge oder Geschichtsschreiber)?

Intention und Wirkung

- An wen wendet sich der Text?
- Welche Absichten verfolgen Verfasser oder Auftraggeber mit dem Text?
- Welche Wirkung sollte mit der Quelle erzielt werden?

Einordnung und Bewertung

- Wie lässt sich die Quelle in die Überlieferung einordnen und bewerten?
- Gibt es alternative oder ergänzende Quellen?

Sekundärliteratur als interpretierte Vergangenheit

Sekundärliteratur ist ein Sammelbegriff für unterschiedliche fachwissenschaftliche Veröffentlichungen, die sich auf bereits vorliegende Arbeiten beziehen und / oder eigenen Quellenstudien beruhen. Sie umfasst Textsorten wie wissenschaftliche Bücher (Monografien), Aufsätze in (Fach-)Zeitschriften, gedruckte Vorträge, Lexikonartikel und Rezensionen (Buchbesprechungen).

Umgang mit Sekundärliteratur

Die Fachliteratur über den Nationalsozialismus, das „Dritte Reich" und den Holocaust ist unüberschaubar. Eine Bibliografie aus dem Jahr 2000 nennt 17609 Monografien, 11857 Beiträge aus Sammelwerken und 7557 Zeitungs- und Zeitschriftenaufsätze aus dem Zeitraum von 1945 bis 2000. Seitdem sind zahlreiche weitere Veröffentlichungen hinzugekommen. Zu vielen Monografien sind Rezensionen erschienen, die die Veröffentlichung in die Forschung einordnen, bewerten und oft gegensätzliche Auffassungen vertreten.
Da es keine objektive, ein für alle Mal gültige oder richtige und verbindliche Geschichtsschreibung gibt, fällt die Beurteilung schwer. Wichtig ist die Einsicht, dass sie immer abhängig ist von der Person, die die Forschung betreibt, von der Zeit, in der geforscht wird, von den Fragen, die der Forscher an die Vergangenheit stellt, von den ausgewerteten Quellen und von der benutzten Literatur. Für das Verständnis eines Textes, seine Einordnung und Bewertung ist es daher notwendig, ihn mit anderen Darstellungen zu vergleichen und ihn nach bestimmten Kriterien zu untersuchen.

Formale Kennzeichen

- Wer ist der Autor / die Autorin?
- Welche Funktion, welchen Beruf oder welche Stellung hat er / sie?
- Um welche Textsorte handelt es sich (z. B. Lexikonartikel, Fachbuch, Essay oder Rezension)?
- Wann, wo und aus welchem besonderen Anlass (Jubiläum, Jahrestag etc.) ist der Text veröffentlicht worden?

Textinhalt

- Was wird thematisiert?
- Wie ist der Text aufgebaut? Welche besonderen Merkmale gibt es (Sprache, Stil)?
- Mit welchen Argumenten bzw. Belegen (Quellen, Sekundärliteratur) begründet der Autor / die Autorin seine / ihre Aussagen?
- Welche Behauptungen oder Thesen werden aufgestellt?

Historischer Kontext

- Welchen Zeitraum, welches Ereignis oder welche Person behandelt der Text?
- Auf welche wissenschaftliche oder politische Diskussion geht der Autor / die Autorin ein?
- In welchem Bezug steht der Autor / die Autorin zum behandelten Thema?

Intention

- An welche Adressaten wendet sich der Text?
- Welche Aussageabsicht hat er?
- Welchen Standpunkt nimmt der Autor / die Autorin ein?

Bewertung

- Wurde das Thema schlüssig und überzeugend bearbeitet oder ist die Argumentation lückenhaft? Wurden mehrere Perspektiven berücksichtigt?
- Nimmt der Autor / die Autorin Wertungen vor oder stellt er Vermutungen auf?
- Wie lässt sich der Text bzw. die Publikation insgesamt einordnen und bewerten?

Geschichte in Zahlen

Statistiken präsentieren Daten und Informationen, um gegenwärtige und vergangene Verhältnisse und Zusammenhänge zu verstehen und Veränderungen zu erkennen. Sie fassen Wahlergebnisse zusammen, zeigen die Lohn- und Preisentwicklung auf, liefern Daten über das Klima, die Bevölkerung, aus Umfragen ermittelte Meinungen und vieles mehr. Aus den Befunden lassen sich Aussagen über die Geschichte ableiten. Zur Veranschaulichung werden die statistischen Daten als (Zahlen-)Tabellen oder als Diagramme dargestellt.

Statistiken und Diagramme auswerten

Bis ins 20. Jahrhundert wurden Daten noch nicht systematisch und flächendeckend gesammelt. Zudem erschweren unterschiedliche Bezugsgrößen wie z. B. Gewichte, Maße, Währungen und Räume (Grenzen) die Vergleichbarkeit. Gültige Aussagen können jedoch nur auf der Grundlage untereinander vergleichbarer und möglichst lückenloser Angaben gemacht werden. Deshalb werden die Daten der Statistiken meist bearbeitet, d. h. nach bestimmten Gesichtspunkten ausgewählt, vereinheitlicht und sortiert.
Die in Statistiken aufgelisteten Größen können absolute Größenangaben sein, also exakte Werte einer Messeinheit, z. B. Tonnen, Euro, Stück. Ebenso häufig finden sich relative Werte, also Prozentanteile oder Indizes, d. h. Verhältniszahlen, die sich auf einen Ausgangswert beziehen. Hierbei werden die Verhältnisse eines Stichjahres mit der Indexzahl 100 angesetzt, die Werte der anderen Jahre entsprechend ihrer Abweichung von jenen des Stichjahres angegeben (z. B. ein Jahr mit dem Index 80 liegt demnach 20 Prozent unter dem Stichjahr).
Für die Darstellung von Entwicklungen (z. B. Bevölkerungszahlen) eignen sich Linien- oder Kurvendiagramme, um Anteile innerhalb einer Gesamteinheit (z. B. Stimmenanteile bei Wahlen) zu veranschaulichen, werden oft Kreisdiagramme („Tortendiagramme") verwendet, Säulen- oder Balkendiagramme erleichtern den Vergleich von Mengen oder verschiedenen Bezugsgrößen.

Formale Kennzeichen

- Um welche Art von Statistik handelt es sich?
- Wer hat sie erstellt oder in Auftrag gegeben?
- Wann und wo ist sie entstanden bzw. veröffentlicht worden?

Inhalt

- Worüber informiert die Statistik (Thema/Inhalt, Zeit, Raum, Messgrößen)?
- Welche Zahlenwerte (absolute Werte, Prozentangaben, Indizes) werden verwendet?
- Woher stammen die Zahlen? Sind die Angaben verlässlich und vollständig?
- Wird ein Zustand oder eine Entwicklung (Anstieg, Rückgang, Stagnation) dargestellt?

Historischer Kontext

- Auf welche Epoche, welches Ereignis oder welchen Sachverhalt bezieht sich die Statistik?
- Ist die Statistik in der betreffenden Zeit entstanden oder das Ergebnis einer Forschungsarbeit?

Intention und Wirkung

- Welche Aussageabsicht hat die Statistik?
- Für welche Zielgruppe wurde die Statistik erstellt?

Bewertung und Fazit

- Welche Gesamtaussage bzw. welche Thesen lassen sich formulieren?
- Müssen die Angaben durch andere Informationen ergänzt oder korrigiert werden?

Internetrecherche

Das Internet ist im Grunde nichts anderes als ein weltweiter Verbund unzähliger Computer. Dieser ging aus dem im Jahr 1969 entstandenen ARPANET hervor, einem Projekt der Advanced Research Project Agency (ARPA) des US-Verteidigungsministeriums. Damit sollten Forschungseinrichtungen und Universitäten sowie andere wichtige Institutionen miteinander vernetzt und der Datenaustausch zwischen ihnen erleichtert werden. Das allgemein zugängliche »World Wide Web« (WWW), das heute den Kern des eigentlichen Internets ausmacht, wurde 1989 im Genfer Forschungszentrum CERN entwickelt.
Heute haben über 1,3 Milliarden Menschen Zugang zum Netz. Es bietet neben Texten und Bildern auch Filme und Videoclips. Das Internet hat die Mediengesellschaft revolutioniert. Es hat eine Weltöffentlichkeit geschaffen, die weitgehend unabhängig von den großen Medienkonzernen funktioniert und auch von staatlichen Gewalten nur schwer zu kontrollieren ist.

Hinweise zum Umgang mit Suchmaschinen

Suchmaschinen sind der wichtigste Zugang zu Informationen im Internet. Sie durchsuchen das World Wide Web auf die eingegebenen Suchbegriffe hin. Folgende Hinweise verhelfen Ihnen zu einer effizienten Suche:

- Grenzen Sie das Thema möglichst eng ein. Verwenden Sie dabei logische Operatoren:
  - (+) oder (and) verbindet die einzelnen Schlagworte.
  - (und nicht) bzw. (and not) schließt die betreffenden Schlagworte aus.
  - Durch die Verwendung von Anführungszeichen werden nur Seiten mit den genauen Wortfolgen gesucht.
- Optimieren Sie Ihre Recherche mit der erweiterten Suche. Mit ihr können beispielsweise die Sprache und Herkunft der Websites voreingestellt und die Suche auf bestimmte Dateiformate, Bilder und Audiodateien konzentriert werden.
- Fast alle Suchmaschinen verfügen über einen „Cache". In ihm können frühere Versionen der Websites und gelöschte Seiten aufgerufen werden.
- Metasuchmaschinen sind in der Lage, mit einer einzigen Eingabe eine Reihe von Suchmaschinen parallel zu durchsuchen und die Ergebnisse auszuwerten.
- Cluster-Suchmaschinen verschaffen einen Überblick über bestimmte Themenfelder.

Für das Internet gibt es keine Instanz, die die Richtigkeit der Informationen gewährleistet. Deshalb müssen die Nutzer selbst die angebotenen Inhalte kritisch überprüfen.

Die wichtigsten Suchmaschinen sind:
www.altavista.de
www.cuil.de
www.google.de
www.msn.de
www.web.de
www.yahoo.de

Die wichtigste Metasuchmaschine ist
www.metager.de

Clustersuchmaschinen:
www.vivismo.com
www.allesklar.de
www.clusty.com

Formale Kennzeichen

- Wie wurden Sie auf die Website aufmerksam?
- Wer bietet die Informationen an? Sind Adresse und Kontaktdaten genannt?
- Ist die Quelle seriös (z.B. eine angesehene Institution, Organisation, Zeitungsredaktion oder Bibliothek)?

Aufbereitung der Internetseiten

- Ist die Seite übersichtlich gestaltet und ermöglicht sie, schnell und gezielt die gewünschten Informationen abzurufen?
- Gibt es Hinweise auf kommerzielle Angebote oder enthält sie Werbung?

Intention und Informationsgehalt:

- Welche Absicht verfolgt der Anbieter? Will er informieren oder geht es ihm um Meinungsbeeinflussung?
- Wie zuverlässig sind die Informationen? Wann war das letzte Update? Gibt es Literatur- und Quellennachweise? Werden Links zu anderen Websites desselben Themas angeboten?

Titel: Archiv für Kunst und Geschichte, Berlin; Haus der Geschichte der Bundesrepublik Deutschland, Bonn
alimdi.net / Thomas Müller, Deisenhofen: S. 184
Archiv für christlich-demokratische Politik der Konrad-Adenauer-Stiftung, St. Augustin: S. 65
Archiv für Kunst und Geschichte, Berlin: S. 14 (Foto: Nick Ut), 16 (Ladislav Bielik), 68, 96, 115, 155, 205, 206, 254 (Foto: Israelimages), 256 (Zeichnung: Peter Connolly), 265, 268 (Foto: Hedda Eid), 271 (Archiv Pisarek), 273, 282, 305, 321 (1. Reihe: 3. v. l.; 2. Reihe: 2. 4. v. l.; 3. Reihe: 1./2./4. v. l.; 4. Reihe: 1. v. r.)
The Associated Press, Frankfurt: S. 262
Eli Barnavi, Universalgeschichte der Juden. Von den Ursprüngen bis zur Gegenwart, Wien 2003, S. 290: S. 298
Bergmoser + Höller Verlag, Aachen: S. 51, 79, 196, 233
Bibliothéque Nationale de France, Paris: S. 263
Bildarchiv Preußischer Kulturbesitz, Berlin: S. 6/7, 8, 114, 124
Bravo-Redaktion, München: S. 162 (u.)
Bündnis 90/Die Grünen, Bundesgeschäftsstelle Berlin, S. 102 (2)
Bundesarchiv, Koblenz: S. 73, 100 (Ludwig Wegmann, Sig. B 145-Bild 00045996), 133 (Allgemeiner Deutscher Nachrichtendienst ADN, Sig. 183-L0903-200, Foto Ulrich Kohls), 134, 137 (Sig. 146-1990-009-13)
Central Zionist Archives, Jerusalem: S. 275
Commission Européenne, Médiathèque, Brüssel: S. 317 (r.)
Conseil de l'Europe, Service Audiovisuel, Straßburg: S. 232
Corbis GmbH / Dennis van Tine, Düsseldorf – S. 204/205, 248
Josef Heinrich Darchinger, Bonn: S. 30, 104, 149, 158
ddp images / AP, Hamburg: S. 222
Deutsches Historisches Museum, Berlin: S. 45, 46, 47 (o.), 53, 61 (o.), 63 (u.), 97, 108, 152, 156, 182 (u.), 191, 214, 216
Die Entstehung des Bundeslandes Baden-Württemberg. Eine Dokumentation. Bearbeitet von Paul Sauer. Hrsg. vom Landtag von Baden-Württemberg in Verbindung mit dem Hauptstaatsarchiv Stuttgart, S. 50: S. 89 (u.)
DIZ – Süddeutscher Verlag, Bilderdienst, München: S. 26, 35, 47 (u.), 72, 120 (o.)
DIZ – Süddeutscher Verlag, Bilderdienst/Scherl, München: S. 40
dpa Picture-Alliance, Frankfurt am Main: S. 7/146 (Günter Bratke), 15 (UPI), 18 (Lehtikuva Oy), 19, 67, 81, 85 (oben: Werner Baum; unten: Klaus Franke), 86 (unten: Karlheinz Schindler), 87 (Federico Gambarini), 90, 98 (unten: Peter Popp), 99, 118, 123, 126 (Jan Woitas), 132, 139 (ADN), 160 (unten: ddrbildarchiv.de/Rasch), 162 (Istvan Bajzat), 163 (Günter Gueffroy), 164 (Thomas Uhlemann), 176, 178, 187 (Wolfgang Weihs), 192, 215, 221 (Heinz Wieseler), 223 (2x), 237, 239 (Jörg Carstensen), 243 (Can Merey), 295 (Abed Al Hashlamoun), 296, 301, 306 (u.), 310 (Joseph Barrak)
dpa Picture-Alliance / akg-images, Frankfurt am Main: S. 37, 44, 48, 64, 68 (Bruni Meya), 252 (Erich Lessing)
Ari Folman und David Polonsky, Waltz with Bashir, Zürich 2009: S. 297
Forschungs- und Gedenkstätte Normannenstraße, ASTAK e.V., Berlin: 182 (o.)
Getty images, München: S. 31 (Hulton Archive), S. 272 (oben: Mansell Collection), S. 306 (oben: David Silvermann)
Bella Gutterman und Avner Shalev (Hrsg.), Zeugnisse des Holocaust. Gedenken in Yad Vashem, Göttingen 2006, S. 23 und 33: S. 288
Walter Hanel, Bergisch-Gladbach: S. 246
Haus der Geschichte Baden-Württemberg, Stuttgart: S. 32, 66 (u.), 93 (l.)
Haus der Geschichte Baden-Württemberg, Stuttgart/Sammlung Kilian: S. 94
Haus der Geschichte der Bundesrepublik Deutschland, Bonn: S. 7, 58, 62
Haus der Geschichte der Bundesrepublik Deutschland, Bonn/Bestand Erna Wagner-Hehmke: S. 50
Haus der Geschichte der Bundesrepublik Deutschland, Bonn/Foto: Axel Thünker: S. 82
Haus der Geschichte der Bundesrepublik Deutschland, Bonn/VG-Bild-Kunst, Bonn: S. 203
Horst Haitzinger, München: S. 145, 245, 324
Innenministerium Baden-Württemberg, Referat 15, Stuttgart: S. 91
Institut für Zeitungsforschung, Dortmund: S. 75
IPON / Stefan Boness, Berlin: S. 198
Israel Museum, Jerusalem: S. 251, 317 (l.)
Peter Kaczmarek / Baaske Cartoons, Müllheim: S. 245
Aleppo Khaldoun, Fausa: S. 267
Keystone Pressedienst, Hamburg: S. 272 (u.)
David King Collection, London: S. 21
Koninklijke Bibliotheek, Den Haag: S. 264
Agentur Laif / Polaris, Köln: S. 256 (r.)
Landesarchiv Baden-Württemberg / Hauptstaatsarchiv Stuttgart: S. 89 (o.)
Landesarchiv Baden-Württemberg / Staatsarchiv Sigmaringen: S. 92, 93 (r.)
Mauermuseum Haus am Checkpoint Charlie, Berlin: S. 222
Metropolitan Museum of Art, New York: S. 261
Burkhard Mohr / Baaske Cartoons, Müllheim: S. 230
National Archives Washington und Haus der Geschichte Baden-Württemberg, Stuttgart: S. 28
S. Nuseibeh / O. Grabar: S. 262
Österreichische Nationalbibliothek, Wien: S. 208
Picture Press, Hamburg: S.120 (u.)
Klaus Pielert / Haus der Geschichte, Bonn: S. 246
Politisches Archiv des Auswärtigen Amtes, Berlin: S. 225
Ilan Rot Collection, Herzliya: S. 269
Henry Ries, Berlinische Galerie, Berlin: S. 29 (o.)
Andreas Schölzel, Berlin-Kreuzberg: S. 185
Rainer Schwalme, Groß-Wasserburg: S. 197
Der Spiegel, Hamburg: S. 18, 49, 245
Staatsbibliothek Bamberg: S. 10
Stiftung Auto Museum, Wolfsburg: S. 66 (o.)
Stuttgarter Nachrichten: S. 89 (u.)
Klaus Stuttmann, Berlin: S. 229, 235, 245
Time Inc., New York City: S. 25
Ullstein-Bild, Berlin: S. 7, 39, 129 (Mehner), 130 (Beitlich), 143 (ADN-Bildarchiv), 165 (Wilhelm Zeckai), 180, 281 (Reuters), 293 (Reuters), 308 (AP)
Verein der Verfolgten des Naziregimes, Stuttgart: S. 63 (o.)
Thomas Wizany, Salzburg: S. 316
www.emma.de: S. 151
www.israel-information.net: S. 287

	1. Bundestag (14.8.1949)			2. Bundestag (6.9.1953)			3. Bundestag (15.9.1957)			4. Bundestag (17.9.1961)		
Wahlberechtigte Abgegebene Stimmen Wahlbeteiligung	Millionen 31,208	Millionen 24,496	% 78,5	Millionen 33,202	Millionen 28,480	% 86,0	Millionen 35,401	Millionen 31,073	% 87,8	Millionen 37,441	Millionen 32,850	% 8[illegible]
Stimmenzahl Stimmenanteil Zahl der Mandate	Millionen	%	402	Millionen	%	487	Millionen	%	497	Millionen	%	4[illegible]
CDU/ CSU	7,359	31,0	139	12,444	45,2	243	15,008	50,2	270	14,298	45,3	2[illegible]
SPD	6,935	29,2	131	7,945	28,8	151	9,496	31,8	169	11,427	36,2	19[illegible]
FDP	2,830	11,9	52	2,629	9,5	48	2,307	7,7	41	4,029	12,8	6[illegible]
Kommunistische Partei Deutschlands	1,362	5,7	15	0,608	2,2	—	—	—	—	—	—	—
Bayernpartei	0,968	4,2	17	0,466	1,7	—	—	—	—	—	—	—
Deutsche Partei	0,940	4,0	17	0,896	3,3	15	1,007	3,4	17	—	—	—
Zentrum	0,728	3,1	10	0,217	0,8	3	—	—	—	—	—	—
Wirtschaftlicher Aufbauverein	0,682	2,9	12	—	—	—	—	—	—	—	—	—
Deutsche Reichspartei	0,429	1,8	5	0,296	1,1	—	0,309	1,0	—	0,263	0,8	—
Südschleswiger Wählerbund	0,075	0,3	1	—	—	—	—	—	—	—	—	—
Block der Heimatvertriebenen und Entrechteten/ Gesamtdeutscher Block	—	—	—	1,617	5,9	27	1,374	4,6	—	0,871	2,8	—
Deutsche Friedensunion	—	—	—	—	—	—	—	—	—	0,610	1,9	—
Nationaldemokratische Partei Deutschlands	—	—	—	—	—	—	—	—	—	—	—	—
Parteilose	1,142	4,8	3	—	—	—	—	—	—	—	—	—
Sonstige	0,265	1,1	—	0,434	1,7	—	0,441	1,5	—	0,052	0,2	—

	9. Bundestag (5.10.1980)			10. Bundestag (6.3.1983)			11. Bundestag (25.1.1987)			1. gesamtdeutscher Bundestag (2.12.1990)		
Wahlberechtigte Abgegebene Stimmen Wahlbeteiligung	Millionen 43,232	Millionen 38,292	% 88,6	Millionen 44,089	Millionen 39,280	% 89,1	Millionen 45,328	Millionen 38,225	% 84,3	Millionen 60,437	Millionen 46,996	% 77,[illegible]
Stimmenzahl Stimmenanteil Zahl der Mandate	Millionen	%	497	Millionen	%	498	Millionen	%	497	Millionen	%	66[illegible]
CDU/ CSU	16,898	44,5	226	18,998	48,8	244	16,762	44,3	223	20,358	43,8	31[illegible]
SPD	16,261	42,9	218	14,866	38,2	193	14,026	37,0	186	15,545	33,5	23[illegible]
FDP	4,031	10,6	53	2,707	7,0	34	3,441	9,1	46	5,123	11,0	7[illegible]
Die Grünen	0,570	1,5	—	2,167	5,6	27	3,126	8,3	42	1,788	3,8[1]	—
Bündnis 90/ Die Grünen	—	—	—	—	—	—	—	—	—	0,559	1,2[2]	8
Partei des Demokratischen Sozialismus/Linke Liste/Die Linke	—	—	—	—	—	—	—	—	—	1,130	2,4	17
Republikaner	—	—	—	—	—	—	—	—	—	0,987	2,1	—
Sonstige	0,180	0,5	—	0,230	0,4	—	0,513	1,3	—	1,543	2,2	—

[1] nur Wahlgebiet West
[2] nur Wahlgebiet Ost